COURS ÉLÉMENTAIRE

DE

DROIT CRIMINEL

COURS ÉLÉMENTAIRE

DE

DROIT CRIMINEL

COMPRENANT

LE COMMENTAIRE DES DEUX PREMIERS LIVRES DU CODE PÉNAL
DU CODE D'INSTRUCTION CRIMINELLE EN ENTIER
ET DES LOIS NOUVELLES QUI LES ONT MODIFIÉS

PAR

E. TRÉBUTIEN

Professeur à la Faculté de Droit de Caen
chargé du Cours de Droit criminel

SECONDE ÉDITION

REVUE, AUGMENTÉE ET MISE AU COURANT DE LA LÉGISLATION
ET DE LA JURISPRUDENCE JUSQU'EN 1878

PAR MM.

LAISNÉ DESHAYES
AVOCAT
Professeur à la Faculté de Droit de Caen
Ancien chargé du cours de droit criminel

L. GUILLOUARD
AVOCAT
Professeur à la Faculté de Droit
de Caen

TOME I

DROIT PÉNAL

PARIS

IMPRIMERIE GÉNÉRALE, A. LAHURE, ÉDITEUR

9, RUE DE FLEURUS, 9

1878

COURS

DE

DROIT PÉNAL

---

1. Qu'entend-on par ces mots *le droit*, la *loi?*

Question grave qu'il est nécessaire de résoudre au début d'un cours de droit pénal. La définition de ces termes est importante et délicate, pour le premier surtout.

Cette difficulté vient de deux causes : de la multiplicité des significations toutes exactes que comporte cette expression : le droit! Et aussi de la variété des systèmes qui prétendent indiquer la nature et l'origine de l'idée qu'elle précise.

Pris dans son sens supérieur et absolu, le *droit* peut se définir : la règle nécessaire des rapports sociaux.

Il offre un triple caractère de perpétuité, d'immutabilité, de certitude. Et ce caractère lui est essentiel. Il ne pourrait le perdre sans disparaître. La conscience et la raison s'accordent à reconnaître qu'il revient au même de n'avoir pas de règle ou d'en avoir une incessamment variable ou difficile à découvrir.

Ce n'est point à dire que cette règle ait été toujours et partout reconnue dans toutes ses applications, mais elle a toujours existé, identique à elle-même. Quelques-uns de ses préceptes ont pu être contestés, violés même, soit par un peuple, soit par une époque, sans être détruits. Le droit, ainsi envisagé, n'est point une simple conception de la raison humaine. Elle le reconnaît comme quelque chose de préexistant et d'imposé. Lorsqu'il est arrivé à une nation de s'en éloigner en quelque point notable, on a toujours fini par condamner son opinion comme une erreur qui s'était attaquée à un principe certain et facile à percevoir pour la conscience.

Si telle est l'essence du droit dans son acception absolue, de qui peut-il émaner? Toute règle suppose une autorité qui l'édicte et qui donne à son œuvre le caractère même de sa puissance. Il faut à l'auteur du droit un pouvoir tel qu'il puisse légitimement commander à tous les peuples et s'en faire reconnaître : une science si exacte des rapports sociaux que tous reçoivent leur réglementation normale et leur coordination naturelle. Ces qualités n'appartiennent qu'au créateur de la société, et le droit, règle des rapports sociaux, émane directement de Dieu même parce que la société est d'institution providentielle. Le pouvoir divin peut seul donner au droit ses caractères essentiels de perpétuité, d'immutabilité, de certitude. Il est le vrai législateur parce qu'il possède la marque de la souveraineté absolue. De lui on peut dire avec vérité que sa volonté seule forme la règle des rapports humains et qu'un précepte sera juste par cela seulement qu'il l'aura voulu.

Le droit, dans cette acception élevée, porte aussi le titre de droit naturel.

Il est la source unique où viennent puiser les législateurs des différentes époques et des divers peuples. Ils édictent et sanctionnent par l'emploi de la force publique la partie du droit naturel qui leur paraît indispensable à l'existence actuelle de la société particulière qu'ils gouvernent. Ainsi se forme le droit positif que l'on appelle plus spécialement la loi. On peut le définir : « La règle des rapports sociaux promulguée par le pouvoir social » *quod jussum*.

Beaucoup d'autres définitions ont été données du droit et de la loi. Leur réfutation nous entraînerait dans l'examen de nombreux systèmes philosophiques et dépasserait les bornes de cet ouvrage. L'exposé de notre système permet d'apercevoir où se trouve le défaut des autres définitions[1].

2. Le droit naturel se distingue de la morale par le but auquel il tend. Il ne considère dans l'homme que ses obligations comme membre de la société ; il ne régit que les relations extérieures nécessaires à la continuation de la vie sociale.

La sphère d'action propre à la morale est plus étendue. Celle-ci considère aussi l'homme dans ses rapports soit avec Dieu, soit avec lui-même. Elle impose l'accomplissement du devoir dans le for intérieur, non pas au nom de l'utilité sociale, mais en vertu du principe de la justice pure.

3. On peut distinguer dans le droit positif deux branches principales : le droit civil, en prenant cette expression dans un sens large, et le droit pénal. Celui-là précise les obligations des sujets soit envers l'État, soit envers autrui, en même temps qu'il fixe leurs droits. L'autre détermine les cas où la violation du commandement devient assez grave pour encourir une peine ; il édicte la sanction. On peut définir le droit pénal : « L'ensemble des règles qui punissent la violation de la loi. »

4. Pour en arriver à l'application du châtiment, la loi pénale doit déterminer quatre points. Il faut qu'elle définisse les faits interdits ; qu'elle édicte la peine ; qu'elle organise la juridiction et la procédure.

Dès lors, on peut distinguer quatre parties dans le droit pénal :

1. Bertauld, *Cours de Code pénal*, leçon Ire. — Ortolan, *Éléments de droit pénal*, t. I, nos 1 à 15.

1° Le précepte pénal, qui contient la liste des faits défendus ; 2° La pénalité, c'est-à-dire la nomenclature des peines infligées ; 3° La juridiction ou l'indication des tribunaux chargés de la répression ; 4° La procédure ou le mode de constater et de punir la faute.

Les deux premières parties sont nécessairement jointes. Le législateur définit et punit immédiatement le fait défendu. Elles forment dans le droit pénal les lois de fond. Les deux autres sont seulement des lois de forme.

5. L'exposition de ces principes généraux faite, on peut aborder l'étude de la loi pénale française. Il est toutefois impossible de réduire le cours à une simple exégèse des textes législatifs. Pour les bien comprendre, il est avant tout nécessaire d'en retracer l'histoire.

La loi pénale actuelle est sortie des législations qui l'ont précédée. Elles ont éclairé la route, montré par leurs défauts les écueils à éviter et dégagé par leurs succès les principes nécessaires à toute législation pénale française. Les rédacteurs de nos codes n'ont eu qu'à fondre et à coordonner les riches matériaux qu'ils trouvaient dans notre histoire, et l'opinion d'après laquelle notre loi serait vraiment nouvelle et sans ancêtres[1], est une erreur universellement reconnue.

L'étude de l'histoire ne suffira même pas ; il faudra ensuite aborder, sur un point au moins, le terrain des discussions philosophiques. La philosophie, toujours utile au jurisconsulte, prend dans le droit pénal une importance particulière. Sans elle il est impossible de déterminer le caractère du pouvoir dévolu au législateur. Reconnaître les bornes de sa puissance, démontrer la légitimité des châtiments qu'il prononce et des défenses qu'il édicte deviennent des problèmes insolubles. Mais ce terrain ne doit être parcouru qu'avec une

1. Boitard, *Cours de Code pénal.*

grande réserve. Toute erreur doctrinale se traduit ici en erreurs de législation et de jurisprudence des plus funestes et qui deviennent vite intolérables.

L'erreur philosophique n'a point en droit civil d'aussi redoutables conséquences. Cette partie du droit ne touche ni à la vie, ni directement à l'honneur de l'homme. On sent au contraire l'énormité d'un châtiment qui assimile au malfaiteur celui qui n'a fait qu'user d'un droit et peut-être accomplir un devoir.

L'exposé historique sera donc suivi d'une introduction philosophique où l'on examinera quel est le fondement du droit de punir. L'histoire aura déjà éclairé la route et montré par le résultat les vices de plusieurs systèmes présentés sur cette question.

L'explication dogmatique des textes sera divisée en deux parties. La première contiendra l'exposé des principes renfermés dans les deux premiers livres du Code pénal.

Le législateur a réuni dans cette partie de notre loi presque toutes les règles essentielles de la législation. Quelques brèves explications suffiront pour compléter l'exposé des principes généraux. Les deux derniers livres du Code ne contiennent guère que la nomenclature des faits illicites et des peines. Nous aurons peu d'articles à en extraire pour les réunir aux sujets traités dans les deux premiers livres. Cette partie formera le premier volume de l'ouvrage.

Le second traitera de la procédure. Nous y étudierons le Code d'instruction criminelle.

6. Le cours de Code pénal sera divisé en dix titres :

Le titre Ier traitera de la détermination et de la classification des infractions.

Le titre II précisera l'empire de la loi pénale sous le rapport des lieux et des personnes. La théorie du caractère réel ou personnel de cette loi; celle de la répression du fait délictueux commis à l'étranger y seront exposées.

Le titre III sera consacré à l'empire de la loi pénale sous le rapport du temps. Il traitera de la non-rétroactivité de la loi.

Le titre IV sera court. Il aura pour objet l'étendue du Code pénal quant aux personnes et aux infractions.

Le titre V s'occupera des peines et de leurs effets.

Le titre VI du fait matériel nécessaire à l'existence de l'infraction.

Le titre VII aura pour objet l'agent et les principes de l'imputabilité.

Le titre VIII traitera du concours de plusieurs infractions. Le principe du cumul ou du non-cumul de peines y sera développé.

Le titre IX abordera l'hypothèse du concours de plusieurs agents. On y examinera la théorie de la complicité.

Enfin, le titre X fera connaître les moyens de prévenir ou de faire cesser l'effet des peines.

INTRODUCTION HISTORIQUE

7. L'histoire du Droit pénal en France peut se diviser en deux grandes époques. L'époque ancienne, qui va du cinquième siècle à la fin du dix-huitième, de l'an 406 à 1789. — L'époque moderne, qui commence à cette dernière date. — Chacune d'elles formera la matière d'un chapitre particulier.

CHAPITRE I

ANCIENNE LÉGISLATION CRIMINELLE FRANÇAISE.

8. Pour retrouver dans le mélange des législations disparues le caractère de chacune d'elles, et la part qui lui est propre, il est nécessaire de procéder pour ainsi dire par couches et par périodes. L'origine du droit pénal, en France, n'est point unique. Bien des lois, de nationalités différentes, de tendances variées ou contraires, se sont succédé sur notre sol et se sont combattues longtemps. Il faudra pour les retrouver distinguer plusieurs périodes.

Ces époques nous permettront de suivre le développement. les rivalités et la décadence successive de cinq législations. Le Droit romain. — Le Droit barbare. — Le Droit canon. — Le Droit féodal et coutumier. — Le Droit royal ou des ordonnances.

Ils ont eu des fortunes diverses, mais tous se ressemblent en un point. Ils ont servi à préparer la loi de l'époque qui a suivi ; et il n'en est aucun qui ait disparu complétement sans laisser quelque empreinte de son esprit ni quelque vestige de son passage. Toutefois chaque période aura son droit dominant qui lui donnera une physionomie propre.

Elles sont au nombre de quatre :

La première peut s'intituler la période du Droit barbare. Elle comprend tout le temps qui va du commencement du cinquième siècle à la fin du neuvième.

La deuxième commence avec le dixième siècle et se termine avec le treizième. C'est la période du Droit féodal. Elle s'ouvre par le capitulaire de Kiersy-sur-Oise, et se termine par les établissements de saint Louis.

La troisième peut s'appeler la première période royale. Elle commence avec le quatorzième siècle et finit avec le quinzième.

La quatrième enfin aboutit à 1789. C'est la deuxième période royale. Elle comprend trois siècles et on peut lui assigner comme point de départ l'ordonnance de mars 1498.

En les parcourant, nous examinerons séparément chacune des législations qui les ont régies. Nous verrons l'esprit de ces différentes lois : 1° Sur le fond même du droit pénal. — 2° Au point de vue des juridictions. — 3° Enfin par rapport à la procédure. Nous découvrirons ainsi la part d'influence qui leur revient dans la composition de notre droit actuel.

PREMIÈRE PÉRIODE

DU CINQUIÈME A LA FIN DU NEUVIÈME SIÈCLE.

9. L'état politique de la société pendant cette période indique combien de législations nous trouverons en présence et quelles elles sont.

Après la grande invasion qui se produisit au commencement du cinquième siècle, deux races d'origines différentes se partageaient le gouvernement de la Gaule.

D'un côté les Germains fractionnés en tribus et en peuplades; de l'autre les Gallo-Romains.

Les premiers, après une lutte mêlée de vicissitudes, ont fini par l'emporter, et à la fin du cinquième siècle leur victoire désormais fixée les a substitués aux Romains. Ils apportent avec eux de la Germanie des usages et des législations coutumières qui vont former le droit prééminent.

Mais les Romains ne sont pas détruits. Les Barbares démembrent l'Empire plutôt qu'ils ne le renversent. La grandeur du nom romain les impressionne encore malgré leurs succès. Son habile organisation, la sagesse de ses lois les frappent d'admiration. Ils visent plutôt à se substituer à lui, qu'à renverser cette administration, qui pour eux n'était pas complétement inconnue. Ils trouvaient avantageux, le chef surtout, de remplacer les gouverneurs et fonctionnaires romains, en conservant soigneusement les fonctions avec le pouvoir et les honneurs qu'elles attribuaient. Aussi, le Droit romain reste-t-il en vigueur. Sa perpétuité, non moins que la nécessité de trouver des fonctionnaires administratifs, conserve l'aristocratie Gallo-Romaine. La sagesse des institutions protége les anciens fonctionnaires contre le dédain du vainqueur pour la personne du vaincu.

Enfin, entre ces deux nations s'élève une institution qui leur deviendra vite commune, et qui sera leur trait d'union : l'Église. L'élévation de sa doctrine, la pureté de sa morale, la justice merveilleuse et la douceur de son gouvernement, frappent vivement les esprits rudes mais naturellement droits et encore neufs des peuplades barbares. La grandeur du culte chrétien les séduit, en même temps que la charité, la sainteté et la capacité des évêques les charment et les subjuguent.

Les Francs surtout, le seul peuple barbare du cinquième siècle qui ne fût ni païen ni arien, eurent des motifs particuliers de reconnaissance envers les évêques. Leurs victoires furent souvent préparées par ceux-ci. Ce motif et la place considérable faite à l'épiscopat dans les conseils des rois Francs, expliquent l'importance du Droit canon.

Il faut examiner les monuments et l'esprit de ces législations diverses.

I. DROIT BARBARE.

10. Le Droit barbare comprenait les lois des peuplades Germaniques qui avaient envahi l'Empire. Chacune des grandes confédérations germaines avait sa coutume. La conquête, l'influence d'idées nouvelles, de besoins sociaux jusqu'alors inconnus, la connaissance du droit romain, les modifièrent d'une manière plus ou moins profonde, mais sans effacer complétement le caractère primitif.

Il existe trois monuments principaux de ce droit : la loi Salique, la loi Ripuaire, la loi Gombette. Elles feront seules l'objet de notre examen, parce qu'elles furent presque seules appliquées dans la Gaule.

11. La loi salique régissait la confédération des Francs Saliens, ou Francs des bords de l'Elbe et de la Sale. C'était un recueil de Coutumes qui finirent par être solennellement promulguées. Le prologue de la loi le dit en termes exprès. Il atteste que les délégués des chefs de famille se réunirent, et après trois conférences reconnurent et constatèrent les coutumes en vigueur.

A quel moment et en quel pays se produisit ce grave événement? C'est un sujet de controverses presque interminables. Les uns veulent qu'il se soit passé alors que les tribus confédérées habitaient encore les marais de l'Elbe et de ses affluents. D'autres prétendent que ce fut après la migration des Francs sur les bords de l'Escaut et du Rhin. Cette dernière opinion semble l'emporter d'autant qu'il paraît difficile de faire remonter cette promulgation au delà du cinquième siècle ; à cette époque, les Saliens étaient établis dans le pays situé entre la Somme, le Rhin et la forêt Charbonnière[1]. La coutume a certainement ses racines dans le passé, mais la conquête l'a modifiée, et de là est venue la promulgation nouvelle. Aucune rédaction ne fut arrêtée, et si l'on juge de la civilisation des tribus par la législation, il semble que les prud'hommes germains qui l'ont recueillie eussent été fort embarrassés de la mettre par écrit.

On n'y songea que deux siècles plus tard, et les plus anciens manuscrits, ceux auxquels on a attribué l'honneur de remonter au sixième siècle, ne datent que du septième. Ils furent composés après plusieurs remaniements faits par les premiers rois Mérovingiens, et lorsque la dispersion de la tribu sur un sol étendu, son mélange avec une population plus dense et vivant sous une loi différente, mirent la coutume nationale en danger de périr.

12. La loi ripuaire régissait l'autre confédération franque : celle qui fixée la première sur les rives du Rhin était d'abord entrée en relation avec les Romains. Ceux-ci eurent longtemps les Ripuaires pour lètes et pour auxiliaires avant d'être envahis par eux. Cette loi fut aussi l'objet d'une promulgation préparée par des délégués, mais cette promulgation qui était comme pour la loi salique une révision, n'eut lieu que dans le sixième siècle. Elle fut suivie au septième d'une seconde ordonnée par le roi Dagobert. Cette dernière rédaction seule nous est parvenue. Le caractère de la loi est celui de la coutume barbare. Toutefois l'influence du droit romain s'y fait sentir davantage. Le droit civil y tient une plus grande place. On sent un peuple qui connaît depuis plus long-

1. Guizot, *Histoire de la civilisation en France*, leçon IX. — Laferrière, *Histoire du Droit français*, t. III, liv. IV, sect. I.

temps les Romains et leur législation. L'autorité du roi y apparaît entourée d'un prestige plus durable. Il est plus qu'un chef de guerre et occupe une place spéciale[1].

13. La dernière des lois barbares présente ces caractères d'une manière encore plus marquée. C'est la loi des Burgondes. Ce peuple avait fondé en Gaule le royaume de Bourgogne entre le Rhône, le Jura, les Alpes et la Durance. La loi fut rédigée en majeure partie sur l'ordre du roi Gondebaud et pendant son règne. Elle a pris de son principal auteur le nom de *loi Gombette*. Sans doute elle est appuyée sur l'usage ; mais elle tire sa force uniquement de sa promulgation. Nous trouvons une loi véritable, édictée par un pouvoir régulier et fort : le pouvoir royal. Elle comprend plusieurs parties qui parurent à diverses époques, et les dernières abrogent souvent d'une manière plus ou moins complète les premières dispositions. Pour cette loi la promulgation et la rédaction furent simultanées. Elles s'opérèrent de l'année 468 à l'année 534, et les derniers chapitres eurent pour auteur Sigismond, le successeur de Gondebaud.

14. A ces monuments il faut ajouter les capitulaires ou ordonnances rendues par les rois des deux premières races. Assez rares sous les Mérovingiens, ils prennent une importance décisive sous les Carolingiens et deviennent la source unique de la législation. Toutes les lois de Charlemagne et de son successeur prennent cette forme. La coutume n'est plus invoquée, la disposition tire sa force uniquement de la promulgation régulièrement faite par le pouvoir social.

Les capitulaires étaient édictés par le roi ou l'empereur ordinairement à la suite des assemblées générales et avec le concours ou de la nation entière ou des grands laïques et ecclésiastiques réunis, ou seulement soit des uns soit des

1. Voir le texte de cette loi. — Baluze, t. I, p. 29. Édition de 1780.

autres. Il en est qui ont pour seul auteur le chef du pouvoir. Leur forme varie beaucoup.

Le fond n'est pas moins différent. Ils comprennent soit de véritables lois, soit des règlements d'administration, soit de simples mesures administratives, soit des conseils de pure morale ou des dispositions d'ordre domestique. L'empereur Charlemagne règle successivement ainsi les grandes affaires de l'État, promulgue les décrets des conciles et traite jusqu'à la tenue de sa maison intérieure.

Tels sont les documents où il faut chercher l'esprit de cette législation. Il importe d'en scruter successivement le fond puis la forme.

15. — 1. De l'infraction et de la pénalité. — Le droit barbare divise les infractions en deux classes : 1° les délits publics ; 2° les délits privés.

Les premiers intéressent la communauté ou l'association. A cette époque, peut-on dire : la Société? Ils sont peu nombreux et tels que les conçoit la législation propre à une tribu guerrière presque encore campée sur le sol conquis. Les Germains du premier siècle de l'ère chrétienne ne connaissaient au rapport de Tacite que deux délits publics : la trahison et la lâcheté [1]. Ils pendaient les traîtres et noyaient les lâches. Les Francs de l'époque qui nous occupe ont un peu allongé cette liste si courte. Aux deux délits cités et qui sont classés parmi les plus graves, on joint l'attentat contre le chef, l'appel à l'invasion étrangère, la violation des sépultures, le sacrilége, la magie et la sorcellerie [2].

Les autres sont considérés comme ne lésant que l'intérêt privé. Tous les attentats, soit contre les personnes, soit contre les propriétés, sont rangés dans cette classe. L'assas-

1. Tacite, *De more Germ.*, cap. XII.

2. *Lex Bajuv.*, tit. II, cap. I, § 3. — Kœnigswarter. *Rev. de législation*, 1849, t. II, p. 375.

sinat même, fût-il commis sur la personne d'un comte, est considéré comme un délit privé.

Le châtiment des délits publics était unique. C'était la peine de mort, mais le genre de supplice variait avec le crime. Ainsi l'attentat contre la personne du roi et la trahison étaient punis de l'écartellement. La magie et la sorcellerie entraînaient la peine du feu [1]. Le sacrilége était aussi condamné à mort et son supplice est décrit par la loi des Frisons [2].

A deux reprises les rois francs s'efforcèrent d'accroître le nombre des délits publics. En 595 Childebert décréta que ceux qui se rendraient coupables de rapt, de meurtre ou de vol seraient punis de mort sans pouvoir racheter leur vie par n'importe quel prix [3]. Mais cette tentative fut éphémère. Charlemagne rentra un instant dans cette voie. A l'unique châtiment corporel jusqu'alors connu, la mort, il ajouta l'exil et la prison. Un premier capitulaire de 813 en fait foi, mais cette année même un autre détruisait cette innovation. On en revenait aux compositions pécuniaires. Ainsi ces tentatives n'avaient eu rien de stable [4]. L'esprit des législations barbares y était trop contraire.

16. La peine commune à tous les délits privés était pécuniaire. C'était soit une composition, soit une amende. Les lois germaines reconnaissent trois classes de ces peines : le *wehrgeld*, le *fredum*, le *ban du roi*.

17. Le wehrgeld est proprement une réparation. L'offenseur ou sa famille doivent la payer soit à l'offensé, soit à ses plus proches parents. La loi en contient le tarif qui varie

1. *Capitulaire de Paderborn*, cap. VI.

2. « Celui qui aura volé avec effraction des objets sacrés dans un temple, sera conduit vers la mer, et là sur le sable, qui est couvert habituellement par le flux de la mer on lui coupera les oreilles, et, après avoir subi la peine de la castration, il sera immolé aux dieux dont il a violé les temples. »

3. Baluze, t. I, p. 17.

4. Baluze, t. I, p. 495 et 507.

suivant la grandeur de l'outrage, la gravité de la blessure, la qualité, soit de la victime, soit du coupable. La loi semble avoir à cœur de prévoir toutes les hypothèses possibles. Aussi les listes sont-elles longues. La loi salique seule ne contient pas moins de 358 de ces compositions ; encore faut-il y ajouter 31 variétés de compositions. On peut se faire une idée de la prééminence des divers peuples de la Gaule et des idées du temps par le taux du rachat fixé pour chaque nationalité. Le meurtre d'un Franc entraînait la composition de 200 sous d'or ; celui d'un Germain était taxé à 160 sous ; celui d'un Romain à 100 sous ; celui d'un évêque à 900 sous.

D'où vient cette coutume du rachat du crime? D'un ancien usage germanique : la *faïda* ou vengeance de la famille. A l'origine, lorsqu'un homme avait été victime d'un attentat contre sa personne ou contre son bien, il en appelait à la force pour se venger. Ses parents faisaient cause commune avec lui, et s'il était tué se déclaraient les ennemis personnels de son meurtrier. La solidarité qui unissait les membres des familles germaines est connue. De là des guerres privées qui les divisaient pendant longtemps. Lorsque la communauté intervint pour terminer ces guerres qui la mettaient en péril, elle essaya de faire la part de la vengeance en mettant le coupable hors la loi. Il était déclaré *wargus* et chacun pouvait le mettre à mort. Il ne recouvrait la paix qu'en s'exilant. Celui qui n'était qu'un proscrit sur le sol natal retrouvait ses droits en se résignant à l'exil. Toutefois il ne recouvrait pas ses biens qui restaient confisqués. Cette peine était terrible et l'on devait tenter les derniers efforts pour s'y soustraire.

L'usage naquit de racheter la paix par une somme d'argent. A l'origine ces compositions furent absolument facultatives : le taux en était débattu et fixé par les familles ennemies. Bientôt des usages se formèrent, il en résulta une certaine réglementation. Enfin la loi s'en occupa. Elle intervint pour rendre la composition certaine et obligatoire[1]. Ce pas fut franchi d'autant plus facilement, qu'à l'origine la loi ne fut que la constatation de la coutume. Il fut plus difficile d'obliger l'offensé à se contenter de la réparation pécuniaire. La législation cependan y arriva, et au huitième siècle ce résultat était acquis.

18. Le wehrgeld n'était pas dû seulement par le coupable. Il se divisait en deux parties dont l'une était payée par l'auteur du crime et l'autre par sa parenté. Si même le coupable était insolvable, dans les premiers temps du moins, il pouvait rejeter sur ses parents le fardeau tout entier de la réparation. Il devait employer alors des formalités symboliques décrites dans un texte curieux de la loi salique. On appelait cela : *jeter la chrenecruda sur ses parents*[2].

Ceux-ci qui portaient en partie le châtiment du méfait, recueillaient aussi pour partie l'indemnité due au cas d'outrage à leur famille. Le meurtre leur créait un droit qui marchait de pair avec celui des héritiers de la victime.

Il existait un moyen de renoncer à ces avantages, mais aussi de se soustraire à ces dangers, c'était de renoncer à la parenté. Tous les liens de famille étaient brisés. La loi salique indique les formalités de cette rupture qui devait s'accomplir solennellement[3].

19. A l'origine la sanction du wehrgeld était la proscription. Quiconque ne pouvait le payer devenait *wargus*. Plus tard il ne fut plus permis de tuer celui qui n'avait pas payé la réparation, on l'envoyait seulement en exil ou en prison. Les capitulaires de Charlemagne et de Louis le Débonnaire

1. Albert du Boys, *Hist. du Droit criminel des peuples modernes*, t. I, ch. VII.
2. *Lex Salica* (De Chrenecruda), t. LX.
3. *Lex Salica*, t. LXIII. « Celui qui voudra renoncer à sa parenté se présentera dans l'Assemblée, en présence du Tunginus ou du Centenier. Là il brisera quatre baguettes d'aulne au-dessus de sa tête, il en jettera les débris aux quatre coins de l'Assemblée et il déclarera qu'il renonce au serment, à l'hérédité et à toute relation de parenté. » Baluze, t. I, p. 322.

sont précis et réservent au pouvoir royal le droit d'assurer l'exécution de la loi[1].

20. Par le wehrgeld on achetait la paix de l'offensé; mais ce n'était pas suffisant. La proscription prononcée par le pouvoir public devait être levée par lui, et pour cela encore il fallait un rachat. C'est la cause de la seconde peine pécuniaire, le *friedgeld* (argent de paix) ou *fredum*. Elle se payait soit au juge qui prononçait la sentence, soit au fisc du prince. Le taux en est fixé d'après celui du wehrgeld. Le fredum s'élève en général au tiers ou à la moitié de cette peine. Du reste la proportion est assez variable. La loi des Ripuaires le fixe au tiers. Les Capitulaires de Charlemagne nous montrent le fredum s'élevant parfois au double du wehrgeld[2]. Deux points sont à noter. Cette peine n'est point encourue pour tous les crimes : elle est réservée à ceux qui sont intentionnels. Même l'homicide involontaire ne l'entraîne pas.

Le payement est effectué d'une manière particulière. Le coupable ne remet pas directement l'argent au véritable créancier; il le verse à l'offensé qui le porte ensuite au juge ou au fisc[3].

21. La dernière peine pécuniaire est le *ban du roi*. C'était une amende imposée à certains crimes qui portaient une atteinte plus grave à l'ordre public. Tels : l'incendie, le rapt, l'effusion de sang dans les églises. Elle était invariable et s'élevait à 60 sous d'or. Ce châtiment apparaît pour la première fois dans la législation de Charlemagne[4].

22. Le principe, fondement du droit de punir, ressort de la nature des châtiments. La vengeance individuelle en est la base. Le législateur s'efforce d'en restreindre l'exercice à

1. *Capitulaire de* 779, ch. XXII. *Capitulaire de Worms*, année 829, part. III, ch. VIII. — Baluze, t. I, p. 198-199, p. 672.
2. *Capitulaire de* 813, Baluze, t. I, p. 511 à 514.
3. *Lex Ripuariorum*, ch. LXXXIX, Baluze, t. I, p. 52.
4. *Capitulaire de* 806. — Baluze, t. I, p. 447. — *Capitulaire de Louis le Débonnaire de* 819, Baluze, t. I, p. 599.

cause du trouble social qui en résulte. L'Église lui ouvre cette voie. Elle tend la première à restreindre les guerres privées. Elle crée le droit d'asile; elle déclare sacrées certaines époques de l'année pendant lesquelles la vengeance est interdite. Le pouvoir royal suit avec empressement cet exemple dont le caractère salutaire ne lui échappe pas. Il finit par apparaître pour revendiquer sa part dans le rachat de la vengeance ou pour l'exercer lui-même. Il en devient le régulateur en attendant qu'il la revendique comme son privilége.

23. — 2. Des juridictions sous le droit barbare.— Le principe du jugement par les hommes libres, par les compagnons du guerrier accusé se retrouve dans toutes les législations barbares. A l'origine toutes les causes petites ou majeures se jugeaient avec le concours des hommes libres de la communauté.

Les tribus Germaines connaissaient trois espèces de tribunaux correspondant à leurs divisions administratives. C'étaient, d'abord le tribunal ou *mall* de la Centenie, présidé par un magistrat du nom de *Centenarius* ou *Tunginus;* le *mall* du comté présidé par le *Comte* ou *grafio ;* enfin le *grand Mall* ou l'Assemblée de la nation qui se tenait sous la direction du Roi.

La compétence réelle et territoriale de ces différents tribunaux n'est pas exactement connue. On sait seulement que les délits d'un ordre inférieur étaient réservés au *Tunginus.* Le Comte était au-dessus de lui, mais son tribunal n'exerçait pas la plénitude de l'autorité comme l'Assemblée générale de la nation.

En principe les sentences, celles même prononcées par le magistrat le moins élevé, étaient en dernier ressort.

24. La composition intérieure de ces tribunaux était identique. A leur tête on voyait le magistrat qui présidait, dirigeait les débats, prononçait la sentence et la faisait exécuter. Lui ne jugeait pas.

Le jugement qu'il prononçait émanait des *Rachimbourgs* ou *ahrimanns*. C'étaient les hommes libres de la centénie ou du comté. On prenait parmi eux ceux qui composaient ce que notre langue juridique appellerait aujourd'hui le jury de jugement. Ils jugeaient le fait et le droit.

Les lois barbares parlent encore de personnages revêtus d'un caractère public et qui portent le nom de *Sagibarons*. Ce sont des jurisconsultes dont les fonctions ne nous sont pas parfaitement connues. Étaient-ils chargés d'indiquer la solution juridique qui se transformait en sentence par l'assentiment des Rachimbourgs[1]? Ne formaient-ils point plutôt un tribunal particulier distinct des autres et qui aurait siégé même dans l'intervalle d'un mall à l'autre[2]? Les auteurs discutent ce point. Toutefois un texte de la loi Salique paraît favoriser la dernière opinion[3].

Au-dessus de ces différentes juridictions se place l'Assemblée générale, le grand Mall, où toute la nation se réunit. Des jugements y étaient aussi rendus.

23. Ces tribunaux n'étaient point les seuls. Le roi avait aussi sa cour de justice. Il la présidait et lui-même prononçait la sentence. Il remplissait même l'office de juge avec l'assistance de ses principaux leudes et des grands laïques et ecclésiastiques. Ce tribunal portait le nom de *Placitum Palatii*. Les Carolingiens surtout donnèrent de l'importance à cette institution, mais elle existait avant leur avénement[4].

1. Albert du Boys, t. I, ch. VII, § 1, p. 186-187.
2. Laferrière, *Histoire du Droit français*, t. III, liv. IV, ch. V, § 8.
3. « *Sagibarones in singulis mallobergiis, id est, ubi plebs quæ ad unum mallum convenire solet, plus quam tres esse non debent. Et si causa aliqua ante illos secundum legem fuerit definita ante grafionem removere eam non licet.* » *Lex Salica*, t. LVI, § 4. — Baluze, t. I, p. 318.
4. Albert du Boys, t. I, ch. VII, § 2. — Laferrière, *Histoire du Droit français*, l. IV, ch. VIII, sect. IV. — *Lex Salica*, t. LIX. — Baluze, t. I, p. 319.

26. Charlemagne conserva ces tribunaux, mais en modifiant d'une manière notable leur organisation.

Le rôle du Comte grandit singulièrement. Il n'en est pas réduit à la prononciation de la sentence. Il délibère avec ses assesseurs et ceux-ci sont désormais choisis par lui. Les Rachimbourgs ne sont plus nommés par l'élection. Bientôt même ils disparaissent et sont remplacés par des juges royaux en titre d'office qui s'appellent *Scabini*[1].

Au-dessous du tribunal du Comte se trouve une juridiction inférieure : celle du *Vicaire* ou *Centenier.*

Ces tribunaux sont surveillés par les *Missi Dominici.* Ces envoyés de l'Empereur présidaient des assises extraordinaires, déposaient les magistrats prévaricateurs, rendaient la justice en leur place et recevaient les appels portés contre les sentences des comtes et des vicaires. Cette fonction a été conservée chez plusieurs peuples du Moyen Age et notamment en Écosse. Le *camerarius regis* n'est autre que le *Missus Dominicus* des rois francs[2].

Le tribunal du Palais dominait toute cette hiérarchie et ramenait toute justice à l'Empereur lui-même comme à son centre.

27. — 3. De la procédure. — La partie la plus importante de la procédure criminelle est celle qui se rapporte à la nature et au mode de réception des preuves.

L'enquête est la preuve ordinaire en matière criminelle. Elle fut à l'origine l'unique moyen d'instruction. Mais cette époque violente était si portée à la perfidie et si indif-

1. *Capitulaire de Louis le Débonnaire*, année 829, ch. III. — Baluze, t. I, p. 665. « *Ut in omni comitatu hi qui meliores et veraciores inveniri possunt eligantur a missis nostris ad inquisitiones faciendas et rei veritatem dicendam et ut adjutores comitum sint ad justitias faciendas* ». *Lex Salica*, t. LII, § 3.— Baluze, t. I, p 316.

2. Houard, *Coutumes anglo-normandes*, t. II, p. 474, *Iter camerarii Scotiæ.*

férente au parjure que les témoignages en arrivèrent à un complet discrédit. Aussi l'enquête placée au premier rang par les législations barbares tomba en désuétude et l'on chercha tous les moyens de s'y soustraire.

On vit paraître et se propager la preuve *par conjurateurs*, — *par ordalies*, — enfin le *duel judiciaire*.

28. Les *conjuratores* n'étaient que des témoins de moralité. Leur attestation était donc notablement moins forte que celle des témoins racontant un fait survenu en leur présence. Comment justifier la préférence qui leur fut accordée? Par deux motifs : l'un tiré des cas où ce mode de preuve fut admis ; l'autre de la manière dont les conjurateurs furent souvent désignés.

Établir son innocence à l'aide de leur affirmation n'était pas toujours possible. Il fallait que nulle autre preuve certaine n'eût été administrée. L'accusé pouvait alors demander à se purger par serment et il en faisait certifier la sincérité par des conjurateurs.

Ceux-ci pouvaient être choisis de deux manières. Parfois, l'accusateur les désignait parmi les plus proches parents de l'accusé, sauf à celui-ci à en récuser un petit nombre. On les appelait alors *conjuratores nominati* ou *toti electi*. C'était le choix qui offrait le plus de garanties. — Parfois, ils étaient désignés moitié par chacune des parties. Ceux que l'accusé avait pris se nommaient *advocati*, et l'on disait alors que les *conjuratores* étaient *medii electi*.

Si les *compurgatores* (ils portaient aussi ce nom) refusaient de jurer soit tous, soit un certain nombre, l'accusé pouvait être condamné. Il était acquitté de droit au cas d'unanimité[1].

Le juge écartait-il ce mode de preuve ; l'enquête ne four-

1. Albert du Boys, *Histoire du Droit criminel des peuples européens*, liv. I, ch. IX, § 5.

nissait-elle aucun résultat certain, on avait recours à la preuve par *ordalie*. L'*ordalie* ou épreuve judiciaire a ce caractère particulier de s'adresser à la divinité même. On lui demande de se faire, par un miracle, le témoin de l'innocence ou de la culpabilité de l'accusé. D'origine païenne, cette institution fut vite entourée des cérémonies de l'Église; celle-ci, ne pouvant la supprimer tout d'abord, essaya de la rendre le moins défectueuse possible. Elle sollicita par les plus instantes, par les plus belles prières, l'intervention surnaturelle que la crédulité d'un peuple barbare réclamait de l'autorité divine[1].

L'épreuve judiciaire se pratiquait par l'eau froide ou par l'eau bouillante ou par le fer rouge. L'accusé enfonçait-il dans le bassin plein d'eau consacrée où il était plongé? La main qu'il avait dû mettre dans l'eau bouillante ou porter sur un fer rouge, et que l'on avait ensuite soigneusement scellée dans un sac, était-elle trois jours après complétement guérie? Son innocence était proclamée.

L'épreuve se subissait encore d'une autre manière. L'accusé devait jeûner pendant trois jours, après quoi on lui présentait une once de pain d'orge ou de fromage. S'il l'avalait, il était acquitté[2].

29. Ce genre d'épreuve était réservé aux faibles et à ceux qui ne pouvaient combattre. Le mode propre aux guerriers, c'était le combat judiciaire. La loi Salique n'en parle point, mais on le rencontre dans les autres législations germaines. La loi des Bavarois, celle des Allemands, celle des Burgondes et des Ripuaires mentionnent cette épreuve connue sous le nom de jugement de Dieu[3]. Les coutumes scandinaves le

1. Voir Albert du Boys, *Histoire du Droit criminel des peuples modernes*, liv. I, ch. IX, § 7.

2. Ducange, *Glossarium*, verbo *Corsned*.

3. *Lex Bajuvariorum*, t. XVII. *De Campionibus et causis quæ ad eos pertinent.* — *Lex Ripuariorum*, t. XXXII, § 4. *De mannire*, t. LVII, § 2. *De libertis*

faisaient remonter à Odin. Les Francs Saliens le connaissaient comme les autres peuples. Et si l'on fait à la première rédaction l'honneur de n'en avoir pas parlé, il faut reconnaître que les mœurs furent moins sages et plus fortes que la vieille loi[1].

30. Toutes ces preuves s'administraient en public. Nulle partie de la procédure n'était secrète. C'était sur l'inculpation de l'accusateur que l'accusé comparaissait devant le tribunal. Les témoins étaient entendus en présence du peuple, la sentence rendue publiquement. Les juges donnaient même leur avis à haute voix et en public. Plus d'une partie puissante dut trouver dans cet excès de publicité des arguments redoutables que la justice ne pouvait avouer.

31. Quel était précisément l'empire de chaque loi barbare? C'est une grosse question sur laquelle les auteurs sont loin de s'entendre et que pourtant il faut résoudre. Cette législation était-elle personnelle? Se restreignait-elle à ceux que leur naissance faisait ses sujets? Était-elle réelle, et s'appliquait-elle à tous les habitants d'une contrée sans distinction d'origine? Les uns veulent que la loi ait été générale. Comment admettre que les vainqueurs s'en soient remis à la loi des vaincus du soin de déterminer ce qui était permis ou défendu? Comment le souverain aurait-il supporté que certains sujets de son empire, et encore des derniers, eussent bravé son autorité? Quelle loi d'ailleurs appliquer entre deux personnes de nationalité différente? Celle de l'offenseur? L'offensé avait droit à la protection que lui assurait sa naissance. Celle de l'offensé? C'eût été le contre-pied du principe adopté pour

a Domino ante Regem dimissis, t. LXVII, § 5. *De sacramento*. — *Lex Alamannorum*, t. LXXXIV. *De his qui de terra sua inter se contendunt*. Baluze, t. I, p. 135, 35, 40, 47, 80.

1. Grégoire de Tours, liv. VII, ch. XIV.

le droit civil où la législation applicable était celle du défendeur [1].

32. Cette opinion fortement défendue est-elle très-exacte? Ne faut-il pas plutôt faire une distinction? Quant aux capitulaires la solution indiquée est probable. Le roi, lorsqu'il commande ou qu'il défend à nouveau, parle pour tous ses sujets. S'il ne s'adresse qu'à une nation, il prend soin de s'en expliquer. Mais il importe de ne pas confondre avec ces actes d'un pouvoir législatif s'essayant à copier l'administration impériale, les anciennes lois Germaines. Le caractère même qu'elles révèlent s'oppose à la généralité que l'on voudrait faire de leur application. Elles constituent des coutumes officiellement reconnues et promulguées. Or la coutume ne lie que ceux qui par eux-mêmes ou par leurs ancêtres l'ont suivie. En outre, la loi civile était à cette époque purement personnelle. C'est un point certain. Or, la loi civile et la loi criminelle n'étaient pas distinctes. Si l'on reconnaît que les textes de la loi salique relatifs aux droits civils, aux successions, par exemple, ne s'appliquent qu'aux Francs Saliens, il est difficile de soutenir le contraire pour les préceptes du droit pénal.

Ce résultat est admis par les défenseurs du premier système, au moins pour le cas où l'offenseur et l'offensé appartenaient à la même nation. Ils restreignent la controverse à l'hypothèse contraire.

Ils tirent de cette circonstance un argument contre l'opinion que l'on développe en ce moment. D'après eux quelle loi choisir? On ne le saurait dire. — Les textes répondent. La loi applicable est celle de l'offenseur. La loi ripuaire offre sur ce point deux textes d'une grande précision [2].

1. Bertauld. *Cours de Code pénal*, leçon II, p. 30 et ss. — Aug. Thierry, *Histoire du Tiers-État*, t. I, ch. I, p. 6.

2. *Lex Ripuariorum*, t. LXI, § 1 et 2. « 1° Si quis servum suum libertum

Et cette règle explique comment la loi salique tarife et tarife différemment le meurtre commis sur un Franc ou sur un barbare qui suit la loi salique et celui commis sur un Romain.

Cette loi est d'ailleurs la seule violée, la seule dont le coupable ait dû respecter la défense. — A la vérité on représente que par cette circonstance de la nationalité de l'offenseur la victime perd le bénéfice de sa loi d'origine. Cette objection, vraie d'ailleurs, ne saurait l'emporter. Elle est la conséquence naturelle du caractère de la loi germaine. Le législateur ne s'adressait qu'à celui qui suivait la coutume, sans se préoccuper de l'étranger. Celui-ci paraissait d'ailleurs s'exposer à ce danger en venant se fixer au milieu d'une nation à laquelle il n'appartenait pas.

Ce système n'est pas exempt d'objection. On peut citer certains textes, peut-être ajoutés lors des dernières révisions, et qui prouvent que cette règle n'était pas absolue[1]; mais il paraît le plus exact et le plus conforme aux mœurs de l'époque.

Ce furent surtout les Carolingiens qui contribuèrent à revêtir les lois franques d'un caractère de généralité inconnu à l'origine.

fecerit et civem Romanum, portasque apertas conscripserit, si sine liberis discesserit, non alium nisi fiscum nostrum habeat heredem; 2° Quod si aliquid criminis admiserit, secundum legem romanam judicetur; — t. XXXI, § 3 et 4. — 3° Hoc autem constituimus, ut infra pagum Ripuarium tam Franci, Burgundiones, Alamanni, seu de quacumque natione commoratus fuerit, in judicio interpellatus, sicut lex loci continet ubi natus fuerit, sic respondeat; 4° Quod si damnatus fuerit, secundum legem propriam, non secundum Ripuariam, damnum sustineat. » Ce dernier texte est d'autant plus important qu'il se trouve dans la révision de la loi Ripuaire exécutée par ordre de Dagobert. *Lex Salica*, t. XLIII, § 1, 6, 7, 8, *Sententiæ de septem septennis*, § 2 et 7. — Baluze, p. 45, 309, 310, 326.

1. *Lex Salica*, t. XXXIV, § 3, Baluze, t. I, p. 303.

II. DROIT ROMAIN.

33. La législation germanique n'a point fait disparaître le droit romain. Il continue de vivre à côté d'elle et son influence se fera même sentir dans les lois barbares de la dernière période.

Sa perpétuité est attestée par la publication de deux monuments : la loi romaine des Wisigoths et celle des Burgondes.

La loi romaine des Wisigoths fut promulguée sous ce titre de *Lex Romana* en l'année 506 et sur l'ordre du roi Alaric II. Elle est plus connue sous le nom de *Breviarium Aniani*. Ce nom lui vient du rédacteur chargé de la publication, le noble romain *Anianus*. Ce recueil comprend — les instituts de Gaïus — des passages de Paul et d'Ulpien — les codes Théodosien, Grégorien et Hermogénien — enfin les novelles des empereurs Théodose, Valentinien, Marcien, Majorien et Sévère.

34. La loi romaine des Burgondes fut promulguée quelques années après celle des Wisigoths. Le roi Sigismond l'annonçait en 517. L'ordre des matières est celui adopté par la loi germanique de ce même peuple. Moins complet que le *Breviarium*, il disparut après la chute du royaume de Bourgogne, cédant la place au recueil des Wisigoths mieux approprié aux besoins de l'époque. Cette loi porte un singulier titre. On l'appelle le *Papiani responsum*. Une erreur de Cujas lui a valu cette désignation. Le jurisconsulte la trouva pour la première fois à la suite du *Breviarium*. Celui-ci se termine par un fragment des réponses de Papinien. La loi y faisait suite sans intitulé spécial et sans indication qui l'en distinguât. Cujas la publia comme émanée du célèbre légiste romain.

35. — **1. De l'infraction et de la pénalité.** — Les deux lois reproduisent les règles du droit romain et quant à la clas-

sification des délits et quant à la pénalité à appliquer. Entrer dans de plus longs détails, ce serait exposer les règles du droit criminel chez les Romains. Il suffira de dire que son action s'est fait sentir jusque dans le dix-huitième siècle. Les jurisconsultes de cette dernière époque vont encore lui demander la définition d'un grand nombre de délits et la peine même de certaines infractions. Ainsi la femme adultère était punie en vertu de la novelle *Sed hodie* promulguée par l'empereur Justinien. La peine avait été seulement adoucie[1].

36. — 2. De la juridiction. — Les tribunaux sont les mêmes pour les Romains que pour les Barbares. Le chef de justice est toujours le comte ou le centenier. Ses assesseurs au nombre de cinq sont choisis parmi les nobles Romains lorsqu'il s'agit d'appliquer le droit de Rome[2]. On comprend quelle importance cette disposition conservait aux grands personnages Gallo-Romains. Seuls ils connaissaient le droit romain, seuls ils pouvaient l'appliquer soit en matière criminelle, soit dans l'organisation municipale de la cité.

37. Dans l'ordre des juridictions il produisit encore un autre résultat fort remarquable. C'est à lui qu'il faut faire remonter l'origine et le germe de la juridiction ecclésiastique. Le premier, il l'avait reconnue et les Barbares suivirent en ce point ses dispositions : même ils les étendirent. La juridiction des Évêques fut d'abord purement volontaire. Les parties s'adressaient à leur justice par un compromis et leur décision ne constituait qu'une sentence arbitrale. L'*exequatur* devait lui être donné par les juges ordinaires[3]. Justinien étendit leur compétence. Il les rendit juges de droit com-

1. Muyart de Vouglans, *Lois criminelles*, liv. II, tit. IV, ch. III, § 2, tit. IV, liv. III, ch. V, § 1, n°s 6, 8, 9.
2. Guizot, *Histoire de la civilisation en France*, XIe leçon.
3. L. 7, 8, 13, *De Episc. audientia* (I, 4). — L. 25, *De Episc. et cleris* (I, 3), C.

mun pour tout ce qui touchait aux affaires ecclésiastiques en matière civile et criminelle. Leur compétence ne devenait forcée qu'à une double condition : 1° que le litige rentrât dans l'ordre religieux ; 2° que la personne en cause fût un clerc[1].

38. — 3. De la procédure. — Suivie entre Romains, la procédure de cette loi finit par devenir la règle générale applicable lorsque les autres lois faisaient défaut. On recourait aux textes du droit écrit pour leur demander soit des principes généraux soit le moyen de compléter la loi originelle en défaut.

III. DROIT CANON.

39. A côté de ces deux législations s'en élevait une troisième encore à sa naissance. C'était le droit de l'Église, le droit Canon. Il n'atteindra son complet développement que dans la période suivante. C'est alors seulement qu'il sera possible de caractériser son esprit et de fixer sa part d'influence. Mais ses premiers monuments datent de cette période. On peut en compter jusqu'à trois.

40. D'abord le *Codex canonum Ecclesiæ Universæ*. Il contient la traduction en langue latine des canons promulgués par les cinq conciles de Nicée, de Constantinople, d'Éphèse, de Chalcédoine et de Sardique. Ce recueil fut composé sur les textes originaux écrits en grec et d'après l'ordre exprès du pape saint Léon. Le pontife voulut donner ainsi une traduction authentique des actes de ces conciles.

41. Le second monument porte le titre de *Codex vetus* ou *corpus canonum*. Il fut composé par un moine scythe nommé *Denys le Petit*. La date de sa rédaction se place entre l'an 496 et l'an 500.

1. L. 29, § 4, C. *De Episc. audientia* I, 4).

42. Mais le plus célèbre est le recueil de Décrétales qui parut sous le nom d'*Isidor Mercator* ou *Peccator*. On reconnaît deux parties distinctes dans ce monument. L'une d'une exactitude incontestable est due à saint Isidore de Séville, elle fut publiée en 633. Cette collection était destinée à l'Église d'Espagne. Les copistes des huitième et neuvième siècles en la reproduisant y ajoutèrent les canons des conciles ou des synodes généraux tenus depuis la date de la publication primitive. Ce n'est point cette partie qui a fait la notoriété de cette œuvre.

C'est la seconde, celle qui renferme les *fausses décrétales* : celle-ci a suscité les controverses et rendu cette compilation fameuse. Le caractère de ces documents, le nom de leur auteur, le but qu'il s'est proposé sont encore un objet de discussions. On a attribué cette partie de la collection à un diacre nommé Benoît (*Benedictus levita*) attaché à la cathédrale de Mayence. On lui a vivement reproché ses falsifications, prétendant qu'il avait voulu de cette manière étendre le pouvoir des Papes aux dépens de la juridiction épiscopale et changer les règles de la hiérarchie primitive ainsi que de l'ancienne discipline. Ces reproches ont surtout été adressés, et fort vivement par Febronius, par le P. Quesnel et les jurisconsultes ou canonistes gallicans de l'ancienne France[1]. Leurs opinions étaient difficiles à concilier avec ces textes.

En quoi consiste précisément la fausseté ? Dans l'indication de la source. L'auteur présente comme des décrétales des fragments empruntés aux Pères de l'Église, aux lois Wisigothes, à un livre intitulé *Liber capitulorum* composé vers 770 par Ingelram, évêque de Metz. On trouve aussi dans son œuvre quelques décrétales qu'alors on croyait authentiques, mais qu'une critique plus exacte a fait depuis reléguer par-

1. Voir pour l'indication des auteurs, Laferrière, *Histoire du Droit français*, t. III, liv. IV, ch. IX, sect. II.

mi les décisions apocryphes. Mais, et ceci est essentiel, les règles formulées par ces documents étaient depuis longtemps en vigueur dans l'Église. Quant aux droits des Papes en matière de discipline et de juridiction, il suffit de se reporter au pontificat d'Innocent Ier (402 à 417), à celui de Grégoire le Grand (590 à 604), de Léon le Grand (440 à 461). Ils exercent sans contradiction un pouvoir plus étendu qu'aucun de leurs successeurs. Les maximes qu'ils mirent en pratique au cinquième siècle ne pouvaient au neuvième siècle être taxées d'innovations.

DEUXIÈME PÉRIODE.

DU DIXIÈME A LA FIN DU TREIZIÈME SIÈCLE.

45. Cette seconde période peut s'appeler la période féodale. Une nouvelle évolution sociale s'accomplit. L'époque qui précède nous a montré les éléments dont les sociétés modernes vont se composer. Les peuples barbares, qui sont venus rajeunir le monde romain, existent encore avec leur nationalité et leur génie primitif. Sans doute leur éducation est commencée. L'Église d'une part, la royauté de l'autre, ont essayé de les transformer. Leurs efforts n'ont point été complétement infructueux. La bande guerrière, la tribu mobile et nomade a disparu. Les Germains se sont fixés au sol. Un instant même, la main de Charlemagne semble fonder un empire et presque créer une nation. Mais combien cette œuvre est loin d'être complète !

La féodalité va recevoir et fondre ces nations encore trop distinctes. Sous l'œil et la tutelle de l'Église, elle fera disparaître les Germains et les Romains auxquels commandèrent les Carolingiens, pour en faire les chevaliers des croisades, le peuple de Philippe-Auguste et de saint Louis.

On ne peut dire en présence d'un tel résultat que la féodalité ait été stérile. C'est faire preuve d'injustice et d'esprit de système que d'appeler l'*anarchie féodale* cette époque de luttes mais aussi d'énergie individuelle, de victoires et de développement véritable, que l'on se place au point de vue des lois, des mœurs, des arts, du progrès social ou de la philosophie.

Sans doute elle eut ses taches et la main du Seigneur ne fut pas toujours paternelle. Elle présente les défauts propres aux hommes d'action et d'énergie, comme d'autres âges offrent les vices particuliers aux hommes de parole et d'indécision. Mais on n'a pas jugé ni caractérisé la féodalité en disant qu'elle ne constitue qu'une anarchie.

44. La féodalité est née presque à l'état adulte. Elle est sortie du capitulaire de Kiersy-sur-Oise. Trop faible pour s'imposer aux résistances intérieures et chasser les ennemis extérieurs, l'empire carolingien se morcela. L'empereur remit aux Leudes à titre de droit héréditaire le commandement militaire et le pouvoir de juridiction dont ils étaient investis à titre de délégation temporaire.

A partir de ce moment la propriété territoriale devient la base de la puissance publique. Avec le fief on acquiert et la souveraineté et la justice. La concession toutefois n'est point absolue. Le souverain primitif se réserve un droit particulier qui sera la marque et la preuve de la donation originaire : ce que l'on appelle *la Suzeraineté*. Les premiers donataires, eux aussi, divisent leurs fiefs. Ces concessions de seconde main donnent naissance aux arrière-fiefs. Mais à l'imitation du premier donateur ceux-ci se réservent une certaine prérogative sur l'objet de la donation. Le domaine se trouve ainsi divisé en deux : le *domaine direct* et le *domaine utile*, le premier conservé par celui que l'on appelle le *souverain fieffeux*, l'autre abandonné au bénéficiaire de la concession. Le domaine direct donnait à qui le possédait le droit d'obtenir du vassal la foi et l'hommage. On verra bientôt qu'il n'était point dépouillé de conséquences pratiques plus importantes. Aussi se montrait-on fort jaloux à son endroit. Tout devint au Moyen Age objet de concessions et matière à fief; mais jamais le domaine direct n'était aliéné.

Lorsque le territoire entier eut été couvert de fiefs et d'arrière-fiefs et que la terre sembla faire défaut aux concessions, on donna des droits incorporels, on créa des concessions sur des rentes, et comme ces droits n'avaient point d'assiette territoriale, on les appela *fiefs en l'air*. On donnait aussi ce nom au fief dont tout le domaine utile avait été aliéné et qui ne consistait qu'en un droit de recevoir l'hommage des vassaux.

Dans cette période nous trouvons en présence quatre législations différentes.

I. Le droit féodal.
II. Le droit coutumier.
III. Le droit canon.
IV. Le droit romain.

I. DROIT FÉODAL ET COUTUMIER.

45. En matière criminelle, ces deux droits peuvent être réunis. Leur origine est pourtant différente, mais ils se sont mutuellement pénétrés au point de se fondre.

46. L'autorité de la Coutume s'était maintenue même sous la législation romaine. Les peuples soumis par les armes de Rome conservaient ordinairement leur droit particulier. Si, plus tard, tous les habitants de l'empire devinrent citoyens romains et furent soumis aux lois, même civiles, de la cité victorieuse, il est permis de croire que tous les usages particuliers ne disparurent pas soudainement. Ils demeurèrent en vigueur sur des points spéciaux en matière civile et criminelle. Ils continuèrent de régir le fond du droit, soit au point de vue des délits à réprimer, soit au point de vue des peines à appliquer. Ulpien recommande de se reporter notamment en matière d'obligation à l'usage du pays. Il ajoute que la Coutume devait l'emporter et renaître même après un changement temporaire introduit par le caprice d'un préteur[1]. Telle était leur force que Constantin, tout en la sanctionnant, décida cependant dans une constitution que l'usage ne pourrait l'emporter sur le texte de la Loi. N'était-il pas naturel que le peuple qui devait à l'usage la meilleure partie de sa législation ne proscrivît pas chez les autres ce qu'il retenait pour lui-même?

Les Germains, hommes de Coutume, ne pouvaient agir autrement que leurs prédécesseurs. Ils ajoutèrent leurs usages à ceux des anciens possesseurs du sol.

47. La Coutume, d'ailleurs, fut singulièrement protégée et affermie par la justice terrienne, dont on retrouve la trace si haut que l'on remonte dans l'histoire. Tacite parle du droit de justice que le Germain de son temps possédait sur ses esclaves et sur sa famille. Les capitulaires révèlent l'étendue de cette juridiction domestique, et ils recommandent de n'en remettre l'exercice qu'à *des hommes choisis dans la localité même*[2]. Preuve irrécusable du caractère coutumier de la législation ainsi appliquée.

48. Ce droit national est trop familier aux Leudes, il leur est trop cher pour qu'ils cherchent à le renverser. Lorsque le traité de Kiersy les a transformés en seigneurs, ils conservent cette coutume locale qui varie de pays à pays sous l'influence de mille causes diverses. Ils la font leur et veillent à sa conservation.

Le droit coutumier n'est pas né de la féodalité, mais il lui est rattaché par une communauté d'origine certaine. Il

1. L. 34, 132, *De regulis juris, Dig.* — *Inst.*, Lib. I, t. II, § 9.

2. *Edictum Chlothacharii regis, anno* 615, voir Le Huérou, *Institutions Carolingiennes*, t. II, ch. XI. — Laferrière, *Histoire du Droit français*, t. II ; liv. III, ch. V, § 5.

grandit avec elle et se confond à ce point avec le droit féodal que l'on verra celui-ci désigner ses justiciables sous le nom d'*hons coutumiers* (hommes coutumiers)[1]. Cette dénomination sera opposée à celle de *gentils-hons*. La Loi de l'un et de l'autre sera écrite dans les mêmes monuments qui fixeront les règles et du droit féodal et du droit coutumier.

49. La première de ces législations est, elle aussi, coutumière. Elle règle surtout la constitution politique et sociale des peuples du moyen âge. Ces rapports se forment et se consolident par l'usage. Le seigneur ne prétend point dès l'origine à des droits nouveaux. Il s'appuie sur la délégation du souverain pour exercer le même pouvoir et des priviléges identiques. Il a pu se faire qu'en de nombreuses occurrences la force ait tenu lieu de titre, mais il s'en faut que tout ait été usurpation dans ce droit, et le fondement le plus solide sur lequel on s'appuie, c'est la Coutume.

La séparation de ces deux droits est impossible. Ils vivent d'une seule vie, et on les retrouve dans les mêmes monuments.

50. Ceux-ci ont en règle un caractère tout local. La souveraineté a peu d'étendue, et la Coutume ne dépasse guère les limites du fief, du moment où celui-ci a quelque importance. Voilà pourquoi cette époque ne nous présente d'abord aucune législation propre à nous faire saisir l'esprit général du droit féodal et coutumier. Toutefois des monuments plus marquants finissent par apparaître au cœur du onzième siècle. Des guerres heureuses transportent les hommes et les règles de la Féodalité dans des pays nouveaux. Il importe de rédiger la Coutume et de fixer les principes du droit féodal pour en maintenir l'esprit, on voit naître alors des recueils de Lois d'une réelle importance.

Puis la royauté grandit. Ses victoires, la justice et la

1. Assises de Jérusalem.

sagesse de sa politique lui donnent une influence que la faiblesse des derniers Carolingiens et l'avénement d'une nouvelle dynastie lui avaient fait perdre. Au onzième siècle, elle se sent assez sûre d'elle-même pour réviser et réunir les coutumes de son domaine. Elle édicte un véritable Code qui reproduit fidèlement l'esprit de la législation contemporaine. Par sa sagesse, par l'étendue du domaine qu'elle gouverne, par le prestige qu'a pris l'autorité royale, cette loi nouvelle apparaît comme l'un des monuments notables du droit prédominant de cette époque.

Pour saisir la physionomie de la période féodale, on peut retenir quatre recueils de lois.

51. Le premier, en date, paraît être celui qui s'intitule : « *Les Leis et Custumes* ». C'est un recueil d'origine normande. Après la conquête de l'Angleterre par Guillaume, celui-ci introduisit dans le pays conquis les usages des vainqueurs. Cette collection parut entre l'année 1066 et l'année 1087.

52. Presque en même temps une autre législation, née d'une conquête plus célèbre encore, était promulguée en Orient. C'étaient les Assises de Jérusalem : loi donnée par les Croisés aux pays qu'ils venaient de reprendre aux Sarrasins. Ce monument reflète fidèlement l'esprit de la législation féodale et surtout de la française. Il parut après la prise de Jérusalem vers l'année 1099. C'était une œuvre éclectique que l'on avait composée en choisissant les principes les plus certains et les meilleurs pris dans les diverses lois féodales des peuples Croisés. La France qui avait donné l'élan et fourni les Croisés les plus nombreux et les plus marquants avait naturellement une place d'honneur. Le manuscrit originaire des Assises fut pris par les Sarrasins, en 1187, lors de la conquête de Jérusalem, par Saladin. La loi fut rédigée à nouveau de 1250 à 1266, à Saint-Jean d'Acre, par deux gentils-hommes à la fois guerriers et jurisconsultes, Philippe de Navarre et Jean d'Ibelin, comte de Jaffa. Elle était suivie dans toutes les principautés catholiques fondées en Orient par les Croisés aussi bien dans l'empire franc de Constantinople que dans les royaumes de Jérusalem et de Chypre.

53. A côté des Assises se place un recueil d'une importance presque égale. Il porte le titre de *Consuetudines Feudorum*. C'est un résumé de la jurisprudence féodale en Lombardie. Il fut composé de l'an 1158 à l'année 1168, par deux consuls de Milan, et offert à Frédéric Ier. Les principes qu'il contient étaient suivis dans toute l'Italie, en Allemagne et même sur quelques parties du territoire français.

54. Le travail qu'attestent ces recueils de Lois présageait le grand mouvement intellectuel du treizième siècle, l'une des phases les plus brillantes de notre histoire. Le droit ne pouvait être négligé par les générations actives et laborieuses de cette époque. Il était d'ailleurs cultivé et tenu en grand honneur par le saint roi qui domine toute cette période. Louis IX ne fut pas seulement un guerrier intrépide, un prince modèle, un juge d'une intégrité, d'une fermeté et aussi d'une douceur sans pareilles, il fut encore un législateur. Il dota son royaume de Lois assez sages pour avoir servi de modèle aux princes ses voisins, et il inspira en Orient les rédacteurs de la seconde édition des Assises. Toute une école de légistes habiles se forma sous son règne et pour ainsi dire sous sa main. Aussi les monuments que ce siècle a laissés sont-ils nombreux. En Normandie, ce sont les *Assises et arrêts de l'Échiquier de Normandie*, tenus de 1207 à 1245.

Pour le Domaine royal, que l'on appelait le *Domaine-le-Roi*, ce sont les *Établissements de saint Louis*, recueillis en 1270 dans une seule compilation.

55. A côté de ces arrêts et de ces Lois il faut placer deux ouvrages dus à de simples particuliers :

Les Coutumes de Beauvoisis, recueillies par Philippe de

Beaumanoir, bailli et sénéchal de Louis IX. Ce livre parut en 1283.

Il avait été précédé d'un autre traité également écrit par un bailli du roi. *Le conseil de Pierre de Fontaine à un ami* fut publié entre l'an 1254 et l'an 1270.

Telles sont les sources où l'on doit puiser pour retrouver l'esprit véritable de la législation féodale et coutumière.

56. — **1. De l'infraction et de la pénalité.** — Le principe sur lequel repose le droit de punir a été profondément modifié. Le délit lèse à la fois deux intérêts : celui de la victime et celui du seigneur féodal. Même les attentats contre la personne ou les biens des particuliers prennent ce caractère. Lorsqu'un criminel veut acquérir la paix, il ne lui suffit pas d'aller trouver l'offensé ou ses parents et de composer avec eux. Il faut aussi qu'il obtienne la paix du seigneur. Celui-ci n'intervient plus seulement pour toucher le fredum, prix de l'administration de la justice. Il accorde le pardon ou applique le châtiment comme distributeur de la justice et maître de la vengeance. C'est vraiment le sire justicier. Il est le propriétaire de la justice comme de la terre. C'est lui qui défend les hommes de son fief en même temps qu'il les gouverne, et quiconque s'attaque à eux le blesse directement. La *vengeance seigneuriale* prime la vengeance individuelle.

Ce principe est écrit dans les Coutumes les plus empreintes de l'ancien esprit barbare. On lit dans les *Établissements de Normandie* : « se li homicides puet acquerre la pès as amis « à cels qu'il a ocis, ce ne vaut riens se il n'a la pès le « duc[1] ».

Beaumanoir avertit ses lecteurs qu'il écrit pour que « li « seigneurs sacent quele venjance il doivent penre de çascun

1. Établissements de Normandie, *Des Fuitis*.

« meffet ». Sans doute, lorsque certains délits particulièrement graves ont été commis, un meurtre, par exemple, le duc ne doit point accorder sa paix contre le consentement de la partie lésée ; s'il le fait, la victime peut se plaindre et *faire ouïr clameur* au souverain[1] ; mais elle n'a point le rôle principal. Certains auteurs ont tiré de ce texte la conséquence que le principe de la vengeance individuelle s'était conservé. Cette conséquence est inexacte.

Le duc surtout est le lésé ; son intérêt prime à ce point celui de la victime que le pardon de celle-ci n'est d'aucune valeur sans la rémission accordée par le seigneur. Et le coupable. « s'il a paix de part et d'autre, il faut qu'il porte à « son cou, pendant un an et un jour, les lettres de paix « scellées du grand sceau ducal[2] ».

La prérogative seigneuriale l'emporte chaque jour d'une manière plus marquée.

57. La conséquence de ce principe se fait immédiatement sentir. Plus de délits privés, tous sont devenus publics, et le sire justicier doit s'occuper de quelque infraction que ce soit. Les crimes prévus révèlent à quelles violences les hommes de cette époque se laissaient aller. Ils avaient de grandes qualités, une énergie incomparable, mais aussi de grands vices. Les lois prévoient surtout les violences contre les personnes des deux sexes, les incendies, la sorcellerie, les vols, injures et vilenies.

58. Ils sont châtiés de peines corporelles en grand nombre et cruelles. On applique différents genres de mort. On fait subir des mutilations. L'exil, la démolition et l'incendie de la maison, les pénitences canoniques, parmi lesquelles figuraient les pèlerinages, sont également au nombre des pénalités infligées.

1. Établissements de Normandie, *loco citato*.
2. Établissements de Normandie, *loco citato*.

59. En outre la féodalité a un crime spécial frappé d'une peine particulière. C'est la *félonie*. La félonie est la violation du contrat féodal. Le vassal se révolte contre son suzerain ou manque gravement aux obligations contractées ; il encourt une peine adéquate au forfait : la peine de la *Commise*. La Commise est la résolution du contrat féodal. Le suzerain dont l'autorité a été méconnue reprend le fief qu'il avait donné. Il faut distinguer la *Commise* de la *Confiscation*. Elles ne s'appliquent ni aux mêmes biens ni au profit des mêmes personnes. La Commise ne frappe que le fief : le coupable conserve ses autres biens. Elle ne profite qu'au seigneur du fief dominant, au suzerain féodal à qui sont dus la foi et l'hommage. La Confiscation s'applique à tous les biens meubles ou immeubles du condamné ; elle les attribue au sire justicier qui peut fort bien n'être pas le même que le seigneur suzerain. Toutes différentes qu'elles soient, ces deux institutions sont analogues, et l'usage de la Commise n'a pas peu contribué à étendre l'application de l'autre pénalité.

60. — 2. De la juridiction. — Les changements apportés dans l'ordre des juridictions ne sont pas moins considérables que ceux qui viennent d'être étudiés. D'abord l'ancienne maxime du droit barbare que la Loi est personnelle se trouve remplacée par un principe contraire.

Loisel a conservé la règle qui la remplace à l'origine de la féodalité. « Toute justice est patrimoniale », dit le droit nouveau [1], c'est-à-dire que le droit de la rendre appartient au seigneur en pleine propriété comme la terre. Ce caractère de la juridiction devient aussi le caractère de la loi de fond. La

1. Loisel, *Institutes coutumières*, liv. II, t. II, règle 42. — *Contra.* Albert du Boys, *Histoire du Droit criminel des peuples modernes*, liv. II, ch. I, § 4. — T. II, p. 27, note 2.

révolution qui s'accomplit dans les relations sociales favorise cette transformation. L'habitant d'un certain lieu, en devenant le vassal ou l'homme lige d'un seigneur, prend sa Loi et se soumet à la Coutume en usage dans l'étendue du fief. Lorsque les liens féodaux se sont étendus au point de s'appliquer à tous les hommes d'une contrée, on n'y rencontre plus ni Saliens, ni Ripuaires, ni Gallo-Romains, mais seulement des vassaux soumis à la Loi du comté ou du duché[1]. Les limites du fief dépassées, la législation ne s'applique plus, parce que le pouvoir du seigneur ne s'étend pas en dehors des limites de sa principauté.

Le lien féodal qui soumet les hommes du fief à la justice et à la loi de leur seigneur est tellement fort qu'il les suit partout. Le vassal est toujours le justiciable de la juridiction dans le ressort de laquelle il est né. En quelque endroit qu'il commette un délit, il sera renvoyé devant le tribunal de son seigneur. La justice du lieu du crime ne pourra le condamner.

Ce caractère patrimonial et réel de la justice explique comment le droit de juger appartient non pas seulement au fief, mais encore à la terre possédée en vertu d'un droit primordial et sans concession : au franc alleu[2].

61. Suivant que la concession fut à l'origine plus ou moins complète, la juridiction était plus étendue ou plus restreinte. On distingua d'abord deux, puis à partir du XIVe siècle trois sortes de délégation, ou, selon le langage de l'époque, trois classes *de justice : la haute justice*, *la basse justice* et *la moyenne justice*. Le troisième terme de cette division ne fut trouvé qu'en dernier lieu.

1. Pierre de Fontaines dit du vilain : « Mès par notre usage n'a-t-il entre toi et ton vilain, juge fors Deu, tant comme il est tes couchants et levants, s'il n'a autre lois vers toi que la commune. » *Conseil à un ami*, ch. XXI, § 8.

2. Albert du Boys. *Histoire du Droit criminel des peuples modernes*, t. II, liv. III, ch. III, § 1.

62. La composition du tribunal ne fut pas toujours la même. A l'origine le seigneur ne peut juger que dans *sa cour*, c'est-à-dire entouré des hommes de son fief, de ceux que l'on appelle *les pairs*, parce que leur autorité est égale. La sentence est formée par l'avis de la majorité. Ces *jugeurs* qui remplacent les Rachimbourgs ne sont pas toujours pris dans la même classe de la société.

S'agit-il de juger un membre de l'association féodale, un *gentil-hons*, la cour qui peut en connaître est la cour du baron, la cour supérieure garnie de pairs gentils-hommes comme l'accusé. La justice qui s'exerce ainsi est celle à laquelle a droit le membre de la féodalité : la justice féodale.

S'agit-il, au contraire, de ces hommes de condition moyenne que l'on appelle les *hommes-coutumiers* ou encore *les roturiers* ou *vilains*, la cour qui se réunit est garnie de *coutumiers*, et la présidence en appartient au simple gentil-homme, au seigneur direct qui, plaideur personnellement, comparaîtrait devant la cour du suzerain supérieur. Ce tribunal rend la justice que l'on appelle plus spécialement justice terrienne ou coutumière. Par exception, il peut arriver que les vilains eux-mêmes soient jugés par les chevaliers. C'est un privilége que des chartes ou l'usage concèdent parfois[1].

63. On trouve même certaines cours qui rappellent les anciennes assemblées des Germains. Ce sont les cours *des hommes* conservées ou établies là où les hommes moyennement libres sont restés assez nombreux pour demeurer, au regard du seigneur, dans une indépendance presque complète. On rencontre au XIVe siècle plusieurs de ces cours, et

1. Pierre de Fontaines, *Conseil à un ami*, ch. XXII, §§ 3, 4, 14. « Quand vileins est en jugement de chevaliers par chartre ou par usage et il fausse le jugement.... Tuit cil ne pueent jugement fausser qui par la coutume de notre païs ou par foi privée sont en jugement de francs hommes. »

leurs jugements sont portés par voie d'appel devant la cour du baron.

Les Assises de Jérusalem reflètent fidèlement ces dispositions dans l'établissement de la cour des Barons et de la cour des Bourgeois.

64. Quant aux serfs, ils étaient les justiciables du gentilhomme auquel ils devaient leurs services. Mais eux aussi avaient leurs droits et la cour devait être pour eux composée comme pour les vilains. Ils pouvaient même dans les cas graves saisir la cour du roi ou du baron de leurs plaintes contre leurs seigneurs[1]. A la différence des vilains, ils étaient soumis à la servitude de corps, c'est-à-dire qu'ils devaient à leur seigneur des travaux manuels dont les vilains étaient exempts.

65. Cette règle ancienne finit par changer. Les hommes du fief disparaissent ou sont éloignés comme cela est arrivé aux Rachimbourgs. Le seigneur, lui aussi, ne tient plus lui-même sa cour. Il se fait remplacer par des officiers qu'il choisit et qui sortent des rangs des légistes. L'usage se généralise et la royauté qui y trouve l'avantage d'affaiblir l'autorité féodale en arrive à le poser en règle absolue. Le sire justicier dans les derniers temps ne peut rendre lui-même la justice, encore que les profits doivent lui en revenir.

66. — 3. De la procédure. — La procédure ne subit pas de changements aussi considérables que le fond du droit. Elle reste publique comme dans le droit germanique, et les délais en sont fort abrégés par la nature de la preuve.

67. A une époque militaire, comme la période féodale, la preuve qui l'emporte est la preuve par *gage de bataille.* Lors-

1. *Institutes* de Littleton recueillies par Houard, *Anciennes lois des Français*, t. I, sect. 189 à 195.

qu'elle est offerte par l'un des plaideurs, aucun autre mode de preuve ne peut lui être imposé. Les parties luttent par elles-mêmes ou par champions. Celle dont le champion est vaincu perd son procès, et, si elle est accusée, subit la peine du crime allégué contre elle.

A défaut du combat judiciaire, on a recours soit aux ordalies, soit à des garants qui ne sont que des *conjuratores* portant un nom nouveau.

68. Le duel condamné par l'Église fut interdit par saint Louis dans ses domaines. Il semble que nonobstant il n'ait point complétement disparu. Plus tard, au XIVe siècle, on trouve une ordonnance de Philippe le Bel le réglementant encore. A la vérité, on remarque que les formalités dont il l'entoure n'ont qu'un but : le rendre très-difficile, sinon impossible.

69. La procédure parfaite et le jugement rendu, pouvait-on appeler de la sentence? Ce point est délicat et ne peut être résolu que par des distinctions.

On peut reconnaître au moyen âge deux sortes de justices : la justice féodale rendue par des chevaliers aux membres de l'association militaire, leurs égaux ou leurs inférieurs, et la justice coutumière ou terrienne rendue par le seigneur à ses *hons-coutumiers* ou *vilains*.

70. En justice féodale, le chevalier ou plus généralement le justiciable eut toujours certains moyens de se faire rendre justice. Ils étaient au nombre de trois.

D'abord, si le seigneur ne pouvait composer sa cour, le vassal qui voulait sortir de procès portait la cause devant le suzerain supérieur par *l'appel de défaulte de droit*. C'était le moyen de réparer le déni de justice commis par le seigneur.

71. La cour était-elle composée, le plaideur qui craignait de perdre son procès avait le choix entre deux moyens : ou *fausser la cour* ou *fausser le jugement*.

Fausser la cour n'amenait pas la réformation de la sentence. C'était plutôt une manière de punir le seigneur coupable d'avoir mal jugé. Le chevalier mécontent citait son seigneur devant leur suzerain commun. Arrivé dans la cour de celui-ci, il s'adressait à lui dans ces termes : « Sire, il m'a fait faux « jugement pour quelle reson je ne vuel plus tenir de lui « ançois tendré de vous qui este, chief sire. » Et il jetait son gage de bataille. L'appel était basé sur une violation du contrat féodal et se terminait par sa résolution. Vainqueur, l'appelant montait d'un degré dans l'échelle sociale. Il devenait le vassal direct du *chief sire*, l'égal de celui qui était hier encore son suzerain. Vaincu, il perdait son fief. Le jugement de Dieu avait décidé qui des deux avait manqué à ses devoirs de justice ou de fidélité.

72. Mais il se pouvait faire que le justiciable ne voulût point rester sous le coup du jugement qui le frappait. Comment s'y prendre pour le faire modifier? Il fallait alors *fausser le jugement*. Le plaideur qui craignait de perdre son procès attendait que les juges « *fussent appareilliés de jugier* », que le jugement fût délibéré. Il demandait au seigneur de le faire prononcer par l'un de ses hommes. Le jugement ainsi rendu, le plaideur demandait soit à un autre, soit à plusieurs des juges, s'ils l'approuvaient. Sur leur réponse affirmative il disait s'adressant à l'un d'eux : « *Vos faussé-je de tel jugement car il n'est ne bons ne loiaus.* » Et il jetait son gage de bataille. Pour vider l'appel on recourait au jugement de Dieu. Le sort favorisait-il l'appelant, l'appelé perdait sa cause et les dépens. Il en était de même de l'appelant qui succombait. Celui-ci payait, en outre, une assez forte amende au seigneur et à chacun des juges dont il avait faussé la sentence. Il put même dans certains cas subir des peines corporelles[1].

1. Voir Pierre de Fontaines, *Conseil à un ami*, ch. XXII, §§ 1, 5, 6, 10, 15 à 19, édition Marmier. — Beaumanoir, *Coutumes de Beauvoisis*, ch. LXI art. 47.

Quant à l'intimé, il devait défendre le jugement sous peine d'amende.

73. Ce droit spécial aux gentils hommes fut étendu aux vilains qui jouissaient de la justice féodale et ne pouvaient être jugés que par des chevaliers. Le droit d'appel parut un accessoire de la justice même. On s'efforça de le rendre accessible à tous. A l'origine, le vilain qui faussait le jugement d'un chevalier combattait contre lui à pied avec l'écu et le bâton, tandis que le chevalier combattait à cheval armé de toutes pièces[1]. Une lutte à ce point inégale rendait le droit d'appel illusoire. Aussi en vint-on dans certains tribunaux à admettre la doctrine contraire. Le combat judiciaire eut lieu à pied et par champions[2].

Pour ménager l'amour-propre de la féodalité, saint Louis dans ses établissements défendit l'appel au roturier, mais il lui permit de demander *l'amendement du jugement*. C'était la chose sous une autre dénomination.

74. Le vilain jugé par les hommes coutumiers est en dehors de cette justice; aussi ne peut-il d'abord fausser le jugement de son seigneur[3]. Mais cette règle ne pouvait se maintenir, elle disparaît vers la fin de cette période.

II. DROIT CANON.

75. La législation de l'Églsie nous présente pour cette époque quatre monuments importants.

Il faut placer en première ligne le décret de Gratien. C'est un recueil des décrétales du Pape et des décrets des conciles. Il fut publié à Bologne en 1151. Cette collection est la plus autorisée de celles qui ont paru. Elle fut revue par ordre de

1. Beaumanoir, ch. LXI, art. 9.
2. Pierre de Fontaines, ch. XXII, § 14.
3. *Idem*, ch. XXII, § 3, ch. XXI, § 14.

Grégoire XIII en 1582. Son autorité vient de la nature des documents qu'elle contient.

76. Près d'un siècle plus tard, on lui en adjoignit une autre (1231), celle des *Décrétales de Grégoire IX*. Elles furent réunies par Raymond de Pennafort, général des dominicains. On désigna cette partie du droit canon sous le nom d'*extra*. Elle est divisée en cinq livres, et le cinquième est consacré entièrement au droit pénal.

77. Boniface VIII ajouta un nouveau livre aux cinq que contenait l'*Extra*, et, comme il formait le sixième, on le désigna sous le nom de *sexte*. Ce livre continue la collection des décrétales. Il fut publié en 1298.

78. Enfin au commencement du XIVe siècle (1317), le pape Jean XXII réunit les décrétales de l'un de ses prédécesseurs, Clément V, et aussi les canons du concile de Vienne. Il en fit un nouveau livre qui s'appela *les Clémentines*.

Réunis aux premières collections dont il a été parlé, ces livres forment presque tout le *corpus juris canonici*. Il est maintenant possible d'en étudier l'esprit.

79. L'influence de cette législation fut considérable. La docilité avec laquelle le moyen âge s'est incliné sous l'autorité bienfaisante de la papauté est connue. Les motifs n'en ont pas toujours été parfaitement saisis. Le moyen âge, malgré les défauts inhérents à la nature humaine et dont il ne put s'exempter, fut une époque de foi en même temps ardente et logique. Le fondement de sa croyance fut établi, les règles en furent posées et les conséquences déduites par des philosophes de premier ordre.

Ceux-ci surent être à la fois de grands saints et des hommes politiques supérieurs. Il suffit de nommer saint Bernard, saint Dominique, Suger, et le philosophe par excellence, saint Thomas d'Aquin. Le caractère providentiel de la société et l'origine divine du pouvoir social étaient universellement reconnus. On tenait que l'autorité venait de Dieu même qui la déléguait au prince suivant cette parole de saint Paul: « Il n'y a point de puissance qui ne vienne de Dieu et celles qui sont établies l'ont été par lui[1]. » Les politiques ni les législateurs ne pouvaient dès lors s'affranchir de la loi morale et religieuse. Si quelque difficulté considérable s'élevait, si quelque division mettait en péril l'ordre social, n'était-il pas naturel, encore qu'il s'agît de matières politiques, d'en demander la solution à l'infaillible interprète du dogme et de la morale, au pontife vicaire du Christ lui-même? Cette considération fut la base théorique du pouvoir que les papes exercèrent pendant cette période.

Un motif de fait vint s'y joindre et le corroborer. L'incomparable unité de l'Église, la profondeur de sa sagesse, la puissance de sa charité pleine à la fois de douceur et de fermeté, n'inspirent jamais plus d'admiration qu'aux époques où le pouvoir social est trop divisé et où l'énergie individuelle éclate en violences et en luttes fréquentes. On sait que ces défauts se produisirent alors. Ils contribuèrent à augmenter l'influence de l'Église. Il serait injuste d'omettre la perfection de sa législation qui servit de modèle aux auteurs des autres lois. Il est donc important de s'arrêter à cette étude.

80. — **1. De l'infraction et de la pénalité.** — Le droit de punir ne pouvait en droit canon s'appuyer ni sur l'idée de la vengeance individuelle ni sur l'idée de la vengeance du seigneur. Le pouvoir est obligé d'infliger un châtiment non pour se venger, mais à raison de la mission qui lui a été confiée. La transgression de la loi fait naître pour le coupable la nécessité d'une expiation; elle impose à la société l'obligation de réprimer par la correction le mauvais exemple

1. « Non est enim potestas nisi a Deo : quæ autem sunt, a Deo ordinatæ sunt. » Épître de saint Paul aux Romains, XIII, 1.

donné. Les idées d'expiation et d'exemplarité prennent la place de ce mobile imparfait et violent de la vengeance. Et cette législation n'oublie pas que la peine doit viser aussi à procurer l'amendement du coupable. La pensée est exposée dans un beau texte souvent cité : « *Et, cum paulo districtius* « *agitur, ex charitate agendum est et non ex furore, quia* « *ipsi hoc præstatur qui corrigitur ne gehennæ ignibus tra-* « *datur* [1]. »

81. Aussi la pénalité est-elle singulièrement adoucie. L'Église ne prononce point la peine de mort. Le châtiment le plus grave qu'elle inflige est l'emprisonnement solitaire et perpétuel. On trouve ensuite, en suivant une progression décroissante, le même emprisonnement, mais à temps, la séquestration dans un monastère. Parfois le droit canon prononce la peine de la flagellation, pourvu qu'elle ne soit pas subie publiquement et qu'elle n'entraîne pas effusion de sang. Enfin la législation applique des pénitences canoniques, des amendes en faveur d'œuvres pieuses, les pèlerinages, l'excommunication, l'interdit. L'Église se trouvait-elle en face d'un coupable obstiné : elle l'abandonnait au bras séculier, lui retirant le bénéfice de sa protection. Tandis qu'elle s'éloignait des hommes endurcis dont elle ne pouvait espérer ni repentir, ni amélioration, elle étendait sa main sur le coupable lorsqu'il se réfugiait au pied de l'autel. Elle essayait de le convertir avant de l'abandonner à la justice sévère du pouvoir séculier. Le droit d'asile attribué aux églises paralysait l'action de la justice civile. L'autorité ecclésiastique s'interposait et le châtiment se trouvait souvent transformé en pénitences canoniques [2].

La pénalité du droit canon n'était pas seulement plus douce, elle était aussi certaine et non pas arbitraire. Les

1. *C. Fraternitas*, 11, ch. II, q. 2.

2. Albert du Boys, *Histoire du Droit criminel des peuples modernes*, t. I, liv. II, ch. IV, § 2.

textes déterminaient le châtiment applicable à chaque infraction.

82. La perfection même de la loi avait dû faire augmenter la nomenclature des infractions. On rencontre dans ce droit une classe spéciale de crimes que les autres législateurs lui ont empruntée : ce sont les crimes d'hérésie. Ils étaient déférés aux cours d'Église, et l'application de la peine était remise au bras séculier. La connaissance de ce crime appartint pendant assez longtemps aux tribunaux ecclésiastiques. Ils procédaient à son examen avec un soin particulier. Ils exigeaient pour l'application du châtiment des conditions rigoureuses de récidive, d'opiniâtreté et de publicité. Cette règle si sage ne fut point toujours suivie. L'hérésie constituait une infraction religieuse, mais en même temps civile. Le pouvoir séculier estimait que toute erreur canonique, lorsqu'elle était importante, renfermait le germe d'une erreur politique et sociale. Les rois en arrivèrent à en remettre la connaissance à des tribunaux de l'ordre politique. Ces juges nouveaux appliquèrent en cette délicate matière les principes rigoureux et la répression sévère du droit laïque. Ils ne tinrent point compte des distinctions justes et charitables de la législation ecclésiastique. Alors se produisirent les abus que l'on a si souvent dénoncés et aussi exagérés à plaisir. Le droit canon ni les tribunaux de l'Église n'en peuvent être rendus responsables[1].

83. Il est encore des distinctions que cette législation a découvertes et qu'elle a fait passer dans le droit des peuples modernes. Elles reposent sur l'appréciation des différents degrés de responsabilité. Une même infraction ne renferme point toujours la même malice ni ne doit être punie d'un châtiment absolument fixe. Les circonstances du fait, de

1. De Maistre, Lettres à un gentilhomme russe sur l'Inquisition espagnole. *Œuvres*, t. II. — *Revue critique*, t. XIII, p. 441, article de M. Huc.

l'âge, du sexe, de la condition, font varier la culpabilité. Le droit canon fut le premier à proclamer cette théorie. Alexandre III posa la règle dans une de ses décrétales. Il fondait ainsi l'institution des circonstances atténuantes, des excuses et des circonstances aggravantes[1].

84. — 2. De la juridiction. — L'origine de la juridiction ecclésiastique est connue. L'exercice en avait été remis d'abord aux évêques. Le pouvoir de juge était une des prérogatives de leur charge; mais la multiplicité de leurs fonctions les conduisit à déléguer leur pouvoir à de simples ecclésiastiques. Ils créèrent des commissions temporaires qui furent ensuite transformées en tribunaux permanents et à résidence fixe. Ils leur adjoignirent un fonctionnaire chargé de mettre en mouvement l'action publique. On lui donna le nom de promoteur. Ce fut, à notre estime, l'origine du ministère public.

85. Le droit de juridiction appartenant aux cours d'Église était tantôt réel et tantôt personnel. On leur attribuait la connaissance de certaines infractions condamnées plus particulièrement par les lois ecclésiastiques ou qui violaient les sacrements de l'Église : tels étaient l'usure, l'hérésie, les crimes contre nature.

86. La juridiction personnelle qui leur appartenait reposait sur *le privilége de cléricature.* Était réputé clerc quiconque avait reçu la tonsure et l'habit ecclésiastique. Plus tard même ce bénéfice fut singulièrement étendu. Il suffisait pour le conserver de mener un genre de vie qui ne fût pas incompatible avec l'état ecclésiastique. Le port du costume non plus que le célibat ne furent exigés. Lorsque l'on compare le droit canon aux législations de cette époque, on comprend

1. *C. Sicut dignum* 6, l. 5, t. XII, — *si quis* 3, l. 5, t. XVIII, *apud Gregor.*

l'extension singulière de ce privilége et l'ardeur avec laquelle il était recherché.

87. — **3. De la procédure.** — Les modifications apportées par le droit canon à la procédure criminelle ne furent pas moins profondes que celles introduites sur le fond du droit.

Cette législation reconnaît trois formes d'instruction distinctes : la procédure *per accusationem*, la procédure *per denonciationem*, la procédure *per inquisitionem*. Les deux derniers modes d'action sont absolument nouveaux.

88. Tout d'abord le droit canon rejette le système de modes négatives introduit soit par les Germains, soit par le droit féodal. Les ordalies, les conjurateurs, le duel judiciaire, sont proscrits. Il existe cependant une preuve par serment, *purgatio canonica*, qui offre quelque ressemblance avec les preuves que cette législation rejetait. Mais elle n'était employée que dans des cas exceptionnels. Il fallait que l'accusé eût été examiné, qu'aucune preuve, qu'aucune présomption n'eût été fournie contre lui et qu'il présentât des garanties morales. On ne pouvait se purger ainsi du crime rendu probable, mais seulement du soupçon du crime[1].

C'était à la preuve positive, à cette ENQUÊTE si décriée, que le juge ecclésiastique avait recours. C'est que le droit canon lui avait rendu un caractère vraiment probant par les précautions dont il l'entourait et par le respect qu'il exigeait pour le serment.

On va voir comment elle était reçue et comment la procédure se déroulait.

89. — **A.** *Procédure per accusationem.* — C'est l'ancienne procédure accusatoire du droit barbare. Toutefois elle lui est

1. *C. Constitutus* 9, l. 5, t. XXIII, *apud Gregor.*

notablement supérieure au double point de vue de la forme suivie et de la preuve admise.

L'accusation est publique, mais elle est formulée par écrit, et cette nécessité lui donne une précision qui permet à la preuve de s'y mieux adapter soit pour l'établir, soit pour la combattre.

L'enquête est reçue par le juge en présence des parties. Chaque témoin dépose séparément, arrière des autres et sous la foi du serment. La matière des reproches est soigneusement examinée par le droit canon. Le juge n'est pas tenu de n'entendre que les témoins produits par les deux adversaires. Il peut en faire citer d'autres.

L'enquête recueillie par écrit est mise à la disposition des parties. Leurs conseils l'examinent et en font ressortir le caractère et les invraisemblances, s'il s'en rencontre.

90. — B. *Procédure per denonciationem.* — La procédure accusatoire a ses dangers. Si l'accusé est puissant et violent, il est à craindre qu'aucun accusateur ne veuille affronter le danger de sa vengeance et que le coupable n'échappe à la justice alors qu'il importerait de le punir, en raison même de sa puissance. Cet inconvénient fit naître le second mode de procédure. La poursuite était dirigée par le promoteur qui remplissait le rôle attribué à l'accusateur. Le magistrat avait été informé du fait par un dénonciateur dont le nom restait inconnu.

N'y avait-il point danger que ce caractère occulte de la dénonciation n'encourageât la calomnie et n'exposât des innocents à des poursuites toujours pénibles ? Le péril pouvait exister, aussi avait-on pris des précautions. D'une part le dénonciateur, avant de révéler le fait à l'officialité, devait avertir charitablement le coupable d'avoir à réparer sa faute et à faire cesser le scandale. Cet avertissement était prescrit à peine de voir écarter la dénonciation comme non recevable.

Puis le promoteur, maître de la poursuite, ne l'intentait qu'au cas où il estimait la révélation fondée.

Enfin cette voie criminelle ne fut d'abord suivie que pour des infractions qui n'étaient pas d'une importance majeure[1].

La différence entre ces deux procédures consistait dans la manière d'introduire l'action.

91. — C. *Procédure per inquisitionem.* — Le troisième mode de procédure ne fut usité qu'en dernier lieu, il fut le résultat de graves désordres qui se produisirent au douzième siècle. Ces abus nécessitèrent l'envoi de commissaires enquesteurs ou inquisiteurs, chargés de rechercher quelles étaient les mœurs du clergé. Sur les faits révélés par leurs informations on procédait à des poursuites régulières en la forme accusatoire ou d'office.

Cette procédure se généralisa. Lorsqu'une infraction était notoire et dénoncée par la voix publique, on procédait à une information. Le commissaire inquisiteur faisait comparaître les témoins devant lui. Il recevait leurs dépositions séparément et en secret, puis les consignait par écrit. L'enquête était envoyée au tribunal. La procédure, s'il y avait lieu, était suivie en la forme ordinaire. Le procès-verbal d'enquête était communiqué à l'accusé, les noms des témoins lui étaient révélés pour qu'il pût repousser l'accusation et proposer ses reproches. La procédure comprenait deux phases : l'une occulte, la seconde publique. A la règle que les noms des témoins devaient être révélés il n'y avait qu'une exception. Dans les procès d'hérésie cette connaissance pouvait faire courir à ceux qui avaient déposé les dangers les plus sérieux. Les premiers hérésiarques ne furent point dépourvus de puissance, et ceux qui auraient chargé le comte de Toulouse, par exemple, ou quelque seigneur de ses adhérents, au-

1. C. *Super his* 16, l. 5, t. I, *apud Gregor.*

raient pu concevoir les craintes les plus sérieuses. Cette exception était unique et temporaire. Le péril disparu, le nom du témoin devait être révélé[1].

Telle était la prudence de l'Église que cette procédure était vue par elle avec crainte. Les formes étaient toutes de rigueur et exigées à peine de nullité[2].

III. DROIT ROMAIN.

92. Revenir sur le caractère de la législation romaine et sur la part d'influence qui lui appartient serait superflu. On la regarde toujours comme la règle commune et générale lorsqu'il s'agit de l'application de la peine, de la classification des infractions et des grandes règles du droit pénal. Pierre de Fontaines l'invoque comme le fera Muyart de Vouglans au dix-huitième siècle. Une circonstance vient singulièrement favoriser son action. C'est l'importation en France de la collection de Justinien. Il semble que cette législation nous ait été apportée vers la fin du onzième siècle, et l'opinion d'après laquelle son introduction serait due au Lombard Lanfranc devenu prieur de l'abbaye du Bec, puis archevêque de Cantorbery, paraît fort plausible. Deux monuments de droit civil et ecclésiastique ne permettent point de douter que ces lois n'aient été à cette époque connues dans notre pays.

Le premier est le décret d'Yves, évêque de Chartres. C'est

1. « Jubemus tamen quod si accusatoribus vel testibus in causa hæresis intervenientibus seu deponentibus (propter potentiam personarum contra quas inquiritur) videant Episcopus vel Inquisitores grave periculum imminere, si contingat fieri publicationem nominum eorumdem, ipsorum nomina non publice sed secreto coram diœcesano episcopo exprimantur; cessante verò periculo supradicto, accusatorum et testium nomina (prout in aliis fit judiciis) publicentur. »

2. Voir sur toute cette matière le très-intéressant article de M. Huc dans la *Revue critique de législation et de jurisprudence*, t. XIII, p. 441.

un recueil de droit canon ; mais on y trouve des citations empruntées à la législation de Justinien avec l'indication de la source où elles ont été prises. Ce décret fut composé à la fin du onzième siècle.

Le second ouvrage où l'on retrouve la preuve de cette connaissance est le recueil de Petrus, intitulé *Petri exceptiones legum romanarum*. C'est un ouvrage sur le droit civil dû à un légiste de Valence et qui parut dans le courant du douzième siècle.

La connaissance et l'étude du droit romain furent développées par l'enseignement de la célèbre école de Bologne fondée par Irnerius à la fin du onzième siècle ou dans les premières années du douzième.

TROISIÈME PÉRIODE.

DU QUATORZIÈME A LA FIN DU QUINZIÈME SIÈCLE.

93. A la fin du treizième siècle l'état politique de la France se transforme d'une manière notable. La féodalité est parvenue à son déclin. Le pouvoir de la royauté a grandi. Le peuple, dont elle favorise l'émancipation, les communes, à qui par un habile système elle octroie des chartes généreuses, les légistes enfin, pour qui elle représente l'image des empereurs romains et que leurs études portent vers le pouvoir d'un seul, se tournent vers elle. Appuyée sur toutes ces forces, la royauté commence contre les seigneurs une lutte où elle finira par l'emporter. On dirait qu'elle reprend l'œuvre tentée par les Mérovingiens d'abord, puis par Charlemagne, et où les deux premières races de nos rois se sont usées. Les Capétiens seront plus heureux. Dès la fin du quinzième siècle, la victoire est décidée. Que l'on examine l'autorité de François Ier. Il est par caractère et par goût chevalier et baron jusqu'au fond de l'âme, mais, si c'est un roi chevaleresque, ce n'est plus un simple suzerain féodal.

On verra donc dans cette époque quatre droits en présence:

Le droit féodal ou coutumier.

Le droit romain.

Le droit canon.

Le droit royal ou des ordonnances.

I. DROIT FÉODAL ET COUTUMIER.

94. Du droit féodal on ne peut dire qu'un mot. Il disparaît. L'étude de son rival, le droit royal, montrera par quels moyens on l'attaque et comment on parvient à l'abroger.

Le droit coutumier paraît plus durable. Toutefois il ressent également l'influence du pouvoir souverain. Au civil, l'autorité royale prescrit la rédaction des coutumes. Elle est faite sous la direction des légistes du roi, qui ont ainsi toute facilité d'y infuser un esprit nouveau. Au criminel, on en arrive à poser ce principe, que le droit coutumier ne se maintient qu'autant que les ordonnances n'y ont dérogé ni expressément ni virtuellement[1].

II. DROIT CANON.

95. Les notions déjà données dispensent d'un nouvel examen.

Il suffit de faire connaître les nouveaux monuments qui s'élèvent à côté de ceux des époques précédentes et complètent l'ensemble du droit canon.

Ce sont d'abord les Constitutions de Jean XXII, mort en 1334. On les recueillit en un livre, et comme elles avaient

1. Muyart de Vouglans.

été quelque temps éparses et en dehors du *corpus juris canonici*, on désigna ce recueil sous le nom d'*Extravagantes.*

Enfin les constitutions des papes de Urbain V à Sixte IV forment un dernier livre. Elles s'arrêtent à l'année 1483. On leur donna le nom de *Extravagantes communes.*

96. La partie de la législation où l'influence de ce droit se fait le plus vivement sentir est la procédure. Le droit royal s'efforcera de suivre les principes posés par les canonistes, mais il ne saura point se pénétrer de leur esprit. L'Église sait que les modes de preuve auxquels elle a recours peuvent la tromper. Les défauts des hommes lui sont connus, et si le secret est nécessaire à l'instruction, elle sait qu'il ne faut point en exagérer la durée ni s'en dissimuler les inconvénients. Les jurisconsultes du droit civil ne se pénètrent point suffisamment de cette crainte. En outre ils croient qu'aucune charité n'est due à l'accusé et ils en arrivent à traiter le prévenu en coupable convaincu.

Là sera la source de leurs erreurs.

III. DROIT ROYAL OU DES ORDONNANCES.

97. Le droit des ordonnances naît à cette époque, et l'histoire judiciaire n'est presque que le récit des moyens à l'aide desquels il se substitue au droit féodal.

Les rois trouvèrent pour principaux auxiliaires dans cette lutte de décrets et de jugements les légistes ennemis-nés des seigneurs.

Une institution du droit féodal servit leurs projets. Le roi, comme suzerain féodal de tout le royaume, avait le pouvoir de tenir une cour, où il convoquait ses grands vassaux directs: ceux qui avaient rang de prince et que l'on appelait les Pairs de France. Au treizième siècle leur nombre paraît avoir été de 12, 6 pairs laïques et 6 pairs ecclésiastiques.

En outre le roi, souverain immédiat du domaine royal,

tenait, pour les pays soumis à son obéissance immédiate, une autre cour, où il appelait non plus des princes qui ne lui devaient que la fidélité, mais des seigneurs, ses vassaux reliés à lui par l'obligation de l'hommage.

L'une et l'autre de ces Assemblées avaient une compétence administrative et judiciaire, mais le caractère et l'étendue de leur juridiction différaient notablement. La première était le grand conseil de la féodalité et ses décisions devaient être respectées par tout le Royaume. Elle avait compétence sur toute personne, même sur les Pairs qui en faisaient partie. L'autre ne pouvait obliger que les habitants du domaine royal proprement dit; elle ne jugeait que les vassaux particuliers du roi.

Il semble dès lors que la Féodalité possédait une cour suprême jouissant d'une grande indépendance, et très-capable de la défendre contre les empiétements de l'autorité rivale. Seulement il restait à celle-ci un moyen de faire servir à son dessein ce pouvoir d'apparence si libre. La convocation de la Cour une fois faite, l'assise devait avoir lieu. Les Pairs faisaient-ils défaut, ils étaient en faute et le roi pouvait les remplacer par d'autres seigneurs. Il n'avait garde d'y manquer. Comme les grands vassaux ne montraient guère d'empressement à donner par leur présence une marque de leur dépendance envers la royauté, celle-ci les remplaçait par ses vassaux directs. Elle pouvait dès lors couvrir ses actes de l'autorité des décisions rendues par cette Cour suprême.

98. — 1. Monuments. — Le droit royal s'est surtout formé des ordonnances rendues par les Capétiens. On comprend sous ce nom générique tous les décrets de la puissance royale, du moment où ils s'étendent au royaume entier. Ces ordonnances n'ont pas toujours le même caractère ni la même portée. Il importe d'en distinguer quatre classes différentes : les *ordonnances* proprement dites, — les *édits*, — les *lettres-patentes*, — les *déclarations*.

99. Les *ordonnances* réglementent toute une matière ou même plusieurs, et se distinguent par leur caractère de généralité. Parfois elles intervenaient à la suite de remontrances des États généraux, parfois elles étaient délibérées en Conseil d'État, ou rendues *proprio motu*. Elles avaient dans tous les cas la même autorité. La formule qui les commençait était : *A tous présents et à venir salut*. Elles étaient signées du roi, du chancelier, et portaient un grand sceau de cire verte sur lacs de soie rouge et verte. Leur date n'était précisée que par l'indication du mois et de l'année.

100. Les *Édits* ont une portée plus restreinte que les ordonnances. Souvent ils se rattachent à celles-ci pour les compléter, les interpréter ou les modifier. On peut citer comme exemple l'édit sur les duels porté par Louis XIV en août 1679.

La formule, la signature, le mode de les sceller et de les dater, sont les mêmes que pour les ordonnances.

101. Les *déclarations* se distinguent des édits par le sceau qu'elles portent et la date qu'elles contiennent. On indique le jour, le mois et l'année, et le sceau est en cire jaune.

102. Enfin les *Lettres patentes* constituent les documents de l'ordre législatif le moins élevé. Ordinairement elles portaient concession de quelque privilége ou de quelque grâce; parfois elles constituaient des édits plus restreints. La formule initiale est : « *A tous ceux qui ces présentes verront.* » Elles portent la signature du Roi et le contre-seing d'un secrétaire d'État, et ordinairement on y trouve cette réserve : « *Sauf notre droit en autre matière et l'autrui en tout.* » Ces lettres patentes étaient susceptibles d'opposition.

103. Les principales ordonnances rendues pendant cette période sur le droit criminel sont au nombre de trois.

L'ordonnance de mars 1356 rendue sous le règne du roi

Jean, par le lieutenant-général du royaume, le dauphin Charles qui fut plus tard Charles V.

L'ordonnance d'avril 1453 rendue par Charles VII. Elle porte le nom d'ordonnance de Montils-les-Tours. Le roi y prescrivait la rédaction de toutes les coutumes et il édictait en même temps différentes dispositions relatives au droit criminel.

Enfin l'ordonnance de mars 1498 due à Louis XII. Elle est relative à la procédure criminelle. C'est elle qui la première a introduit dans notre législation la procédure à l'extraordinaire. Elle contient des dispositions réglementant les deux ordres de procédure.

104. — 2. De l'infraction et de la pénalité.— La base du droit de punir ne pouvait être la même que sous le droit féodal. Le pouvoir royal ne s'inspire point des mêmes principes et la puissance qu'il exerce a un tout autre caractère. Le droit de punir appartient au roi en sa qualité de guide et de protecteur de la société, en vertu de la mission qu'il a reçue. Le principe de l'utilité générale, et pour parler la langue du temps, *du commun profit*, tend à se dégager. La royauté ne se prétend pas propriétaire de la justice, mais elle ne veut que la rendre en la qualité qu'elle est due. Un passage d'un ancien auteur à ce sujet mérite d'être cité : « La vengeance est défendue aux hommes, et il n'y a que « le roi qui la puisse exercer par ses officiers, en vertu du « pouvoir qu'il tient de Dieu » (Institutes de d'Argou, des crimes, liv. III, ch. XXXVIII.) Sans doute le motif n'est point encore complétement dégagé et ce système de la *vindicte publique* produira de regrettables conséquences, mais un progrès a été certainement réalisé.

105. La liste des crimes s'allonge. Le droit criminel se pénètre à ce point de vue du droit canon et lui fait de nombreux emprunts.

La pénalité au contraire ne subit point de grands changements. La royauté usera largement de la commise et de la confiscation. Ces institutions lui serviront à incorporer à son domaine quelques-uns des grands fiefs qui en ont été détachés.

106. — 3. De la juridiction. — Les règles relatives aux juridictions sont profondément modifiées. A cette époque naît et se développe une institution qui aura tant au point de vue judiciaire qu'en matière politique des résultats considérables. L'appel par voie de réformation de la sentence est introduit.

Sous la période précédente, on a vu quels moyens étaient donnés aux justiciables pour *fausser le jugement.* Ce droit même étendu aux vilains différait notablement de l'appel. Qui faussait le jugement s'attaquait au juge d'abord et à la sentence seulement par ricochet et d'une manière accessoire. L'appel au contraire laisse la personne du juge en dehors de la contestation et ne s'attaque qu'à la sentence.

Une institution féodale favorisa singulièrement le développement de l'appel : l'institution *des Grands-Jours.* C'étaient des assises extraordinaires, convoquées par les possesseurs des fiefs princiers, et où se jugeaient les causes les plus graves. Le prince, haut baron, les présidait par lui-même ou par son sénéchal ; il en indiquait l'époque, qui n'était pas fixe comme pour les assises ordinaires de la cour baronniale. Enfin il semble que les juges n'étaient pas pris nécessairement parmi les vassaux du prince ; on appelait à l'honneur de siéger des *maîtres ès lois* étrangers à la seigneurie. Ces *grands-jours* rentraient dans l'exercice de la haute justice, c'est-à-dire de la justice ordinaire et non féodale. Il était difficile qu'une telle cour, si solennellement convoquée et présidée par un si haut personnage, n'en arrivât naturellement à réviser les décisions des hautes justices appartenant aux vassaux du prince. Aussi le fait se produisit-il, et l'on voit que le principe de l'appel par réformation fut appliqué pour la première fois aux grands-jours de Champagne tenus à Troyes en 1287 [1].

Toute l'indépendance des hautes justices féodales fut détruite du coup et l'institution du Parlement comme cour d'appel fut préparée.

Lorsque la royauté eut réuni tous les grands fiefs à son domaine, elle continua de faire tenir les grands jours par ses baillis; elle composa ces tribunaux en y faisant siéger ses juristes. Pour rattacher ce droit d'appel à son Parlement, il lui suffit de désigner une chambre de ce corps pour tenir régulièrement les grands jours d'un fief princier.

107. Tandis que l'institution des grands jours se développait, la royauté organisait un grand corps de judicature qui prenait plus tard le nom de Parlement.

A l'origine, les premiers Capétiens avaient eu deux cours de justice différentes. Toutes deux portaient le nom de *Curia regis*. Ce point a été examiné. La *curia regis* qui traitait les affaires du domaine du roi et qui formait son conseil, bien que placée, ce semble, dans une sphère moins relevée que la Cour des Pairs, acquit vite une influence prépondérante. Était-elle une continuation de ces conseils des grands, *concilia optimatum*, usités sous les deux premières races? Formait-elle une institution nouvelle et complétement différente? La question vivement controversée est encore pendante. Quoi qu'il en soit de ce problème historique, il est certain que le conseil royal des vassaux du domaine donna naissance au Parlement.

108. D'abord cette assemblée ne compta que les plus illustres des vassaux propres du roi. Comme elle connaissait de

1. Albert du Boys, *Droit criminel des peuples modernes*, t. II, liv. III, ch. X, § 2, p. 148.

toutes les affaires politiques et judiciaires, des légistes furent adjoints aux barons qui la composaient. Ces jurisconsultes siégeaient aux pieds des seigneurs et leur donnaient des avis : de là leur vint le nom de *conseillers*. Les connaissances juridiques devenaient chaque jour plus nécessaires et les difficultés semblaient s'accroître. Elles rebutèrent peu à peu les seigneurs, et la place resta aux légistes. Lorsqu'ils l'eurent définitivement conquise; que le corps, au lieu de siéger temporairement, eut été déclaré perpétuel; lors enfin que le conseil du roi eut été divisé en deux sections, l'une qui s'occupait d'administration, l'autre qui se bornait à juger, le Parlement se trouva par le fait institué. Son rôle était déjà marqué; c'était un tribunal d'appel.

109. Appuyée sur cette institution et fortifiée de la science pleine de subtilité des légistes, la royauté inventa plusieurs moyens d'annihiler l'influence et d'amoindrir le rôle des justices féodales. On peut en signaler quatre principaux :

1° En première ligne *le principe du Ressort*, en vertu duquel l'appel pouvait être porté au Parlement de toutes les décisions rendues par les hautes justices. On disait que toutes les juridictions royales ou seigneuriales *ressortissaient* au Parlement. Aussi le vieux brocard : « *Toute justice est patrimoniale* »[1], fut-il abrogé. On en vint à le remplacer par celui-ci : « *Toute justice émane du Roi* ».[2]

110. 2° On ajouta habilement à ce premier moyen d'attaque l'invention des *cas royaux*. C'étaient des procès réservés par leur nature particulière aux tribunaux, à l'exclusion des justices seigneuriales. Leur utilité consistait dans l'incertitude de leur définition. En vain les barons pressèrent-ils les légistes de les définir. Ceux-ci répondaient : Le cas royal est celui qui peut porter atteinte à l'autorité du roi. Et ils ne

1. Loisel, Inst. cout., liv. II, tit. 2, règle 42.
2. *Idem*, *ibid.*, titre préliminaire, règle 4, Édit. Dupin.

voulurent jamais s'écarter de cette définition commode. L'ordonnance même de 1670 n'en contient point l'énumération On voit quel usage habile la royauté ne manqua pas de faire de cette institution.

111. 3° La règle de la compétence territoriale vint aussi remplacer celle de la compétence du lieu d'origine. Jadis le vassal ne pouvait être jugé que par son suzerain. C'était une conséquence du lien féodal et une marque de sa force. Le principe nouveau attestait son affaiblissement. Il prouvait l'existence d'une autorité suprême partout reconnue et supérieure à l'autorité du suzerain.

112. 4° Enfin la dernière arme employée par la royauté fut le *principe de la prévention*. Lorsqu'elle fut maîtresse d'une partie notable du sol, elle institua des juridictions à elle dans le ressort desquelles se trouvaient comprises des hautes justices seigneuriales. Deux juges différents avaient donc compétence sur le même territoire. Par le principe de la prévention le tribunal le plus diligent et qui avait informé le premier gardait la connaissance de la difficulté. Ce droit de concours était tout favorable à la royauté, mieux servie par des légistes plus habiles et mieux renseignée par des populations en général sympathiques à sa cause.

Ainsi les juridictions royales absorbaient peu à peu les justices des seigneurs.

113. — 4. De la procédure. — Profitant de l'importance croissante de leur rôle, les jurisconsultes de la royauté organisaient une nouvelle procédure empruntée pour partie au droit canonique, mais exagérant les précautions prises par la législation ecclésiastique. L'époque dont on s'occupe voit ce système se développer par l'usage d'abord et enfin se formuler législativement.

Deux modes de procéder sont mis en pratique.

114. L'un est le système accusatoire avec ses règles de publicité. Il est toutefois modifié d'une manière notable en ce qui concerne les preuves. Le duel judiciaire, les ordalies, les garants sont supprimés. L'enquête, mise en honneur par le droit canon, devient la grande preuve de cette époque. La réception des témoignages est modifiée grâce à l'influence des décrétales.

Parfois sans doute les témoins déposent en public et d'une manière purement orale ; mais un autre mode d'audition est aussi adopté. Les dépositions sont reçues par les juges en présence des parties qui formulent leurs reproches. Ensuite les témoignages sont consignés pour être publiquement discutés.

Ce sont les formes prescrites par les Décrétales, et certaines coutumes les avaient adoptées.

115. A côté de ce système il s'en présente un second, nouveau et que l'usage introduit. Il est plus tard régularisé par l'ordonnance de 1498. On l'appelle *procédure à l'extraordinaire*. Elle s'intente sur simple dénonciation ou même d'office. L'information se fait secrètement et arrière de l'accusé. La suite de la procédure, c'est-à-dire l'audience et le jugement finissent également par devenir secrets. Les garanties résultant de la publicité sont ainsi retirées à l'accusé. Toutefois il lui reste un droit précieux et une garantie d'impartialité qui était loin d'être sans valeur. L'accusé pouvait diriger lui-même son instruction à décharge. En outre, dans les cas graves, des conseillers ou praticiens sont adjoints au juge et concourent à la sentence. Enfin l'accusé n'en était point encore réduit à ne pouvoir obtenir l'assistance d'un conseil.

116. Cette procédure supposait une grande énergie dans la poursuite et une magistrature spéciale chargée de dénoncer et de faire punir les infractions. Cette magistrature avait été créée dès le commencement du quatorzième siècle. Les procureurs généraux, à qui la poursuite du crime fut spécialement remise, furent établis en l'année 1302.

Ces innovations ne furent point sans inspirer des craintes sérieuses. Elles ne s'établirent que lentement, et, à l'origine, le législateur paraît avoir compris quels inconvénients pourraient découler du secret inhérent à cette procédure. Ce mode de procéder semble avoir son origine dans un usage établi au temps de saint Louis. On lui donnait alors le nom d'*aprise*. Elle consistait dans le remplacement des autres modes de preuve par une enquête faite d'office par le magistrat. Mais avec quelle prudence on agissait alors ! On ne pouvait d'abord y avoir recours que du consentement de l'accusé. Refusait-il de s'y soumettre, on l'employait encore, mais la peine était singulièrement adoucie. Elle ne pouvait dans aucune hypothèse dépasser l'exil[1]. Cette crainte heureuse finit par s'effacer. L'ordonnance de 1498 fit disparaître la règle de la mitigation de la peine. Elle appliqua fréquemment la procédure à l'extraordinaire et la réserva pour les grands crimes. On verra comment l'époque suivante la perfectionna.

IV. DROIT ROMAIN.

117. Il est inutile de revenir sur le rôle et l'esprit du droit romain. Il ne pouvait plus changer, puisque la source en était tarie, et son influence a été précisée.

QUATRIÈME PÉRIODE.

DU SEIZIÈME AU DIX-HUITIÈME SIÈCLE INCLUSIVEMENT.

118. Le caractère général de cette période est indiqué par les explications qui viennent d'être données à propos de l'époque précédente. Le pouvoir royal a conquis une prédomi-

1. Beaumanoir, art. 59. *Ci paroles d'Enqueste.* — Établissements de Saint-Louis. Ch. 16.

nance incontestée. Ses prescriptions ont force de loi par toute la France. Il n'existe qu'un seul droit, celui qu'il édicte ou qu'il consent à respecter. Les coutumes locales n'ont de vigueur que ce qu'il leur laisse. Le droit féodal est aboli. Si les juridictions seigneuriales n'ont pas complétement disparu, leur rôle est fort amoindri, d'ailleurs elles ne peuvent juger qu'à charge d'appel

Les ordonnances font la législation et la royauté se préoccupe d'établir pour tout le pays l'uniformité du droit pénal. Elle réalise ce projet au moins en ce qui concerne les grands principes. Les différences de jurisprudence, que l'on peut signaler entre les divers parlements, doivent être considérées comme d'une médiocre importance.

119. — 1. Monuments. — Cette période présente deux nouvelles sources de droit qui viennent s'ajouter aux ordonnances. A l'égard de celles-ci, on voit se formuler une règle importante de notre ancienne législation.

Le pouvoir législatif était jadis partagé en quelque sorte entre le roi, les parlements et le conseil du roi. Ce grand corps était divisé en trois sections : le Conseil d'État, le Conseil des finances, le Conseil des parties.

Il rendait des arrêts de deux sortes, les arrêts en *matière contentieuse* et les arrêts *rendus en commandement*. Les premiers étaient de véritables décisions judiciaires ; ils n'avaient d'autorité qu'entre les parties, sauf en matière forestière.

Les seconds avaient une bien autre importance. Rendus le plus souvent pour interpréter ou confirmer une ordonnance précédente, ils avaient force de loi et constituaient de véritables monuments législatifs. Ils portaient la signature d'un secrétaire d'État. On peut citer comme exemple l'arrêt du 24 mars 1687, qui prohibe l'achat de pêche étrangère en mer, à peine de 500 francs d'amende et de confiscation.

120. Les parlements eux aussi rendaient des *arrêts de règlement*. Ils étaient prononcés solennellement, toutes Chambres assemblées, et en robes rouges. Ils étaient obligatoires dans le ressort du Parlement qui les avait rendus, à moins qu'ils ne fussent contraires à quelque arrêt du Conseil du Roi. Presque tous, en matière criminelle, sont relatifs à la police. Tels sont l'arrêt rendu le 13 juillet 1662 par le Parlement de Paris et qui prohibe l'achat du blé en vert; l'arrêt du même parlement, en date du 17 août 1665, qui défend aux boulangers de Paris d'acheter les grains en grenier, sous peine de confiscation et de peine corporelle; enfin l'arrêt du 23 juillet 1748, qui punit d'une amende de 500 francs les pharmaciens qui ne se conforment pas aux prescriptions du *Codex*.

121. Les parlements ne se contentaient pas de cette participation à la puissance législative, ils s'étaient arrogé le droit de contrôler les actes du roi lui-même.

C'était avant 1789 une règle certaine, admise par suite de leurs efforts, que nulle ordonnance, nul édit, nul arrêt du Conseil n'étaient exécutoires dans le ressort d'un parlement, s'ils n'avaient été d'abord enregistrés au greffe de ce parlement. Ce droit n'eût été d'aucune importance si ces corps de judicature ne se fussent attribué le droit de remontrance. L'édit leur déplaisait-il, ils refusaient de l'enregistrer et adressaient au roi leurs observations, sous forme de mémoire. C'était, sous une forme plus ou moins déguisée et polie, une opposition formelle à l'exécution de l'ordonnance. Le Roi pouvait obtenir de force la formalité refusée; mais il lui fallait pour cela la solennité d'un lit de justice.

122. Aujourd'hui même la règle a son importance pratique. Sur des matières spéciales assez nombreuses, les édits des rois forment la seule législation. Pour la pouvoir invoquer, il faut justifier de l'enregistrement au greffe du parlement de l'ancienne province[1]. Du reste cette preuve peut résulter de simples présomptions[2].

Une exception à ce principe a été faite pour les ordonnances relatives à la marine. Le décret du 4 mars 1852 a déclaré que les anciennes ordonnances seraient applicables partout, sans même avoir été enregistrées (art. 2 du décret).

123. Cette dernière période présente un assez grand nombre d'ordonnances importantes et de monuments d'interprétation notables.

Parmi les premières, il convient de remarquer les suivantes :

L'édit de Crémieux du 19 juin 1536. Il réglait l'ordre des juridictions pour les juges inférieurs.

L'ordonnance de Villers-Coterets, rendue en août 1539. Elle organisa de nouveau la procédure criminelle et lui attribua un caractère particulier de rigueur. Son auteur, le chancelier Poyet, en subit quelques années plus tard la dure application.

L'ordonnance d'Orléans édictée en janvier 1560, et l'ordonnance de Moulins en février 1566. Toutes deux furent rendues sous le règne de Charles IX. Elles eurent pour véritable auteur le chancelier L'Hôpital. Une part y est faite au droit criminel.

1. En ce sens il a été jugé que les peines portées par l'ordonnance sur la marine de 1681 contre les maîtres au cabotage qui font des voyages au long cours sont encore en vigueur. L'ordonnance a été en effet enregistrée dans tous les Parlements. Cass., 14 octobre 1850 (Sirey, 51, I, 382).

Jugé que l'ordonnance du 31 décembre 1784, qui condamne à une amende de 300 fr. les patrons de navire qui s'embarquent sans rôle d'équipage, ne peut s'appliquer dans le ressort du Parlement de Normandie, parce qu'elle n'avait pas été enregistrée au greffe de ce Parlement, mais seulement à l'amirauté. (Caen, 10 avril 1845, *Rec. de Caen*, 1845, p. 200).

Il en est de même pour l'arrêt du Conseil du 24 mars 1687. Il n'avait pas été non plus enregistré au greffe du Parlement de Normandie. Cass., 28 mai 1842 (Sirey, 42, I, 855).

2. Caen, 10 avril 1845 (*Rec. de Caen*, 1845, p. 200).

L'ordonnance de Blois parut en mai 1579, à la suite des États de Blois.

Enfin furent promulguées dans le cours du dix-septième siècle deux ordonnances d'une importance particulière.

La première est de janvier 1629. Elle était l'œuvre du chancelier Michel de Marillac et réagissait contre les abus de la procédure à l'extraordinaire. Les parlements lui opposèrent la plus vive résistance. Quelque temps après, le cardinal de Richelieu sacrifia son auteur et l'œuvre tomba avec lui. Elle a conservé le nom de *Code Michaux.*

Le second monument législatif eut plus de durée. C'est la célèbre ordonnance criminelle d'août 1670. Elle fut préparée par une commission composée de membres du Conseil d'État et de présidents et conseillers au Parlement de Paris. Ce fut une révision générale de toute la procédure criminelle.

124. Ces grands monuments législatifs furent préparés ou commentés par un grand nombre d'auteurs. On ne citera que les plus notables.

En première ligne, il convient de mentionner Dumoulin. Il donna une édition du *Stylus Curiæ Parlementi* de Dubreuil (1549). — Le président Brisson publia plus tard le *Code de Henri III.* — Vers la même époque, Lizet, premier président du Parlement de Paris, composait un livre intitulé : *Pratique judiciaire pour l'instruction et décision des causes criminelles et civiles.* L'auteur mourut vers 1554.

Un autre jurisconsulte, Jean Imbert, donnait aussi, en 1552, un ouvrage portant presque le même titre : *Pratique judiciaire, tant civile que criminelle.*

Le dix-huitième siècle fournit en quelque sorte le complément des grandes ordonnances du dix-septième. Ce sont deux traités qui résument toute la jurisprudence, et reproduisent toutes les doctrines de l'ancien droit. D'abord le *Traité de la justice criminelle en France*, publié par Jousse en

1771; puis les *Lois criminelles de France dans leur ordre naturel*, par Muyart de Vouglans. Ce dernier livre parut en 1780. L'attachement de ces esprits éminents et profondément justes pour la procédure si défectueuse, suivie de leur temps, serait incroyable, si l'on ne réfléchissait d'une part à la force de l'habitude, et de l'autre, à l'horreur qu'inspirent les crimes aux esprits profondément honnêtes. Elle les conduisait à confondre dans une même aversion le coupable convaincu et celui qui n'était encore que prévenu.

La liste ne serait pas complète, si l'on ne citait un ouvrage du seizième siècle. Nul livre n'est plus intéressant à consulter, ni d'une lecture plus attrayante que: l'*Ordre, formalité et instruction judiciaire, dont les anciens Grecs et Romains ont usé en accusation publique, conféré au stile et usage de notre France*, par Pierre Ayrault, lieutenant criminel au siége présidial d'Angers. Esprit juste, vigoureux, et ami de la libre défense des accusés, tout magistrat qu'il soit, Ayrault est révolté des dispositions iniques de l'ordonnance de Poyet[1]. Il met au service de son indignation un bon sens rarement en défaut, et une verve pleine d'énergie et de naïveté. Ce jurisconsulte, rompant avec les traditions des légistes pour se faire l'écho des plaintes des seigneurs qui sont parfois le cri de la justice même, a une physionomie à part. Il possède un style qui ne vieillit pas.

Tels sont les monuments où l'on peut étudier le droit de cette époque.

125. — 2. Du précepte et de la pénalité. — Le principe sur lequel repose le droit de vengeance se modifie de nouveau. L'idée de la vengeance sociale n'est pas abandonnée; mais elle n'est plus seule. On sent que la peine tend aussi à améliorer le coupable, à protéger la société par l'intimidation; qu'enfin elle est une répression due au crime. Ces idées de *défense sociale*, d'*exemplarité*, d'*amendement du coupable* se trouvent dans les écrits des principaux jurisconsultes de cette époque[1]. « Remarquez, dit de Varicourt, que l'objet de « la loi n'est pas qu'il y ait une peine appliquée dès qu'il a « existé un crime; mais son vœu est de punir le coupable et « nul autre. Cette réflexion qui paraît fort simple mérite « néanmoins d'être faite très-sérieusement. Pour arrêter les « crimes il faut des exemples; mais personne ne doit servir « d'exemple que le coupable. Il faut que la société soit ven- « gée du crime qui l'a attaquée; mais cette vengeance est « celle de la loi, froide, impartiale, qui ne poursuit ni ne « favorise personne. C'est plutôt de l'impulsion d'une sorte « de nécessité que de celle d'une volonté libre que doit ré- « sulter l'action de ses ministres.

« Leurs jugements sont l'*acquit d'une dette*. Ils doivent tout « ce qu'ils font; ils doivent à l'innocent la conservation de « ses jours, au coupable la peine de son crime. Or il n'y a « point d'acte qui soit plus inaccessible aux passions que « l'acquit d'une dette[2]. »

Ces idées ont de la justesse; malheureusement elles n'étaient point encore passées dans la disposition d'une législation qui se rattachait aux traditions d'une époque antérieure. Leur influence commençait seulement de s'y faire sentir. On la retrouve notamment dans la déclaration du 24 août 1780, par laquelle Louis XVI abolit la question préparatoire, et dans celle du 1er mai 1788 qui supprime, à titre d'essai, la question préalable.

126. Le résultat de la prédominance reconnue à l'idée d'utilité sociale fut de donner le pas à la partie publique. La direction de la procédure est retirée au plaignant. Elle appartient au ministère public, qui devient partie principale dans tout procès à l'extraordinaire et joue seul le rôle d'accusateur.

1. Jousse, *Traité de la justice criminelle*, préface, p. 3.
2. Discours préliminaires du *Nouveau Denisart*.

La partie privée a le choix entre trois positions différentes : celle de plaignant ; celle de dénonciateur ; celle de partie civile. Celui qui se portait partie civile avançait les frais de la poursuite et faisait citer les témoins, mais toujours sous la direction et la surveillance du ministère public et du juge. Ceux-ci pouvaient suivre une voie nouvelle où la partie civile n'aurait pas voulu s'engager et faire citer de nouveaux témoins. — Le plaignant était celui qui se présentait comme victime d'une infraction et la dénonçait, mais sans poursuivre lui-même. — Enfin le dénonciateur donnait seulement avis du crime commis au préjudice d'autrui. Il restait inconnu de l'accusé.

127. La législation de cette dernière période partage les crimes en trois classes : crimes de lèse-majesté divine ; crimes de lèse-majesté humaine ; crimes contre les particuliers.

La première classe comprend les infractions graves aux lois de la religion, telles que le blasphème, l'athéisme, l'hérésie, le schisme, l'apostasie, le sacrilége, la magie et le sortilége.

La seconde espèce est subdivisée en deux catégories : les crimes de lèse-majesté au premier chef. On en compte trois : l'attentat direct sur la personne du souverain ou de ses descendants ; l'attentat contre la chose publique par ligue ou association ; la non-révélation d'une conspiration découverte, soit contre le souverain, soit contre l'État.

Les crimes de lèse-majesté au second chef comprennent : *Les offenses contre le Roi ou son gouvernement*, quel que soit le moyen employé dans ce but : écrits, livres, discours, mutilations de statues royales ; — *L'usurpation d'un des attributs de la souveraineté.* Ce crime était surtout inventé contre la noblesse. On comprenait sous cette dénomination la fabrication de la fausse monnaie ; la fortification des châteaux ; les levées de troupes, etc. ; — *La violation de l'autorité royale*, soit dans les fonctionnaires de la royauté, soit par rapport aux choses portant l'empreinte de son pouvoir; — Enfin le *duel*. Ce dernier crime n'était rangé dans cette catégorie qu'à raison de la peine qu'avaient nos Rois à le réprimer.

Il est inutile d'énumérer les crimes contre les particuliers. On conçoit facilement quels attentats étaient rangés dans cette classe d'infractions.

128. Les peines affectées aux délits étaient nombreuses; beaucoup étaient cruelles. La mort se subissait de plusieurs manières. Il y avait la potence, la décollation, la peine de l'écartèlement, celle du feu, de la roue.

La pénalité ne s'arrêtait point à la personne du coupable. Elle le poursuivait au delà du tombeau et jusque dans sa famille. L'ancien droit connaissait les procès faits aux cadavres et à la mémoire. Certains entraînaient pour la famille la flétrissure et la confiscation des biens.

129. Enfin le comble de la rigueur consiste dans l'arbitraire laissé au juge pour l'application de la peine. Le magistrat est législateur. Une seule liberté lui est enlevée: celle d'inventer de nouveaux supplices, et en vérité il n'en était nul besoin. Le juge pouvait ne point se contenter d'un supplice unique. Il avait la faculté de cumuler les peines. Ainsi l'on ajoutait à la peine de mort celle d'avoir le poing coupé et la langue percée, ou encore d'être appliqué à la question préalable[1]. L'exemple le plus effrayant de cet abus se trouve dans l'arrêt rendu le 26 mars 1757 par le Parlement de Paris. Il condamnait Damiens, accusé d'avoir attenté aux jours de Louis XV, à une suite de supplices telle qu'il semble impossible d'en imaginer de plus cruels. L'exécution fut digne de la sentence. Le supplice du malheureux dura 2 *heures*, LUI VIVANT![2].

1. Pothier, *Procédure criminelle*, sect. v, art. 2, § 6.

2. Damiens était condamné à faire d'abord amende honorable; « ce fait, être « tenaillé aux mamelles, bras, cuisses et gras de jambes, sa main droite, te« nant en icelle le couteau dont il a commis ledit parricide, brûlée de feu de

150. — 3. De la juridiction. — Pendant cette période, l'organisation de la magistrature d'un côté, du ministère public de l'autre, se complète et se perfectionne.

La Royauté institue 15 parlements modelés en quelque façon sur celui de Paris. Au-dessous de ces grands corps judiciaires se groupent les magistratures inférieures : bailliage, sénéchaussées, présidiaux. Tous les siéges sont occupés par des officiers de judicature ; les seigneurs qui jadis avaient droit de s'y asseoir en sont écartés. Chaque parlement a une résidence fixe et forme un corps permanent. Toute trace des assises temporaires a disparu. Il en est de même pour les assesseurs que l'on a vus siéger pendant la période précédente.

151. Le ministère public reçoit aussi une organisation plus complète. Aux procureurs généraux et aux avocats généraux déjà institués on adjoint les procureurs du Roi et leurs substituts. Ceux-ci sont placés auprès des tribunaux inférieurs. Ils y remplissent les mêmes fonctions que le procureur général auprès du Parlement. En outre, ils sont soumis à l'autorité de ce dernier.

Ce grand travail occupe tout le cours du quinzième et du seizième siècle. Les procureurs du Roi sont créés par 2 édits : l'un d'août 1522 et le second du mois de novembre 1553.

152. — 4. De la procédure. — Les tendances qui s'accusent à la fin de la période précédente se développent ; elles

« souffre, et sur les endroits où il sera tenaillé, jeté du plomb fondu, de l'huile
« bouillante, de la poix de résine brûlante, de cire et souffre fondus ensem-
« ble ; et ensuite son corps tiré et démembré à quatre chevaux et ses membres
« et son corps consumés au feu, réduits en cendre et ses cendres jetées au vent ;
« déclare ses biens meubles et immeubles, en quelques lieux qu'ils soient situés,
« confisqués au Roi, ordonne qu'avant ladite exécution ledit Damiens sera ap-
« pliqué à la question ordinaire et extraordinaire pour avoir révélation de ses
« complices, ordonne que la maison où il est né sera démolie, celui auquel
« elle appartient préalablement indemnisé, sans que sur le fonds de ladite
« maison il puisse à l'avenir être fait aucun bâtiment. »

aboutissent à la transformation complète de la procédure criminelle.

La forme accusatoire avec son caractère de publicité n'est plus employée que pour les procès qui se jugent en la forme civile. La terrible procédure à l'extraordinaire a tout envahi. Du moment qu'on reconnaît quelque gravité à un procès criminel, on s'empresse d'y recourir. Le chancelier Poyet est le véritable auteur des iniquités de ce système.

La poursuite a toujours lieu d'office, c'est-à-dire à l'instigation du magistrat. Un secret rigoureux enveloppe toute l'information préalable. Les témoins sont entendus par le juge seul, et leur déposition est recueillie par écrit. Ce n'est point là matière à reproche. Il importe de prémunir les témoins contre leur propre faiblesse. Ce secret les défend contre la pression que pourrait exercer une famille puissante et hardie s'il s'en trouvait quelqu'une d'atteinte dans un de ses membres par leurs révélations. Il protége ceux qui déposent contre la vengeance de l'accusé.

Malheureusement la loi ne s'arrête pas à cette limite. Elle la dépasse pour en arriver à des rigueurs marquées au double cachet de l'injustice et de la cruauté. On peut relever contre la procédure du seizième et du dix-huitième siècles sept critiques graves et irréfutables :

1° La première précaution que prend la loi est d'environner toute la procédure du secret qui enveloppe l'information. C'est une lourde faute. La publicité est une garantie donnée à l'accusé contre l'arbitraire du juge et la meilleure défense du magistrat contre la calomnie. On suspecte volontiers ce qui ne se fait pas au grand jour.

2° Le législateur, en principe du moins, retire à l'accusé le droit naturel qui lui appartient, d'avoir un défenseur. On justifiait cette défense par cette raison, que l'accusé n'a aucun besoin d'un conseil pour dire la vérité. Mauvais argument ! Le prévenu a besoin d'un avocat non pour passer sa déclaration, mais pour se défendre. Serait-ce parce que l'importance de la défense est plus grande qu'il est plus naturel de la faire disparaître ?

3° L'accusé ne peut récuser aucun témoin à charge sans donner incontinent les noms des témoins qui établiront la vérité du reproche par lui formulé. Pourquoi? Cette gêne, que l'accusation ne connaît pas, ne peut avoir d'autre résultat que d'égarer la justice. Un défaut de mémoire du prévenu fera passer pour irréprochables des témoins séduits ou passionnés. Plus tard, les articulations les plus précises et les plus vraies ne seront plus recevables! Le danger est trop grand.

4° Lors des interrogatoires du prévenu, on lui fait prêter serment de dire la vérité. Il est placé dans l'alternative de s'accuser soi-même ou de se parjurer. Est-ce justice?

5° L'instruction à charge et celle à décharge ne sont pas simultanées. Pour procéder à celle-ci, il faut une décision qui n'intervient que fort tard dans la procédure. Comme s'il n'était pas nécessaire d'examiner l'affaire sous ses deux faces et non pas seulement au point de vue de l'accusation!

6° Lors même qu'une instruction à décharge est ordonnée, elle n'est point libre. On la confie au ministère public. Ainsi le même personnage jouera les deux rôles. Celui qui accuse sera chargé de détruire son propre ouvrage. Plus sa conviction est sincère, plus il sera porté à traiter légèrement les soutiens de l'accusé. Il ne suffit pas d'ailleurs à la magistrature d'être juste ; il faut encore qu'elle le paraisse. On sent quelles défiances insurmontables devait inspirer un pareil système.

7° La dernière et la plus criante iniquité consistait dans la torture. On a cru que ce mode d'instruction avait été inauguré par le droit canon. Cette opinion repose sur une erreur manifeste. L'emploi de la torture remonte au droit romain.

On la trouve en vigueur sous les législations barbares, au moins à l'encontre des serfs et des esclaves. Il est exact de dire que la procédure à l'extraordinaire en développa l'usage. L'ordonnance de 1539 vint donner force de loi à cette détestable coutume. C'est un défaut qui lui est particulier et nul texte du droit canon n'en autorise l'application. Ce fait est reconnu par les auteurs les moins suspects de partialité en faveur de l'Église.

Il faut aller jusqu'à la fin du dix-huitième siècle pour trouver les ordonnances du 24 août 1780 et du 1er mai 1788.

133. Alors cette procédure avait été vivement attaquée en France et en Italie. Montesquieu eut le mérite d'apercevoir et de signaler les défauts d'une législation dans le respect de laquelle il avait été élevé. Filangieri et Bentham critiquèrent, au point de vue philosophique, les idées sur lesquelles on avait jusqu'au dix-huitième siècle appuyé d'une manière exclusive le droit de punir. En Italie, Muratori, Maffei et Alexandre Verri surtout s'en prirent à la procédure criminelle en vigueur.

Le dernier, personnage considérable et l'un des conseillers les plus écoutés de l'impératrice Marie-Thérèse, était inspecteur des prisons de Lombardie. Vivement frappé des défauts de la législation, il ne se bornait pas à les déplorer, mais il cherchait avec ardeur quelles améliorations pourraient être introduites. Ce fut à ses entretiens et à son école que Beccaria se forma et l'on raconte que l'idée du célèbre *Traité des délits et des peines* lui vint à la suite d'une conversation avec Verri [1].

Beccaria mit dans cette œuvre l'exagération de la jeunesse. Il confondit dans une même critique des abus incontestables et des institutions sacrées. Un livre, où le droit

1. A. du Boys, *Histoire du Droit criminel de la France depuis le seizième siècle*, t. VI, partie 4, ch. II, § 2.

même de propriété est attaqué, ne peut être loué sans réserves. Les erreurs qu'il contient expliquent qu'il ait été mis à l'index. Les propositions condamnées ne sauraient être sainement défendues. Le besoin de réformer, que l'on éprouvait, l'excès même de l'attaque et les ferments révolutionnaires qui se développaient, se réunirent pour assurer le succès de Beccaria. On s'empara de son livre comme d'une machine de guerre contre la société que l'on voulait renverser. Les philosophes, Voltaire en tête, prônèrent l'ouvrage plutôt dans ce but de guerre sociale que par amour pour les réformes. Des critiques plus sérieuses et plus justes furent dirigées par des jurisconsultes et des magistrats contre la procédure criminelle. Servan, avocat général au Parlement de Grenoble, Duclos, le président de Lamoignon servaient bien mieux et d'une manière plus impartiale les intérêts de la justice.

154. Des résistances se produisirent et le but secret que se proposaient certains réformateurs dut les accentuer. Il est permis de croire que, sans la connexité évidente des réformes pénales que l'on poursuivait avec le renversement social auquel poussaient les réformateurs, des esprits tels que Jousse, Muyart de Vouglans et l'avocat général Séguier auraient été moins ardents dans leur défense des institutions existantes. La crainte d'une révolution imminente les poussa à soutenir même des institutions évidemment mauvaises.

Quoi qu'il en soit, le système pénal de notre ancien droit était ébranlé à la fin du dix-huitième siècle. Des réformes étaient certaines. Les deux ordonnances de Louis XVI, dont il vient d'être parlé, les commençaient. Il reste à dire quelles innovations furent introduites, et comment les nouveaux législateurs procédèrent. C'est l'objet du second chapitre de cette histoire du droit pénal.

CHAPITRE II

LÉGISLATION CRIMINELLE MODERNE.

135. Depuis 1789, moins de cent ans se sont écoulés, et cependant on peut, par rapport au droit criminel, distinguer dans ce laps de temps jusqu'à quatre périodes.

1° La période révolutionnaire ;

2° L'époque du Code pénal de 1810 et du Code d'instruction criminelle de 1808 ;

3° L'époque de la révision de 1832;

4° Enfin celle de la révision de 1863.

Il ne faut point être surpris de ces remaniements incessants des lois criminelles françaises. La législation pénale est intimement liée à l'état politique et social d'une nation. L'un ne peut changer sans qu'il devienne indispensable de modifier l'autre. Le nombre des révolutions non-seulement politiques mais sociales qu'a subies la France est connu. Il suffirait à expliquer l'instabilité de nos Codes criminels. Il est juste de reconnaître qu'une autre cause s'y est jointe. Les principes philosophiques sur l'origine et sur la nature du droit de punir ont varié. Leur influence est trop immédiate pour ne point entraîner à bref délai des modifications dans les dispositions de la loi pénale.

PREMIÈRE PÉRIODE

ÉPOQUE RÉVOLUTIONNAIRE.

136. L'Assemblée constituante a édicté trois lois principales sur le droit criminel.

La loi des 19-22 juillet 1791 sur la police municipale et correctionnelle.

Le Code pénal des 25 septembre-6 octobre 1791 sur le grand criminel.

Le Code rural des 28 septembre-6 octobre 1791 contient aussi des dispositions de droit pénal.

Deux lois d'instruction criminelle complétèrent ces Codes. L'une est la loi des 16-29 septembre 1791 sur la justice criminelle et l'établissement des jurés.

L'autre, votée par la Convention, est le *Code des délits et des peines*. Elle parut le 3 brumaire an IV. Le titre de ce monument législatif est inexact; il annonce une loi de fond et ne couvre qu'une loi de forme.

Tel est l'ensemble qu'il s'agit d'apprécier au point de vue du fond du droit.

137. — 1. Du précepte et de la pénalité. — L'esprit de cette législation peut être ramené à ces deux points : le désir de rompre avec les traditions de l'époque précédente ; l'affirmation d'un nouveau principe comme base du droit de punir.

La volonté arrêtée de briser avec les traditions anciennes a dicté en partie la fameuse *Déclaration des droits de l'homme* votée le 26 août 1789. C'était un ensemble de formules de politique générale, un peu vagues et dont le mérite principal consistait dans la condamnation portée contre certaines règles du droit ancien.

138. Quant au principe nouveau qui servira d'assise au droit de punir, il n'est autre que le principe du *Contrat social*. On a expliqué de deux manières l'application de ce système philosophique au droit de punir. Suivant l'une, la société tient ce pouvoir du consentement même du coupable qui accepte d'avance le châtiment mérité pour le cas où il viendrait à commettre un délit. Suivant l'autre, elle le reçoit de la victime qui lui remet son droit non de vengeance mais de défense.

Quelle qu'ait été l'explication choisie par l'Assemblée, l'influence du *Contrat social* sur les institutions pénales de cette époque est incontestable. Elle peut se résumer dans les six conséquences qui suivent.

1° La peine ne peut dépasser le droit de défense qui expire en même temps que l'agresseur. Il ne peut donc exister de châtiment qui se prolonge au delà de la vie. Cette règle fait disparaître toute une série de poursuites et de condamnations. Les procès à la mémoire et au cadavre ; la peine de la flétrissure à la mémoire ; celle du cadavre traîné sur la claie, sont anéantis.

La suppression des diverses mutilations usitées sous l'ancien droit était la conséquence du principe nouveau. Elles tenaient plus de la vengeance que de la défense.

La loi se signalait par un grand adoucissement de la pénalité.

Les châtiments se réduisaient à huit : 1° La *mort*. Elle ne consistait plus que dans l'enlèvement de la vie par le supplice le moins douloureux. La manière de la faire perdre est unique et la même pour tous. L'instrument adopté est la guillotine. — 2° Les *fers*. — 3° La *reclusion* dans une maison de force. — 4° La *gêne*. Elle consistait à enfermer le coupable seul, dans un endroit éclairé, sans fers ni liens, et à lui interdire toute communication avec ses semblables. — 5° La *détention*. — 6° La *déportation*. — 7° La *dégradation civique*. — 8° Le *carcan*. Un décret des 27 septembre-30 décembre 1791 abolit la marque.

2° L'égalité des peines, quel que fût le rang des coupables, était une autre conséquence de la théorie du *Contrat social*. Le châtiment que l'on accepte hypothétiquement doit être le même pour tous les contractants. Ceux-ci n'ont-ils pas une position égale? Il doit encore être fixe et connu d'avance.

Aussi la loi détermine pour chaque infraction une quotité fixe de peine qui n'est susceptible ni d'un maximum ni d'un minimum. Cette règle absolue au criminel subit une exception en matière correctionnelle. La loi des 19-22 juillet 1791 laissa au juge une certaine latitude pour l'application du châtiment.

3° Les peines de lèse-Majesté divine sont supprimées. La théorie philosophique ne faisait aucune part à l'intervention divine dans la constitution de la société.

4° Les peines furent rendues exclusivement personnelles. La confiscation fut donc abolie; mais, entraînées par la force révolutionnaire, les Assemblées ne purent maintenir cette mesure. Elle fut rétablie et l'on sait comment elle devint une arme de guerre employée à changer la constitution sociale de la France.

5° Le droit de grâce fut supprimé. La défiance de l'autorité royale fut un des motifs qui dictèrent cette disposition; mais la logique aussi conduisait à ce résultat. Lorsque le pacte a été dès l'abord juré par les deux parties et qu'il édicte une certaine peine, le défaut d'application du châtiment est un échec aux conventions arrêtées.

6° La législation rejeta les peines perpétuelles. L'échelle pénale fut ainsi interrompue. De la mort on passait sans transition aux travaux forcés pour 24 ans seulement.

Ce vice était la conséquence de la disposition précédente. Il faut reconnaître que la peine perpétuelle réduit le condamné au désespoir lorsque l'espérance de la grâce lui est ravie. L'une ne peut aller sans l'autre.

La législation de 1791 présentait certains défauts que les époques suivantes ont reconnus et corrigés. Elle établissait notamment entre les délits et les crimes une séparation trop tranchée. Le même fait, suivant qu'il présente ou non une circonstance aggravante, peut devenir un crime ou rester un délit. « Dès lors il est utile que l'on puisse embrasser du même coup d'œil tous les crimes et délits qui s'appliquent à la même catégorie de faits [1]. »

139. Les lois pénales de la Convention, à part l'exception signalée, ne peuvent attirer l'attention. Elles ne méritent que la plus sévère condamnation.

Leur but fut unique et mauvais : donner une apparence légale aux assassinats politiques que méditaient la Commune de Paris et la Convention. Le type de cette législation se trouve dans la loi du 22 prairial de l'an II, sur l'organisation du tribunal révolutionnaire.

Il est impossible de pousser plus loin la perfidie juridique. Le délit est défini de façon que personne ne puisse se dire innocent. La loi déclare coupables : « Ceux qui auront cherché à égarer l'opinion et à empêcher l'instruction du peuple, à dépraver les mœurs, et à corrompre la conscience publique, *à altérer l'énergie et la pureté des principes révolutionnaires et républicains*, ou à en arrêter le progrès, soit par des écrits contre-révolutionnaires ou insidieux, soit par toute autre machination (art. 5 et 6 de la loi). »

La preuve est d'une telle élasticité qu'il n'est pas de juré complaisant qui ne puisse se déclarer convaincu. « La preuve nécessaire pour condamner les ennemis du peuple est toute espèce de documents, *soit matérielle, soit morale, soit verbale, soit écrite*, qui peut naturellement obtenir l'assentiment de tout esprit juste et raisonnable ; la règle du jugement est la conscience des jurés éclairés par l'amour de la patrie ; leur but, le triomphe de la république et la ruine de ses ennemis; procédure, les moyens simples que le bon sens indique pour parvenir à la connaissance de la vérité dans les formes que la loi indique (art. 7). »

La peine unique, qui est la mort, ne permet pas la récidive,

1. Discours de M. Berlier lors de la présentation du Code pénal, — Locré, t. XXIX, p. 423 et 424.

et la défense est muette [1]. C'est vraiment un modèle de loi révolutionnaire !

Les législateurs trouvèrent des juges et des jurés à leur hauteur.

L'accusateur public disait tout joyeux que « les têtes tombaient comme des ardoises [2]. »

140. — 2. De la juridiction. — L'innovation en ce point fut radicale.

Toutes les officialités, toutes les justices féodales furent supprimées. Il ne demeura que des tribunaux représentant l'État ou mieux *la Nation*, pour parler le langage du moment.

On adopta une division tripartite qui fut appliquée aux juridictions et aux délits. On institua les tribunaux de *simple police*, de *police correctionnelle* et du *grand criminel*. Chacune de ces classes reçut compétence pour une nature particulière d'infractions.

141. — 3. De la procédure. — L'administration de la justice fut modifiée encore en un point important. Le jugement par les pairs fut rétabli. On créa deux espèces de jury : le *jury d'accusation* qui décidait s'il y avait lieu de poursuivre, et le *jury de jugement* qui prononçait sur le mérite de la prévention.

En outre l'action ne resta pas dans le domaine exclusif du ministère public. La partie civile put la mettre en mouvement, même au grand criminel.

1. « La loi donne pour défenseurs aux patriotes calomniés des jurés patriotes ; elle n'en accorde point aux conspirateurs. » (Art. 16.)

2. En deux cents jours les condamnations se sont élevées au nombre de 12,076. Elles se décomposent ainsi : 639 nobles et émigrés, 767 prêtres et religieux, 2,629 bourgeois, 8,032 artisans et ouvriers. Les amis du peuple commençaient par l'épurer ! Lui aussi portait le contre-coup des secousses politiques.

La procédure accusatoire renaissait de ses cendres.

Toutefois le système de la procédure à l'extraordinaire laissait des traces dans la législation. L'instance se partagea désormais en deux périodes :

La phase de l'information préalable où tout demeurait secret.

La phase des débats définitifs. Lorsqu'elle s'ouvrait, tout redevenait public. La défense était libre et l'accusé se trouvait le maître de la direction à imprimer à son instruction à décharge.

Cette législation renfermait, avec des erreurs évidentes, des améliorations certaines. Elle trouvait le germe de ses institutions dans les lois antérieures, et s'appliquait surtout à les coordonner de manière à en constituer un ensemble formé d'éléments empruntés à des systèmes autrefois contraires.

DEUXIÈME PÉRIODE

EMPIRE.

142. La législation de l'époque révolutionnaire ne pouvait être celle de l'Empire. En 1790 et 1791 on n'admettait aucune autorité qu'émanée du peuple et élue par lui. Le législateur avait cherché par tous les moyens à abaisser et à désarmer le pouvoir monarchique. En l'an VIII les idées et les besoins sociaux étaient tout autres. L'Empereur voulait un pouvoir fort, et le peuple fatigué des révolutions incessantes ressentait un vif désir de tranquillité. L'administration de la justice apparaissait avec son véritable caractère, comme une des fonctions du pouvoir souverain. La législation criminelle allait changer.

Elle fut modifiée d'abord par deux lois rendues d'urgence; la première, du 25 frimaire an VIII, rétablit un minimum et un maximum pour chaque peine; la seconde fut un sénatus-consulte du 16 thermidor an x qui restitua le droit de grâce au premier consul.

143. Enfin une refonte générale fut préparée. Un projet de Code unique qui contenait la loi de fond et la procédure, fut rédigé par une commission nommée en l'an XII. On le soumit aux tribunaux d'appel. Ensuite une nouvelle commission prise parmi le Conseil d'État fut nommée le 5 juin 1804 pour examiner les observations et le projet. La discussion, ajournée d'abord pour attendre l'organisation des nouveaux tribunaux, fut reprise le 4 octobre 1808. Le projet fut scindé et fournit la matière de deux Codes consacrés, l'un à la procédure criminelle, et l'autre au fond du Droit.

Le Code d'instruction criminelle parut le premier. Il se composait de neuf lois votées dans les mois de novembre et de décembre 1808.

Le code pénal ne fut publié qu'en 1810. Il fut promulgué en sept lois différentes.

Les changements introduits par cette législation portèrent principalement sur le fond du Droit et sur la procédure.

144. — 1. Du précepte et de la pénalité. — Le législateur de 1810 délaissa le principe du *Contrat social*. La commission qui prépara le projet avait pour président M. Target. Celui-ci et ses collègues étaient profondément imbus des doctrines utilitaires de Bentham. Dans ce système philosophique, le châtiment est légitime parce qu'il est nécessaire au maintien de l'ordre social. Une législation qui part de ce principe ne peut manquer d'exagérer la pénalité.

Les changements apportés au fond du Droit peuvent se rapporter aux six points suivants :

1° La confiscation, rétablie par la Convention après avoir été supprimée par la législation de 1791, est maintenue. On reconnaît dans cette sévérité la marque du système utilitaire.

2° La marque, la mutilation du poignet, sont rétablies. On les tient pour utiles, encore que l'une soit mauvaise et que l'autre paraisse excessive.

3° Le droit de grâce est rendu au souverain dont il constitue l'une des prérogatives essentielles.

4° Les peines perpétuelles sont rétablies, et l'inconvénient qui les avait fait écarter a disparu par le rétablissement du droit de grâce.

5° Les peines ne sont plus invariables. On laisse au juge une certaine latitude en établissant pour chaque fait incriminé un maximum et un minimum.

6° Le germe d'une nouvelle institution apparaît. Des circonstances atténuantes sont admises dans les matières correctionnelles les moins graves.

TROISIÈME PÉRIODE

RÉVISION DE 1832.

145. La Restauration n'édicta en matière pénale qu'un petit nombre de lois. Deux seulement offrent un intérêt général. L'une est l'article 66 de la Charte de 1814 qui abolit définitivement la confiscation. L'autre est la loi du 25 juin 1824 qui étend à certains crimes le bénéfice de l'admission des circonstances atténuantes.

On peut citer encore la loi du 17 mai 1819 sur la presse, et celle du 20 avril sur le sacrilége.

Si les monuments législatifs furent rares, les études de philosophie juridique qui précèdent forcément tout remaniement de la législation criminelle brillèrent d'un vif éclat. Le mouvement intellectuel fut marqué, et il est juste de reconnaître que cette époque, qui n'a presque rien édicté, vit éclore toutes les doctrines que les gouvernements qui suivirent allaient appliquer.

146. La révolution de 1830 hâta la réalisation des réformes projetées. D'une part, le développement des idées philosophiques avait fait assigner au droit de punir une base nouvelle. On reprochait au Code de 1810 des sévérités exagérées où son principe utilitaire l'avait poussé.

De l'autre, on voulait attribuer aux corps qui se recrutaient dans la nation la plus grande part d'autorité possible.

Il fut reconnu que le droit de punir repose sur la justice morale et qu'il doit se renfermer dans les limites de l'utilité sociale. La considération dont Bentham avait fait la base de son système était reléguée au second rang. Pour être incriminé, un fait devait être contraire à l'un et à l'autre de ces deux principes.

147. Une conséquence importante fut déduite de cette prémisse. La culpabilité venant à changer, la peine ne pouvait rester la même. La théorie des circonstances atténuantes devait se développer. On déclara qu'elle serait applicable à tous les crimes. La loi du 25 juin 1824 fut ainsi étendue.

148. Elle fut en outre modifiée sur un point important. La reconnaissance des circonstances atténuantes fut remise au jury, alors que la loi précédente la réservait à la cour d'assises. Cette innovation avait un but particulier.

Le législateur de 1832 sentait la nécessité d'une réforme de la loi pénale. Deux voies lui étaient ouvertes pour arriver à ce but. Il pouvait procéder à la révision en détail, soumettre chaque article à un nouvel examen, atténuer la pénalité pour chaque infraction dans la mesure opportune. Ce travail était long et difficile.

On eut la pensée de s'en remettre à l'opinion, représentée par le jury, de l'appréciation de la loi pénale et des atténuations opportunes. On tint que douze jurés pris au hasard dans la masse de la nation seraient bien plus compétents pour décider une si grave et si délicate question, que le législateur même qui s'avouait ou impuissant ou embarrassé.

Le législateur s'associa le jury. Par son verdict celui-ci put faire descendre la peine d'un degré et même, avec l'aide de la Cour, l'abaisser de deux degrés. Il eut le droit d'appliquer arbitrairement ce palliatif des circonstances atténuantes. Il les devait sans doute à qui les méritait, mais il pouvait encore les accorder sans motif particulier au coupable, pour réformer une loi qu'il croyait trop sévère. Le danger d'une telle organisation est évident. Il est mauvais de pousser le jury dans la voie de l'arbitraire où il ne peut s'arrêter à temps. Pour résoudre ce grave problème de l'adoucissement de la pénalité, il manque de lumière et de science. Il juge sous l'impression du moment, sans hauteur de vues, sans esprit de synthèse. Les décisions manquent d'ordre et de proportion. La loi varie en réalité d'un département à l'autre, et même d'une session à une autre.

QUATRIÈME PÉRIODE

RÉVISION DE 1863.

149. Les inconvénients d'une telle législation ne devaient pas tarder à se révéler. Les abus de pouvoir commis par le jury devinrent si fréquents et si forts que la répression resta souvent illusoire. L'ordre social parut compromis par ces excès d'indulgence. Le législateur désira rendre le châtimen plus efficace, fallût-il pour cela l'adoucir. Il en arriva à un grande défiance de l'arbitraire laissé aux tribunaux. La révision de 1863 fut prise dans cet esprit. On peut ramener le principaux changements qu'elle introduisit aux quatre point suivants :

1° La récidive fut complétée et organisée d'une manièr plus rigoureuse ;

2° Le flagrant délit devint l'objet d'une répression pl rapide et plus énergique ;

3° Le pouvoir accordé aux tribunaux correctionnels de diminuer la peine presque indéfiniment par l'attribution des circonstances atténuantes fut restreint;

4° Un grand nombre d'infractions passèrent de la classe des crimes dans celle des délits. La pénalité était affaiblie *en théorie.* En fait la répression était assurée. Le magistrat, plus homme de loi, plus rigide aussi, ne devait pas se laisser aller à des excès d'indulgence qui sont de véritables dénis de justice.

5° Enfin les mesures préventives que l'on appelle peines accessoires, reçoivent de l'extension. On peut citer comme exemples la peine de la dégradation civique, celle de la surveillance de la haute police.

Si récente que soit cette révision, elle a déjà été modifiée comme on le verra plus tard.

INTRODUCTION PHILOSOPHIQUE

NATURE ET BASE DU DROIT DE PUNIR.

150. Il n'est pas de société qui n'ait exercé le droit de punir, mais la constatation de cet accord universel des peuples, s'il démontre la nécessité du droit, n'en précise ni l'origine ni le caractère. Il importe de les étudier au point de vue philosophique. On sait que les idées philosophiques ont en matière pénale une influence plus immédiate et plus puissante qu'en droit civil.

L'utilité de cette étude se fait sentir à quelque point de vue que l'on se place. Pour dresser la liste des infractions, pour déterminer la nature et arrêter le classement des peines, il faut savoir ce qu'il est loisible d'interdire, quels biens on peut ravir aux coupables et quelle gradation il convient de suivre dans l'ordre de ces privations. Comment trancher ces difficultés si l'on ignore l'origine, l'étendue et l'essence du pouvoir qui appartient au législateur? Il est encore nécessaire de s'y reporter pour savoir si la loi pénale a un caractère personnel ou réel, si la peine de mort est légitime et même pour choisir les procédés d'instruction licites ou défendus. Aucune question grave ne peut être résolue sans qu'au préalable celle-ci n'ait reçu la solution qu'elle comporte.

151. Le droit de punir appartient au pouvoir social, parce qu'il lui est indispensable. L'homme est né pour la société. Sa nature physique aussi bien que sa nature morale ne lui permettent point de vivre solitaire. Au point de vue physique, il reste débile bien plus longtemps qu'aucun des animaux. Il ne pourrait vivre sans le secours de ses semblables. De même son intelligence ne peut acquérir son entier développement en dehors de la vie sociale. Aussi l'histoire ne nous montre-t-elle jamais l'humanité qu'à l'état social. Ce spectacle de l'homme à l'état sauvage n'a existé que dans l'imagination des philosophes du dix-huitième siècle. Toute société suppose un pouvoir qui l'administre et la gouverne. La loi n'est que la décision prise par ce pouvoir dans l'intérêt de tous. Mais la loi dépourvue de sanction n'aurait aucune efficacité. Il faut donc que le législateur assure, par l'application d'une pénalité, la puissance de ses règlements. Celui qui a le droit de commander a aussi le droit de punir. Ce pouvoir dérive de la même origine que la société elle-même.

Mais dans quelle mesure existe-t-il et de quelle idée doit-il s'empreindre? C'est une question vivement controversée. Dans la discussion on est remonté jusqu'à l'origine même du droit, et ce point aussi est devenu l'objet de la controverse.

Les systèmes principaux présentés à ce sujet peuvent se ramener à sept. Il sera facile d'en apprécier la justesse en les examinant au double point de vue des résultats qu'ils ont donnés et du raisonnement philosophique.

152. — **1**. Le système qui dans l'ordre historique paraît le premier repose sur l'idée de vengeance. On l'a prise d'abord au nom du particulier, puis au nom du seigneur, enfin au nom de la société. De cette dernière forme est venue la dénomination de *système de la vindicte publique*. Ce fut l'idée païenne et aussi, chose singulière, l'idée de la législation française au moyen âge[1] et jusqu'à la fin du dix-huitième siècle. Le coupable avait déclaré à la société une guerre inique. Celle-ci l'avait saisi; elle se vengeait.

Ce système a été défendu de deux manières. La vengeance, ont dit les uns, est un instinct naturel donné à l'homme pour lui permettre de contenir ses semblables. Elle force les membres de la société à se respecter mutuellement. La société en confisque l'exercice et n'en fait usage qu'à l'encontre du vrai coupable. Son application en demeure ainsi juste et modérée. La vengeance pratiquée de cette manière est légitime.

D'autres ont reconnu le caractère dangereux de cette passion. Ils la tiennent pour mauvaise en elle-même. Ils ajoutent que le seul moyen d'empêcher les troubles qu'elle peut occasionner est l'application publique du châtiment. On lui donne ainsi une satisfaction modérée et équitable qui l'apaise. Cette composition est juste et le résultat est avantageux[2].

153. Les conséquences tirées logiquement de ce principe par l'ancien Droit suffisent pour le juger. On se rappelle la rigueur des peines, l'arbitraire laissé aux juges, le cumul des supplices qu'ils pouvaient ordonner. Ces excès étaient le résultat nécessaire du système adopté. Qui se venge ne croit jamais excéder la mesure. Les peines cessent d'être personnelles; elles atteignent aussi la famille du coupable. Un défaut marqué de proportion entre la gravité des infractions et celle des châtiments se fait sentir. Enfin le législateur a une grande tendance à traiter le prévenu aussi durement que le coupable. La torture semble un moyen légitime d'instruction. La différence entre un suspect et un ennemi déclaré n'a jamais été grande. Cette réfutation de la théorie de la vin-

1. Article de M. Kœnigswarter, *Revue de législation*, 1849, t. II, p. 117 et s.

2. Théories de lord Kaimer et de Luden citées par Ortolan, *Éléments de Droit pénal*, t. I, liv. I, part. 1, ch. II.

dicte publique par les conséquences produites est décisive. Elle s'accorde pleinement avec les raisons purement philosophiques.

La loi ne peut être que l'expression juste, réfléchie et mesurée, des besoins légitimes de la société. Comment l'accorder avec la vengeance? Il s'agit d'une passion, c'est-à-dire d'un mouvement impétueux de l'âme qui exclut toute mesure et toute justice. Dira-t-on que la satisfaction à donner à cette passion sera restreinte dans de certaines limites? On tourne dans un cercle vicieux. Ou l'on ne consultera pour la poser que le sentiment même de la vengeance, et alors celle-ci ne connaîtra aucun frein ; ou l'on mesurera la quotité du châtiment d'après un autre principe, et ce sera ce principe nouveau et non plus la vengeance qui servira de base au droit de punir.

154. — 2. Le système qui renversa cette première théorie fut celui du *Contrat social*. Il reposait sur la supposition d'une convention intervenue à l'origine entre les divers membres de la société qui avaient fixé les lois de leurs rapports mutuels. Les adhérents de ce système partis de cette idée se divisèrent lorsqu'il s'agit d'en faire sortir la notion du droit de punir. Deux explications dont on a parlé furent successivement présentées. — On soutint d'un côté que la société tenait le droit de punir de la victime même de l'infraction. Le droit de défense appartient incontestablement à chaque homme. La civilisation est-elle peu avancée, il l'exerce lui-même en recourant à la guerre privée. Le Gouvernement acquiert-il plus d'autorité, le sentiment de l'ordre public devient-il plus général et plus intense, chaque citoyen abdique son droit au profit de la société. Celle-ci l'exerce et défend chacun de ses membres par l'application d'un châtiment à l'auteur de l'infraction [1].

1. Discours de M. Noailles, Locré, t. XXX, p. 309. — Mably, *Principes*

— Une autre explication fut donnée par l'auteur même du système philosophique. Pour Rousseau, le droit de punir dérivait d'une concession faite par le coupable. Il avait accepté d'être châtié au cas où il commettrait cette infraction, parce que, en échange, la société le protégerait contre toute atteinte soit à ses biens, soit à sa personne[1].

155. Quelles furent les conséquences produites par ce système? Il suffit pour les apprécier de se reporter à la législation de 1791. La peine était fixe, sans minimum ni maximum. Le droit de grâce était supprimé. Les peines perpétuelles ne pouvaient être maintenues. La loi pénale ne devait point logiquement atteindre les infractions commises par les étrangers qui ne s'étaient pas fixés dans la région. Ceux-ci n'avaient point accepté le pacte social. Ces inconvénients découlent forcément de la théorie. Comment s'engager à subir une peine qui ne serait pas fixe? Comment permettre à une autorité quelconque d'éluder par le droit de grâce l'application de la convention arrêtée? Ainsi les résultats sont défectueux.

156. L'expérience est d'accord avec la raison. La première objection à faire contre ce système est qu'il repose sur une hypothèse contraire à la vérité. L'homme n'est jamais passé de l'état sauvage à l'état social. Il a été créé pour la société et dans la société; de telle sorte que le fameux contrat imaginé par la philosophie n'a jamais existé. Ainsi croulent toutes les conséquences tirées de ce principe.

Cet argument, décisif pourtant, n'est point isolé. La première explication donnée confond deux droits fort différents:

des lois, liv. III, ch. IV. — Blakstone, *Commentaire sur le Code criminel d'Angleterre*, t. I, p. 17. — Richard-Philips, *Des pouvoirs et des obligations des jurés*, ch. XII. — Wattel, *Droit des gens*, liv. I, ch. XIII. — Burlamaqui, *Principes du droit de la nature et des gens*, t. II, p. 739. — Merlin, *Rép.*, v. Peine, n° 7.

1. Rousseau, *Contrat social*, liv. IV, ch. II. — Filangieri, liv. IV, ch. II. — Beccaria.

le droit de se défendre et le droit de punir. Celui-ci prend naissance lorsque l'autre a disparu. Le premier suppose nécessairement un danger actuel ; il est contemporain de l'attaque [1]. Le second ne peut atteindre que le mal commis ; il ne s'applique qu'après l'injustice accomplie. Ils diffèrent non-seulement par l'époque de leur exercice, mais encore par leur nature. Le droit de défense est absolu. Il repousse toute agression même d'un agent irresponsable comme un fou ou un animal. Le droit de punir ne frappe que l'agent doué de liberté et d'intelligence.

Le second mode de défense se heurte à une autre argumentation non moins forte. L'individu ne peut transmettre à la société que les droits qu'il a sur sa propre personne.

Or peut-il disposer d'une manière absolue de sa liberté, et surtout de son existence? Non évidemment, pour quiconque reconnaît une loi morale. Et si on ne la reconnaît pas, quelle force obligatoire aura la convention jurée? Pour faire respecter la foi donnée, il n'y aura plus d'autres principes que la force.

L'une et l'autre explication donnent prise encore à une difficulté. Celui qui a contracté sera-t-il ou ne sera-t-il pas libre de revenir sur son consentement? S'il le peut, la société tombe dans l'anarchie. S'il est irrévocablement lié par sa promesse, on peut arriver au despotisme.

Enfin cette théorie peut mener à un conflit entre la loi morale et la loi positive. Elle ne tient aucun compte de la première et admet comme légitimes toutes les stipulations insérées dans le contrat par le caprice des parties.

157. — 3 et 4. La fausseté de ce système philosophique en

1. « Ad moderamen inculpatæ tutelæ vulgo requirunt periculum præsens et velut in puncto. » Puffendorf, *De Jure naturæ et gentium*, liv. II, ch. v, § 6. « Eum igitur qui cum armis venit, possumus armis repellere, sed hoc confestim et non ex intervallo ». L. 3, § 9, *De vi et vi armata*, ff.

fit surgir deux autres que l'on réunira dans une même réfutation.

L'un enseigne que la société n'exerce en punissant qu'un droit de défense qui lui est particulier. L'agression revêt à son endroit une forme spéciale; elle la repousse d'une manière qui lui est propre. Autre est le droit de défense des individus; autre le droit exercé par les sociétés et qu'elles n'empruntent de personne. Elles le tirent de la nécessité où elles sont de se défendre pour se conserver. Ce système porte le nom de *système de la défense indirecte*[1].

La quatrième théorie est due à Bentham. On la désigne sous le nom de *Doctrine utilitaire*. La peine est légitime parce qu'il est utile au plus grand nombre que le coupable soit châtié. Cette seule considération de l'utilité sert à déterminer la liste des infractions, la nature et la quotité de la peine[2].

158. Les deux systèmes aboutissent à des résultats identiques. Que la société veuille se défendre ou pourvoir à l'utilité générale, elle pourra incriminer des faits innocents en eux-mêmes ou légitimes s'ils lui paraissent de nature à lui porter préjudice. On voit quels conflits peuvent s'élever entre la loi morale et la loi positive. — En outre le danger social devenant la seule mesure de la pénalité, on réglera la rigueur du châtiment non d'après l'immoralité du fait, mais d'après sa répétition et le danger qu'il fera courir à la société. Le vol pourra donc être puni plus sévèrement que le parricide[3]. Si

1. Ch. Lucas, *Du système pénal*, p. 47, 108. — Ch. Comte, *Traité de législation*, t. I, liv. I, ch. VI, p. 153.

Considérations sur le pouvoir judiciaire, p. 6. — Pastoret, *Lois pénales*, t. I, part. II, p. 35. — Rauter, *Traité de Droit pénal*, introduction philosophique.

2. « Ce qui justifie la peine c'est son utilité majeure ou, pour mieux dire, sa nécessité. » Bentham, *Théorie des peines et des récompenses*, t. I, p. 7.

« La gravité des crimes se mesure, non pas tant sur la perversité qu'ils annoncent que sur les dangers qu'ils entraînent. » Discours de M. Target, Locré, t. XXIX, p. 8.

3. Cette conséquence n'est pas seulement possible, elle a été tirée, et le *sys-*

la torture est utile, pourquoi serait-elle défendue? Enfin le supplice même d'un innocent n'aurait rien d'illégitime pour cette législation, si d'ailleurs il produit un effet avantageux pour la société. De telles conséquences sont inadmissibles. Elles démontrent la fausseté du principe qui leur donne naissance.

159. Il est d'ailleurs condamné par la seule force du raisonnement théorique.

C'est commettre une étrange confusion que de dire que la société, en faisant subir au coupable la peine méritée, exerce un droit de défense direct ou indirect. Quelle que soit l'épithète appliquée à ce droit, il ne peut changer de nature. Châtier n'est point se défendre.

En outre l'utilité d'un acte ne suffit point à en établir la justice. Ce sont deux points de vue différents, et il n'est point loisible de sacrifier celui qui précisément est le plus élevé. La doctrine utilitaire en vient à immoler toute honnêteté et toute loi morale au profit de l'utilité sociale. Or la société n'a point un tel droit.

Elle est non pas un but final, mais un moyen donné à l'homme pour arriver à sa fin par l'accomplissement des devoirs qui lui incombent et dont elle doit lui faciliter la pratique. Elle ne peut donc rien contre la justice ni contre la loi morale dont elle a pour mission d'étendre le règne.

160. — 5. L'excès de ces systèmes matérialistes devait amener une réaction. Elle se produisit et le célèbre Kant, professeur à l'université de Kœnigsberg, en fut l'interprète. Il reprit la théorie de Platon dans son *Gorgias* et enseigna que le droit de punir dérivait de la justice absolue. Le pouvoir social n'est que le représentant et le délégué du pouvoir divin. Le châtiment est le payement d'une dette contractée par le cou-

tème de la répression purement psychologique est professé par une école de criminalistes allemands parmi lesquels il faut citer M. de Feuerbach, M. Rauter, t. I, p. 40.

pable envers la loi morale et que le pouvoir social a mission d'exiger. Nulle considération d'utilité ne doit entrer en ligne de compte. Le mal est puni pour lui-même et non point à raison de ses conséquences nuisibles.

161. Les résultats de cette théorie peuvent se formuler dans les trois propositions suivantes : — 1° Le pouvoir social ne peut punir que le mal moral; — 2° Il doit punir tout mal moral; — 3° Il ne peut appliquer le châtiment que dans la mesure nécessaire à l'expiation.

Eh bien! serait-il admissible de voir la société rechercher et punir des pensées répréhensibles au point de vue moral, mais qui n'ont eu aucun résultat nuisible à son fonctionnement? Alors il faudrait tenir compte aussi du repentir. Quel moyen aurait le juge d'en constater la sincérité et d'en prévoir la durée?

162. Le motif philosophique qui ruine ce système est tiré de la mission confiée au pouvoir social. Le mal présente deux aspects très-différents suivant qu'il est envisagé au point de vue moral ou au point de vue social. Le pouvoir n'a mission de réprimer que ce qui étant mal est en même temps fatal à la société. L'exposé du système suivant contiendra la réfutation de cette opinion. Son défaut consiste à tomber dans l'excès contraire à celui des théories précédentes. Celles-ci ne tenaient aucun compte de la loi morale; celle-là exagère son action. Elle tendrait à confondre le pouvoir religieux et le pouvoir social, et aboutirait, contre son gré, certes, au plus terrible des despotismes.

163. — **6.** Ce danger a éveillé l'attention des jurisconsultes et des philosophes. Il a donné naissance au *système éclectique*. Cette théorie a eu pour auteurs les publicistes les plus distingués de l'école spiritualiste, MM. Guizot, de Broglie, Rossi. En se séparant de Kant, ils n'en ont pas moins affirmé nettement l'origine surnaturelle de la société et du gouvernement qui lui est nécessaire.

Le pouvoir social, d'après ce système, ne tient le droit de punir que d'une délégation du pouvoir divin. C'est de lui qu'il tire sa force et son origine. La loi morale est donc la règle nécessaire de la société, et le législateur humain ne peut rompre avec elle. Toutefois la société n'a point reçu mission de faire respecter la loi morale entière. L'homme au point de vue social est irresponsable tant qu'il ne lèse point les intérêts de ses semblables. L'utilité générale est la limite où doivent s'arrêter les prescriptions du législateur humain : « Ce que l'ordre et la paix publique n'exigent pas impérieusement est illégitime de sa part[1]. » Cette opinion se résume dans les quatre principes suivants.

1° Pour établir la liste des faits délictueux, il faut d'abord consulter la loi morale ;

2° Il faut ensuite examiner ce que demande l'utilité sociale et s'arrêter au point où elle ne devient plus appréciable ;

3° Le châtiment ne peut renverser les proportions indiquées par la loi morale;

4° Il ne peut excéder la mesure du mal social constaté.

Les résultats de ce système lui donnent sur les théories qui précèdent une incontestable supériorité. La pénalité est soumise à de justes règles. La gradation des peines est conforme à la justice morale. La pénalité fixée pour chaque infraction par un minimum et un maximum offre une certaine élasticité qui permet de faire la part de l'intention plus ou moins perverse. On ne trouve aucune peine qui ne soit en même temps juste et utile. D'autre part nul empiétement sur le domaine de la morale pure n'est commis, et aucune faute n'est punie si elle ne présente le caractère d'une lésion sociale. Enfin les règles de la procédure sont rigoureusement conformes à l'honnêteté.

1. M. de Broglie, *Revue française*, septembre 1828, p. 49.

164. Cette théorie paraît au premier abord inattaquable dans ses conséquences. Cependant elle n'a point été universellement admise. On a présenté contre elle trois objections : l'une de principe, les deux autres tirées des résultats auxquels elle pourrait aboutir.

1° On a dit que ce système n'établissait point la délégation sur laquelle il s'appuyait. Le pouvoir social n'est point chargé, comme l'a dit M. de Broglie, d'*avancer le règne de Dieu sur la terre*, il ne doit que conserver l'association qu'il gouverne. Dès lors comment le pouvoir divin aurait-il pu lui déléguer une partie de sa puissance?

2° Cette délégation entraînerait comme conséquence l'obligation pour la société de se préoccuper de l'expiation morale déjà subie. Un tel calcul est impossible. Dieu n'a point livré aux hommes les secrets de sa justice.

3° D'ailleurs, si la loi ne peut punir que le mal moral, comment expliquer l'incrimination de certains faits nuisibles sans doute au point de vue social, mais exclusifs de toute faute morale? Comment a-t-on pu réprimer les délits de douanes ou de contributions indirectes? Cependant il est nécessaire au point de vue social de les réprimer.

165. — **7.** Les auteurs de ces objections ont présenté un dernier système.

Le droit de punir pour eux dérive du droit de commander. Nulle société ne peut vivre sans ces trois institutions : un pouvoir, une loi, une sanction. Le pouvoir social a reçu le droit de commander et comme corollaire celui de punir. Il ne châtie que parce qu'il prescrit et dans la mesure où il le peut faire.

Deux conditions sont nécessaires à la légitimité de la sanction : la légitimité du pouvoir qui punit, la légitimité du commandement que l'on sanctionne. Mais à quel criterium reconnaître l'existence de ces deux conditions?

Pour cette théorie, la légitimité du pouvoir réside *dans sa conformité avec les mœurs, les idées, les besoins de la nation à laquelle il commande.* Quelle autorité sera compétente pour apprécier ce point délicat? — La raison. Elle n'a point, à la vérité, d'interprète infaillible, mais elle s'incarne dans l'opinion publique. Il existe d'ailleurs une forte présomption de légitimité; elle réside dans le succès. Toutefois cela même n'est pas une preuve indestructible de cette légitimité.

La légitimité du commandement découle du but de la société. Elle est un moyen pour l'homme d'arriver à sa fin. Elle doit respecter sa liberté dans la mesure compatible avec l'intérêt général. Le pouvoir peut ordonner tout ce que demande l'ordre social en observant seulement de ne pas violer la loi morale.

Ce système se résume dans les quatre propositions suivantes. Il faut : 1° que la peine ne soit pas immorale; 2° qu'elle soit établie par le dépositaire de la souveraineté sociale; 3° qu'elle sanctionne un commandement moral; 4° qu'elle n'ait que l'intensité nécessaire à la répression[1].

166. — 8. C'est entre ces deux systèmes qu'il faut choisir. Leurs résultats sont presque identiques, et ils diffèrent surtout par les raisonnements sur lesquels ils s'appuient. A un certain point de vue on peut dire qu'il n'existe entre eux qu'une différence d'analyse. Elle est plus directe dans le système éclectique et remonte de suite au dernier anneau de la chaîne. Elle est plus suivie dans le système de M. Bertauld, mais elle s'arrête à un point intermédiaire. Cette interruption produit ses incertitudes sur les questions de la légitimité du pouvoir et de la légitimité du commandement. Dans cet ordre d'idées ces deux opinions s'écartent l'une de l'autre, et l'avantage restera au système éclectique.

La différence pratique se formule ainsi. Les deux théories

1. M. Bertauld, *Appendice au Cours de droit pénal. Étude sur le droit de punir*, p. 603, — M. Trébutien, 1re édition, t. I, p. 29.

reconnaissent que pour établir la loi pénale il faut consulter à la fois la loi morale et l'utilité sociale. Elles se divisent sur le mode de déterminer le châtiment. Le système éclectique veut que la peine n'excède ni le maximum de l'expiation due à la loi morale, ni la mesure réclamée par l'intérêt social. — L'opinion contraire enseigne « que la légitimité de « la sanction n'a d'autre limite que la limite de l'intérêt de « la société apprécié par la raison publique dont le pouvoir « est l'interprète[1] ». Le maximum d'expiation indiqué par la loi morale n'est d'aucune considération. Pour le législateur ce maximum « *est l'inconnu*[2]. »

La conséquence en sera que la loi criminelle, enchaînée quant à la liste des infractions par l'empire de la loi morale, s'en trouvera complétement indépendante pour la détermination des peines. Elle pourra par exemple punir le parricide de la reclusion, le vol domestique de travaux forcés, et la récidive en matière de délits de douanes du dernier supplice. Elle ne connaît de limites que l'*intérêt de la société*. Le fait étant en lui-même répréhensible, elle le châtie à sa guise. Une telle conséquence n'est pas soutenable. Au point de vue du résultat le système éclectique est préférable.

167. Le raisonnement philosophique lui assure encore l'avantage. Que le droit de punir dérive du droit de commander! Cela est certain et le dernier système a eu raison de le faire remarquer. Mais la question n'est pas tranchée. D'où vient le droit de commander? Évidemment de sa nécessité. Qui l'a imposée, sinon le créateur et de la société et du pouvoir social, Dieu même? Comment n'aurait-il pas délégué une part de son autorité suprême à ce pouvoir établi par lui comme pivot de toute l'organisation sociale?

1. M. Bertauld, *Cours de Code pénal*, p. 639.
2. M. Bertauld, *Cours de Code pénal*, p. 638.

Cette délégation était la source unique de son droit sur la liberté de l'homme, et l'idée des devoirs qui lui incombent en découle naturellement.

A la vérité cette délégation n'a pas été absolue, et il importe d'en déterminer l'étendue en ce qui concerne le droit de punir. Le mal en lui-même offre toujours le même caractère. Il est toujours une violation des règles établies par l'autorité divine ; mais, malgré l'unité de sa nature, il peut produire des conséquences funestes à un double point de vue. Parfois il porte le trouble seulement dans les rapports de l'homme avec Dieu ou avec ses semblables, mais sans que l'économie générale de la société en éprouve aucune perturbation. On dit alors que le mal est purement moral. Parfois l'effet mauvais est plus étendu, la société même en est atteinte dans son fonctionnement. On dit alors que le mal est *social*. Ainsi le mal social n'est que la désobéissance à l'ordre établi par Dieu, considérée dans le désordre qu'elle apporte à l'organisation sociale. Le pouvoir n'a qualité pour réprimer que ce qui attaque la constitution de la société. En ce sens il est juste de dire que le mal social et le mal moral sont deux aspects différents du même fait. Mais on voit l'exagération du dernier système, lorsqu'il établit entre l'un et l'autre comme une scission profonde et qu'il semble les considérer comme étrangers entre eux. On voit dans quelle erreur il tombe encore en niant la délégation faite par le pouvoir divin au pouvoir social. Celui qui seul pouvait créer le mal par sa prescription avait seul le droit de le châtier et celui de communiquer sa puissance à celui qu'il daignait choisir pour l'exercer.

Cette manière de considérer le droit de punir résout toutes les difficultés. Elle permet de reconnaître avec certitude la légitimité du commandement et celle du pouvoir. Elle assure l'efficacité du précepte et la dignité de l'obéissance.

Est légitime tout commandement qui se justifie par une utilité sociale et par son respect de la loi morale.

L'appréciation est facile lorsqu'elle est faite avec loyauté. L'utilité peut-elle être discutée, le cas est-il douteux, la solution appartient au Gouvernement, interprète constitué des besoins sociaux.

Nulle exagération, nul renversement de l'échelle pénale n'est à craindre. La loi sociale doit au point de vue du châtiment comme à celui de l'incrimination se conformer à la loi morale. Le criterium du système éclectique est exact.

Enfin, l'obéissance est pleine de sécurité. Nulle tyrannie n'est à redouter. Ce principe de la délégation divine fixe le caractère du pouvoir social et marque la limite infranchissable de son action. Il est une loi qui s'impose même à celui qui commande et qu'il ne peut ni violer ni même interpréter: c'est la loi naturelle si facile à percevoir pour la conscience.

La légitimité du pouvoir n'est point sujette aux incertitudes qui la voilent dans le système exposé précédemment. Elle dépend de la fidélité du prince à remplir ses devoirs et à obéir aux prescriptions de la loi morale. Y manque-t-il gravement, obstinément, il y a tyrannie, et l'obéissance n'est plus obligatoire.

Y demeure-t-il fidèle, le coup de force qui le renverse n'est qu'un acte de révolte. Rien ne peut l'absoudre. La force reste distincte du droit et lui est alors contraire. Ce criterium tiré de la loi morale est plus sûr que celui que l'on tire du courant variable, troublé, et souvent furieux de l'opinion publique. Les obligations qu'il impose au Gouvernement sont plus précises, plus faciles à fixer, et moins arbitraires que celle consistant « *à se mettre en rapport avec les mœurs, les « idées, les besoins de la nation.* »

Ce système évite un dernier écueil. La théorie qui remonte au droit de commander présente le succès comme la preuve de la légitimité du pouvoir. Elle ne le donne à la vérité que comme une présomption; mais les modes de vérifier la présomption sont si faibles, si incertains, qu'on peut les considérer comme dérisoires. Elle l'a si bien senti qu'à vrai dire elle s'est dispensée d'en présenter aucun. Le système préféré offre un criterium qui dispense de recourir à cette présomption d'un ordre si peu relevé. Son mode de vérification est assez certain pour que même dans les temps les plus troublés on puisse rechercher et reconnaître le pouvoir véritable.

168. Enfin cette doctrine présente une réponse solide aux objections fournies contre elle.

La première s'en prend à l'idée de la délégation. L'exposé du système y répond suffisamment. Cette théorie ne peut être logiquement attaquée par quiconque reconnaît l'institution providentielle de la société et du pouvoir qui la dirige. La phrase critiquée de M. de Broglie apparaît comme une vérité. La société est-elle un moyen pour l'homme d'atteindre sa fin, ce que reconnaît l'opinion contraire? Le but au moins médiat du pouvoir est d'avancer ou au moins « *de faciliter le règne de Dieu sur la terre* ». Il a seulement le devoir de ne pas excéder la limite de l'intérêt social.

La seconde objection est réfutée par la distinction entre la nature du mal et les conséquences qu'il peut engendrer dans les deux ordres de faits signalés. Le mal commis ayant entraîné des conséquences néfastes au point de vue moral et au point de vue social, il faut que toutes soient réparées. L'infraction expiée par le repentir subsiste dans ses résultats sociaux. Le pouvoir a mission de les apprécier. Il ne peut considérer que la réparation sociale, comme serait la restitution spontanée des objets volés, ou encore le payement volontaire d'une indemnité à la victime. Ces faits seraient certainement une cause d'atténuation de la peine.

Il reste la dernière objection. Elle ne vient que d'une fausse appréciation de la loi morale. Celle-ci enseigne qu'obéissance est due à toute prescription édictée légitimement par le Gouvernement en vue de l'intérêt social. Enfreindre une loi juste est certainement une faute même au point de vue moral. Qui pourrait contester la légitimité des lois d'impôts telles que celles des douanes, des contributions indirectes, ou encore des règlements de police si fréquents dans notre état social? Dès lors la loi a pu édicter des peines pour réprimer ces infractions.

On a fait remarquer que certaines des pénalités édictées étaient graves : celles que l'on applique au cas de violation de la discipline militaire ou des prescriptions sanitaires au cas d'épidémie. Or, a-t-on objecté, l'intention n'est pas fort criminelle. La réponse est facile. Il suffit de demander s'il n'est pas fort grave d'exposer, fût-ce par légèreté, un grand nombre de ses semblables à un sérieux danger de mort. Les conséquences possibles de l'action peuvent légitimement faire augmenter la peine sans que la loi morale en soit blessée.

Ce système, le plus élevé de tous au point de vue théorique, est donc aussi le plus pratique et celui qui répond le mieux aux objections soulevées.

TITRE I

DÉTERMINATION ET CLASSIFICATION DES INFRACTIONS.

169. L'exposé historique et les notions de philosophie juridique que l'on vient de donner ont, pour ainsi dire, tracé la route. On peut aborder l'étude des textes.

La législation pénale française comprend deux grandes lois : la loi de fond, qui détermine les infractions, qui précise et classe les peines ; c'est le Code pénal. La loi de procédure, qui s'occupe de la forme ; c'est le Code d'instruction criminelle. Le Code pénal attirera d'abord notre attention.

170. En tête de ce code on trouve un chapitre intitulé : *Dispositions préliminaires*. Il est à noter que l'on n'y rencontre point la définition de l'infraction.

Elle avait été donnée par le Code des délits et des peines du 3 brumaire an IV. Son article premier est ainsi conçu : « Faire ce que défendent, ne pas faire ce qu'ordonnent les « lois qui ont pour objet le maintien de l'ordre social et de « la tranquillité publique est un délit. »

Cette définition présente une grave inexactitude. L'infraction n'existe au point de vue de la loi positive qu'autant que le fait est frappé d'une peine édictée. La faute et le délit sont distincts.

On peut définir plus exactement l'infraction : *la perpétration d'un fait prévu et puni par la loi pénale française.*

Trois éléments sont à retenir dans cette définition.

1° L'infraction suppose nécessairement *un fait*: c'est-à-dire un acte extérieur révélant l'intention de l'auteur. L'expression, du reste, doit se prendre dans son sens le plus général. L'omission d'un acte prescrit y rentre ausi bien que l'exécution d'un fait défendu. Le fait existe toujours, qu'il soit positif ou négatif. On trouve des exemples d'omissions incriminées dans les articles 103 à 107 du Code pénal de 1810 ; aussi dans l'article 196, comme dans l'article 475, § 12 du code actuellement en vigueur.

2° Le fait doit être *prévu et puni par une loi pénale française*. Seul le législateur français a mission de dresser la liste des faits dangereux pour la société et la mesure de peine qu'il convient de leur appliquer. Tout ce qu'il refuse d'incriminer est, en vertu d'une présomption irréfragable, réputé innocent. Personne ne pourrait, sans excès de pouvoir, suppléer son silence ou établir une peine qu'il n'a point édictée. L'article 4 du Code pénal l'indique avec précision. Aussi l'interprétation restrictive est-elle seule admise en matière pénale[1].

3° Il ne suffit pas d'une simple amende ou d'une conséquence rigoureuse attachée à un fait par une loi civile pour le ranger au nombre des infractions. Ainsi le stellionat, c'est-à-dire la déclaration d'un état hypothécaire falsifié, ne

1. La Cour de Cassation a toujours maintenu ce principe. En voici des exemples.

La loi du 21 octobre 1814, art. 11, défendait d'exercer la profession de libraire sans brevet ; elle n'édictait aucune peine. Il a été jugé que ce fait ne constituait pas d'infraction. — Arrêt du 28 février 1836 (S., 36, I, 339). — Rouen, 6 mai 1841 (S., 41, II, 449). Cette omission a été réparée par le décret du 17 février 1852, art. 24.

Le même principe a été appliqué à l'occasion de la loi du 11 janvier 1850, sur les instituteurs primaires, art. 5. — Cass., arrêts des 6 et 9 août 1850 (S., 50, I, 700).

Enfin on l'a encore jugé en matière de vente illégale de médicaments. — Cass., 15 novembre 1844 (S., 45, I, 392).

constituait pas un délit. Il n'était réprimé par aucune loi criminelle. La loi civile seule rendait celui qui l'avait commis passible de la contrainte par corps. L'usage malheureux de l'appel, de la tierce opposition, de la requête civile fait encourir une amende prononcée par la loi civile. Qui pourrait penser qu'il s'agit d'un délit? Il faut donc que la peine soit portée par un texte criminel.

Ce texte n'est pas nécessairement contenu dans le Code pénal.

Il existe un grand nombre d'autres lois criminelles antérieures ou postérieures. Le législateur a pris soin d'indiquer que toutes les dispositions antérieures, relatives à des matières non réglées par le Code, restaient en vigueur (article 484, C. pén.).

171. La nature de l'infraction déterminée, il faut en distinguer les différentes espèces. Plusieurs classifications ont été proposées. Il importe d'en signaler trois plus usitées.

La première comprend deux termes: les *délits intentionnels*, pour lesquels il faut la réunion du fait matériel et de l'intention perverse; les *délits matériels*, pour l'existence desquels le premier élément est suffisant. Ceux-ci prennent sous notre droit la dénomination technique de *contraventions*. Cette division, la plus rationnelle et la plus simple, a été adoptée par le Code pénal d'Autriche. Cette loi partage les infractions en *délits* et en *graves contraventions de police*[1].

172. Une autre division a été indiquée. Elle partage les infractions en *délits de droit naturel* et *délits de droit positif*. Les premiers comprennent les faits mauvais en eux-mêmes et par essence, tels que le vol, le meurtre, etc. Les seconds ne comprennent que les faits indifférents au point de vue de la loi naturelle et incriminés seulement au point de vue de la loi positive. Le résultat pratique est presque le même que celui

1. Code pénal d'Autriche, traduction de M. Victor Fouché, art. 2 et suiv.

auquel arrive la division précédente. Le point de départ peut être critiqué. La distinction peut présenter parfois de l'incertitude. En outre, la désobéissance à une loi positive, lorsqu'elle est légitime, n'est pas exempte de faute au point de vue purement moral.

173. La dernière a été donnée par le Code pénal. Avant de l'exposer, il importe de poser le principe d'une bonne classification. Elle doit reposer sur la gravité du fait commis, sur le degré de criminalité qu'il comporte. C'est l'élément principal de toute division. Il en est un second qui n'est qu'accessoire: c'est la considération de l'utilité sociale. Celle-ci peut faire ranger dans des classes différentes et punir de peines inégales des faits également coupables au point de vue moral, mais inégalement dangereux au point de vue social. Toutefois elle ne peut jamais avoir pour résultat de contredire les données de la loi morale. La peine ne peut être fixée qu'en résultance de ces principes. Elle en est la conséquence.

L'article 1er du Code pénal s'est-il conformé à ces règles? Il divise les infractions en trois classes : les *crimes*, qui sont les plus graves; les *délits*, d'un degré moins élevé dans l'échelle pénale; enfin les *contraventions*.

A côté de cette division tripartite et en correspondance avec elle la loi en établit deux autres. Elle crée trois ordres de tribunaux et trois classes de peines : — les *cours d'assises* chargées de juger les crimes ; — les *tribunaux de police correctionnelle* pour les délits ; — ceux de *simple police* pour les contraventions.

Cette classification n'offre point jusqu'ici prise à la critique. Le législateur ajoute que la base de sa répartition des infractions se trouve dans la nature de peine appliquée. « L'infraction *que les lois punissent des peines de simple police* « est *une contravention*. L'infraction *que les lois punissent* « *d'une peine afflictive et infamante* est *un crime*. »

174. Cette formule est défectueuse. Elle a été sévèrement appréciée par un grand jurisconsulte, Rossi. « La division des « actions punissables en crimes, délits, contraventions, tirée « du fait matériel et arbitraire de la peine révèle, ce nous « semble, l'esprit du Code et du législateur. C'est dire au « public : ne vous embarrassez pas d'examiner la *nature in-* « *trinsèque* des actions humaines. Regardez le pouvoir. Fait-il « couper la tête à un homme ? Concluez-en que cet homme « est un grand scélérat. Il y a un tel mépris de l'espèce hu- « maine, une telle prétention au despotisme en tout, même « en morale, qu'on pourrait, sans trop hasarder, juger de « l'esprit du Code par l'art. 1er[1]. »

Le système sur le droit de punir, dont les rédacteurs du Code étaient partisans, prête à cette critique. La théorie utilitaire écarte les considérations de l'ordre moral. Elle est matérialiste, et il est naturel qu'elle mesure la gravité du délit à l'intensité de la peine. Le reproche doit s'arrêter à la rédaction de l'article. La répartition des faits délictueux entre les trois classes d'infractions a été faite avec justice. Elle ne porte point la trace de cet arbitraire que la formule annonce.

175. Certains auteurs n'ont pas voulu admettre le reproche, même restreint dans cette limite. On a fait deux réponses à l'objection de Rossi.

1° Le législateur, a-t-on dit, est certes compétent pour établir la classification des infractions ; et il ne doit l'édicter qu'en se plaçant au seul point de vue social. C'est ce qu'il a fait. Qu'importe dès lors sa formule ? Quand même il n'aurait pas dit que d'abord il a consulté la loi morale, la présomption n'en est pas moins qu'il s'en est préoccupé.

2° On ajoute que l'énonciation ne pouvait être différente. Le seul moyen d'indiquer au juge et publiquement la

1. Rossi, *Traité de Droit pénal*, t. I, p. 54. — Boitard, *Leçons de Droit pénal*, p. 22. — Lerminier, *Introduction générale à l'Histoire du Droit*, ch. XX.

gravité du fait consiste à déterminer l'intensité de la peine. Le législateur a donné le résultat sans montrer la voie qu'il a suivie parce qu'il n'enseigne ni ne dogmatise ; il commande[1].

Ces deux objections ne sont pas fondées.

Compétent pour établir la classification des infractions, le législateur ne peut la faire à son caprice et indépendamment de la loi naturelle. Sa formule prête cependant à cette prétention ; en cela elle est défectueuse. Son devoir était de ne point paraître, fût-ce en la forme, revendiquer une omnipotence tyrannique en matière de morale. La formule changée était fort différente. Qu'on ait écrit : L'infraction qui constitue un crime est punie de peines afflictives ou infamantes, le vice disparaissait. Cette vérité que l'intensité de la peine est une conséquence de la gravité intrinsèque de l'infraction apparaissait par la rédaction même du texte, tandis que l'article permet de croire que ce travail sur la nature du fait incriminé a été tenu pour inutile par le législateur de 1810. Ainsi tombe la première objection.

La seconde n'est pas bien plus forte. Sans doute la loi commande ; mais n'est-elle pas tenue de respecter les principes philosophiques ? L'exactitude doit être sa qualité maîtresse, et l'on pouvait, sans d'ailleurs se perdre en développements, indiquer le principe de la loi morale ou du moins ne point s'exposer à le heurter.

176. Cette classification du reste n'est pas exempte d'inexactitude au point de vue purement pratique. Pour être absolument exacte, il faudrait que la corrélation des trois classes d'infractions avec les trois genres de peines et avec la compétence des trois ordres de tribunaux fût parfaite. Il est loin d'en être ainsi.

La règle est inexacte soit qu'il s'agisse des peines, soit

1. M. Bertauld, *Cours de Code pénal*, leçon VII, p. 112. — M. Trébutien, 1re édition, p. 75-76.

qu'il s'agisse des juridictions, si on l'étend aux lois pénales autres que le Code. La jurisprudence a reconnu que les tribunaux correctionnels ont reçu compétence pour statuer sur un grand nombre de contraventions et pour leur appliquer des peines excédant la mesure de la simple police. — Tels sont les infractions à la loi du 3 mai 1844 sur la chasse, celles qui contreviennent aux dispositions de la loi du 17 juillet 1856 sur les sociétés en commandite, ou encore le fait d'exercice illégal de la médecine sans usurpation de titre[1]. Il en est de même pour les lois forestières et pour les lois fiscales.

Restreinte aux infractions prévues par le Code, la classification est exacte au point de vue de la compétence. A moins de concours entre des infractions de genres différents imputées au même individu, il est certain qu'en général les contraventions ne sont déférées qu'aux tribunaux de simple police ; les délits aux tribunaux de police correctionnelle, et les crimes aux cours d'assises. Cette indication de la compétence était le but que le législateur voulait atteindre[2].

1. La Cour suprême a jugé que ces infractions n'étaient que de simples contraventions pour lesquelles l'excuse tirée de la bonne foi du prévenu ne pouvait être admise. Cependant la juridiction appartient au tribunal correctionnel et la peine dépasse notablement la limite maximum des peines de simple police. — Cass., ch. criminelle, arrêt Pelleport, 17 juillet 1857, *Bulletin criminel*, n° 272. — Cass., ch. criminelle, arrêt Lauret, 11 août 1859, *Bulletin criminel*, n° 199. — Cass : 9 et 21 juillet 1853 (S., 53, I, 780). — Cass : 19 mars 1857. 30 avril 1858. (S. 58, I, 582). — Cass : 10 août 1860 (S. 61. I, 661). — Beaucoup d'autres contraventions rentrent dans la compétence des tribunaux correctionnels. Ainsi en matière de presse les contraventions purement matérielles leur sont renvoyées (L. 9 juin 1819, art. 1, 6, 7, 8, 11, 12. — L. 9 septembre 1835, art. 10, 11, 17. 18. — L. 27 juillet 1849, art. 5, 7, 9, 10, 11, 12 et 13. — L. 15 avril 1871, art. 2 et 4). — Voir Cass., 11 novembre 1875, 2 décembre 1875 (Sirey, 76. I, 237). — La Cour a maintenu le même principe dans un arrêt plus récent; elle a seulement changé la formule et qualifié de *délits purement matériels* ce qu'elle désignait auparavant par le titre plus vrai et plus juridique de *contraventions*. Ce qui distingue en effet la contravention du délit, c'est l'absence d'intention. — Cass., 14 janv. 1876 (Sirey, 76, I, 433).

2. « Le premier de ces articles porte l'exposé des motifs par M. Treilhard, « définit les expressions de crime, délit et contravention, trop souvent confon- « dues et employées indifféremment. Désormais le mot crime désignera les at-

La classification n'est point aussi exacte quant à la correspondance des infractions avec les peines qui doivent leur être infligées. On verra que par l'effet des excuses ou des circonstances atténuantes, des crimes véritables sont punis de peines correctionnelles ; des délits peuvent n'encourir que des peines de simple police. La compétence n'en demeure pas moins la même. Cette exception à la règle posée par l'art. 1er existait sous l'empire même du Code de 1810. Elle s'est étendue, par suite de l'application des circonstances atténuantes, aux matières criminelles.

177. La classification adoptée par le Code n'offre pas que des inconvénients. Elle a d'abord l'avantage d'être simple et d'offrir pour la solution des questions de compétence une règle d'une application facile. Son importance pratique se fait sentir en matière de récidive, de prescription, d'excuse tirée de l'âge. En outre, elle donne un sens précis dans la langue juridique au mot délit. Cette expression un peu vague prend sous notre droit une signification technique toute particulière. Néanmoins notre loi pénale est revenue parfois aux habitudes du langage ordinaire. Elle a employé cette expression comme synonyme du mot infraction.

Cette seconde acception est la vulgaire ; le sens technique est nettement déterminé. On sera parfois obligé de les employer l'un et l'autre ; aussi importe-t-il dès l'abord de bien les distinguer. Si l'on compare la première classification à celle-ci, on voit que les délits intentionnels comprennent les infractions désignées, par la loi française, sous le nom de crimes et de délits. Les délits matériels ne comprennent que les contraventions.

« tentats contre la société qui doivent occuper les cours criminelles. — Le mot « délit sera affecté aux désordres moins graves qui sont du ressort de la police « correctionnelle. — Enfin le mot contravention s'appliquera aux fautes contre « la simple police. » Locré, t. XXIX, p 202.

TITRE II

EMPIRE DE LA LOI PÉNALE SOUS LE RAPPORT DES LIEUX ET DES PERSONNES.

178. Avant d'examiner les dispositions de la loi pénale française, il est utile de savoir sur quel territoire elle étend son empire et quelles personnes lui doivent obéissance. Il faudra se demander ensuite en quel temps elle sera applicable.

Cette double question comprend l'exposition de deux théories fort importantes : celle du caractère territorial ou personnel de la législation pénale, et celle de la rétroactivité ou de la non-rétroactivité de la loi.

Pour résoudre la première difficulté, il convient d'examiner les trois points suivants :

I. Quel territoire la loi française régit-elle ?

II. Quelles personnes sur ce territoire lui doivent obéissance ?

III. Quelles infractions commises en dehors de ce territoire peut-elle atteindre ?

I. QUEL TERRITOIRE LA LOI FRANÇAISE RÉGIT-ELLE ?

179. La loi pénale, sanction du commandement porté par le législateur français, ne peut s'étendre au delà du territoire où ce pouvoir doit être respecté. Punir, c'est faire acte de souveraineté. Ce droit expire où la souveraineté française n'a plus d'empire.

Ainsi, la loi pénale s'applique à tout le territoire français. On divise ce territoire en *réel* et en *fictif*.

Le territoire réel comprend la contrée qui forme la France et ses colonies. Toutes ces provinces sont soumises à la loi française, et l'on verra bientôt qu'aucune exception n'existe même pour les hôtels des ambassadeurs étrangers. La fiction d'exterritorialité, que l'on a voulu créer, ne saurait être admise.

Le territoire fictif complète le territoire réel. On lui donne ce nom à cause de la fiction qui répute françaises des contrées en réalité étrangères. Il comprend : 1° la mer territoriale ; 2° les lieux où flotte le drapeau français ; 3° les vaisseaux français.

180. La mer *territoriale* fournit le premier exemple de cette fiction. De sa nature la mer est libre et commune à tous les peuples. Elle ne se prête à la domination exclusive d'aucune nation. « Si les vaisseaux sillonnent un moment les ondes, « la vague vient aussitôt effacer cette légère marque de ser- « vitude et la mer reparaît comme elle fut au premier jour « de la création[1]. »

Cette règle ne pouvait être absolue sans faire courir à tous les peuples habitant ses rivages de sérieux dangers.

Il est une portion de mer, celle qui borde leurs côtes, qui peut devenir contre eux un puissant moyen d'attaque et dont ils doivent pouvoir user pour se défendre. Cette partie, sur laquelle le peuple qui la borde a de plus puissants moyens d'action, paraît d'ailleurs plus spécialement affectée à son usage. C'est elle qu'on désigne sous le nom de *mer*

1. Mme de Staël.

territoriale. Son appropriation à chaque nation se justifie d'abord par la raison d'utilité et ensuite par ce motif que le riverain, de la côte, peut faire respecter à l'aide de la force son droit de souveraineté.

Où fixer la limite fictive qui la sépare de la haute mer? Les opinions ont varié. La plus sûre consiste à la reporter à la plus longue portée du canon. Au delà le peuple riverain n'a plus d'action ; d'ailleurs aucun danger immédiat n'est à craindre pour lui tant que cet espace n'est point occupé par l'ennemi[1]. Les traités pourraient du reste changer cette limite ; en général ils s'y reportent. Ainsi dans le traité de commerce, conclu le 11 janvier 1787 entre la France et la Russie, les deux parties s'engagent à ne jamais attaquer leurs ennemis que *hors la portée du canon des côtes de leur allié* (art. 28)[2].

C'est par une application de cette règle que la convention conclue le 2 août 1839 entre la France et l'Angleterre attribue aux Français le droit exclusif de pêche dans le rayon de trois milles de la laisse de basse mer (art. 9).

181. Une seconde fiction consiste à réputer partie intégrante du territoire français le sol occupé en pays étranger par ses armées. « Là où est le drapeau, là est la France », a dit avec force le premier Consul.

Une distinction est à faire. — Lorsque l'armée ne traverse qu'en passant un pays neutre ou allié, qu'il n'y a ni guerre ni occupation, la loi française ne s'applique qu'aux militaires ou aux personnes attachées à l'armée. Elles sont seules justiciables des conseils de guerre qui sont dans l'espèce

1. Th. Ortolan, *Diplomatie de la mer*, t. I, p. 175. — Vattel, *Droit des gens*, liv. I, ch. 23. — Grotius, *De jure pacis et belli*, liv. II, ch. III, § 13 et 14. — *Secus*, Valin, *Comment. sur l'ordonnance de la marine*, liv. V, tit. I.

2. *Rec. général des lois*, t. XXVIII, p. 302. — Lors de la guerre de sécession entre les États-Unis, les deux navires ennemis *le Kerseage et l'Alabama* étaient venus aborder à Cherbourg. Ils sortirent pour se battre en dehors des limites de la mer territoriale ; alors seulement ils se trouvèrent en terrain neutre.

les tribunaux chargés d'appliquer la loi française[1]. Le seul espace occupé par les soldats éprouve l'effet de la fiction.

L'armée occupe-t-elle en temps de guerre un pays ennemi? La fiction est appliquée d'une manière plus large. Tout le pays est réputé partie intégrante du territoire français. Non-seulement les membres de l'armée, mais tous les habitants de la contrée tombent sous le coup de la loi française et deviennent justiciables des tribunaux français. La loi du 13 brumaire an V avait reconnu ce principe. L'art. 13 est ainsi conçu : « Nul ne sera traduit au conseil de guerre que les « militaires.... *les habitants du pays ennemi occupé par les* « *armées de la république*, pour les délits dont la connais- « sance est attribuée au conseil de guerre. »

L'art. 63 du nouveau Code de justice militaire a maintenu l'application de cette règle : « Sont justiciables des conseils « de guerre, si l'armée est sur le territoire ennemi, *tous in-* « *dividus* prévenus soit comme auteurs, soit comme com- « plices, d'un des crimes ou délits prévus par le titre 2 du « livre IV du présent Code. »

Ce texte contient l'énoncé d'un principe; aussi lui a-t-on donné une interprétation extensive. On a assimilé au cas de guerre l'occupation d'un pays allié lors même qu'elle avait lieu dans l'intérêt du gouvernement de ce pays et que la guerre était depuis longtemps finie. *Territoire ennemi* signifie *territoire occupé*, a dit la Cour suprême[2].

La jurisprudence ne s'est pas non plus arrêtée à ces expressions limitatives: « crimes ou délits prévus par le titre 2 du livre IV. » Il a été reconnu qu'en pays ennemi les tribunaux ont le droit de juger d'après la loi française toutes

1. Décret du 21 février 1808, — Code de justice militaire, art. 63.
2. Cass., 19 janvier 1865 (Sirey, 65, I, 53), — Cass., 23 juin 1865 (Sirey, 65, I, 428).

les infractions dirigées contre l'armée française[1] et celles qui leur sont connexes[2].

182. En dernier lieu on fait rentrer dans la fiction les vaisseaux français. Tous ont leur certificat d'origine. On l'appelle *acte de francisation* et tous sont inscrits sur les registres de la douane. Cette marque de nationalité dont ils portent toujours la preuve avec eux se prête merveilleusement à la fiction dont on parle. Une distinction doit pourtant être faite, quant aux effets qu'elle produit. Ils sont, suivant les lieux, plus ou moins puissants.

A. — Le navire est-il en pleine mer? Il est sur un territoire neutre et rien ne s'oppose aux effets absolus de la fiction. Que le navire soit un navire de guerre ou un navire marchand, il est réputé partie intégrante du territoire français. Les infractions commises par des Français même à l'égard des étrangers[3], ou par ceux-ci à l'encontre de Français sont punies suivant la loi française et jugées par les tribunaux français.

B. — Le navire est-il dans une rade ou dans un port étranger? Il faut distinguer le navire de guerre du navire de commerce. Le premier n'a pas seulement une nationalité; il porte en lui une partie de la puissance publique. Il renferme et il défend une parcelle de la souveraineté de sa nation. On ne peut la soumettre à la souveraineté étrangère. Dès lors, les infractions qui se produisent à son bord, n'importe par qui ni envers qui elles sont commises, sont punies par la loi française et justiciables de ses tribunaux. Le commandant français peut toutefois renvoyer les nationaux coupables devant la justice de leur pays. La règle en ce cas ne subit pas d'exception puisque c'est l'autorité française qui se des-

1. Cass., 24 août 1865 (Sirey, 65, I, 466).
2. Cass., 14 et 28 décembre 1865 (Sirey, 66, I, 84).
3. Aix, 17 septembre 1827. Bordeaux, 31 janvier 1838 (Sirey, 39, II, 37).

saisit. Jusque-là l'autorité du port, ni la loi du pays ne peuvent rien parce que la nation étrangère ne peut faire acte de souveraineté sur le navire de guerre français. Elle peut seulement le soumettre aux mesures sanitaires, condition de son admission, ou refuser de le recevoir, ou le contraindre à s'éloigner après l'avoir reçu. Elle a contre lui le droit de défense, mais non le droit de punir[1].

Le navire de commerce n'est point ainsi traité. Il n'est pas le dépositaire d'une partie de la puissance publique. La règle n'est plus simple. Les délits commis à bord sont réputés en principe commis en pays étranger. La nationalité du port l'emporte sur celle du navire. Dès lors, les infractions qui ont pour auteur une personne étrangère au vaisseau, ou qui sont commises contre un habitant du pays, sont justiciables des tribunaux et passibles de la loi de la contrée. — Il y a exception lorsque les délits : — 1° sont accomplis par une personne de l'équipage du navire ; — 2° lorsqu'ils n'ont atteint qu'une personne du même équipage ; — 3° lorsqu'ils ont été commis à bord ; — 4° lorsqu'ils n'ont point troublé la sécurité du port ; — 5° lorsque l'intervention de la justice du pays n'a pas été réclamée. Toutes ces conditions sont essentielles. Elles sont énumérées dans un avis du Conseil d'État en date du 20 novembre 1806. « Attendu, porte le texte, qu'un « vaisseau neutre ne peut être indéfiniment considéré comme « lieu neutre et que la protection qui lui est accordée dans « les ports français ne saurait dessaisir la juridiction terri- « toriale, pour tout ce qui touche aux intérêts de l'État ; « qu'ainsi le vaisseau neutre admis dans un port de l'État « est de plein droit soumis aux lois de police qui régissent le « lieu où il est reçu, que les gens de son équipage sont éga- « lement justiciables des tribunaux du pays pour les délits « qu'ils y commettent, même à bord, *envers des personnes*

1. Th. Ortolan, t. I, p. 227. — F. Hélie, *Instruction criminelle*, t. II, n° 634.

« *étrangères à l'équipage*, ainsi que pour les conventions ci-« viles qu'ils pourraient faire avec elles ; mais que si, jusque-« là, la juridiction territoriale est hors de doute, il n'en est « pas ainsi à l'égard des délits qui se commettent *à bord* « du vaisseau neutre *de la part d'un homme de l'équipage neu-* « *tre envers un autre homme du même équipage*; qu'en ce cas « les droits de la puissance neutre doivent être respectés « comme s'agissant de la discipline intérieure du vaisseau, « dans laquelle l'autorité locale ne doit point s'ingérer, tou-« tes les fois *que son secours n'est pas réclamé ou que la* « *tranquillité du port n'est pas compromise.* »

Cette règle a été consacrée de nouveau par l'ordonnance du 29 octobre 1833, sur la marine marchande. Les articles 22 et 23 recommandent à nos consuls de s'y conformer. La jurisprudence l'a plusieurs fois appliquée[1]. Il importe de retenir le caractère exceptionnel de la fiction de territorialité dans cette hypothèse. Elle ne reprend son empire qu'au cas où la puissance publique du port est désintéressée, lorsqu'il s'agit d'une infraction qui concerne le gouvernement intérieur du bâtiment. Si l'infraction est commise à terre, il n'y a plus à distinguer ; elle est accomplie en pays étranger et la justice territoriale de la rade ou du port a droit de la réprimer[2].

Il faut remarquer en terminant sur ce point que la fiction ne persiste pas toujours. Si le navire vient à commettre des actes d'hostilité, il cesse d'être considéré comme neutre. On le traite en ennemi puisqu'il a pris cette qualité[3].

185. N'y a-t-il pas une quatrième hypothèse où s'applique

1. *Revue de législation*, 1843, t. I, p. 143, — Cass., 25 février 1859 (Sirey, 59, I, 183).

2. Cass., 29 février 1868 (Sirey, 68, I, 351). Les réquisitions du procureur général dans cette affaire sont très-intéressantes, mais il ne faudrait pas suivre jusqu'au bout la doctrine qu'il formule à propos du délit commis à bord du bâtiment de guerre.

3. Cass., 7 septembre 1832 (Sirey, 32, I, 591). — *Contra*, Aix, 6 août 1832 (Sirey, 32, I, 578 (arrêt cassé).

cette fiction? On l'a enseigné. Dans les Échelles du Levant, en Chine et dans les États de l'Iman de Mascate, les consuls français ont sur leurs nationaux un droit de juridiction fort important. On a voulu le rattacher à ce principe. On verra dans peu que cette appréciation est erronée.

II. QUELLES PERSONNES SUR LE TERRITOIRE FRANÇAIS DOIVENT OBÉISSANCE A LA LOI PÉNALE?

184. La loi pénale qui s'arrête aux limites du territoire français commande-t-elle du moins à tous ceux qui s'y trouvent, étrangers ou nationaux? Oui. Elle est évidemment une loi *réelle* ou territoriale. L'article 3 du Code civil le dit : « Les lois de police et de sûreté obligent tous ceux qui « habitent le territoire ». Par cette expression *qui habitent*, il faut entendre ceux même qui ne font que passer. « Le « pouvoir souverain ne pourrait remplir la fin pour laquelle « il est établi, si des hommes étrangers ou nationaux « étaient indépendants de ce pouvoir... *Il n'est rien s'il n'est* « *tout*[1]. »

L'étranger est soumis aux lois du pays où il se trouve, sans acceptation expresse ou présumée et par le seul effet de la souveraineté sociale, déléguée à chaque gouvernement. Cette délégation comprend, on le sait, la justice et le droit de punir.

La nationalité de la victime n'est d'aucune considération. Le coupable étranger est puni à raison du trouble social causé par son action, et ce désordre résulte de l'acte mauvais accompli au préjudice d'un autre étranger comme d'un Français. La jurisprudence a fait l'application de ce principe à des délits qui atteignaient des étrangers domiciliés et

1. M. Portalis, citation de Rousseau, *Contrat social*, liv. IV, ch. II.

même résidant en dehors de France. Il suffit que l'acte ait été accompli dans le territoire[1].

Ce droit de juridiction est absolu. Il ne pourrait être paralysé par la poursuite ni même par le jugement rendu à raison du même fait par un tribunal étranger; il est juste d'accorder une juridiction préférable au tribunal du lieu du délit. La jurisprudence a maintenu cette règle avec fermeté[2].

185. Mais ne faut-il pas faire une exception pour les ambassadeurs? C'est un sujet de vieilles et graves controverses. L'article 3 du Code civil n'accorde aucun privilége aux agents diplomatiques; mais il n'en faut pas conclure qu'il le leur refuse. Lors de la discussion du projet de loi, un paragraphe exprès avait été ajouté pour reconnaître cette immunité. Il fut supprimé sur cette réflexion, que la loi était de pur régime intérieur et que l'exception diplomatique était de droit international. Lors de la présentation du projet au tribunal, le rapporteur exprima formellement cette réserve. Ainsi la loi n'est point contraire à ce privilége. La nécessité des rapports internationaux l'impose. Pour faire entendre en pleine liberté la parole indépendante du souverain étranger, il faut que l'ambassadeur soit délivré de toute crainte et qu'il ne puisse redouter le pouvoir du prince près duquel il est accrédité. Comment pourrait-il dès lors être soumis à l'action de la justice rendue au nom de ce prince et par ses officiers? Aussi l'usage de toutes les nations civilisées est-il de respecter la personne des ambassadeurs[3].

1. Cass., 31 janvier 1822, — 22 juin 1826 (Sirey, coll. nouv., 8, I, 368). — F. Hélie, *Inst. crim.*, t. II, n° 629.

2. Cass., 21 mars 1862 (2 arrêts) (Sirey, 62, I, 541). — Cass., 23 novembre 1866 (Sirey, 67, I, 457). — Cour d'ass. de la Moselle, 4 décembre 1867 (Sirey, 68, II, 189). — *Contra*, F. Hélie, *Instr. crimin.*, t. II, n° 671.

3. Grotius, liv. II, ch. XVIII, § 4, n° 8. — Bynkershoek, ch. VIII, § 6. — Vattel, liv. IV, ch. VII, n° 92-93. — Montesquieu, *Esprit des Lois*, liv. XXVI. — F. Hélie, *Instr. crimin.*, t. II, n° 646.

Il convient d'écarter d'abord un système radical d'après lequel il n'y aurait pas de privilége diplomatique. L'ambassadeur serait inviolable, mais seulement lorsqu'il ne commet pas de délit. Ce cas se réalisant, il serait traité comme un simple particulier soumis à la loi du pays, justiciable de ses tribunaux[1].

Pour être inviolable il faut que l'agent diplomatique ne puisse être jugé par aucune autorité de la contrée où il réside. Autrement son inviolabilité sera à la merci du souverain dont il doit souvent entraver l'action et contrarier les projets. Ce système est condamné à juste titre.

186. L'exception reconnue, il faut en préciser le caractère. L'ambassadeur n'habite pas volontairement le pays étranger. Il y réside par nécessité et pour obéir aux ordres de son souverain. Il en est le représentant et la personnification. Or la loi française n'a point le droit de commander à la souveraineté étrangère. Le droit de punir n'existe point dès lors contre l'ambassadeur ; on ne possède à son égard que le droit de se défendre. C'est la véritable raison du défaut de juridiction des tribunaux indigènes. Ils ne peuvent le saisir parce qu'ils n'appliquent qu'une loi qui n'a point droit à son obéissance.

Porte-t-il par un délit le trouble dans le pays de sa résidence? Le gouvernement a le droit de l'expulser et celui de l'accuser devant son souverain.

Cette doctrine ne présente guère d'inconvénients pratiques. Toutes les infractions d'une gravité notable sont réprimées par toutes les législations ; celles-ci ne diffèrent en général que sur des délits d'une importance moindre, et si l'ambassadeur étranger les commet, il n'en résulte qu'un

1. Cocceius, *De legationibus*, quest. 3, t. II, p. 749. — Perèze, *Prælectiones in codicem*, liv. X, t 63, n°s 10 et 11. — Antonio de Vera, *Le parfait ambassadeur*, n° 45.

trouble de peu de conséquence. Encore a-t-on pour cette hypothèse le droit toujours ouvert d'expulsion. Que si les législations des pays en relations internationales sont profondément distinctes, la conciliation sera l'œuvre des traités diplomatiques. Les principes du droit pénal conduisent à cette solution.

On pourrait objecter que l'ambassadeur n'est admis qu'à la condition de respecter les lois de la nation où il vient résider. La violation de sa promesse devrait alors le priver de son immunité.

La réponse est déjà faite. Le droit de punir ne dérive d'aucune convention entre le gouvernement et le coupable. Il découle de la souveraineté sociale, et l'ambassadeur est destiné non à la subir mais à la contrôler.

187. Aussi ne jouit-il pas seulement d'une immunité de juridiction, il n'est même pas soumis à la loi pénale du pays où il réside. En ce point, les auteurs qui voient dans ce privilége une simple exemption de la juridiction des tribunaux indigènes ne vont point assez loin. Si l'ambassadeur est soumis à la loi de la nation près de laquelle il est accrédité, pourquoi ne serait-il pas justiciable de ses tribunaux? Il serait bizarre de faire appliquer une législation par des juges qui ne la connaissent qu'imparfaitement. Lors des discussions préparatoires à l'article 3 du Code civil, les rédacteurs indiquèrent que la règle en ce qui concerne l'empire même de la loi recevait une exception au respect des ambassadeurs[1].

188. Ce privilége est-il illimité? L'affirmative découle du principe qui vient d'être posé. La loi est toujours étrangère à l'ambassadeur. Cette doctrine n'est pas universellement admise.

1. F. Hélie, *Inst. crim.*, t. II, n° 646. — Bertauld, *Code pénal*, VIIe leçon, p. 140.

Une opinion fort accréditée enseigne que la loi pénale devient applicable lorsque l'ambassadeur se rend coupable d'infractions graves contre la sûreté de l'État où il réside. Est-il accusé d'un délit ordinaire? Ses priviléges subsistent. Ils disparaissent lorsqu'il s'est rendu coupable d'un crime d'État et qu'il a tramé quelque complot destiné à troubler la sécurité publique.

On défend cette idée en soutenant que le privilége est accordé par deux raisons. Il est attribué à raison de la dignité des fonctions de l'ambassadeur et de l'indépendance qu'elles nécessitent. — Il est le résultat d'une convention tacite entre les États. Mais ceux-ci ne peuvent convenir de se tendre mutuellement des piéges, et l'indépendance de l'ambassadeur n'est pas atteinte parce qu'on lui retire seulement la faculté de conspirer. Donc l'immunité ne peut être absolue. On invoque en ce sens un mémoire du duc d'Aiguillon communiqué en 1772 aux cours de l'Europe. On cite comme précédent l'arrestation, en 1605, d'un secrétaire de l'ambassadeur d'Espagne prévenu d'un complot contre la sûreté de l'État[1].

189. Cette doctrine n'est pas sûre. Elle aurait d'abord l'inconvénient d'arriver à détruire le privilége même. Serait-il bien difficile à un souverain mécontent d'un ambassadeur ou désireux de surprendre des secrets diplomatiques de trouver quelque moyen d'incrimination? L'agent diplomatique pourrait être arrêté, ses papiers fouillés, et lui-même ou jugé ou du moins inquiété. Son indépendance ne serait pas complète.

En outre le principe de la restriction n'est pas acceptable. Ou la loi du pays est applicable ou elle ne l'est pas. Il n'y a point de milieu.

1. F. Hélie, *Inst. crim.*, t. II, nos 646 à 648. — Merlin, *Répertoire*, v. Min. public, sect. V, § 4, art. 111. — Morin, v. Agents diplomatiques, no 6. — Mangin, t. II, n. 82. — Trébutien, 1re édition, t. II, p. 121-122.

Et cette opinion n'a pas d'inconvénients. L'ambassadeur coupable de complots peut être renvoyé et en outre traduit devant son souverain. Ce dernier est forcé de devenir son juge ou son complice. Si l'agent diplomatique est le seul auteur du complot, il est châtié. S'il n'a fait qu'obéir à son souverain, il ne serait pas juste de le punir de sa fidélité. La responsabilité doit alors remonter plus haut pour atteindre l'auteur véritable des trames ourdies[1]. On peut citer à l'appui de ce système un décret rendu par la Convention le 13 ventôse an II, qui interdit à toute autorité d'attenter à la personne des envoyés des gouvernements étrangers. Les réclamations devaient être adressées au Comité de salut public.

190. Ce privilége est spécial aux agents diplomatiques[2]. Il ne protége point les personnes de leur domesticité. Celles-ci sont justiciables des tribunaux du pays où elles se trouvent à raison de toutes les infractions qu'elles y commettent[3].

Le bénéfice de cette exception n'est pas non plus acquis aux consuls, simples officiers publics d'un souverain étranger. Certains égards peuvent leur être dus; mais les tribunaux restent compétents à leur endroit et la loi du pays leur est applicable.

191. Certains auteurs veulent aller plus loin. Ils ont créé la fiction d'*exterritorialité*. L'hôtel de l'ambassadeur étranger est à leurs yeux le territoire même de la nation à laquelle appartient l'agent diplomatique. Cette doctrine produirait les trois conséquences suivantes : — 1° L'hôtel de chaque ambassadeur deviendrait pour les malfaiteurs qui s'y réfugieraient un lieu d'asile d'où on ne pourrait les arracher sans obtenir leur extradition. — 2° Toutes les infrac-

1. Bertauld. *Cours de Code pénal*, leçon VII, p. 140.

2. Voir en matière civile, Paris, 9 avril 1866 (Sirey, 66, II, 232). — Paris, 12 juillet 1867 (Sirey, 68, II, 201).

3. Cass., 13 octobre 1865 (Sirey, 66, I, 33).

tions commises dans l'hôtel de l'ambassadeur rentreraient, quelle que fût la nationalité du coupable, dans la compétence de la juridiction étrangère. — 3° Enfin on ne pourrait les poursuivre en France que conformément aux articles 5, 6 et 7 du Code d'instruction criminelle.

Aucune de ces trois conséquences n'est admissible. Aucune non plus n'est admise par la jurisprudence. Celle-ci, tout en maintenant la fiction, lui attribue un caractère personnel[1]. L'inviolabilité de l'ambassadeur ne protége que lui-même et les objets nécessaires à ses fonctions. La fiction ne va pas jusqu'à créer un territoire étranger dans l'État. Il est seulement vrai de dire que l'hôtel est couvert par l'immunité diplomatique. On ne peut y entrer sans la permission de l'ambassadeur, sauf au cas où évidemment il n'en pourrait souffrir aucun dommage. Telle serait l'hypothèse où l'on voudrait saisir des coupables qui s'y seraient réfugiés.

III. QUELLES INFRACTIONS COMMISES EN DEHORS DU TERRITOIRE FRANÇAIS LA LOI PEUT-ELLE ATTEINDRE?

192. La loi est territoriale. La conséquence de ce caractère est-elle que la loi ne puisse être personnelle, qu'elle ne puisse jamais atteindre les infractions qui s'accomplissent en dehors du territoire soumis à son empire? Ce point doit être examiné par rapport aux délits commis par un étranger et par rapport à ceux qui ont un Français pour auteur.

193. — **A**. *Infractions de l'étranger en pays étranger*. — L'étranger doit obéissance à la loi française pendant la durée de son séjour en France à cause du trouble que peut causer sa conduite. Mais, lorsqu'il a franchi la frontière, il est libre de toute obligation. S'il commet un acte mauvais, il n'en-

1. Voir l'arrêt du 13 octobre 1865, cité ci-dessus.

freint point le commandement français, sans autorité sur la contrée où il réside. Il ne porte point le désordre dans une société au milieu de laquelle il ne se trouve plus. Sans doute il devra être puni, mais la délégation du droit de justice n'est plus faite au Gouvernement français. Il est d'évidence que la justice française n'a aucune action contre l'étranger coupable d'une infraction à l'étranger.

Pourtant si la victime est un Français, le pouvoir social devra-t-il rester désarmé et laisser ses nationaux sans protection ? Si encore l'attentat est dirigé contre la nation elle-même, ne pourra-t-elle châtier le coupable ?

194. Cette considération avait touché les législateurs d'avant 1789, au point de les engager dans une voie évidemment mauvaise. Le fait avait-il été commis au préjudice d'un Français? La loi ne s'en occupait que si l'agent était ensuite trouvé en France. S'il venait y fixer sa résidence ou s'il était vagabond, on lui appliquait la loi française. Ne s'y trouvait-il qu'en passant? La solution était discutée.

Si la victime de l'infraction commise à l'étranger était un étranger, de nouvelles distinctions se produisaient. Les uns voulaient que la loi pénale atteignît l'auteur du délit, lorsque lui et sa victime se trouvaient ensemble en France. D'autres contestaient cette solution [1].

La législation révolutionnaire revint sur ce point aux principes exacts. Un décret du 3 septembre 1792 proclama que le pouvoir français ne pouvait châtier des étrangers qui n'avaient point enfreint ses lois. Le Code du 3 brumaire an IV maintint ce principe. Il y ajouta seulement une disposition intempestive et malheureuse sur le droit d'expulsion qu'il transportait de l'administration aux tribunaux (art. 13).

Depuis lors, la législation en cette matière a été fort dis-

1. *Nouveau Denisart*, v. Délit, § 4. n°s 6 et 7. — Rousseau de la Combe, *Mat. crim.*, 2e partie, ch. I, n° 34.

cutée. La présence dans une société d'un homme habitué au crime est pour elle une cause permanente d'inquiétude. On peut regarder le droit d'expulsion laissé à l'administration comme insuffisant. En outre, une tendance naturelle porte chaque législateur à croire qu'il protégera mieux ses nationaux contre toute infraction que les législateurs étrangers. On trouvera tout à l'heure la trace de ces préoccupations dans un projet de loi assez récent.

195. Le Code de 1808 s'en tint à l'exacte application du principe reconnu par la législation révolutionnaire. Il ne fit exception que pour les crimes dirigés contre la sécurité de l'État et énumérés dans l'article 5. Encore fallait-il dans ce cas, pour être poursuivis, que les étrangers fussent arrêtés en France ou que leur extradition fût obtenue.

Rentraient-ils volontairement? On présumait qu'ils voulaient jouir du résultat de leur infraction. En tous cas, leur présence après cette preuve de leurs mauvaises intentions devenait un danger social. Enfin le crime était destiné à produire des résultats en France.

La seconde condition, celle de l'extradition, ne pouvait se justifier que par le dernier motif donné. Il est aussi permis de croire que la sollicitude de la justice étrangère devait être médiocrement éveillée par une faute dont les causes ne peuvent atteindre la souveraineté qu'elle doit défendre.

196. Une réforme fut tentée en 1852. On voulut donner une nouvelle rédaction aux articles 5, 6 et 7 du Code d'instruction criminelle. La loi votée par le Corps législatif ne fut pas présentée au Sénat. Elle ne fut donc jamais applicable. Ce projet admettait le principe contraire à celui du décret de 1792. Une distinction était faite entre les délits et les crimes. La poursuite des crimes commis en dehors du territoire par un étranger était autorisée sous trois conditions : — 1° Que le crime eût atteint soit l'État, soit un Français. — 2° Que l'auteur se fût volontairement rendu en France. — 3° Qu'aucune demande d'extradition n'eût été adressée au Gouvernement français.

Les délits ne devaient être poursuivis que conformément aux traités diplomatiques qui interviendraient[1].

Cette législation en projet amena la réforme votée en 1866. Elle forme notre loi actuelle. Celle-ci en est revenue aux véritables règles. L'étranger ne doit point être puni pour la violation d'une loi qui ne le concerne pas.

Ce droit à l'impunité aurait été excessif, s'il eût été absolu : aussi souffre-t-il une exception. Lorsque l'étranger a commis un crime contre l'État, il peut être châtié s'il vient en France ou si l'on obtient son extradition. Le motif véritable est connu. Le crime, s'il est commencé hors du territoire, doit nécessairement s'achever en France.

La poursuite dans ce cas est facultative, non pour le ministère public, mais pour le Gouvernement. Son autorisation est alors nécessaire et l'opportunité de l'action publique ne doit être appréciée que par lui. Ceci ressort du texte de l'article 7 du Code d'instruction criminelle. « Tout étranger qui, hors du « territoire de la France, se sera rendu coupable, soit comme « auteur, soit comme complice d'un crime attentatoire à la « sûreté de l'État ou de contrefaçon du sceau de l'État, de « monnaies nationales ayant cours, de papiers nationaux, de « billets de banque autorisés par la loi, *pourra* être poursuivi « et jugé conformément aux lois françaises, s'il est arrêté en « France ou si le Gouvernement obtient son extradition. »

1. Article 6 du projet voté :

« Tout étranger qui, hors du territoire de la France, s'est rendu coupable d'un crime soit contre la chose publique, soit contre un Français, peut, s'il vient en France, y être arrêté et jugé conformément aux lois françaises.

« A l'égard des délits, la poursuite n'aura lieu que dans les cas et sous les conditions déterminées entre la France et les puissances étrangères par les conventions diplomatiques.

« Toutes poursuites cessent contre l'étranger dont l'extradition a été demandée et obtenue. »

Pour les autres crimes, si le coupable vient sur le territoire national, il ne reste au Gouvernement que le droit d'expulsion.

C'est le retour à la législation de 1808.

197. — **B.** *Infractions commises par un Français en pays étranger.* — Si l'on suppose que le délit commis en pays étranger a pour auteur un Français, le raisonnement devient fort différent. Même à l'étranger l'agent a conservé sa nationalité et son statut personnel. Le Gouvernement le protége, la loi a dès lors le droit de lui commander. S'il désobéit à ses prescriptions, il commet une faute, et il reste à savoir si l'intérêt social autorise le législateur à la réprimer.

On n'en saurait douter. L'impunité des crimes commis par nos nationaux à l'étranger enlèverait toute sécurité à nos frontières. On l'a éprouvé à une époque récente.

Les malfaiteurs français passaient la frontière, en Belgique surtout où elle ne consiste sur la plupart des points qu'en une ligne idéale. Ils dévastaient les contrées voisines, puis rentraient en France. Leur présence y était une cause d'effroi permanente, et leurs méfaits attiraient sur leurs compatriotes de la part des malfaiteurs belges d'incessantes représailles. Une telle situation était intolérable.

L'intérêt social de la répression et le droit du législateur d'obtenir le respect de ses nationaux pour son commandement, sont d'une égale évidence.

A la vérité, les magistrats français ne pourront instruire sur le territoire étranger. Leur incompétence à cet égard entravera parfois la marche de la justice; mais souvent aussi la vérité pourra se découvrir sans sortir des frontières, et dans ce cas, en pratique le plus fréquent, le législateur ne sera pas désarmé. La poursuite se restreindra au territoire français, où les témoins se trouveront et où le coupable aura été ramené soit spontanément, soit par l'extradition.

Ainsi la loi pénale peut être à la fois *territoriale* et *personnelle.*

198. Ce système n'a pas réuni tous les suffrages. Il a été vivement attaqué. Lors de la discussion des Codes criminels français, une ardente opposition lui fut faite. On a invoqué contre lui cinq arguments dont plusieurs ont de la force. 1° On a soutenu d'abord qu'une loi ne peut être à la fois *personnelle et réelle.* C'est l'un ou l'autre. Or il est incontestable que la législation pénale revêt un caractère réel. Comment, dès lors, pourrait-elle en même temps être personnelle? — 2° Dans l'opinion contraire, le Français à l'étranger est soumis à deux lois : subira-t-il deux peines pour un même fait? Si oui, l'injustice est manifeste. Si non, il faudra tenir compte de la première loi appliquée. Celle-ci fera échec à la seconde. — 3° Cette impossibilité serait d'autant plus évidente, d'après cette opinion, que l'on remonterait à l'origine du droit de punir. Sur le même territoire, la délégation du droit de commander ne peut avoir été faite à deux gouvernements. On aboutirait autrement à l'anarchie. Or celui-là seul qui peut commander, peut également punir. — 4° Il arrive d'ailleurs l'une de ces deux choses. La loi enfreinte est-elle l'expression de la justice éternelle? Constitue-t-elle un de ces principes de morale nécessaires à la vie sociale de toutes les nations? Elle est alors sanctionnée par tous les peuples, et la législation d'origine du coupable est remplacée par la loi du lieu du délit. — La loi n'est-elle que l'expression des besoins contingents d'une société particulière? Elle expire aux confins de son territoire et l'on ne peut légitimement la faire exécuter en dehors. — 5° Enfin, dans l'opinion adverse on rencontre des difficultés d'application qui contraignent le magistrat de s'arrêter à chaque instant. Il est mauvais de faire une loi trop difficile à exécuter[1].

1. Voir l'opinion de MM. Treilhard et Bérenger, Locré, t. XXIV, p. 112 à 126.

199. Ces objections ne doivent point triompher. Déjà il a été répondu à celle tirée de la difficulté d'application de la loi. Il vaut encore mieux voir la preuve défaillir que de voir le législateur impuissant en face du scandale d'une infraction démontrée. Les autres arguments sont loin d'être irréfutables.

D'abord, qu'une loi ne puisse être territoriale et personnelle à la fois, ce n'est pas un axiome sans contestation possible. Ce phénomène se produit pour toutes les lois qui intéressent l'ordre public. Celles relatives au mariage, aux empêchements dirimants tiennent évidemment au statut personnel; cependant elles obligent aussi les étrangers, c'est-à-dire qu'elles sont territoriales. Le motif en est qu'elles intéressent l'ordre public. Cet exemple tiré des lois civiles ruine l'objection.

La seconde, tirée de la double peine encourue pour une seule infraction, comporte deux réponses. — En principe rigoureux, cette solution pourrait être défendue. On peut dire que deux commandements ayant été violés, il n'est point injuste que deux peines soient encourues. — Il n'est pas besoin de recourir à cet argument empreint d'une certaine dureté. Au point de vue logique, il importe de tenir compte de l'application faite d'une des lois violées. On sait que l'*expiation sociale*, la réparation utile à ce point de vue doit être prise en considération. Or, le châtiment encouru dans un pays et en vertu d'une législation satisfait également celles qui défendaient le fait réprimé.

On peut encore fortifier cet argument par une considération qui réfute le troisième et le quatrième argument de l'opinion contraire. La délégation faite à la justice humaine doit être regardée dans cette hypothèse comme alternative. L'une des puissances la tient de la nationalité du coupable; l'autre de son droit sur le territoire où le crime s'est produit. La première qui agit exerce en quelque sorte le droit des deux, et applique la répression dans un intérêt commun.

Enfin, on doit ajouter que ce remplacement d'une loi positive par une autre admis par l'opinion contraire et dont elle fait son quatrième argument, ne tend à rien moins qu'à détruire le droit de commandement accordé au législateur sur ses nationaux à l'étranger. Il lui appartient à raison de la protection qu'il leur accorde et de la facilité de la sanction. A lui seul, il convient de fixer la limite dans laquelle il lui plaît de le restreindre[1].

Cette opinion fait une part équitable à la partie raisonnable des objections du système exposé en second lieu. La loi française atteindra le crime commis à l'étranger par l'un de ses sujets; mais si le coupable a été poursuivi et jugé, la poursuite satisfera aux deux lois qu'il aura enfreintes.

Ce juste tempérament n'avait pas été admis par notre ancien Droit. Il s'en était tenu à l'application rigoureuse et sans adoucissement de la loi française[2].

200. Dans la discussion du Code d'instruction criminelle, la lutte entre les deux opinions fut si vive et les adversaires de la *personnalité* de la loi si forts, que le principe ne triompha point complétement. Il sortit victorieux, mais mutilé.

A l'égard des infractions commises en pays étranger par le Français, on distingua trois hypothèses : — le crime contre l'État; — le crime contre les particuliers; — le délit.

Le crime contre l'État fut toujours punissable. Ce n'était point à vrai dire un crime accompli complétement à l'étranger (art. 5 de l'ancien Code de 1808).

Le crime contre les particuliers ne fut réprimé que si cinq conditions se trouvaient réunies. — 1° Il fallait que la victime fût française. — 2° Qu'elle portât plainte. — 3° Que le coupable revînt en France. — 4° Que le fait fût qualifié

1. Voir l'opinion de MM. Target, Berlier et Cambacérès, Locré, *loc. cit.*
2. Jousse, t. I, t. II, sect. IV, n° 36.

comme crime par la loi pénale. — 5° Qu'il n'y eût pas de répression à l'étranger (art. 7 de l'ancien Code de 1808).

Les délits n'étaient l'objet d'aucune incrimination.

Les deux premières conditions apposées à la poursuite des crimes contre les particuliers ne peuvent logiquement être exigées dans le système adopté par le législateur. La troisième ne regarde que l'efficacité de la répression. Or, elle est incomplétement formulée. Le Français ne peut être effectivement puni qu'après son retour dans notre pays; mais ce retour n'est pas seulement volontaire. Il peut être forcé, et il ne convient pas que le législateur se dépouille du droit d'obtenir l'extradition. La loi ne parlait que du retour volontaire, parce qu'elle y voyait une sorte de défi. C'était une des transactions auxquelles une résistance opiniâtre avait amené le système vainqueur[1]. Elle était si peu rationnelle que la jurisprudence avait tenté de la corriger[2].

201. Le changement de cette législation fut sollicité par les autres peuples. Les lois étrangères avaient pris les devants. Elles punissaient tous les crimes commis à l'étranger par leurs nationaux, sans acception de la nationalité de la victime[3].

Une réforme fut tentée et le projet de loi voté en 1852 s'occupa de cette hypothèse. Cette tentative vient d'être signalée à l'occasion des crimes commis à l'étranger par un étranger.

En ce qui concerne les infractions du Français à l'étranger, le projet voté en 1852 renfermait de notables innovations. Il distinguait trois cas : 1° Crime commis contre l'État. — 2° Délit contre l'État. — 3° Crime ou délit commis contre un particulier.

Le crime commis contre l'État pouvait être poursuivi tou-

1. Mangin, *Act. publ.*, Tome I, n° 70. — Le Sellyer, t. V, n° 1986.
2. Cour d'assises de la Seine, 20 mars 1846 (Sirey, 47, I, 316).
3. Voir les textes, F. Hélie, *Inst. crimin.*, t. II, n° 657. Il n'y a que deux lois qui dérogent : la loi anglaise et celle des États-Unis.

jours, même avant le retour en France du coupable, même après une poursuite à l'étranger.

Le délit contre l'État pouvait être réprimé, même avant le retour du coupable, mais il fallait qu'aucune poursuite n'eût été suivie à l'étranger.

Le crime ou le délit contre un particulier était puni, quelle que fût la nationalité de la victime. La poursuite était remise au ministère public, à l'exclusion de la partie civile. Deux conditions seulement étaient apposées à l'exercice de l'action : 1° Que le coupable fût de retour en France, — 2° Qu'il n'eût pas été jugé à l'étranger[1].

202. Ce projet eut pour résultat d'amener la loi du 27 juin 1866. Elle a modifié de nouveau le texte des anciens articles 5, 6 et 7 du Code d'instruction criminelle.

Les infractions, au point de vue spécial qui nous occupe, sont partagées en trois classes : 1° Crimes contre l'État. — 2° Crimes contre les particuliers. — 3° Délits.

1. Voici le texte du projet de loi :

« Art. 5. Tout Français qui, hors du territoire de la France, s'est rendu coupable d'un crime ou d'un délit puni par la loi française, peut être poursuivi et jugé en France, mais seulement à la requête du ministère public.

« Si le crime ou le délit ont été commis contre un particulier français ou étranger, la poursuite et le jugement ne pourront avoir lieu avant le retour de l'inculpé en France.

« La condamnation par défaut prononcée par un tribunal de police correctionnelle est comme non avenue si, dans les délais fixés par l'article 73 du Code de procédure civile, à compter du jour de la notification du jugement faite conformément au § 9 de l'article 69 du même code, le prévenu a formé opposition.

« Art. 7. La compétence de la cour ou du tribunal est déterminée par l'article 24 du présent Code.

« Néanmoins la Cour de cassation peut, sur la demande du ministère public ou des parties, renvoyer la connaissance de l'affaire devant une cour ou un tribunal plus voisins du lieu du crime ou du délit.

« Lorsqu'il s'agit d'un délit ou lorsque le crime a été commis contre un particulier français ou étranger, aucune poursuite n'est exercée contre l'inculpé français ou étranger, s'il prouve qu'il a été poursuivi et jugé hors de France pour les mêmes faits, et contre l'inculpé étranger, s'il prouve qu'il ne constitue ni crime ni délit dans le pays où il a eu lieu. »

Tout crime, soit contre l'État, soit contre les particuliers, peut devenir l'objet d'une poursuite. L'exercice de l'action est facultatif pour le Gouvernement, ainsi qu'il a été expliqué pour les crimes commis par l'étranger à l'étranger. Aucune plainte n'est nécessaire, et la nationalité de la victime n'est point recherchée.

Dans tous les cas, la loi s'arrête lorsque le coupable a été poursuivi et jugé définitivement à l'étranger. Le législateur s'attache à cette circonstance d'un jugement devenu irrévocable. Elle suffit; lors même qu'un acquittement aurait été prononcé, ou encore qu'une peine ayant été infligée ne serait pas subie parce que le coupable se serait soustrait à l'application par la fuite, l'action n'en serait pas moins éteinte. Une seule question doit être posée : l'accusé a-t-il été *définitivement jugé?* Il résulte de là qu'une sentence rendue *en l'état* et qui laisserait place dans la législation étrangère à une nouvelle instance, ne satisferait point à la condition imposée. Le ministère public français ne serait point alors désarmé.

De même, l'existence d'une poursuite criminelle en pays étranger n'empêcherait point non plus une poursuite en France. Le texte est précis. En raison d'ailleurs, la législation d'origine, si elle doit s'incliner devant une sentence définitive, n'est point tenue de s'arrêter devant une instruction seulement commencée. Si le gouvernement étranger laisse échapper le coupable et que celui-ci se réfugie en France, le pouvoir social a droit de venir à son secours et de châtier un homme contre lequel il ne peut prononcer l'extradition.

Cette condition était nécessaire à écrire dans la loi. L'ancien Code de 1810 ne s'inquiétait point, pour les crimes dont il permettait la répression, de la sentence rendue à l'étranger.

Jusqu'ici les conditions apposées à la poursuite sont les

mêmes, que le crime soit commis contre l'État ou contre un particulier. Voici où les deux hypothèses diffèrent.

Les crimes contre l'État sont punis lors même que leur auteur n'est point de retour en France. L'agent peut être jugé par contumace.

Les crimes contre les particuliers ne sont atteints par la loi française qu'après la rentrée du coupable dans son pays. Le législateur suppose que l'intérêt social naît à ce moment. Il le fait découler probablement de l'inquiétude causée par la présence d'un homme violent ou dangereux. Jusqu'à ce moment d'ailleurs, le gouvernement, dans le pays duquel le fait a été commis, peut saisir le coupable ou obtenir contre lui l'extradition.

Ce retour doit être volontaire. L'extradition ne pourrait être demandée en pareil cas. La jurisprudence revenant sur sa première interprétation s'est fixée en ce sens[1]. Elle a décidé toutefois que la demande d'extradition formée n'ôtait pas au retour son caractère spontané lorsque le coupable avait consenti à être ramené dans son pays pour y être jugé[2]. Cette solution est juste. L'extradition n'est point alors la cause de la résolution de l'agent.

Pour les délits, la règle est différente. Trois conditions sont nécessaires pour que la poursuite devienne possible. Il faut : — 1° que le fait soit également incriminé par la loi du pays où il s'est produit ; — 2° qu'il soit dénoncé par le gouvernement étranger ou signalé par une plainte de la victime ; — 3° que le coupable soit de retour.

La poursuite appartient exclusivement au ministère public. Le droit de citation directe qui est donné à la partie en matière correctionnelle, lui est ici retiré.

1. Cass., 5 février 1857 (Sirey, 57, I, 220). — Aix, 28 avril 1868 (Sirey, 68, II, 302).
2. Cass., 8 novembre 1860 (Sirey, 61, I, 474).

203. Ainsi des différences sensibles existent entre le projet de 1852 et la loi de 1866. Les délits qui atteignent l'État et ceux qui blessent les particuliers sont mis sur le même rang et poursuivis dans les mêmes conditions, c'est-à-dire seulement après le retour du coupable. — En outre, on tient compte, en ce qui les concerne, de la législation étrangère; on ne les poursuit que si elle les réprime. On considère que l'accord des deux législations démontre que le fait cause un désordre grave. Il ne s'agit pas seulement d'une de ces incriminations qui ne répondent qu'aux besoins contingents et passagers d'une société particulière, mais de la violation d'un précepte de la loi naturelle. En cela la législation de 1866 est meilleure que le projet précédent.

204. L'exposé de ces principes donne la solution d'une question controversée. Dans les Échelles du Levant et de Barbarie, ainsi que dans les États de l'Iman de Mascate, les consuls Français ont sur leurs nationaux un droit exclusif de juridiction et un droit de police. Le consul juge définitivement en matière de simple police et sauf appel en matière correctionnelle. Il remplit pour les crimes l'office de juge d'instruction. En matière correctionnelle ou lorsqu'il remplit les fonctions de juge d'instruction, il est assisté de deux notables [1].

Le motif en est-il, comme le veulent d'excellents auteurs, une présomption de *territorialité?* Ce droit existe-t-il parce que la maison consulaire est considérée comme une portion du sol français où règnent les lois et l'autorité de la France [2]? Non. C'est une application du principe de la personnalité de la loi. Elle a précédé les autres parce que l'on a senti la nécessité de ne pas livrer nos nationaux à la justice turque ou musulmane. C'est tout un. L'exception a

1. Loi du 28 mai 1836, art. 1-41-46-55.
2. F. Hélie, *Instr. crim.*, t. II, n° 632.

consisté à désarmer les tribunaux indigènes du droit de répression qu'en règle, ils auraient pu exercer concurremment avec nos magistrats. Elle n'est point ailleurs. Le consul français siége et juge comme le ferait un autre tribunal français.

TITRE III

EMPIRE DE LA LOI PÉNALE SOUS LE RAPPORT DU TEMPS. DE LA NON-RÉTROACTIVITÉ DE LA LOI.

205. Sur quel territoire la loi française exerce son empire et quelles personnes lui doivent obéissance, on le sait maintenant. Mais depuis quel jour est-elle obligatoire? A quelle période de temps s'applique-t-elle? C'est ce qui doit être examiné.

Le droit de punir étant la conséquence et la sanction du droit de commander, il suit que si le dernier n'a point été exercé, on ne peut trouver de place à l'application du premier. Un fait ne devient punissable que si on l'accomplit alors qu'il était défendu et dans la mesure où il l'était. Ce principe est proclamé par l'article 4 du Code pénal.

« Nulle contravention, nul délit, nul crime, ne peuvent « être punis de peines qui n'étaient pas prononcées par la « loi, avant qu'ils fussent commis. »

C'est la répétition du principe énoncé dans l'article 2 du Code civil. Elle n'était pas inutile. Le Code pénal a ses règles spéciales souvent fort différentes de celles suivies en Droit civil, et il serait imprudent de transporter les axiomes de l'un dans le domaine de l'autre.

206. Il était d'autant plus important d'en consacrer l'application, que l'on se demande si ce principe de la non-rétroactivité de la loi n'est pas un principe constitutionnel et supérieur à la loi positive. Ce caractère ne lui est pas reconnu en droit civil[1]. En droit pénal la question est controversée.

Les adversaires du caractère constitutionnel font remarquer que le principe n'a été considéré comme tel ni par la Constitution du 22 frimaire an VIII, ni par les Chartes de 1814 et de 1830, ni par la Constitution de 1848. La difficulté vient de ce que antérieurement la règle était constitutionnelle et de ce que la Constitution des 14 janvier, 2 et 25 décembre 1852 a confirmé « *les grands principes proclamés en* 1789, *et qui sont la base du droit des Français.* » On peut faire tout rentrer sous cette formule élastique. Mais on fait remarquer que cette confirmation ne s'applique qu'au droit public en vigueur en 1852. Or à ce moment le principe n'était plus que législatif[2].

La discussion des textes paraît bien conduite. On ne peut toutefois s'empêcher de remarquer le vague de la formule employée par la Constitution de 1852. Le principe de la non-rétroactivité, qu'il fût considéré comme constitutionnel ou comme législatif, a été respecté par toutes nos législations. N'est-ce point dès lors un des grands principes garantis ? — En outre si l'on remonte à l'origine du droit de punir on est porté à se demander comment on pourrait châtier un acte qui était licite au moment où il s'est accompli. Le principe doit être inviolable non-seulement *pour la conscience publique*[3], mais encore pour le législateur lui-même.

Toutefois cette règle, pareille à toutes les règles générales, comporte des exceptions. Pour en bien apprécier le sens et la portée, il convient d'étudier son application :

1° Quant aux lois de fond.

2° Quant aux lois de forme.

3° Quant aux lois de prescription.

1. Demolombe, *Cours de Code civil*, t. I, n° 267.
2. Trébutien, 1re édition, Tome I, p. 80. — Bertauld, leçon VIII, p. 143
3. Bertauld, *Code pénal*, leçon VIII, p. 143.

I. DE LA RÉTROACTIVITÉ QUANT AUX LOIS DE FOND.

207. Que le fait incriminé seul puisse être puni, c'est ce que personne ne conteste. La question est de savoir si le coupable a un droit acquis à la peine prononcée ou si, au contraire, on en peut prononcer contre lui une différente et qui aurait été édictée à une époque ultérieure.

Trois hypothèses peuvent se présenter : ou la peine prononcée depuis l'infraction est plus sévère ; — ou elle est plus douce ; — ou enfin il a été-édicté deux lois, l'une qui atténuait la peine, l'autre qui l'a surélevée.

208. — **1**. *La loi nouvelle est plus sévère.* — Tous conviennent que l'application au délit commis avant qu'elle fût promulguée est impossible. Le texte le dit formellement. En outre, la responsabilité à laquelle le coupable s'est exposé est celle-là seulement qu'il connaissait et dont il a pu calculer l'étendue.

Ce principe a été appliqué dans une hypothèse qui soulevait une réelle difficulté. Un crime également réprimé par les législations sarde et française avait été commis en Savoie. Il était puni d'une peine de relégation, inconnue dans notre droit. Plus tard, la Savoie a été réunie à la France et le criminel a été poursuivi. Quelle peine devait-on lui appliquer? Celle prononcée par la loi française? Non, car elle était plus sévère. — Celle de la loi sarde? On objectait que les tribunaux français ne pouvaient prononcer une peine non inscrite dans nos lois. — La Cour de cassation a répondu avec raison qu'il s'agissait d'appliquer la loi sarde, et que la peine n'étant point contraire aux principes essentiels de notre droit pénal, pouvait et devait être infligée [1].

1. Cass., 28 mars 1861 (Sirey, 61, I, 1017). — Cass., 14 novembre 1868 (Sirey, 69, I, 333.)

209. — **2.** *La loi nouvelle est plus douce que l'ancienne.* — L'accord subsiste, et d'un consentement unanime, tous appliquent cette loi plus indulgente à l'infraction commise sous la législation précédente. Cette solution a toujours été celle de la législation française. Le Code pénal du 25 septembre 1791 la consacrait dans son article final. Elle était encore édictée par les articles 18 et 19 de la loi du 25 frimaire an VIII et par l'article 6 du décret du 23 juillet 1810.

Cette solution n'est pas seulement favorable ; elle est de principe. En réformant la loi, le pouvoir social a déclaré que la peine était excessive ; qu'elle dépassait la mesure de l'utilité sociale. Comment pourrait-on l'appliquer désormais? On peut apprécier ici la nécessité de concilier les deux derniers systèmes sur l'origine du droit de punir. L'opinion qui se borne à le déduire du droit de commander ne suffirait pas à donner la solution. Il faut recourir au système éclectique.

210.— **3.** *Le concours de trois lois successives forme la troisième hypothèse.* — Il faut supposer que la loi la plus sévère est contemporaine de l'infraction; la plus douce se place entre les deux autres. Ainsi un crime entraînait, lorsqu'il a été commis, la peine capitale. Une loi postérieure l'a réduite aux travaux forcés à temps. Enfin une dernière loi intervenue avant le jugement punit le même fait des travaux forcés à perpétuité. Quelle législation appliquer? L'espèce s'est présentée, et la Cour de cassation n'a pas hésité à n'infliger que la peine la moins sévère. Elle a considéré le bénéfice de cette législation intermédiaire comme acquis au coupable du jour de la promulgation. Il aurait dû en profiter et les lenteurs de l'instruction, si légitimes qu'elles soient, n'ont pu lui en ravir l'avantage. On ajoute qu'appliquer la dernière loi serait lui faire produire un effet rétroactif[1].

1. Cass., 9 juillet, 1er octobre 1813. — 13 février 1814 (Sirey, 15, I, 592). —

211. Cette solution a triomphé; elle est indulgente et il n'y faut point contredire. Toutefois le résultat qu'elle donne est plutôt favorable que logique. Au point de vue du droit rigoureux, la loi nouvelle devrait être appliquée. Le coupable ne pourrait s'en plaindre, puisqu'il a violé un commandement dont la sanction connue de lui était supérieure au châtiment qui l'atteint. — On objecte qu'il a eu droit à la législation la plus indulgente et que les lenteurs de l'instruction n'ont pu lui en ravir le bénéfice. Mais ne peut-on répondre qu'elles n'ont eu d'autre cause que l'habileté du coupable à échapper à l'action de la justice? A aucun titre, il ne peut se prévaloir de son adresse pour voir réduire sa peine. Ces raisons sont fort graves[1]. On comprend toutefois que la jurisprudence se soit tenue à la solution la plus douce pour le coupable.

212. Ces principes ne font point disparaître toute difficulté: Comment reconnaître la loi la plus douce? — Le premier point à consulter, c'est la nature de la peine prononcée. La classification est faite par le Code pénal. Il les partage d'abord en grandes classes dans l'article 1er; puis il détermine entre elles leur gravité relative dans les articles 7, 8, 9 et 463. Peu importe à ce point de vue la longueur du châtiment. Son caractère prévaut sur sa durée[2].

La peine appliquée par les deux législations est-elle la même? On prend alors la durée en considération.

213. Ce principe, dont la certitude est évidente, donne lieu à une grave difficulté. Voilà que la loi nouvelle opère sur l'ancienne un travail particulier. Elle relève le minimum et abaisse le maximum. Sera-t-elle plus sévère ou plus douce? Un exemple s'est présenté. La loi des 28 septembre — 6 oc-

Cass., 18 janvier 1833 (Sirey, 1833, I, 343). — Chauveau et F. Hélie, *Théorie du Code pénal*, t. I, n° 21.

1. Boitard, *Leçons de Droit criminel*, p. 66.

2. Cass., 26 juillet 1811, *Bull. crim.*, n° 106. — Cass., 18 janvier 1833 (Sirey, 33, I, 343).

tobre 1791 punissait l'usurpation sur la largeur des chemins vicinaux d'une amende de 3 à 24 livres. L'article 479, § 11, du Code pénal inflige au même fait une amende de 11 à 15 francs. Quelle législation appliquer?

Tous les auteurs se sont donné carrière. On peut compter jusqu'à quatre systèmes différents.

214. Il en est un d'abord qu'il faut écarter. Il enseigne qu'il faut combiner les deux lois et appliquer le minimum de la première et le maximum de la seconde. Ce système présente deux arguments. Si l'on n'applique pas, dit-il, le minimum de la première loi, le coupable perd une chance d'atténuation. — Si l'on dépasse le maximum de la seconde, on applique une peine qui n'existe plus[1]. — Malgré ces deux considérations dont la vérité est certaine, le système n'est pas soutenable. Le motif en est qu'il applique simultanément deux législations successives. Ceci est inadmissible. Il faut choisir entre deux lois qui ne se sont jamais rencontrées. Quelle est la plus douce? Voilà l'inconnu à dégager. On n'y arrive pas en faisant comme un mélange des deux législations. Si le coupable perd la chance de n'être frappé que du minimum, il n'aura plus à craindre le maximum : l'avantage et l'inconvénient se compensent.

215. Un second système a été présenté, moins spécieux encore que le premier. Ce serait au coupable que l'option appartiendrait!... La décision est bizarre. Comment le criminel fera-t-il son choix? Suivant que le juge entend lui appliquer le minimum ou le maximum, il a intérêt à choisir la loi ancienne ou la nouvelle. Ira-t-il consulter d'abord son juge sur ses intentions secrètes? Il est douteux que celui-ci réponde. Puis la procédure à suivre serait vraiment curieuse. Il faudrait une première décision pour reconnaître la culpa-

1. Dalloz, *Rec. per.*, 1833, I, 162. — Blanche, *Études sur le Code pénal*, t. I, n° 33.

bilité de l'agent et lui impartir un délai pour choisir. Celui-ci exerce alors son option et il faut une nouvelle décision pour lui en donner acte et prononcer la peine ! Que d'efforts et de précautions ! Il est inutile de discuter plus longuement ce système.

216. L'opinion à suivre s'attache à l'abaissement du maximum. C'est le critérium infaillible. La loi la plus douce est, en effet, celle qui, respectant tous les droits acquis, met le condamné dans une situation telle que la peine prononcée par l'ancienne loi ne pourra jamais être dépassée ni même atteinte. Il en est ainsi lorsque le maximum est abaissé. L'agent gagne toute la différence entre les deux maximum. Il avait droit acquis de ne pas être puni plus rigoureusement qu'il ne l'était par l'ancienne loi. Il le sera moins.

On objecte que le minimum ne pourra plus être appliqué. Mais l'agent y avait-il droit acquis ? Non évidemment, puisque le juge pouvait lui infliger le maximum. La loi ne lui enlève donc aucun bénéfice certain [1].

217. Un dernier système veut établir une compensation. Il calcule la mesure de l'augmentation du minimum. Si elle excède la diminution du maximum, la loi est plus sévère. Au cas contraire, elle est plus douce. Sur quoi s'appuie cette opinion ? On le chercherait en vain. Elle présente un caractère particulièrement indécis et peu juridique. En outre son application présenterait de grandes difficultés.

218. Pour que toutes ces questions se soulèvent, une condition est nécessaire. Aucune solution définitive ne doit être intervenue. Si elle existait, la promulgation d'une loi nouvelle resterait sans effet ; le sort du condamné aurait été irrévocablement fixé avant sa naissance. Du moins faut-il pour cela que la procédure criminelle soit terminée. Ainsi l'arrêt

1. Bertauld, leçon VIII, p. 146. — Cass., 1er février 1833 (Sirey, 33, I, 800). — A. Morin. *Rep.*, v. Effet rétroactif, n° 7.

intervenu a été l'objet d'un pourvoi non encore jugé. Une loi nouvelle paraît et elle adoucit la peine; la Cour de cassation statue ensuite et maintient l'arrêt. Un phénomène notable se produira. La décision, objet du pourvoi, ne sera maintenue qu'au point de vue de l'appréciation du fait incriminé. On procédera à une nouvelle application de la peine, et le condamné bénéficiera de la loi plus récente. L'arrêt sans doute était bien rendu lorsqu'il a été prononcé, mais il n'était pas encore définitif puisque le pourvoi en matière criminelle est essentiellement suspensif. La législation renferme un précédent notable. La loi du 25 frimaire an VIII, dans son article 19, le décidait ainsi pour les délits auxquels elle s'appliquait[1].

219. Parfois les difficultés viennent non du changement de la peine, mais du mode différent d'exécution. La législation moderne nous en offre un exemple notable. Jusqu'en 1850, la peine de la déportation se subissait dans une forteresse située en France. La loi du 9 septembre 1835 l'avait ainsi réglé. Celle du 8 juin 1850 a changé ce régime et rendu à la peine son véritable caractère. La question aurait pu naître. En fait, la difficulté a été tranchée par un texte. L'article 8 restreint l'application de cette loi aux crimes postérieurs à sa promulgation. Cette réserve était nécessaire. Le Gouvernement a qualité pour régler tout ce qui concerne l'application de la peine. Tant qu'il n'en modifie pas la nature, ses décisions sont souveraines. Il peut changer le lieu de la déportation ou de la transportation. Les coupables qui subissent déjà leur châtiment, devront se soumettre à sa décision comme ceux qui seront condamnés ultérieurement. Si le Gouvernement en arrivait à modifier le caractère de la peine, alors seulement son action serait entravée, parce qu'il aurait excédé ses pouvoirs.

1. Cass., 14 janvier 1876 (Sirey, 76, 1, 433). — *Contra*. Cass., 12 juin 1863 (Sirey, 63, 1, 509).

220. Il est relativement aux lois de fond une dernière observation qu'il faut faire. De là que le législateur ne peut incriminer les actes passés avant la promulgation de la loi, il n'en faut pas conclure que les faits jusqu'alors licites ne puissent plus être incriminés s'ils se continuent sous la nouvelle législation. Dans le passé le fait reste permis, il devient illicite pour l'avenir. Ainsi un arrêté municipal peut défendre de placer des bornes en saillie le long des maisons. Celles qui existaient jusqu'alors doivent être supprimées, mais aucune pénalité ne peut être prononcée contre ceux qui les avaient possédées avant la loi nouvelle. Il faut distinguer deux faits : l'un licite et l'autre défendu [1]. Bien d'autres hypothèses semblables se sont présentées. On a toujours maintenu ce principe, que la non-rétroactivité de la loi n'empêchait pas de rendre criminel pour l'avenir ce qui était permis dans le passé.

II. DE LA RÉTROACTIVITÉ QUANT AUX LOIS DE FORME.

221. Le principe de la non-rétroactivité des lois pénales ne s'applique point à la procédure. D'abord l'article 4 ne vise que le fond du droit, que la pénalité. Ensuite les principes y contredisent. Le prévenu n'a droit qu'à la découverte de la vérité. Il ne peut demander autre chose. Son intérêt légitime est donc que la loi soit la meilleure possible. Or, la présomption est que la loi nouvelle est supérieure à l'ancienne. Elle a été édictée pour arriver plus complétement à l'exacte dis-

1. Cass., 30 juin 1836 (Sirey, 36, I, 847). — Cass., 18 août 1847 (Sirey, 48, I, 95). — Cass., 9 décembre 1836 (Sirey, 36, I, 905). Ce dernier arrêt applique le principe d'une manière notable. Avant la loi du 9 septembre 1855 on pouvait exposer et mettre en vente des gravures ou lithographies sans autorisation. Cette obligation ne date que de la loi précitée. La Cour suprême décide que depuis la promulgation de cette loi on ne peut continuer d'exposer ni de mettre en vente des gravures régulièrement publiées antérieurement.

tribution de la justice. Cette présomption est d'ordre social. Comment dès lors l'accusé pourrait-il réclamer, en ce qui le concerne, l'application d'une loi défectueuse et pouvant égarer les magistrats? Coupable, il n'a pas droit de se cacher. Innocent, il a le plus pressant intérêt à une manifestation complète de la vérité. Ainsi la loi nouvelle, du moment où elle est de pure forme, est applicable même aux faits accomplis avant sa promulgation.

Cette solution n'a point été admise unanimement. Pour résoudre les difficultés, il faut distinguer quatre hypothèses : 1° La loi est de pure forme. — 2° Elle supprime ou ajoute un mode de preuve. — 3° Elle change la compétence des tribunaux existants. — 4° Elle établit ou supprime des voies de recours.

222. 1° *Si la loi est de pure forme*, aucune discussion ne se soulève. Ainsi le mode de réception des témoignages est changé. La loi s'applique. Il en est ainsi lors même qu'elle modifierait par exemple le nombre de votes nécessaire à la condamnation. C'est le seul moyen d'arriver à la découverte de la vérité. Cette dernière solution donnée par la jurisprudence a été contestée par un seul auteur [1].

223. 2° *La loi change-t-elle les moyens de preuve?* Il n'en peut être différemment. Elle en ajoute un nouveau? La présomption est que les anciens étaient insuffisants; que l'expérience était faite. Au contraire, elle supprime l'un de ceux qui étaient en usage? Les pouvoirs sociaux ont reconnu qu'il était dangereux, et leur décision compétemment et régulièrement rendue, ne peut être critiquée. Il faut même à la société civile une infaillibilité au moins apparente.

1. Cass., 13 novembre 1835 (Sirey, 35, I, 910). — Il n'y aurait d'exception que si la loi nouvelle le disait implicitement ou explicitement. La loi du 20 décembre 1815 a donné lieu à une difficulté de cette nature et qui a été ainsi tranchée. Cass., 19 juillet, 6 septembre, 18 octobre, 14 novembre 1816, *Bull. crim.*, n°s 44, 60, 76, 81, — 2 mai et 24 octobre 1817, *Bull. crim.*, n°s 35 et 102.

Voir encore en ce qui touche le changement de composition des tribunaux, Cass., 31 mars, 28 avril 1831 (Sirey, 1832, I, 198).

Nulle distinction n'est à faire entre les procès intentés avant la loi nouvelle et ceux déjà pendants. Ces derniers sont continués suivant les nouvelles prescriptions ; les actes passés sous l'ancienne loi et conformément à ses règles sont maintenus.

224. 3° *La loi modifie la compétence ou les juridictions.* Qu'elle se borne à répartir les affaires d'une manière différente entre les tribunaux existants, ou qu'elle aille jusqu'à créer ou supprimer des juridictions, la solution reste la même et doit se donner en vertu des mêmes principes.

Les controverses sont vives surtout dans cette hypothèse. Le principe n'en est pas moins certain. L'effet rétroactif sera toujours produit. D'abord il est nécessaire au cas où une juridiction est absolument supprimée. Imagine-t-on, depuis l'installation des corps judiciaires modernes, un accusé venant demander la réorganisation de la Tournelle du Parlement pour y être déféré ? Cette matière des juridictions est au premier chef d'ordre public et d'intérêt général. L'impossibilité matérielle de satisfaire à une pareille demande est d'évidence. — Ce point établi, la controverse est difficile même dans la seconde hypothèse. Qu'est-ce, en effet, que la restriction de compétence pour un tribunal, sinon une suppression partielle ? Pour les affaires qui lui sont retirées, le tribunal dessaisi n'a plus les moyens d'instruction indispensables. Il ne peut faire citer de témoins, ni forcer ceux qu'il aurait ajournés de comparaître. La force publique ne lui doit plus obéissance. Puis le motif de décision se retrouve. Comment maintenir, ne fût-ce que pour une affaire, un tribunal qui ne présente pas, au jugement des pouvoirs publics, les garanties désirables pour l'administration d'une bonne justice ? Enfin la législation pénale renferme un texte qui applique cette opinion dans une espèce d'apparence peu favorable. La loi du 18 pluviôse an IX saisissait les cours spéciales de certains délits à l'exclusion des tribunaux ordinaires. L'article

30 attribuait à ces cours la connaissance des délits spéciaux commis avant la promulgation de la loi, et non encore jugés [1].

Une opinion veut cependant établir une distinction. La juridiction nouvellement saisie est-elle de droit commun? La règle s'applique. Il en est autrement lorsque c'est un tribunal d'exception qui remplace un tribunal ordinaire. Cette opinion écarte la loi de pluviôse an IX, en faisant remarquer que, relative à la création d'un tribunal maintenant supprimé, elle n'a plus d'application possible. Elle invoque la maxime de la non-rétroactivité de la loi pénale et soutient que le texte de l'article 4 est écrit pour les lois de compétence, aussi bien que pour les lois de fond [2].

Cette opinion se réfute elle-même lorsqu'elle reconnaît que les lois de pure procédure subissent l'effet rétroactif d'une législation subséquente. Aussi, dans la dernière édition de son traité, M. F. Hélie émet-il sur l'exactitude de la première doctrine des doutes qui équivalent à un abandon [3].

225. Aucune différence ne doit être faite entre les affaires non encore introduites et celles déjà en cours d'instance. Sans doute la juridiction dessaisie était compétente à l'origine, mais elle a cessé de l'être. Le tribunal est immédiatement privé de toute juridiction, et l'affaire passe dans l'état où elle se trouve devant un autre juge. Ceci ne serait pas contestable au cas où le corps de judicature serait supprimé. Comment le décider autrement au cas où il serait seulement rendu incompétent? La suppression *in parte qua* est dans les deux cas également absolue [4]. La jurisprudence s'est prononcée en

1. Cass., 6 octobre 1837 (Sirey, 1837, I, 933). — 10 mai 1822 (Sirey, 22, I, 286). — Haute Cour, 8 mars 1849 (Dall., 49, I, 53). — 13 mars 1850 (Dall., 50, I, 95). — Cass., 27 janvier 1855 (Sirey, 55, I, 466).

2. Chauveau et F. Hélie, *Code pénal*, t. I, n° 23.

3. Chauveau et F. Hélie, *loc. cit.*, n° 24.

4. Cass., 16 avril 1831 (Sirey, 31, I, 304). — Cass., 12 octobre 1848 (Sirey, 48, I, 641 et la note). — Cass., 12 septembre 1856 (Sirey, 57, I, 76). — Cass., 27 dé-

ce sens. C'est par erreur qu'un savant auteur cite ces arrêts comme favorables à une distinction qu'il propose. Pour lui, si la juridiction est supprimée, les procédures commencées doivent se suivre devant une autre. Si elle ne l'est pas, elles sont conduites à fin devant le même tribunal, parce qu'à l'origine la citation a été bien donnée[1]. Ce motif n'est pas décisif. La distinction entre les deux hypothèses nous paraît impossible.

226. Ne doit-il pas en être autrement lorsqu'un jugement définitif sur le fond a été rendu avant la promulgation de la loi nouvelle, encore que ce jugement, susceptible d'appel, en ait été frappé, du moment où cet appel était encore pendant? L'espèce s'est présentée en matière de délits de presse. Une infraction de ce genre avait été jugée en premier ressort par un tribunal de police correctionnelle. L'appel était pendant lorsque la loi du 15 avril 1871 déféra à la Cour d'assises la connaissance de ces délits. Cette loi devenait-elle applicable même dans cette hypothèse?

On a répondu négativement. Deux motifs principaux ont été invoqués. 1° D'abord, a-t-on dit, la législation de la presse fournit un précédent important. La loi du 26 mai 1819 (art. 30) et celle du 8 octobre 1830 (art. 8) qui modifiaient la compétence ne s'appliquaient *qu'aux délits qui ne sont pas encore jugés*. Alors on appliqua cette qualification aux infractions à l'occasion desquelles il était intervenu un jugement sur le fond, encore qu'il fût susceptible d'appel[2]. Or, la loi de 1871, par son silence, doit se reporter à cette règle antérieurement appliquée. — 2° On ajoute que le résultat

cembre 1856 (Sirey, 57, I, 77). — Cass., 7 décembre 1865 (Sirey, 66, I, 312). — Blanche, t. I, n°s 38 et 39.

On peut citer en sens contraire un considérant d'un arrêt du 11 décembre 1863 (Sirey, 64, I, 301). Il n'y a là pour nous qu'une erreur de rédaction.

1. Bertauld, leçon VIII, p. 153. Cass., 10 mai 1822 (Sirey, 22, I, 286).

2. Cass., 22 sept. 1832 (Sirey, 33, I, 351).

contraire en arriverait à anéantir le jugement déjà rendu ; de telle sorte que le prévenu pourrait subir deux décisions de premier degré : l'une du tribunal correctionnel, l'autre de la Cour d'assises, et celle-ci sans appel. Il perdrait ainsi soit le bénéfice du premier jugement, soit celui de son appel.— 3° Enfin, le résultat serait en quelque sorte de donner la Cour d'assises pour juge d'appel au tribunal correctionnel. Ce serait une procédure étrange, qualifiée à juste titre de *monstrueuse* dans la discussion de la loi de 1830. — 4° On peut ajouter qu'une autre solution aurait ce résultat d'anéantir rétroactivement une procédure régulière et une sentence compétemment rendue, ce qui est inadmissible [1].

Ces motifs sont fort graves. En matière de délits de presse, un tel système peut se soutenir, à raison surtout du précédent qu'il invoque. Il devient plus discutable si on l'applique à d'autres hypothèses. Toutefois il paraît juste de conserver aux parties le bénéfice de la décision rendue qu'un système contraire leur ravirait. On peut assimiler l'effet d'une loi intervenant dans de telles circonstances à celui d'une loi qui supprimerait un mode de recours jusqu'alors ouvert, hypothèse qui sera examinée de suite. Mais cette difficulté, il faut le reconnaître, est considérable et la décision ne nous paraît point à l'abri de toute critique.

227. 4° Une dernière difficulté se présente. Les lois qui établissent ou suppriment des voies de recours touchent à l'ordre des juridictions. Quel effet produiront-elles ? Elles agiront évidemment sur toutes les instances non encore introduites au moment de leur promulgation et relatives à des faits commis antérieurement.

Mais auront-elles quelque influence sur les procédures commencées avant qu'elles deviennent exécutoires ? Oui,

1. Cass., 7 juillet 1871 (Sirey, 71, I, 85). Voir surtout le rapport de M. le conseiller Saint-Luc Courborieu.

à moins qu'une décision passée en force de chose jugée ne soit intervenue. Leur empire ne s'arrête qu'en face d'une sentence définitive, parce que celle-ci a, dès l'abord, un caractère inadmissible. Si elle était susceptible de recours et que la loi nouvelle supprime ce recours, on ne peut tenir compte de cette législation. Elle aurait autrement cette puissance de changer la portée de la décision rendue et par suite acquise à ceux entre lesquels elle est intervenue. — Dans l'hypothèse inverse, le résultat serait plus choquant encore. Une sentence n'était susceptible d'aucun recours. Une loi paraît qui permet d'en porter appel. Quelle action lui reconnaître sur un procès terminé avant sa promulgation ? L'opinion contraire ne serait pas soutenable au cas où la sentence serait favorable au prévenu. Qu'elle lui soit défavorable, l'argumentation ne change pas, et en outre la société comme la partie civile peuvent tenir le langage qu'aurait tenu l'accusé dans la supposition d'un autre résultat. Ici un droit acquis serait lésé[1].

III. DE LA RÉTROACTIVITÉ QUANT AUX LOIS DE PRESCRIPTION.

228. La difficulté en ce qui concerne les lois de prescription vient du caractère de ces lois qui touchent au fond et à la forme. Pour la résoudre, il importe de découvrir le principe de cette institution. La prescription de l'action et la prescription de la peine n'ont ni le même but ni le même fondement.

La première éteint la poursuite. L'intérêt du coupable n'est certes pas le mobile auquel le législateur a obéi. Il a pensé que le laps de temps faisait dépérir les preuves, et entourait la vérité comme d'un voile qu'il devenait presque impossible

1. Bertauld, *Code pénal*, leçon VIII, p. 154.

de déchirer. Il arrête le magistrat lorsqu'il redoute de le voir s'égarer.

La seconde prescription qui empêche l'application du châtiment paraît plutôt instituée en faveur du coupable. Il n'en est rien. Le législateur préfère perdre la mémoire d'un crime qu'il a été pendant si longtemps impuissant à punir. Il craint que le châtiment trop éloigné de l'infraction ne paraisse excessif et n'attire la pitié sur qui ne doit inspirer que la répulsion. Ces principes devaient être rappelés avant que l'on songeât à résoudre la difficulté.

229. Maintenant, quelle loi appliquer? On suppose que la prescription n'est pas accomplie lors de la promulgation de la loi nouvelle.

Il faut se prononcer pour l'application de la loi nouvelle. Il résulte des principes que jusqu'à l'accomplissement de la prescription le prévenu ou le coupable n'ont aucun droit acquis en cette matière. Si le législateur découvre des moyens d'instruction dont l'action soit plus sûre et plus durable, s'il parvient à saisir plus longtemps la vérité, quel motif ferait-on valoir pour invoquer l'ancienne prescription? Comment sacrifier les droits de la justice alors que l'on a des moyens assurés de les faire valoir? Si encore le législateur ne craint pas de provoquer le sentiment de pitié qu'il redoute, quelle réclamation le coupable pourrait-il formuler[1]?

On a fait deux objections contre ce système. — D'abord il est contraire aux textes du droit civil. L'article 2281 érige en principe l'application de la loi ancienne. Il n'y déroge que pour un cas particulier. — On ajoute que les lois de prescription touchent vraiment au fond du droit. On ne peut les traiter comme des règles de pure forme.

Ces deux objections ne sont point décisives. En droit civil, à la vérité, la règle est opposée; mais combien le principe

1. Bertauld, leçon VIII, p. 161.

diffère ! La prescription civile est érigée en faveur d'un intérêt particulier et à l'encontre d'un autre. Il est difficile de renverser le principe jusqu'alors établi pour lui en substituer un autre contraire. — En outre la règle n'est pas uniforme et la disposition de l'article 2281 semble en contradiction avec celle de l'article 691.

La seconde objection se fonde sur une remarque juste; mais elle ne fait que soulever la difficulté sans la résoudre. Le caractère mixte des lois sur la prescription fait naître le doute ; pour le dissiper, il faut interroger, le caractère de cette institution et voir le but du législateur. On l'a fait et la réponse est donnée.

230. Trois autres systèmes ont été opposés à celui-ci. L'un veut appliquer par analogie les règles du droit civil. La loi ancienne l'emporte [1]. Un motif surtout doit le faire écarter. La prescription en droit pénal présente au plus haut degré le caractère d'une institution d'ordre public. Nul ne doit rappeler la mémoire d'un fait que le législateur veut tenir pour oublié. — En outre, à quelles contradictions n'en arriverait pas cette doctrine si la prescription ancienne était plus longue ! On poursuivrait un fait remontant plus haut que d'autres infractions dont on tiendrait le souvenir pour effacé. Quant aux textes du Code civil, on sait qu'ils ne peuvent s'appliquer, en règle générale, aux matières de droit pénal.

231. Une seconde théorie propose d'appliquer proportionnellement les deux lois. Ainsi une prescription était de 10 ans, et 5 ans se sont écoulés sous l'empire de la loi ancienne. Une nouvelle loi réduit à 5 ans le laps de temps nécessaire pour prescrire. Il faudra encore 2 ans et demi pour que le fait ne puisse plus être recherché. — On dit qu'en appliquant toujours la loi nouvelle, on courrait le risque de voir inopiné-

1. Cass., 24 nivôse an XIII.

ment périr l'action du ministère public. Elle le surprendrait alors que, comptant sur un délai plus long, il réunissait des preuves pour l'action à intenter. L'espèce choisie en offre un exemple. De telles surprises sont mauvaises. — On respecte d'ailleurs tous les droits, puisque le temps écoulé sert à l'agent. Il avait acquis la prescription pour moitié ; ce bénéfice ne lui sera jamais enlevé[1].

Ce système est maintenant abandonné. L'objection véritable est qu'il reconnaît à tort au prévenu ou au coupable un droit acquis qui ne lui a jamais appartenu.

232. Une dernière opinion enseigne que la loi la plus favorable au prévenu doit toujours être appliquée. C'est, d'après elle, le seul moyen de tenir compte du caractère mixte des lois de prescription. Elles touchent au fond du droit et on leur applique la règle qui convient à ces lois. — Toutefois les défenseurs de ce système se piquent de respecter le caractère d'ordre public propre à cette institution. Ne lui font-ils pas une part en appliquant la loi nouvelle toutes les fois que l'intérêt du prévenu ne s'y oppose pas ? — On invoque surtout en ce sens les précédents législatifs. C'était la solution du Code de 1791, titre III, article 4, et l'on prétend que la loi du 23 juillet 1810 ne contient rien de contraire[2].

Ce dernier système prête à la critique. Il ne respecte point le caractère mixte de la prescription. Il l'assimile complétement aux lois de fond. La réponse qu'il fait à cette objection est dérisoire. La loi nouvelle relative au fond ne s'applique-t-elle pas toutes les fois qu'elle est favorable au prévenu ? Il n'y a donc nulle différence entre elles. — Les précédents législatifs qu'il invoque se bornent à une seule loi d'autant

1. Merlin, *Répertoire*, v. Prescription, sect. I, § 3. — Cass., 29 avril, — 7 mai, — 23 juin — et 18 août 1808.

2. Trébutien, 1re édition, t. I, p. 88. — Cass., 25 novembre 1831 (Sirey, 31, I, 392), et arrêts antérieurs.

moins importante que depuis sa promulgation les théories en matière pénale ont été notablement changées.

Mais la jurisprudence? Les arrêts ne sont point sans réplique. Celui de 1831, notamment, est rendu dans cette hypothèse : un fait qualifié crime au moment où il se produisait avait été réduit à n'être qu'un délit. La Cour suprême en a tiré cette conséquence que la prescription applicable était non l'ancienne prescription pour crimes qui était plus longue, mais l'*ancienne prescription pour délits*. Elle a concédé à l'agent le bénéfice non d'une loi nouvelle sur la prescription, mais d'une loi nouvelle sur la pénalité. Cette loi entraînait l'application différente d'une loi ancienne sur la prescription.

Enfin, ce système reconnaît lui-même qu'il donne prise à une très-grave objection. Il lèse les intérêts privés. L'action civile s'éteint en même temps que l'action publique ; par suite, la victime du délit peut se trouver désarmée par la promulgation d'une loi nouvelle favorable au prévenu. Les défenseurs de cette opinion n'ont trouvé d'autre réponse que de dire : La loi voit avec défaveur ceux qui laissent dormir leur action. Ce motif est peu sérieux. Le demandeur a toujours le droit légitime de compter sur la durée de la prescription légale. Il vaut mieux s'en tenir à l'opinion exposée en premier lieu.

TITRE IV

ÉTENDUE DU CODE PÉNAL QUANT AUX PERSONNES ET QUANT AUX INFRACTIONS.

233. Le Code pénal est en matière de droit criminel notre loi de fond principale. Il pose les grands principes de la législation ; mais il n'est pas la seule loi pénale française. Il en existe d'autres ; et l'on se pose la question de savoir si, dans le silence des lois spéciales, il faut se reporter à ce Code pour y chercher les règles générales. L'affirmative est certaine. Le Code est fait pour compléter les autres lois, et il faut un texte spécial pour faire échec à ce principe.

Le texte existe pour une classe particulière d'infractions. L'article 5 dispose que les règles du Code pénal *ne s'appliquent pas aux contraventions, délits et crimes militaires.* Quel est le sens de ces expressions ?

234. Il importe en cette matière de distinguer les infractions militaires proprement dites et les infractions de droit commun déférées à la juridiction militaire.

Les soldats peuvent commettre deux sortes de fautes. S'ils manquent aux obligations professionnelles qui leur sont imposées, ils commettent des *infractions militaires* proprement dites ; s'ils enfreignent des devoirs imposés à tous les citoyens et qu'ils devraient respecter lors même qu'ils n'appartiendraient pas à l'armée, ils se rendent coupables de délits de droit commun. Toutefois ces infractions empruntent un caractère plus grave à la qualité de celui qui les commet. L'armée a cette mission à la fois austère et élevée de maintenir l'ordre dans la nation en donnant la première l'exemple de l'abnégation, de l'obéissance et du dévouement. Toute infraction de l'un de ses membres, en même temps qu'elle est une atteinte à son honneur, fait courir à l'ordre social un danger plus pressant. De là cette nécessité pour elle d'une discipline spéciale, d'une loi plus sévère et d'une juridiction particulière.

255. Les tribunaux militaires reçoivent une double compétence : une *compétence réelle*, en vertu de laquelle ils connaissent de toutes les infractions aux lois particulières à l'armée ; une *compétence personnelle*, qui leur donne mission pour réprimer tous les délits même de droit commun accomplis par des militaires.

Cette dernière compétence ne leur a pas toujours été reconnue. Sous l'ancienne législation, les juges militaires ne connaissaient que des infractions spéciales. Tous les délits de droit commun, eussent-ils été commis par des soldats, rentraient dans la juridiction des tribunaux ordinaires[1]. Cette disposition fut changée seulement par la Convention[2]. Depuis lors les tribunaux militaires ont conservé la compétence qu'on leur avait attribuée.

256. Les plus vives critiques ont été dirigées contre cette extension de la juridiction spéciale. On a dénoncé amèrement ces empiétements de la justice militaire. On a été jusqu'à dire que ce désordre mettait *la sûreté de la société en péril*[3] ! Ces reproches ne procèdent que d'une appréciation incom-

1. Édit de Henri III de décembre 1585; — ordonnance de janvier 1529. — Muyart de Vouglans, *Lois criminelles*, p. 730.

2. Décret des 3-18 pluviôse an II.

3. « La société n'est plus en sûreté, lorsque la poursuite des délits qui blessent l'ordre civil n'est point confiée aux magistrats chargés de sa défense. » — Chauveau et F. Hélie, t. I, n° 27. — Legraverend, t. II, p. 646.

plète des besoins de l'armée Comme il lui faut une législation plus rigoureuse, il lui faut aussi des tribunaux ayant le sentiment exact de la discipline et la connaissance parfaite des inconvénients particuliers qui résultent de l'infraction d'un militaire. La répression de ces délits est en outre, pour l'armée, une question d'honneur, et l'on comprend qu'il lui appartienne de le sauvegarder. La composition actuelle de certains tribunaux de droit commun n'offrirait, aux points de vue qui viennent d'être énumérés, que des garanties insuffisantes. Ne voit-on pas à quels excès de rigueur ou d'indulgence, suivant les cas, pourraient se porter, à notre époque, des jurés chargés d'apprécier les infractions commises par les membres de l'armée ? La discipline en pourrait être singulièrement affaiblie. Les tribunaux militaires, juges de famille en quelque sorte, n'ont reçu de compétence que ce qui leur revient légitimement, et l'on a dit avec raison : « Enlever, dans quelque circonstance que ce soit, un soldat « à son drapeau et à ses juges naturels, ce serait toucher « sans raison à ces bases essentielles sur lesquelles reposent « l'esprit militaire et la discipline de l'armée[1]. » Ce point a été examiné lors de la révision de notre loi pénale militaire et définitivement tranché.

237. Jusqu'en 1857, la législation criminelle de l'armée se composait de lois éparses. Parmi les plus importantes, on peut citer le Code militaire des 30 septembre-19 octobre 1791 ; le décret relatif à l'organisation des tribunaux criminels militaires, des 12-16 mai 1793 ; le Code des délits et des peines pour les troupes de la République, du 21 brumaire an V. — Cette législation a été refondue en 1857 et en 1858, et du travail alors entrepris sont sortis deux codes spéciaux. Le *Code de justice militaire pour l'armée de terre* a été promulgué le 4 août 1857. Le *Code de justice militaire pour l'ar-*

1. Exposé des motifs de la loi du 4 août 1857.

mée de mer l'a été le 15 juin 1858. Tous deux ont conservé aux conseils de guerre la juridiction qu'on leur avait attribuée en l'an II de la République.

238. Cette distinction de la compétence réelle et personnelle est capitale en ce qui touche l'article 5 du Code pénal. Ce texte ne parle que des *délits militaires*, c'est-à-dire des délits spéciaux. Lorsqu'il s'agit de faits rentrant dans la compétence réelle des conseils de guerre, on ne pourra point invoquer les règles du Code pénal. Il en est tout différemment au cas où le délit étant de droit commun n'appartient au tribunal militaire qu'à raison de la qualité de l'auteur. On applique alors les principes de notre législation ordinaire.

Mais comment reconnaître les uns des autres ? La jurisprudence et la doctrine ont posé d'accord la règle suivante : Les délits spéciaux sont ceux prévus et punis seulement par une loi spéciale; les délits de droit commun, ceux auxquels on applique les textes du Code pénal.

239. L'importance pratique de cette distinction était grande, surtout avant les Codes de 1857 et de 1858. Les lois militaires antérieures ne contenaient de dispositions ni sur la tentative, ni sur la récidive, ni en matière de complicité, ni pour l'application des circonstances atténuantes. La jurisprudence en avait tiré les conséquences suivantes. S'agissait-il d'un délit spécial ? Si la loi ne punissait que le fait accompli, on ne pouvait incriminer la tentative. L'article 2 du Code pénal ne devait pas être combiné avec la loi spéciale[1]. Il en était de même quant à l'application des circonstances atténuantes. Dans le silence de la législation spéciale, l'article 463 ne s'étendait pas aux infractions militaires[2]. En matière de complicité, la règle était identique.

1. Cass., 13 novembre 1852 (Sirey, 53, I, 59). — Cass., 21 janvier 1854 (Sirey, 54, I, 146).

2. Cass., 2 mars 1833 (Sirey, 33, I, 184). — Cass., 11 avril 1834 (Sirey, 34, I, 526). — Cass., 16 mars 1844 (Sirey, 44, I, 526).

240. Maintenant toutes ces questions sont tranchées par des textes. Le Code militaire et le Code maritime prévoient toutes les hypothèses, et l'on peut dire qu'ils ont fort amoindri l'effet de l'article 5. Ils décident que, à moins d'un texte contraire, les règles du Code pénal en matière de tentative et de complicité sont applicables même aux délits spéciaux[1]. Quant aux circonstances atténuantes, ces lois énumèrent minutieusement les infractions militaires auxquelles on peut les appliquer.

L'intérêt persiste seulement pour la récidive. Avant les codes nouveaux on décidait qu'en matière de délits spéciaux l'aggravation résultant de la récidive ne pouvait être encourue. Il suffisait que l'une des fautes eût ce caractère, pour que la règle de l'article 5 fût appliquée et pour qu'elle écartât les articles 56 et 58[2]. Ils reprenaient leur empire seulement lorsque les fautes constituaient toutes deux des infractions de droit commun. La solution est demeurée la même.

Les codes nouveaux ont encore tranché une question qui avait fait grave difficulté avant leur promulgation. Une infraction prévue par le Code pénal et rangée au nombre des délits était traitée plus sévèrement par les lois militaires. Celles-ci la punissaient d'une peine afflictive et infamante entraînant en principe la surveillance de la haute police (article 47, Code pénal). L'infraction en tant qu'elle constituait un crime était spéciale, n'étant revêtue de cette qualité

1. Code militaire, art. 202. — Code maritime, art. 260.

2. Cass., 23 janvier 1835, *Bull. crim.*, n° 29. — Cass., 6 janvier 1837 (Sirey, 38, I, 255). Il en est ainsi alors même que l'infraction était punie comme délit par la loi commune, si le code spécial en faisait un crime. Alors en effet elle ne tenait ce caractère de crime, nécessaire avant la loi de 1863 pour constituer le premier terme de la récidive en cas de nouveau crime, que du Code militaire. La loi commune n'en faisait qu'un délit, et on ne pouvait pour la récidive lui attribuer que cette qualité.

que par une loi militaire. Mais la loi ne disait pas si la peine devait emporter la surveillance de la haute police. Ce silence changeait-il l'efficacité de la pénalité prononcée? Qui devait l'emporter de l'article 5 ou de l'article 472? La Cour suprême se prononça en faveur de ce dernier texte. Elle considéra que la peine empruntée au Code pénal l'était avec son caractère et toute son efficacité[1]. — Cette solution concordait-elle avec la jurisprudence en matière de récidive? Il est permis d'en douter. A ce dernier point de vue, on ne prenait point en considération le caractère attribué au fait par la loi spéciale. L'infraction n'était qu'un délit pour la législation ordinaire; comme il s'agissait d'appliquer un texte du Code pénal, on ne tenait nul compte de l'aggravation prononcée par la loi militaire. Or s'agissait-il d'apprécier non plus le caractère du fait mais l'efficacité de la peine, voilà que la règle change! On combine les deux lois. L'une prononce la peine de la reclusion sans y rien ajouter, et l'on va demander au Code pénal les dispositions accessoires qu'il adjoint à la loi et sur lesquelles le texte spécial était muet! Évidemment le procédé d'interprétation était tout changé. Quoi qu'il en soit, cette discussion n'a plus qu'un intérêt rétrospectif. Les Codes militaire et maritime ont tranché cette question dans le sens de la jurisprudence. Les peines du droit commun, encore que prononcées pour des infractions spéciales, produisent tous leurs effets (Code militaire, art. 189; Code maritime, art. 241).

241. S'agit-il de la compétence personnelle des conseils de guerre, toutes ces questions disparaissent. Les décisions sont rendues en matière ordinaire, et les règles du Code sont applicables sans exception.

242. Mais quels sont les justiciables des tribunaux mili-

1. Cass., 12 août 1842 (Sirey, 43, I, 153). — Paris, 26 mai 1848 (Sirey, 48, II, 297).

taires? Depuis la nouvelle loi sur le recrutement cette question est importante à résoudre.

L'énumération des membres de l'armée est contenue dans les articles 55, 56 et 57 du Code militaire.

Il résulte encore de ces textes qu'il faut distinguer pour les soldats deux positions différentes : celle de l'*appel à l'activité* et celle de la *non-activité*.

L'appel à l'activité commence le jour où le soldat a reçu son ordre de route[1]. Qu'il soit individuel ou collectif, au jour indiqué soit pour le départ, soit pour l'arrivée au corps, l'appelé devient justiciable des tribunaux militaires. Toutefois il ne l'est encore qu'incomplétement et à raison d'un seul délit, celui d'insoumission (Code militaire, art. 58). — La juridiction militaire ne saisit toutes ses infractions que le jour de son arrivée réelle au corps, ou encore le jour où il se trouve placé sous l'action de l'autorité militaire, qu'il soit placé dans un établissement destiné à l'armée (prison ou hôpital), ou incorporé dans un détachement formé pour rejoindre (Code militaire, art. 56, § 2)[2].

L'engagé volontaire subit l'application de cette règle.

La compétence du conseil de guerre persiste avec ce caractère absolu aussi longtemps que le soldat continue la vie militaire, qu'il prend part aux exercices, en un mot qu'il n'est pas *en non-activité* ou en état d'absence. Celle-ci fait disparaître la juridiction personnelle pour ne laisser subsister que la juridiction réelle. Elle commence quand le soldat s'est soustrait à l'action de l'autorité militaire; par exemple, quand il a déserté[3], ou encore lorsqu'il se trouve

1. Cass., 2 juillet 1825 (Sirey, 26, I, 217).
2. Cass., 12 avril 1845 (Sirey, 45, I, 618).
3. Cass., 15 novembre 1811 (Sirey, 17, I, 89). — Cass., 10 avril 1829, *Bull. crim.*, n° 75. — Cass., 4 septembre 1851 (Sirey, 51, I, 714). — Cass., 19 septembre 1844 (Sirey, 44, I, 289). — Cass., 28 avril 1853 (Sirey, 59, I, 539). — Cass., 20 juillet 1860 (Sirey, 60, I, 1021). — Cass., 13 décembre 1860, *Bull.*

par un motif quelconque dans un lieu où il n'est plus soumis à la discipline militaire, ainsi dans un hospice ou dans une prison purement civile[1]. Il en serait autrement si dans l'établissement un local particulier était affecté à l'armée.

La position de la *non-activité* est dans un sens général celle du citoyen soumis éventuellement au service militaire, mais laissé dans ses foyers. Elle comprend à ce point de vue les militaires en congé, ainsi que les hommes de l'armée territoriale. Aussi longtemps qu'ils restent dans cette situation, ils ne sont justiciables pour les délits de droit commun que des tribunaux ordinaires[2].

Sont-ils appelés à des exercices, à des revues, ils sont considérés pendant la durée des manœuvres comme en activité de service. Le temps marqué pour l'appel à l'activité une fois écoulé, la règle reprend son empire, et deux délits commis le même jour, l'un pendant la réunion militaire, l'autre après, seront déférés à deux tribunaux différents[3].

---

crim., n° 285. — Cass., 22 novembre 1861 (Sirey, 62, I, 331). — Cass., 28 juillet 1864 (Sirey, 64, I, 471).

Il faut que la désertion soit établie ; tant qu'elle reste incertaine, la justice militaire demeure compétente.

1. Cass., 10 juin 1843 (Sirey, 43, I, 828). — Cass., 9 août 1834. — Cass., 29 avril 1836 (Sirey, 36, I, 701). — Cass., 8 août 1828 (Sirey, 29, I, 23).

2. Cass., 6 février 1858 (Sirey, 58, I, 566).

3. Cass., 9 juillet 1863 (Sirey, 63, I, 554).

TITRE V

DES PEINES ET DE LEURS EFFETS.

243. L'ordre du développement logique des matières demanderait que l'on examinât la nature et les éléments de l'infraction. Néanmoins on s'occupera d'abord de la pénalité. Cette méthode logique n'est pas toujours, en effet, celle que peut suivre l'enseignement. Il est un ordre dans lequel les faits se produisent et s'enchaînent, il en est un autre qu'il faut suivre pour les faire connaître. Ici la méthode rigoureuse présenterait un grave inconvénient. L'étude de l'infraction et de ce qui concerne l'agent suppose que l'on connaît les principales règles de la pénalité. Pour éviter des redites ou quelque désordre dans les explications, il est plus avantageux de s'y arrêter d'abord, et l'exemple a été donné par des maîtres dont il est avantageux de suivre la trace[1].

Ce titre sera divisé en six chapitres. — Le premier contiendra les notions générales sur le but et les qualités des peines. — Le deuxième traitera des peines en matière criminelle. — Le troisième parlera des peines en matière correctionnelle. — Le quatrième, des peines de simple police. — Le cinquième sera consacré à certaines condamnations pécu-

1. MM. Chauveau et F. Hélie.

niaires communes à toutes les infractions. — Enfin le sixième s'occupera de l'exécution des peines.

CHAPITRE I

NOTIONS ET BUT DE LA PÉNALITÉ.

244. La peine est nécessaire et ce point est démontré. Il reste à préciser trois points : le but de la pénalité ; les qualités qu'elle doit avoir; les biens qu'elle peut atteindre.

I. BUT DE LA PÉNALITÉ.

245. Le but de la peine est une conséquence de la théorie que l'on adopte sur la base du droit de punir. La pénalité doit assurer le respect du commandement et maintenir ainsi l'ordre social. Comment pourra-t-elle atteindre ce but final qui lui est marqué? Ce sera évidemment en agissant sur le coupable, et aussi sur ceux qui ont connu l'infraction. Il faudra pour être efficace qu'elle tende d'abord à faire payer à l'auteur sa faute par les douleurs qu'elle lui causera. Ainsi elle réparera le dommage social occasionné par l'acte défendu. — Ensuite, par le spectacle de la privation soufferte, elle devra enseigner à tous le respect de la loi. Elle détruira ainsi le mauvais exemple donné. — Enfin elle s'efforcera de prévenir de la part de l'agent l'accomplissement d'actes semblables en l'améliorant autant que possible. Son but immédiat sera triple. Elle visera à assurer l'expiation, à produire une certaine intimidation, à améliorer le coupable.

Il importe de réunir ces trois objets de la pénalité et de ne pas lui en assurer un seul comme but exclusif. On en fausse alors le caractère.

246. C'est le reproche que mérite le système utilitaire. Il n'assigne d'autre objectif à la peine que l'intimidation. La garantie contre le renouvellement du crime, tout est là pour lui[1]. On sait quels résultats pourraient découler de cette théorie. La pénalité en viendrait à dépasser toute limite et à renverser même toutes les règles de la loi morale pour rester maîtresse. Peu importerait qu'elle fût bizarre, injuste ou cruelle si elle est effrayante !

247. En sens inverse, un système tout de mansuétude n'a considéré que le coupable dans l'application de la peine. Il a été dans sa tendresse jusqu'à lui sacrifier la société. Peu importe qu'il subisse ou non l'expiation pourvu que la peine l'améliore[2]. La conséquence en est que, le repentir et la régénération morale obtenus, la loi perd tout pouvoir sur le condamné. La peine même justement prononcée doit prendre fin. Au contraire, tant que ce résultat n'est pas atteint, la pénalité ne peut s'arrêter sans s'avouer impuissante. Ceci revient au système de l'arbitraire des peines : arbitraire d'autant plus terrible ici que l'homme chargé de calculer l'amendement du coupable sera en proie à de perpétuelles angoisses, dépourvu qu'il est de tout criterium certain pour apprécier l'état moral du patient.

248. Ces deux opinions n'ont considéré que l'un des aspects de la peine. On peut adresser un reproche semblable au but que Sénèque, d'après Platon, assigne à la législation pénale. *In vindicandis injuriis hæc tria lex secuta est, quæ princeps quoque debet, ut eum quem punit emendet, aut, ut pæna ejus cæteros reddat meliores, aut ut sublatis malis superiores cæteri vivant.* Le triple objectif du châtiment a été découvert; seulement il importe de ne pas le présenter comme alternatif, mais comme simultané.

1. Bentham, *Théorie des peines*, p. 15 et 195.
2. Ch. Lucas, *Du système pénal*, p. 213, 272, 308.

249. Ce n'est point à dire pourtant que chacun de ces trois buts ait la même importance. Les deux derniers doivent prédominer. Celui qui se propose l'amélioration du coupable est peut-être d'une importance moindre, quoique lui aussi doive être pris en considération lorsqu'il s'agit de fixer la peine.

250. Une objection a été faite contre le but expiatoire de la peine. Comment, a-t-on dit, le législateur humain peut-il entrer dans ces appréciations de l'ordre purement moral? Il ne saisit que bien imparfaitement l'état de l'âme du condamné. Comment prendra-t-il en considération toutes les circonstances qu'il devrait apprécier à ce point de vue?

Comment calculera-t-il soit le repentir, soit les angoisses morales éprouvées par le coupable depuis le crime et notamment pendant l'instruction suivie contre lui?

La réponse a déjà été faite. L'expiation se mesure sur la gravité du mal social résultant de l'infraction. La peine n'est pas destinée à obtenir de la justice divine le pardon de la faute morale. Elle y est impuissante, et le repentir seul possède cette efficacité souveraine refusée aux châtiments humains les plus terribles. Son but unique est la réparation du désordre social causé et qui survit au rachat de la faute dans l'ordre moral. La pénalité s'occupe du for extérieur, le repentir n'a d'efficacité que dans le for intérieur.

II. QUALITÉS DE LA PEINE.

251. Pour atteindre le triple but que l'on vient d'indiquer et cadrer avec la théorie exacte sur le fondement du droit de punir, la pénalité doit avoir certaines qualités qu'il importe d'étudier.

D'abord la peine doit être *certaine*, c'est-à-dire connue d'avance. Il est inutile d'insister sur le vice capital et sur les inconvénients du système de l'arbitraire dans les peines.

L'ancienne législation en est un exemple frappant. Le rôle du législateur et celui du magistrat sont fort différents, et il importe de ne point les confondre. D'ailleurs cet arbitraire ne permet pas d'établir la gravité relative des infractions. La loi ne peut la marquer que par la gradation des peines, et celle-ci est détruite là où la pénalité est arbitraire.

Toutefois le châtiment doit être aussi *divisible*, c'est-à-dire susceptible d'une certaine variation. Le législateur doit tenir compte de deux éléments nécessaires à concilier, encore que d'une importance inégale. Il doit apprécier la gravité essentielle du fait commis pour lui assigner une certaine place dans l'échelle pénale. C'est ce que l'on appelle d'une expression quelque peu allemande la *criminalité objective du fait*. Ce caractère fixé, et il est d'une importance prépondérante, la loi doit encore calculer la perversité de l'agent: ce que l'on désigne sous le nom de *culpabilité subjective*. Ce deuxième élément est variable. Aussi convient-il, pour le respecter, de laisser à la peine une certaine élasticité. La *criminalité objective* détermine la nature de la peine; la *culpabilité subjective* amène le législateur à laisser au juge une certaine latitude dans la quotité par l'établissement d'un minimum et d'un maximum.

La peine sera en outre *personnelle*, autant que possible. Le coupable seul en ressentira la privation. Autrement le châtiment serait d'une injustice évidente. Ce motif a fait condamner la confiscation qui atteignait principalement la famille du coupable. Elle était jointe le plus souvent à des peines perpétuelles, de sorte qu'il était indifférent au coupable de conserver une fortune dont il ne pouvait jouir. — Ce n'est point à dire que le contre-coup de la condamnation ne puisse rejaillir sur la famille du coupable; mais à tout le moins ne sera-t-il qu'indirect et éloigné. Ainsi l'amende diminuera le patrimoine des enfants comme celui même de l'agent de l'infraction; mais celui-ci en sera le premier et le plus vivement atteint. Quant à la honte qui résulte d'une condamnation, le législateur ne peut l'empêcher de rejaillir sur les parents de celui qu'il frappe. La solidarité de la famille dans l'honneur ou dans l'opprobre n'est ni un vain mot ni un sentiment factice. Il serait injuste et dangereux de vouloir l'atténuer. La peine n'en doit pas moins pour cela frapper l'agent du crime.

Enfin la peine doit être *égale*. Cette qualité consiste à infliger à tous les agents d'une même infraction une souffrance équivalente. L'ancien droit croyait obtenir cette qualité par l'inégalité même de la répression. Les jurisconsultes avaient observé que plus le rang social du coupable était élevé, plus la chute, résultat de la condamnation, était lourde et plus le châtiment était douloureux. L'éducation fait sentir plus cruellement à qui l'a reçue l'étendue de la privation. Elle sera moins pénible à qui ne possède que de moindres avantages. — Cette observation est exacte ; mais une autre considération la détruit. L'éducation, le rang social élevé qui rendent l'agent plus sensible, le font en même temps plus coupable. Il a eu plus de secours dans l'ordre moral pour résister à la passion. L'inégale intensité de l'intention perverse justifie l'inégale intensité de la douleur, et la peine n'est que juste en demeurant la même pour tous les agents d'un crime pareil.

On assigne encore un autre caractère à la peine. Elle devrait être *réparable* à raison des erreurs possibles de la justice humaine. Cette qualité désirable sans doute n'est point essentielle. Si un châtiment irréparable est le seul moyen de punir une faute, la société a droit de l'infliger à charge d'en user avec réserve. La possibilité d'un abus n'est jamais une raison suffisante d'interdire l'exercice modéré d'un droit légitime.

III. BIENS QUE LA PEINE PEUT ATTEINDRE.

252. Le caractère et le but du châtiment déterminés, il reste à délimiter en quelque sorte son domaine. Quels biens peut-il atteindre? Cette question s'est posée surtout à l'occasion de la peine de mort. A ce propos une théorie nouvelle sur l'étendue de la pénalité a été présentée.

On a distingué deux grandes classes de biens : *les biens naturels* et *les biens acquis*. La première classe comprend ceux que l'on possède indépendamment de la société : la vie; l'intelligence; la liberté. — La seconde renferme les biens dont on ne jouirait que par l'intermédiaire de la société : tels seraient les droits de famille, de propriété, de cité. La conséquence tirée de cette division serait que la peine, moyen d'action de la société, ne peut s'exercer que sur les biens acquis.

253. Cette division est inexacte. Il est juste de dire qu'en un certain sens tous les biens sont naturels et que jusqu'à un certain point, quant à leur jouissance, ils sont acquis. Évidemment, le bienfait de l'existence, la liberté, l'intelligence nous viennent directement et sans passer par le canal de la société; mais il en est de même pour les droits de propriété et de famille. Ce n'est pas la société, qui leur donne naissance. Ils existent sans elle et l'ont précédée. Elle n'a d'autre but que d'en assurer la libre jouissance.

A ce point de vue, son utilité n'est pas contestable. Mais elle n'est pas moindre en ce qui concerne soit la liberté, soit la vie même ou l'intelligence. L'homme ne peut obtenir le plein développement de ses facultés ni suivre paisiblement le cours de son existence sans l'aide de la société. En dehors d'elle, sa vie et sa liberté sont exposées à d'incessants dangers ; son intelligence se resserre, uniquement préoccupée des besoins urgents de l'existence matérielle. Il est donc juste de reconnaître que la société assure la jouissance de tous ces biens. Ce but lui a été assigné dès son origine. Il est dès lors équitable de lui reconnaître, au cas de nécessité, le droit d'enlever à l'homme ces biens dont elle lui assure l'exercice et dont il abuse contre elle.

254. Cette conséquence n'a été attaquée avec persévérance que par rapport à la peine de mort. Il faut se demander si la société a droit sur la vie de l'homme.

On a vivement attaqué et la légitimité et la nécessité de cette peine. Les objections accumulées contre elle peuvent se ramener à cinq. — 1° D'abord, a-t-on dit, elle est en soi illégitime. S'il est une règle certaine, c'est que cela seul que l'on a donné, on peut le reprendre. L'homme ne tient pas la vie du pouvoir social. Sans la société, elle sera sans doute plus exposée, plus misérable, mais elle ne sera pas ravie. Que la société la respecte dès lors !

Le seul pouvoir qui crée a le droit de détruire!

Des partisans convaincus du système pénitentiaire sont revenus à la charge : « Il n'y a nulle part en ce monde un « droit *sur* l'existence; car c'est celui de Dieu qui l'a donnée « et qui peut seul la reprendre. Il n'y a et il ne peut y avoir « sur cette terre qu'un droit *à* l'existence, c'est celui de « l'homme qui l'a reçue. La vie de l'homme est inviolable « en principe..... Chacun a le droit de conserver la sienne « sans pouvoir prétendre disposer de celle d'autrui ; car « l'existence est dans son semblable d'origine divine comme « en lui-même [1]. » — 2° Ce droit, ajoute-t-on, est exorbitant. On a essayé de le justifier en faisant remarquer que la société demande au soldat, au marin, leur vie même. Mais quelle différence ! Elle ne les expose que pour se défendre. Personne ne peut nier que s'immoler à sa patrie ne soit un rigoureux devoir qu'on ne peut fuir sans déshonneur ! Qui

1. M. Ch. Lucas, *Revue de législation*, 1848, t. XXXI, p. 277 et 278.

s'aviserait de dire que le coupable accomplit un devoir en apportant sa tête au bourreau ! L'analogie n'existe pas. Ici la société ne se défend plus, elle punit. — 3° Cette peine illégitime est de plus inutile et inefficace. Elle est inutile au point de vue de l'intimidation. « Il ne faut point mener les « hommes par les voies extrêmes, dit Montesquieu... On use « le ressort du gouvernement. L'imagination se fait à une « grande peine comme elle s'était faite à la moindre ; et, « comme on diminue la crainte pour celle-ci, l'on est bientôt « forcé d'établir l'autre dans tous les cas[1]. » L'expérience d'ailleurs prouve son inefficacité. Toutes les législations anciennes l'ont appliquée souvent d'une manière terrible. A quoi leurs rigueurs ont-elles abouti ? Les crimes qui en étaient passibles n'ont point disparu. — 4° On ajoute que ce châtiment présente l'inconvénient le plus grave. Il est irréparable au premier chef. Il n'est susceptible ni de plus ni de moins. L'erreur possible de la justice humaine peut conduire aux plus déplorables résultats[2].

255. Tant d'efforts renouvelés à des époques différentes sont demeurés inutiles. Depuis 1791 des philosophes et des publicistes se sont attendris sur le sort des assassins qui subissent la peine de mort. En 1848 on s'est attaché à la maudire de nouveau. Les législateurs de presque tous les pays sont avec raison demeurés inflexibles[3]. On cite la législation de la Louisiane comme dérogeant seule au concert unanime des peuples.

1° D'abord la légitimité de cette peine embarrasse ceux-là seuls qui n'osent remonter jusqu'à l'origine divine de la société. Si vraiment son pouvoir vient de Dieu, on conçoit que la délégation de la justice faite par le Créateur renferme tout droit sur la vie comme sur la liberté de l'homme.

1. *Esprit des lois*, liv. VI, ch. XII.
2. M. Livington — Lamartine. *Revue de législation*, 1839, t. IV, p. 67.
3. M. Mittermaier, *Revue de législation*, t. II, p. 112 et s.s., 201 et s.s., 1835.

Il pouvait transmettre l'exercice de sa suprême puissance sur sa créature. L'aveu de toutes les religions révélées, l'accord des nations qui est le cri même de la conscience, établissent l'existence de cette délégation. Il faut sans doute qu'une telle peine soit utile; mais il est difficile de soutenir que par essence elle constitue une usurpation. — 2° Les efforts mêmes tentés contre elle sont la preuve de son utilité. Si elle n'inspirait pas une si grande terreur aux criminels, on ne verrait pas à chaque révolution les utopistes les plus dangereux l'attaquer si vivement! Cette preuve de sa puissance est décisive. — 3° Et le raisonnement confirme ces indices. La rigueur de cette peine consiste en ceci qu'elle supprime d'un coup toute espérance. Il reste au condamné pendant la durée des peines perpétuelles quelque espoir comme d'une grâce ou d'une évasion. La peine de mort est inflexible. En outre, elle tarit la source même de tous les biens, celui sans lequel on ne peut jouir d'aucun autre. — 4° Il serait étrange qu'une peine à ce point rigoureuse fût dénuée d'efficacité. Aussi le raisonnement employé est des plus faibles. Si toute peine est inefficace pour n'avoir pas prévenu le retour des infractions auxquelles elle s'applique, toute peine est inutile. Il ne reste qu'à supprimer le droit de punir. La statistique à la fois nécessaire et impossible à laquelle il faudrait se livrer consisterait à calculer le nombre d'infractions arrêtées par cette peine et qui eussent été commises sans elle.

Enfin l'histoire démontre sa nécessité. La Convention avait reçu des demandes réitérées tendant à la faire disparaître. Elle fut maintenue. Toutefois, une loi contint la promesse de sa suppression pour le moment où la paix générale serait conclue (Loi du 4 brumaire an IV, art. 1er). Ce moment arriva, et l'imprudente promesse fut immédiatement effacée (Loi du 8 nivôse an X). De nouvelles propositions virent le jour en 1832 et en 1848. Elles n'eurent pas un meilleur sort. Il importe seulement de constater qu'en fait le nombre des condamnations à mort tend à décroître. Celles qui interviennent encore sont appliquées à de tels forfaits qu'elles sont une satisfaction pour la conscience.

CHAPITRE II

DES PEINES EN MATIÈRE CRIMINELLE.

256. En matière criminelle, on peut distinguer deux espèces de peines. — Les *peines principales*. Elles se reconnaissent à un triple caractère. — 1° D'abord elles constituent directement l'expiation. Elles tendent à la souffrance. — 2° Elles ne peuvent être subies sans avoir été prononcées par un arrêt. Le silence de la décision devrait être réparé s'il constituait une omission ; dans aucun cas il ne pourrait être suppléé. Voilà un accusé déclaré coupable par le jury. La Cour constate le verdict dans son arrêt ; elle y insère les textes de loi qui déterminent le châtiment, puis elle s'arrête ! Aucune peine n'est applicable. — 3° Enfin elles sont obligatoires. L'infraction constatée, le juge ne peut se dispenser de prononcer le châtiment.

257. Les *peines accessoires* sont d'une nature très-différente. 1° Elles constituent beaucoup moins de véritables châtiments que des mesures de précaution prises par la société. Leur but est soit d'assurer l'efficacité de la peine principale, soit de prévenir de la part du coupable le retour des mêmes infractions. — 2° Elles s'appliquent de plein droit par cela seul qu'une certaine peine principale a été encourue. Souvent même, il n'est pas nécessaire que l'arrêt de condamnation en fasse mention. Avant la loi du 23 janvier 1874, cette dernière règle était générale. — 3° Enfin, elles sont le plus souvent obligatoires.

258. On a voulu créer une troisième sorte de peines : les *peines complémentaires*. Les articles 35-43-100 du Code pénal en fournissent des exemples.

Elles ont ce caractère de s'ajouter à la peine principale pour la compléter, ou encore de constituer des précautions prises contre le coupable. En ce sens, elles ressemblent aux peines accessoires auxquelles on les emprunte le plus souvent. Parfois aussi elles perdent ce caractère et prennent celui d'une peine principale à laquelle elles s'adjoignent parce qu'elle est insuffisante. A ce point de vue leur caractère est indécis.

Elles se distinguent des peines accessoires surtout en ceci que, d'abord, quand elles consistent dans des privations identiques à ces peines, elles sont prononcées d'une manière principale, et qu'ensuite elles doivent être appliquées par arrêt. — On les reconnaît à ce critérium qu'elles sont facultatives pour le juge. Il vaut mieux les regarder comme des peines *principales, mais facultatives*, que d'en faire une troisième espèce de peine.

259. Principales ou accessoires, les peines, pour être infligées, doivent être inscrites dans la loi pénale. Nulle autorité ne pourrait ajouter un châtiment nouveau à la liste de ceux énumérés par le législateur. Il est pourtant arrivé à certains tribunaux d'enfreindre cette règle élémentaire. On a vu reparaître notamment *le blâme par jugement*, cette peine de notre ancienne jurisprudence. Des décisions ont prononcé l'amende honorable ou la réparation d'honneur hors des cas prévus par la législation. Toutes ces condamnations, contraires à la loi, ont été rigoureusement cassées par la Cour suprême[1]. Il n'en pouvait être autrement, si l'on ne voulait voir renaître l'arbitraire des peines si rigoureusement proscrit par la législation nouvelle.

1. Voir pour le blâme. Cass., 25 juillet 1839 (Sirey, 39, I, 968), 23 mars 1833. Pour l'amende honorable. Cass., 24 avril 1828.

Mais ne pourrait-on du moins ordonner l'affiche du jugement criminel ou son insertion dans les journaux? Si une partie civile est en cause et qu'elle le demande, pas de difficulté; la publicité du jugement est accordée à titre de dommages-intérêts[1]. — Là où il n'en existe pas, une telle prescription est illégale. Sur ce point, tous d'abord ont été d'accord. On reconnaissait que cette mesure constituait une véritable peine, et même redoutée; que le Code pénal ne l'avait point édictée, et qu'il était dès lors impossible de la prononcer. Ce système se fortifiait encore de cette considération que la législation pénale, dans certains cas, autorise expressément la publicité des sentences rendues : lors par exemple qu'une peine afflictive ou infamante est prononcée (art. 36), ainsi en matière de presse (Loi du 26 mai 1819, art. 26). Elle l'interdit par suite dans toute autre hypothèse. La jurisprudence et la doctrine maintenaient ce principe avec une salutaire rigueur [2]. — Cet accord vient d'être brusquement rompu. Dans un arrêt récent, la Cour suprême a cru trouver dans l'article 1036 du Code de procédure civile la base d'un droit général qu'auraient les magistrats d'ordonner en toute hypothèse la publicité de leurs jugements. On a dit que ce texte était fait aussi pour les matières criminelles; que cette mesure n'était pas une peine, puisqu'elle était ordonnée en matière civile, mais la réparation du scandale public causé par le condamné. La Cour suprême a été suivie dans cette voie nouvelle par des

1. Cass., 12 juillet 1838 (Sirey, 39, I, 112).

2. Paris, 1er juin 1832 (Sirey, 31, II, 205). — Cass., 28 août 1854 (Sirey, 54, I, 616); — 7 février 1857 (Sirey, 57, I, 496); — 19 mai 1860 (Sirey, 60, I, 127).

Jugé que la Cour d'assises ne peut ordonner l'impression d'un arrêt ne prononçant qu'une peine d'emprisonnement. — Cass., 16 août 1860 (Sirey, 61, I, 192).

Jugé que la partie civile, même autorisée à publier le jugement, peut être condamnée en dommages-intérêts, si elle dépasse le nombre d'affiches qui lui a été alloué. — Paris, 1er juin 1831 (Sirey, 31, II, 200). — Blanche, Étude I, N° 55.

magistrats justement soucieux de punir des coupables [1]. — Il est impossible de se rallier à un système trop ouvertement porté à sacrifier le texte de la loi à de prétendues nécessités de répression. L'article 1036 n'est point fait pour le cas où il existe une infraction. Il a pour but de réparer surtout le scandale d'une défense exagérée qui se produit à l'audience. La Cour suprême avait ainsi précisé son étendue [2]. Il est le corrélatif de la loi du 17 mai 1819. L'article 23 enlève toute action aux plaideurs victimes d'injustes agressions d'audience ; elle devait en échange donner aux tribunaux le moyen de réparer soit par la publicité, soit par de justes dommages-intérêts, le préjudice causé. Cette faculté devenait inutile au cas d'infraction. La peine édictée par la loi était suffisante. — Le second argument de la doctrine contraire n'est pas sérieux. Le châtiment est institué pour réparer le scandale causé; quand il a été appliqué, une seconde réparation ferait double emploi. Au cas où la violation de la loi a reçu une publicité particulière, des dispositions spéciales donnent à la répression le même caractère. Il est donc impossible, sans violer les plus élémentaires principes du droit pénal, d'étendre aux matières criminelles la disposition de l'article 1036. Cette jurisprudence n'est ni satisfaisante ni assurée. Il se pourrait qu'elle n'eût pour base que l'opinion erronée d'un magistrat, savant sans aucun doute, mais qui s'est mépris sur la portée d'un arrêt précédemment rendu par la Cour suprême [3].

On examinera successivement :

I. Ce que sont les peines principales.

II. En quoi consistent les peines accessoires.

1. Cass., 16 mai 1873 (Dalloz, 73, I, 441). — Caen.

2. Cass., arrêt du 28 août 1854, arrêt cité plus haut; — 14 juin 1854 (Sirey, 54, I, 611).

3. Voir l'arrêt du 27 juillet 1870, cité dans le rapport de M. le Conseiller rapporteur de l'arrêt rendu le 16 mai 1873 (Dalloz, 73, I, 156).

§ 1.

Peines principales.

260. L'article 6 divise les peines principales en *afflictives et infamantes* et en *infamantes.*

Les premières n'atteignent pas seulement le condamné dans son honneur : elles lui font encore subir une privation corporelle, une souffrance physique. Les autres ne le frappent que moralement, dans ses droits de cité, de famille.

Cette distinction a été vivement critiquée. On a refusé au législateur le droit de déclarer l'infamie : ou bien, a-t-on dit, il sera d'accord avec l'opinion publique, et la note qu'il infligera sera inutile ; ou bien il sera en lutte avec elle, et dans ce conflit la loi aura fatalement le dessous. Cette critique s'est fait entendre lors de la révision de 1832 jusque dans la Chambre des pairs[1]. On ajoute que cette division présente un autre inconvénient. Elle semble rattacher l'infamie non point à l'infraction même, mais plutôt à la nature de la peine[2].

261. La première critique est d'une grande inexactitude. Elle procède d'une pensée de révolte contre laquelle on ne peut trop réagir. Le législateur a le devoir de rechercher la vérité sociale et le droit d'être cru quand il l'affirme. C'est sa mission, et tant qu'il ne viole pas la loi morale, l'opinion publique ne peut rien contre ses prescriptions. Il est mauvais de lui disputer son influence pour l'attribuer à ce courant variable et souvent troublé de l'opinion. Il est injuste de se défier constamment et par principe des pouvoirs pu-

1. M. Decazes, — Rossi, *Traité de droit pénal*, t. II, p. 189.
2. Chauveau et F. Hélie, t. I, n°s 41, 42, 43. — Boitard, p. 53 et 55. — Ortolan, t. II, n° 1609.

blics [1]. — Le second reproche procède d'une idée exacte, et la dénomination de *peines infamantes* prise dans cette signification serait défectueuse. On peut dire seulement que le législateur a employé cette expression pour désigner les peines qui n'atteignent le coupable que dans son patrimoine moral. Il voulait les opposer d'une part aux peines matérielles et de l'autre à celles qui n'entraînent pas la perte des droits politiques, c'est-à-dire aux peines correctionnelles. Cette distinction qui est celle du Code doit être suivie dans les explications sur les peines.

I. PEINES AFFLICTIVES ET INFAMANTES.

262. L'article 7 énumère les peines afflictives et infamantes, et en même temps il les classe suivant leur gravité relative. On en compte six : La mort. — Les travaux forcés à perpétuité. — La déportation. — Les travaux forcés à temps. — La détention. — La réclusion. — L'une d'elles, la déportation, se subdivise en deux : la déportation dans une enceinte fortifiée — et la déportation simple.

A la lecture de l'article, il semble que l'échelle des peines soit unique. Il n'en est rien : les unes s'appliquent exclusivement aux crimes de droit commun ; les autres, aux crimes politiques. Cette distinction était faite par le Code pénal de 1810 ; et depuis, un changement unique est survenu dans cet ordre de l'application de la pénalité. La peine de mort a été supprimée en matière politique par l'article 5 de la Constitution du 4 novembre 1848. Elle a été remplacée par la déportation aggravée. La loi du 10 juin 1853 l'a rétablie pour un attentat qui, commis dans un but politique, n'en demeure pas moins un crime de droit commun.

1. Bertauld, leçon X, p. 201, 202.

Jamais, du reste, l'ancien Code n'appliquait à un crime de droit commun une peine de l'ordre purement politique. Pourquoi donc l'article 7 paraissait-il confondre dans une seule liste les unes et les autres? Cette confusion apparente ne présentait aucun inconvénient, elle offrait même un avantage. L'utilité de la double échelle de peines est née seulement de l'application aux crimes de l'adoucissement découlant des circonstances atténuantes. Jusqu'en 1832, le magistrat ne pouvait point en règle générale changer la nature de la peine. La classification séparée était de peu d'importance, du moment où dans la répression de chaque crime particulier le législateur avait fait cadrer la peine avec le caractère du crime. Depuis la nouvelle législation, l'article 463 est venu donner les indications nécessaires.

En outre, cette classification générale était indispensable. Qu'un agent eût commis à la fois un crime ordinaire et un crime de l'ordre politique, il ne pouvait encourir qu'une seule peine : la plus grave. De là, nécessité de comparer entre eux les divers châtiments prononcés par la loi. L'échelle générale venait déterminer leur gravité relative[1]. Dans les explications qui vont suivre, on distinguera les deux genres de peine.

263. — **A**. *Peines de droit commun.* — LA MORT est la première peine qui attire l'attention du législateur. Il précise le mode d'application et prend soin d'écarter les supplices qui l'entouraient sous notre ancien droit et la rendaient si effroyable. La souffrance est réduite le plus possible (art. 12, C. pén.). Le législateur prend pour devise cette pensée de Montaigne : « En la justice même, tout ce « qui est au delà de la mort me semble cruauté. » Le coupable a la tête tranchée. L'instrument est la guillotine.

264. Pour un seul crime le législateur ajoute au sup-

1. Paris, 7 juin 1851 (Sirey, 51, II, 351).

plice un appareil destiné à le rendre plus terrible. Le parricide est conduit au lieu de l'exécution, en chemise, nu-pieds, la tête couverte d'un voile noir. Il est exposé sur l'échafaud pendant la lecture de l'arrêt de condamnation, puis exécuté (art. 13, C. pén.).

Le Code de 1810 avait même prescrit l'amputation préalable du poignet. Cette mutilation qui précédait immédiatement la mort parut cruelle. La loi du 28 avril 1832 la supprima.

Certains auteurs voudraient aller plus loin. L'appareil funèbre qui entoure le supplice du parricide, encore qu'il n'ajoute rien à ses douleurs physiques, les émeut et leur répugne. Ils en demandent la suppression[1].

265. Il est grave de voir dans un pays des esprits éminents, des magistrats influents, ne plus ressentir pour le parricide cette horreur profonde que le législateur a si vivement traduite. Ils ne voient presque plus en lui qu'un criminel vulgaire. Triste marque et trop certaine de l'affaiblissement en France de cette puissance paternelle sans laquelle il ne peut y avoir de familles fortement constituées ni de peuples énergiques ! Ceux-là qui comprennent, en partie du moins, les droits de l'État et les font valoir, n'ont plus même l'idée de défendre l'autorité sacrée du père de famille.

La loi a été mieux inspirée que les jurisconsultes. Il importe de signaler au peuple le parricide comme un criminel, pour ainsi dire, d'une nature spéciale. Les Romains avaient inventé pour lui un châtiment particulier et symbolique dont Cicéron a laissé une description brillante, mais entachée d'enflure et de recherche [2]. Le condamné était lié dans un sac avec un chien, un chat et un serpent, et ainsi jeté dans le Tibre.

266. Le corps du supplicié est rendu à sa famille, à charge de le faire inhumer sans pompe (art. 14, C. pén.). Le législateur

1. Chauveau et F. Hélie, t. I, n° 48. — Bertauld, leçon X, p. 203.
2. *Pro Roscio*, 25, 26.

ne prétend pas éloigner le prêtre du coupable, ni le priver des prières de sa religion. Le corps pourra être présenté à l'église avant d'être porté au cimetière. On interdit seulement la pompe d'un convoi qui pourrait devenir une scandaleuse protestation contre la sentence rendue.

267. Les travaux forcés sont ensuite décrits par le Code pénal (art. 15). Ils sont à perpétuité ou à temps. On sait que les peines perpétuelles sont nécessaires pour que l'échelle pénale ne soit pas interrompue. Sans elles, un trop grand intervalle sépare la mort des autres châtiments et la perspective du droit de grâce suffit à combattre le désespoir qui pourrait naître de la perpétuité. En outre, il est des hommes qu'il serait dangereux de ne pas retrancher à toujours de la société.

Quant au mode d'application de cette peine, il faut distinguer deux époques.

268. La première va depuis 1810 jusqu'au décret du 7 mars 1852. Elle est régie par les articles 15 et 16 du Code pénal.

La peine était subie différemment suivant qu'elle s'appliquait à des hommes ou à des femmes. Trois établissements portant le nom de *bagnes* et situés à Rochefort, à Brest et à Toulon, recevaient les hommes condamnés. Il étaient employés aux travaux les plus pénibles, et portaient soit un boulet attaché au pied, soit une chaîne qui les liait deux à deux.

L'ordonnance du 20 août 1828 avait prescrit de séparer les coupables suivant la durée de la condamnation. Le bagne de Toulon était affecté aux condamnés dont la peine était inférieure à dix ans. Dans les deux autres, les coupables étaient divisés en deux classes absolument distinctes : ceux qui devaient faire moins de vingt ans et les condamnés à une peine plus longue. Les heureux résultats que l'on attendait de ce système ne se produisirent pas. L'immoralité n'était pas toujours proportionnée à la longueur de la condamnation. Aussi l'ordonnance fut-elle rapportée en 1836.

Quant aux femmes, les travaux qui leur étaient imposés

étaient plus en rapport avec la faiblesse de leur sexe. Elles y étaient employées dans l'intérieur d'une maison de force (art. 16, C. pén.).

269. Les publicistes avaient adressé à cette peine d'assez vifs reproches. Ils prétendaient que les rapports des condamnés entre eux augmentaient leur perversité[1]. La statistique répondit en démontrant que les *forçats libérés* étaient moins enclins à la récidive que les condamnés à la peine de la réclusion[2]. On soutenait encore que la peine n'était pas égale. Elle ne pouvait être exactement proportionnée aux forces physiques de chacun des coupables. Le poids du boulet ou de la chaîne, insupportable pour l'homme débile, était léger pour un homme robuste et habitué aux fatigues. Enfin, on signalait la publicité du travail comme un supplice intolérable pour qui sentait l'infamie du châtiment.

Ces critiques, exactes dans une certaine mesure, avaient été fort exagérées. Il existait un défaut autrement grave et qui causait de plus sérieuses préoccupations. La peine était-elle longue, son exécution laissait dans le sein de la société des hommes dangereux, toujours prêts à l'évasion et que l'on était obligé de surveiller avec la plus grande rigueur. Était-elle courte, elle renvoyait le coupable dans un monde défiant où son passé toujours connu lui enlevait le moyen de pourvoir facilement à son existence. Ces considérations diverses amenèrent le législateur à modifier notablement le mode d'exécution des travaux forcés.

270. La seconde époque fut ouverte par le décret du 27 mars 1852. L'exemple de l'Angleterre éclaira nos jurisconsultes. Cette nation avait pratiqué la transportation avec un rare bonheur. Cette peine, en débarrassant la mère-patrie de sujets dangereux, l'avait dotée des plus belles colonies. Le

1. Duvergier, *Rec. de lois*, 1828, p. 277. — Ch. Lucas, *Du système pénal*, p. 229.

2. Chauveau et F. Hélie, t. I, n° 48.

changement de pays, la rupture de toutes les relations formées, la perte de connaissances dangereuses, les nécessités d'une existence différente faisaient du *convict* un homme nouveau. Elles amenaient dans ses idées, dans sa volonté et dans sa moralité, le plus salutaire changement.

Le décret de 1852 tenta d'introduire en France cette institution judiciaire, et du premier coup la législation nouvelle se trouva parfaite. Aussi, deux ans plus tard, les pouvoirs publics ne firent-ils que rendre définitive cette organisation d'abord provisoire. Ils ne la modifièrent pas. Le changement le plus important fut relatif au lieu d'exécution de la peine. Le décret de 1852 indiquait limitativement la Guyane française. La loi remit au Gouvernement la désignation de la colonie. Celui-ci a usé de cette faculté pour transférer le lieu d'exécution des travaux forcés dans les îles de la Nouvelle-Calédonie (décret du 2 septembre 1863).

Ce fut la loi des 30 mai-1er juin 1854 qui opéra définitivement le changement projeté, puis essayé. Elle renferme trois ordres de dispositions. — Elle réglemente d'abord les conditions matérielles de l'exécution de la peine. Le boulet et la chaîne ne sont plus usités qu'à titre de châtiment disciplinaire pour les infractions commises. L'obligation du travail persévère. Les condamnés seront employés aux occupations les plus pénibles de la colonisation (art. 1, 2, 3).

La loi permet au Gouvernement d'accorder une récompense à la bonne volonté du coupable. Celui-ci peut obtenir d'abord la permission de travailler, *moyennant salaire*, soit pour l'État, soit pour les particuliers ; ensuite, une concession temporaire de terrain ; enfin la jouissance de certains droits civils et même la remise de certains biens (art. 11, 12, 13).

Le législateur suit le condamné après l'expiration de sa peine. Il lui impose l'obligation de résider un certain temps dans la colonie. Si la peine est supérieure à 8 années, le coupable ne peut plus quitter ce pays; si elle est inférieure, il doit y résider pendant un temps égal à celui de la peine. On cherche par tous les moyens possibles à attacher le condamné au sol colonial (art. 6).

Enfin, la loi prévoit l'évasion et la rupture de ban, et les punit d'une nouvelle peine de travaux forcés (art. 7, 8, 9).

Pour les femmes, la transportation n'est que facultative. Elles ne sont employées qu'à des travaux en rapport avec leur âge et leur sexe (art. 4).

271. La partie de cette loi relative à l'organisation matérielle de la peine est parfaite, mais elle contient une lacune. Qu'a-t-elle fait pour l'amélioration du condamné au point de vue moral et religieux? Rien. A la vérité, le Gouvernement local s'en est préoccupé. Peut-être, mais il importe de remarquer que le législateur a négligé un puissant moyen de rendre la peine véritablement *réformatrice*. C'est une lacune regrettable que la législation anglaise n'a garde de commettre. Elle eût pu servir encore ici de modèle à la nôtre.

La peine des travaux forcés à temps ne diffère de la peine perpétuelle que par la durée. Son minimum est de 5 ans, son maximum est de 20 ans (art. 19, C. pén.). Il s'élève au double en cas de récidive.

272. La Réclusion clôt la liste des peines afflictives et infamantes du droit commun. Elle consiste essentiellement dans la privation de la liberté. C'est une de ces rares peines dont tous les criminalistes se sont accordés à reconnaître les avantages. Plusieurs la considèrent comme la base de tout bon système pénal. Certains voudraient n'en admettre aucune autre. Elle est effectivement divisible par essence, réparable, et se prête facilement à l'amélioration du condamné. Telle est son élasticité, qu'en variant les conditions de la séquestration, elle peut servir à réprimer un grand nombre d'infractions.

273. Si ses avantages sont faciles à apercevoir, ils ne sont point aussi faciles à réaliser. Les publicistes cherchent depuis longtemps le meilleur système d'emprisonnement, celui qui doit arriver à ce résultat de punir le condamné et en même temps de le moraliser. Encore que cette amélioration ne soit que relative, qu'elle doive se borner à prévenir la récidive, elle ne s'obtient pas facilement!

De nombreux essais ont été tentés. On s'accorde à reconnaître aujourd'hui que pour atteindre le but cherché cette peine doit être subie dans certaines conditions d'isolement, de travail, de silence, enfin d'éducation morale et religieuse. — L'isolement des condamnés, pendant la nuit surtout, est commandé par les plus graves raisons de moralité. On reconnaît que pendant le jour il ne peut être aussi complet, sous peine de devenir rigoureux au point de conduire le détenu à la folie. — Le travail est indispensable; d'une part la reclusion dans l'oisiveté démoraliserait le coupable, de l'autre il importe, pour éviter les récidives, de faire reprendre au condamné des habitudes d'ordre, d'économie, de vie régulière et tranquille. Pour les continuer après sa sortie, il faut qu'il les contracte pendant la durée de sa peine. — Le silence est nécessaire au point de vue du travail d'abord, et ensuite pour que la réflexion et le souvenir du crime commis s'emparent de l'esprit du condamné et le maîtrisent. — Enfin, l'éducation morale et religieuse est à reprendre. L'infraction établit l'insuffisance de celle déjà donnée. En outre, la privation de liberté que subit le coupable, le rend plus accessible à l'influence de ces idées[1]. Seule,

1. On peut lire sur ce sujet plusieurs études fort intéressantes dues à des criminalistes qui se sont fort occupés de cette peine.

Voici l'indication des principales :

MM. Beaumont et de Tocqueville, *Du système pénitentiaire aux États Unis* — M. Ch. Lucas, *Du système pénitentiaire*. — M. Béranger, *Mémoire sur le système pénitentiaire*. — *Revue de législation*, t. IV, p. 294 et suiv., p. 332 et suiv. — *Rapport sur la répression pénale*. — *Revue de législation*, 1852, t. II,

cette éducation peut redresser la volonté perverse et lui donner l'énergie et la puissance nécessaires pour résister aux passions mauvaises.

274. Une objection a pourtant été présentée contre l'une de ces conditions. D'après un publiciste, le travail ne pourrait être imposé au condamné sous peine d'en revenir à l'esclavage. En outre, l'obligation serait dépourvue de sanction. On ne peut se servir dans notre pays des peines corporelles telles que le fouet. Elles répugnent à nos mœurs. Ainsi le condamné pourrait, par un refus obstiné, tenir l'administration en échec[1].

Cette opinion n'établit aucune différence entre l'innocent et le coupable, et c'est la source de son erreur. Si le législateur ne peut sans excès astreindre au travail celui qui n'a point failli, il a des droits plus étendus sur qui doit une expiation. Le châtiment peut prendre la forme du travail, et le patient, étant légalement obligé de s'améliorer, est tenu de pratiquer les moyens qui lui sont indiqués.

Reste la sanction. Les moyens coercitifs peuvent varier suivant les peuples. A défaut des peines corporelles, que notre législation craint d'employer, on peut user de l'emprisonnement cellulaire, y joindre même la diminution de nourriture et le jeûne.

275. Des renseignements qui précèdent on tire facilement cette conséquence que la reclusion est fort diversement appliquée par les différents peuples du monde. Les essais les plus remarquables ont été tentés par l'Angleterre et par les États-Unis. En Angleterre, les coupables sont isolés pendant la nuit; le jour est consacré au travail en commun, mais le

p. 352, t. III, p. 30 et suiv., p. 208 et suiv. Voir encore sur le régime des prisons, sur les avantages et les inconvénients du régime cellulaire : Discours de MM. Hallez-Claparède et de Parieu, *Mon.* 11 août 1863, p. 528.

1. Benjamin Constant, *Commentaire sur l'ouvrage de Filangieri*, part. 3, chap. XII.

silence est rigoureusement maintenu. La législation se fait remarquer par le rôle considérable qu'elle attribue à l'éducation morale et religieuse. « *La religion est le fondement du* « *système*, c'est par elle qu'on espère ramener au bien les « cœurs les plus endurcis; aussi le chapelain a-t-il une grande « autorité morale. Respecté de tous, du Gouvernement, des « employés comme des condamnés, il trouve tout le monde « disposé, soit à lui servir d'auxiliaire, soit à se soumettre à « ses exhortations. Les maîtres d'école sont sous sa direc- « tion [1]. »

Le système de reclusion usité aux États-Unis a fini, après plusieurs tentatives, par se rapprocher du système anglais.

En Autriche, la reclusion est, avec la mort, la seule peine connue. On la distingue en *ordinaire, dure et très-dure.* Elle se trouve suivant les cas aggravée par l'exposition, par le travail public, par les coups et par le jeûne.

276. En France, la reclusion se subit dans des maisons dites *maisons centrales*, au nombre de treize pour les hommes et de six pour les femmes. Le travail est obligatoire.

Elle se distingue par l'exécution de la peine des travaux forcés. On peut signaler entre elles les quatre différences suivantes. — 1° Une différence de lieu. La reclusion se subit en France et non dans les colonies. — 2° Une différence dans les travaux. Ils sont d'une nature moins pénible, et le condamné a l'option entre les différents métiers exercés dans la maison où il se trouve. — 3° Une différence dans la répartition du produit du travail. L'État, à moins d'une dérogation, profite intégralement de celui du forçat. Pour le reclusionnaire, il en est autrement. Le produit se divise par moitié : l'une est pour l'État, l'autre pour le condamné. — 4° Enfin,

1. M. Béranger, *Revue de législation*, t. III, p. 45

une différence de durée. Le minimum de la reclusion est de cinq ans, et le maximum n'est que de dix ans; il s'élève à vingt ans seulement au cas de récidive.

277.— B. *Peines politiques.*— En matière politique, la peine de mort n'existe plus. Un décret rendu par le Gouvernement provisoire, le 26 février 1848, l'a supprimée. Cette disposition a été maintenue par l'article 5 de la Constitution du 4 novembre 1848. De nouveau mise en question en 1853, elle fut votée à l'unanimité par le Corps législatif de cette époque[1]. En France, la sévérité à l'encontre des adversaires politiques paraît odieuse. On a invoqué contre l'application de la peine capitale en cette matière de nombreux arguments. — 1° D'abord l'histoire, a-t-on dit, la condamne. Elle la montre toujours employée avec excès, soit à Rome, soit en France, soit que l'on remonte jusqu'au moyen âge ou que l'on s'arrête à notre époque. Ce sont moins des exécutions que des massacres. — 2° La justice est d'accord avec l'histoire. Si le péril social né des crimes politiques est plus grand que celui qui découle des crimes ordinaires, la culpabilité de l'agent peut être beaucoup moindre. « L'assassin attente à l'ordre « moral en détruisant son semblable, qui est l'œuvre de Dieu. « Le conspirateur attente à l'ordre social en attaquant une « constitution et un gouvernement, qui est l'œuvre d'un pays « et de la civilisation[2] ». — 3° Le résultat d'une exécution rigoureuse serait, ajoute-t-on, le plus souvent désastreux. L'histoire se montre indulgente aux vaincus de l'arène politique. Elle en fait des victimes et parfois des héros. — 4° Elle serait inutile. Nulle crainte ne peut retenir l'insurgé. « Depuis « soixante ans la peine de mort est inscrite dans nos Codes, « et quoiqu'elle ait été souvent appliquée, il n'est pas un com- « plot qu'elle ait prévenu, pas une insurrection qu'elle ait

1. Voir le rapport de M. de la Guéronnière (Sirey, 53, III, 75).
2. Rapport de M. de la Guéronnière, § II.

« effrayée et pas une révolution qu'elle ait fait reculer. » — 5° Enfin elle serait injuste. Comment frapper tous ceux qui ont pris part à une révolte? Il faudra donc choisir. Qui portera la peine? Une partie seulement des insurgés vulgaires? Ce serait inique. Les chefs? L'opinion publique ne le permettra pas. « Si ce chef est illustre, s'il a une grande « autorité, il sera d'autant plus inviolable qu'il sera plus cou- « pable, et si le glaive tombe sur cette tête privilégiée, le « coup retentira, non-seulement dans le désespoir de ses « amis, mais aussi jusque dans la pitié de ses adversaires[1] ».

278. Si ces considérations étaient les seules, on pourrait ne pas les tenir pour décisives. — 1° Et d'abord, si l'histoire présente sur ce point des abus, ils ne sont pas restreints à l'application de la peine capitale aux crimes politiques. Ils tiennent à l'esprit qui animait alors la législation criminelle. On se vengeait en matière politique comme en matière ordinaire. Les conséquences durent être pareilles. L'objection porte contre le système pénal entier. Quant aux exemples tirés de la législation révolutionnaire, il n'en faut point parler. Ces décrets ne furent que la réglementation de l'assassinat politique. Dira-t-on que, si la peine de mort n'eût pas existé en matière politique, de tels excès n'eussent pas été possibles? On répondra que cette considération eût été légère pour les septembriseurs et pour les législateurs leurs complices. — 2° Le danger des crimes politiques est unanimement reconnu, mais on s'est plu à en discuter la criminalité. Il a été de mode d'imaginer des conspirateurs généreux et des insurgés charmants, rêveurs à la fois pleins de vertu et d'une fierté sublime qui se perdaient dans des conceptions d'un ordre supérieur et ne se révoltaient quasi que par amour du peuple. Tout au plus pouvait-on reprendre en eux cet orgueil, marque des grandes âmes. C'est à l'heure où nous

1. Rapport de M. de la Guéronnière.

écrivons que l'on peut demander si ce portrait est fidèle! En quoi l'homme qui, par ambition ou par haine, porte sur les fondements de l'ordre politique et social une main furieuse, qui excite à la destruction, à la révolte et à la guerre civile des foules enivrées, est-il moins coupable que celui qui vole par cupidité, ou qui assassine par vengeance? Surtout si l'origine assignée au pouvoir social est vraie; s'il est exact de dire que toute puissance vient de Dieu même, ou est permise par lui, qui ne voit combien l'argument contraire est affaibli? L'ordre moral est atteint par la révolte contre le pouvoir social. La criminalité du fait grandit, le mal est plus intense et le mobile du crime, considération du reste secondaire, n'est pas d'un ordre plus élevé que pour les crimes ordinaires. — 3° Quant aux réhabilitations de l'histoire exacte et impartiale, elles sont difficiles à découvrir! Ceux qui se sont révoltés contre un pouvoir légitime sont demeurés flétris, quelle qu'eût été d'abord leur conduite. Les deux épithètes de *traître* et de *rebelle* sont restées infamantes; et l'exécution, peine de leur faute, n'a point été pour eux une apothéose. — 4° Faut-il s'arrêter à l'argument tiré de l'inutilité de la peine? Il est connu. Ne l'a-t-on pas rencontré lors de la discussion sur la peine de mort? — 5° Reste celui tiré de l'injustice dans l'application. Évidemment, on ne pourrait en cette matière procéder avec trop de prudence. Une insurrection est en général l'œuvre d'un petit nombre de personnes. Ceux qui ont été entraînés sont dignes d'indulgence; les chefs sont dignes de châtiment. Il est d'évidence que pour certains, si haut placés qu'ils soient, la peine sera juste; bien plus, elle sera exemplaire à raison même de leur position. Pourquoi l'écarter dans ce cas précisément où elle serait d'une rigoureuse justice?

279. Ces raisons ne sont pas celles qui ont déterminé nos législateurs. Un autre motif, et capital, bien qu'on ne l'ait jamais donné, c'est la diminution du respect pour le pouvoir et l'incertitude de la foi politique, résultat inévitable d'incessantes révolutions. En face de ce chaos où tous les principes politiques et sociaux sont venus s'engloutir et d'où l'on s'efforce de les retirer, il est permis de se tromper et l'on comprend que l'erreur même grossière, même violente, ne soit pas considérée comme digne du dernier supplice. D'ailleurs l'autorité qui sort ou qui paraît sortir d'une révolution semble appeler la révolution qui la renversera. La fréquence même des soulèvements politiques en diminue l'horreur. Ce que l'on voit à chaque instant cesse bientôt d'être considéré comme un grand crime. Enfin la suppression de cette peine est à la fois un acte de générosité et une mesure de prudence. Les partis en se désarmant eux-mêmes ont voulu désarmer à l'avance leurs futurs vainqueurs. Tels sont les véritables motifs de la suppression de cette peine. Cette mesure pouvait bien être la conséquence nécessaire de l'état politique du pays.

280. Cette règle donne un grand intérêt à la division des infractions en politiques et ordinaires. Il est nécessaire de l'indiquer.

Le Code de 1810 ne fournit aucune définition légale des crimes ou des délits politiques. On ne peut les distinguer qu'en recherchant pour les crimes la peine applicable à chacun d'eux. Encore ce criterium n'est pas certain puisque la peine de mort a été appliquée jusqu'en 1848 aux infractions les plus graves de l'ordre politique. Pour les délits, aucune division ne ressort de l'application de la peine, puisque, politiques ou non, ils sont également réprimés par l'amende et par l'emprisonnement.

Cette lacune dut bientôt être comblée au moins pour les délits. La loi du 8 octobre 1830 attribua aux Cours d'assises la connaissance des délits politiques (art. 6). Une règle de compétence ne pouvait rester entourée d'incertitudes ; aussi le législateur essaya-t-il d'indiquer au moins les plus notables

L'article 7 de la loi de 1830 réputa politiques les délits prévus : « 1° Par les chapitres I et II du titre I du livre III du « Code pénal ; — 2° par les paragraphes 2 et 4 de la sec- « tion III et par la section VII du chapitre III des mêmes livre « et titre ; — 3° par l'article 9 de la loi du 25 mars 1822. »

Ce document est le seul qui ait le caractère d'une énumération. Notre législation renferme d'autres textes encore dont on pourra induire le caractère politique de certaines infractions ; mais tous sont spéciaux et ne se rapportent qu'à des faits particuliers.

281. C'est avec ces rares documents qu'il faut procéder à une classification aussi importante.

En raison, on peut définir l'infraction politique : celle qui, *sans léser aucun intérêt privé ni constituer de crime ou de délit spécial, s'attaque à l'organisation générale d'un pays pour la troubler ou la changer*. Ainsi, l'appel à l'insurrection, l'envahissement d'une forteresse, le pillage de magasins contenant des provisions de guerre ou de bouche appartenant à l'État, présentent ce caractère.

Cette définition, en ce qui regarde les crimes, ne se heurte à aucun texte. La loi du 8 octobre 1830 n'est faite que pour les délits. Sans doute, il serait singulier que les deux premiers chapitres du titre I du livre III rangeassent les infractions d'un ordre inférieur au nombre des délits politiques, et que les crimes dont ils parlent fussent de nature différente ; mais cette objection n'est point à craindre. Il suffit de parcourir ces textes pour voir que presque tous les crimes prévus rentrent sous la définition donnée. La preuve qu'elle est en parfaite harmonie avec le système législatif ressort de l'examen des pénalités applicables. Au-dessous de la peine de mort, encore existante en 1810, le Code n'édicte que des châtiments de l'ordre exclusivement politique.

Il n'existe d'exception que par rapport aux crimes prévus par les articles 86 et 87 ; mais on verra bientôt que sous ces infractions se cachent de véritables crimes de droit commun. Quant à ceux que prévoient les articles 99 et 118, ils sont frappés de peines ordinaires, mais il faut reconnaître qu'accomplis dans un but politique ils n'en constituent pas moins des infractions de droitcommun. Ce caractère ne saurait être douteux pour le faux; en outre, l'asile donné à des bandes de malfaiteurs est toujours répréhensible aux termes de la loi ordinaire, et quel que soit le caractère des crimes accomplis par ceux que l'on a recélés (art. 61 et 268 du Code pénal).

La définition s'applique également aux délits et concorde avec la liste donnée par l'article 7 de la loi de 1830. Il est évident que les infractions relatives à l'exercice des droits électoraux, les coalitions de fonctionnaires, les empiétements commis par les autorités administratives et judiciaires sur leurs domaines respectifs, les censures dirigées contre l'autorité publique par les ministres des cultes, les réunions illicites, tous ces faits compris dans l'énumération du texte précité n'atteignent que l'organisation générale de la societé. Les intérêts privés de ses membres n'en sont point lésés, et rien, si ce n'est la considération politique, ne peut motiver l'incrimination.

282. A la vérité, une classe de délits fait exception. Les attentats contre la liberté lèsent l'intérêt privé du citoyen illégalement arrêté et la définition cesse de cadrer avec la nomenclature de la loi de 1830. Ce désaccord a sa source dans une disposition illogique du Code de 1810. Les arrestations illégales commises par les fonctionnaires devaient être rangées parmi les infractions ordinaires. Elles rentraient dans la section II du chapitre III intitulée : « De la forfaiture et des « crimes et délits des fonctionnaires publics dans l'exercice « de leurs fonctions », et appartenaient au § 5 : *Des abus d'autorité contre les particuliers*. Évidemment, dans ce délit, le but et le caractère politiques font également défaut. Mais le législateur eut en quelque sorte tendresse d'âme pour les fonctionnaires zélés ou soupçonneux prêts à sacrifier la liberté individuelle à leurs défiances. On ne peut expliquer autrement l'anomalie du Code qui fait un grand crime de la séquestration de personnes opérée par un particulier et la punit *des travaux forcés à temps*, tandis qu'il se décide avec peine à infliger la peine adoucie *de la dégradation civique* au fonctionnaire coupable d'un fait identique et plus grave à raison de la situation de l'auteur[1]. Cette exception tient peut-être à nos mœurs et à la nécessité de faire en France une plus grande part à l'autorité sociale. On peut l'expliquer à la rigueur, mais elle reste comme une anomalie; en dehors d'elle, on doit se rattacher à la définition donnée.

285. Toutefois, en s'y reportant, on admettra au nombre des délits politiques bien d'autres infractions que celles énumérées par l'article 7 de la loi de 1830. Or, ce texte n'est-il point limitatif? Cette question a été très-vivement discutée, et deux systèmes se sont produits.

Le premier enseigne que le texte précité est limitatif. On présente pour le soutenir deux arguments principaux. — 1° D'une part, on invoque la nécessité de fixer avec précision une règle de compétence qui est évidente. Comment admettre que la juridiction variera non pas d'après *le caractère intrinsèque du fait commis*, mais *suivant l'intention du coupable?* Un même délit serait, suivant les cas, jugé tantôt par les tribunaux correctionnels et tantôt par les Cours d'assises. C'est impossible. — 2° On ajoute que l'intention du législateur a été d'éviter les complications qui naîtraient du système opposé. La loi fut discutée d'abord par la Chambre des pairs, renvoyée à la Chambre des députés, puis elle revint amendée à la Chambre des pairs. Lors de la première discussion, le législateur voulait appliquer à la

1. Chauveau et F. Helie, t. II, n° 426.

lettre le principe de la Charte, que les délits politiques devaient être déférés au jury; pour marquer cette intention, on ajouta à la teneur actuelle de l'article un dernier paragraphe d'une rédaction très-compréhensive. Le texte se trouvait ainsi rédigé :

« Sont réputés politiques les délits prévus :

« 1° Par les chapitres I et II du titre 1er du livre III du « Code pénal,

« 2°

« 3°

« *Tous autres délits commis à l'occasion de discours, d'écrits,* « *d'actes ou de faits politiques.* »

La Chambre des députés désira qu'une règle de compétence fût plus certaine. Elle effaça le dernier paragraphe dans le but de rendre le texte limitatif. Il est vrai que la loi étant revenue ainsi amendée devant la Chambre des pairs, la commission de la Chambre haute persista dans son opinion première. De là vient l'incertitude; mais cette Chambre n'en vota pas moins la loi telle qu'elle avait été rédigée par la Chambre des députés. Cette circonstance est de décision[1].

284. Une seconde opinion veut que le caractère du délit dérive des circonstances au milieu desquelles il se produit et du but qu'il se propose. — Elle fait remarquer que l'intention du législateur est incertaine. Le texte a été voté par les deux Chambres; mais chacune lui a attribué une signification différente. Il est impossible de préférer l'une à l'autre, et il ne faut s'en rapporter qu'au texte lui-même. — Le texte n'a rien de limitatif: *sont réputés politiques les délits*, etc. De là que l'on attribue ce caractère à certains délits, il ne s'en-

1. Chauveau et F. Hélie, t. II, n° 308. — Orléans, 5 mai 1834 (Sirey, 34, II, 291). — Cass., 4 septembre 1834 (Sirey, 35, I, 35). — Conseil de révision, 14 août 1871 (Sirey, 72, II, 113). — D'autres arrêts paraissent encore adopter ce système, bien que d'une manière implicite. Ce sont les suivants : Cass., 3 mai 1832 (Sirey, 32, I, 695). — Cass, 22 février 1834 (Sirey, 34, I, 111).

suit pas qu'on l'enlève à ceux qui le tiennent accidentellement de circonstances particulières. — Enfin le premier système donne à la loi de 1830 cette puissance de restreindre le principe qui avait été posé par la Charte précédente. Il est impossible d'admettre une telle conséquence[1].

285. Les objections présentées par cette opinion ne sont pas dépourvues de force. Elles démontrent les incertitudes de la discussion préparatoire et le défaut de rédaction que présente la loi. Toutefois le résultat auquel arrive ce dernier système est inadmissible. Il ne se peut faire qu'une infraction soit à la fois ordinaire et politique. La classification doit s'opérer d'après le caractère intrinsèque du fait, et le but poursuivi par l'agent est d'une importance secondaire. L'auteur d'un délit ordinaire ne peut échapper à la répression encourue en prétextant un but particulier. La diffamation, la calomnie, le pillage, tout décorés qu'ils soient d'un titre politique, demeurent avec leur caractère essentiel. C'est donc un principe certain : que tout délit ordinaire conserve toujours sa nature particulière. Placé sur ce terrain, le second système doit avoir le désavantage.

S'ensuit-il que le texte soit limitatif? Il faut, pour répondre, distinguer deux périodes. — Pour la période antérieure à la loi, peut-on soutenir qu'il se trouve des délits non compris dans son énumération et qui, *de leur nature*, soient essentiellement politiques? Une semblable prétention devrait-elle être écartée par une fin de non-recevoir tirée de l'article 7 de la loi? En droit, on ne saurait admettre cette fin de non-recevoir. Il serait juste de reconnaître que le texte n'a rien de limitatif et que l'intention du législateur est trop incertaine pour que l'on puisse en tirer un argument irréfutable. Etant donnée une infraction *par nature et d'elle-même* politique, encore qu'elle ne fût pas comprise dans l'énumération

1. Duvergier. Collection des lois, 1830, p. 205, note 2.

de la loi de 1830, elle n'en devrait pas moins être traitée autrement que les infractions de droit commun.

La jurisprudence n'est pas hostile à cette solution ; elle n'a jamais examiné que la première hypothèse : celle d'un délit de droit commun que l'on prétendait transformer en infraction politique par la vertu de l'intention du coupable. Du reste, en fait, cette question ne s'est jamais soulevée ; l'énumération paraît complète pour les lois antérieures à 1830, et l'importance de la distinction que l'on vient de poser est purement théorique.

Pour l'époque suivante, il en est tout autrement. Bien d'autres infractions, réprimées par des lois subséquentes, sont venues se joindre aux premières et allonger la liste des crimes et délits politiques. — On peut citer la loi du 24 mai 1834 *sur les détenteurs d'armes et de munitions de guerre*. Elle prévoit des crimes et des délits. Les premiers sont frappés de peines politiques, et les seconds sont de même nature que ceux-là. — La loi du 8 juin 1848 *sur les attroupements* présente le même caractère. On y voit seulement une peine de droit commun, la reclusion, appliquée au cas où un attroupement aurait fait usage de ses armes. On considère qu'un crime ordinaire se joint alors au crime politique d'attroupement armé. — La loi du 28 juillet 1848 *sur les clubs*, abrogée par le décret du 25 mars 1852 *sur les réunions et les clubs;* celle du 11 août 1848 *sur la répression des crimes et des délits commis par la voie de la presse*, et celle du 27 juillet 1849 *sur la presse* ne prévoient point de crimes ; mais le caractère politique des infractions qu'elles répriment ne saurait être mis en doute. Elles ne visent que les atteintes portées à l'ordre public, point celles qui peuvent léser les particuliers. — Il faut encore reconnaître un caractère politique aux délits réprimés par le décret du 2 février 1852 *pour l'élection des députés au Corps législatif*, et par la loi du 27 février 1858, dite *Loi de sûreté générale*.

Pour le décret de 1852, une objection peut être faite. Il prévoit deux faits de violation du scrutin à main armée, les qualifie de crimes et les punit de peines ordinaires. Ne suit-il pas de là que les délits énumérés dans le même décret ne peuvent être qu'ordinaires? Nullement. Tout fait de violation du scrutin constitue évidemment une infraction politique, et c'est par un abus certain que le législateur leur a infligé des peines de droit commun. La nature de ces infractions multiples ne saurait être douteuse, et il est impossible de soutenir que la loi de 1830 les range toutes, par la seule force de son silence, parmi les infractions de droit commun.

286. Cette distinction des faits incriminés en politiques et ordinaires est importante au point de vue de la pénalité et quelquefois aussi par rapport à la compétence; ainsi les délits politiques commis par la voie de la presse doivent être déférés au jury. Cette règle a été rappelée pour cette classe d'infractions par l'article 2 de la loi du 15 avril 1871 *sur les poursuites à exercer en matière de délits commis par la voie de la presse.* Le texte distingue avec soin des infractions politiques les délits de droit commun que peut commettre la presse, et il en renvoie le jugement aux tribunaux correctionnels. La loi range dans cette catégorie des infractions ordinaires les délits contre les mœurs, la diffamation, l'injure publique ou verbale. Elle y réunit, au point de vue de la compétence, les contraventions aux règlements sur la presse[1].

287. Au point de vue du fond du droit, la peine de mort n'est plus édictée en matière politique. Toutefois, cette règle ne comporte-t-elle pas une exception? Et ne la trouve-t-on pas écrite dans l'article 86, qui punit du dernier supplice les

1. Il n'est point question ici du décret rendu le 27 octobre 1870 par le Gouvernement de la Défense nationale. Ce décret affirmait le principe que les délits politiques et de presse doivent être soumis à la juridiction du jury. Mais il excédait évidemment le pouvoir de ce Gouvernement.

attentats contre la vie des membres de la famille du Souverain, et de la peine du parricide l'attentat contre la vie ou contre la personne de ce dernier? Non, et ce texte ne contient point une dérogation à la règle générale. L'attentat contre la vie ou contre la personne du Souverain est un crime ordinaire. Commis à l'encontre d'un particulier, il constituerait soit un assassinat, soit un empoisonnement, soit des coups ou blessures rentrant sous la qualification de l'article 309. A la vérité, l'article 86 se montre plus sévère que les textes qui viennent d'être cités; d'une part, la pénalité est plus rigoureuse; de l'autre, l'incrimination est plus étendue; des faits qui ne constitueraient au respect d'autres victimes que des délits sont ici réprimés comme des crimes. Il n'est pas contestable non plus que l'importance politique de la personne lésée, ce caractère qu'elle a de dépositaire de la souveraineté ne soit le motif de cette aggravation dans le châtiment; mais ces considérations ne touchent pas à la nature de l'infraction. Elle reste de droit commun, et ceci explique que l'on ait recours à la liste des peines ordinaires pour trouver l'augmentation que commandent à la vérité le rang social de la personne offensée et le trouble plus grand causé à la société.

288. La peine de mort n'existant plus en cette matière, on peut compter, dans l'ordre politique, trois sortes de peines afflictives et infamantes : — 1° LA DÉPORTATION AGGRAVÉE ; — 2° LA DÉPORTATION SIMPLE ; — 3° LA DÉTENTION.

289. **Déportation simple et aggravée.** — La déportation est maintenant la plus sévère des peines réservées aux crimes politiques. Avant la Constitution de 1848 elle occupait le second rang, si l'on prenait en considération la double échelle pénale dont il a été question. Elle devait naturellement monter au premier et remplacer la peine de mort lorsque celle-ci fut supprimée. Cette vérité, d'évidence pourtant,

a été une fois méconnue. Après la suppression de la peine de mort, la question se posa de savoir comment la remplacer. Une Cour d'assises appliqua les travaux forcés à perpétuité; mais cette décision fut justement cassée par la Cour suprême[1]. Un tel arrêt ne tendait à rien moins qu'à méconnaître l'existence de deux ordres de châtiments et à bouleverser toute l'économie du Code pénal. Depuis lors, toute difficulté a disparu; la loi du 8 juin 1850, dans son article 1er, porte que la peine de mort, dans tous les cas où elle est abolie, « est remplacée par celle de la déportation dans une « enceinte fortifiée désignée par la loi, hors du territoire « continental de la République ».

290. Cette peine est nouvelle; l'ancien droit ne l'a pas connue, et la législation moderne ne lui a pas donné, dès l'abord, son organisation complète ni assigné son but véritable.

Le Code du 25 septembre 1791 en parla le premier. Ce châtiment fut réservé pour les récidivistes. Il formait alors une peine complémentaire que l'on subissait après l'exécution de la peine principale affectée au crime commis (Code de 1791, part. I, tit. II, art. 1er). Cette disposition fut supprimée par la loi du 23 floréal an X, et la flétrissure devint, au lieu de la déportation, la peine de la récidive.

Le Code de 1810 rangea la déportation au nombre des châtiments politiques. Pendant longtemps elle ne put être appliquée. Le Gouvernement, auquel la désignation du lieu d'exécution avait été remise, ne s'occupa point de choisir une colonie pour recevoir les condamnés; et, l'eût-il fait, que, du moins sous l'empire, il n'en eût pas été plus avancé. Les guerres avec l'Angleterre rendirent alors impossibles toutes relations régulières de la France avec ses colonies. Sous la Restauration l'obstacle avait disparu, mais les re-

1. Cass., 3 février 1849 (Sirey, 49, I, 145).

cherches d'un lieu propre à l'établissement d'une colonie pénale ne purent aboutir. Le Gouvernement commuait alors la peine de la déportation, lorsqu'elle était prononcée, en une détention perpétuelle dans une forteresse. Une ordonnance du 2 avril 1817 affecta la magnifique abbaye du Mont-Saint-Michel, transformée en forteresse, à l'incarcération des déportés.

Toutes ces mesures étaient irrégulières; il fallut aviser. On essaya de supprimer législativement une peine qui, en fait, ne s'exécutait pas; le projet de loi fut rejeté par les Chambres; alors intervint la loi du 9 septembre 1835. Elle organisait régulièrement le régime provisoire demeuré toujours en vigueur. On décidait que, jusqu'à l'établissement d'un lieu de déportation, les condamnés subiraient la peine de la détention. Il en serait de même au cas où l'accès de la colonie destinée à recevoir les déportés serait fermé. La peine ne s'en exécutait pas moins sous une autre forme, et les conséquences juridiques, au point de vue des incapacités à encourir, se produisaient. Aux termes de cette dernière loi, la désignation du lieu de déportation était transférée du Gouvernement au pouvoir législatif. Quant à la peine, elle était unique; on n'en distinguait pas deux classes.

291. La loi du 8 juin 1850 modifia profondément toute cette organisation et donna à ce châtiment sa forme et son caractère définitifs. Elle a été complétée dans ces derniers temps par la loi du 23 mars 1872 et par le décret du 31 mai 1872, rendu en forme de Règlement d'administration publique.

Pour remplacer la peine de mort supprimée en 1850, on créa deux espèces de déportation : *la déportation dans une enceinte fortifiée; la déportation simple*. On établissait ainsi un nouveau degré dans l'échelle pénale Le châtiment se dédoublait; cependant il demeurait le même dans son essence. Il consiste dans l'obligation de vivre en dehors de la France continentale, dans un lieu déterminé par le pouvoir législatif.

A la différence des condamnés à des peines de droit commun, les déportés ne sont astreints à aucun travail manuel. Ils peuvent s'adonner à l'oisiveté, et le Gouvernement pourvoit alors à leur entretien (Loi du 8 juin 1850, art. 6)[1]. Le décret de 1872 a même réglé ce point avec une véritable sollicitude et on ne peut l'accuser de dureté. Les déportés reçoivent la nourriture du soldat aux colonies, sauf la ration de vin que l'on n'accorde point à ceux qui refusent de travailler. Il est intéressant de lire l'article 2 de ce décret pour voir avec quel soin le pouvoir exécutif a mis ces révoltés des plus dangereux à l'abri de toute tracasserie et de tout besoin.

Les condamnés peuvent par leur travail se procurer des ressources plus considérables. Leurs gains leur appartiennent. En outre, ils jouissent de la liberté compatible avec la surveillance dont ils doivent être l'objet. Ils peuvent même communiquer avec les personnes du dehors.

La loi du 8 juin 1850 avait désigné comme lieu d'exécution de cette peine la vallée de Waïthau, aux îles Marquises. La loi du 23 mars 1872 y a substitué la presqu'île Ducos dans la Nouvelle-Calédonie.

292. Déportation simple. — La déportation simple ne présente avec la déportation dans une enceinte fortifiée que trois différences. 1° Elle se subit dans un lieu différent. 2° Les condamnés peuvent habiter dans toute l'étendue de la colonie désignée. 3° Les peines accessoires qui s'y rattachent sont moins nombreuses. On le voit, l'essence du châtiment n'est pas modifiée. Le lieu de la déportation simple fut d'abord l'île de Noukahiva, l'une des Marquises ; en 1872, on a choisi pour la remplacer l'île des Pins et l'île Maré, dépendances toutes deux de la Nouvelle-Calédonie.

1. « Le Gouvernement déterminera les moyens de travail qui seront donnés « aux condamnés, *s'ils le demandent.* — Il pourvoira à l'entretien des déportés « qui ne subviendraient pas à leurs dépenses par leurs propres ressources. »

Les condamnés à cette dernière peine jouissent, dans le lieu de leur exil, de tous leurs droits civils, à la différence des condamnés à la déportation aggravée.

Quant à la durée, elle ne varie pas : simple ou aggravée, la déportation est toujours perpétuelle.

293. La loi accordant aux condamnés la plus grande somme possible de liberté prêtait aux évasions. Elle les a prévues et réprimées. Le système de punition applicable maintenant encore à la rupture de ban remonte au Code de 1810. Le législateur a prévu deux hypothèses.

Le coupable s'est soustrait au châtiment; mais il n'est point rentré en France. Resté à l'étranger, il est saisi par les armées françaises. On se contente alors de le reconduire au lieu d'exécution de sa peine. Le trouble causé par son évasion n'a pas été considérable.

Au contraire, il a rompu son ban et il est rentré en France. Le législateur, beaucoup plus sévère, le punit alors des travaux forcés à perpétuité. Il considère que l'infraction est beaucoup plus grave; que la désobéissance à la loi est plus notable; qu'enfin le retour annonce un esprit de persévérance dans la révolte particulièrement dangereux. Ces appréhensions ne manquent pas de justesse. Il faut remarquer toutefois que c'est une des rares hypothèses où le législateur a confondu les deux échelles pénales. On l'en a blâmé. Ce reproche semble mal fondé. La déportation n'a point été efficace dans le cas particulier où l'on se trouve placé. Il faut donc recourir à un châtiment plus sévère. Où le trouver, l'échelle politique étant épuisée, si ce n'est parmi les peines de droit commun?

Une autre critique plus fondée pourrait être adressée à notre législation. La loi du 8 juin 1850 ne s'est nullement préoccupée de l'évasion des déportés. Il en résulte que le condamné à la déportation simple, s'il s'évade, est puni aussi sévèrement que le condamné à la déportation dans une enceinte fortifiée. Le défaut de cette disposition est évident. Il eût fallu établir une gradation et passer de la déportation simple à la déportation aggravée, pour n'arriver qu'ensuite aux travaux forcés. Quoi qu'il en soit, la disposition est précise.

Cette peine ne doit pas atteindre le prisonnier qui s'enfuit, n'importe en quel lieu se produit l'évasion. Il faut pour l'appliquer que le condamné soit déjà *parvenu au lieu d'exécution*. Réussit-il à s'échapper auparavant, lors même qu'il serait déjà en route pour la colonie où il devait subir le châtiment, il ne sera pas déclaré coupable de rupture de ban. On se contentera de le reconduire au lieu de la déportation. Une autre condition est encore nécessaire pour subir cette aggravation de peine. La rentrée en France doit être volontaire. Le législateur ne châtie que la volonté arrêtée de braver la loi.

La procédure est simple ; elle se réduit à la constatation de l'identité du condamné. Elle doit toujours être contradictoire et ne peut jamais se poursuivre par contumace (art. 518, C. I. C.).

294. Détention. — Au-dessous de la déportation et au dernier degré dans l'échelle des peines afflictives de l'ordre politique, se trouve la détention.

Elle consiste dans la privation de la liberté, dans l'obligation de demeurer dans un lieu désigné (art. 20). En cela elle ressemble à la reclusion ; elle en diffère en trois points principaux. La reclusion emporte l'obligation au travail ; la détention ne l'entraîne pas. Le condamné peut communiquer librement soit avec les habitants de la forteresse où il est renfermé, soit avec les personnes du dehors. C'est un régime notablement plus doux.

La peine ne se subit pas dans une maison centrale ; une forteresse désignée par le pouvoir exécutif est destinée à recevoir les condamnés. Une ordonnance du 5 mai 1833 leur affecta d'abord un quartier du Mont-Saint-Michel. Un incendie l'ayant dévoré, une autre ordonnance du 12 janvier 1835 désigna la citadelle de Doullens. Enfin, un décret du 23 juillet 1850 a transféré le lieu d'exécution de la peine dans la citadelle de Belle-Isle-en-Mer.

La détention est temporaire : elle est prononcée pour cinq ans au moins et pour vingt ans au plus. Le maximum de la reclusion n'est que de dix ans.

II. PEINES INFAMANTES.

295. Les peines simplement infamantes sont au nombre de deux : 1° Le *bannissement*. — 2° La *dégradation civique*. Elles présentent un caractère commun. Elles ne sont appliquées comme peines principales qu'à des délits de l'ordre politique. Le bannissement conserve toujours ce caractère. La dégradation civique le perd, lorsqu'elle est prononcée comme peine accessoire. Elle devient alors peine de droit commun.

296. Le bannissement consiste dans l'expulsion du territoire français. Le condamné avait primitivement la plus entière liberté de choisir sa résidence à l'étranger.

Appliquée à des crimes politiques, cette peine était d'une efficacité douteuse. N'avait-elle pas pour résultat nécessaire d'envoyer le coupable rejoindre ses complices et de lui rendre facile la trame de nouveaux complots?

En outre, elle ne pouvait être appliquée sans l'assentiment des gouvernements étrangers. Ceux-ci ne devaient pas se prêter volontiers à l'introduction dans leurs pays d'esprits inquiets et remuants, ressource toujours prête de toutes les émeutes. Expulsé par le souverain étranger, le coupable était bien forcé de revenir en France.

Enfin, cette peine était marquée au coin d'un égoïsme indiscutable. On a dit avec esprit qu'elle était l'échange fait de peuple à peuple de l'écume de la société.

Son exécution pouvait facilement être entravée; son efficacité était discutable.

Aussi le pouvoir en modifia-t-il bientôt l'essence, quoique d'une manière indirecte. Une ordonnance du 2 avril 1817 (art. 4) décida que les bannis seraient transportés dans la forteresse de Pierre-Châtel (département de l'Ain), et qu'ils y seraient retenus pendant toute la durée de leur peine, à moins qu'ils n'obtinssent d'un gouvernement étranger la faculté de résider dans le pays soumis à son pouvoir. Les condamnés pouvaient encore obtenir la permission de s'embarquer, et ils étaient alors conduits sous escorte jusqu'au port d'embarquement. La durée du bannissement est de cinq ans au moins et de dix ans au plus.

297. Le banni n'étant l'objet d'aucune surveillance peut facilement rompre son ban; aussi la loi a-t-elle dû l'intimider en édictant pour ce cas une peine plus sévère. Le Code de 1810 condamnait à la déportation le coupable de rupture de ban. Le châtiment était excessif; la loi de 1832 se borne à infliger au banni repris en France une détention d'une durée au moins égale au temps qui restait à courir jusqu'à l'expiration du bannissement Cette durée peut être portée au double de ce temps (art. 33, Code pénal actuel).

La procédure se borne à la constatation de l'identité du coupable; elle est nécessairement contradictoire, et ne peut, non plus qu'au cas examiné pour la déportation, se suivre par contumace. La jurisprudence de la Cour de cassation l'a décidé[1].

298. La dégradation civique revêt un caractère

1. Cass., 6 mars 1817 (Sirey, 17, I, 271).

mixte : elle est tantôt peine principale, et tantôt peine accessoire. Comme peine principale, elle s'applique à des infractions politiques ; comme peine accessoire, elle est attachée à des condamnations de droit commun. Du reste elle ne change pas de nature.

Elle consiste dans la privation d'un assez grand nombre de droits que l'on peut ranger en trois classes : les *droits politiques*, les *droits civils*, les *droits de famille*.

Les droits politiques ravis aux condamnés sont les suivants : 1° le droit de remplir quelque fonction, emploi ou office que ce soit ; — 2° le droit de vote, d'élection, d'éligibilité ; le port de toute décoration ; — 3° le droit de port d'armes ; — 4° le droit de servir dans l'armée française.

Les droits civils dont la privation est prononcée sont : 1° le droit d'être nommé expert, juré ; — 2° celui d'être employé comme témoin dans les actes et de déposer en justice si ce n'est à titre de renseignement ; — 3° le droit de tenir école, d'enseigner ou d'être employé dans aucun établissement d'instruction à titre de professeur, maître ou surveillant.

Les droits de famille retirés sont : 1° le droit de faire partie d'un conseil de famille ; — 2° celui d'être tuteur, curateur ou conseil judiciaire de tout autre que de ses enfants, et encore sur l'avis conforme de la famille.

Ce sont les dispositions de l'article 34 du Code pénal.

Ces nombreuses incapacités sont prononcées à la fois ; on ne peut choisir entre elles ; la peine est *indivisible*.

Elle est en outre *perpétuelle*. La réhabilitation seule pourra y mettre un terme. Les juges ne pourraient, sans commettre une illégalité, entreprendre d'en restreindre la durée[1].

Sous l'empire du Code du 25 septembre 1791, on appliquait ce châtiment avec une certaine solennité. Le coupable était

1. Cass., 31 mars 1842 (Sirey, 42, I, 987).

conduit sur la principale place du lieu où la sentence avait été rendue. Le greffier du tribunal proclamait dans un petit discours le châtiment prononcé ; enfin le condamné était attaché au carcan et exposé pendant deux heures aux regards du peuple.

Le Code de 1810 supprima cet appareil qui aggravait, et d'une manière souvent cruelle, le poids de la condamnation.

299. Telle est la nature de cette peine qu'elle ne peut atteindre également tous les coupables. Elle est faite surtout pour des fonctionnaires qui ont manqué à leurs devoirs et auxquels la privation des droits civils et politiques, la perte de leur position sociale infligera une privation fort dure. Les articles 111, 114, 119, 121, 126, 127, 130, 167, 183 du Code pénal nous donnent les principaux exemples d'application de cette peine. S'il tombe sur des étrangers ou encore sur des Français ayant perdu la qualité de citoyens, le châtiment perdra toute son efficacité.

Cette considération a déterminé le législateur à joindre à cette peine une seconde peine complémentaire : l'emprisonnement. Il atteindra de cette manière ceux qui ne seraient point sensibles au premier coup de la loi. Le maximum de cet emprisonnement est porté à cinq ans ; le minimum n'est point déterminé ; on peut donc l'abaisser jusqu'aux peines de simple police (art. 35, C. pén.).

Tantôt il est obligatoire : ainsi, lorsque le condamné est un étranger ou un Français ayant perdu la qualité de citoyen. Quelle prise la peine principale aurait-elle sur ce sujet?

Tantôt il est facultatif : lorsque, par exemple, le coupable serait dans une telle situation que la condamnation serait illusoire ; s'il s'agissait, par exemple, d'un fonctionnaire admis à la retraite par limite d'âge.

300. De vives critiques ont été adressées à cette peine. On lui a reproché d'abord un défaut absolu de corrélation entre la privation et la faute. Quel motif existe pour enlever à un préfet qui a dépassé ses pouvoirs ou entravé l'exercice de la justice le droit d'être tuteur, curateur, ou encore le droit de port d'armes ou celui d'enseigner? Le résultat est excessif et choquant. Ceci tient à l'indivisibilité de la peine. Il lui faudrait, pour être juste, l'élasticité propre à un châtiment correctionnel que l'on examinera bientôt, à l'interdiction des droits civils, civiques et de famille.

Un second reproche a encore été formulé. Le législateur n'aurait pas pris garde que sous ombre de privation il dispensait le citoyen de l'accomplissement d'un devoir. Ainsi, en le déclarant indigne de servir dans l'armée française, il lui confère l'exemption fort prisée du service militaire.

On a dit enfin que, pour atteindre un coupable, souvent le législateur frappait un innocent. On visait par ce reproche la disposition législative qui retire au condamné le droit d'être entendu en justice à titre de témoin. « Pour faire une « égratignure au coupable, a dit Bentham, on passe une épée « au travers du corps d'un innocent »[1].

301. Ces critiques ne sont pas toutes dénuées de fondement. La première est d'une incontestable justesse. La dégradation civique, comme peine principale, est appliquée presque exclusivement aux fonctionnaires coupables d'excès de pouvoir ou de violation des devoirs de leur fonction. Comment une faute de cette nature peut-elle les faire supposer indignes ou incapables d'exercer leurs droits de famille ou les droits civils qu'on leur retire, le droit de port d'armes ou celui d'enseigner? La peine est dépourvue de relation avec la faute. Est-il vrai que « ces délits présentent, avec « l'exercice de ces droits, une alliance offensante et que re- « poussent le noble caractère des uns, l'intérêt grave et tou-

1. *Théorie des peines et d s recompenses*, p. 140.

« chant des autres[1] ? » Ces paroles, empruntées aux discussions préparatoires de la loi, ont une solennité qui ne convient pas aux applications que l'on vient de signaler.

Peut-être le second reproche n'est-il point aussi juste. L'honneur même de l'armée exige que l'on éloigne de ses rangs ceux dont la conduite est blâmable ou honteuse. Le surcroît de charge qui en résulte pour chacun, surtout avec la nouvelle législation sur le recrutement, est insignifiant.

Il en est autrement de la dernière critique. Sans doute on est libre de choisir les témoins des actes authentiques que l'on veut passer; mais il n'en est point ainsi pour les actes de la vie civile, non plus qu'en matière criminelle. On objecte que néanmoins le condamné sera entendu dans sa déposition. Mais quelle différence! Son témoignage n'aura d'autre valeur juridique que celle d'un simple renseignement. Entre cette déposition et celle d'un témoin déposant régulièrement sous la foi du serment, le magistrat ne devra point hésiter; en fait il n'hésitera pas, rassuré qu'il sera par la prestation du serment.

Que l'on ne dise pas qu'au civil les contractants sont libres de choisir leurs témoins! En maintes occasions, cela est impossible. La convention a été conclue en un instant; ou encore l'aveu de l'adversaire a été instantané; ou enfin la preuve de la fraude, du quasi-délit n'a fait qu'apparaître pour s'évanouir ensuite; il faut bien invoquer le témoignage de ceux qui seuls ont vu et les prendre tels qu'ils sont! Aussi la jurisprudence a-t-elle cherché à restreindre le plus possible une disposition trop rigoureuse. Elle a décidé que celui qui avait été condamné à la dégradation civique pouvait être entendu; qu'il pouvait même prêter serment sans que les débats fussent annulables à raison de cette irrégularité, si personne ne s'était opposé à cette prestation. La solution doit être ap-

1. Locré, t. XXIX, p. 225.

prouvée; mais elle tend évidemment à restreindre au moins la sanction du texte[1].

302. Le Code de 1810 avait ajouté à ces peines une autre maintenant supprimée : celle *du carcan* ou *de l'exposition publique*. Elle consistait à exposer le condamné sur un échafaud, pendant une heure, aux regards du peuple. Un écriteau, placé au-dessus de sa tête, portait en gros caractères ses noms, sa profession, son domicile, sa peine et la cause de sa condamnation. C'était parfois une peine principale, plus souvent une peine accessoire.

La réforme du 28 avril 1832 la supprima en tant que peine principale; elle la remplaça comme peine accessoire par l'exposition publique, qui a été abolie par le décret du 12 avril 1848.

On adressait à cette peine des reproches mérités. Insupportable pour le condamné chez qui le sentiment du déshonneur n'était pas éteint, elle n'infligeait aucune souffrance au condamné endurci dans le vice. En outre, elle était un obstacle sérieux à l'amélioration du coupable. Celui qu'on avait ainsi donné en spectacle comme un type de criminel était, pour ainsi dire, condamné au crime pour toujours.

§ 2.

Peines accessoires.

303. La peine ne pourrait revêtir le caractère expiatoire qui lui est propre si la loi n'enlevait au condamné certains droits qui lui permettraient d'atténuer les privations qu'on peut lui imposer, ou encore d'abréger par une évasion achetée la durée du châtiment. De là une première utilité des *peines accessoires*.

1. Cass., 22 janvier 1825 (Sirey, 25, I, 313).

Elles en ont une seconde. L'expiation subie ne suffit pas toujours à rassurer la société. Pour éviter de nouvelles infractions, elle a le droit de prendre à l'encontre de citoyens reconnus dangereux certaines précautions, dussent-elles même apporter quelques entraves à leur liberté.

En quoi consistent ces peines accessoires? Telle est la question à laquelle il convient de répondre.

Jusqu'en 1854, les peines accessoires furent au nombre de quatre. En voici la liste, présentée suivant un ordre décroissant : 1° La mort civile. — 2° L'interdiction légale. — 3° La dégradation civique. — 4° Le renvoi sous la surveillance de la haute police.

304. Mort civile. — Cette peine est maintenant supprimée. Il importe néanmoins d'en retracer l'histoire et d'en indiquer le caractère. Elle a été la source d'où sont sorties plusieurs peines accessoires maintenant en vigueur.

La *mort civile* existait même sous notre ancienne législation. Elle était encourue dans trois hypothèses bien distinctes : 1° par la profession religieuse; — 2° par l'expatriation; — 3° par la condamnation à certaines peines[1]. On voit par cette énumération que ce n'était pas toujours un châtiment. Elle constituait surtout un *état civil négatif.* Cette institution venait du droit Romain. Elle formait la *media capitis deminutio* (Inst., Lib. I, T. 16, § 2).

La législation intermédiaire, en supprimant l'efficacité civile de la profession religieuse, fit disparaître la première cause qui la produisait.

Elle retrancha également la seconde (Loi du 4 nivôse an VIII). Restait la troisième. Dans une hypothèse, la mort civile fut expressément maintenue. Le décret du 28 mars 17.. l'appliqua aux émigrés. Mais demeura-t-elle attachée aux peines qui la produisaient jadis et que les nouveaux Codes

1. Ord. de 1670, tit. XVII, art. 29. — Ord. d'août 1747, tit. I, art. 14.

avaient maintenues? Du moins, fut-elle encore produite par la condamnation à la mort naturelle? La question avait un intérêt réel, puisque, si elle était maintenue, le testament du condamné était annulé. La Cour de cassation a décidé que la législation intermédiaire l'avait conservée[1], mais cette opinion a été critiquée par certains auteurs[2]. Il suffit de relater l'existence d'une controverse dépourvue maintenant de tout intérêt pratique. Le texte du Code pénal de 1791 permettrait peut-être de contester l'exactitude de l'arrêt rendu par la Cour suprême.

Quoi qu'il en soit, le Code civil la rétablit malgré l'opposition du Tribunat[3], et le Code pénal détermina les cas où elle s'appliquerait. Elle fut attachée aux peines perpétuelles ; la mort, la déportation, les travaux forcés à perpétuité l'entraînaient.

305. L'idée de cette peine consistait à supposer le condamné mort réellement. On lui enlevait tous les droits civils à l'exception de ceux qui étaient indispensables à la conservation de la vie matérielle. C'était à la fois un châtiment et un état civil. On peut ramener à huit les effets principaux qu'elle produisait. — 1° La succession du condamné était ouverte ; tous les biens qu'il avait acquis jusqu'alors lui étaient ravis. — 2° Et la succession ne pouvait être qu'*ab intestat;* le testament fait antérieurement par le condamné était aboli. — 3° Le mort civilement perdait en outre pour l'avenir le droit de disposer et de recevoir. — 4° Tous droits de puissance paternelle et de famille lui étaient ravis. — 5° Son mariage même était dissous. — 6° Il ne pouvait en contracter un nouveau. — 7° Avait-il quelque droit à faire valoir en

1. Cass., 2 avril 1844 (Sirey, 44, I, 447).
2. Bertauld. *Cours de Code pénal,* leçon XI, p. 213. — Achille Morin. *Répertoire,* v° *Mort civile.* — Merlin. *Répertoire,* v° *Déportation.* — Trébutien. 1re édit., p. 237. — Voir aussi Molinier. *Revue de droit français et étranger,* 1850, p. 384.
3. Locré, t. II.

justice, il fallait lui nommer un curateur. — 8° Enfin, lors de sa mort naturelle, les biens qu'il avait acquis depuis sa condamnation revenaient à l'État.

306. Cette peine si rigoureuse ne frappait pas toujours le condamné au même moment. Il fallait distinguer à ce point de vue les condamnations contradictoires et les condamnations par contumace.

S'agissait-il des premières, la mort civile n'était encourue qu'au moment de l'exécution réelle : lors de la mort naturelle, par exemple, ou lors de l'entrée au bagne, en cas de condamnation aux travaux forcés.

Cette règle indique de quel intérêt puissant il était pour l'État que la peine reçût un commencement d'exécution. Il fallait une application effective de l'arrêt rendu. Aussi, pendant tout le temps où la détention fut illégalement substituée à la déportation, les condamnés ne furent-ils point frappés de ces déchéances. La condamnation prononcée contre eux n'était pas appliquée. Il fallut pour modifier ce résultat la loi du 28 avril 1832.

Mais le coupable pouvait se soustraire à l'exécution réelle. L'exécution par effigie en tenait lieu (art. 26, C. civ.). Le mode en a été déterminé par l'article 472 du Code d'instruction criminelle. Ainsi le condamné à une peine emportant mort civile avait encore une chance d'échapper à cette incapacité : c'était que l'exécution, soit réelle, soit par effigie, devînt impossible. La mort naturelle survenue avant l'époque fatale produisait cet effet.

En ce qui concerne les condamnations par contumace, la règle était différente. La mort civile ne frappait le condamné que cinq ans après l'exécution par effigie. Si, pendant ce laps de temps, il venait à être pris ou à mourir, il demeurait *integri status*.

Sa position, pendant ces cinq années, était celle d'un interdit ; mais il ne perdait que l'exercice de ses droits civils, point la jouissance, et, de plus, cette interdiction n'était que conditionnelle. Venait-il à purger sa contumace, elle disparaissait[1].

Le laps de temps écoulé sans que la condamnation par contumace eût été rapportée, la mort civile était encourue. Sans doute le condamné pouvait être repris, jugé, et, par suite de la nouvelle sentence, il pouvait retrouver pour l'avenir sa capacité. Il l'avait toujours perdue pour le passé. Ainsi, le nouvel arrêt, rendu contre un contumax qui a purgé sa sentence après les cinq années, ne l'a frappé que d'une peine n'entraînant pas mort civile. Il n'importe ! les effets produits demeurent acquis ; le mariage est rompu ; la succession du condamné a été définitivement ouverte, et ses biens restent acquis à ceux qui les ont recueillis. Il recouvre seulement pour l'avenir la puissance paternelle, la faculté de recevoir et le bénéfice des liens de parenté.

507. L'immoralité de cette peine avait été depuis longtemps signalée. Elle frappait celui-là seulement qui avait conservé le respect des liens de famille et du mariage ; elle n'avait pas de prise sur le condamné qui, plus perverti, ne les tenait en aucune estime. Elle donnait une prime à l'infidélité et traitait en concubin l'époux demeuré fidèle à son conjoint condamné.

La loi du 8 juin 1850 porta un premier coup à cette institution. Elle décida que tout individu qui, depuis la promulgation de la loi nouvelle, serait condamné à la déportation, n'encourrait plus la mort civile.

Enfin la suppression définitive a été édictée par la loi du 31 mai 1854, non-seulement pour l'avenir, mais encore pour le passé. Le législateur a rendu aux condamnés déjà morts civilement leur capacité pour l'avenir. Il a toutefois respecté, et il le devait, les droits acquis aux tiers.

1. Demolombe. *Cours de Code civil*, t. I, n° 227. — Demante. *Cours analytique de Code civil*, p. 125 et 129.
Contra. Bertauld. *Cours de Code pénal*, leçon XI, p. 218. — Marcadé. *Explication du Code Napoléon*, t. I, art. 29, art. 31, n° 2.

La mort civile a été remplacée par quatre autres peines accessoires : 1° la dégradation civique ; — 2° l'interdiction légale ; — 3° l'incapacité de disposer et de recevoir à titre gratuit; — 4° la nullité du testament antérieur.

508. **Dégradation civique**. — La nature de cette peine est connue; on sait qu'elle ne change pas, qu'il s'agisse d'une peine principale ou d'une peine accessoire.

La dégradation civique est la conséquence de toute condamnation à une peine perpétuelle; c'est la disposition de la loi du 31 mai 1854. Elle est encore attachée aux peines temporaires suivantes : les travaux forcés à temps, la reclusion, la détention, le bannissement (art. 28, C. pén.).

A partir de quel moment est-elle encourue? Pour répondre, il faut reprendre la distinction signalée à propos de la mort civile entre les condamnations contradictoires et les condamnations par contumace. — Dans le premier cas, la dégradation est encourue à partir du jour où l'arrêt est devenu irrévocable, par exemple de l'expiration du délai imparti pour le pourvoi[1]. — Dans la seconde hypothèse, elle ne s'applique que du jour de l'exécution par effigie.

L'effet des condamnations par contumace fait naître une question à propos de cette matière. Lorsque le condamné est repris ou se présente avant que la prescription ne soit accomplie, le premier arrêt est réputé non avenu. L'accusé *purge sa contumace*. Que la dégradation civique prononcée par la sentence désormais annulée doive disparaître pour l'avenir, cela n'est douteux pour personne. Mais est-elle rétroactivement effacée? L'intérêt n'est pas seulement théorique. Si le condamné a été pris comme témoin dans certains actes, ces actes seront validés ou demeureront annulables

1. Voir les conclusions de M. Braun, commissaire du Gouvernement dans l'affaire Doineau (Sirey, 75, II, 89). — Conseil d'État, 14 novembre 1873 (Sirey, 75, II, 278).

suivant la solution donnée. Il est évident que l'arrêt de condamnation disparaissant tout entier, les conséquences qu'il a produites doivent être effacées même *in præteritum*. C'est le résultat auquel conduit nécessairement l'article 476 du Code d'instruction criminelle.

Mais il faut pour cela que l'arrêt soit anéanti. Si le condamné meurt pendant le temps qui lui est imparti pour purger sa contumace, la condamnation n'est point effacée, et la dégradation civique le frappait au jour de son décès.

309. Avant la loi de 1854, ce point de départ faisait naître une question. Un condamné à une peine perpétuelle est partiellement gracié, et, avant que l'exécution de sa peine ne commence, elle est commuée en une peine temporaire de nature à entraîner la dégradation civique. Le condamné n'a point subi la mort civile, encourra-t-il du moins la dégradation civique? Deux opinions s'étaient formées.

La première soutenait l'affirmative. Elle appuyait cette solution sur deux motifs. 1° D'abord, elle prétendait que la dégradation était la conséquence forcée de certaines peines. Or, l'une de ces peines était subie et légalement subie; elle ne pouvait l'être sans produire ses effets naturels. — 2° On ajoutait qu'il serait bizarre d'imposer cette peine à celui qui ne subissait qu'une peine moindre, tandis que l'auteur d'un crime plus grave et qui n'était réduit que par grâce à une peine temporaire ne la subirait pas. Cette solution avait été admise par la jurisprudence[1].

Le second système enseignait que la dégradation n'était point encourue. En droit, cette solution était préférable. 1° Si l'on consulte le texte, on voit que l'article 28 du Code pénal rattache la dégradation non à l'exécution d'une peine quel-

1. Tribunal correctionnel de la Seine, 22 juillet 1850 (Sirey, 52, II, 551). — Paris, 9 février 1855 (Sirey, 55, II, 111). Ces décisions s'appliquent à la surveillance de la haute police, mais le principe est le même. — Paris, 25 août 1852 (*Journal du Palais*, 1853, I, 675).

conque, mais à *la condamnation prononcée.* Ainsi le coupable qui se soustrait à l'exécution non encore commencée n'encourt pas moins la peine accessoire. Or, de condamnation à une peine entraînant la dégradation civique il n'y en avait pas de prononcée. Donc on était en dehors du texte pénal. L'étendre est impossible, puisque l'interprétation restrictive est seule admise. — 2° Ce résultat, d'apparence bizarre, était logique. La dégradation civique jointe aux peines perpétuelles était inutile, puisque celles-ci entraînaient l'incapacité bien autrement grave de la mort civile. La faire subir dépendait du Pouvoir. Il n'avait qu'à laisser commencer l'exécution de la peine, pour ne gracier qu'ensuite[1].

310. En principe, cette déchéance est perpétuelle. Elle persiste et pendant et après la durée de la peine principale. C'est à cette dernière époque qu'elle est surtout utile. Pourtant elle produit ses effets même pendant le temps où la peine doit se subir. Le condamné qui s'évade en est atteint.

Les règles établies démontrent que le sort de la peine principale n'est, en ce qui concerne la dégradation, d'aucune conséquence. Qu'elle soit subie ou esquivée, il n'importe. Elle est attachée au seul fait de la condamnation et non à cette circonstance que le condamné subit sa peine. Aussi la prescription du châtiment ne la fait pas disparaître.

311. Interdiction légale. — L'interdiction légale a pour but d'assurer à la peine principale toute son efficacité. En retirant au condamné la jouissance de sa fortune, le législateur lui fait sentir l'étendue de la privation qu'il impose. Il ne permet pas « que des profusions scandaleuses « fassent d'un séjour d'humiliation et de deuil un théâtre

1. Chauveau et F. Hélie. *Théorie du Code pénal*, t. I, n° 70.

« de joie et de débauche[1]. » Il prend aussi de sages précautions contre les tentatives de corruption qu'un coupable riche pourrait multiplier à l'égard de ses geôliers.

Ainsi cette pénalité se distingue facilement de la dégradation civique. Il existe entre elles une différence de but et de nature. — C'est surtout après l'exécution de la peine principale que la dégradation civique présente quelque utilité; au contraire, c'est pendant sa durée seulement que l'interdiction légale peut s'appliquer. — Cette dernière institution n'enlève que l'exercice des droits pécuniaires ; elle prive de l'administration de la fortune, mais sans restreindre la capacité de celui qu'elle frappe. L'autre diminue la capacité, sans toucher à la jouissance des biens du condamné.

Ces notions permettent de pressentir la nature de cette peine. C'est une véritable interdiction qui prive le coupable de la gestion de sa fortune. Il faut l'examiner par rapport à l'administration des biens et par rapport à l'état de l'interdit.

312. Comment d'abord la gestion du patrimoine est-elle organisée ? Comme dans l'interdiction réglée par l'article 509 du Code civil (art. 29, C. pén.). Une véritable tutelle est constituée. On retrouve les mêmes fonctionnaires : tuteur, subrogé tuteur, conseil de famille. Ils sont choisis de la même manière : ainsi le mari est de droit tuteur de sa femme ; la femme peut devenir tutrice de son mari (art. 506-507, C. civ.). Une seule différence est à noter. L'interdiction du droit civil est instituée dans l'intérêt du dément qu'elle doit protéger contre lui-même et contre les autres. L'interdiction légale est établie *contre le condamné*. Sans doute la loi veut protéger sa fortune, la conserver pour lui ou pour sa famille ; mais elle veut aussi l'empêcher d'en retirer pendant sa peine aucun avantage.

1 Locré, t. XXIX, p. 208. — Exposé des motifs par M. Treilhard.

Cette considération modifie jusqu'à un certain point les devoirs du tuteur. Il reste, en principe, tenu des mêmes obligations; sa gestion doit être fidèle et se terminer par la reddition d'un compte régulier; mais l'article 510 du Code civil ne sera plus appliqué. Les revenus de l'interdit ne serviront pas à améliorer sa condition. Au contraire, nulle portion ne devra lui en être remise; ils seront capitalisés pour lui être rendus à l'expiration de sa peine (art. 31, C. pén.). Ils devront également subvenir aux besoins de sa famille. Sans doute le Code pénal n'en parle pas, mais cette précaution eût été superflue; la faute commise ne détruit pas les obligations qui naissent du mariage, et les articles 203, 205, 206, 207 du Code civil seront toujours applicables.

Cette condition particulière de la tutelle sera pour le Ministère public un motif d'exercer une surveillance plus active. Il a un double titre pour examiner de près la conduite du tuteur, puisqu'il est à la fois le protecteur officiel des incapables et le défenseur de l'intérêt public.

Enfin, les mêmes garanties que la loi accorde à l'interdit du droit civil sur les biens de son tuteur sont concédés à l'interdit du droit pénal. L'un et l'autre ont une hypothèque légale[1].

313. La capacité de l'interdit n'est pas aussi facile à déterminer que l'organisation de la tutelle. La difficulté naît lorsqu'on veut préciser quels actes lui sont défendus. Il faut à ce point de vue les diviser en trois classes : 1° Les actes d'administration. — 2° Les actes d'aliénation. — 3° Certains actes qui touchent à l'organisation de la famille ou à l'état de la personne : le mariage, la reconnaissance d'un enfant naturel, etc.

Que les actes de la première espèce soient interdits au condamné, ceci n'est douteux pour personne; mais l'accord

1. Pau, 19 août 1850 (Sirey, 50, II, 587).

disparaît à propos des deux autres espèces. Trois systèmes ont été présentés.

Le premier enseigne que le condamné pourra faire tous les actes d'aliénation possibles : il pourra s'obliger, aliéner à titre gratuit ou à titre onéreux, disposer par donation, par testament, et *a fortiori* se marier, reconnaître un enfant naturel. Toutefois il ne pourra disposer des capitaux provenus de ses aliénations : ils devront être remis à son tuteur. 1° A l'appui de ce système, on invoque d'abord le texte. L'article 29 du Code pénal ne donne mission au tuteur que *pour gérer et administrer* les biens de l'interdit. Il ne retire donc à ce dernier que le pouvoir d'administration. Or, il est de principe qu'en matière pénale l'interprétation restrictive est seule admise. Donc l'interdit conserve le droit de disposition en tant qu'il n'entrave pas l'administration. — 2° On fortifie cet argument en signalant la différence de rédaction qui existe entre l'article 29 du Code pénal et l'article 450 du Code civil. Ce dernier texte porte que le tuteur *représentera le mineur dans tous les actes civils.* Tout autre est la teneur de l'article 29. Les pouvoirs conférés au tuteur sont donc moins étendus, preuve certaine que l'incapacité est moins absolue. — 3° Les textes des lois pénales antérieures sont invoqués aussi pour défendre ce système. Le Code pénal de 1791 (art. 2, Tit. IV) portait ceci : « Le condamné ne peut, pendant la durée de sa « peine, exercer aucun droit civil. » Or la formule a été supprimée ; la portée du texte a donc été modifiée. — 4° Un autre argument est tiré de la loi du 31 mai 1854. Si cette interdiction avait la même étendue qu'en droit civil, il ne serait nul besoin d'enlever au condamné à une peine perpétuelle la faculté de disposer de ses biens à titre gratuit. N'est-elle pas à tout jamais paralysée en sa personne? Or l'article 3 de la loi de 1854 ajoute cette prohibition aux incapacités résultant de l'interdiction légale. On objectera en vain que ce n'est pas seulement l'exercice du droit qui est enlevé, mais le droit lui-même; que cette disposition peut avoir de l'efficacité au cas où la peine principale serait prescrite. La réponse sera que l'extinction dans son essence d'un droit atteint d'une paralysie perpétuelle est bien peu importante, et que son utilité pratique se présente seulement dans une hypothèse où la société n'a pas d'intérêt sérieux à l'enlever au coupable. — 5° Enfin, on ajoute que le but des deux interdictions ne permet pas de les assimiler. L'une est fondée sur une incapacité réelle, l'autre sur la nécessité de retirer au condamné une administration dont il abuserait, et de le remplacer pendant son absence forcée. Et l'on fait remarquer qu'avec la restriction apportée quant au maniement des fonds, cette opinion ne présente aucun danger[1].

314. Une seconde opinion assimile complétement le coupable interdit à l'interdit civil. 1° L'interdiction, dit-elle, n'a été organisée qu'une fois par notre Code. Il faut nécessairement s'y reporter dans tous les cas où elle est prononcée; autrement toute règle fait défaut. — 2° Le texte de l'article 29 l'indique. Il se reporte aux principes du Code civil pour la nomination des tuteurs et administrateurs. Donc aussi pour les autres points relatifs à l'interdiction[2].

315. Un troisième système enseigne que les actes d'aliénation sont défendus comme les actes d'administration; au contraire, les actes qui ne touchent pas au patrimoine sont permis : par exemple, le testament, le mariage, la reconnaissance d'un enfant naturel. Cette opinion est la meilleure. Elle est facile à défendre pour ceux-là surtout qui soutiennent que même l'interdit du droit civil peut accomplir ces actes, lorsqu'il se trouve dans un intervalle lucide[3]. Mais on

1. Achille Morin, *Dictionnaire de droit criminel*, v° *Interdiction*. — Toullier, t. VI, n° 111.

2. Boitard, *Leçons de droit pénal*, p. 188. — Bertauld, *Cours de Code pénal*. Leçon XI, p. 224. — Duranton, t. VIII, n° 181. — Rauter, t. I, n° 158.

3. Aubry et Rau, t. I, § 85.

peut, sans discuter cette théorie, établir par d'autres raisons la supériorité du système relatif à la capacité de l'interdit. 1° S'agit-il de démontrer que le coupable a la capacité de procéder aux actes qu'on l'autorise à faire, il suffit de se reporter aux arguments invoqués par le premier système. Les différences de rédaction signalées entre les textes du droit civil et ceux du droit pénal, entre la loi ancienne et la loi nouvelle, sont exactes et bien mises en lumière. La capacité civile du condamné n'est pas atteinte. — 2° On peut ajouter qu'il s'agit moins ici d'accroître la rigueur du châtiment par une déchéance nouvelle que d'en assurer seulement l'efficacité. Il importe dès lors de ne pas multiplier les incapacités.

C'est seulement au point de séparation des deux théories qu'apparaît la nécessité d'une démonstration nouvelle. Ici le texte fait défaut; il n'indique pas en effet avec précision la limite où s'arrête l'impossibilité d'agir. 1° La première raison qui milite en faveur de cette dernière opinion est tirée de la bizarrerie du premier système. Celui-là qui ne peut administrer, parce qu'il se servirait de sa richesse pour atténuer sa peine et peut-être pour l'abréger, pourra aliéner! Évidemment le but sera manqué. Le condamné corrompra ses geôliers; il se procurera les adoucissements que l'on ne voulait pas tolérer, en vendant à vil prix ou même en donnant à titre gratuit le capital dont le revenu lui échappe. Et cette réponse démontre l'insuffisance du palliatif proposé par le premier système. — 2° Comment d'ailleurs concilier ce droit d'aliénation laissé à l'interdit avec le pouvoir d'administration laissé au tuteur? L'action de celui-ci sera singulièrement gênée par la faculté réservée à celui-là. — 3° On objectera la loi de 1854, et ceci qu'elle distingue la prohibition d'aliéner à titre gratuit des conséquences de l'interdiction légale. La réponse est donnée. Il devait en être ainsi parce que, en ce qui touche la capacité de disposer, la loi supprime le droit lui-même, effet que ne produit jamais l'interdiction. Une telle rigueur est utile pour maintenir sous le coup de cette déchéance le coupable assez adroit pour prescrire sa peine.

La jurisprudence incline vers ce système. Tandis qu'elle affirme l'incapacité où se trouve le coupable de s'obliger ou d'aliéner [1], elle lui reconnaît le droit de tester, même avant l'expiration de sa peine [2]. C'est aussi l'opinion de notre cher et savant maître, M. Demolombe. Son avis n'est pas une des raisons les moins propres à nous assurer de la valeur de cette théorie [3].

316. La solution qui vient d'être adoptée découle du caractère de l'interdiction légale, très-différent de celui qui appartient à l'autre interdiction. Il existe encore une autre conséquence de ce même principe.

Le droit de coter la nullité ne sera pas restreint à l'interdit. Il sera absolu, et tous le feront valoir. Du moment où l'intérêt public l'a fait édicter, il faut mettre ce moyen à la portée de tout intéressé : c'est la seule voie à prendre pour lui donner toute son efficacité.

On a quelque peine à comprendre comment des jurisconsultes ont proposé d'appliquer ici l'article 1125 et de ne remettre qu'au seul condamné le pouvoir exorbitant et bizarre de faire tomber ou de maintenir des actes faits par lui dans le plein exercice de sa raison, mais en violation des prescriptions légales.

Cette opinion a été rejetée et devait l'être [4].

1. Paris, 7 août 1837 (Sirey, 38, II, 268).

2. Rouen, 28 décembre 1822 (Sirey, 23, II, 179). — Nîmes, 16 juillet 1835 (Sirey, 35, II, 485). — Colmar, 1er avril 1846 (Sirey, 46, II, 625).

3. Demolombe, *Cours de Code civil*, t. I, n° 192. — Chauveau et F. Hélie, t. I, n° 73.

4. Demolombe, *Cours de Code civil*, t. I, n° 193. — Bertauld. Leçon XI, p. 225. — Cass., 25 janvier 1825 (Sirey, 25, I, 345). — Cass., 8 mai 1839 (Sirey, 39, I, 729). — La Cour de Caen a jugé que l'interdit pourrait perdre son droit à l'encontre des tiers de bonne foi qui auraient à lui opposer l'exception de dol. — Caen, 5 anvier 1844 (Recueil de Caen, 1844, p. 178).

317. Le but de l'interdiction légale indique la durée de cette déchéance. Elle n'est autre que celle de la peine principale. Le condamné est interdit du jour où la condamnation contradictoire est devenue irrévocable[1]. Son incapacité disparaît aussitôt que la peine principale n'est plus applicable; qu'elle ait été subie ou prescrite, il n'importe[2].

Mais encore faut-il que l'on ne puisse réclamer l'exécution du châtiment; ainsi le condamné qui s'évade n'en est pas moins sous le coup de cette incapacité. Son évasion est même un motif de plus de la lui appliquer.

318. Il n'est pas douteux que l'interdiction ne résulte de tout arrêt contradictoire prononçant une des peines principales auxquelles elle est attachée. Les condamnations par contumace produisent-elles le même effet? La difficulté vient des dispositions de l'article 471 du Code d'instruction criminelle. Ce texte prononce le séquestre des biens des contumax; il en confie la gestion à l'administration des Domaines.

Un système a tiré de là cette conséquence que les condamnés par contumace n'étaient point frappés d'interdiction légale. 1° Il invoque d'abord l'inutilité de cette mesure en face du régime organisé par l'article 471. Que pourrait administrer le tuteur choisi pourtant pour gérer la fortune du condamné? Rien évidemment; et sa situation serait des plus bizarres. — 2° L'article 29 confirmerait d'ailleurs cette opinion. Il ne prononce l'interdiction légale que *pendant la durée de la peine*. Or le condamné par contumace ne peut subir aucune espèce de châtiment. Est-il repris, la condamnation s'évanouit. — 3° L'interprétation du texte a été donnée d'une manière officielle, sinon législativement, lors des discussions préparatoires de la loi de 1854. L'exposé des motifs contient le passage suivant : « Si la condamnation a été prononcée

1. Jusqu'au rejet du pourvoi le condamné, n'étant point encore interdit, peut être directement actionné en justice. — Lyon, 17 août 1867 (Dalloz, 68, II, 110).

2. Cass., 14 août 1865 (Sirey, 65, I, 456).

« par contumace, comme le condamné n'expie pas sa peine « et échappe au contraire à l'action de la loi, l'interdiction « légale ne reçoit pas son application. » Comment douter après cette déclaration? Il faut reconnaître que ce système est généralement enseigné[1].

319. Tous les auteurs pourtant ne s'y sont pas ralliés. Quelques-uns soutiennent que l'interdiction légale découle aussi bien de la condamnation par contumace que de la condamnation contradictoire. La minorité nous paraît avoir raison. 1° Il est d'abord un argument de conséquence singulièrement redoutable pour le premier système. Si le condamné n'est pas interdit, il a conservé son droit de libre disposition. Il peut vendre à tout le moins la nue-propriété. Il pourra donc se procurer les ressources nécessaires à son existence, c'est-à-dire le moyen de perpétuer sa contumace. Le but de l'interdiction légale n'est pas atteint. Et si le condamné peut vendre la nue-propriété, pourquoi ne pourrait-il pas vendre la pleine propriété? La peine prescrite, le séquestre sera forcément levé, le fonds et les revenus capitalisés devront être remis à l'acquéreur. Celui-ci aura toutes garanties, la gestion intérimaire sera même de nature à le rassurer. Évidemment la vente sera facile pour le condamné. Ne pourrait-on aller plus loin? Quelle serait la situation du séquestre en face d'un acquéreur sérieux établissant une vente solide et venant dire :

La maison est à moi; c'est à vous d'en sortir?

Elle serait peut-être difficile. Le bien n'est plus celui d'un condamné, mais celui d'un tiers exempt de toute condamnation! Comment le maintenir sous le séquestre? — 2° Ce résultat déplorable n'est point écrit dans la loi. L'article 29 est général et fait dépendre l'interdiction légale de cette seule

1. Aubry et Rau, t. I, § 85. — Demolombe, t. I, p. 340. — Demante, *Revue critique*, 1857, t. X, p. 77. — Cass., 5 mai 1820 (Sirey, 20, I, 331). — Trébutien, 1re édition, t. I, p. 245.

circonstance qu'une condamnation à une certaine peine a été prononcée. Donc, si la sentence rendue par contumace rentre dans les cas prévus par le texte, la conséquence se produit de plein droit.— 3° L'utilité d'une organisation de la tutelle pourra disparaître sans entraîner comme conséquence la suppression de l'interdiction. On aura simplement un interdit sans tuteur. La remise de la gestion en d'autres mains s'explique; la loi craint les complaisances de la famille pour le contumax. D'ailleurs il est des cas où l'utilité de constituer la tutelle apparaîtra; comme si l'on trouvait l'occasion d'une aliénation avantageuse[1]. — 4° L'objection tirée de l'exposé des motifs de la loi de 1854 a sans doute de l'importance, mais que prouve-t-elle? Rien en ce qui concerne le Code pénal de 1810, puisqu'elle est postérieure. Elle n'a pas, d'ailleurs, force d'interprétation législative. Il faut dire seulement que ceux qui ont préparé la loi avaient cette opinion. Les avis étaient, du reste, si peu unanimes que, sur ce point, M. Riché, rapporteur de la commission, émet un avis contraire[2]. Le texte du Code ancien non modifié et les conséquences du premier système suffisent pour le faire écarter. Le point de départ de l'interdiction serait alors le jour de l'exécution par effigie[3].

320. L'institution est connue; il faut voir à quelles peines le législateur l'a attachée. Il en est de temporaires; il en est de perpétuelles. Les premières sont énumérées dans l'article 29 du Code pénal; ce sont les travaux forcés à temps, la détention, la réclusion. Les secondes sont toutes les peines perpétuelles qui, avant la loi de 1854, emportaient la mort civile.

L'application de cette loi a soulevé une objection. On a

1. Bertauld, Leçon XI, p. 224. — De Moly, *Traité des absents*, n°s 790 à 794.
2. Sirey. Lois annotées, 1854, III, 103.
3. Voir pour l'application de ce système sous le Code sarde semblable au Code français : Chambéry, 28 janvier 1862 (Sirey, 62, II, 481).

prétendu qu'au cas de peines perpétuelles les biens du condamné étaient mis pendant toute la durée de sa vie hors du commerce, qu'ils devenaient inaliénables. Cet inconvénient n'existe pas. Ces biens, en cas de nécessité, pourront toujours être aliénés en observant les formalités des articles 457, 458, 511 du Code civil.

Les lois de 1850 et de 1854 ont donné au Gouvernement des pouvoirs particuliers en ce qui concerne l'interdiction légale. Il peut en diminuer singulièrement la rigueur. Le droit qui lui appartient sera étudié dans le dernier titre de ce cours, lorsqu'on s'occupera de la réhabilitation.

321. Nullité du testament fait par le condamné. — Les deux peines accessoires que l'on vient d'examiner remontent au Code de 1810 ; les deux que l'on va étudier ont une origine plus récente. Elles ne datent que de la loi de 1854 (art. 3) ; elles ont succédé à la mort civile, et s'appliquent exclusivement aux condamnés à des peines perpétuelles.

La première de ces deux déchéances consiste dans l'annulation du testament fait par le coupable avant la sentence rendue contre lui. C'est une peine véritable qui produit un effet rétroactif ; elle remonte dans le passé et vient frapp. un acte fait alors que la capacité était entière. Le législateur tient le condamné pour indigne de jouir de ce droit; craint aussi qu'en disposant il n'obéisse à des passions haineuses ou coupables, et qu'il ne cherche notamment à punir à l'avance des témoignages sincères ou à récompenser les services qu'il espère tirer de dépositions complaisantes et mensongères[1].

322. Incapacité de donner et de recevoir à titre gratuit. — La même pensée a fait édicter la seconde déchéance. Les inconvénients de la capacité laissée au coupa-

1. Rapport de M. Riché (Sirey. Lois annotées, 1854, p. 103, col. 3).

ble eussent été plus considérables encore. Ne serait-il pas scandaleux de voir un criminel, du fond de sa prison, distribuer une fortune peut-être considérable? A quels honteux calculs ne donnerait pas lieu ce pouvoir réservé au prisonnier, qui deviendrait le jouet de vexations ou d'adulations également criminelles! Il était plus sage d'édicter cette incapacité moins rigoureuse que la précédente.

323. Ce n'est pas seulement l'exercice du droit que l'on ravit ainsi au condamné, c'est encore le droit lui-même. Il ne peut plus ni donner ni recevoir.

Que décider à l'égard des institutions contractuelles déjà faites par le condamné ou à son bénéfice? Seront-elles nulles? Il faut distinguer. Évidemment, celles qu'il a consenties ne seront pas annulées. Ce serait le bénéficiaire étranger qui serait atteint, et, d'ailleurs, le coupable n'a rien fait depuis sa condamnation.

Pour celles qu'il était appelé à recueillir, en est-il différemment? Le droit de l'institué peut être regardé comme un droit héréditaire irrévocable. C'est une vocation, une aptitude à recueillir tout ou partie d'une succession. Mais ce droit vient d'une donation. Malgré cette origine mixte en quelque sorte, il faut tenir pour certain que ces institutions produisent leur effet. La donation est parfaite depuis le jour du contrat de mariage, et le phénomène juridique qui reste à s'accomplir n'est plus que l'ouverture d'une succession. D'ailleurs, ces sortes de donations se font seulement par contrat de mariage, et l'on considère autant les enfants à naître de l'union projetée que le donataire direct (art. 1082, § 2). Enfin, le législateur a prévu cette hypothèse lors des discussions préparatoires, et il a indiqué cette solution, donnant lui-même par avance une interprétation de sa loi qui n'a point été critiquée [1].

1. Rapport de M. Riché (Sirey, 1854, p. 103, col. 3).

324. Le point de départ de ces peines varie suivant qu'il s'agit d'une condamnation contradictoire ou par contumace. Dans le premier cas, elles sont encourues du jour où la condamnation est devenue irrévocable. Dans la seconde hypothèse, elles n'atteignent le coupable que cinq ans après l'exécution par effigie (loi du 31 mai 1854, art. 3). Si le contumax ne reparaît qu'après ce laps de temps, les incapacités ne disparaissent que pour l'avenir; elles ont produit leur effet dans le passé.

325. Surveillance de la haute police. — Le caractère commun des pénalités accessoires dont on vient de parler est de s'appliquer au condamné pendant la durée de la peine principale. Qu'elles cessent avec celle-ci, ou qu'elles lui survivent et que leur effet utile se produise surtout à l'égard du coupable libéré, toujours elles commencen avan même l'application du châtiment.

Il en est autrement de celle qui reste à étudier. On ne la subit qu'après l'expiation de la faute. La surveillance de la haute police a ce caractère d'être bien moins une déchéance qu'une garantie prise par la société pour empêcher la récidive.

De là viennent les difficultés que présente son organisation. Il faut concilier le droit de surveillance de l'État avec la nécessité de ne pas écarter le travail du condamné. La révélation de la condition de celui-ci engendre la défiance et lui retire tout moyen d'existence honnête. La misère le pousse au crime et la récidive naît du remède par lequel on espérait l'entraver. Il suffit pour démontrer combien la tâche du législateur est ardue, de rappeler que dans notre droit actuel on compte, par rapport à l'organisation de cette pénalité, sept périodes différentes. Peut-être ce motif a-t-il empêché les autres législations de suivre l'exemple de la nôtre. Seul, le Code prussien contient une mesure analogue, mais bien plus rigoureuse. Elle consiste à détenir le criminel réputé dangereux jusqu'à ce qu'il ait justifié qu'il peut gagner sa vie honnêtement (Code prussien, art. 5).

En droit français, le renvoi sous la surveillance de la haute police constitue, en général, une simple peine accessoire; accidentellement elle devient une peine principale; mais elle garde toujours le même caractère, celui d'une mesure de précaution prise pour s'assurer de la régularité de vie chez le coupable. Ce n'est à proprement parler ni une déchéance, ni une incapacité.

326. L'historique de cette institution permettra d'en bien dégager la nature. Il faut distinguer sept époques.

La première est celle du décret du 19 ventôse an XIII. C'est alors que cette peine fut établie; on en limita l'application aux condamnés aux travaux forcés, à ceux que l'on appelait les *forçats libérés*. Deux obligations leur étaient imposées. 1° Le coupable renvoyé en surveillance pouvait choisir librement sa résidence; mais il était tenu de la déclarer. On lui interdisait seulement le séjour des places de guerre et d'un rayon de 3 myriamètres à partir de la frontière. 2° Il devait se tenir dans la localité qu'il avait désignée et y subir la surveillance de l'autorité administrative.

Les résultats espérés ne furent point atteints; on en accusa la faiblesse de la loi, et l'on demanda qu'un régime plus sévère fût imposé aux condamnés que le législateur tenait en suspicion.

Le décret du 17 juillet 1806 répondit à ce vœu. Il commença *la seconde période*. On arma le Gouvernement de deux droits subsidiaires l'un à l'autre: 1° il pouvait d'abord assigner au forçat un lieu de résidence qui devenait obligatoire pour lui; 2° dans le cas où il consentait à laisser le choix au condamné, il pouvait restreindre son option. De droit, certains séjours lui étaient interdits: c'étaient les villes de résidence impériale, les lieux désignés dans le décret de l'an XIII, les ports enfin où des bagnes étaient établis. L'autorité administrative pouvait à son gré leur interdire d'autres localités encore. De plus, le condamné ne pouvait sans autorisation changer de résidence. Au contraire l'administration, après même l'avoir laissé choisir, pouvait le déplacer à son gré et lui assigner un nouveau domicile.

La sévérité de ce nouveau régime parut bientôt excessive. On lui adressa le même reproche d'impuissance que l'on avait formulé contre le système inauguré en l'an XIII, et l'on conclut que la trop grande rigueur aboutissait au même résultat que la trop grande faiblesse.

Le Code de 1810 inaugura *une troisième époque*. La base de l'organisation nouvelle fut *le cautionnement de bonne conduite* imposé aux coupables. La sentence qui prononçait la condamnation fixait le montant de ce cautionnement. La peine subie, le Gouvernement ou les tiers intéressés pouvaient en exiger le versement; c'était leur droit principal. Toute personne, du reste, pouvait le fournir. — S'il ne l'était pas, le second droit de l'État pouvait s'exercer. L'administration assignait au condamné sa résidence et l'y surveillait.

A cette époque, l'application de cette pénalité fut généralisée. On y soumit les réclusionnaires comme les forçats. Ce système n'était pas exempt de défauts. Tout d'abord, l'époque choisie pour fixer le montant du cautionnement n'était pas heureuse. On ignore, au moment de la condamnation, et quelle sera la conduite du condamné, et le chiffre qu'atteindra sa fortune à l'expiration de la peine : deux éléments pourtant essentiels à connaître pour déterminer judicieusement la somme à fournir. On reprochait encore à cette garantie d'être inefficace ; certains condamnés pouvaient, à raison de leur fortune, la donner facilement, et ce n'étaient point les moins dangereux.

Enfin, dans la pratique, les mesures prises en vue d'assurer la surveillance étaient trop apparentes et signalaient le condamné à la défiance publique.

Cette organisation fut rendue beaucoup plus rigoureuse par l'interprétation qu'en fit le Conseil d'État. Dans un avis, approuvé le 30 septembre 1812, ce corps décida que le défaut de fixation par l'arrêt du chiffre du cautionnement était irréparable. Il enlevait au condamné le droit d'offrir ce cautionnement; la partie civile ou le ministère public avaient seuls le droit de faire compléter la décision.

Un autre avis du 4 août 1812 permettait au Gouvernement de refuser le cautionnement régulièrement fixé et valablement offert par le condamné. Une telle interprétation ressemblait à s'y méprendre à une abrogation.

Ainsi renforcée, la surveillance prêta encore à la critique, et l'on songea à l'adoucir pour l'améliorer.

La quatrième époque est celle de la loi du 28 avril 1832. Le droit au cautionnement, rendu si aléatoire par les avis du Conseil d'État, fut retiré; mais des atténuations plus efficaces furent apportées. On donna au condamné le droit: 1° de choisir lui-même sa résidence; 2° de la changer après l'avoir choisie. En échange de cette faculté, le Gouvernement pouvait de son côté: 1° exiger une déclaration de domicile; 2° s'assurer de la présence réelle du condamné dans la commune désignée; 3° ne tolérer un changement d'habitation qu'après un avertissement donné trois jours auparavant et la délivrance d'une feuille de route faite par l'autorité administrative.

En fait, la surveillance s'exerça d'une manière beaucoup plus discrète et les condamnés ne furent guère connus que de l'administration. Ce régime leur était avantageux. Ils en abusèrent; on les vit perpétuellement aller du nord au midi de la France et de l'est à l'ouest. Véritables nomades de l'intérieur, ils transformaient les résidences choisies par eux en gîtes d'étapes, où ils demeuraient seulement le temps nécessaire pour acquérir le droit de les quitter. La surveillance parvenait à peine à les joindre, perpétuellement esquivée aussitôt qu'elle voulait s'exercer. Ce vagabondage autorisé leur permettait de vivre sans travailler. Ils cherchaient leurs principales ressources dans les secours de route que le Gouvernement leur accordait pour aller d'un lieu à un autre. Cet inconvénient grave rendait une modification indispensable.

La cinquième époque s'ouvrit par la promulgation du décret du 8 décembre 1851. On voulut fixer les condamnés, et peut-être le moyen choisi fut-il rigoureux. On en revint au régime de 1806. Le Gouvernement reçut le pouvoir d'assigner à chaque surveillé sa résidence. Elle ne put être changée sans une autorisation administrative. Enfin, sans qu'il fût besoin d'indication, le séjour de Paris et de sa banlieue était interdit à tout condamné.

Les inconvénients signalés sous l'empire de la loi de 1806 reparurent. Les condamnés se plaignirent de ne point trouver de travail dans les localités qu'on leur assignait; ils rompirent fréquemment leur ban et continuèrent les habitudes de vagabondage contractées sous le régime précédent. Le décret de 1851 fut abrogé par le Gouvernement de la Défense nationale.

Le décret du 24 octobre 1870 commença *une sixième période*. Celle-ci ne pouvait être de longue durée. Le décret supprimait celui de 1851 et une loi du 27 février 1858, dite *de sûreté générale*, dont on parlera bientôt. Il décidait ensuite que « l'effet du renvoi sous la surveillance de la haute « police serait ultérieurement réglé. » (art. 2). C'était moins une disposition législative qu'une mesure de destruction[1].

La dernière partie faisait même naître une difficulté fort grave. L'abrogation s'était-elle étendue même à la loi de

1 Sirey. Lois annotées, 1870, p. 522.

1832? La peine de la surveillance se trouvait-elle édictée seulement à l'état théorique, et fallait-il attendre pour l'appliquer désormais une nouvelle réglementation ? On l'a soutenu en s'appuyant sur les termes du décret que l'Assemblée avait conservé, et cette opinion a trouvé crédit jusque dans le sein du pouvoir législatif[1]. La jurisprudence ne s'est point arrêtée à cette solution. Elle a considéré que le décret maintenant évidemment la peine, la devait maintenir avec une organisation quelconque. En outre, son texte et ses considérants ne visaient que les monuments de 1851 et de 1858. Enfin, la pensée politique qui l'avait dicté n'était hostile qu'aux actes de cette époque[2].

Le législateur devait sortir de ce provisoire. Il a espéré qu'un adoucissement dans la forme de la surveillance établie par le décret de 1851 diminuerait peut-être le nombre des ruptures de ban et restreindrait le vagabondage des repris de justice; une nouvelle loi a été promulguée.

Cette loi du 23 janvier 1874 inaugure *la septième période*. Le régime auquel le législateur s'est arrêté forme un moyen terme entre les deux législations précédentes. On peut ramener à quatre points les dispositions nouvelles se rapportant à l'exercice de la surveillance. 1° Le Gouvernement a le droit d'écarter le condamné des lieux où il trouve sa présence nuisible. 2° Le condamné peut choisir sa résidence; mais sous la condition d'indiquer au moins quinze jours avant l'expiration de sa peine la localité où il veut résider. 3° A défaut par lui de faire un choix, le Gouvernement lui indique un domicile. 4° Le surveillé peut changer de résidence; mais il doit demeurer au moins six mois dans chaque localité ; il doit en outre prévenir l'autorité huit jours

1 Voir le rapport de la Commission chargée de rechercher dans les décrets du Gouvernement de la Défense nationale ceux qui devaient être abrogés.

2 Rouen, 1er décembre 1871. — Pau, 31 janvier 1872 (Sirey, 72, II, 141). — Aix, 15 novembre 1871 ; 17 janvier 1872 (Sirey, 73, II, 101).

avant son départ et recevoir d'elle une feuille de route avec indication de parcours.

Le nouvel article 44 du Code pénal est depuis cette loi rédigé comme il suit :

« L'effet du renvoi sous la surveillance de la haute police « sera de donner au Gouvernement le droit de déterminer « certains lieux dans lesquels il sera interdit au condamné « de paraître après qu'il aura subi sa peine.

« Le condamné devra déclarer, au moins quinze jours « avant sa mise en liberté, le lieu où il veut fixer sa rési- « dence ; à défaut de cette déclaration, le Gouvernement la « fixera lui-même.

« Le condamné à la surveillance ne pourra quitter la ré- « sidence qu'il aura choisie ou qui lui aura été assignée, « avant l'expiration d'un délai de six mois sans l'autorisation « du ministre de l'intérieur.

« Néanmoins, les préfets pourront donner cette autori- « sation :

« 1° Dans le cas de simples déplacements dans les limites « mêmes de leur département ;

« 2° Dans les cas d'urgence, mais à titre provisoire seule- « ment.

« Après l'expiration du délai de six mois ou avant même « l'expiration de ce délai, si l'autorisation nécessaire a été « obtenue, le condamné pourra se transporter dans toute « résidence non interdite, à la charge de prévenir le maire « huit jours à l'avance.

« Le séjour de six mois est obligatoire pour le condamné « dans chacune des résidences qu'il choisira successivement « pendant tout le temps qu'il sera soumis à la surveillance, « à moins d'autorisation spéciale, donnée conformément aux « dispositions précédentes soit par le ministre de l'intérieur, « soit par les préfets.

« Tout condamné qui se rendra à sa résidence recevra une

« feuille de route réglant l'itinéraire dont il ne pourra s'écar-
« ter, et la durée de son séjour dans chaque lieu de passage.

« Il sera tenu de se présenter dans les vingt-quatre heures « de son arrivée devant le maire de la commune qu'il devra « habiter. »

Cette législation a fait aux condamnés la meilleure situation possible. L'expérience dira si le succès couronnera les efforts du législateur. S'il échouait encore, la peine de la surveillance serait jugée ; et il ne resterait qu'un moyen, ce serait d'aggraver le châtiment de la rupture de ban et d'avoir largement recours à la transportation.

327. Cet historique permet d'examiner la peine de la surveillance. Pour l'étudier complétement, il convient de voir les trois points suivants : A. Quelle est la nature de la surveillance ? B. Dans quels cas est-elle encourue ? Quelle est sa durée ? C. En quoi consiste la rupture de ban et comment est-elle punie ?

328. A. *Quelle est la nature de la surveillance ?* Que la surveillance, bien que constituant une garantie, ait un caractère pénal, c'est ce qui ne peut être contesté. La jurisprudence a toujours maintenu l'application de ce principe. Mais, en quoi consiste précisément cette peine, c'est ce qu'il im-importe de déterminer. Les fréquents changements de la législation en cette matière ont donné à cette question un grand intérêt pratique. La réponse déterminera l'effet rétroactif ou non des dispositions édictées depuis la condamnation encourue. Le coupable déjà placé sous la surveillance avant la promulgation de la loi de 1832, en profitera-t-il ? Et surtout celui condamné avant le décret de 1851 devait-il subir l'aggravation résultant de ce document législatif ? Telle est la difficulté qui se présente.

Deux solutions sont en présence.

On peut dire que l'essence de la peine consiste dans l'obligation de subir la surveillance gouvernementale, abstraction faite du mode d'exercice qui devient alors une pure question d'exécution. Dans ce cas, les nouvelles mesures prises ne constituant que des lois de forme, produisent un effet rétroactif.

On peut soutenir au contraire que la peine consiste à subir précisément les mesures de précaution déterminées. Tout changement apporté au régime en vigueur lors de la condamnation constituerait une *modification essentielle de la peine*, et nul effet rétroactif ne pourrait se produire. Quelle solution préférer ?

Un système propose de décider que tout changement dans les mesures de surveillance législativement adoptées touche à la nature de la peine. — 1° Il fait d'abord remarquer que s'il s'agissait d'une simple modification dans l'exécution, le pouvoir exécutif, chargé d'appliquer les peines, aurait mission pour l'ordonner ; un décret suffirait par exemple pour donner ou retirer au surveillé le droit de se choisir une résidence. Or, la loi seule peut le décider. C'est que cette faculté touche au caractère même de la surveillance. Est-il besoin d'insister sur l'aggravation qui résulte de la concession faite au Gouvernement de cette faculté d'élire le domicile? — 2° Le texte même du décret de 1851 vient appuyer cette solution. L'article 3 ne donnait que *pour l'avenir* au pouvoir exécutif le droit de fixer la résidence. L'article 5 avait, lui, un effet rétroactif ; il obligeait ceux qui étaient déjà soumis à la surveillance à quitter Paris ; mais *il leur reconnaissait le droit de désigner la localité où ils se rendraient*. C'était le respect du principe de non-rétroactivité de la loi. — 3° Enfin, on demande si ceux qui ont été condamnés sous l'empire du code de 1810 devaient perdre par l'application de la loi de 1832 le bénéfice du cautionnement qu'ils pouvaient fournir, que même ils avaient peut-être versé. Non évidemment. La loi n'a donc pas d'effet rétroactif. Ce système paraît avoir réussi près de la section du Conseil d'État consultée en 1832 par le

Gouvernement. Dans son avis du 7 novembre 1832 [1], elle décida que les individus mis en surveillance avant la loi du 28 avril de cette année ne pouvaient en principe bénéficier des adoucissements introduits par le régime nouveau. Enfin, l'aggravation résultant du décret de 1851 a été reconnue par la jurisprudence [2].

529. Ce système a du vrai, et une juste satisfaction doit lui être donnée; mais sa conclusion paraît exagérée. En principe, tous les droits que le condamné a exercés lui restent acquis. Sa position actuelle est respectée; ainsi, le cautionnement qu'il aurait fourni lui conserve sa liberté. Mais, s'il est resté soumis à l'action de la surveillance, il ne peut la subir désormais que telle qu'elle est organisée par le droit nouveau.

Le droit du cautionnement était une voie légale d'échapper à l'application de la peine; du moment où le chiffre en avait été fixé par arrêt, ce bénéfice ne pouvait plus être enlevé. Au contraire, l'individu qui ne pouvait le fournir, lors même qu'il eût été condamné avant 1832, devait régulièrement profiter de la loi rendue à cette époque; de même le décret de 1851 lui était applicable. Ce principe n'a guère été contesté en ce qui touche la loi de 1832, parce que, à part la faculté de fournir caution, elle était plus favorable. Il l'a été surtout en ce qui touche au décret de 1851. C'est de cette controverse qu'il faut donner la solution. — 1° Il importe de distinguer soigneusement deux sortes d'application de la peine: l'une qui en change la nature, et l'autre qui la respecte. Ainsi l'exécution de la déportation, telle qu'elle était pratiquée jusqu'en 1835, modifiait le châtiment dans son essence; elle y substituait la détention. Il n'en est pas ainsi du décret de 1851. Si la loi retire au condamné le droit de se choisir une résidence, ce n'est pas pour augmenter son incapacité, mais

1. Voir le texte de cet avis dans Blanche: Étude I, n° 196 à la note.

2. Cass., 22 janvier 1863 (Sirey, 63, I, 272).—En ce sens, Bertauld. Leçon XI, p. 229.

seulement pour exercer d'une manière efficace la surveillance ordonnée. L'essence de la peine demeure ; le changement n'atteint que le mode d'exécution. Serait-il supportable de dire que la surveillance a changé de nature sept fois depuis le droit nouveau ? Évidemment non : sa forme extérieure seule a varié. Et l'objection tirée de la nécessité d'une loi au lieu d'un décret pour la fixer n'a pas de valeur. N'est-ce pas une loi aussi qui détermine les colonies pour la déportation ? Pourtant il n'y a qu'une question d'exécution. Aussi ne peut-on conclure qu'une chose, c'est que certaines règles de simple application de la peine sont si graves que l'on ne peut les trancher sans l'intervention législative. On craindrait que remises à la seule décision du pouvoir exécutif, elles ne se prêtassent à des vexations et à un arbitraire excessif. — 2° On ajoute que la peine sera dans une certaine mesure aggravée. La difficulté n'est point tranchée pour cela. Il est des aggravations de résultance auxquelles les individus qui subissent une peine sont exposés. Ainsi le Gouvernement désigne pour l'exécution des travaux forcés une colonie plus éloignée, moins salubre, d'un climat plus rigoureux. Il change le régime des condamnés pour y introduire de nouvelles rigueurs ; par exemple, il substitue dans les prisons le régime cellulaire à la vie en commun. Ne sont-ce pas des aggravations et de fort graves ? depuis quand les condamnés pourraient-ils s'y soustraire ? — 3° Les textes du décret de 1851 ne sont point contraires à cette opinion. L'article 3 porte que le Gouvernement pourra *à l'avenir* fixer la résidence des surveillés. Ce n'est pas à dire qu'il ne jouira de cette faculté que pour les futurs condamnés ; mais qu'il l'aura DÉSORMAIS *à l'égard de tous* et sans considérer la date des condamnations. Cette interprétation cadre mieux que la première avec la teneur de l'article. Elle est encore fortifiée par le rapprochement de la loi du 30 mai 1854, art. 1er. Les mêmes mots y sont employés, et ils présentent la signification qui vient d'être indiquée. Quant à l'article 4 du décret, il forme une disposition, d'ailleurs exceptionnelle, et facile à expliquer. C'est une compensation de l'avantage fait aux individus soumis à la surveillance et qu'on leur retire. Il faut remarquer que c'était en vertu d'une autorisation régulière qu'ils avaient pu fixer leur domicile à Paris. — 4° Il reste à noter la bizarrerie qui résulterait du système contraire. On aurait vu deux classes de surveillés : ceux qui ne pouvaient changer de résidence, d'autres qui avaient cette faculté. Et cela, lorsque le législateur modifiait l'application de la peine pour en assurer l'efficacité ! Il semble plus raisonnable d'admettre cette interprétation, qui d'ailleurs fut donnée par une circulaire du ministre de la police en date du 1er septembre 1852[1].

330. Cette question de rétroactivité n'a pas éte discutée en ce qui concerne la loi de 1874, non plus qu'elle ne l'avait été en 1832. Le motif en est simple. Chacune de ces lois était plus douce que celle qu'elle remplaçait, et l'application se faisait d'un accord unanime.

331. B. *Dans quels cas cette peine est-elle encourue et quelle est sa durée ?* — La surveillance est fréquemment employée par notre Code, tantôt en matière criminelle, et tantôt au correctionnel. Elle ne joue pas toujours le même rôle, mais elle conserve toujours le même caractère. Aussi est-on d'accord sur les deux points suivants. — Comme elle est une peine, elle ne peut jamais être prononcée en dehors des cas déterminés par un texte législatif (art. 50, C. pén.). — Jamais, non plus, elle ne peut être appliquée qu'à un coupable. Si quelque prévenu est déclaré innocent, si, par exemple, il est décidé qu'un mineur a agi sans discernement, on ne peut la lui imposer[2].

1. Dalloz, 1853, III, 29. — Blanche, *Études sur le Code pénal*, t. I, n° 197. — Cass., 18 mai 1833 (Sirey, 33, I, 807). — Cass., 23 janvier 1840.

2. Cass., 16 août 1822. — Nancy, 28 juin 1848 (Sirey, 48, II, 607). — Cass., 28 février 1852 (Sirey, 52, I, 506).

Ce sont deux conditions générales exigées pour son application.

332. Au criminel, la surveillance est parfois une peine principale, et plus souvent une peine accessoire. Elle est employée principalement dans certains cas où le législateur accorde au coupable une excuse et lui remet le châtiment corporel mérité. Telles sont les hypothèses prévues par les articles 100, 108, 138, 146 et 213 du Code pénal. La loi y récompense la dénonciation à cause de son caractère d'utilité. La surveillance est alors facultative, et sa durée pourra être perpétuelle ou temporaire; mais elle ne pourra être subie que si la sentence la prononce.

333. Comme peine accessoire, elle est jointe aux travaux forcés à temps, à la détention, à la réclusion, au bannissement (art. 47-48). Elle est alors encourue de plein droit.

L'article 49 l'attache encore aux crimes qui intéressent la sûreté intérieure ou extérieure de l'État. Le législateur prend alors en considération non plus la nature de la peine, mais bien celle de l'infraction.

Il ne s'agit dans ce texte que des infractions à l'encontre desquelles la loi ne prononce point une des peines énoncées dans l'article 47 ; on en trouve l'énumération dans les articles 75 à 101 du Code pénal. Il est à remarquer que ceux d'entre ces crimes qui ne rentrent pas sous la disposition de l'article 47, entraînent des peines perpétuelles. Faut-il dire que la surveillance sera jointe à de tels châtiments? Sans doute; autrement, il faudrait rayer l'article 49 comme incompréhensible. C'est le seul cas où cette adjonction de la surveillance à une peine perpétuelle se produira. Quelle sera alors l'utilité de la peine accessoire? On le verra de suite.

334. Sauf cette exception, la surveillance n'est attachée qu'à des peines temporaires[1], et il semble d'abord qu'il se-

1. La Cour suprême a jugé qu'on ne pouvait la prononcer comme accessoire

rait dérisoire de la prononcer là où le châtiment principal ne finit que par la mort du coupable. En effet, au cas où la peine est rigoureusement appliquée, la surveillance reste inutile; mais il en est différemment, si la grâce intervient.

Voici un individu condamné aux travaux forcés à perpétuité; à une époque quelconque, sa peine est commuée en celle des travaux forcés à temps; les lettres de grâce sont muettes; à l'expiration de la peine adoucie, sera-t-il de plein droit soumis à la surveillance?

Un système répondait affirmativement. — 1° La peine accessoire est entraînée par l'exécution d'une certaine peine principale. Or cette dernière est subie. Elle doit l'être avec ses conséquences naturelles. — 2° On fortifiait cet argument en ignalant la bizarrerie du système contraire. Comment le criminel plus endurci, celui qui ne subit que *par grâce* la eine des travaux forcés, sera-t-il tenu pour moins dangereux t moins digne de surveillance que l'auteur d'un crime moins grave, lequel subit la même peine par l'application pure et imple de la loi? La jurisprudence s'est ralliée à ce système[1].

Un second système soutenait que le condamné à une peine erpétuelle ne pouvait être mis en surveillance que par une isposition spéciale des lettres de grâce. Ce système était éviemment le meilleur. — 1° Son premier argument, tiré des extes, était de décision. A quelle circonstance le Code rattahait-il la peine de la surveillance? A celle-ci, qu'*une connation* emportant une certaine peine *avait été prononcée*. *Les coupables* CONDAMNÉS A, etc.», disaient les articles 47, 48 t 49. Or, aucune condamnation à une peine de la nature dégnée n'était intervenue. Donc, la peine ne saurait être appli-

a peines perpétuelles.— Cass., 13 septembre 1834. *Bull. crim.*, n° 304.— Sic, lanche. Étude I, n° 199.

1. Tribunal de la Seine, 29 juillet 1852 (Sirey, 52, II, 551).— Paris, 9 février 855 (Sirey, 55, II, 111). — Bertauld. Leçon XI, p. 227. — Blanche, *Études r le Code pénal*, t. I, n° 200.

quée. — 2° L'économie de la loi était expliquée par cette pensée, que, dans cette hypothèse, on regardait la surveillance comme inutile. La bizarrerie signalée était d'ailleurs facile à corriger ; les lettres de grâce pouvaient toujours imposer cette condition[1]. De sa nature et sauf l'exception signalée, la surveillance ne peut être attachée à une peine perpétuelle[2]. — 3° Un dernier argument rendait la controverse difficile. Que l'on renverse l'hypothèse. Une peine entraînant la surveillance a été prononcée ; la grâce survient et la réduit à une peine correctionnelle qui ne comporte pas la pénalité accessoire ; comment aurait-on soutenu que le coupable était délivré de celle-ci ? C'est donc *la peine prononcée* qu'il fallait considérer et non celle qui s'exécutait. Cette question si vivement controversée a été décidée par la loi nouvelle dans le sens le plus rigoureux, mais aussi le plus rationnel. L'article 46 modifié contient un paragraphe 3 ainsi conçu :

« Tout condamné à des peines perpétuelles qui obtiendra « commutation ou remise de sa peine, sera, s'il n'en est autrement disposé par la décision gracieuse, de plein droit « sous la surveillance de la haute police pendant vingt ans. »

335. La nécessité d'une condamnation à une certaine peine principale pour entraîner la surveillance fait naître une autre question encore maintenant discutée. Lorsqu'un coupable est poursuivi à raison de plusieurs crimes dont l'un emporterait comme accessoire la surveillance, tandis qu'un autre entraîne une peine plus grave à laquelle la loi ne l'a pas attachée, si cette dernière peine est prononcée, le principe du non-cumul s'oppose-t-il à ce que le coupable soit mis en surveillance ? Non certes ! Le principe du non-cumul n'est qu'une exception, et il faut se garder de l'étendre en dehors des textes qui l'organisent et aussi le limitent. Cette

1. Chauveau et F. Hélie, *Théorie du Code pénal*, t. I, n° 77. — Morin, *Répertoire du droit criminel*, v° *Surveillance*, n° 7.

2. Cass., 13 septembre 1834. *Bull. crim.*, n° 304.

solution suffit pour le moment; la discussion trouvera sa place au chapitre où l'on traitera du non-cumul des peines[1].

336. Au criminel, la durée de la surveillance varie : parfois, avant la loi de 1874, elle était perpétuelle, et d'autres fois temporaire. L'article 47 donne des exemples de la première hypothèse ; l'article 48 de la seconde.

Un troisième texte soulève par sa rédaction une controverse assez délicate : c'est l'article 49. Parlant de la surveillance appliquée aux crimes et délits contre la sûreté de l'État, il emploie ces mots : « *la même surveillance* ». A quel article se rapportent-ils? Les uns prétendent que c'est à l'article 48 et que la surveillance est temporaire[2]. D'autres ont répondu avec raison que l'article 49 renvoyait à l'article 47. La rédaction de l'article 48 démontre l'exactitude de cette interprétation; ce texte aussi contient ces mots : « *la même surveillance* », et ils désignent la peine dont l'article précédent a décrit les effets. Cette expression se rapporte au caractère de la surveillance et nullement à sa durée. Il vaut d'autant mieux le décider ainsi que, de règle, cette peine, en matière criminelle, était perpétuelle.

La loi de 1874 a changé ce dernier principe; maintenant la surveillance ne peut se prolonger plus de vingt années. Dans toutes les hypothèses, le juge qui prononce la sentence peut diminuer le temps de la surveillance; il peut aller jusqu'à en décharger le coupable. La peine est ainsi devenue d'une grande élasticité. Cette disposition constitue un progrès certain.

La question que l'on vient de discuter n'en garde pas moins son actualité; les nouveaux articles 46 et 47 indiquent toujours une durée différente pour la surveillance.

337. Il importe de déterminer le point de départ de cette

1. Blanche, *Études sur le Code pénal*, t. I, n° 201. — Chauveau et F. Hélie, t. I, n° 77, p. 193.— Voir les arrêts au titre du non-cumul des peines.

2. Carnot, Code pénal, art. 49.

peine, surtout depuis qu'elle a été réduite à n'être plus que temporaire. Il doit être fixé au jour de l'expiration de la peine principale. Cette règle entraîne une conséquence notable. Si le coupable prescrit sa peine, il se soustrait naturellement à la surveillance; il lui enlève son point de départ et la fait disparaître par voie de résultance. Ceci avait été admis par la législation antérieure, et l'on avait organisé, pour cette hypothèse, le palliatif édicté par l'article 635 du Code d'instruction criminelle.

Le coupable ne pouvait se fixer dans le département où résidaient soit la victime de son infraction, soit ses héritiers directs. Le Gouvernement pouvait même lui assigner un domicile[1].

Le législateur de 1874 a inauguré un système moins rigoureusement logique peut-être, mais certes plus utile et plus raisonnable. L'article 48 modifié est ainsi conçu :

« La prescription de la peine ne relève pas le condamné « de la surveillance à laquelle il est soumis.

« En cas de prescription d'une peine perpétuelle, le con- « damné sera de plein droit sous la surveillance de la haute « police pendant vingt années.

« La surveillance ne produit son effet que du jour où la « prescription est accomplie. »

Cette conséquence était, du reste, le seul effet de la prescription au point de vue de la surveillance. En elle-même, cette peine était imprescriptible, ainsi qu'on le verra en étudiant la prescription[2].

338. Comme la surveillance est une peine, sa durée est interrompue si l'individu mis en surveillance vient à subir un autre châtiment. Il est de principe que l'on ne peut exécuter deux peines à la fois. Cette règle doit être observée,

1. Lyon, 13 septembre 1845 (Sirey, 45, II, 521).

2. Douai, 8 mars 1875 (Sirey, 75, II, 216). — *Contra*. Nîmes, 7 juin 1866 (Sirey, 66, II, 216).

quel que soit le motif de la nouvelle punition infligée : fût-elle subie pour rupture de ban, du moment où elle constitue un châtiment pénal et non pas une exécution différente et aggravée de la surveillance elle-même[1].

339. Cette peine n'est pas toujours encourue de la même manière. Avant la dernière loi, elle frappait quelquefois de plein droit, parfois en vertu seulement d'un arrêt rendu. Elle était tantôt obligatoire et tantôt facultative.

Était-elle encourue de plein droit, il n'était nul besoin que l'arrêt de condamnation la prononçât. Ceci arrivait dans les cas prévus par les articles 47 et 48. Il suffisait que l'une des peines indiquées fût appliquée. Dans ce cas, la surveillance était obligatoire.

Ce n'était point la règle générale, et lorsque le texte faisait défaut, cette peine ne pouvait être encourue qu'en vertu d'une sentence qui l'imposait. Ce résultat se produisait notamment dans l'hypothèse de l'article 49. Le texte indiquait la nécessité d'un arrêt : « *Devront être renvoyés sous la même* « *surveillance* », porte-t-il. Si donc le juge l'avait omise, elle ne pouvait être appliquée.

Il restait un moyen indirect de la faire subir. Lorsqu'elle était obligatoire, le ministère public avait le droit d'obtenir par un pourvoi la cassation de la sentence incomplète ; alors une seconde décision pouvait rectifier et compléter la première, mais, sans un dispositif, aucune application de la peine n'était possible.

Les cas où la surveillance était facultative en matière criminelle étaient assez rares ; on peut citer la loi du 24 mai 1834, sur les détenteurs d'armes de guerre (art. 11).

La loi de 1874 a modifié en partie ces principes. Elle a rendu la surveillance facultative, lors même qu'elle est en-

1. Cass., 5 septembre 1840 (Sirey, 40, I, 826). — Cass., 19 mai 1841 (Sirey, 41, I, 510). — Lyon, 6 février 1840 (Sirey, 41, II, 644). — Blanche. Étude I, n°s 203 à 205.

courue de plein droit. Elle a voulu davantage ; elle impose aux magistrats l'obligation d'examiner, dans chaque hypothèse, la convenance qu'il y aurait à l'appliquer, et veut que l'arrêt porte la trace de cette délibération. L'oubli de cette formalité emporte nullité. Le texte est précis et la jurisprudence l'a rigoureusement appliqué; il faut seulement remarquer que cette nullité n'atteint qu'un chef de la sentence: celui relatif à la surveillance[1].

340. En matière correctionnelle, cette pénalité n'est jamais encourue de plein droit, mais seulement en vertu d'une décision. Elle s'applique non plus à raison de la peine principale, mais à cause de la nature du fait incriminé. Le législateur ne devait y recourir qu'avec une sage réserve ; loin de l'observer, il semble avoir pris à tâche d'en abuser. A la vérité, il l'a dépouillée presque partout de son caractère obligatoire. Elle ne l'a conservé que pour le vagabondage et pour la mendicité (art. 271 et 282, C. pén.); en toute autre matière, elle est facultative. On pourrait dire qu'au correctionnel ce caractère lui est naturel (voir les articles 305, 307, 315, 317, 335, 343, 362, 366, 387, 388, 389, 399, 401, 418, 419, 420, 444, C. pén.).

341. C'est surtout en cette matière, où la peine a toujours été temporaire, que l'absence d'une règle générale quant au maximum et au minimum se fait sentir. La loi réglemente chaque hypothèse en particulier et fait varier le minimum de cinq ans à deux ans et même à deux mois (lois des 10 avril et 24 mai 1834)[2].

Du moins, cette limite est-elle invariable? ou, au contraire, le juge peut-il encore l'abaisser? Cette question se dédouble. On se demande : 1° si le magistrat, qui peut affranchir de la

1. Cass., 4 avril 1874 (Sirey, 74, I, 232). — Cass., 11 février 1875 (Sirey, 75, I, 480).—Cass., 28 septembre 1876 (Sirey, 76, I, 487). La cour suprême décide par le même arrêt que cet examen doit avoir lieu, au cas même où le condamné serait déjà placé sous le coup de la surveillance par l'effet d'une condamnation antérieure.
2. Chauveau et F. Hélie, t. I, n° 77.

peine, pourrait, en la prononçant et abstraction faite de toutes circonstances atténuantes, la réduire à un laps de temps inférieur au minimum légal; — 2° si du moins il n'aurait pas le droit, appliquant l'article 463 du Code pénal, d'en décharger le coupable lorsqu'elle est obligatoire; — 3° si, en reconnaissant des circonstances atténuantes, il ne pourrait pas diminuer la durée de la surveillance sans la faire complétement disparaître.

La première partie de la difficulté ne semble pas bien sérieuse. On a voulu pourtant reconnaître au juge le droit de sortir du minimum légal, dans les cas où la peine est facultative. Puisqu'il peut en décharger le coupable absolument, *à fortiori* peut-il l'en décharger pour partie. La réponse est donnée par le vieux brocard de droit : *fecit quod non potuit, non fecit quod potuit.* Le juge ne peut appliquer la peine que dans les limites tracées par la loi; tout autre pouvoir lui est ravi[1]. Sur ce point, la jurisprudence de la Cour de cassation n'a jamais varié; aucune variation n'était même possible.

L'effet sur la surveillance de la déclaration des circonstances atténuantes a donné lieu à des difficultés autrement sérieuses. La Cour suprême avait décidé, en premier lieu, que l'article 463 ne parlant pas de cette peine, n'avait donné au juge le droit ni de la supprimer quand elle était obligatoire, ni d'en réduire la durée au-dessous du minimum légal[2]. Sans doute, en matière criminelle, le jury, en écartant la peine principale qui entraîne la surveillance, pouvait la supprimer par voie de résultance; au correctionnel, où elle n'est jamais encourue de plein droit, il en était différem-

1. Cass., 2 septembre 1837 (Sirey, 38, I, 32). — Cass., 24 novembre 1838 (Sirey, 38, I, 996).—*Contra.* Montpellier, 17 juillet 1837.—Nîmes, 26 décembre 1837 (arrêts cassés).

2. Cass., 8 mars 1833, 18 juillet 1833 (Sirey, 33, I, 411 et 876); 26 septembre 1834 (Sirey, 34, I, 837); 11 août 1837 (Sirey, 38, I, 263).— Voir encore Blanche, Étude I, n° 202.

ment. Elle est alors principale plutôt qu'accessoire. Si le résultat était rigoureux, l'argumentation était redoutable, et l'on peut dire qu'au point de vue du texte, elle était irréfutable.

Cette jurisprudence n'en a pas moins été abandonnée. Dans plusieurs arrêts rendus toutes Chambres réunies, par suite de la résistance des Cours d'appel, la Cour suprême modifia sa jurisprudence. Elle décida, en premier lieu, que les circonstances atténuantes permettaient de soustraire le coupable à l'application de la surveillance lors même qu'elle était obligatoire [1]; ensuite qu'on pouvait, grâce à elles, réduire la peine au-dessous du minimum légal [2]. Cette jurisprudence a rallié les suffrages des auteurs [3]. On peut dire qu'elle est arrivée à un résultat équitable et rationnel; il faut avouer toutefois qu'elle n'a pu l'obtenir qu'en sacrifiant le texte de la loi pénale. Cette discussion se retrouvera, du reste, en étudiant les circonstances atténuantes.

342. C. *Qu'est-ce que la rupture de ban? Quelle peine entraîne-t-elle?* — On appelle *rupture de ban* la violation des règles de la surveillance; c'est le décret du 8 décembre 1851 qui a donné à ce délit sa dénomination; jusqu'alors il n'en avait aucune.

Sous l'empire du Code de 1810, la peine méritée par cette désobéissance était facultative. Elle consistait moins dans un châtiment particulier que dans une application plus rigoureuse de la surveillance. Le Gouvernement pouvait faire détenir le condamné pendant tout le temps qui restait à courir de sa peine.

En 1832, on fit de la rupture de ban un délit spécial qui fut puni d'un emprisonnement s'élevant au maximum à cinq

1. Cass., 2 janvier 1836 (Sirey, 36, I, 74); 26 juin 1838 (Sirey, 38, I, 574); 24 novembre 1838 (Sirey, 38, I, 996); 13 septembre 1851 (Sirey, 52, I, 480).

2 Cass., 26 avril 1839 (Sirey, 39, I, 775); 9 septembre 1853 (Sirey, 54, I, 215).

3. Blanche, Étude I, n° 202. — Chauveau et F. Hélie, t. I, n° 77.

ans. Il devait être prononcé par la magistrature, et c'était une véritable peine. Pendant qu'on la subissait, la durée de la surveillance était suspendue[1].

Le décret de 1851 se montra plus sévère que la législation antérieure. Il ajouta à l'emprisonnement une seconde peine, facultative cette fois : celle de *la transportation* dans une colonie pénitentiaire pendant cinq ans au moins et dix ans au plus. Cette mesure était prise par le pouvoir exécutif sans que les tribunaux eussent à prononcer de condamnation. On cumulait ainsi les répressions en vigueur sous les deux régimes antérieurs. La suppression de ce décret par celui du 24 octobre 1870 a replacé l'infraction dont on parle sous l'empire de la loi de 1832.

343. En quoi consiste la rupture de ban? Quel est exactement son caractère juridique? Il importe de le déterminer ; suivant que l'on fera de cette infraction un délit ou une contravention, des conséquences juridiques fort graves seront produites.

La rupture de ban n'est autre chose que la désobéissance à l'ordre du Gouvernement. Ce commandement est nécessaire à son existence. Il faut que certaines résidences aient été défendues au surveillé ou qu'une localité lui ait été assignée pour qu'il puisse désobéir, soit en se rendant dans celles-là, soit en s'éloignant de celle-ci[2]. Le condamné est tenu de ne pas enfreindre l'ordre porté ; il n'est point tenu de se mettre spontanément à la disposition du pouvoir exécutif[3].

Ainsi, un étranger condamné à la surveillance est expulsé en vertu de la loi du 3 décembre 1849, sans qu'aucune résidence lui ait été assignée. Il rentre sur le territoire français.

1. Voir les autorités citées au n° 338.

2. Cass., 31 janvier 1834 (Sirey, 34, I, 490). — Cass., 13 décembre 1844 (Sirey, 45, I, 672).

3. Cass., 16 août 1845 (Sirey, 46, I, 91).

S'il peut être condamné pour le délit prévu par la loi de 1849, il ne peut l'être pour rupture de ban[1]. Le législateur ne veut donc punir que le mépris de la prescription. Il suit de là que la volonté est nécessaire et que la rupture de ban ne peut constituer une infraction purement matérielle. — D'ailleurs, la peine édictée l'indique. C'est une peine correctionnelle, et le rapprochement des articles 1 et 45 du Code pénal démontre que le fait incriminé rentre dans la classe des délits. — La raison est d'accord avec le texte. Le surveillé n'est réputé dangereux et coupable que s'il cherche à éviter le contrôle du Gouvernement. Si l'absence est le résultat d'une erreur commise de bonne foi, en sera-t-on réduit à cette extrémité de le punir[2]?

Le contraire a été soutenu et même jugé. On a dit que l'infraction ne suppose aucune perversité morale plus grande, qu'il ne s'agit dès lors que d'une contravention. — Il devrait d'autant mieux en être ainsi, ajoute-t-on, que ce genre d'infractions consiste dans la violation de formalités imposées par des lois de police. L'infraction à de telles lois n'est qu'une contravention[3].

N'est-il pas étonnant d'entendre dire que la désobéissance commise par un agent déjà frappé ne démontre pas une plus grande perversité? Le premier système est de beaucoup préférable.

344. Les conséquences sont importantes : la rupture de ban étant un délit, si l'auteur de l'infraction a des complices, ceux-ci pourront être punis[4].

L'agent coupable de ce délit et d'un autre encore est en état de récidive.

1. Colmar, 17 novembre 1862 (Sirey, 63, II, 105). — Douai, 5, 12, 13 janvier 1863 (Sirey, 63, II, 106). — Amiens, 24 mars 1876 (Sirey, 76, II, 151).
2. Blanche, Étude I, n° 215.
3. Chauveau et F. Hélie, t. I, n° 79. — Cass., 18 octobre 1845 (*Bull. crim.*, n° 330).
4. *Contra.* Rennes, 2 janvier 1862 (Sirey, 62, II, 135).

Cette solution a été très-vivement contestée. On a soutenu que la rupture de ban ne pouvait servir de point de départ à la récidive. Ceci résulterait de cette circonstance que le délit tout spécial ne serait pas compris dans l'énumération des délits ordinaires indiqués dans les articles 75 à 462 du Code pénal. — On ajoute que, si la rupture de ban pouvait constituer la récidive, le condamné se trouverait toujours fatalement dans cet état, ce délit ne pouvant être commis qu'après une première infraction. De là il suivrait, conséquence bizarre, que l'article 45 qui semble indiquer un maximum ne ferait qu'énoncer un minimum [1].

La jurisprudence a condamné ce système, tout en adoptant une distinction qui paraît fondée. Elle reconnaît que la récidive ne peut résulter du cumul de l'infraction ayant entraîné la surveillance et de la rupture de ban. Le motif de texte invoqué par la première opinion est décisif en ce qui concerne cette hypothèse. La loi n'a pu se tromper au point d'indiquer comme un maximum ce qui serait nécessairement un minimum, si l'on appliquait les règles des articles 57 et 58. Le législateur aura écarté l'aggravation de la récidive probablement par ce motif qu'il y a moins un nouveau délit qu'une inexécution de la condamnation. Ce n'est point un fait sans relation aucune avec la première infraction [2]. Il en est tout différemment des autres délits ou des autres crimes. La corrélation plus ou moins éloignée que l'on vient de signaler n'existe plus, et le motif de texte spécial a disparu. Quant à la raison donnée que le délit serait qualifié par la loi dans le livre Ier au lieu de l'être dans le livre III, elle est sans valeur. La récidive s'applique sans distinction aux délits, n'importe où ils soient énumérés. La même réponse fait disparaître la seconde raison ; le caractère du délit importe

1. Chauveau et F. Hélie, t. I, n° 79.
2. Cass., 15 juin 1837 (Sirey, 37, I, 632).

peu : la seule question est de savoir s'il existe ou non[1]. La première opinion est le résultat de l'arrêt de 1837 mal interprété ; elle s'est formée pour n'avoir pas dégagé la distinction indiquée.

Il faut seulement remarquer que cette jurisprudence de la Cour suprême est absolument contraire au principe posé par l'arrêt de 1845 et en suppose nécessairement l'abandon.

345. Le maximum de la peine applicable à la rupture de ban est indiqué par l'article 45. Il peut être encouru dans toutes les hypothèses. Ce point a fait pourtant difficulté. On a voulu combiner les deux rédactions successives de ce texte, celle de 1810 et celle de 1832. On a prétendu que l'emprisonnement ne pouvait jamais dépasser la durée de la surveillance restant à courir.

Cette opinion n'était guère soutenable. Le texte ne comporte aucune distinction. Si l'article du Code de 1810 était rédigé autrement, c'est que l'aggravation avait un caractère bien différent. Elle constituait non pas une peine proprement dite, mais un mode d'application plus rigoureux de la surveillance[2].

Le texte est muet sur le minimum de la peine ; le caractère reconnu de l'infraction indique qu'on doit le compléter par l'article 40 du Code pénal. Le juge correctionnel ne peut, en principe, prononcer des peines de simple police que s'il applique des circonstances atténuantes.

346. D'après quelle législation faut-il punir l'infraction aux règles de la surveillance ? Est-ce d'après celle en vigueur au moment où la peine de la surveillance a été encourue, ou d'après celle qui régit l'époque de la rupture de ban, ou d'après celle du moment de la condamnation ?

Lorsqu'il s'agit d'une peine proprement dite, les règles sur

1. Cass., 20 juillet 1854 (*Bull. crim.*, n° 229). — 14 novembre 1856 (Sirey, 57, I, 68). — Blanche, Étude I, n° 224.

2. Blanche, Étude I, n° 223. — Cass., 23 janvier 1840 (*Bull. crim.*, n° 31).

la non-rétroactivité des lois pénales doivent s'appliquer; mais une difficulté naît de ceci, que le législateur n'a pas toujours réprimé la rupture de ban par l'application d'une peine proprement dite. Il en était ainsi sous la législation de 1810. En a-t-il été de même sous l'empire du décret de 1851 ? La transportation ajoutée à l'emprisonnement n'était-elle qu'une simple mesure de police constituant un mode plus rigoureux de surveillance ? S'il en était ainsi, elle devenait applicable même aux surveillés qui s'étaient rendus coupables de rupture de ban avant la promulgation du décret, du moment où ils n'étaient condamnés pour ce fait que depuis.

Un auteur a été plus loin encore ; il a enseigné que la transportation était applicable non-seulement aux surveillés déclarés coupables de rupture de ban depuis le décret de 1851, mais encore à ceux condamnés antérieurement. — 1° Il s'appuie sur le principe que l'effet rétroactif n'est refusé qu'aux peines proprement dites. Or, la transportation n'est qu'une mesure de police. Le texte dit que c'est *une mesure de sûreté générale*. — 2° Si c'était une peine, elle ne pourrait être remise à l'arbitraire du Gouvernement ; c'est pourtant ce qui s'est fait. — 3° Si la solution n'était pas admise, le décret n'aurait guère d'utilité ; c'est au moment même que les mesures de sûreté générale doivent être appliquées.

Cette solution entraînait pour le condamné une conséquence favorable qui l'a fait admettre par la jurisprudence. La durée de la surveillance n'est pas suspendue pendant la transportation ; le condamné subit à la fois la surveillance et la transportation. La Cour de cassation s'y est ralliée dans cette hypothèse favorable [1].

Cette opinion qui refuse d'appliquer le principe de la non-rétroactivité se heurte à deux objections fort graves,

1. Blanche, Étude I, n° 221. — Cass., 22 janvier 1863 (Sirey, 63, I, 272).

peut-être même décisives. 1° Pour n'être pas pénale, cette mesure doit se borner à n'être qu'une application plus rigoureuse de la surveillance. Or, il n'en est pas ainsi, et la preuve s'en tire de la durée assignée à la transportation. Elle est toute différente de celle que peut avoir la surveillance, ce n'en est donc pas une application. — 2° Le régime organisé en 1810 était à cet égard fort différent. La durée de la surveillance demeurait la même ; la rigueur en était seulement augmentée. La rédaction des textes rend ce résultat évident. A la vérité, on objectera que la mesure est facultative et qu'il appartient au pouvoir exécutif de la suspendre ou de l'ordonner ; mais ne peut-on pas répondre qu'il y a des peines qui ont ce caractère et qui n'en constituent pas moins de véritables châtiments? — Sans doute ici, l'application est remise non à l'arbitraire de la magistrature, mais à celui du pouvoir exécutif. C'est une singularité et une disposition exorbitante. Le motif en est dans la raison de *salut public*; mais il serait bizarre de tirer de ce fait que le condamné est atteint d'une manière plus dure et plus arbitraire, la conséquence qu'il n'y a plus là de châtiment proprement dit. — Du reste, l'erreur évidente de M. Blanche en ce qui concerne les surveillés *condamnés* pour rupture de ban *avant le décret de* 1851 est démontrée par le texte même. L'article 1er du décret ne prononçait la transportation que contre les condamnés « *qui seront reconnus coupables de rupture de ban.* » La question ne peut se soulever que pour ceux qui, ayant commis l'infraction avant la promulgation, n'ont été qu'ensuite l'objet d'une condamnation.

Pour faire disparaître la première objection, il aurait fallu entendre le texte en ce sens que la transportation n'aurait pu être portée à dix ans ou même à cinq ans que si la surveillance avait eu encore au moins cette durée.

La teneur des articles paraissait bien contraire à une telle interprétation.

347. Le décret de 1851 a été supprimé. Est-ce à dire qu'il ne faudra jamais revenir au régime qu'il édictait, en le modifiant toutefois? L'affirmative serait bien hardie. La transportation est la seule peine efficace contre ces récidivistes obstinés qui passent leur vie dans les prisons, n'en sortant que pour y rentrer sous le coup de condamnations perpétuelles.

Il faudra probablement, pour rompre leurs habitudes de paresse et de vagabondage, le régime sévère de la transportation et le changement de pays.

CHAPITRE III.

DES PEINES EN MATIÈRE CORRECTIONNELLE.

348. Le Code pénal indique deux peines en matière correctionnelle : 1° l'emprisonnement ; 2° l'interdiction des droits civils, civiques et de famille.

I. PEINE DE L'EMPRISONNEMENT.

349. L'emprisonnement correctionnel est de même nature que la réclusion; il consiste aussi dans la privation de la liberté avec obligation au travail; toutefois il s'en distingue par des différences d'application. Il faut les préciser pour séparer cette peine de la réclusion d'une part et de la détention préventive de l'autre.

En théorie, l'emprisonnement présente avec la réclusion trois différences. 1° La première regarde le lieu d'exécution de la peine. L'emprisonnement devrait se subir dans *des maisons de correction* établies dans chaque département, et non pas dans les maisons centrales destinées aux réclusionnaires.

2° La seconde consiste dans le droit qui appartient à chaque condamné de choisir parmi les travaux auxquels on se livre dans la maison où il est enfermé. 3° La dernière est relative à la répartition des produits du travail des condamnés. Les gains obtenus par ceux qui subissent l'emprisonnement doivent être divisés en trois parts : l'une, pour faire face aux dépenses de la maison ; l'autre, pour procurer aux prisonniers quelques adoucissements ; la dernière, pour leur constituer un pécule à leur sortie. Au contraire, l'article 21 du Code pénal partage en deux les fruits du travail des réclusionnaires ; il leur en attribue la moitié et réserve l'autre pour l'État.

En pratique, ces différences sont fort atténuées.

Sous le rapport du lieu d'exécution, une ordonnance du 2 avril 1817 partage les condamnés à l'emprisonnement en deux classes, suivant la durée de la peine.

Si la condamnation excède une année, elle est subie dans une maison centrale qui sert à la fois de *maison de force* pour les réclusionnaires et de *maison de correction*. Ce mélange était un grave inconvénient. L'ordonnance essayait d'y remédier, en établissant une séparation absolue entre les condamnés à l'une et à l'autre peine ; mais ses prescriptions n'ont pas été observées. Occupés aux mêmes travaux, les détenus ont été confondus dans les mêmes ateliers.

Si la peine est inférieure à une année, les coupables sont renfermés dans les *maisons d'arrêt* établies dans chaque arrondissement et dans les *maisons de justice* placées près du siége de chaque cour d'assises. Ceci a été réglé par l'ordonnance du 6 juin 1830. Il résultait de là que les condamnés étaient confondus avec ceux qui n'étaient que prévenus. L'obligation du travail n'atteignant que les premiers, il devenait très-difficile de séparer, aux heures qui y seraient consacrées, des individus continuellement mêlés pendant le reste de la journée. Une circulaire du ministre de l'intérieur, en date du 20 août 1853, a rappelé à l'observation de la loi. Depuis lors, de louables efforts ont été tentés pour séparer les prisonniers des simples détenus, dédoubler, en quelque sorte, les prisons, et obtenir d'un côté une maison d'arrêt, de l'autre une maison de correction.

Une autre différence aussi s'est effacée. La répartition des produits du travail est la même, qu'il s'agisse de l'emprisonnement correctionnel ou de la réclusion. L'ordonnance du 2 avril 1817 a décidé que l'article 41 du Code pénal serait seul appliqué. Le Gouvernement s'est dépouillé en faveur des réclusionnaires du droit que le législateur lui avait conféré.

Il ne reste que le choix du genre de travail; encore est-il souvent accordé au condamné à la réclusion.

On voit à quel point de ressemblance en sont arrivées les deux peines.

Toutefois, si l'exécution les rapproche au point de les confondre presque, elles restent profondément différentes par les conséquences qu'elles produisent. La dégradation civique, l'interdiction légale demeurent des résultats spéciaux de la réclusion.

350. L'emprisonnement se distingue plus profondément de la détention préventive. L'un est une peine, l'autre une simple mesure de précaution destinée à prévenir la fuite de celui qui est soupçonné ou accusé soit d'un crime, soit d'un délit. Aussi, la détention préventive n'est-elle pas obligatoire; on peut en dispenser, la faire cesser, ou la remplacer par des équipollents : par exemple, par un cautionnement sous le bénéfice duquel on aura la liberté provisoire.

En outre, le détenu ne peut être astreint au travail forcé. Ses communications avec les personnes de l'extérieur doivent être aussi libres et aussi faciles que possible. Ce n'est point un coupable, mais un homme recherché à raison d'une infraction.

351. La durée générale de l'emprisonnement correctionnel est fixée par la loi entre un maximum de cinq ans et un minimum de six jours. (Art. 40.)

Cette fixation n'a pas le même caractère que pour les peines criminelles. Le législateur ne détermine qu'une seule fois la durée de celles-ci; ensuite, il se contente, dans les différentes hypothèses où elles sont méritées, de les prononcer sans revenir sur le laps de temps qui reste invariable.

Pour l'emprisonnement, la loi agit différemment. Elle fixe en détail, pour chaque délit, la quotité à appliquer; l'article 40 est comme un réservoir commun où elle vient chercher la mesure d'expiation à infliger.

Les limites indiquées ne sont même pas toujours infranchissables. Ceci est à tout le moins certain pour le maximum. Le Code l'augmente et le porte au double, notamment en matière de récidive et de crimes commis par les mineurs. (Art. 57, 58 et 67, C. pén.)

352. En est-il de même pour le minimum? La question a un intérêt pratique. Dans certaines hypothèses, la loi a oublié de le déterminer. Il en est ainsi, on l'a vu, dans l'article 45 du Code pénal, dans l'article 42 de la loi du 28 avril 1816 sur les douanes. Faut-il alors se reporter à la limite de l'article. 40, ou peut-on l'abaisser? La question est discutée.

On a soutenu que, même sans reconnaître des circonstances atténuantes, le juge pouvait réduire la peine jusqu'à un jour. Nul texte n'est violé, dit-on; et, la limite n'étant pas posée par la loi, le magistrat peut prendre l'interprétation la plus favorable.

Cette opinion ne doit point réussir. De règle, le juge correctionnel ne peut prononcer que des peines correctionnelles, et s'il n'invoque pas l'article 463 du Code pénal, il ne peut descendre jusqu'à la simple police. A quoi servirait l'article 40 du Code pénal, s'il ne s'appliquait dans ce cas? Évidemment, il est fait pour le régler[1].

353. Le législateur n'a pas seulement fixé les deux limites extrêmes de la peine, il a en outre indiqué comment il fallait en calculer la durée. Le jour de prison est de vingt-quatre heures, le mois de trente jours. Ce n'est donc point par quantième que se compte la peine d'un mois d'emprisonnement; elle ne comprend qu'un laps de temps de trente jours. Le résultat est parfois bizarre : une condamnation de douze mois d'emprisonnement sera plus courte de cinq jours qu'une condamnation à un an de la même peine.

La chancellerie a adopté une autre interprétation de l'article 40. Elle n'applique ce texte qu'au cas où la peine prononcée est seulement d'un mois. Est-elle plus longue? On compte par quantième. Cette opinion a été adoptée par des auteurs et par des arrêts [2].

Elle n'en est pas moins erronée. Le texte est trop précis; il n'indique qu'une manière de calculer la peine ; comment s'y prendre pour en trouver deux différentes suivant les cas? Les principes conduisent, d'ailleurs, à cette solution plus douce pour le condamné. A la vérité, l'autre calcul est plus simple; mais ceci n'a pas été une considération pour le législateur et il s'agit d'appliquer sa décision [3].

L'emprisonnement se subit, on l'a vu, dans des maisons d'arrêt ou dans des maisons centrales. Entre ces maisons, on choisit celle qui est située au lieu de la condamnation. Mais il se peut faire que, par une circonstance indépendante de sa

1. Cass., 11 octobre 1855 (Sirey, 56, I, 270). — Metz, 28 novembre 1855 (Sirey, 56, I, 270). — Blanche, Étude, I, n° 178.

2. Circulaires du 12 décembre 1835, du 16 mai 1840 et du 23 octobre 1841.— Trébutien, 1re édition, p. 255.— Mangin, *Action publique*, t. II, p. 154 et suiv. — Aix, 15 octobre 1862 (Sirey, 63, II, 60).

3. Blanche, Étude, I, n° 179. — Massabiau, *Manuel du Min. pub.*, t. II, n° 2520. — Boitard, *Leçons sur le Code pénal*, n° 108.

volonté, le condamné soit déposé dans une maison autre que celle où il devrait régulièrement se trouver enfermé. S'il y demeure, aura-t-il exécuté sa condamnation? La réponse se trouve dans une distinction : ou le lieu de la détention équivaut à une prison, et la peine est subie[1]; ou il en est autrement, et alors l'emprisonnement n'a pas été exécuté. Ainsi le dépôt de la Préfecture de police, à Paris, n'est point un lieu où l'on puisse subir cette peine[2].

II. INTERDICTION DES DROITS CIVILS, CIVIQUES ET DE FAMILLE.

354. Comme l'emprisonnement, l'interdiction des droits civils, civiques et de famille trouve un similaire parmi les peines criminelles; elle se rapproche de la dégradation civique.

Toutefois, on peut signaler entre elles des différences importantes.— 1° D'abord, elles n'appartiennent point à la même classe de châtiment : l'une est infamante, l'autre simplement correctionnelle. — 2° La dégradation est tantôt une peine principale et tantôt une peine accessoire; elle est alors encourue de plein droit et sans condamnation prononcée expressément. L'interdiction n'a jamais que le premier caractère; aussi ne peut-elle être appliquée que dans les cas où un texte précis autorise le juge à y condamner (art. 43). — 3° A la différence de la peine criminelle, l'interdiction est divisible. Ceci permet de faire un choix judicieux parmi les déchéances qu'elle édicte. — 4° Elle est moins étendue que la dégradation civique. Le droit de porter des décorations, de servir dans l'armée française, de tenir école, d'être employé dans un établissement d'instruction publique ne sont pas retirés par la peine

1. Cass., 23 février 1833 (Sirey, 33, I, 558).
2. Cass., 17 décembre 1850 (Sirey, 51, I, 64).

correctionnelle (art. 42). — 5° Enfin, elle est presque toujours temporaire, tandis que la dégradation est perpétuelle. Dans deux hypothèses seulement, l'interdiction prend cette durée (art. 171 et 175). Dans presque tous les autres cas, elle est temporaire (art. 86, 109, 112, 113, 123, 185, 187, 197, 335, 388, 400, 401, 405, 406, 410). Toutefois, dans deux circonstances, le législateur n'a posé aucune règle (art. 89 et 91); que décider alors? Évidemment que le juge est libre; il ne peut violer la loi ni en fixant une durée temporaire, ni en la rendant perpétuelle.

Un point à noter est que cette peine est tantôt obligatoire et tantôt facultative; en outre, le juge peut quelquefois choisir entre toutes les incapacités énumérées, et quelquefois il ne peut prononcer que certaines d'entre elles.

355. De quel jour cette peine est-elle encourue? L'article 42 est muet sur cette question. Quelques-uns font partir la peine du jour de la condamnation; d'autres enseignent qu'au cas où une peine corporelle est jointe à l'interdiction, c'est du jour où se termine le premier châtiment que commence l'execution de l'autre peine (art. 86, 197, 388, 400, 401, 405, 406, 410). Cette décision est rationnelle. Jusqu'à l'expiration de la peine corporelle, l'interdiction n'aurait en fait qu'une efficacité bien restreinte.

Dira-t-on qu'il est singulier de voir la capacité d'un coupable diminuer au moment où il vient d'achever sa peine? L'observation est juste en théorie et fausse en pratique. Est-il vraiment capable celui qui, prisonnier, ne peut faire aucun acte d'exercice de sa capacité? En fait, que la capacité soit atteinte en elle-même ou seulement dans sa révélation, les deux situations, sauf en ce qui concerne le droit de servir de témoin dans les actes, se ressemblent singulièrement.

Dans les autres hypothèses, l'interdiction partira du jour où la condamnation sera devenue définitive.

CHAPITRE IV.

DES PEINES DE SIMPLE POLICE.

356. Les peines de simple police sont énumérées par l'article 464 du Code pénal. Une seule est spéciale aux contraventions ; les deux autres rentrent dans la classe des peines pécuniaires communes.

La première est l'emprisonnement : il offre avec la même peine en matière correctionnelle trois différences. — 1° D'abord la durée est plus courte : le maximum est de cinq jours et le minimum de vingt-quatre heures. — 2° Le lieu de détention est toujours la maison d'arrêt ou de correction située au lieu de la condamnation. — 3° Le travail n'est point forcé.

CHAPITRE V.

PEINES PÉCUNIAIRES COMMUNES A TOUTES LES INFRACTIONS.

357. En outre de ces châtiments qui s'appliquent séparément à une classe spéciale d'infractions, on trouve dans notre droit des peines pécuniaires infligées tantôt à des crimes, tantôt à des délits, et tantôt à des contraventions. Chacune d'elles conserve, quelle que soit son utilité répressive, toujours le même caractère, et ne varie que dans sa quotité. Elles constituent une classe particulière qui comprend quatre châtiments :

I. L'amende.

II. La confiscation spéciale.

III. Les restitutions et les dommages-intérêts.

IV. Les frais.

§ 1.

L'amende.

558. L'origine de l'amende se trouve dans le *fredum* des législations germaniques. Elle consiste dans le versement d'une somme d'argent acquise à l'État par suite de l'infraction. Sous l'ancienne législation elle conserva toujours ce même caractère et fut attribuée au Roi et aux seigneurs justiciers, « principalement, disait Muyart de Vouglans, pour « les indemniser des frais qu'ils sont obligés de faire pour la « poursuite des criminels[1]. »

Le caractère de l'amende est de constituer une peine; elle n'est point une réparation pécuniaire imposée à raison du dommage causé, mais une privation infligée à titre de châtiment. Les articles 9, 11 et 464 du Code pénal ne peuvent laisser de doute sur ce point.

Dans la législation actuelle, l'amende est une peine commune aux trois classes d'infractions. On la trouve ordinairement appliquée aux délits et aux contraventions, elle est plus rarement usitée au grand criminel; néanmoins il s'en rencontre des exemples. (Art. 172-174, C. Pén.)

Du caractère pénal qui lui appartient découlent des conséquences notables; il importe d'en signaler quatre particulièrement importantes.

559. *Première conséquence.* — L'amende, parce qu'elle est un châtiment, ne peut être prononcée *que contre un coupable;* elle est personnelle. On ne pourrait en principe y condamner un mineur, s'il était déclaré qu'il a agi sans discernement.

1. Muyart de Vouglans, *Lois criminelles*, p. 84.

Elle ne peut non plus être prononcée contre les personnes civilement responsables[1]. Cette responsabilité civile, le nom l'indique, ne s'étend qu'à la réparation du préjudice causé; elle ne s'applique point aux conséquences purement pénales. A deux reprises, le législateur a pris soin d'en restreindre la portée aux réparations, aux dommages-intérêts et aux frais encourus en excluant l'amende. C'est son caractère propre. (Code forestier, art. 206. — Loi du 15 avril 1829 *sur la pêche fluviale*, articles 73 et 74[2].)

360. Ce principe n'est point sans exception. Il est certaines hypothèses où, si on l'eût appliqué à la rigueur, la sanction pénale fût demeurée illusoire. Ceci se produit surtout en matière fiscale; les auteurs des contraventions et des délits sont habituellement des gens insolvables, domestiques ou préposés des véritables intéressés. Il eût été trop facile à ceux-ci d'en arriver à commettre la fraude sans danger par le ministère de ces gens; ils en eussent été quittes pour les désavouer. La complicité eût été fort difficile à établir, et on n'eût pu les atteindre au moyen de la responsabilité civile. Le fisc n'eût jamais été payé de l'amende.

Cette considération a porté le législateur à déroger à la règle générale, et l'on peut citer plusieurs exceptions écrites dans des textes formels.

361. Deux d'entre elles ont le même caractère de certitude; elles consistent dans l'extension du principe de la responsabilité; on l'élargit pour y faire rentrer l'amende; personne ne les discute.

La première a été introduite en matière de douanes. « *Les* « *propriétaires des marchandises* sont responsables civilement « du fait de leurs facteurs, agents, serviteurs et domesti- « ques, en ce qui concerne les droits, *confiscations, amendes*

1. Cass., 21 avril 1827; — 15 décembre 1827; — 9 juin 1832 (Sirey, 32, I, 744). — Blanche, Étude, I, n° 285. — Chauveau et F. Hélie, t. I, n° 85.

2. Cass., 28 septembre 1838 (Sirey, 39, I, 445); — 25 février 1842 (Sirey, 42, I, 431).

« et dépens. » (Loi des 6-22 août 1791, t. XIII, art. 20.) Les propriétaires de voitures publiques sont aussi responsables solidairement des amendes encourues par leurs conducteurs pour infractions aux lois de douane. (Décret du 4 germinal an II, titre III, art. 8.)]

La même règle est posée dans les mêmes termes en matière de contributions indirectes pour les contraventions commises à l'encontre des prescriptions fiscales. (Décret du 1er germinal an XII *sur les droits réunis*, art. 35.)

362. Une troisième exception est faite en matière forestière. Les adjudicataires des coupes de bois sont responsables des amendes encourues pour tout délit forestier commis dans l'étendue de la vente ou aux alentours (jusqu'à l'ouïe de la cognée) par leurs facteurs et préposés quels qu'ils soient. (Art. 46, Cod. for.)

Pour les délits commis dans cette même étendue de terrain par des auteurs inconnus, le texte est moins précis (art. 45, C. for.) ; il déclare les adjudicataires *responsables* sans parler des amendes, d'où il semble résulter que la responsabilité soit ordinaire.

On a pourtant décidé, sous l'empire de l'ancienne ordonnance d'août 1669, que l'amende comme les réparations civiles pouvait être recouvrée contre l'adjudicataire. Il suffit à celui-ci, pour échapper à cette responsabilité, de faire dresser dans un certain délai un procès-verbal de l'infraction. S'il ne le fait pas, il en résulte contre lui une présomption de culpabilité, ou tout au moins de complicité qui le rend passible des réparations pénales et civiles[1]. Ces motifs ont fait maintenir cette jurisprudence depuis la promulgation du Code forestier[2]. On peut, malgré l'incertitude qui résulte

1. Cass., 17 avril 1807 (Sirey, 7, I, 130); — 26 juillet 1811 (Sirey, 11, I, 103).

2. Cass., 16 novembre 1833 (Sirey, 34, I, 135); — 8 mai 1835 et 23 avril 1836 (Sirey, 36, I, 426). — Sourdat, *Traité de la responsabilité civile*, t. I, nos 83 et 84.

du texte, la regarder comme fondée. Il n'est guère vraisemblable que la responsabilité édictée par l'article 45 soit différente de celle qu'établit l'article 46. En outre, l'adjudicataire est choisi par l'État comme mandataire, à l'effet d'assurer la poursuite et la répression des délits. Sa négligence constitue une faute personnelle qui prive l'État du recouvrement de l'amende. Ici la réparation civile consiste en partie dans le payement de cette amende. Comment pourrait-il en être exempté lorsque le garde forestier dont il tient la place, serait pour la même négligence tenu de ce remboursement? (Art. 6, Cod. for.) Enfin il faut reconnaître que souvent, en matière forestière, l'amende constitue une véritable réparation ; aussi ne doit-elle être prononcée qu'une fois, quel que soit le nombre des délinquants. (Art. 144, 147, 148, 192, 199, Cod. for.)

363. La quatrième exception se rencontre en matière postale. Le décret du 27 prairial an IX accorde à l'administration des postes le monopole du transport des lettres. L'article 9 porte que les maîtres de poste et entrepreneurs de voitures publiques « sont *personnellement* responsables des contra« ventions de leurs postillons, conducteurs, etc., *sauf leur* « *recours.* » On a conclu de ce texte que les entrepreneurs ne sont pas seulement responsables comme dans les deux premières hypothèses. La loi les considérerait comme *personnellement tenus*; ce seraient des *quasi-auteurs* ou des *quasi-complices*, qui devraient répondre non-seulement des conséquences civiles des délits, mais encore des amendes[1].

En sens inverse, une autre opinion a conclu que les entrepreneurs n'étaient responsables que civilement, c'est-à-dire dans les termes du droit commun ; ils ne seraient donc nullement tenus du payement de l'amende. Elle s'appuie sur l'étendue ordinaire du principe de la responsabilité et sur

1. Blanche, Étude, I, n° 294.

cette circonstance que le Code a édicté une responsabilité de droit commun et sans épithète.

La solution donnée par le premier système paraît mieux répondre à la pensée du législateur, et l'on peut admettre que cette expression *responsabilité personnelle* est prise dans un sens large, comme si la personne responsable était l'auteur même du fait incriminé[1].

Ne faut-il pas ajouter d'autres exceptions à celles-ci, et n'est-il pas des hypothèses où l'amende cesse d'être une peine pour devenir une simple réparation? C'est une question réservée que l'on examinera bientôt.

364. *Deuxième conséquence.* — L'amende étant une peine, doit faire éprouver à chaque coupable toute la privation voulue par le législateur; d'où ce résultat que, s'il se rencontre plusieurs auteurs, on doit prononcer *autant d'amendes qu'il y a d'agents.* Autrement, la somme totale de l'amende unique se divisant entre les coauteurs, la peine entière ne serait plus subie. Il suit de là que des applications différentes de la même peine peuvent être faites aux coauteurs d'une même infraction. Il importe de bien considérer, à ce point de vue, quel est le véritable condamné. Si la contravention par exemple a été commise par une société commerciale, encore qu'il existe plusieurs associés en nom collectif, l'amende sera unique. Le véritable auteur est l'être moral. C'est moins une exception que l'application même du principe général[2]. Il en serait autrement, si chacun des associés avait personnellement pris part à l'infraction[3].

Mais cette règle souffre exception lorsque la loi détermine le taux de l'amende d'après le préjudice causé. Elle constitue alors une véritable réparation, du moins à ce point de vue;

1. Cass., 5 mars 1855; — 28 février 1856.
2. Cass., 6 août 1839.
3. Cass., 14 décembre 1838.

et lorsqu'elle a été acquittée, il n'existe plus de motif pour la faire payer une seconde fois. Telle est l'hypothèse de l'article 144 du Code forestier[1].

365. *Troisième conséquence.* — Du moment où l'amende ne peut être réclamée qu'à titre de peine et par l'action publique, il suit que le décès du prévenu avant toute sentence définitive enlève la possibilité d'une condamnation. L'héritier du coupable ne peut être puni pour son auteur.

366. Cette considération rend délicate la question de savoir si l'on peut exiger du représentant l'amende à laquelle le coupable avait été définitivement condamné. On objecte avec une grande force que l'agent étant décédé immédiatement après le jugement et avant tout payement, ne peut plus subir la peine. En réalité, elle sera exécutée par un autre. On ajoute qu'il n'existe aucune différence entre l'amende et les peines corporelles : celles-ci ne pourraient plus être faites ; pourquoi l'autre serait-elle payée?

Ce système pourtant n'a point réussi. L'héritier qui ne peut être frappé d'une amende après la mort du coupable, son auteur, peut être contraint de solder celle valablement encourue. — 1° On fait remarquer que du jour de la sentence, la peine a changé de nature en quelque sorte ; ce n'est plus une amende, c'est une dette ordinaire qui grève le patrimoine. Or le successeur est tenu des dettes, et même personnellement, si l'acceptation est pure et simple. — 2° On ajoute que la condamnation a produit son effet. L'application de l'amende consiste moins dans le versement des deniers que dans la création de la dette. L'explication est ingénieuse et la solution vraie[2]. Cette conséquence fut d'ailleurs indiquée lors des discussions préparatoires et admise unanimement[3].

367. *Quatrième conséquence.* — Le principe du non-cumul

1. Cass., 24 avril 1828 (Sirey, 29, I, 40).
2. Bertauld, leçon XIII, p. 266.
3. Locré, t. XXV, p. 118. — Blanche, Étude, I, n° 300. — Chauveau et F. Hélie,

des peines s'applique à l'amende comme aux châtiments corporels; l'amende ne se cumule point avec des peines d'un autre genre, et l'on ne peut non plus cumuler plusieurs amendes prononcées par une cour d'assises, par exemple une amende criminelle et une correctionnelle. Il serait prématuré de développer cette règle qui sera traitée au chapitre *du non-cumul des peines*.

368. Ce caractère pénal de l'amende est-il essentiel? N'en trouve-t-on point qui soient moins des peines que des réparations? C'est une très-délicate question qui s'est soulevée dans quatre hypothèses différentes, savoir : en matière de douanes, de contributions indirectes, en matière postale, pour la fabrication des poudres de guerre. Il convient, encore que les principes doivent être les mêmes, au moins pour trois cas, d'examiner ces quatre hypothèses séparément.

369. En matière de douanes, une opinion fort accréditée enseigne que les amendes sont moins une peine qu'elles ne sont une réparation civile destinée à réparer le préjudice causé à l'État. — 1° Elle invoque d'abord la loi des 6-22 août 1791. L'article 20, titre XIII, porte que le propriétaire des marchandises introduites en fraude *est civilement responsable* des amendes encourues par ses préposés. La teneur de ce texte est notable. Le législateur fait rentrer naturellement, ce semble, l'amende dans la responsabilité civile. C'est-à-dire qu'il ne change pas l'étendue de cette institution; qu'au contraire, il modifie le caractère de l'amende. Elle devient une simple réparation civile. — 2° La pensée du législateur était encore mieux précisée dans l'article 56, titre V, de la loi du 28 avril 1816 sur les douanes. Il y était dit : « Les crimes « prévus par les deux articles précédents seront poursuivis,

t. I, n° 87. — Nancy, 30 août 1844 (Sirey, 44, II, 630). — Caen, 6 avril 1837 (Rec. de Caen, 1837, p. 308).

« jugés et punis, ainsi que le prescrit la loi du 20 décembre « 1815, et il sera en même temps statué *sur les condamna-* « *tions civiles en résultant*, TELLES QUE *confiscation*, AMENDE, « dommages-intérêts. » Sans doute, ce texte a été abrogé comme disposition législative; mais il conserve toute son importance au point de vue de l'interprétation des textes antérieurs.— 3° On ajoute que cette disposition n'est pas isolée. Antérieurement, le Directoire, dans un arrêté du 27 thermidor an IV, avait déféré la connaissance des contraventions de douanes aux tribunaux civils. Cette compétence indique le caractère de l'amende. Et le sens de la disposition est précisé dans le préambule, où on lit que « les peines à pronon- « cer contre les contrevenants en matière fiscale, ne sont « pas de la même nature que celles à prononcer contre les « délinquants qui troublent l'ordre social. » — 4° Les arguments qui ressortent de ces textes sont singulièrement corroborés par la procédure adoptée. L'administration des douanes exerce elle-même l'action; elle a un droit absolu de transaction au cas même où une peine d'emprisonnement serait prononcée. Donc, cette action est purement civile; elle n'a rien de commun avec l'action publique exclusivement attribuée au ministère public, et à propos de laquelle aucune transaction n'est possible. Comme cette dernière action est la seule donnée pour l'application des peines, il suit que l'amende n'a pas ce caractère. — 5° Enfin, sans cette disposition, les droits du fisc seraient souvent lésés. Les délits sont commis par des gens insolvables hors d'état de payer les amendes. Elles ne seraient jamais recouvrées si l'on n'établissait des dispositions particulièrement rigoureuses. A la vérité, la loi de 1791 n'édicte la responsabilité que contre les propriétaires des marchandises à l'égard de leurs préposés; mais pourrait-on admettre qu'un mari ne fût pas responsable de la conduite de sa femme, un père de celle de ses enfants? Il suffirait de recourir à ces personnes, plus disposées à obéir, pour échapper à toute responsabilité.

Cette opinion en arrive aux conséquences suivantes. — 1° L'amende peut être imposée au mineur, lors même qu'il aurait agi sans discernement[1]. — 2° Elle peut être recouvrée même contre les personnes civilement responsables, désignées dans l'article 1384. Il importe de ne pas se restreindre au texte de la loi de 1791. — 3° L'amende ayant un caractère plutôt réel que personnel, ne peut être prononcée qu'une seule fois pour chaque infraction, quel que soit le nombre des délinquants[2]. — 4° Il faudrait logiquement conclure de ce qui précède, que le décès du prévenu ne devrait point éteindre l'action; mais cette doctrine admet qu'il en est différemment, et l'amende, à ce point de vue, reprend son caractère pénal[3].

Cette doctrine est celle de la jurisprudence[4]; de nombreux auteurs s'y sont ralliés[5]; elle paraît trop bien assise pour être désormais ébranlée, d'autant plus que la Cour suprême a une tendance marquée à se préoccuper vivement des intérêts pécuniaires du Trésor.

370. Toutefois, cette solution soulève des objections de la plus grande gravité; il n'est pas étonnant qu'elles aient arrêté des auteurs fort distingués. — 1° Le premier reproche adressé au système dominant se tire de son inconséquence.

1. Cass., 18 mars 1842 (Sirey, 42, I, 465).

2. Cass., 4 décembre 1863 (Sirey, 64, I, 197). Cet arrêt est rendu en matière de contributions indirectes; — *Contra*. Cass., 11 juillet 1873 (Sirey, 74, I, 45).

3. Cass., 28 messidor an VIII (Sirey, 1, I, 309); — 9 décembre 1813 (Sirey, 14, I, 94). — Besançon, 21 décembre 1854 (Sirey, 55, II, 181). — Amiens, 16 mai 1868 (Sirey, 68, II, 139).

4. Cass., 6 juin 1811 (Sirey, 16, I, 304); — 17 décembre 1831 (Sirey, 32, I, 272); — 5 octobre 1832 (Sirey, 32, I, 737); — 21 août 1837 (Sirey, 37, I, 798); — 30 mars 1841 (Sirey, 41, I, 653); — 18 mars 1842 (Sirey, 42, I, 465); — 13 mars 1844 (Sirey, 44, I, 366); — 1er avril 1848 (Sirey, 48, I, 320); — 11 décembre 1863 (Sirey, 64, I, 301); — 30 novembre 1869 (Sirey, 70, I, 115); — 28 janvier 1876 (Sirey, 76, I, 89).

5. Blanche, Étude, I, nos 295-296. — Bertauld, leçon XIII, p. 266. — Trébutien, 1re édition, t. I, p. 260-261.

Ou l'amende est une peine, ou elle constitue une réparation; elle ne peut être l'une et l'autre à la fois. Or, la Cour suprême reconnaît qu'elle ne peut y faire condamner les héritiers du coupable; elle affirme que si une femme mariée est poursuivie, il n'est point besoin de mettre son mari en cause pour l'autoriser, parce qu'il s'agit d'une action pénale[1]; elle admet que le recouvrement de l'amende est garanti par la contrainte par corps, puisqu'elle est la conséquence d'un délit[2]; il est bizarre de la voir ensuite contester le caractère pénal de cette amende, alors qu'elle engendre de pareilles conséquences. — 2° Cette inconséquence devient plus sensible encore depuis la loi de 1867, qui abolit la contrainte par corps dans les matières civiles et commerciales. La difficulté fut alors soulevée à deux reprises, et le Gouvernement demanda le maintien pour l'amende de la contrainte par corps, parce qu'elle était prononcée en matière criminelle[3]. — 3° Les principes sont invoqués aussi contre la première opinion. Que l'amende de sa nature soit essentiellement une peine et qu'elle ne puisse revêtir que par accident le caractère de réparation civile, c'est ce qui n'est ni contestable ni contesté. Il faut donc interpréter restrictivement toute loi qui la rangerait parmi les réparations civiles. Or, le seul texte est celui tiré de la législation de 1791, et il ne s'applique qu'à l'égard d'une classe de personnes; donc il n'a aucun empire au respect des autres. On qualifie même de véritable abus l'interprétation qui consiste à étendre la responsabilité du propriétaire des marchandises à toutes les personnes énumérées dans l'article 1384. De fait, le texte est interprété d'une manière compréhensive. La différence entre ces personnes se conçoit d'ailleurs parfaitement; elle repose sur une pré-

1. Cass., 26 avril 1865 (Dalloz, 65, I, 267).
2. Cass., 14 février 1842 (Sirey, 42, I, 381).
3. Duvergier, *Collection des lois*, 1867, p. 191, colonne 2; p. 192, col. 1re. — Sirey, *Lois annotées*, 1867, p. 168, col. 3.

somption de fraude établie par le législateur. Il est parti de ce vieil axiome : *is fecit cui prodest.* Évidemment, il ne s'applique ni au père, ni au mari, ni au maître qui n'est pas propriétaire de la marchandise.— 4° A la vérité, la loi de 1816 était générale; mais elle est abrogée, et l'interprétation donnée par le législateur de cette époque à la loi de 1791, n'a pu avoir de force, même morale, que jusqu'à l'abrogation de la loi interprétative. — 5° L'argument tiré de la compétence déférée parfois au juge civil n'est pas sans réplique. On fait deux réponses. D'abord, il arrive parfois que le juge civil prononce de véritables peines : les articles 308 du Code civil; 89, 263 du Code de procédure civile; 504 du Code d'instruction criminelle en sont la preuve. L'arrêté du 27 thermidor an IV explique d'ailleurs par quels motifs de commodité de service la juridiction civile a été choisie. Enfin, il rapporte un autre arrêté du 24 floréal précédent qui statuait tout différemment. Évidemment, le caractère de l'amende n'a pu changer si fréquemment. En outre, la règle est que la juridiction correctionnelle est compétente. Ainsi en matière de contributions indirectes; ainsi pour les délits non attribués par des textes précis aux tribunaux civils. Or, l'amende ne peut varier de nature suivant le caractère du magistrat qui la prononce. La jurisprudence elle-même fortifie cette réponse. Elle décide que, dans le cas où il est saisi de la connaissance des délits de douane, le juge de paix statue comme *juge répressif*[1].— 6° Si l'amende était une réparation, pourrait-elle se cumuler avec le payement du droit, avec la confiscation de l'objet? Non, évidemment. Il faudrait à tout le moins distinguer dans la même matière deux sortes d'amendes, l'amende réparation et l'amende peine, ce qui est impossible. En outre, l'amende serait-elle fixe? Non, évidemment; elle serait variable pour se mesurer au préjudice causé. — 7° Et

1. Cass., 26 avril 1865 (Sirey, 65, I, 276).

les inconvénients sont-ils bien réels? Ou le mari, le père, le maître sont les propriétaires de la marchandise : ils sont atteints par la loi de 1791; ou ils n'ont pas ce caractère. Dans ce dernier cas, ont-ils employé les personnes dont ils répondent à tenter la fraude ou bien à la faire, ils seront passibles *des condamnations civiles*, et seulement sous la condition que la preuve sera fournie contre eux. Ils ne seront point tenus en vertu d'une présomption légale. — Que peut craindre le fisc? Évidemment, le propriétaire de la marchandise a une certaine responsabilité : qu'il le cherche et qu'il s'attaque à lui. — Il reste le droit de poursuite dévolu à l'administration. Mais on fait remarquer que l'exercice de l'action publique peut très-bien être remis à une administration publique, concurremment avec le ministère public. La preuve des droits qui appartiennent à l'administration des douanes sur l'action publique, se tire de cette circonstance qu'elle peut transiger et éteindre l'action, lors même qu'une peine d'emprisonnement est prononcée. Ce droit exorbitant a été donné à l'administration des douanes pour mieux sauvegarder l'intérêt pécuniaire de l'État[1]. En outre, l'influence reconnue du décès du prévenu sur l'action, démontre qu'il ne s'agit nullement de l'action civile.

371. Pour les amendes prononcées en matière de contributions indirectes la discussion est pareille, et la jurisprudence s'est formée dans le même sens. La loi du 1er germinal an XIII (art. 35) est, du reste, la reproduction exacte de la loi de 1791. Seulement, comme les amendes sont prononcées par les tribunaux criminels, l'opinion dominante perd un de ses arguments[2].

1. Merlin, Rép., V° *Délit*, V[is] *Tabac* et *Responsabilité civile des délits*. — Chauveau et F. Hélie, t. I. — F. Hélie, *Théorie du Code d'instruction criminelle*, t. II et t. III. — Sourdat, *Traité de la responsabilité civile*, t. I, n°s 79 à 81, 199; t. II, n°s 778 à 780.

2. Cass., 11 octobre 1834 (Sirey, 34, I, 708); — 1er octobre 1842 (Sirey, 42, I, 465); — 13 mars 1844 (Sirey, 44, I, 366); — 15 octobre 1840 (Sirey, 40, I,

Pour la fabrication des poudres de guerre, la Cour suprême a adopté une solution identique. Elle tire argument de l'article 25 de la loi du 25 juin 1841. Ce texte applique en cette matière les articles 222 et 223 de la loi du 28 avril 1816 sur les contributions indirectes. En outre, il résulte de la combinaison des textes que, dans les amendes, une part du tiers est attribuée à la caisse de retraite des employés. On en a conclu que toutes les règles des contributions étaient applicables, et que là aussi l'amende était une réparation[1]. Il faut remarquer que l'attribution bénévole faite par l'État d'une part de ces amendes à la caisse des retraites, n'est pas de nature à influer sur la solution. C'est toujours le Trésor qui, par le canal d'une administration ou par celui d'une autre, perçoit la somme et en dispose ensuite à sa convenance.

372. La difficulté par rapport aux contraventions de poste offre quelque chose de particulier. Les entrepreneurs de voitures publiques doivent aux maîtres de poste dont ils ne prennent pas les chevaux, une indemnité de 25 centimes par poste et par cheval attelé. (Loi du 15 ventôse an XIII, art. 2.) Toute contravention à cette règle entraîne l'application d'une amende de 500 francs, attribuée pour moitié au maître de poste qui a éprouvé le préjudice et pour moitié à l'administration des postes. Il est certain que la part revenant au maître de poste constitue une réparation ; c'est une notable différence avec les hypothèses précédentes. On peut admettre que le même caractère appartient à l'amende entière[2].

996); — 4 décembre 1863 (Sirey, 64, I, 197). Tel est l'embarras de la jurisprudence en cette matière qu'elle en arrive à décider que l'amende a un caractère mixte. Elle est à la fois pénale et civile ! — Cass., 22 juillet 1874 (Sirey, 76, I, 23).

1. Cass., 24 août 1850 (Sirey, 51, I, 464).

2. Cass., 20 décembre 1834 (Sirey, 35, I, 152) ; — 12 août 1837 (Sirey, 37 I, 679); — 28 décembre 1838 (Sirey, 39, I, 544); — 21 novembre 1840 (Sirey, 41 I, 656).

373. Le caractère de l'amende précisé, il faut déterminer sa quotité. La limite à laquelle il convient de s'arrêter en législation, a été l'objet d'une très-vive discussion. Les uns ont prétendu que le maximum devait être arrêté d'après la fortune du coupable et sans tenir compte de la gravité intrinsèque de l'infraction. Une latitude presque sans borne devrait être laissée au juge, pour arriver à faire sentir le poids du châtiment au plus riche comme au plus pauvre. Cette prémisse posée, il faut décider si, en principe, l'amende atteindra le capital même, ou si elle sera restreinte aux revenus[1]. Nouvelle difficulté qui a fourni matière à de longues dissertations. Ce système avait été adopté par notre ancien droit. L'amende particulièrement était arbitraire, et, pour la fixer, on prenait en considération non-seulement la nature du crime, mais encore *la qualité de l'accusé*[2]. Elle est encore fixée par la législation de plusieurs pays d'après la fortune du coupable[3]. En France, ce principe a fini par être abandonné; il devait l'être. En pratique, il se heurte à un écueil infranchissable; comment connaître d'une manière exacte, la fortune de chaque coupable? Les investigations même les plus persévérantes, les plus inquisitoriales, n'arriveront qu'à des résultats pleins d'incertitude, et leur indiscrétion les rendra intolérables. En droit, d'ailleurs, l'élément essentiel pour la détermination de la peine, c'est la criminalité intrinsèque du fait accompli. La richesse de l'agent n'est point un motif pour dépasser à son égard la limite de l'expiation ordinaire. Pour être plus riche, il n'est pas plus coupable. Il faut donc arrêter, pour chaque infraction, un minimum et un maximum sans prendre en considération la fortune de l'agent. La peine sera peut-être inégale, mais elle cesserait autrement d'être juste.

1. Chauveau et F. Hélie, t. I, nos 83-84.
2. Jousse, *Justice criminelle*, t. I, p. 63.
3. Code pénal d'Autriche. — Grande Charte d'Angleterre, art. 25-26-28-29.

574. Le Code a procédé de cette manière. Toutefois, il a indiqué un minimum et un maximum généraux pour les peines de simple police ; l'amende varie alors de 1 franc à 15 francs (art. 466, C. Pén.).

Que décider lorsque pour une matière plus grave une indication spéciale fait défaut? Ainsi, en matière correctionnelle, le législateur n'a point déterminé le minimum, pourra-t-on réduire la peine à celui fixé pour les matières de simple police? Il le faudra bien, encore que le juge correctionnel ne doive en principe appliquer que des peines correctionnelles. Ici, tout minimum général pour cette classe d'infractions fait défaut: le juge peut, dès lors, sans violer aucune loi, s'arrêter à la solution la plus favorable à l'accusé[1].

575. Parfois l'amende est déterminée non par une somme fixe, mais en établissant une certaine proportion entre elle et le bénéfice illégitime procuré par l'infraction. Telles sont les hypothèses prévues par les articles 164 et 172 du Code pénal. S'il veut profiter de cette latitude, le juge doit fixer d'abord la quotité du profit ainsi obtenu. Cette détermination en matière criminelle peut se trouver dans les réponses du jury comme dans l'arrêt de la Cour d'assises[2]; en matière correctionnelle, on devra en indiquer le quantum au moins dans les considérants de la décision judiciaire[3].

1. Cass., 28 août 1832 (Sirey, 32, I, 572); — 14 mars 1839 (Sirey, 39, I, 751); — 18 juillet 1840 (Sirey, 40, I, 752); — 12 novembre 1841 (Sirey, 42, I, 943); — 9 novembre 1843 (Sirey, 44, I, 453). — Bordeaux, 24 juillet 1845 (Sirey, 46, II, 266). — Chauveau et F. Hélie, t. I, n° 91.

2. Cass., 17 avril 1847 (Sirey, 47, I, 695); — 13 et 14 mars 1856 (Sirey, 56, I, 845); — 27 mars 1857 (*Bull. crim.*, n° 128); — 24 juillet 1857 (*Bull. crim.*, n° 287).

3. Cass., 4 novembre 1854 (Sirey, 54, I, 809); — 7 décembre 1860 (*Bull. crim.*, n° 278); — 23 février 1861 (*Bull. crim.*, n° 43).

§ 2.

De la confiscation spéciale.

376. La confiscation consiste à enlever à son propriétaire l'objet qui en est frappé, pour en transmettre la propriété à l'État ou pour le détruire.

La confiscation spéciale de l'objet, du produit ou de l'instrument du délit est fort différente de la confiscation générale des biens du condamné. Cette dernière seule a été prohibée par notre droit, notamment par la Charte de 1814. Elle seule mérite le reproche de Royer-Collard, et c'est d'elle qu'il disait : « Les confiscations sont l'âme et le nerf « des révolutions ; après avoir confisqué parce que l'on a « condamné, on condamne pour confisquer. » Au contraire, la confiscation spéciale est utile. Elle a pour but ou de faire disparaître complétement la trace du délit, ou d'enlever au coupable le moyen de le réitérer, ou enfin de rendre l'infraction plus inutile en ravissant à l'auteur le résultat qu'il en attendait. Pour rester spéciale, elle ne doit atteindre qu'un objet ayant un rapport immédiat avec l'infraction commise.

377. La confiscation présente toujours ce double caractère : 1° d'être une peine ; 2° d'être une peine spéciale prononcée à raison du caractère particulier de certaines infractions.

Il ne suit pas de là qu'il n'y ait qu'une espèce de confiscation. L'étude de cette peine conduit à en distinguer deux sortes.

La *confiscation réelle* s'applique aux objets à raison de leur nature délictueuse. Son but est de faire disparaître l'objet dont la seule existence constitue une contravention. Le Code en offre plusieurs exemples. La confiscation des exemplaires d'un ouvrage contraire aux lois ou aux bonnes mœurs ; celle d'armes prohibées, de boissons falsifiées, de marchandises dépourvues des marques prescrites par les règlements pour l'exportation, de poids faux et de fausses mesures, présente ce caractère (art. 287, 314, 318, 413, 428, Code pénal).

La *confiscation personnelle* n'atteint que des objets en eux-mêmes innocents. Elle a pour but de frapper le coupable et de lui retirer des biens dont il a fait des instruments de son délit ou que l'infraction lui a procurés. Lorsque la loi confisque les présents à l'aide desquels on a essayé de corrompre les fonctionnaires ou de suborner les faux témoins; les objets qui ont servi à tenir une maison de jeu clandestine, les matières d'or et d'argent sur la valeur desquelles le vendeur a trompé, les marchandises vendues à faux poids ou les recettes indûment faites par un directeur de théâtre, elle veut atteindre l'agent et non faire disparaître la chose confisquée (art. 176, 180, 364, 410, 423, 428, Code pénal).

La distinction est facile à saisir. Est-ce la chose qui est coupable en quelque sorte? La confiscation est réelle. Est-ce l'agent, et la chose est-elle en soi licite? La confiscation prend un caractère personnel[1]. Les suites en sont fort importantes.

378. Ce principe que la confiscation est une peine engendre les trois conséquences suivantes. 1° Elle ne peut être prononcée que dans les hypothèses où la loi le permet expressément. Un texte législatif est indispensable; il ne suffirait pas d'un document émané, par exemple, de l'autorité administrative. Un arrêté municipal ne pourrait l'ordonner, et il en serait de même d'un arrêté ministériel ou même d'un décret, fût-il rendu dans la forme des règlements d'administration publique[2]. Il n'importe que ces documents s'ap-

1. Mangin, *De l'action publique*, t. II, n° 280. — Bertauld, leçon XIII, p 267.
2. Cass., 22 novembre 1838 (Sirey, 40, I, 446); — 24 novembre 1853 (Sirey, 54, I, 152); — 10 février 1854 (Sirey, 54, I, 400); — 18 juillet 1861 (Sirey, 62, I, 448).

pliquent à des faits déjà défendus par la loi ; celle-ci a seule le pouvoir d'appliquer les peines à chaque infraction. Ainsi, dans tous les cas auxquels la confiscation n'a pas été étendue, les objets saisis, lors même qu'ils constituent le corps ou l'instrument, ou le produit de l'infraction, doivent être rendus au coupable[1]. — 2° Lors au contraire que la loi a parlé, l'application de la peine devient obligatoire. En vain le ministère public ne la réclamerait pas, le juge serait obligé de se conformer aux prescriptions du Code[2].

379. La confiscation ne peut jamais être prononcée qu'au cas de condamnation. Pour encourir la peine, il faut un coupable. C'est à ce point de vue que la distinction des deux espèces de confiscation est importante.

La peine est-elle réelle? le principe ne s'applique pas. La loi ne peut tolérer la remise à une personne quelconque d'un objet dont la seule présence chez elle constituerait une infraction. Qu'il y ait une sentence d'absolution ou de condamnation, l'objet qui ne peut être détenu sera fatalement confisqué.

Si au contraire la confiscation est personnelle, comment atteindrait-elle un autre que le coupable? Si l'accusé est renvoyé des fins de l'action, aucune peine ne peut lui être imposée.

Cette conséquence logique pourtant, et de plus admise par la jurisprudence, a cependant été vivement contestée. Un auteur a prétendu que la confiscation pouvait être prononcée dans tous les cas où l'existence d'une infraction a été constatée, encore qu'aucun arrêt de condamnation ne fût prononcé. — 1° Il reconnaît que l'article 11 du Code pénal peut

1. Cass., 21 avril 1826 (Sirey, Coll. nouv., 8) ; — 18 mai 1844 (Sirey, 44, I, 621) ; — 28 septembre 1850 (Sirey, 51, I, 458) ; — 6 mai 1854 (Sirey, 54, I, [illegible]) — 18 juin 1856 (Sirey, 56, I, 765), et beaucoup d'autres arrêts. — Chauveau [illegible] t. I, n° 93.

2. [illegible] [ja]nvier 1857. *Bull. crim.*, n° 9.

être opposé à cette opinion. Ce texte permet la confiscation « du corps du délit, quand la propriété en appartient *au condamné.* » Il suppose dès lors une condamnation. Mais cette expression est, dit-on, employée justement dans un membre de phrase parfaitement inexact. Il ne serait point étonnant dès lors que ces mots *au condamné* continssent une inexactitude. — 2° On ajoute qu'il est des cas où l'absurdité de l'opinion contraire serait évidente. Admettrait-on la remise à l'accusé même absous, de livres contraires aux bonnes mœurs, d'armes prohibées ou d'objets contrefaits? Non, évidemment. Cette défaite de l'opinion dominante dans plusieurs hypothèses, démontre son inexactitude. — 3° Enfin, cette solution est loin d'être contraire à l'esprit général du droit français. Le décret du 1er germinal an XIII, article 34, sur les contributions indirectes l'impose, au cas même où, le procès-verbal étant nul, aucune condamnation ne peut intervenir. Il en est de même en matière de douanes. La loi des 6-22 août 1791 (titre X, art. 23) en a une disposition formelle. Et l'on cite quelques arrêts qui seraient favorables à ce système [1].

380. Ces arguments ne sont pas suffisants pour assurer le triomphe de cette opinion. — 1° Son premier argument est conjectural. Sans doute on prétend que l'article 11 renferme une erreur lorsqu'il affirme que la confiscation du corps du délit est prononcée dans le cas seulement où la propriété appartient au coupable. En admettant même cette critique, s'ensuivrait-il que l'on doive conclure à l'existence d'une nouvelle erreur lorsque le texte suppose qu'il faut une condamnation? Il est téméraire de l'affirmer. — 2° Ce texte, en effet, cadre parfaitement avec le caractère pénal de la confiscation, caractère que le premier système est, lui

1. Blanche, *Étude*, I, nos 80 à 82. — Cass., 3 janvier 1857 (Sirey, 57, I, 398); — 12 juillet 1860 (Sirey, 60, I, 1017). Ces arrêts sont rendus en matière de vente de substances alimentaires falsifiées.

aussi, obligé de reconnaître. — 3° Quant à l'argument d'inconvénient, il repose sur une confusion certaine entre les deux espèces de confiscation. Il semble en effet que le savant auteur qui a imaginé le premier système n'ait pas accordé à cette distinction l'importance qu'elle mérite. — 4° Elle fournit le seul moyen de comprendre et de concilier les décisions de la jurisprudence. S'agit-il de confiscation réelle, par exemple de détention d'armes prohibées[1], de substances alimentaires falsifiées[2]? La jurisprudence admet que l'objet peut être confisqué encore qu'aucune condamnation ne soit prononcée. Au contraire, la peine revêt-elle un caractère personnel? La solution contraire est adoptée[3]. — 5° Une nouvelle preuve de la vérité de ce système se tire de la difficulté de prononcer la confiscation au cas où l'accusé serait mort ou absous. Comment saisir le tribunal compétent? La loi ne prévoit que deux modes d'introduction de l'instance : la citation directe donnée au prévenu ou le renvoi prononcé conformément aux articles 130 et 160 du Code d'instruction criminelle. Comment agir, si ni l'un ni l'autre de ces deux moyens ne peuvent être employés? La Cour suprême reconnaît qu'il n'y en a point d'autres[4]. L'opinion contraire en invente un troisième. Le ministère public saisira le tribunal par voie de requête. Voilà l'arrêt sur requête en matière criminelle inventé ! A la vérité, on objecte avec finesse que la Cour de cassation l'avait admis en matière de contributions indirectes[5]. On peut répondre qu'ici la Cour trouvait un texte particulier qui pouvait autoriser cette procédure. Toutefois ceci ne démontrerait-il point que la jurisprudence a été bien loin, en

1. Bourges, 12 mars 1869 (Sirey, 70, II, 22).
2. Voir les deux arrêts de 1857 et de 1860 cités plus haut.
3. Cass., 15 mars 1828. *Bull. crim.*, n° 78 ; — 24 mars 1848 (Sirey, 48, I, 579) ; — 28 septembre 1850 (Sirey, 51, I, 458).
4. Cass., 21 juillet 1838.
5. Cass., 8 juillet 1841.

interprétant dans un sens si favorable à l'administration des contributions indirectes les lois spéciales en cette matière?

381. Cette opinion souffre une exception en matière de douanes et de contributions indirectes. Lors même que l'accusé échappe à toute condamnation à cause de la nullité du procès-verbal, la confiscation peut être prononcée. La législation spéciale en a des dispositions formelles. (Loi des 6 et 22 août 1791, titre X, art. 23. — Décret du 1er germinal an XIII, art. 34.)

On en a conclu que dans ce cas la confiscation pouvait être prononcée par voie de jugement sur requête[1]; qu'elle devenait alors une réparation civile, et que le décès du prévenu ne pouvait empêcher de la faire ordonner. Elle est assimilée à la confiscation réelle.

382. L'essence de cette peine est de ne s'appliquer qu'à un objet déterminé. Elle ne peut jamais être remplacée par la perception de la valeur des choses confiscables. Si donc l'objet est dérobé à la confiscation, on ne peut le remplacer en condamnant le coupable au versement d'une somme quelconque. Il n'existe d'exception qu'au cas où la loi s'en est expressément expliquée ; ainsi en matière de délit de chasse (loi du 3 mai 1844, art. 16). Cette solution a d'abord été contestée[2]. Une étude plus attentive a ramené la jurisprudence à une solution meilleure. Cette peine consistant essentiellement dans la privation de l'objet qui avait un certain rapport avec l'infraction, on en changeait la nature en condamnant à en payer la valeur. Il y avait entre la confiscation et cet équipollent une différence analogue à celle qui existe entre une restitution et l'allocation de dommages-intérêts. Une telle métamorphose est interdite en

1. Blanche, *Étude*, I, n° 83.
2. Cass., 22 février 1822 (Sirey, Coll. nouv., 7). — Metz, 22 septembre 1835 (Sirey, 35, II, 117).

droit pénal; les châtiments ne se subissent pas par équipollents[1].

383. La confiscation, on l'a vu, est une peine spéciale appliquée à raison de la nature de l'infraction. Ce caractère produira deux conséquences importantes.

D'abord cette peine, qu'elle soit réelle ou personnelle, se cumulera avec les autres châtiments, même plus graves, qui pourraient être encourus. Les textes relatifs au cumul ne sont faits que pour les peines ordinaires; en outre, nulle indication ne permet d'établir la relation de cette peine avec les autres[2].

De même, au cas d'admission des circonstances atténuantes, le juge ne pourra ni la réduire ni en dispenser. Ceci est d'évidence lorsqu'elle est appliquée à raison de la nature de l'objet[3]. Lors même qu'elle est prononcée à cause du coupable, la solution reste identique. L'article 463 ne s'est point occupé de cette hypothèse; il n'indique pour cette peine aucun adoucissement non plus qu'aucun moyen de la remplacer.

384. La confiscation peut s'appliquer : 1° au corps du délit; — 2° au résultat du délit; — 3° à l'instrument du délit.

On entend par *corps du délit* l'objet qui le constitue. Ainsi l'arme défendue, la denrée falsifiée, la marchandise prohibée.

Le *résultat du délit* est le gain ou l'objet procuré par l'infraction. Quelquefois, le résultat et le corps du délit se confondent; il en est ainsi dans les exemples présentés. Parfois, ils se distinguent; ainsi, l'objet ou la somme donnés

1. Cass., 23 mai 1823. *Bull. crim.*, n° 70; — 11 juin 1840 (Sirey, 40, I, 968); — 14 août 1871 (Sirey, 71, I, 116).

2. Cass., 2 juin 1838 (Sirey, 39, I, 53); — 6 mars 1856, 13 mars 1856 (Sirey, 56, I, 625).

3. Cass., 14 décembre 1832 (Sirey, 33, I, 510); — 4 octobre 1839 (Sirey, 40, I, 549); — 27 septembre 1833 (Sirey, 34, I, 107).

au faux témoin, au fonctionnaire corrompu, sont le résultat de l'infraction et ne sont cependant pas le corps du délit.

L'*instrument du délit* est tout moyen matériel employé pour le commettre. Le mobilier de la maison de jeu clandestine, l'engin de chasse prohibé, la cognée qui a servi à couper les arbres situés en forêt sont les instruments du délit.

385. L'article 11 du Code pénal pose en principe que le corps du délit est confiscable, au cas seulement où il est la propriété du coupable. Cette restriction est-elle exacte? Sans aucun doute, du moment où la confiscation ne prend qu'un caractère personnel. C'est pour ne s'être pas suffisamment attaché à cette distinction capitale qu'un auteur éminent a vivement critiqué la rédaction de ce texte[1]. Il cite pour en détruire l'autorité de nombreux exemples; mais, dans presque tous la confiscation prononcée est essentiellement réelle. On doit ranger dans cette classe les articles 287, 314, 427 du Code pénal; la loi du 24 mai 1824, article 4, sur la détention d'armes de guerre; la loi du 27 mars 1851, article 5, sur la vente de substances falsifiées; la loi du 9 mai 1855, sur la falsification des boissons. La loi du 3 mai 1844 est à écarter, puisqu'elle renferme une disposition expresse. Il reste deux exemples tirés des articles 286 et 410 du Code pénal. Or, l'un de ces deux exemples n'est rien moins que décisif. Pourquoi la loi dans le dernier texte cité prononce-t-elle la confiscation du mobilier garnissant les maisons de jeu non autorisées? Pour punir ceux qui les tiennent. Or, en quoi seraient-ils punis si la peine atteignait le mobilier d'un homme innocent et qui a complétement ignoré le délit? — En outre, rien dans le texte ne fait supposer qu'il déroge à l'article 11. Puis même, y déroge-t-il? Il ne s'agit point du corps du délit, mais d'un instrument. L'exemple tiré de

1. Blanche, *Étude*, I, n° 72.

l'article 286 n'est pas beaucoup plus probant. On pourrait discuter longuement sur le caractère réel ou personnel de la peine dans cette hypothèse; mais, sans examiner cette difficulté, on peut soutenir que le Code n'a entendu parler que des exemplaires saisis chez l'un des propagateurs de l'écrit, et formant la propriété de l'un des coupables. Quant aux exemples tirés de la législation fiscale, ce qui vient d'être dit rend inutile la réfutation de l'argument qu'en tire la doctrine contraire. Ainsi, l'article 11, avec la restriction qui vient d'être faite, est exactement rédigé.

Il importe de remarquer qu'il ne s'applique ni au résultat, ni à l'instrument du délit. Le membre de phrase sur la portée duquel on vient de discuter, est spécial au corps du délit.

§ 3.

Des restitutions civiles et des dommages-intérêts.

386. L'infraction, quelle qu'elle soit, peut amener une double conséquence. Elle cause d'abord une véritable perturbation dans l'ordre social, et ce phénomène se produit nécessairement. En outre, elle peut léser l'intérêt privé de la victime, lui occasionner dans sa fortune ou dans son honneur un préjudice dont il lui soit dû réparation. De là naissent deux actions destinées à réparer le tort causé par le délit, de quelque nature qu'il soit. L'étude de ces actions fera l'objet du titre Ier du cours sur l'instruction criminelle; il importe seulement de poser, dès maintenant, les principes généraux qui les régissent.

La première est l'*action publique* qui tend à remédier par l'application d'une peine au trouble social produit par l'infraction. L'exercice en est remis d'une manière exclusive, et sauf ce qui concerne certains délits fiscaux, au ministère public. Même dans les cas exceptionnels, les particuliers n'y peuvent prendre aucune part; certaines administrations seules partagent alors les droits ordinairement réservés au ministère public. Cette action ne peut être portée que devant les tribunaux criminels.

L'*action civile*, qui est la seconde, a pour but de réparer par l'allocation d'une indemnité le préjudice pécuniaire ou moral causé à la victime de l'infraction. Elle est donnée au particulier lésé ou à ses représentants. Jamais elle ne peut tendre à l'application d'un châtiment. De sa nature, elle doit aller devant les tribunaux civils; toutefois on peut la porter, comme annexe de l'action publique, devant la juridiction répressive. Sur ce nouveau terrain, elle ne peut vivre et se soutenir sans être jointe à celle-ci.

Il est traité de l'action civile dans le Code d'instruction criminelle; pourtant deux textes du Code pénal s'en occupent, ce sont les articles 10 et 51. Elle tend à obtenir soit *une restitution*, soit *des dommages-intérêts;* ces deux objets sont notablement différents et il convient de les examiner séparément.

I. DE LA RESTITUTION.

387. La restitution consiste dans la remise faite au vrai propriétaire de la chose qui lui appartient et que l'infraction lui avait enlevée. Elle ne peut s'opérer que si l'objet se retrouve en nature, sans avoir changé de forme essentielle, *in specie*. En est-il autrement? elle devient impossible; la valeur de la chose enlevée devra être convertie dans ce cas en dommages-intérêts[1].

La restitution offre ceci de particulier qu'elle peut être ordonnée d'office au profit d'une personne qui non-seulement n'y

1. Cass., 6 juin 1845 (Sirey, 45, I, 478).

a pas conclu, mais qui n'est point partie dans l'instance. Elle n'est que l'application naturelle du droit de propriété; les tribunaux ont toujours qualité pour le faire respecter. Le vieil axiome de droit dit aussi : *res clamat domino.*

Tout magistrat, quel qu'il soit, n'a cependant pas qualité pour statuer sur la restitution. Elle ne pourrait être prononcée par une simple ordonnance du Président ; il faut un jugement ou un arrêt (art. 336, C. inst. crim.)[1].

388. Cette restitution, si juridique qu'elle soit, ne peut être ordonnée n'importe à quel moment; certaines précautions sont parfois nécessaires. Les objets à rendre constituent ordinairement *des pièces à conviction* importantes pour la décision du procès criminel, et il ne faut pas, en sauvegardant les intérêts du propriétaire, compromettre ceux de la justice répressive. Le Code d'instruction criminelle y a pourvu. La restitution ne doit être opérée qu'après que la condamnation contradictoire est devenue définitive (art. 336, C. inst. crim.). Mais que faire si la décision est rendue par contumace, c'est-à-dire par défaut? Le condamné a toute la durée de la prescription pour purger sa contumace, et, s'il reparaît pendant ce délai, la condamnation tombe. On ne peut cependant retenir si longtemps l'objet; aussi le rendra-t-on au véritable propriétaire, mais en lui imposant l'obligation de le représenter à toute réquisition et après avoir dressé un procès-verbal descriptif (art. 474, C. inst. crim.).

389. Pour statuer sur l'action civile et notamment pour ordonner la restitution, il faut que l'action publique réussisse ; s'il n'intervient pas de condamnation, la justice répressive, qui ne statue sur les réparations civiles qu'en tant qu'elles découlent d'une infraction, ne peut demeurer saisie. Cette condition est à la fois nécessaire et suffisante. Ainsi,

1. Cass., 1er juillet 1820 (Sirey, Coll. nouv., 6).

l'accusé pourra échapper à l'application du châtiment, par exemple en invoquant le principe du non-cumul[1]; la restitution n'en pourra pas moins être prononcée; l'infraction et la culpabilité du prévenu sont constatées. Ce principe s'applique rigoureusement en matière correctionnelle et de simple police (art. 161 et 189, C. inst. crim.)[2]; mais il y est fait exception pour les affaires déférées à une Cour d'assises. Malgré un acquittement ou une absolution, la Cour peut statuer sur les restitutions à ordonner ou sur les dommages-intérêts à accorder[3] (art. 366, C. inst. crim.).

II. DES DOMMAGES-INTÉRÊTS.

390. La restitution des choses enlevées peut être impossible; elle peut être insuffisante; enfin, le dommage peut ne comporter l'enlèvement d'aucune valeur individualisée. Le préjudice alors ne peut être réparé que par l'allocation de dommages-intérêts. Ceux-ci consistent dans l'attribution d'une indemnité, généralement d'une somme d'argent. Ici l'on ne s'occupe plus d'objets considérés *in specie*, c'est une application de l'article 1382 du Code civil, et non la reconnaissance d'un droit de propriété.

De cette première différence entre la restitution et les dommages-intérêts en découle une seconde fort importante. Nulle indemnité ne peut être allouée sans demande de la partie civile, ni au delà des conclusions prises par la personne lésée. Il ne s'agit plus de l'application d'un droit réel

1. Cass, 18 juin 1841. *Bull. crim.*, n° 180.

2. Cass., 7 septembre 1820. *Bull. crim.*, n° 118; — 3 novembre 1826 (Sirey, 27, I, 282); — 17 mai 1834 (Sirey, 34, I, 575); — 29 mai 1849. *Bull. crim.*, n° 151; — 2 mai 1851. *Bull. crim.*, n° 162; — 3 août 1855. *Bull. crim.*, n° 277. — *Contra.* Nancy, 30 janvier 1839 (Dalloz, 39, II, 239).

3. Cass., 30 mars 1843 (Sirey, 43, I, 639); — 12 novembre 1846 (Sirey, 47, I, 41); — 18 novembre 1854 (Sirey, 54, I, 814); — 5 février 1858 (Sirey, 58, I, 553); — 5 décembre 1861 (Sirey, 62, I, 333).

qui marque pour ainsi dire l'objet lui-même, mais de la réparation d'un préjudice que l'on ne peut constater sans une plainte de la victime.

391. Ces dissemblances font comprendre pourquoi les dommages-intérêts peuvent se cumuler avec la restitution. Celle-ci peut être insuffisante; ainsi le plaignant a perdu une chose frugifère dont le voleur a perçu les fruits jusqu'à la restitution; évidemment tout le préjudice ne sera pas réparé parce que l'on aura rendu au vrai propriétaire l'objet dérobé. L'article 51 du Code pénal a été rédigé pour indiquer aux tribunaux la latitude qui leur était donnée de réparer l'entier préjudice.

392. Ce texte pris à la lettre semblerait ne permettre l'allocation de dommages-intérêts qu'au cas où une restitution serait possible; il faut se garder de lui donner cette signification. Un préjudice constaté peut entraîner l'allocation de dommages-intérêts.

Toutefois, plusieurs conditions doivent être réunies pour que l'action civile réussisse. Il faut : — 1° que le plaignant éprouve un tort actuel et déjà causé; — 2° que la cause immédiate et directe se trouve dans le fait incriminé; — 3° enfin, que ce fait constitue une infraction.

393. Le but des dommages-intérêts est la réparation du préjudice causé. Jadis un abus véritable s'était introduit: les tribunaux, au lieu d'allouer à la partie le juste dédommagement auquel elle avait droit, frappaient le condamné de sommes plus importantes qu'ils attribuaient à une œuvre pie quelconque. L'amour-propre des plaideurs ne leur permettait pas de réclamer et le tort causé n'était jamais réparé. L'article 51 du Code pénal défend de pareilles attributions. Un arrêt qui les ordonnerait serait inévitablement cassé, sous la condition toutefois qu'il contiendrait non une indication facultative, mais une véritable prescription[1].

1. Cass., 25 février 1830 (Sirey, 30, I, 237); — 25 avril 1854 (Sirey, 56, I, 311).

394. Le chiffre des dommages-intérêts doit s'élever à la somme totale du préjudice causé; peu importe sa nature : qu'il soit moral ou matériel, il faut toujours qu'il soit réparé. Aussi, les dommages-intérêts peuvent-ils prendre quelque forme que ce soit. La publicité de la décision par affiche ou par insertion peut être ordonnée dans ce but. Le principe sera développé dans le cours d'instruction criminelle.

§ 4.

Des frais et dépens.

395. Toute poursuite criminelle, de même que toute instance civile, donne lieu à diverses sortes de dépenses que l'on désigne sous le nom de *frais*. En matière civile, une règle générale et de tous temps appliquée, les fait supporter par la partie qui succombe. Sur ce point la loi pénale a été différente suivant les époques. L'application du principe en vigueur dans le droit civil se heurtait à une autre règle universellement admise. En France, on a toujours regardé l'administration de la justice criminelle comme un devoir et même une dette de l'État, d'où la conséquence qu'il était obligé de la rendre sans frais aux justiciables. Il est naturel que le conflit de ces deux idées ait fait varier la législation.

Sous notre ancien droit, la justice criminelle était aux frais du roi et du seigneur[1]. Ils ne supportaient pas seulement les dépenses nécessitées par l'instruction à charge faite dans l'intérêt de la répression ; ils devaient encore, au cas où le prévenu était insolvable, faire les avances nécessaires pour l'instruction *à décharge*, c'est-à-dire entreprise en faveur de l'accusé[2]. Toutefois, si ce dernier était solvable, c'était à lui

1. Ordonnance de 1670, tit. XV, art. 17.
2. Ordonnance de 1670, tit. XXVIII, art. 7.

de supporter ces frais. En retour de cette obligation, on abandonnait au roi et aux seigneurs justiciers le produit des amendes et des confiscations; mais cette ressource était insuffisante[1].

La charge était fort allégée lorsqu'il existait une partie civile; celle-ci devait faire face à toutes les dépenses mises en règle à la charge de ceux qui rendaient la justice, et elle n'avait de recours que contre l'accusé lorsqu'il était condamné[2]. Le résultat était bizarre; le prévenu en face de la partie civile était traité plus défavorablement qu'au respect du roi et des seigneurs. La raison en était que le plaignant devenu partie civile n'était point tenu de rendre la justice.

396. Le droit nouveau se rallia au principe de la législation précédente et fit supporter à l'État le coût des procès criminels. Cette règle demeura en vigueur pendant assez longtemps[3]; mais comme on faisait un moindre usage de la confiscation, le fardeau déjà lourd devint exorbitant et l'on chercha le moyen de s'y soustraire. Le Directoire y parvint; la loi du 18 germinal an VII accorda au Trésor un recours pour les frais contre l'accusé condamné (art. 1er). Cette disposition a été maintenue depuis, et on la retrouve dans les articles 162, 176, 194, 211 et 368 du Code d'instruction criminelle.

397. Faut-il reconnaître qu'elle blesse ce principe que l'État doit à la société l'administration de la justice criminelle? Non. La réponse se trouve dans une distinction presque élémentaire, encore qu'elle ait passé longtemps inaperçue. Elle fut mise en lumière lors de la discussion que provoqua la loi de l'an VII, et fut opposée à la commission du

1. Voir l'arrêt du Conseil du 26 novembre 1683, rendu sur la demande de Colbert.

2. Jousse, t. II, p. 305 et 838. — Rousseaud de la Combe, p. 226 et 243.

3. Loi du 20 septembre 1790, art. 1er. — Loi du 20 nivôse an VI. — Arrêté du 6 messidor an VI.

Conseil des Anciens qui se rattachait avec vivacité au principe de la législation antérieure.

Il existe deux sortes de dépenses occasionnées par l'administration de la justice. Les unes comprennent les frais généraux qu'entraîne l'organisation d'un corps de judicature : traitement des magistrats, frais des parquets, entretien des édifices, salaires des officiers de police, etc. Ils sont à la charge exclusive de l'État qui ne peut obtenir aucun recours.

Les autres ne comprennent que les frais particuliers entraînés par une affaire déterminée : salaires des témoins et des experts, rétributions aux officiers ministériels pour les actes de leur ministère, etc. Ils sont la conséquence du crime ou du délit du prévenu, et doivent ne retomber que sur lui, s'il est convaincu. On ne pourrait, sans violer l'article 1382 et sans favoriser le coupable aux dépens des innocents, les faire supporter au Trésor public. Ceux-là seuls peuvent être mis à la charge des accusés, et notre loi a fidèlement appliqué cette distinction. On étudiera sur cette matière les deux points suivants :

I. Quels frais sont recouvrables?

II. Contre quelles personnes peut-on les recouvrer?

I. QUELS FRAIS SONT RECOUVRABLES?

598. La distinction qui vient d'être indiquée fournit la réponse à cette question. On ne peut demander que les frais particuliers du procès, ceux qui n'auraient point été faits si l'infraction n'avait pas été commise : honoraires des experts, salaires des témoins, frais de translation des prévenus, coût du transport des procédures et des pièces à conviction, indemnités accordées aux officiers de justice à raison de leurs déplacements, etc.

Une exception a été faite pour certains frais : ceux d'une copie des pièces de l'instruction à remettre à l'accusé, les salaires des huissiers pour les notifications à faire aux jurés (art. 305, 389, 394, C. inst. crim.).

A part cette réserve, tous les autres dépens doivent être compris dans la même classe et soumis aux mêmes règles. Aussi, nulle distinction ne doit être faite entre les frais des actes antérieurs à la citation donnée au prévenu et ceux des actes particuliers[1], non plus qu'entre ceux des actes qui ont servi à faire condamner le prévenu et ceux relatifs à d'autres actes devenus inutiles par suite d'un aveu du coupable ou de toute autre circonstance[2].

399. Les dépenses de l'instruction à décharge incombent au prévenu, et le Trésor n'en doit point faire l'avance. Il en peut toutefois être autrement. Si le ministère public tient pour utile l'audition des témoins indiqués par les prévenus ou tout autre errement juridique tendant à leur justification, il le peut ordonner. Les frais des actes ainsi faits à sa requête doivent être payés par l'État; l'instruction à décharge se confond alors avec l'instruction à charge (art. 321, C. inst. crim. — Art. 1, 26, 34, Tarif du 18 juin 1811).

II. CONTRE QUELLES PERSONNES LES FRAIS PEUVENT-ILS SE RECOUVRER?

400. En principe, aucune condamnation aux frais ne peut intervenir s'il n'est satisfait à ces deux conditions : 1° que la partie condamnée ait figuré sur l'instance; — 2° qu'elle ait succombé.

La règle est la même en matière civile ou criminelle; toutefois, certaines de ses applications seront contestées, il faut donc l'examiner par rapport à quatre classes de person-

1. Cass., 5 décembre 1827 (Sirey, Coll. nouv., 8); — 15 juin 1821 (Sirey, Coll. nouv., 6).

2. Cass., 16 avril 1842 (Sirey, 42, I, 799); — 19 janvier 1844, *Bull. crim.*, n° 20.

nes, savoir : 1° Le prévenu. — 2° Les personnes civilement responsables. — 3° La partie civile. — 4° Le ministère public.

401. — 1. Application de la règle en ce qui touche le prévenu. — Il est certain que tout jugement de condamnation entraîne nécessairement contre le coupable l'allocation des dépens. Le juge ne pourrait l'en décharger, soit en totalité, soit en partie, lors même que le ministère public aurait dirigé séparément des poursuites qu'il pouvait réunir. Les frais, sans doute, ont été augmentés ; ils n'en ont pas moins été faits à juste titre[1]. Il ne pourrait non plus, en déclarant la culpabilité du prévenu, restreindre l'application de la peine au payement des dépens. Les frais sont la conséquence civile de la condamnation ; mais ils ne se confondent pas avec elle[2].

L'exagération même de la poursuite n'est d'aucune considération pourvu qu'elle réussisse. Ainsi, l'action a été poursuivie devant la Cour d'assises, et il est jugé que le fait ne constituait qu'un délit ; ou encore l'infraction portée devant le tribunal correctionnel se réduit à n'être qu'une contravention ; objectera-t-on que les frais ont été inutilement augmentés par une erreur du ministère public? Le reproche est fondé, mais on répondra d'abord avec le texte que le prévenu est condamné à une peine, que dès lors il doit supporter les dépens (art. 162, 194, 211, 368, C. inst. crim.). En outre, on fera remarquer qu'en ce qui touche aux contraventions portées devant les tribunaux correctionnels, le prévenu pouvait élever une exception d'incompétence. Ne l'a-t-il pas fait? il doit être condamné avec tous les effets de droit. C'est la solution qui ressort de l'article 192 du Code

1. Cass., 15 juin 1821 (Sirey, Coll. nouv., 6) ; — 3 novembre 1826 (Sirey, 27, I, 289) ; — 24 octobre 1823 (Sirey, 24, I, 240) ; — 17 décembre 1846. *Bull. crim.*, n° 250 ; — 2 décembre 1848 (Sirey, 49, I, 541) ; — 20 septembre 1855. *Bull. crim.*, n° 326.

2. Cass., 31 décembre 1846 (Dalloz, 47, IV, 281).

d'instruction criminelle, et de cette circonstance qu'il est placé avant l'article 194. En équité, d'ailleurs, cette solution est fondée. La poursuite est due à une faute sociale du prévenu, et l'erreur s'explique par l'importance au moins relative du fait commis. Enfin, la distinction souvent est délicate à faire; il est même parfois difficile d'indiquer le moment précis où l'instruction a permis de la dégager. A qui la faute, si ce n'est au coupable[1] ?

402. Ce principe, que les dépens sont une conséquence forcée de toute condamnation à une peine, s'applique en appel comme en première instance; il n'implique pas toujours le rejet absolu des soutiens de l'accusé. Celui-ci, par exemple, condamné en première instance, a porté l'appel; la décision des premiers juges a été en partie réformée et la condamnation amoindrie. Il n'importe! Ce demi-succès n'empêchera pas que le coupable ne paye les dépens en entier. N'a-t-il pas été condamné en définitive[2] ?

Il en serait autrement si la sentence avait été confirmée sur l'appel du ministère public. Encore qu'une peine soit appliquée, il est d'évidence qu'à partir du premier jugement l'action du ministère public est devenue mal fondée. Il ne serait ni légal ni juste de faire supporter par le coupable les frais d'un appel formé contre lui et sans sa participation. On fera une répartition des dépens; ceux antérieurs au jugement seront à la charge du prévenu, les autres à celle du Trésor public[3]. Mais il faut que le coupable ait respecté complétement la décision confirmée. S'il se joint à l'attaque par un appel porté de son chef, le fût-il même après celui

1. Cass., 25 avril 1833 (Sirey, 33, I, 588).

2. Cass., 22 août 1828. *Bull. crim.*, n° 244; — 15 octobre 1830 *Bull. crim.*, n° 233.

3. Cass., 22 novembre 1828 (Sirey, 28, I, 410); — 28 avril 1854 (Sirey, 54, I, 275). — Voir, même au cas d'un appel formé par le Ministère public dans l'intérêt du prévenu : Cass., 24 mai 1832 (Dalloz, 32, I, 347).

du ministère public, la règle générale reprend son empire[1].

403. Pour que l'État obtienne l'allocation des dépens, l'application d'une peine est-elle indispensable? Ainsi l'accusé dont la culpabilité a été constatée, échappe au châtiment par le bénéfice d'une excuse, en invoquant par exemple les articles 108 et 138 du Code pénal; que décider? Évidemment qu'il devra les dépens. Un arrêt de condamnation n'en est pas moins intervenu; une peine était méritée à ce point que le prévenu pouvait être mis en surveillance. C'est seulement par une considération d'intérêt public qu'elle n'est pas encourue[2].

Il en serait de même au cas où le coupable pourrait se prévaloir du principe du non-cumul des peines. On verra plus tard que dans cette hypothèse aussi, une sentence de condamnation doit intervenir. La culpabilité est juridiquement établie, le châtiment est seulement remis.

D'où il faut conclure que le condamné qui obtient sa grâce, même entière, n'en est pas moins obligé de supporter les frais[3].

404. Une poursuite n'est pas toujours provoquée par une seule infraction; quelquefois elle en comprend plusieurs. Or, s'il arrive que l'accusé succombe sur un ou plusieurs chefs et qu'il triomphe sur d'autres, que décider pour les dépens? Une distinction naturelle doit être faite. Les diverses incriminations sont-elles connexes? l'accusé devra supporter tous les frais. Il en sera de même si la poursuite a été étendue à d'autres faits à cause du système de défense de l'accusé. On ne pouvait sans danger pour la répression poursuivre séparément les délits[4]. Au contraire, les faits

1. Cass., 2 février 1827 (Sirey, 28, I, 47).
2. Cass., 24 juillet 1840 (Sirey, 41, I, 535).
3. Nancy, 21 novembre 1845 (Sirey, 46, II, 417).
4. Cass., 21 février 1855 (Sirey, 55, I, 316); — 4 novembre 1869 (Sirey, 71, I, 175). — Cass., 18 novembre 1875 (Sirey, 76, I, 288).

sur lesquels s'appuie l'accusation étaient-ils absolument distincts et sans corrélation nécessaire? il convient d'opérer une répartition et de n'allouer à l'État que ceux qui se rapportent à l'infraction constatée. Les autres demeureront à sa charge. Cette solution a été contestée, on lui a reproché d'être contraire à l'article 419 du Code d'instruction criminelle. N'y a-t-il pas une condamnation prononcée? Il faut répondre qu'en ce qui touche les chefs d'accusation distincts à propos desquels le prévenu a été acquitté, il n'y a pas de condamnation [1].

405. Si l'on peut réunir dans une poursuite plusieurs infractions, on peut également y réunir plusieurs accusés. Qu'arrivera-t-il si l'un est acquitté et que l'autre soit condamné? Il est certain que le premier n'aura pas de dépens à supporter; mais le second les devra-t-il payer tous, même ceux faits contre son coaccusé? Oui, si les deux prévenus étaient poursuivis à raison des mêmes faits. La procédure était indivisible, et la preuve ne pouvait être fournie séparément contre chacun [2].

Il en serait autrement si l'on avait réuni dans une seule procédure des individus accusés de faits complétement différents. Évidemment cette hypothèse sera fort rare [3].

Un cas beaucoup plus fréquent est celui où l'on trouve figurant dans une poursuite unique plusieurs accusés traduits à raison de diverses infractions auxquelles ils auraient participé conjointement. Il faut distinguer avec soin les faits relatifs à chaque chef d'accusation. L'individu condamné pour un seul crime ou délit supportera dans les dépens seu-

1. Cass., 17 avril 1873 (Sirey, 73, I, 429). — *Contra*. Metz, 7 décembre 1854 (Sirey, 55, II, 113). — Voir, dans le sens de la solution professée au texte, les observations jointes à cet arrêt.

2. Cass., 12 octobre 1849; — 18 avril 1850 (Sirey, 50, I, 573-766).

3. Cass., 26 décembre 1857 (Sirey, 58, I, 492); — 17 avril 1873 (Sirey, 73, I, 429).

lement la portion afférente à cette infraction, et non une quote-part de la totalité[1].

406. Lorsque le prévenu est renvoyé de l'accusation, il semble qu'aucune condamnation ne puisse l'atteindre. Toutefois, cette solution n'est point universellement admise.

Il est une exception écrite dans un texte et bien fondée. Si l'accusé, en dernière analyse congédié des fins de la plainte, a d'abord fait défaut, ou s'est laissé juger par contumace, il devra toujours supporter les frais de cette première procédure. Sans sa faute, elle n'aurait pas eu lieu, et son innocence même lui imposait l'obligation de réfuter l'accusation (art. 187 et 478, C. inst. crim.).

407. Mais ne faut-il point à cette première exception en joindre une seconde? La jurisprudence répond affirmativement; elle distingue entre l'acquittement et l'absolution du prévenu. Dans les deux cas l'accusé évite tout châtiment, mais par des voies différentes. On dit qu'il est *acquitté*, lorsque le juge déclare qu'il n'a pas commis le fait incriminé (art. 358, C. inst. crim.). Il est *absous*, lorsqu'après avoir constaté que l'acte a été accompli par l'agent, le magistrat déclare que cet acte ne peut entraîner en droit l'application d'aucun châtiment. Il existe diverses causes d'absolution; ou le fait ne constitue aucune infraction légale, ou le prévenu était en démence lorsqu'il l'a commis, ou l'action est éteinte par la prescription, ou enfin l'agent était mineur, il a agi sans discernement.

En cas d'acquittement, personne ne doute qu'il ne soit impossible de faire supporter les frais au prévenu. Comment lui faire payer l'erreur du ministère public? Peu importe

1. Cass., 20 janvier 1843 (Sirey, 43, I, 223); — 30 janvier et 2 avril 1846 (Sirey, 46, I, 271 et 720); — 5 novembre 1846. *Bull. crim.*, n° 285; — 11 avril 1856. *Bull. crim.*, n° 150; — 30 août 1860. *Bull. crim.*, n° 215; — 17 avril 1863. *Bull. crim.*, n° 215; — 12 août 1864. *Bull. crim.*, n° 215; — 7 janvier 1859. *Bull. crim.*, n° 4.

que celui-ci ait eu les excuses les plus plausibles; lors même que le fait aurait conservé jusqu'au jour du jugement une apparence criminelle, si en réalité il ne l'était pas, le prévenu ne peut être obligé de supporter les frais d'une procédure faite à tort. La Cour de cassation a maintenu rigoureusement l'application de ce principe jusque dans les hypothèses les moins favorables[1].

408. Il en est différemment au cas d'absolution. Trois systèmes se sont formés.

Le premier fait une distinction entre les diverses causes d'absolution. Si le prévenu est renvoyé parce que le fait ne constitue pas d'infraction, ou encore parce que l'agent était en état de démence au moment de l'action, ou enfin parce que, dès avant la citation, la prescription était acquise, cette opinion admet qu'aucune condamnation aux dépens ne peut être prononcée. Il en est autrement lorsque le prévenu était un mineur et que l'on déclare qu'il a agi sans discernement, ou lorsqu'il est absous parce que la démence qui n'existait pas lors de l'action, est survenue depuis, ou enfin lorsqu'au moment de la citation, le fait que la déclaration du jury a déclaré n'être qu'un délit et qui, dès lors, est prescrit, paraissait être un crime et semblait n'être point encore couvert par la prescription. — 1° On invoque d'abord en faveur de cette opinion la différence réelle qui existe entre l'absolution et l'ac-

1. Cass., 18 germinal an X (Sirey, 7, II, 998); — 16 novembre 1832. *Bull. crim.*, n° 446; — 7 mai 1840. *Bull. crim.*, n° 127;— 13 février 1845 (Sirey, 45, I, 687); — 6 mars 1846 (Sirey, 46, I, 509); — 16 février 1854, 3 mars 1854. *Bull. crim.*, n°s 39-60. — Jugé en matière de chasse que le prévenu qui refuse d'abord de montrer son permis aux gendarmes et n'en justifie qu'à l'audience, ou encore ne prouve qu'à ce moment la permission du propriétaire du terrain, ne commet aucun délit et doit être renvoyé sans dépens. Cass., 6 mars 1846 (Sirey, 46, I, 509). — Montpellier, 12 octobre 1846 (Sirey, 47, II, 546) et arrêts antérieurs. — Cass., 15 décembre 1855 (Sirey, 56, I, 469). — Lyon, 21 janvier 1868 (Sirey, 68, II, 166).

Voir en sens contraire : Rouen, 25 octobre 1844 (Sirey, 45, I, 687). — Caen, 8 mai 1845 (Dalloz, 45, IV, 289). — Orléans, 10 mars 1846. *J. du Pal.*, 48, II, 460.

quittement. La première n'est prononcée que par un arrêt de la Cour, tandis qu'une ordonnance du Président suffit pour la seconde. L'une est plus puissante, plus absolue que l'autre. — 2° On ajoute que dans les trois cas exceptés, la poursuite était raisonnable; le mineur n'est acquitté qu'après une sentence qui constate l'infraction; le prévenu qui n'était pas en démence au jour de la citation devait être poursuivi. Il est impossible de faire supporter par l'État les frais d'une procédure à l'origine bien intentée. — 3° Enfin, au point de vue des textes, l'accusé même absous a été déclaré coupable (art. 362, 364, C. inst. crim.). Il a donc succombé. Or, cette circonstance suffit pour qu'il soit condamné aux dépens. L'article 368 le dit implicitement; il est placé après les articles 362 et 364. Il doit dès lors s'y reporter[1].

409. La jurisprudence ne s'est pas arrêtée à ce système. Elle a décidé d'abord que l'individu absous en matière criminelle ou correctionnelle ne pouvait être condamné aux dépens[2]. Elle ne faisait exception que pour le mineur qui avait agi sans discernement. On le regardait comme coupable, mais comme échappant au châtiment, en quelque sorte par des circonstances atténuantes poussées jusqu'à la remise de la peine[3].

Cette solution était illogique, les magistrats le sentaient; il en résulta dans la jurisprudence une singulière évolution. La Cour suprême en vint à déclarer qu'en cas d'absolution, les tribunaux avaient un pouvoir souverain pour condamner les accusés aux dépens ou pour les en dispenser. Pour ce cas, il n'y aurait pas eu de règle tracée par le légis-

1. Blanche, Étude I, n°s 337 à 343.

2. Cass., 14 décembre 1809. *Bull. crim.*, n° 188; — 7 novembre 1844. *Bull. crim.*, n° 360.

3. Cass., 22 septembre 1836 (Sirey, 37, I, 501); — 18 mars 1842 (Sirey, 42, I, 465); — 18 février 1841 (Sirey, 42, I, 189); — 10 juin 1842 (Sirey, 42, I, 608); — 25 mars 1843 (Sirey, 43, I, 614); — 7 janvier 1876 (Sirey, 76, I, 96).

lateur. Le juge aurait pu allouer les frais à l'État à titre de dommages-intérêts[1] !

Enfin, elle en est arrivée à juger que dans tous les cas d'absolution, les individus renvoyés des fins de la plainte devaient être condamnés aux dépens.

Les arguments qui ressortent des arrêts sont au nombre de deux. Le premier consiste à dire que le prévenu est condamné même au cas d'absolution. Il vient d'être exposé. On y ajoute cette considération que par sa conduite, le prévenu a donné lieu de le rechercher. Il y avait un juste sujet d'inquiétude et dès lors de poursuite[2].

410. Cette solution, pour victorieuse qu'elle soit, n'en est pas moins mauvaise.— 1° A quelle marque reconnaît-on que le prévenu a succombé? A celle-ci : *qu'une condamnation est prononcée contre lui*. Or, en cas d'absolution ce résultat ne peut être obtenu. Ce n'est point par grâce ou par l'effet d'une circonstance étrangère au fait incriminé que l'accusé n'est pas puni, c'est parce que le fait ne donne aucune prise à la loi pénale. Le mineur, pas plus que le majeur, n'est gracié par le juge. Il est congédié de l'accusation parce que l'élément moral du crime fait défaut. — 2° La différence signalée entre la forme de l'acquittement et celle de l'absolution n'est d'aucune considération. Au grand criminel, le jury, juge du fait, prononce souverainement sur l'acquittement, et, sa décision intervenue, il ne reste qu'à la rendre exécutoire; une ordonnance suffit. Au contraire, la Cour d'assises seule est juge du droit, et comme l'absolution repose sur un motif de droit, il faut qu'elle la prononce par un arrêt. Cette forme ne préjuge en rien les effets de l'une ni de l'autre de ces institutions. —

1. Cass., 16 décembre 1831 ; — 22 décembre 1831 (Sirey, 32, I, 233); — 2 juin 1831 (Sirey, 31, I, 346) ; — 26 mai 1837 (Sirey, 37, I, 489) ; — 13 décembre 1856 (Sirey, 57, I, 442).

2. Cass., 2 septembre 1830. *Bull. crim.*, n° 339 ;— 9 décembre 1830 (Sirey, 30, I, 180) ; — 21 août 1845 (Sirey, 45, I, 720) ; — 9 février 1854 (Sirey, 54, I, 217).

3° Quant à l'argument tiré de la conduite du coupable, de l'inquiétude qu'elle a causée et qui a motivé les poursuites, il repose sur une confusion entre la faute morale et la faute sociale. Le prévenu ne peut répondre devant les tribunaux que de la seconde, et le juge n'a point à examiner si la loi morale seule a été violée. Or, ici nulle infraction sociale n'a été commise ; aucune conséquence fâcheuse ne peut découler pour l'accusé. Là se trouve la différence qui existe entre celui qui est dispensé de subir sa peine par l'application du principe du non-cumul et celui qui est absous ; l'un est condamné, l'autre ne l'est pas. Aussi faut-il reconnaître qu'au point de vue social, le seul auquel on puisse se placer, la poursuite était mal fondée. Les dépens doivent rester au compte de l'État. — 4° La formule des articles 362 et 364 du Code d'instruction criminelle que l'on objecte ne peut être prise à la lettre. Le jury ne peut déclarer coupable celui dont la loi ne punit point les agissements ; il affirme seulement en fait ceci : que les actes incriminés ont été accomplis par l'accusé. Le texte ne veut pas dire autre chose.

Il faut donc conclure que jamais celui qui est absous ne peut être condamné aux dépens[1].

411. Au contraire, celui qui succombe ne peut jamais en être déchargé. Il ne faut pas se demander si une autre partie n'y est point également condamnée ; le coupable n'en sera pas moins obligé de les payer. Ainsi l'État pourrait avoir action contre deux personnes : par exemple, contre la personne civilement responsable ou même contre la partie civile (au moins dans une certaine opinion) et contre le prévenu[2].

1. Chauveau et F. Hélie, t. III, n°s 99 et 100 ; — Cass., 18 germinal an X (Sirey, 7, II, 999) ; — 17 ventôse an XII (Sirey, 4, I, 29) ; — 10 mai 1843 (Sirey, 43, I, 670) ; — 26 mai 1837 (Sirey, 37, I, 489) ; — 7 novembre 1844 (*Journal du Pal.*, 45, II, 361) ; — 13 février 1845 (Sirey, 45, I, 687) ; — 29 avril 1837 (Sirey, 38, I, 924) ; — 23 mars 1848 (Dalloz, 48, V, 219.)

2. Blanche, Étude I, n° 344. — Cass., 20 septembre 1855 (Dalloz, 63, V, 192).

412. Cette allocation des dépens, encore qu'elle soit une conséquence forcée de la condamnation à une peine, n'en doit pas moins être prononcée. Elle ne peut s'effectuer de plein droit, et si la décision est muette, le condamné profitera de cette omission. Pour la réparer, il n'existera d'autre remède que le pourvoi en cassation[1]. Ne l'emploie-t-on pas, et l'arrêt acquiert-il l'autorité de la chose jugée? La perte est irréparable.

Un autre résultat de ce principe est que si la décision portant condamnation à une peine s'évanouit, si le coupable meurt avant qu'elle ait acquis le bénéfice de l'irrévocabilité, la disposition relative aux dépens est réduite à néant. On ne peut dans ce cas obtenir une nouvelle condamnation contre les héritiers du coupable[2].

La jurisprudence entraînée par ses tendances a dérogé à cette règle en matière de douanes. Elle a tiré argument de cette circonstance qu'alors le décès du prévenu n'empêche pas la confiscation des marchandises. Le décès ne saurait dès lors empêcher les poursuites, et l'allocation des dépens s'ensuivra fatalement[3].

413. — **2.** Situation des personnes civilement responsables au point de vue des dépens. — Comme le prévenu et avec lui, les personnes civilement responsables peuvent être condamnées aux dépens[4]. Le payement des frais est moins une peine que la réparation du préjudice qu'entraînent pour l'État les avances faites dans l'intérêt de la

1. Cass., 17 septembre 1846 (Dalloz, 46, IV, 319).

2. Décision ministérielle du 13 mai 1823. — Cass., 21 juillet 1834 (Sirey, 35, I, 75); — 3 mars 1836 (Sirey, 36, I, 193); — 11 mars 1842. *Bull. crim.*, n° 59; — 17 janvier 1860 (Dalloz, 60, I, 200); — 18 novembre 1862 (Dalloz, 63, I, 112); Sourdat, *De la responsabilité civile*, t. II, n°s 92 et 97.

3. Besançon, 21 décembre 1854 (Sirey, 55, II, 181).

4. Cass., 8 mai 1821 (Sirey, Coll. nouv., VI); — 4 septembre 1823 (Sirey, 24, I, 102); — 18 avril 1828 (Sirey, 28, I, 384); — 4 février 1830 (Sirey, 30, I, 243); — 2 septembre 1837. *Bull. crim.*, n° 258; — 18 août 1842. *Bull. crim.*, n° 208; — 7 mars 1845. *Bull. crim.*, n° 87.

répression. S'il ne peut poursuivre le remboursement que contre le condamné, c'est que, pour y avoir droit, il faut la certitude de la culpabilité et qu'elle n'est fournie que par une condamnation devenue irrévocable (art. 194, C. instr. crim. ; art. 156 du décret du 18 juin 1811). Mais, cette condition remplie, le payement des frais se poursuivra comme celui des autres réparations civiles [1]. Toutefois la personne responsable ne peut être condamnée que si elle est partie dans l'instance.

Il faut en outre que le coupable soit mis au procès. Si aucune condamnation ne pouvait être prononcée contre le défendeur parce que la personne responsable aurait été seule assignée, l'action publique devrait être dite à tort, et aucune allocation de dépens ne serait accordée. On pourrait éviter cet inconvénient en accordant au ministère public un délai pour citer l'auteur de l'infraction; et, s'il en faisait la demande, le juge ne pourrait la rejeter pour prononcer à raison du vice de la procédure un renvoi immédiat hors de cause [2].

414. — 3. Position de la partie civile au point de vue des dépens. — Le Gouvernement a toujours cherché à diminuer le lourd fardeau que l'administration de la justice criminelle impose au Trésor public.

Sous l'ancien droit, l'ordonnance de 1670 mettait à la charge de la partie civile tous les frais, soit de l'instruction à charge, soit de l'instruction à décharge, et cela dans toutes les hypothèses. Elle ne pouvait obtenir de recours que contre l'accusé qui succombait [3].

Cette règle fut maintenue par la nouvelle législation. Alors

1. Cass., 25 mars 1843 (Sirey, 43, I, 614); — 6 mars 1846 (Sirey, 46, I, 509). — Avis du Conseil d'État du 23 fructidor an XIII.

2. Cass., 17 octobre 1827. *Bull. crim.*, n° 269;— 31 janvier 1833. *Bull. crim.*, n° 28. — Blanche, Étude I, n° 348.

3. Ordonnance de 1670. T. XXV, art. 17; T. XXVIII, art. 7.

même que l'État n'obtenait aucun recours contre le condamné, il pouvait exiger de la partie civile et même par avance le payement des dépens. On a vu également que, plus heureuse que le Trésor, celle-ci se faisait en cas de succès rembourser par le coupable. Le Code d'instruction criminelle modifia ce principe; la partie civile ne dut plus être condamnée aux frais que si elle succombait. L'État n'avait jamais qu'un débiteur : le prévenu ou le plaignant.

Cette législation était moins favorable aux intérêts du Trésor. Elle présentait à ce point de vue un double inconvénient. D'abord, elle l'obligeait à des avances parfois importantes; ensuite, elle lui retirait la garantie qu'il trouvait depuis la loi du 18 germinal an VII dans la multiplicité des débiteurs. Le décret du 18 juin 1811 eut pour objet de rendre au fisc les sûretés qu'il possédait avant l'année 1808. Que la partie civile succombât ou non, elle dut toujours depuis cette époque supporter les frais de l'instance; en outre, elle était tenue, à moins d'indigence dûment justifiée, de consigner somme suffisante pour faire face à ces dépenses. C'étaient les dispositions des articles 157 et 160 du décret.

Cette règle parut exorbitante, et l'on essaya de contester la légalité du décret du 18 juin 1811. Il modifiait évidemment les textes du Code d'instruction criminelle. La jurisprudence de la Cour suprême rendit ces efforts inutiles; elle maintint la légalité de cet acte législatif[1].

Il demeura en vigueur jusqu'à la révision faite en 1832 des Codes criminels. Alors une réforme fut demandée. Le rapport fait à la Chambre des Pairs sur ce projet de loi annonça le changement de la règle qui mettait définitivement les frais à la charge de la partie civile, lors même qu'elle triomphait.

1. Cass., 27 mai 1819 (Sirey, 19, I, 347); — 31 juillet 1829 (Sirey, 29, I, 396); — 12 novembre 1829 (Sirey, 30, I, 119).

Les paroles du rapporteur, M. de Bastard, sont de nature à faire supposer une modification absolue et s'étendant à tous les cas. On verra bientôt si ce caractère général a été reconnu à la loi nouvelle. Telle est la législation dont il faut expliquer la portée.

415. Pour que le plaignant soit passible d'une condamnation aux dépens, il faut qu'il se soit porté partie civile, qu'il soit devenu partie au procès. Si l'autre condition annoncée se rencontre aussi, s'il succombe, évidemment il devra supporter les frais. C'est l'application naturelle des règles ordinaires en cette matière.

416. Mais, si c'est au contraire le prévenu qui succombe, la partie civile sera-t-elle déchargée de ces frais? Pourra-t-elle, en cas qu'elle les ait avancés, en obtenir la restitution?

Il est une hypothèse où cette question ne présente aucune difficulté; c'est en matière de grand criminel. L'article 368 du Code d'instruction criminelle est précis. La partie civile qui triomphe ne doit point les dépens à l'État. Les a-t-elle consignés? la somme consignée doit lui être rendue.

Au contraire, lorsqu'il s'agit de délits ou de contraventions, une opinion enseigne que, même triomphante, la partie civile doit être condamnée aux frais envers le Trésor; mais elle en obtient recours sur le condamné. Cette opinion est trop solidement établie en jurisprudence pour qu'il soit possible de l'ébranler. Elle s'appuie sur l'article 157 du décret de 1811, et soutient qu'il n'a pas été abrogé complétement par la loi de 1832.— 1° D'abord, elle fait remarquer les termes de l'article 368 du Code d'instruction criminelle. Ce texte prononce l'abrogation du décret; mais, en même temps, il la limite au grand criminel. Il porte en effet : « *Dans les* « *affaires soumises au jury*, la partie civile qui n'aura pas « succombé, ne sera jamais tenue des frais. » Et plus loin : « Dans le cas où elle en aura consigné, *en exécution du dé-*

« *cret du* 18 *juin* 1811, ils lui seront restitués. » Le décret est donc maintenu. Or, comment distinguer la partie dans laquelle il l'a été, si ce n'est au moyen de la restriction écrite dans le premier paragraphe cité? — 2° On fortifie cet argument en faisant remarquer que les deux textes applicables devant les tribunaux correctionnels et de simple police, les articles 162 et 194, sont tout autrement rédigés. Cependant, une application précise eût été nécessaire pour eux comme pour l'article 368, puisque le même sens leur était auparavant donné par l'acte de 1811. — 3° Enfin, on écarte l'argument tiré du rapport de M. de Bastard, en faisant remarquer que l'opinion ni même les promesses d'un rapporteur ne peuvent jamais l'emporter sur le texte de la loi[1].

417. Ce système a soulevé de très-vives objections. — 1° On lui a reproché d'abord son inconséquence. Pourquoi la règle bonne pour les cours d'assises sera-t-elle mauvaise devant les tribunaux de police correctionnelle ou de simple police? S'il existait une hypothèse où il fallût faire à l'État la part du lion, c'était surtout au grand criminel, alors que l'instruction coûte beaucoup plus cher. Puis, quel défaut de logique à un autre point de vue encore! Les cours d'assises peuvent connaître de certains délits, lorsque la déclaration du jury les aura dépouillés du caractère de crimes que l'accusation leur attribuait. On appliquera dans cette hypothèse la règle de l'article 368. Si le ministère public, devinant mieux les réponses du jury, eût traduit les coupables devant le tribunal correctionnel, la règle aurait été renversée! — 2° La question, dit-on encore, est de savoir dans quelle mesure le décret a été modifié. Or il est facile de l'indiquer. L'article 157 entier a disparu, tandis que l'on n'a pas touché à l'article 160. Le renvoi prononcé par l'article 368 modifié ne

1. Cass., 7 décembre 1837 (Dalloz, 38, I, 427); — 26 septembre 1839.

se rapporte qu'à ce dernier texte; quant à l'autre, il est tout aussi contraire aux articles 162 et 194 qu'à celui que l'on vient d'indiquer; les deux articles ne frappent des dépens que la partie civile « *qui succombe* », dit l'un; celle, dit l'autre, contre laquelle « *est rendu un jugement de condamnation.* » En présence de ces textes abrogés partiellement du moins par le décret de 1811 et dont la signification est précise, il suffisait de prononcer une fois l'abrogation de l'article qui la modifiait. — 3° Enfin, on fait remarquer que la portée du rapport devient plus grande lorsque d'une part on le rapproche des termes de la loi et que l'on voit de l'autre l'opinion contraire se reconnaître hors d'état d'expliquer raisonnablement le changement incomplet qu'elle déclare préférable.

Évidemment, ce système est celui qui respecte le mieux l'intention du législateur. En admettant que le texte n'eût rendu qu'imparfaitement sa pensée d'ailleurs fort claire, il semble que l'interprète eût dû s'attacher plutôt à l'esprit qu'à la lettre de la loi. La jurisprudence s'est montrée plus soucieuse des intérêts du fisc que de l'application logique et satisfaisante de la loi[1].

418. Quoi qu'il en soit, et même dans le système qui a triomphé, il est intéressant de savoir dans quel cas la partie civile a réussi. Alors elle obtient un recours contre le condamné, et même au grand criminel ses avances lui sont remboursées.

Le prévenu en face d'une partie civile est l'objet d'une double action. S'il succombe sur toutes deux, s'il est d'abord frappé d'une peine et ensuite condamné à des dommages-intérêts, nul doute que son adversaire ne doive être tenu pour complétement victorieux. La difficulté ne surgit que

1. Chauveau et F. Hélie, t. I, n°s 99 et 100. — Sourdat, *De la responsabilité civile*, t. I, n° 123.

dans l'hypothèse où des deux actions l'une échoue tandis que l'autre donne un heureux résultat. Deux cas peuvent se présenter ; il les faut examiner séparément.

Ainsi une peine est prononcée contre le prévenu, mais la partie plaignante n'obtient point de dommages-intérêts. A-t-elle réussi ? A-t-elle succombé ? — Qu'a-t-elle fait? Elle a dénoncé un crime ou un délit à la répression duquel elle avait un intérêt du moins indirect. Sa prétention était fondée, et l'action publique qui était principale, aboutit à un résultat avantageux. C'est le condamné qui perd son procès, encore qu'il ne soit pas démontré que son infraction ait occasionné un dommage matériel à la partie civile[1].

Mais que décider dans l'espèce inverse : le prévenu échappe à toute condamnation pénale; toutefois le plaignant obtient des dommages-intérêts? Le principe de la prédominance de l'action publique fournit la réponse. Le prévenu ne succombe pas. Cela est si vrai que devant tout tribunal autre que la Cour d'assises, la partie civile verrait son action en réparation du préjudice causé repoussée par une exception d'incompétence. Le dommage peut nonobstant être réel; mais on ne pourra réclamer l'indemnité que devant les tribunaux civils. Une exception de faveur a été faite au grand criminel; il n'en est pas moins vrai que la partie civile a succombé dans sa prétention qu'un crime avait été commis. Elle doit être seule condamnée et sans recours aux frais envers l'État[2]. Toutefois, en fait, les tribunaux tiendront compte de cette condamnation dans le chiffre à allouer pour

1. Chauveau et F. Hélie, II, n° 100, p. 248. — Cass., 15 novembre 1861 (Dalloz, 64, I, 46). — Sourdat, *De la responsabilité civile*, II, n° 122.

2. Cass., 1er décembre 1855 (Sirey, 56, I, 467) ; — 5 décembre 1861 (Sirey, 62, I, 333) ; — 13 février 1862. *Bull. crim.*, n° 44. — Blanche, Étude I, n° 350. — *Contra*. Chauveau et F. Hélie, II, n° 100, p. 248. — Trébutien, 1re édition, t. I, p. 278. — Dalloz, *Répertoire alphabétique*, vis *Frais et dépens*, n° 985. — Cass., 22 janvier 1830 (Sirey, 31, I, 332). — Sourdat, *De la responsabilité civile*, t. I, n° 122.

les dommages-intérêts. Ils arriveront ainsi, mais seulement par une voie indirecte, à mettre en définitive les dépens à la charge du prévenu.

419. — 4. POSITION DU MINISTÈRE PUBLIC AU POINT DE VUE DES DÉPENS. — A la différence des personnes privées le ministère public ne peut jamais être condamné aux dépens. Si l'action publique est dite à tort, l'État supporte les frais qu'il a avancés pour l'instruction de l'affaire, mais on n'y ajoute point les dépenses que le prévenu a faites dans l'intérêt de sa défense. Cette règle a toujours été admise; elle s'appuie sur ce motif que le ministère public agit dans l'intérêt général. A la vérité, ce principe était sous l'ancienne législation plus équitable que sous la nouvelle. Le Trésor ne devait jamais être condamné à supporter les dépens de ses adversaires, puisque ceux-ci, de leur côté, ne les lui remboursaient jamais. La réciprocité qui existait alors a disparu; mais la règle de l'immunité pour le ministère public est demeurée. Elle ressort de la teneur des articles 162, 176, 194 et 368 du Code d'instruction criminelle. Ces textes ne supposent point que le Trésor puisse rembourser aux prévenus leurs dépens. Aussi nulle condamnation, soit directe, soit indirecte, ne peut-elle être prononcée. La jurisprudence n'a jamais hésité à entendre ainsi les dispositions d'ailleurs précises de la loi criminelle[1].

420. Ce privilége du ministère public appartient même à certaines administrations publiques dans des cas déterminés. A ce point de vue une distinction doit être faite.

Lorsqu'une administration exerce l'action répressive dans le seul but de faire respecter la loi sans poursuivre d'ailleurs un intérêt fiscal, elle agit en la même qualité que le minis-

1. De nombreux arrêts ont été rendus sur ce point. Il suffit d'indiquer les trois derniers. Cass., 22 novembre 1856 (Dalloz, 56, V, 229); — 21 novembre 1861 (Dalloz, 62, V, 173); — 12 novembre 1875 (Sirey, 76, I, 488). — Blanche, *Étude*, I, n° 322.

tère public et jouit des mêmes avantages. Aucune condamnation aux dépens ne peut être prononcée contre elle[1].

Il en est différemment si elle agit pour sauvegarder les droits pécuniaires dont l'exercice lui est confié. On la regarde alors comme une partie civile ordinaire; si elle succombe, elle doit supporter les dépens (art. 158, décret du 18 juin 1811). En ce qui concerne les frais de l'instruction à charge, cette règle n'a aucune importance, si ce n'est au point de vue de la comptabilité ministérielle. Que ce soit l'administration des Douanes ou le département de la Justice qui supporte ces dépenses, elles n'en sont pas moins à la charge du Trésor. Il n'y a d'intérêt sérieux que si le prévenu vient réclamer les frais de son instruction à décharge. Le privilége propre à celui qui agit dans un intérêt d'ordre public et général est alors refusé aux agents du fisc (art. 420 et 436, C. Inst. crim.).

CHAPITRE VI

DE L'EXÉCUTION DES PEINES.

421. Les peines, au point de vue de leur exécution, peuvent se diviser en deux classes qu'il faudra examiner séparément : les peines corporelles et les peines pécuniaires.

1. Cass., 4 juillet 1861 (Sirey, 61, I, 915). C. d'État, 16 avril 1851.

§ 1.

Exécution des peines corporelles.

422. Pour étudier complétement ce qui regarde l'exécution des peines corporelles, il sera nécessaire de résoudre quatre questions :

I. Quand la peine doit-elle s'exécuter?
II. Où doit-elle s'exécuter?
III. De quel jour commence-t-elle à courir?
IV. Quelle autorité doit veiller à son accomplissement?

423. — 1. Quand la peine doit-elle s'exécuter ? — Certaines peines sont susceptibles d'une exécution publique, la mort par exemple et autrefois l'exposition et la marque. D'autres ne la comportent pas : tels sont les châtiments qui consistent dans la privation de la liberté.

L'article 375 du Code d'instruction criminelle a été écrit en vue des premières. Il renferme un double principe.

Première règle. Nulle décision criminelle ne peut être exécutée si d'abord elle n'est devenue irrévocable. L'exécution provisoire est impossible en pareille matière, parce qu'elle serait irréparable. Aussi toute voie de recours est-elle suspensive : le pourvoi en cassation comme l'appel. On aura l'occasion de développer cette règle en étudiant le point de départ des peines temporaires. Cette conséquence a porté le législateur à restreindre les délais accordés pour attaquer les décisions rendues au criminel.

Seconde règle. La sentence devenue irrévocable doit être immédiatement exécutée : aucun juge ne peut accorder de sursis, fût-ce en l'inscrivant dans l'arrêt même de condamnation. A *fortiori*, ce que le magistrat ne peut faire, ne pourrait être non plus tenté par le ministère public.

424. Ce n'est point à dire que jamais l'accomplissement de la sentence ne puisse être retardé; mais ce sera seulement en vertu d'une disposition légale. Le législateur a du reste prescrit plusieurs sursis.

Le premier repose sur un motif de convenances publiques. Aucune exécution ne peut avoir lieu les jours de fêtes nationales ou religieuses ni les dimanches (art. 26, C. pénal).

Le second est inspiré par une pensée d'humanité. La loi défend de mettre à mort les femmes condamnées lorsqu'il est reconnu qu'elles sont enceintes (art. 27, C. pénal). C'est l'application de la maxime Romaine : *Non debet calamitas matris ei nocere qui in ventre est*[1].

On ne doit même pas s'attacher au texte de la loi lorsqu'il parle d'une déclaration préalable de la condamnée. Encore qu'elle se tût, si la grossesse était vérifiée, le sursis serait acquis. L'intérêt seul de l'enfant a été pris en considération. L'ordonnance de 1670 (t. XXV, art. 13) prescrivait la vérification même d'office lorsque la femme paraissait enceinte.

La législation intermédiaire allait plus loin; elle défendait aussi de mettre en jugement la femme accusée d'un crime capital lorsqu'elle était grosse. (Loi du 23 germinal an III.) Cette prescription est dictée par un esprit d'humanité; on conçoit que les angoisses naissant des débats et surtout d'une condamnation capitale, puissent avoir des conséquences funestes pour la vie de l'enfant. Mais notre Code pénal n'a point conservé cette exception; elle ne saurait dès lors être reproduite.

D'autres sursis sont imposés par le Code d'instruction criminelle, notamment par les articles 379, 443, 444 et 445. Si le condamné est inculpé d'un crime plus grave que celui

1. L 5. *De statu hominum*, ff

pour lequel il a été poursuivi, de parricide par exemple, ou encore si quelque doute fondé s'élève sur sa culpabilité, l'exécution doit être nécessairement suspendue.

425. A côté de ces exceptions prévues par la loi s'en place une autre qui ne découle point d'un texte écrit, mais que le bon sens commande. Lorsque le condamné a formé un recours en grâce, l'exécution de la sentence doit être suspendue. Jadis un ordre du ministre était nécessaire pour chaque espèce. Une circulaire ministérielle, du 27 septembre 1830, a changé la règle et l'a rendue plus raisonnable. Le sursis est de droit ; il dure jusqu'à la décision qui intervient sur le recours en grâce[1].

426. — **2. Dans quel lieu la peine doit-elle s'exécuter?** — Pour résoudre cette question il faut s'occuper d'abord de la peine de mort; ensuite des autres peines. En raison, la peine susceptible d'une exécution publique doit être subie là où le crime a été commis ou dans un endroit voisin ; elle satisfait ainsi à la condition d'exemplarité dont il a été parlé. C'était aussi la règle posée par notre ancienne législation. Le coupable était renvoyé subir sa peine dans la localité témoin de son forfait[2].

Le principe fut quelque peu modifié par les lois de l'époque intermédiaire. La condamnation fut appliquée là où elle avait été prononcée. Cette disposition se trouve écrite notamment dans le Code du 3 brumaire an IV. Il ordonne que la sentence sera exécutée sur une des places de la commune où le tribunal criminel aura siégé (art. 445).

Le Code de 1810 ne voulut point changer cette règle ; les discussions préparatoires révèlent seulement chez le législateur l'intention de rendre la peine plus exemplaire, en per-

1. Massabiau, *Manuel du min. public*, t. II, n° 2453.
2. Ordonnance de 1670, t. XXVI, art. 16.

mettant aux magistrats de confondre le lieu d'exécution avec celui du crime, lorsque cette localité se trouvait éloignée du siége du tribunal. De là vient la rédaction de l'article 26. Le législateur, préoccupé du pouvoir nouveau qu'il donnait aux juges, n'a point formulé la règle à appliquer pour le cas où les magistrats n'useraient pas de la puissance qu'il leur attribuait.

427. Le pouvoir des tribunaux sur ce point est sans restriction. Ils peuvent donc ordonner, s'il y a plusieurs coupables, que l'exécution aura lieu dans des localités différentes[1], ou encore la fixer dans une commune située en dehors de leur ressort. La loi ne le défend pas[2]. Mais l'autorité judiciaire doit se borner à indiquer la commune où la condamnation sera subie.

Le choix de l'emplacement réservé aux exécutions appartient à l'autorité administrative chargée de maintenir l'ordre et d'assurer la circulation dans les rues et sur les places publiques[3]. C'est une application du principe de la séparation des pouvoirs.

428. Il ne suffit pas de désigner le lieu de l'exécution, il faut encore pour la préparer certains travaux auxquels les ouvriers dont le concours est nécessaire ne se prêtent qu'avec répugnance. La législation a donné au gouvernement un moyen de vaincre leurs résistances; aux termes de la loi du 22 germinal an IV, le ministère public est armé du droit de requérir l'assistance des ouvriers qui lui sont utiles. Tout refus serait puni d'abord d'une peine de simple police et en cas de récidive de l'emprisonnement (L. 22 germinal an IV, art. 1 et 2).

429. On s'est demandé dans quelle commune devrait se

1. Cass., 17 janvier 1812.
2. Cass., 23 décembre 1827. Arrêt inédit.
3. Cass., 17 septembre 1857 (Sirey, 57, I, 880); — 6 juin 1861 (Dalloz, 61, V, 356).

faire l'exécution dans le cas où l'arrêt ne contiendrait aucune indication de lieu. Le texte, si on l'examine en lui-même, ne fournit point de réponse; elle se trouve dans l'historique rapproché des discussions préparatoires. Il en résulte que la peine est subie au lieu où réside le tribunal qui a prononcé la condamnation. Le silence du juge indique qu'il n'a point voulu exercer l'option qu'on lui avait remise; ce n'est point une cause de nullité de l'arrêt[1]. La désignation omise ne pourrait être suppléée ni par une seconde sentence, ni par le ministère public. L'arrêt est complet et se suffit à lui-même; en outre le ministère public ne peut que faire exécuter les sentences et non les compléter.

430. Les lieux où se subissent les peines autres que la mort ont été déjà énumérés. On sait que les condamnés aux travaux forcés sont transportés dans une colonie désignée par le chef du pouvoir exécutif. — Le lieu de la déportation ne peut être fixé ni par suite changé que par une loi. — La forteresse où doit se subir la détention est désignée par le gouvernement. — Quant à la reclusion, elle s'exécute dans des *maisons centrales* dont le pouvoir exécutif fixe aussi l'emplacement. — Enfin, pour l'emprisonnement, on a créé les maisons de correction situées au siége de chaque tribunal d'arrondissement.

En principe, le condamné doit subir sa peine dans la maison de l'espèce affectée à l'exécution du châtiment qu'il a encouru. On a vu déjà quelle serait la conséquence d'un internement subi dans une maison qui ne serait pas consacrée au genre de peine prononcée (voir n° 353).

431. Pour la reclusion et pour l'emprisonnement, il faut

1. Cass., 16 décembre 1842 (Sirey, 43, I, 743); — 21 janvier 1847 (Sirey, 49, I, 720); — 17 novembre 1859 (Sirey, 60, I, 192); — 20 mars 1862, *Bull. crim.*, n° 88. — 5. 4 janvier 1866 (Dalloz, 66, V, 346). — Blanche, *Étude*, I, n° 139. — Chauveau et F. Hélie, t. I, n° 106. — Massabiau, *Manuel du ministère public*, t. II, n° 2463.

encore, le genre de maisons de détention propre à la peine prononcée étant connu, choisir entre les prisons de la même classe, celle qui recevra le coupable. S'agit-il de maisons centrales ? Le choix appartiendra au pouvoir exécutif. Chaque maison de force est affectée aux condamnés d'un certain nombre de départements désignés par l'autorité administrative. Celle-ci peut changer l'ordre établi par elle-même, suivant les exigences des services administratifs.

Pour l'emprisonnement correctionnel la règle est différente. La condamnation est subie dans la maison placée au siége du tribunal qui l'a prononcée. Si un appel a été porté, une distinction devient nécessaire : ou le jugement a été confirmé, et la peine se fera à la prison du tribunal d'arrondissement; ou le jugement a été réformé, dans ce cas le condamné sera enfermé au siége de la Cour d'appel[1].

Il faut noter que l'erreur commise par le ministère public ne saurait avoir de conséquences fâcheuses pour le condamné. Celui-ci a toujours été enfermé dans une prison du genre de celles destinées à faire exécuter la peine prononcée; il serait injuste de lui faire subir les conséquences d'une erreur qui peut-être n'est pas la sienne.

432. — 3. Quel est le point de départ des peines temporaires ? — Si l'on se demande, au point de vue rationnel, quel doit être le point de départ des peines temporaires, on sera conduit à répondre que c'est le jour où commence leur exécution effective, le jour de l'entrée du condamné dans la prison où il doit séjourner. Cependant le droit pénal français n'a point admis ce principe. Le législateur a considéré que presque toujours le condamné est déjà incarcéré, il a voulu lui tenir compte de cette privation de liberté. En outre il a considéré que cette fixation offrirait

1. Chauveau et F. Hélie, t. I, n° 119.

un réel inconvénient; il dépendrait du ministère public de prolonger la durée de la peine en retardant le point de départ : il n'aurait qu'à maintenir le condamné dans les lieux de la détention préventive. Aussi a-t-on décidé que l'exécution du châtiment serait réputée commencer le jour où la sentence deviendrait irrévocable (art. 23, C. pénal).

C'est le point de départ commun aux peines criminelles et aux correctionnelles. En ceci la loi de 1832 a amélioré le régime antérieur. Le Code de 1810 faisait une distinction entre l'emprisonnement d'une part, les travaux forcés à temps et la reclusion de l'autre. Ces deux peines ne commençaient à courir que du jour de l'exposition publique. Sans doute le Code déterminait le délai dans lequel l'exposition devait être subie, mais il se pouvait faire que la loi ne fût pas observée et la peine ne commençait pas. La dernière rédaction de l'article 23 a fait disparaître cet inconvénient.

453. On sait à partir de quel moment la sentence criminelle devient irrévocable. Il faut que les délais impartis pour l'exercice de toutes les voies de recours soient écoulés. Le jugement est-il susceptible d'appel? Le temps marqué pour porter appel doit être passé. L'appel a été porté? il faut qu'il ait été jugé et que l'on ne puisse plus se pourvoir contre l'arrêt. Un pourvoi a-t-il été formé? Il faut non-seulement que la Cour suprême ait statué; mais encore, si le pourvoi a été admis, que la cour saisie sur le renvoi ait aussi prononcé et que son arrêt ne puisse plus former la matière d'un nouveau pourvoi.

454. A cette règle, que la peine commence à courir seulement du jour où l'arrêt est devenu irrévocable, la loi apporte une exception notable. Elle est relative à l'emprisonnement correctionnel. La ressemblance de cette peine avec la détention préventive est fort grande; le législateur s'en est montré touché; il a voulu que, dans certaines circonstances, la détention pût compter en faveur du condamné du jour du premier jugement rendu (art. 24, C. Pén.).

Trois conditions sont nécessaires pour obtenir ce bénéfice : — 1° Il faut d'abord que le condamné soit en état de détention préventive. Le prévenu laissé en liberté, même sous caution ne saurait jouir de cet avantage. Il n'a point été privé de sa liberté. — 2° Il faut avoir été condamné à l'emprisonnement par le premier jugement. — 3° Enfin le condamné doit avoir respecté la décision du tribunal correctionnel, ou s'il l'attaque avoir triomphé dans son attaque.

Les deux dernières conditions demandent seules quelques explications.

455. Tout d'abord le tribunal correctionnel doit avoir prononcé une peine d'emprisonnement. Nul châtiment ne peut être subi avant d'avoir été infligé; le législateur fait déjà au condamné un grand avantage en assimilant l'emprisonnement à la détention préventive; il ne pouvait aller plus loin sans heurter, et sans motif, les règles juridiques les plus certaines. Ainsi le jugement de police correctionnelle condamne à l'amende un prévenu, en état de détention préventive; le ministre public l'y maintient et porte l'appel; en dernière analyse une peine d'emprisonnement est prononcée. La durée de la peine sera calculée conformément à l'article 23, c'est-à-dire du jour où l'arrêt sera devenu irrévocable[1].

La difficulté se présente surtout dans une hypothèse voisine de celle que l'on vient d'examiner. Un prévenu est frappé d'abord de quinze jours d'emprisonnement; le ministère public porte l'appel et maintient l'accusé pendant un mois en état de détention; au bout de ce temps il intervient un arrêt qui prononce une peine d'un mois de prison. Est-elle subie? Oui, jusqu'à concurrence de quinze jours prononcés

1. Pau, 14 décembre 1861 (Sirey, 62, II, 204).

par le premier juge, non pour le temps qui dépasse. Il n'y avait plus de peine à subir, plus de condamnation à exécuter, une fois les quinze jours écoulés[1].

456. Il faut encore que le condamné ait respecté la décision rendue; ou, s'il l'attaque, qu'il ait triomphé. Ainsi le recours exercé par le ministère public n'est, à ce point de vue, d'aucune considération. Si l'appel ou le pourvoi formé par la partie publique ne réussit pas, il est d'évidence qu'une attaque dirigée à tort contre le condamné ne peut empirer sa situation. Lors même qu'elle réussit et que la peine est augmentée, le coupable est assez puni par l'aggravation du châtiment sans qu'on ajoute encore à la durée de celui-ci la durée de la détention préventive. Le texte d'ailleurs est précis: le condamné en ce qui le concerne s'est soumis à la première décision.

457. Mais le coupable ne s'en est pas tenu à la première décision, il faut alors qu'il réussisse. Nulle difficulté n'existe au cas où le condamné n'a éprouvé que des échecs non plus qu'au cas où il a constamment réussi. Ainsi, sa peine déjà réduite sur son appel, a encore été abaissée par la cour devant laquelle l'affaire a été renvoyée par suite de l'admission de son pourvoi. La durée de la peine compte du jour du premier jugement.

Au cas inverse d'échecs successifs, elle ne part que du jour de l'arrêt rendu par la cour suprême, ou du jour auquel l'arrêt de la cour de renvoi est devenu irrévocable[2]. Il n'importe en effet que le pourvoi ait été admis si en définitive la peine n'a pas été abaissée[3].

La difficulté se présente dans les hypothèses intermédiaires

1. Blanche, *Étude*, I, n° 121. — Ce principe que pour exécuter une peine il faut d'abord un jugement qui la prononce, a toujours été maintenu par la jurisprudence. Voir en ce sens, Orléans, 27 juillet 1870 (Sirey, 70, II, 325).

2. Cass., 10 mai 1839, *Bull. crim.*, n° 152.

3. Cass., 30 juin 1837 (Sirey, 37, I, 639).

où les succès et les échecs sont entremêlés. Deux règles doivent servir à donner la solution.

Première règle. Le succès final suffit à entraîner l'application de l'article 24, quels qu'aient été les échecs antérieurs. — Ainsi, sur l'appel du condamné, une confirmation est intervenue; elle a été suivie d'un pourvoi que la cour suprême a admis et par suite duquel la peine a été diminuée par la cour de renvoi : la condamnation se subit depuis la date du premier jugement. Le texte de l'article 24 emporte cette solution.

Deuxième règle. Lorsque le succès final fait défaut et que plusieurs procédures ont eu lieu, on compte pour la durée de la peine tout le temps des procédures heureuses; on déduit le temps des procédures qui ont abouti à un échec. — Ainsi le condamné, sur son appel, a obtenu une réduction de peine; il s'est pourvu, mais son pourvoi n'a point été admis, ou encore, bien qu'admis, il n'a abouti qu'à une décision semblable à celle de la première cour. La durée de la peine se comptera du jour du premier arrêt [1].

438. Mais le condamné n'a point persévéré jusqu'au bout dans son attaque; il s'est désisté soit de son appel, soit de son pourvoi. Quel sera l'effet de ce désistement? Deux opinions se sont produites. — La cour de cassation enseigne que le désistement du pourvoi rend ce dernier nul et non avenu; en conséquence, le condamné profite de tout le temps qui s'est écoulé entre la date de l'arrêt rendu par la cour criminelle et celle du pourvoi [2]. Il en est différemment du désistement de l'appel. La trace de l'attaque demeure et le condamné ne peut bénéficier de l'article 24 [3]. On donne pour justifier cette solution des arguments d'équité. On dit sur-

1. Cass., 5 juillet 1847 (Sirey, 47, I, 741). — Blanche, *Étude*, I, n° 126.
2. Cass., 2 juillet 1852 (Sirey, 52, I, 470); — 26 mai 1853 (Sirey, 53, I, 459).
3. Cass., 11 juin 1829 (Sirey, 30, I, 379); — 22 novembre 1855 (Sirey, 56 I, 269).

tout que le délai imparti pour le pourvoi est d'une extrême brièveté; que le condamné, contraint de le former avant même d'avoir le texte de l'arrêt, ne peut agir en connaissance de cause, et qu'il n'est pas juste de le punir de la faute commise par le législateur.

Ces arguments ne sont point juridiques, mais ils reposent sur un fonds d'équité et de raison; aussi n'est-il pas étonnant qu'ils aient réuni les suffrages de la cour suprême. Toutefois, si l'on se place au seul point de vue de la législation, il est incontestable que le motif donné manque de valeur. — 1° Le texte exige pour faire partir la peine du jour du premier jugement que le condamné qui l'attaque ait réussi. Or le coupable a introduit contre la sentence des premiers juges une voie de recours, et il a succombé. Qu'importe la cause de son insuccès ! qu'il vienne d'un désistement ou d'un arrêt confirmatif, le résultat est identique, donc la condition exigée n'est point réalisée. — 2° Il faut reconnaître que, sous le rapport juridique, la différence établie entre le désistement de l'appel et le désistement du pourvoi ne se justifie par aucun motif plausible. Sans doute, le délai pour l'appel est de dix jours, celui pour le pourvoi se réduit à trois. Mais l'interprète a-t-il le droit de faire le procès à la loi et de la changer sous prétexte de défectuosité? Aussi est-il naturel que la doctrine ait protesté contre la solution plus bienveillante que correcte de la cour suprême[1].

439. Les deux règles dont on vient de parler doivent être appliquées lors même que les voies de recours auraient été employées : l'une par le ministère public et l'autre par le condamné. Ainsi le représentant de la société a porté l'appel de la première décision : qu'il perde ou qu'il réussisse, il n'importe ! Le point de départ de la peine sera le jour de la

1. Blanche, *Etude*, I, nos 129, 130.

première décision. En cet état des faits le condamné se pourvoit et succombe. Cette attaque lui fera-t-elle perdre le bénéfice qui déjà lui était acquis? — On l'a soutenu, à la vérité sans donner de motifs[1]. Il est probable que l'on aurait invoqué en faveur de cette solution le texte même du § 1er de l'article 24. Il refuse le bénéfice de l'adoucissement au condamné *qui s'est pourvu* sans succès. — Cette opinion ne paraît point exacte. Il est plus conforme à l'esprit de la loi de dire que la peine a été exécutée depuis la date de la première décision jusqu'au jour de l'arrêt rendu par la cour d'appel; mais que la durée en est suspendue depuis lors jusqu'à la date du rejet du pourvoi ou encore jusqu'au jour où l'arrêt de la cour de renvoi est devenu irrévocable. Ainsi l'esprit de la loi qui est de précompter sur la peine tout le temps de la détention pendant lequel le condamné respecte les décisions de la justice, est respecté, et les deux principes posés par l'article 24 sont appliqués[2].

440. Lorsque les conditions précitées se trouvent réunies, le point de départ de la peine se trouve toujours fixé conformément à l'article 24. Il n'importerait que, cessant la condamnation à l'emprisonnement, le coupable dût être maintenu en état de détention préventive : comme s'il était accusé d'une infraction plus grave que celle qui l'a fait condamner. Le ministère public avait essayé de soutenir le contraire. S'il détenait le coupable, c'était, disait-il en analysant très-finement la situation, non pas à titre de *condamné*, mais à titre de *prévenu d'un autre crime*. La cour suprême a justement proscrit cette distinction par trop subtile. Elle l'a déclarée contraire au texte de l'article 24. La règle est en effet posée sans restriction. Elle s'applique, n'importe par quel tribunal la peine ait été infligée; que ce soit par un tribunal

1. Chauveau et F. Hélie, t. I, n° 116.
2. Blanche, *Étude*, I, n° 126, *in fine*.

correctionnel ou par une cour d'assises, et n'importe dans quelles circonstances[1].

441. — 4. **Quelle autorité doit veiller à l'exécution de la peine?** — La décision rendue, le rôle du juge est terminé. Ce n'est point à lui de veiller à l'exécution de ses arrêts. La législation pénale a organisé dans ce but une magistrature spéciale dont le fonctionnement sera étudié dans le Cours d'Instruction criminelle. Le ministère public est chargé de représenter la société au point de vue répressif et par suite de faire exécuter les arrêts de condamnation qu'il a obtenus dans l'intérêt général. Son rôle fort important d'ailleurs doit être rigoureusement déterminé. Une nuance seulement sépare l'exécution de l'interprétation, il est facile de la franchir dans la pratique. Or le ministère public ne le doit jamais faire sous peine d'abus de pourvoi. Il est compétent pour assurer l'exécution des sentences, mais en s'en tenant scrupuleusement et quasi judaïquement aux termes des décisions judiciaires. Il ne peut ni les interpréter ni les compléter. Sa mission est limitée par les articles 197 et 376 du Code d'instruction criminelle.

442. Sur ce point même de l'exécution des arrêts son autorité n'est point exclusive et sans contrôle. Jadis lui seul avait mission de s'occuper de l'administration de la justice criminelle et la surveillance des prisons comme des instruments de justice lui était exclusivement dévolue. Elle regardait le lieutenant général du bailliage ou de la sénéchaussée et le premier juge du siége. Aucun conflit n'était à craindre.

La législation nouvelle est plus compliquée et prête davantage aux difficultés. Pour mieux respecter le principe de la séparation des pouvoirs, elle fait concourir deux autorités à

1. Cass., 12 mai 1837 (Sirey, 38, I, 68); — 26 septembre 1839 (Sirey, 39, I, 893). — Blanche, *Étude*, I, n° 133. — Chauveau et F. Hélie, t. I, n° 116, *in fine*.

l'exécution de la peine : l'autorité administrative et le ministère public. La surveillance et l'administration des prisons appartiennent à l'autorité préfectorale; tandis que le Ministère public doit donner les ordres nécessaires pour l'exécution des peines, et qu'enfin la magistrature est investie d'un certain droit de regard et de contrôle (art. 611 et 613 C. Inst. crim.). On le voit, rien n'est moins simple qu'une pareille organisation. Aussi prête-t-elle à des incertitudes et à des tiraillements.

Il appartient au ministère public de désigner le genre de prison et parmi celles-ci l'établissement particulier qui devra recevoir un coupable désigné. Mais que ce dernier demande à être transféré d'une maison dans une autre; qui devra l'ordonner? — Si cette translation était rendue nécessaire par le besoin du service général des prisons, il appartiendrait à l'administration de l'ordonner par l'organe soit du préfet soit du ministre. — Au contraire, est-ce une faveur que le coupable sollicite? Le point se rattache à l'exécution de la peine et dès lors le ministère public doit statuer. Son consentement obtenu n'est pas encore suffisant; il faut s'assurer que l'autorité administrative n'y verra aucun inconvénient. Que d'embarras! Comme il serait plus simple et plus rationnel de confier à la justice même et aux officiers du ministère public la direction même matérielle des prisons.

Ces transferts dont on vient de parler ne peuvent, bien entendu, se demander ni s'ordonner qu'entre deux maisons du même genre, autrement la peine ne serait pas subie.

443. Souvent l'exécution des peines fera naître des difficultés. Le ministère public prendra des mesures qu'il regardera comme l'exécution de la sentence; mais le condamné leur contestera ce caractère. A qui de donner la décision ?

Une distinction est nécessaire. S'agit-il d'une simple difficulté de l'ordre administratif; par exemple de savoir entre deux peines prononcées, et qui doivent être subies, comment elles se succéderont. Le ministère public sera seul compétent, et toutefois que le condamné ne pourra soutenir qu'un droit acquis est violé, il en devra passer par sa décision[1].

Au contraire, le coupable prétend-il que la mesure incriminée excède l'exécution de la peine? Évidemment les tribunaux doivent être saisis de la difficulté. Le ministère public n'a point de juridiction contentieuse; d'autant qu'à l'égard du coupable, et justement parce qu'il personnifie la société, il est un véritable adversaire. Cette solution a été de suite affirmée par la jurisprudence et avec une grande énergie[2]. Ainsi, lorsque le condamné oppose une question de prescription, ou de remise ou d'expiration de la peine, il doit toujours être écouté.

444. Il faut savoir quel tribunal sera compétent pour statuer sur ces difficultés : celui qui a rendu la décision que l'on exécute ou celui dans le ressort duquel le condamné est détenu? — La question est délicate et deux solutions ont été proposées.

Un système donne la préférence au tribunal criminel qui a rendu la sentence. — 1° Il invoque d'abord un argument d'analogie qu'il tire de l'article 472 du Code de procédure civile. Ce texte attribue la connaissance des difficultés naissant de l'exécution d'une sentence passée en force de chose jugée au tribunal qui l'a rendue. La règle, dit-on, doit être la même au criminel ou au civil; d'autant mieux que ce sont maintenant les mêmes corps qui rendent la justice civile et criminelle. — 2° Les motifs de la règle édictée

1. Cass., 6 avril et 20 juillet 1827 (Sirey, 27, I, 515 et 532).

2. Cass., 23 février 1833 (Sirey, 33, I, 558). — 27 juin 1845 (Sirey, 45, I, 543). — Chauveau et F. Hélie, t. I, n° 114.

par l'article 472 se retrouveraient ici. Nul ne peut interpréter un arrêt aussi bien que celui qui l'a rendu[1].

Cette opinion ne paraît point la meilleure. Il faut lui préférer celle qui donne compétence au tribnnal civil dans le ressort duquel se trouve le condamné. — 1° Celui-ci réclame sa liberté. Or en cette matière le législateur a établi en faveur du tribunal du lieu une compétence spéciale. L'article 805 du Code de procédure civile l'édicte et déroge à la règle de l'article 472. Qu'il s'agisse de la contrainte par corps ou de l'emprisonnement, l'analogie des deux matières est frappante. — 2° Cette compétence particulière est motivée par la nécessité d'une prompte décision. Le tribunal civil est permanent et à portée, tandis que le tribunal criminel peut être éloigné et même ne pas être permanent. Que faire notamment si la condamnation avait été prononcée par une cour d'assises dont les sessions sont courtes et espacées? Maintiendrait-on le condamné en prison jusqu'à la solution du litige? On pourrait ainsi en arriver à prolonger sa peine; en tout cas, l'expédient se tournerait contre le coupable à qui toute faveur est due quand il plaide pour sa liberté. Évidemment, la difficulté dans cette hypothèse est insoluble. C'est avec raison que la jurisprudence s'est attachée à ce système[2].

§ 2.

Exécution des peines pécuniaires.

445. La loi pénale devait, sous peine d'imprévoyance, garantir par les moyens les plus énergiques l'exécution des condamnations pécuniaires prononcées contre des coupa-

1. Voir les arrêts précédemment cités de 1833 et de 1845. — Cass., 9 mars 1859 (Sirey, 59, I, 486).
2. Cass., 17 décembre 1850 (Sirey, 51, I, 64).

bles. La faute commise par ceux-ci, le juste intérêt qui s'attache aux victimes d'une infraction, les efforts criminels que tentent souvent les condamnés pour éluder l'obligation qui pèse sur eux : tout lui en faisait un rigoureux devoir. Le législateur y a pourvu en accordant aux titulaires de ces condamnations un double avantage : la solidarité et la contrainte par corps. Il importe d'examiner séparément ces deux bénéfices.

I. DE LA SOLIDARITÉ.

446. En cette matière trois questions sont à résoudre :

1° Dans quels cas et sous quelles conditions la solidarité s'applique-t-elle ?

2° Quels sont ses effets ?

3° Ce bénéfice est-il accordé en matière de contraventions et de quasi-délits.

447. — **1. Dans quels cas et sous quelles conditions la solidarité s'applique-t-elle ?** — En principe, toute dette se divise entre les débiteurs, et nul n'est tenu de payer pour les autres ; l'obligation solidaire, si avantageuse pour le créancier qui peut demander le tout au codébiteur le plus solvable, est une exception. Elle dérive, soit de la convention, soit de la loi, et dans tous les cas elle doit être expressément stipulée (art. 1202, C. civ.). En matière pénale elle ne peut dériver que de la loi ; elle est édictée par l'article 55 du Code pénal.

De quelle solidarité parle ce texte ? Ce point a été contesté. Certains auteurs distinguent deux solidarités : l'une *parfaite* et qui est organisée par le Code civil (art. 1200 à 1206), l'autre *imparfaite* et désignée encore sous le nom d'obligation *in solidum*. Entre elles il existerait une différence notable. Dans la première les débiteurs sont réputés s'être donné un mandat réciproque à l'effet de se représenter. Les conséquences en sont écrites dans le Code civil ; qui attaque ou poursuit l'un des codébiteurs solidaires les attaque tous (art. 1206, 1207, 2249, C. civ.). Dans la seconde, ce mandat n'existe pas, et les articles précités ne peuvent s'appliquer.

Deux systèmes ont été présentés à propos de l'article 55 du Code pénal. Le premier enseigne que la solidarité dont il est parlé dans ce traité est celle de la seconde espèce. — 1° Ce qui distinguerait, d'après cette opinion, l'engagement solidaire de l'obligation *in solidum*, ce serait que le premier suppose l'unité de cause et de lien. Or, ni l'une ni l'autre n'existent. La cause génératrice de la solidarité se trouve non dans un fait unique : comme l'infraction en elle-même, mais dans les actes individuels par lesquels chacun y a coopéré. L'unité de lien n'est pas mieux établie : l'obligation qui lie chaque codébiteur est profondément distincte de celle qui enchaîne son complice. Il n'y a donc qu'un engagement *in solidum*. — 2° On ajoute qu'il doit d'autant mieux en être ainsi, que l'origine de cette obligation se trouve dans une considération d'équité, source évidente de l'article 55, savoir : la nécessité de réparer pour le tout le dommage auquel on a concouru pour le tout [1].

448. L'erreur de ce premier système paraît certaine, et le second, d'après lequel l'article 55 parle de la solidarité véritable, doit être préféré. — 1° L'argument de texte est décisif. Le Code pénal parle d'*engagement solidaire*. Or, quel est cet engagement, si ce n'est celui que le Code civil désigne sous ce nom et définit dans les articles 1200 à 1216 ? Le texte pénal est l'exemple le plus marquant de la solidarité créée par la loi (art. 1202). — 2° En outre, l'argument capital de l'opinion contraire repose sur une erreur. En admettant que l'obligation solidaire suppose l'unité de cause, celle-ci

1. Blanche, *Étude*, I, n°s 409 à 414.

existe évidemment. L'infraction est unique et la distinction proposée par le premier système est trop subtile. Quant à l'unité de lien, elle n'est pas essentielle à la solidarité. Les codébiteurs ainsi tenus sont liés ou peuvent l'être par des obligations à ce point distinctes, que l'une pourrait être à terme, l'autre pure et simple et une troisième conditionnelle. — 3° Cela est si vrai, que le premier système en vient à faire le procès à la loi : il reproche au législateur d'avoir plusieurs fois confondu l'engagement *in solidum* avec celui qui est vraiment solidaire, notamment dans les articles 395, 396, 1033, 1442, § 2, 1724, 1887, 2002 du Code civil; autant d'hypothèses où la pluralité de lien est indiscutable[1]. Cet aveu démontre avec certitude que le premier système est sorti du texte et de l'esprit de la loi. Ainsi, en admettant même l'existence séparée d'une obligation *in solidum* distincte, d'une part de la solidarité parfaite, et de l'autre de l'obligation indivisible quant au payement, il ne serait question dans l'article maintenant examiné que de la solidarité parfaite[2].

449. Pour que le créancier puisse se couvrir du bénéfice introduit par le texte, trois conditions sont nécessaires. Il faut : 1° un crime ou un délit; 2° la coopération de tous les débiteurs prétendus solidaires à cette infraction ; 3° une condamnation prononcée.

La première condition se justifie suffisamment par la lecture du texte. L'article ne parle que des délits et des crimes, il ne peut donc s'appliquer aux contraventions. La solidarité qui découle de la loi ne saurait exister que dans les hypothèses spécialement prévues et sans qu'aucune interprétation puisse les étendre. Le rapprochement des articles 55 du Code pénal et 1202 du Code civil suffit à démontrer l'exac-

1. Blanche, *Étude*, I, n° 411.
2. Sourdat, *Traité de la responsabilité*, t. I, n°s 142, 143.

titude de cette affirmation. Toutefois, le mérite en a été vivement contesté, et l'on a soutenu que les contraventions devaient rentrer sous l'empire de ce texte. Il convient de réserver cette discussion à laquelle on devra bientôt revenir.

450. Il faut comme seconde condition la coopération des débiteurs à une même infraction. Il suffit encore de lire l'article. Mais leur concours fût-il accidentel, fût-il même donné dans l'ignorance du nom de leurs complices, est suffisant. Il n'est point nécessaire qu'il soit le résultat d'un concert préalable et voulu. Le fait ici domine l'intention.

Peu importe également le degré de la coopération ; ceux-là même dont l'assistance aura été moindre, soit au point de vue de l'acte, soit à celui de la criminalité, seront tenus solidairement avec les auteurs les plus manifestement coupables de l'acte condamné. Le fait du concours est à la fois nécessaire et suffisant.

Ceci pourtant a été contesté ; certains, et des meilleurs, estiment que le Code n'a voulu réunir par la solidarité que ceux qui se sont unis par un concert préalable[1].

Cette considération n'a point arrêté le législateur qui s'en est tenu au fait matériel de la coopération. De l'assistance prêtée il conclut au concert préalable en vertu d'une présomption irréfragable. Il était le maître d'établir une règle au fond parfaitement juste. La jurisprudence s'est toujours et avec grande raison attachée à ce système[2].

Cette condition de l'unité du fait est essentielle; mais l'unité de la poursuite n'est pas à prendre en considération. Lors même que plusieurs accusés et plusieurs faits auraient été compris dans la même procédure, si les condamnés ne

1. Chauveau et F. Hélie, t. I, n° 90.

2. Cass., 2 mars 1814 (Sirey, 14, I, 124). — 28 août 1857, *Bull. crim.*, n° 325. — 1er décembre 1868 (Sirey, 69, I, 354). — Merlin, *Répertoire*, v° *Solidarité*, § 10.

sont point frappés à raison des mêmes faits, la solidarité ne peut pas les atteindre, et ils ne pourraient dans ce cas être condamnés solidairement aux frais; la part de chacun doit être faite[1].

451. La nécessité d'une interprétation restrictive en cette matière a fait naître une difficulté. Les coupables n'ont point été condamnés comme auteurs d'un même fait, mais à raison de délits connexes, subiront-ils l'application de l'article 55? Si l'on s'en tient à la lettre on peut répondre négativement, le texte ne parle que des auteurs *d'un même crime ou d'un même délit.* Si l'on s'inspire de l'esprit de la loi l'affirmative paraît bien favorable. Pour être connexes il faut que les infractions se rattachent les unes aux autres, — soit par des circonstances de temps, de lieu et de personnes, — soit par l'effet d'un concert préalable, — soit par un enchaînement de cause à effet. Il s'agit par exemple d'une bande de malfaiteurs dont les uns volent pendant que les autres assassinent. Évidemment l'idée d'une faute commune, origine de l'article 55, en commande ici l'application. La Cour suprême s'accorde avec la doctrine pour donner la préférence à l'esprit de la loi sur son texte, et l'on peut regarder cette solution comme préférable[2].

452. La jurisprudence s'est même engagée fort loin dans cette voie. Elle a décidé que des infractions absolument distinctes, mais commises dans le même but, et dans un intérêt

1. Blanche, *Étude*, I, n°s 418, 433, 435. — Sourdat, *Traité de la responsabilité*, t. I, n°s 149, 152, 153. — La Cour de cassation a rendu sur ce point un grand nombre d'arrêts. — Cass., 22 avril 1813 (Sirey, 16, I, 336). — 20 janvier 1843 (Sirey, 43, I, 225). — 30 janvier, 2 avril 1846 (Sirey, 46, I, 271, 720). — 9 juillet, 21 août, 5 novembre 1846, *Bull. crim.*, n°s 179, 218, 285. — 13 janvier 1848, *Bull. crim.*, n° 8. — 28 septembre 1849, *Bull. crim.*, n° 261. — 19 juin 1851, *Bull. crim.*, n° 232. — 3 avril 1852, *Bull. crim.*, n° 116. — 4 novembre 1854 (Sirey, 54, I, 809). — 12 août 1864, *Bull. crim.*, n° 215. — 24 mars 1855 (Sirey, 55, I, 609).

2. Blanche, *Étude*, I, n° 419. — Cass., 7 janvier 1843, *Bull. crim.*, n° 1. — 28 septembre 1849, *Bull. crim.*, n° 261. — 16 août 1860, *Bull. crim.*, n° 196.

identique, pouvaient entraîner l'application de la solidarité. En fait, l'on peut justifier la décision rendue, en soutenant que les délits commis étaient connexes; mais si ce moyen venait à défaillir, il serait impossible d'approuver une interprétation si évidemment extensive d'un texte restrictif[1]. Le principe de l'article 1202 du Code civil ne peut pas plus être violé en droit pénal qu'en droit civil.

453. La troisième condition requise pour l'application de l'article 55, est l'existence d'une condamnation. Il faut que la participation de chacun des débiteurs solidaires au crime ou au délit qui entraîne la peine pécuniaire ou la réparation soit établie. Mais ce rapport constaté, l'application de l'article est encourue; il n'est pas nécessaire qu'une peine soit subie; que l'un des coupables échappe au châtiment, soit par l'application du principe de non-cumul, soit par tout autre considération, il ne pourra se débarrasser ainsi de l'engagement solidaire qui l'enchaîne[2]. A plus forte raison importera-t-il fort peu que la peine de chacun soit différente[3].

454. Cette impérieuse nécessité d'une condamnation a été contestée par certains arrêts. La Cour de cassation paraît avoir admis que la solidarité pouvait être prononcée même contre un accusé renvoyé de l'accusation, mais condamné à des dommages-intérêts[4]. Elle invoque en ce sens le principe de l'article 55.

Il est impossible de concilier cette solution avec celle précédemment indiquée (n° 447). Si la Cour suprême exige que les débiteurs, pour être tenus solidairement, soient déclarés

1. Cass., 23 avril 1841 (Sirey, 42, I, 243). — Dans le même sens, Blanche, *Étude*, I, n° 420.

2. Blanche, *Étude*, I, n° 421. — Cass., 23 septembre 1837, *Bull. crim.*, n° 293. — 15 juin 1844 (Sirey, 45, I, 73). — 2 mai 1851, *Bull. crim.*, n° 162.

3. Cass., 30 décembre 1836 (Sirey, 38, I, 82).

4. 22 janvier 1830 (Dalloz, 30, I, 90). — 29 juillet 1844, *Bull. crim.*, n° 272. — 10 avril 1852, *Bull. crim.*, n° 121.

coupables précisément de la même infraction, comment en arriverait-elle à déclarer que ceux qui ne sont pas coupables du tout sont liés de cette manière? Aussi un auteur qui s'est rallié à son système, enseigne-t-il que la solution est juste par ce motif seulement que la solidarité n'est ici qu'imparfaite[1]. Cette raison suffit à démontrer l'erreur de la Cour de cassation, en tant qu'elle invoque le principe de l'article 55. Que l'on puisse arriver par une autre voie à un résultat analogue c'est ce que l'on appréciera bientôt, mais celle où s'engage la Cour suprême est évidemment illégale.

455. Les condamnations en matière pénale sont en règle générale prononcées par les tribunaux criminels. Lorsqu'ils ont statué, la conséquence de leurs arrêts, au point de vue de la solidarité, peut-elle être tirée par les tribunaux civils? Ceux-ci pourraient-ils même aller plus loin et reconnaître, sans décision préalable d'un tribunal criminel, la coopération des débiteurs à une même infraction pour en déduire l'engagement solidaire? C'est une question controversée.

Un premier système enseigne que l'article 55 ne peut être appliqué que par les tribunaux criminels. Cette opinion s'appuie sur deux arguments : l'un de principe et l'autre d'inconvénients. — 1° Il est certain, dit-on, que la solidarité est la résultante nécessaire de la constatation d'un crime ou d'un délit. Or, il n'appartient qu'aux tribunaux criminels de reconnaître l'existence d'une infraction. La déclaration faite par un tribunal civil ne pourrait, au point de vue pénal, faire tenir le crime pour avéré ; elle ne peut donc non plus entraîner les conséquences légales. — 2° On ajoute que le système contraire se voit amené à des distinctions qui le ruinent. Dans quels cas la décision civile entraînerait-elle la solidarité? Serait-ce seulement au cas où elle énoncerait expressément qu'une infraction a été commise? Si elle en

1. Blanche, *Étude*, I, n° 422.

constatait les éléments essentiels, le résultat devrait-il être le même? Que d'incertitudes! Il devient indispensable que la sentence se prononce sur la nature de l'engagement; l'obligation ne pourra être solidaire de plein droit, et ceci est une preuve manifeste que l'article 55 ne s'applique point. Au cas où il s'appliquerait en effet, la solidarité se produirait fatalement et sans que la décision contînt sur ce point aucune disposition. Les juges pourront sans doute prononcer une condamnation solidaire, mais elle sera facultative, et il ne s'agira plus de l'application du texte pénal que l'on explique[1].

456. Le second système est préférable. Il enseigne que la constatation de l'existence d'un crime ou d'un délit, quelle que soit la juridiction qui y procède, produira toujours les mêmes effets et notamment la solidarité. — 1° Le texte d'abord n'y répugne point, il n'exige pas que la décision soit rendue par une classe particulière de tribunaux. On ne peut donc introduire une distinction dont le germe ne se trouve pas dans la loi. — 2° Cette rédaction cadre du reste avec l'intention du législateur. Celui-ci a voulu que l'infraction quelle qu'elle fût, du moment où elle causait préjudice, engendrât pour ses auteurs l'obligation solidaire de la réparer. Qu'importe quel tribunal reconnaîtra l'existence du délit. Le tort n'en existe pas moins et l'obligation de le réparer est toujours aussi impérieuse. C'est une règle de fond et qui doit être indépendante de la juridiction saisie. Les partisans même de la doctrine contraire le reconnaissent[2]. — 3° L'argument du principe que présente le système opposé, vrai en lui-même, est poussé à une conséquence exagérée. La solidarité ne produit d'effet qu'au point de vue de la réparation pécuniaire, et devant les tribunaux civils elle ne

1. Sourdat, *Traité de la solidarité*, t. I, n°s 162, 163.
2. Sourdat, *loc. cit.*

garantira que l'efficacité de l'action civile. La reconnaissance de l'infraction n'aura donc au point de vue purement pénal aucun effet ; mais elle assurera l'efficacité de la condamnation civile. Or, il est difficile de contester la compétence du juge civil pour constater tous les faits capables d'assurer à sa sentence l'étendue qu'elle comporte. — 4° Il est un argument d'analogie fort gênant pour l'opinion contraire. Elle reconnaît qu'une Cour criminelle : par exemple la Chambre des appels de police correctionnelle, saisie d'un appel porté par une partie civile contre des prévenus acquittés, ne pourra, sans appel du ministère public, prononcer aucune peine. Toutefois elle avoue que, si elle reconnaît l'existence d'un délit et alloue des dommages-intérêts, la solidarité découlera de son arrêt. Or comprendra-t-on facilement que le même litige porté devant la Chambre civile de la même Cour au lieu de l'être devant la Chambre correctionnelle, recevant la même solution, et aboutissant aux mêmes constatations, produise cependant un effet différent sinon contraire ? C'est impossible ! — 5° La réponse à l'argument d'inconvénients opposé à ce système est du reste facile. La solidarité ne découlera que d'un arrêt constatant soit expressément, soit par l'indication des éléments juridiques l'existence de l'infraction[1].

457. La nécessité pour l'interprète de se conformer au régime organisé par le législateur ne permet pas d'exiger que la poursuite et la condamnation soient simultanées. Rien dans le texte ne permet de supposer que la loi ait imposé cette condition nouvelle. On objecte à la vérité que la situation d'un prévenu déjà condamné ne peut être empirée par une poursuite ultérieure à laquelle il est resté étranger[2]. La réponse est que la solidarité agit de plein droit, non pas

1. Blanche, *Étude*, I, n°s 424, 425. — Cass., 23 décembre 1818 (Sirey, 19, I, 278). — 1er décembre 1825.

2. Chauveau et F. Hélie, t. I, n° 90. — Trébutien, 1re édition, t. I, p. 281.

en vertu de l'arrêt qui en est seulement la cause occasionnelle, mais en vertu du fait et par la seule force de la loi[1].

458. — 2. Quels sont les effets de la solidarité? — La solidarité édictée par le Code pénal présente ce double caractère d'être forcée et d'opérer de plein droit. Les conditions auxquelles son action est soumise se trouvent-elles réunies? Le juge ne peut jamais en dispenser. Elle n'est point son œuvre.

Aussi, lorsqu'on exige comme condition de la solidarité une condamnation, faut-il entendre par là seulement la reconnaissance d'une infraction. Il n'est point nécessaire que la sentence s'explique sur la solidarité ni la prononce. Le législateur l'a édictée; cela suffit pour que le créancier puisse en réclamer le bénéfice[2]. Aussi, au cas où les premiers juges n'ont rien dit à ce sujet, les juges d'appel peuvent-ils, par précaution, déclarer les condamnés tenus solidairement des réparations prononcées. Ils n'aggravent point ainsi leur situation qui reste ce qu'elle était antérieurement[3].

459. L'obligation solidaire pèse sur tous les auteurs et complices du crime ou délit; elle frappe également les personnes civilement responsables.

Toutefois, pour celles-ci surtout, il importe de se rappeler le principe qu'avant d'être solidairement tenu d'une dette, il faut pouvoir y être obligé. Les personnes civilement responsables ne doivent pas répondre de toutes les condamnations qui frappent les auteurs des infractions. Elles sont obligées

1. Blanche, *Étude*, I, n°s 430, 431. — Sourdat, *Traité de la responsabilité*, n° 156.

2. Sourdat, *Traité de la responsabilité*, n° 155. — Blanche, *Étude*, I, n°s 427, 428. — Cass., 26 août 1813. — Merlin, *Questions de droit*, v° *Solidarité*, § 10. — Cass., 13 octobre 1821. — 1er août 1866 (Sirey, 66, I, 396). — 19 février 1867 (Sirey, 67, I, 172).

3. Cass., juillet 1855 (Sirey, 55, I, 861).

au payement des frais, des dommages-intérêts, elles garantissent les restitutions; mais, en règle générale du moins, elles ne doivent point les amendes. L'article 55 ne changera pas leur situation. Un argument assez fort se tire encore du décret du 18 juin 1811 sur les frais de justice criminelle; l'article 156 établit pour les dépens la solidarité entre les auteurs de l'infraction et les personnes civilement responsables et il prend soin de désigner nommément ces dernières (voir aussi art. 194, C. S. C.). Ces textes ne disent rien de l'amende. L'argument de principe que l'on vient de rappeler doit l'emporter[1].

460. La solidarité, générale au point de vue des personnes, ne l'est pas moins quant aux condamnations dont elle assure le recouvrement. Elle se joint à toutes les peines pécuniaires, frais, restitutions, dommages-intérêts, amendes; elles les garantit pour le tout.

Il n'importe que les chiffres soient différents pour les condamnés. Ainsi, l'un est condamné à une amende de cent francs et l'autre à une amende de cinquante francs; chacun pourra payer en vertu de la solidarité les cent cinquante francs.

On a critiqué cette disposition en ce qui concerne l'amende. Celle-ci, puisqu'elle est une peine, devrait rester personnelle[2]. Ce reproche est-il très-justifié? La peine, même payée par autrui, reste personnelle au coupable puisqu'il est tenu dans tous les cas de la rembourser, et quant à la circonstance qu'elle rejaillit sur le complice, cela n'est pas moins juste pour l'amende que pour les dommages-intérêts. La coopération au délit entraîne fatalement l'association dans la réparation.

1. Sourdat, *Traité de la responsabilité*, t. I, n° 144.

2. Sourdat, *Traité de la responsabilité*, t. I, n° 144. — Ortolan, *Cours de Code pénal*, t. II, n° 1584.

461. La solidarité produit du reste en cette matière tous ses effets ordinaires. Le Code pénal ne fait que poser le principe; il renvoie pour les conséquences aux règles organiques du Code civil. Il faut reconnaître dès lors que celui qui a payé obtient un recours contre ses codébiteurs pour la part afférente à ceux-ci dans la dette (art. 1213). C'est que la condamnation opère une sorte de novation dans la dette; ce qui était et devait être une amende prend le caractère d'une dette ordinaire. Si on l'acquitte, on gagne un recours contre le débiteur. Là se trouve la réponse à une objection que certains ont présentée. On ne pourrait, d'après eux, obtenir de recours parce qu'il faudrait invoquer sa propre turpitude, et s'appuyer sur le jugement même qui déclare la culpabilité du débiteur qui a payé. L'argument procède mal; le demandeur en recours n'a pas à s'occuper de l'origine de la dette; il constate seulement qu'elle n'était point à sa charge et qu'il l'a néanmoins aquittée [1].

Mais dans quelle mesure le recours doit-il être accordé? En ce qui touche les amendes la réponse est facile. Le chiffre en est déterminé pour chaque coupable et le recours est donné jusqu'à cette limite, — quant aux frais et aux dommages-intérêts, nulle difficulté n'existe si le jugement de condamnation a déterminé la part de chacun; mais la sentence est muette? Les frais et les indemnités se répartissent alors entre les condamnés en parts viriles. On ne saurait tolérer le spectacle de complices venant se reprocher leur propre turpitude et s'efforçant de graduer la part d'intérêts qu'ils devaient retirer de l'infraction. En outre, cette considération serait sans valeur. La cause de l'obligation se trouve dans le dommage causé et dans la participation de chacun des coupables. On ne considère nullement le bénéfice qu'il en pouvait retirer. Le juge seul aurait pu, par une

1. Sourdat, *Traité de la responsabilité*, n°s 157, 158.

disposition expresse, en tenir compte dans la répartition définitive.

462. — **3. La solidarité existe-t-elle en matière de contravention et de quasi-délits?** La dernière question est la plus difficile. Le silence du Code pour les contraventions a donné carrière à tous les systèmes, d'autant que le résultat à obtenir ne semblait pas facile à atteindre.

Il est d'évidence que chaque coupable doit être condamné à la réparation intégrale du dommage causé. La victime de l'infraction ne peut souffrir de l'insolvabilité de certains auteurs du délit. Sans doute lorsque la part de chacun dans la faute est facile à distinguer et que l'on peut mesurer le tort qui en est résulté, la réparation n'est point due pour le tout; mais ce cas est rare, et le plus souvent la part de chaque agent dans l'infraction ne peut être nettement déterminée. Il faut alors que les complices soient tenus pour le tout; cette conséquence n'est discutée par personne[1]. Le moyen juridique d'atteindre ce but est seul en question, mais il est l'objet des plus vives controverses. Quatre systèmes différents se sont produits.

Le premier enseigne que la solidarité dont il est question est la solidarité proprement dite et *parfaite :* celle dont parle l'article 1202. Cette opinion paraît dominer dans la jurisprudence, et plusieurs arrêts semblent l'exprimer dans leurs motifs[2]. On fait valoir en faveur de ce système deux argu-

1. La Cour de cassation a rendu sur ce point de si nombreux arrêts que l'on ne peut facilement les citer tous; on n'indiquera que les plus importants et les plus récents. Cass., 29 février 1836 (Sirey, 36, I, 293).— 3 décembre 1836 (Sirey, 38, I, 82). — 12 juillet 1837 (Sirey, 37, I, 964). — 7 août 1837 (Sirey, 37, I, 889). — 12 mai 1839 (Sirey, 39, I, 483). — 10 janvier 1849 (Sirey, 49, I, 189, 2e espèce). — 4 mai 1859 (Sirey, 59, I, 377). — 3 mai 1865 (Sirey, 65, I, 251). — 14 août 1867 (Sirey, 67, I, 401). — 25 juillet 1870 (Sirey, 72, I, 122). — 9 décembre 1872 (Sirey, 73, I, 11). — 23 mars 1875 (Sirey, 75, I, 155).

2. Cass., 8 novembre 1836 (Sirey, 36, I, 801). — 29 janvier 1840 (Sirey, 40, I,

ments principaux. — 1° Sans doute il faut un texte pour édicter la solidarité ; mais ce texte se rencontre dans l'article 1382. Chaque coupable devant être condamné à réparer tout le dommage causé, doit y être condamné solidairement. D'ailleurs les discussions préparatoires l'établissent. Le Conseil d'État avait voté un article qui devait porter le n° 1383, et où la nature solidaire de l'obligation était reconnue. Il a été supprimé parce que l'on a voulu se borner à poser le principe sans donner d'exemples. L'article voté contenait un exemple et il a disparu. Il n'en reste pas moins acquis que la solidarité est prononcée. Or, elle ne peut l'être que telle qu'elle est organisée par les articles 1202 et suivants. — 2° Il doit en être ainsi au point de vue rationnel. Si la solidarité dérive en matière de crimes ou de délits de la coopération à une faute commune, comment le même fait se réduisant à une contravention, mais présentant le même caractère, pourrait-il produire des conséquences différentes?

Cette opinion est évidemment erronée. Le texte de l'article 55 du Code pénal, rapproché de l'article 1202 du Code civil, suffit à réfuter toute cette argumentation. La rédaction actuelle de la loi pénale est d'autant plus notable, que le législateur se trouvait placé en face d'un texte tout différent. La loi du 22 juillet 1791 (titre II, art. 42) établissait la solidarité même pour les condamnations prononcées par la simple police. Est-il possible de nier, en présence de ce précédent, que le Code ait voulu faire disparaître le caractère solidaire de l'engagement[1]?

463. Ceux même qui ont présenté l'argumentation que l'on vient de reproduire, n'ont osé appliquer leur système

369). — 29 décembre 1852 (Sirey, 53, I, 91). — 3 mai 1865 (Sirey, 65, I, 251). — Larombière, *Traité des obligations*, t. II, art. 1202, n° 22. — Merlin, *Questions de droit*, v° *Solidarité*, § 2. — Les derniers arrêts de la Cour suprême semblent admettre ce système. Voir les arrêts du 25 juillet 1870, du 9 décembre 1872 et du 23 mars 1875.

1. Demolombe, *Traité des contrats*, t. III, n° 265.

dans son entier. Leurs prémisses les poussaient à dire que la solidarité serait parfaite; pour échapper à l'argument redoutable par lequel on réfute le premier système, ils ont imaginé une distinction. La solidarité n'existerait qu'à partir de la décision judiciaire la prononçant; jusque-là elle n'existerait pas du tout; ensuite elle produirait tous les effets juridiques décrits par les articles 1202 et suivants[1].

Cette seconde opinion ne peut non plus réussir. — 1° L'effet d'une décision judiciaire n'est jamais de créer une obligation ou de la modifier, mais seulement de la reconnaître. Or, ici ce principe élémentaire serait violé, et ce cas serait unique dans notre droit. — 2° Il faut, d'ailleurs, ou appliquer les articles 1202 et suivants, ou les écarter; on ne peut faire l'un et l'autre à la fois. Or, ces textes supposent que l'obligation prend le caractère de solidarité dès son origine; elle ne peut naître divisée, puis devenir solidaire sans une convention qui en fasse un engagement nouveau. Ici l'on ne rencontre ni engagement, ni texte de loi, indiquant un changement de nature dans l'obligation; donc, la distinction faite par ce deuxième système ne saurait être admise.

461. Une troisième opinion repose sur la distinction de l'engagement solidaire et de l'engagement *in solidum*. L'un est organisé par le Code civil; l'autre découle de la nature des choses, il n'en est question dans aucun texte. Il existe entre l'un et l'autre des différences nombreuses et importantes. — 1° Dans les cas prévus par l'article 55 du Code pénal, la solidarité est forcée et découle de la loi. Au contraire, s'agit-il de contraventions et de quasi-délits, l'engagement *in solidum* n'apparaît qu'après la sentence judiciaire, et les magistrats ont un pouvoir souverain pour le reconnaître ou en contester l'existence. — 2° L'un suppose entre les codébiteurs un mandat formel ou présumé; l'autre ne

1. Sourdat, *Traité de la responsabilité*, nos 473 à 481, t. I. — Aubry et Rau, t. IV, § 298 *ter*, p. 21.

comporte rien de pareil. Dès lors, même après la sentence, les effets restent différents ; les articles 1205, 1206, 1207, 2249 ne peuvent s'appliquer à l'engagement *in solidum.*

La distinction si nette établie par cette opinion entre ces deux natures d'obligations, en rend la défense plus facile. — 1° Elle prend son point de départ dans l'article 1382, et enseigne que la condamnation *in solidum* est la conséquence de ce texte et aussi du principe de la réparation du dommage qu'il impose à l'auteur de tout délit civil et à fortiori de toute contravention. — 2° Il ne faut pas, ajoute-t-on, opposer à ce système l'article 1202. Il ne parle, en effet, que de l'obligation solidaire proprement dite : celle-là seule est exceptionnelle. Or, l'engagement *in solidum* est tout différent, et il est même conforme aux principes généraux du droit. Donc, on ne peut appliquer à l'un les textes qui régissent l'autre. — 3° Les conséquences des systèmes contraires sont également inadmissibles. Admettre la solidarité parfaite en cette matière, c'est violer les articles 1202 du Code civil et 55 du Code pénal. Décider que l'obligation est toujours et complétement divisible, c'est restreindre arbitrairement la portée de l'article 1382, et dispenser souvent les coupables d'une partie de la réparation de leur faute. L'engagement *in solidum* répond à toutes les objections. — 4° Enfin, on peut faire remarquer qu'il est conforme aux traditions de l'ancien droit et à l'intention du législateur. L'incident des discussions préparatoires sur lequel s'appuie M. Sourdat, semble démontrer ce dernier point. — 5° Sans doute, on objectera que nulle part le Code civil, non plus que le Code pénal, ne parlent de cet engagement *in solidum*; mais on répond qu'il n'était nul besoin d'en traiter d'une manière explicite ; l'article 1382 en donnant aux magistrats les pouvoirs les plus étendus, pour assurer la réparation intégrale du dommage causé, leur attribuait toute faculté pour le reconnaître. Ce système a été proposé par divers auteurs[1]; l'éminent doyen de la Faculté de droit de Caen lui a donné sa dernière formule[2].

465. Une dernière opinion a été, l'on pourrait dire, indiquée par certains arrêts de la Cour suprême. D'après elle, les condamnations pécuniaires prononcées pour simples contraventions pèseraient *in solidum* sur chacun des coupables, non pas à raison d'une solidarité quelconque, mais parce que la dette est indivisible au point de vue du payement[3]. — 1° D'abord, dit-on, l'obligation naissant contre les coauteurs d'une contravention ne peut être solidaire, cela est reconnu. Elle ne peut davantage être *in solidum*. Pour que le principe de la divisibilité des dettes entre les codébiteurs cesse de s'appliquer, il faut trouver dans le Code une disposition qui permette d'intenter l'action pour le total. Or, l'obligation *in solidum* n'est organisée nulle part. Ses partisans avouent même que le législateur ne paraît pas s'en être préoccupé[4]. Donc l'engagement né de la contravention ou du quasi-délit ne peut être qu'indivisible. — 2° On objecte que l'indivisibilité découle de la nature de l'objet ; de l'impossibilité naturelle ou accidentelle d'un payement séparé. Mais cette doctrine répond que l'objection ne saurait tenir. L'obligation peut être indivisible, non pas de sa nature, mais seulement au point de vue du payement. Cette indivisibilité n'affecte ni la convention en elle-même, ni l'action qui en dérive ; elle a cet effet unique de ne point permettre le payement partiel. Elle repose sur le dommage que le créancier éprouverait s'il ne recevait qu'une partie de la somme. *Incongruitas solutionis*[5]. Or, toutes ces considérations se retrouvent ici. Le créancier souffrirait un dommage

1. Mourlon, *Répétitions écrites sur le Code civil*, t. II, n° 1247.
2. Demolombe, *Traité des contrats*, t. III, nos 273 à 296.
3. Voir les arrêts du 8 novembre 1836 et du 29 janvier 1840 cités au n° 459.
4. Demolombe, *Traité des contrats*, t. III, n° 291.
5. Demolombe, *Traité des contrats*, t. III, nos 517 et 530.

irréparable si le payement était divisé. La loi ne l'a point toléré ; elle a institué une véritable indivision créée par l'article 1382. Il n'importe que l'objet de l'obligation soit parfaitement divisible, car les obligations indivisibles, quan au payement, peuvent porter sur une somme d'argent[1]. — 3° On ajoute que le principe de l'indivisibilité convient mieux à cette obligation que celui de la solidarité. Si chaque débiteur est tenu pour le tout, c'est à raison de la nature du fait : parce qu'un délit a été commis. La cause est réelle. Or, tel est le caractère de l'obligation indivisible; tandis que la cause de l'engagement solidaire est plutôt personnelle [2].

Les conséquences pratiques de ces deux dernières opinions sont presque identiques. L'obligation qui pèse sur les débiteurs ne sera jamais que de payer des dommages-intérêts, et celle-là précisément sera indivisible. Sur un point seulement les résultats des deux systèmes seront différents. Si l'obligation est indivisible, chaque héritier de l'un des débiteurs directs sera tenu comme son auteur. Est-elle solidaire ? Ils ne devront qu'une part proportionnelle à leur vocation héréditaire.

466. La lutte ne paraît sérieuse qu'entre les deux systèmes exposés en dernier lieu. Tous deux au fond s'accordent à reconnaître que l'article 55 du Code pénal ne s'applique point ; ils prennent pour base l'article 1382; mais chacun lui donne une signification différente. Peut-être l'interprétation proposée par la troisième opinion est-elle préférable. On peut sans doute lui reprocher d'organiser une espèce particulière d'engagement sans le législateur; mais elle présente cet avantage de ne heurter aucun texte précis et d'être conforme aux traditions de l'ancien droit français.

1. Demolombe, *loc. cit.*, n° 530.
2. Demolombe, *loc. cit.*, n° 538.

Ce motif peut être suffisant pour lui reconnaître l'avantage. On pourrait encore ajouter, qu'une obligation qui se résout fatalement en dommages-intérêts, répond assez mal à l'idée d'un engagement indivisible. La conséquence de cette doctrine est que la solidarité peut être prononcée par les tribunaux pour les réparations civiles, restitutions, dommages-intérêts et même pour les dépens; mais non pour les amendes, du moins lorsque celles-ci ont exclusivement le caractère pénal[1].

II. DE LA CONTRAINTE PAR CORPS.

467. La solidarité offre au créancier devenu tel en vertu d'un arrêt criminel un précieux avantage ; mais pour qu'il en puisse profiter, il faut que le crime ait été commis par plusieurs auteurs. Lorsque l'agent sera unique et que sa solvabilité paraîtra douteuse, la victime de l'infraction sera-t-elle donc dépourvue de toute garantie? Non ; elle aura pour vaincre la mauvaise volonté trop ordinaire de tels débiteurs un remède puissant : *la contrainte par corps*. Cette sûreté rappelle l'effet de l'ancienne et rigoureuse obligation romaine, le *nexum*. Elle consiste dans l'incarcération du débiteur.

Mais n'est-elle qu'un moyen coercitif pour arriver au payement : ou bien revêt-elle en outre, parfois du moins, un caractère pénal? Cette question est discutée et deux systèmes se sont produits.

Le premier enseigne que la contrainte est à la fois une garantie de payement et un supplément de peine. — 1° Il invoque d'abord la législation révolutionnaire. La loi des 2 septembre-6 octobre 1791 indiquait expressément que l'amende était, à défaut de payement, remplacée par la con-

1. Cass., 3 avril 1869 (Sirey, 70, I, 259).

trainte par corps. Or, si cette disposition a été abrogée dans son texte, l'esprit en est demeuré vivant, puisque l'on ne dispense pas le condamné de subir la contrainte, lors même qu'il aurait fait la preuve légale de son insolvabilité. Ce n'est donc pas un simple moyen coercitif d'obtenir payement. — 2° Une considération tirée de la dernière loi sur cette matière vient encore corroborer ce premier argument. La loi du 22 juillet 1867 supprime cette institution en matière civile, elle ne la laisse subsister qu'en matière pénale, preuve irrécusable de son caractère mixte. — 3° On ajoute que ceci est encore démontré par le rapport présenté sur ce projet de loi et par la discussion. A plusieurs reprises on y indique que la contrainte est pour les insolvables *la substitution d'une peine à une autre.* — 4° Enfin la tradition est en ce sens. Déjà la loi de 1832 ne permettait pas de recourir une seconde fois à la contrainte pour faire payer l'amende si elle avait été subie une fois. La peine était donc purgée.

De ce caractère mixte, les partisans de cette opinion tirent une double conséquence : — 1° Si le condamné est déclaré en faillite, le tribunal de commerce seul peut le faire détenir; ses créanciers ont perdu ce droit (art. 455, 456, C. com.). Or, il en serait différemment en ce qui concerne les amendes. Le créancier de ce titre pourrait agir nonobstant la paralysie qui frappe les autres. — 2° La contrainte une fois subie ne pourrait être reprise lors même qu'il surviendrait au condamné de nouvelles ressources[1].

468. Le deuxième système enseigne que la contrainte reste toujours et uniquement une garantie de payement. Il est de beaucoup préférable. — 1° D'abord il invoque un monument de la législation nouvelle que la doctrine contraire est impuissante à expliquer. C'est un avis du Conseil d'État

1. Sourdat, *Traité de la responsabilité*, t. I, nos 203, 205, 212 septies.

donné le 15 novembre 1832, et où il est dit que la contrainte par corps ne libère point le condamné de l'amende, parce qu'elle n'est qu'un moyen de contrainte. On ne peut voir une condamnation plus formelle du système adverse. — 2° Cet avis ne fait que reproduire la tradition en cette matière. Jamais on n'a admis, ni sous l'ancien droit, ni sous le nouveau, que la contrainte subie procurât au condamné sa libération, pas même de l'amende. Jousse l'avait dit avant les auteurs modernes[1]. Or, si la contrainte était la substitution d'une peine à une autre, elle devrait entraîner ce résultat. — 3° Puis, comment pourrait-elle produire pour l'amende un autre effet qu'en ce qui concerne les frais, les dommages-intérêts et les restitutions? Or, on avoue qu'elle ne saurait remplacer le payement de ces condamnations : elle ne peut donc tenir lieu de l'amende. — 4° L'opinion contraire se méprend et sur le caractère de la loi de 1867 et sur la portée des discussions qui l'ont précédée. Ce qu'il y a de pénal consiste en ceci : que ce moyen coercitif interdit au civil, est autorisé en matière criminelle. Il ne s'ensuit pas qu'il change complétement de nature. — 5° Enfin ce résultat constituerait un mode de payement essentiellement dérogatoire aux règles du droit ; un texte précis devrait dès lors assurer à la contrainte une telle efficacité. Or, nulle loi ne la lui reconnaît. De là, que souvent elle ne pourra être deux fois employée, il suit seulement que le créancier n'aura désormais, pour obtenir payement, que les voies de droit ordinaires[2].

Est-ce à dire que les deux conséquences tirées par l'autre opinion seront également erronées? Non. La première, à la vérité, ne semble point exacte[3]. Nulle exception n'est faite

1. Jousse, t. I, n° 101.

2. Bertauld, *Cours de Code pénal*, leçon XIII, p. 281. — Blanche, *Étude*, I, n° 356. — Chauveau et F. Hélie, *Théorie du Code pénal*, t. I, n° 128.

3. Paris, 12 octobre, 25 novembre 1837 (Sirey, 38, II, 420). — Nancy, 21 novembre 1845 (Sirey, 46, II, 417).

par la loi de 1867 aux articles 455 et 456 du Code de commerce, et le créancier de l'amende devra subir le sort des autres créanciers ; mais la seconde conséquence sera exacte. Le texte de la loi de 1867 l'admet ; c'est une exception bienveillante que le législateur pouvait édicter.

Une autre suite de cette opinion est que, théoriquement, la contrainte par corps peut être prononcée contre d'autres personnes que des coupables.

469. Cette institution a été plusieurs fois organisée par la législation moderne, et l'on reconnaît quatre périodes dans son histoire. La première est celle du Code pénal de 1810 (ancien article 53). Ce texte fut abrogé lors de la révision de la législation criminelle et la loi du 17 avril 1832 inaugura une nouvelle époque. Un autre monument législatif parut en 1848 et commença une troisième période : c'est la loi du 13 décembre 1848. Enfin parut celle du 22 juillet 1867 dont le régime est encore en vigueur. La tendance constante de la législation a été d'adoucir ce mode de contrainte ; elle en est arrivée à le supprimer complétement, du moins en matière civile. On a fait à cette institution les plus vifs reproches. Au point de vue économique elle paralyserait l'activité du débiteur et l'empêcherait d'en arriver à se libérer par son travail. En outre elle serait d'une inutilité démontrée. Et l'on dresse triomphalement une statistique comparative du nombre des débiteurs emprisonnés et du nombre de ceux qui ont payé.

Les adversaires de la contrainte par corps ont réussi, elle n'existe plus qu'en matière criminelle. Leur succès ne sera-t-il point néfaste ? Il est bon de s'attendrir sur le sort des débiteurs insolvables ; l'histoire de cette institution démontre que les révolutions successives qui ont ébranlé notre pays n'y ont pas manqué. Elles ont pour cette classe d'hommes, leurs partisans naturels, une tendresse qui se conçoit. Mais ne serait-il pas rigoureusement juste de ne point sacrifier les droits du créancier légitime? La disparition de la contrainte par corps prête aux abus les plus manifestes. Qu'un débiteur soit de la plus insigne mauvaise foi ; que, condamné par les tribunaux, il résiste à leurs décisions avec la dernière opiniâtreté, s'il a eu l'adresse de placer sa fortune en valeurs mobilières, si fréquentes en ce temps et si faciles à dissimuler, il pourra se rire des ordres de la justice et se moquer ouvertement de ses créanciers trompés et peut-être ruinés! Il faut aller plus loin. Qu'un homme sans scrupule abuse d'un crédit menteur, qu'il emprunte de fortes sommes et qu'il les place en rentes sur l'État, valeurs comme l'on sait insaisissables, s'il n'est pas tombé dans les manœuvres de l'escroquerie, s'il s'est joué seulement de toute justice et de toute bonne foi, il pourra étaler sa fortune et en jouir au grand jour, offrant le spectacle public du dol civil impuni au sein de la richesse! Est-il possible de dire d'une manière plus éhontée à un peuple : « Respecte le Code pénal et moque-« toi de toute morale. La richesse est acquise à qui sait la « prendre! » Et ces inconvénients ne sont pas seulement théoriques.

Quant à la statistique invoquée contre la contrainte par corps, elle n'est rien moins que décisive. Celle qui est tout à la fois nécessaire à la solution et impossible à dresser consisterait à établir la liste des débiteurs que la crainte de cette mesure a déterminés à payer. Alors seulement on pourrait mesurer son efficacité.

L'objection économique n'est pas plus sérieuse. Le créancier qui use de la contrainte doit nourrir son débiteur; évidemment il ne se risquera pas, s'il n'a aucune chance de payement, à augmenter sa créance par de nouveaux frais. Cette objection d'ailleurs, fût-elle aussi fondée qu'elle l'est peu, ne saurait l'emporter sur le respect des droits du créancier. Les considérations de la morale et de la justice sont au-dessus des considérations économiques.

Aussi est-il permis d'appeler de tous ses vœux une législation plus sage qui reviendra à l'application pure et simple des articles 126 et 127 du Code de procédure civile. Ces textes investissaient les juges d'une faculté dont il n'était pas à craindre qu'ils abusassent.

470. Pour examiner avec détail l'état de la législation actuelle sur la contrainte par corps, il sera nécessaire de résoudre les trois questions suivantes :

I. Pour quelles causes et sous quelles conditions la contrainte par corps doit-elle être prononcée?

II. Contre qui et au profit de qui?

III. Quels sont ses effets?

471. — I. Pour quelles causes et sous quelles conditions la contrainte par corps doit-elle être prononcée ? — La contrainte n'étant maintenue qu'en matière criminelle, il faut pour son application que l'existence d'une infraction soit constatée ou, pour employer les termes mêmes de la loi, *reconnue*, et cette constatation ne peut émaner que des tribunaux criminels[1]. Le texte est précis. Il en sera en cette matière tout autrement que pour la solidarité (loi du 22 juillet 1867, art. 5).

Mais s'il faut appliquer le texte, il importe de ne point le dépasser : aussi ne faut-il point exiger l'application d'une peine. Que le coupable échappe au châtiment soit parce que l'appel n'a été porté que par la partie civile, soit en vertu du principe du non-cumul; du moment où il est reconnu pour l'auteur d'une infraction, il est contraignable par corps.

1. Du moment où la condamnation a un caractère criminel, la contrainte est encourue. La jurisprudence en conclut que cette voie d'exécution garantit le recouvrement de l'amende même en matière de douanes parce que c'est une peine. Cass., 22 juillet 1874 (Sirey, 75, I, 23). Ceci est-il bien concordant avec le caractère que la jurisprudence attribue à l'amende en cette matière? (Voir *supra*, nos 369, 370.)

Un auteur a prévu l'hypothèse où la partie civile par une poursuite exercée en temps utile aurait interrompu la prescription de l'action civile sans interrompre celle de l'action publique; il enseigne que dans ce cas la contrainte serait encourue parce que l'infraction serait constatée. En admettant, ce qui est controversé[1], que cet effet puisse se produire, la conséquence serait exactement déduite[2].

Par contre, l'accusé renvoyé des poursuites de quelque manière que ce soit, par absolution ou par acquittement, ne peut subir l'application de la contrainte par corps. Cette conséquence est vraie, encore que l'accusé ait été condamné en des dommages-intérêts au profit de la partie civile; elle l'est au cas même où il faudrait admettre avec la jurisprudence que celui qui est absous peut être condamné aux dépens. Il est toujours vrai de dire que cet accusé n'a pas été reconnu coupable d'une infraction[3].

472. Cette garantie était jadis attachée à toutes les condamnations pécuniaires : amende, frais, réparations civiles. La loi du 22 juillet 1867 crut obéir à une heureuse inspiration en la supprimant en tant qu'elle garantissait le payement des frais de justice criminelle. On reconnut bientôt les inconvénients d'une pareille disposition et la loi du 19 décembre 1871 remit purement et simplement en vigueur sur ce point les dispositions de la loi du 13 décembre 1848.

473. Ainsi réduite aux matières criminelles la contrainte par corps est encourue de plein droit. Sous le régime de la loi de 1832 il était même des hypothèses où le jugement de condamnation ne devait pas en parler. C'était au cas où la loi fixait elle-même la durée de cette garantie.

1. F. Hélie, *Traité de l'instruction criminelle*, t. II, p. 701, n° 1077.
2. Sourdat, *Traité de la responsabilité*, t. I, n° 197.
3. Sourdat, *Traité de la responsabilité*, t. I, n°s 196 *ter* et *quater*. — Blanche, *Étude*, I, n°s 359 à 362, 391 à 393. — Cass., 2 avril 1842 (Sirey, 42, I, 735). — 1er décembre 1855 (Sirey, 56, I, 467). — 8 mars 1858 (Sirey, 58, I, 430). — 2 avril 1842 (Sirey, 42, I, 735). — 25 mars, 12 août 1843, *Bull. crim.*, n°s 68, 205.

Sous le régime inauguré en 1867, il en est autrement. La décision relative aux condamnations pécuniaires doit s'en occuper, non pas à la vérité pour la prononcer, ce serait inutile, mais pour en déterminer le temps. La loi nouvelle ne fixe qu'un minimum et un maximum entre lesquels le juge peut choisir.

Ce principe est important. Il en résulte que la contrainte étant toujours encourue de plein droit, la partie civile, pour en jouir, n'a pas besoin de la demander; et encore que si le juge de première instance a omis de l'ordonner, le juge d'appel en peut d'office préciser la durée. Il ne dépasse point ainsi la demande originairement formée par la victime du délit; il n'empire point la situation faite au condamné par le jugement du premier degré. Le coupable n'était-il pas déjà sous le coup de ce moyen d'exécution de la peine pécuniaire[1]?

474. La loi nouvelle ne permet plus de discuter une question autrefois agitée : celle de savoir si, l'existence d'un délit étant reconnue par les tribunaux criminels, la condamnation à des dommages-intérêts prononcée par la justice civile doit avoir le même effet que celle qui eût été prononcée par la justice criminelle. Le texte attribue à la sentence de quelque ordre de tribunaux qu'elle émane une efficacité pareille[2].

475. Qu'arriverait-il si, par une omission du juge, la durée de la contrainte n'avait point été fixée dans la sentence? Il va de soi que si un pourvoi était formé, la décision serait cassée par la Cour suprême[3]. La question est ailleurs.

1. Sourdat, *Traité de la responsabilité civile*, t. I, nos 193-196 *bis*. — Blanche, *Étude*, I, nos 365 à 367, 369. — Cass., 14 juillet 1827 (Sirey, 27, I, 530). — 14 janvier 1853, *Bull. crim.*, n° 358. — 12 juin 1857 (Sirey, 75, I, 621). — Riom, 13 novembre 1867 (Sirey, 68, II, 110).

2. Cass., 9 juin 1869 (Sirey, 69, I, 349). Voir pour la discussion sous l'empire des lois anciennes. — Chauveau sur Carré, *Lois de la procédure civile*, question 533. — Bioche, *Dictionnaire de procédure*, v° *Contrainte par corps*, n° 87.

3. Cass., 19 décembre 1867. — 26 mars 1868.

Le juge pourrait-il compléter son premier jugement et sur la demande ultérieurement formée par la partie civile déterminer la durée de la contrainte? Deux opinions se sont formées. L'une soutient la négative. Le juge, dit-elle, a épuisé sa juridiction. Il ne peut désormais retoucher sa sentence. C'est un principe élémentaire en procédure.

L'autre défend l'affirmative. 1° Elle reconnaît que le juge qui a statué a, par ce fait, épuisé sa juridiction; mais elle ajoute que ceci n'est vrai que pour les points dont il est question dans le jugement. Or ici le juge n'a rien décidé; donc sa juridiction n'est pas épuisée. 2° On ajoute que cette opinion présente l'avantage d'une économie de frais et de temps. 3° Enfin on fait remarquer qu'il s'agit moins d'un nouveau chef de décision que d'une question d'exécution du premier jugement. La jurisprudence s'est à bon droit ralliée à ce système plus juridique et plus avantageux[1]. Cette faculté ne peut être exercée que par le juge même duquel émane la première décision.

476. — 2. Contre qui et au profit de qui la contrainte par corps peut-elle être prononcée? — En principe, la contrainte par corps ne peut atteindre que les coupables, les *condamnés*, porte la loi de 1867. Elle ne pourrait donc être prononcée contre les personnes civilement responsables. Celles-ci ne sont pas des *condamnés;* elles supportent seulement au point de vue civil les conséquences d'un fait délictueux commis par autrui.

Cette conséquence qui ressort naturellement de la loi de 1867 est conforme aux traditions de la loi de 1832 et du Code de 1810. La loi du 19 décembre 1871 l'a respectée[2].

1. Sourdat, *Traité de la responsabilité,* n° 208. — Blanche, *Étude,* I, n°s 369, 377. — Cass., 14 mai 1836 (Sirey, 36, I, 784). — 12 juin 1857 (Sirey, 57, I, 621).

2. Blanche, *Étude,* I, n° 392. — Cass., 11 février, 18 mai, 3 juin 1843 (Sirey, 43, I, 662, 743, 957).

Il faudrait, pour y déroger, un texte spécial et formel. On en rencontre des exemples dans notre législation, et l'on peut citer notamment l'article 46 du Code forestier.

477. Il semble que les lois sur la contrainte par corps sont trop générales pour admettre aucune exception en faveur d'une classe de condamnés. Cependant la jurisprudence en a introduit une, et précisément en faveur des plus grands coupables! Elle décide avec une étonnante fermeté que les condamnés soit à mort, soit à une peine perpétuelle ne peuvent y être soumis. Elle trouve une incompatibilité entre la peine principale et la garantie de payement[1].

Le motif serait sans réplique si la peine devait fatalement être subie; mais si elle est remise? si le condamné y échappe par la prescription, tandis que la prescription civile ne lui est pas acquise? ce motif sera-t-il présentable? Non, évidemment. De plus, les textes sont muets sur l'existence d'une si singulière exception!

Aussi faut-il tenir pour certain que cette règle malencontreusement introduite par les arrêts constitue une erreur indiscutable qui, pour être soutenue par des esprits distingués et depuis longtemps, n'est pas devenue une vérité. Elle a soulevé du reste des protestations énergiques[2].

478. D'autres exceptions plus certaines sont écrites dans des textes : les unes proviennent de l'âge; d'autres se rattachent à l'existence de certaines relations de famille.

Ainsi les mineurs de seize ans ne sont point contraignables par corps. La loi du 13 décembre 1848 avait rendu ce moyen facultatif à leur égard d'obligatoire qu'il était (art. 9). La loi de 1867 les y a complétement soustraits.

1. Cass., 22 mai 1856, *Bull. crim.*, n° 188. — 13 août, 20 août 1859, *Bull. crim.*, n°s 300, 309, 310. Il existe un grand nombre d'arrêts antérieurs dans le même sens.

2. Blanche, *Etude*, I, n°s 387, 388. — Sourdat, *Traité de la responsabilité*, n° 208 *bis*.

Les vieillards, eux aussi, peuvent invoquer un bénéfice résultant de l'âge. La loi du 17 avril 1832 avait réduit de moitié la durée de la contrainte par corps pour les personnes âgées de plus de soixante-dix ans. La loi de 1867 a avancé l'âge et l'a fixé à soixante ans (art. 14).

479. Il y aurait une rigueur évidente et qui choquerait les bienséances à voir un parent à un degré assez rapproché exercer la contrainte par corps sur son parent; aussi la loi du 17 avril 1832 avait-elle interdit entre les personnes liées par certaines relations de parenté l'emploi de ce moyen coercitif. La législation de 1867, confirmant en ce point celle de 1848, a étendu la liste jusqu'au degré de grand-oncle et de petit-neveu (art. 15).

480. Enfin la loi de 1867 a encore emprunté à celle de 1848 deux exceptions tirées de la faveur due à des débiteurs malheureux. L'une défend de jamais exécuter la contrainte simultanément contre le mari et la femme, qu'il s'agisse de la même dette ou de dettes différentes (art. 16).

L'autre confère aux tribunaux, dans l'intérêt des enfants mineurs de condamnés, le pouvoir de suspendre pendant un an l'exercice de ce moyen coercitif. Toutefois la loi veut que les magistrats ne puissent concéder ce bénéfice que s'ils l'inscrivent dans le jugement de condamnation (art. 17).

481. — **3. Quels sont les effets et quelle est la durée de la contrainte par corps?** — La contrainte consiste dans une incarcération du condamné. Il est enfermé soit dans une maison spéciale lorsqu'il en existe dans l'arrondissement du lieu de détention, soit dans une maison d'arrêt, et on le place alors dans la partie affectée aux détenus préventivement.

Celui qui la subit n'est astreint à aucun travail et son créancier doit le nourrir. Cette obligation se traduit pour la partie civile en une consignation de somme d'argent qui doit être effectuée par avance et pour une période d'au moins un mois. Le versement se fait entre les mains du gardien en chef de la prison. Le défaut de cette consignation préalable donne au détenu un droit acquis à sa liberté. (L. 22 juillet 1867, art. 6.)

482. Quelle est la durée de la contrainte? Sur ce point surtout la législation a varié.

Sous le Code de 1810 la durée était illimitée. Le débiteur n'avait qu'un moyen de la faire cesser, après l'avoir au préalable subie pendant un certain temps. Il pouvait, lorsqu'il avait été détenu tantôt quinze jours, tantôt six mois et tantôt un an, faire la preuve de son insolvabilité suivant les formes prescrites par l'article 420 du Code d'instruction criminelle. La démonstration faite il était mis en liberté. Mais il n'en avait point fini pour cela avec ce moyen coercitif. Lui survenait-il quelque moyen de payer? elle était reprise contre lui. Ainsi, sous ce régime, la contrainte subie n'était point une preuve directe d'insolvabilité. Elle ne constituait qu'une présomption qui cédait devant la preuve contraire. En outre, la démonstration même évidente de l'insolvabilité ne dispensait pas de la subir. Il faut enfin remarquer que sous cette loi aucun arrêt ne devait nécessairement en parler, puisque, d'une part elle était encourue de plein droit, et que de l'autre la durée en était fixée par la loi.

483. La loi du 17 avril 1832 adoucit notablement ce régime. Elle introduisit aussi entre la contrainte prononcée au profit de l'État et celle accordée à la partie civile une distinction qui oblige de les examiner séparément.

Était-ce l'État qui était créancier? on classait les condamnations en deux espèces. — D'une part celles qui étaient inférieures à trois cents francs. La durée de la contrainte restait illimitée, mais cette rigueur était adoucie par un précieux privilége. Le condamné, après une incarcération qui variait suivant le chiffre de sa dette, pouvait faire la preuve de son insolvabilité suivant les formes réglées par la législation précédente (art. 420, C. I. C.). Il obtenait alors sa mise en liberté. A la vérité, sa situation n'était pas définitive. S'il lui survenait de nouvelles facultés, l'État pouvait le ressaisir; mais il ne pouvait exercer ce droit qu'une seule fois et après avoir fait juger avec le condamné qu'il pouvait payer. L'amélioration est d'évidence (loi du 17 avril 1832, art. 34, 35, 36). — La condamnation était-elle supérieure à trois cents francs, la règle changeait. La durée était limitée; elle devait être fixée par le juge entre un maximum de dix ans et un minimum d'une année. A ce point de vue le sort du coupable était meilleur, ce qui paraît singulier. Mais le bénéfice que, dans l'autre hypothèse, il retirait de la preuve de son insolvabilité, lui était enlevé. Ceci faisait toutefois difficulté et une opinion soutenait que même dans ce cas il devait le conserver; mais le système le plus sûr, celui adopté par la jurisprudence, repoussait cette solution. L'article 40 de la loi de 1832 constituait d'après lui un régime particulier établi pour les condamnations supérieures à trois cents francs et dont l'avantage ne se cumulait pas avec celui de la preuve accordé par l'article 35 de la même loi[1].

La contrainte accordée à la partie civile n'était pas réglée absolument de cette manière. La même distinction entre les condamnations devait toutefois être reproduite. — Pour celles qui étaient inférieures à trois cent francs, la durée de la contrainte n'était point illimitée. Elle devait être déterminée par le juge entre un minimum de six mois et un maximum de cinq ans. Le condamné conservait le droit, après le temps de détention fixé par l'article 35 de la loi, de faire la preuve de son insolvabilité. Toutefois, si le créancier la contestait, un jugement contradictoire devait être rendu. — Si le

1. Voir Blanche, *Étude*, I, n° 376.

chiffre de la dette dépassait trois cents francs, la partie civile était placée sur le même pied que l'État.

Le principe restait le même que sous le Code de 1810, les solutions étaient seulement plus douces.

484. La loi du 13 décembre 1848 ne fit que s'avancer davantage dans la voie déjà ouverte. Elle s'occupa surtout d'abréger la durée de la détention. Elle mit sur un pied d'égalité l'État et la partie civile. — La condamnation prononcée était-elle inférieure à trois cents francs, la durée était fixée par la loi et limitée. La justification de l'insolvabilité réduisait de moitié le laps de temps marqué pour la détention (art. 8 de la loi). — Pour les dettes supérieures à trois cents francs la règle de l'époque antérieure était conservée. La durée était fixée entre six mois et cinq ans, c'était une abréviation (art. 11 de la loi).

485. Enfin la loi du 22 juillet 1867 est intervenue. Elle a effacé toute distinction entre les condamnations inférieures à trois cents francs et celles supérieures à ce chiffre. La durée varie suivant la quotité de la somme due; le temps est réduit d'une manière presque dérisoire. Le minimum est fixé *à deux jours*, le maximum à deux années (art. 9, loi du 22 juillet 1867). Le juge est obligé de choisir dans ce laps de temps pour fixer la quotité applicable dans chaque espèce. Enfin la preuve de l'insolvabilité faite par le condamné réduit le temps de moitié. La loi ajoute un dernier avantage. La contrainte a-t-elle été subie une fois, on ne peut recommencer l'épreuve même pour une autre dette d'une date antérieure, à moins qu'elle ne comporte une détention plus longue. On déduit alors de la contrainte à subir celle qui déjà a été exécutée (art. 9, 10, 12, loi du 22 juillet 1867). C'est à ce point que l'on a réduit le moyen d'exécution autrefois si énergique et dont la menace, lorsqu'elle était sérieuse, pouvait être si efficace.

486. La durée de la contrainte est d'autant plus élevée

que le chiffre des condamnations prononcées est plus considérable; aussi pour la fixer le juge doit-il attendre que la liquidation soit faite. Si les dommages-intérêts doivent être déterminés sur état, si les frais ne sont pas connus, le magistrat renverra à une époque ultérieure pour statuer sur la contrainte[1].

Lorsqu'il rendra sa décision il fera entrer en ligne de compte toutes les sommes dont le condamné est reconnu débiteur : frais liquidés, dommages-intérêts, amendes, etc. Toutefois les sommes qui ne seraient point fixées ne pourraient être prises en considération. Déjà sous la loi de 1832 la jurisprudence l'avait ainsi décidé. La cour suprême n'avait permis au juge de calculer pour la contrainte que les frais taxés et liquidés. Elle avait sans doute hésité à rendre cette décision; mais en dernier lieu elle s'y était fermement tenue[2]. Nul doute qu'aujourd'hui elle ne maintînt une opinion contre laquelle on avait en vain protesté[3]. Il est certain que la fixation d'une durée hypothétique n'est autorisée par aucun texte : il semble donc naturel de se rallier à un système favorable au débiteur. Si un chiffre de condamnation important n'est pas liquide, le juge peut toujours surseoir à statuer.

Le chiffre une fois connu, le magistrat ne doit s'attacher qu'au total. Si plusieurs débiteurs sont condamnés solidairement, il n'importe que la dette se divise entre eux, le montant intégral sera seul pris en considération[4].

1. Cass., 28 décembre 1872 (Sirey, 73, I, 143).

2. Cass., 6-13 octobre 1836 (Sirey, 37, I, 823), — 6-20 avril 1837 (Sirey, 38, I, 903), — 22 septembre 1859 (Sirey, 60, I, 921). — 20 décembre 1861 (Dalloz, 62, V, 84). Il existe un grand nombre d'autres arrêts intermédiaires : les premiers et les derniers sont seuls indiqués.

3. *Contra*. Blanche, *Étude*, I, n° 380. — Cass., 11 novembre 1836 Sirey, 37, I, 823). — 11 avril 1861, implicite (Dalloz, 61, V, 111)).

4. Cass., 3 février 1843 (Sirey, 43, I, 695), et arrêts précédents.

TITRE VI

LE FAIT DE L'INFRACTION. THÉORIE DE LA TENTATIVE.

487. Il faut, pour qu'une infraction soit atteinte par la loi pénale, qu'elle présente deux éléments : une volonté coupable, et un fait matériel qui réalise cette volonté et la fasse passer du domaine de la pensée dans le domaine de l'action.

La nécessité d'une intention coupable n'a pas besoin d'être justifiée : ce que la loi pénale doit châtier, c'est la criminalité de l'acte, et la peine qu'elle prononce doit être mesurée sur le degré de cette criminalité. Quant au fait matériel nuisible auquel la volonté n'a pas présidé, ce n'est qu'un accident qui peut donner naissance à une obligation civile, mais auquel il serait souverainement injuste d'appliquer une peine : comment en effet la société pourrait-elle punir le fait de l'insensé qui a donné la mort, pour se défendre de périls imaginaires?

Nous traiterons de cette première condition, en nous occupant avec le Titre VII de l'agent.

488. En second lieu, l'intention coupable doit se révéler par un fait matériel : la loi pénale ne punit pas les pensées, elle n'atteint que les actes pervers, « *nemo cogitationis pœnam patitur* », disait la loi Romaine (l. 18, ff, *de pœnis*, 48, 19), et cette théorie est devenue celle de presque toutes les législations pénales. Il est facile de démontrer la sagesse de cette règle : le premier motif qu'on en peut donner, c'est la difficulté de faire la preuve d'une pensée qui est restée dans le monde des idées, d'une résolution qu'aucun acte extérieur n'est venu révéler : quelle incertitude et quels dangers présenterait la recherche de cette volonté coupable, et n'y aurait-il pas un plus grand mal social à vouloir en faire la preuve qu'à la laisser impunie!

Ce motif, qui est exact, ne serait pourtant pas suffisant à lui seul, car il peut arriver que la résolution de faire le mal soit démontrée jusqu'à l'évidence : on intercepte une lettre dans laquelle l'agent coupable indique qu'il va commettre un crime ; il précise les circonstances de temps, de lieu, de personne, dévoile les moyens dont il se servira et qu'il a mûrement combinés : pourquoi, en présence d'une preuve aussi complète, ne peut-on pas atteindre le coupable?

Le motif décisif, à notre avis, c'est qu'il n'est pas démontré que cette résolution coupable eût persisté jusqu'à la fin, et se fût traduite par un acte coupable : le plan du crime est très-bien fait, mais peut-être qu'au dernier moment l'agent eût reculé, et ce doute suffit pour désarmer la société. La loi pénale, en effet, n'a pas d'empire sur la conscience humaine, sur le for intérieur, qui ne relève que de la loi religieuse et de la loi morale : et la volonté, même la mieux arrêtée en apparence, échappe aussi à son empire à raison de son extrême instabilité : si le législateur humain ne peut pas demander compte à l'homme des pensées qui traversent son imagination, il n'a pas plus le droit de le punir pour une résolution très-arrêtée en apparence, mais qui peut-être se serait évanouie en face du premier acte d'exécution. D'ailleurs il est de l'intérêt social d'encourager chez l'agent coupable le retour à des sentiments meilleurs, de l'arrêter sur le chemin du crime : et il faut pour cela lui assurer l'impunité, si, à un moment quelconque, il renonce spontanément au projet qu'il avait formé.

Enfin la volonté, tant qu'elle ne se traduit pas par un acte extérieur, n'engendre pas encore le mal social qui la rend justiciable de la loi positive.

Mais si la pensée, si la volonté même de l'agent, échappent à la loi pénale, il n'en faut pas conclure que l'infraction ne pourra être punie que si elle est complétement réalisée : le devoir du législateur n'est pas seulement de punir le crime accompli, il est encore d'en empêcher l'accomplissement en arrêtant le coupable dans ses préparatifs : de là la théorie de la *tentative*, du *commencement d'exécution* que nous devons examiner.

Nous étudierons trois questions :

I. Qu'est-ce que la tentative.

II. Dans quels cas elle est punie.

III. De quelles peines.

I. QU'EST-CE QUE LA TENTATIVE ?

489. De la pensée coupable à l'exécution même de l'infraction il y a plusieurs phases qu'il faut analyser, pour savoir à quel moment commence l'empire de la loi pénale : ce sont :

1° La conception de l'infraction.

2° La résolution de l'exécuter.

3° Les actes préparatoires à l'exécution.

4° Le commencement d'exécution, ou la tentative.

5° L'exécution complète de la part de l'agent, qui manque son effet sur la victime.

6° L'exécution complète qui produit son effet sur la victime.

490. I. II. Ainsi que nous venons de le dire, la loi pénale n'atteint ni la pensée qui a conçu le crime, ni la résolution qui a décidé de le commettre, et nous en avons donné les motifs : difficulté de la preuve, surtout incertitude sur la persistance de la volonté coupable, enfin absence d'un fait matériel. Cette règle est absolue, et nous croyons que notre Droit pénal n'y apporte pas d'exception.

Une exception, il est vrai, paraît apportée par l'article 89 du Code pénal, aux termes duquel, « s'il y a eu *proposition faite et non agréée* de former un complot..., celui qui aura fait une telle proposition sera puni, etc... » : il semble que la loi punit ici la *volonté* coupable, qu'aucun acte n'est encore venu réaliser. Mais une analyse plus exacte permet de reconnaître qu'il y a ici quelque chose de plus que la volonté personnelle de l'agent, il y a la *proposition* de s'associer à lui, et c'est cette proposition que la loi atteint à raison des dangers exceptionnels que présente le complot pour la sécurité sociale. Mais ce qui prouve bien que ce n'est pas la volonté seule qui est atteinte, c'est que les termes de l'article 89 ne permettraient pas de poursuivre celui qui aurait écrit son intention très-arrêtée de former un complot, sans proposer à son correspondant de s'y associer : c'est donc un délit spécial, la *proposition* du complot et non la *résolution* qu'on frappe.

491. De même, si les articles 305 et 307 du Code pénal punissent les menaces écrites ou verbales, ce n'est pas la résolution qu'ils atteignent, c'est le fait même de la menace, indépendamment de la volonté de l'agent de la réaliser, et lors même qu'il serait établi qu'il n'a jamais eu l'intention sérieuse d'accomplir ses menaces : la menace trouble la sécurité de celui auquel elle s'adresse, sécurité à laquelle il a droit et que le pouvoir doit lui garantir, et la loi pénale la punit à raison de ce trouble social qu'elle cause : elle gradue même la peine suivant la grandeur de l'effroi qu'elle a dû inspirer, punissant la menace écrite d'une peine plus sévère que la menace verbale, car elle a dû faire naître une inquiétude plus grande chez la victime.

C'est ainsi encore que les lois sur la presse n'atteignent

point la pensée mauvaise : elles punissent le mal qui naît de la publicité donnée à cette pensée, le trouble social qui peut en résulter : c'est là un fait extrêmement dangereux, plus grave que l'exécution même d'un crime privé, car il démoralise les masses et fait naître la pensée de crimes auxquels l'agent coupable n'eût pas songé.

492. III. Les actes préparatoires de l'infraction ne sont pas encore l'exécution même, mais ils en sont le préliminaire matériel : la volonté mauvaise s'affirme, mais l'acte mauvais n'est pas encore commencé.

L'achat d'une échelle pour faciliter l'escalade, d'armes pour frapper la victime, de pétrole pour propager l'incendie, sont autant d'actes préparatoires du crime : la loi pénale va-t-elle les atteindre?

Non, en règle générale, et cela lors même qu'il n'y aurait aucun doute sur leur portée, que la relation de la volonté coupable avec l'acte préparatoire serait clairement établie : et le motif qui empêche de les punir est le même que celui pour lequel on ne punit ni la conception ni la résolution du crime : il se peut que l'agent n'aille pas jusqu'au bout, qu'il s'arrête en présence de sa victime, et d'ailleurs il n'y a encore aucun fait préjudiciable à la société.

493. Cependant comme l'acte préparatoire est bien voisin de l'exécution, comme la loi a pour mission de prévenir le plus possible les crimes, elle punira les actes préparatoires s'ils présentent un danger social, et si leur gravité est telle que par eux-mêmes ils inspirent de la crainte : ainsi l'article 89 du Code pénal punit de la déportation le complot toutes les fois qu'il a été suivi d'un acte commis ou commencé pour en préparer l'exécution : « *ici*, disait M. Dumon, dans son rapport sur la loi du 28 avril 1832, la répression ne peut plus attendre la tentative : car une tentative heureuse rendrait la répression impossible, et l'existence seule du complot est un incalculable danger[1]. »

L'article 90 punit aussi l'acte préparatoire à l'attentat accompli par un individu seul et sans aucune assistance.

De même l'article 277 punit de deux à cinq ans de prison les mendiants qui auraient été saisis travestis, ou porteurs d'armes ou d'instruments propres, soit à commettre des vols ou d'autres délits, soit à leur procurer les moyens de pénétrer dans les maisons ; l'article 399, modifié par la loi du 13 mai 1863, punit de l'emprisonnement la contrefaçon ou l'altération des clefs : ce ne sont que des actes préparatoires, mais le danger social qu'ils présentent est tel que la loi devait les punir. Elle en fait alors des délits spéciaux, et les punit à raison de leur gravité intrinsèque, mais non comme actes préparatoires d'un délit de vol.

494. IV. Les préparatifs du crime sont faits : l'agent coupable commence à l'exécuter ; ce commencement d'exécution, cette *tentative* est-elle punissable ? Rigoureusement, toute tentative pour commettre une infraction pourrait être punie : l'élément matériel, extérieur, vient s'ajouter à l'élément intentionnel ; la résolution coupable s'est affirmée par un acte précis. Cependant l'article 2 ne punit la tentative que si elle n'a été suspendue ou n'a manqué son effet que par des circonstances *indépendantes de la volonté de son auteur*.

Il est en effet de l'intérêt social d'encourager le repentir, même tardif, et de donner à l'agent un intérêt à s'arrêter dans l'exécution qu'il a commencée. Cet intérêt, ce sera la remise complète de la peine qu'il a encourue, dès qu'il s'est arrêté spontanément. De plus, la volonté de cet agent n'est pas complétement pervertie, puisqu'il n'en est pas arrivé à l'exécution du crime qu'il avait conçu.

495. Dans quel cas y aura-t-il tentative, commencement

1. Duvergier, 1832, p. 136.

d'exécution, dans quels cas n'y aura-t-il que des actes préparatoires? On peut, selon nous, définir la tentative l'acte qui a un rapport direct et nécessaire avec une infraction déterminée ; ainsi l'escalade et l'effraction dans une maison habitée, avec l'intention prouvée d'y commettre un vol, constituent une tentative de vol[1].

Il y a commencement d'exécution du crime de faux, si l'agent fait graver des modèles de traites d'après les traites originales des banquiers dont il veut imiter la signature[2].

L'achat du poison ne constitue qu'un acte préparatoire : mais si l'agent met ce poison dans le verre où la victime a l'habitude de boire, il y a tentative d'empoisonnement[3].

496. L'appréciation des caractères légaux de la tentative doit-elle être considérée comme une pure question de fait, jugée souverainement par les cours d'appels? La jurisprudence de la cour de cassation s'était d'abord prononcée pour l'affirmative[4], mais aujourd'hui elle décide que l'appréciation de ces caractères constitue une question de Droit qui doit lui être déférée[5], et cette dernière solution nous paraît plus juridique : quoique le Code pénal ne définisse pas la tentative, il faut reconnaître qu'elle a des caractères constants que la Cour suprême doit préciser à défaut de la loi, et il serait inadmissible, par exemple, que dans telle Cour l'escalade et l'effraction d'une porte constituassent une tentative de vol, tandis que, dans telle autre, ces actes seraient réputés préparatoires.

1. Chauveau et F. Hélie, *Théorie du Code pénal*, t. I, nos 167-168. V. Cassation, 29 octobre 1813, 11 juin 1818, 23 septembre 1825, 4 octobre 1827, 10 décembre 1842, *Bulletin crim.*, nos 235, 77, 188, 252, 323. — V. aussi Montpellier, 19 février 1852 (Dev., 1853, 2, 68). Il en serait autrement, si le fait d'escalade ou d'introduction avec effraction dans une maison habitée ne se rattachait à aucun délit spécial. Il ne constituerait qu'un acte préparatoire.

2. Cassation, 4 septembre 1807 (Sirey, C. N., t. II, p. 432).

3. Cassation, 7 juillet 1814 (Sirey, C. N., t. II, p. 592).

4. Cassation, 26 décembre 1846 (Dev., 1847, I, p. 282).

5. Cassation, 14 octobre 1854 (*Bulletin crim.*, n° 304).

497. V. L'agent coupable a exécuté complétement le projet qu'il avait conçu : mais la victime a pu lui échapper, le crime, tenté et exécuté, est manqué : l'assassin a visé sur la victime, mais un mouvement de celle-ci a détourné le coup, ou bien le vêtement épais qu'elle portait a amorti la balle : quelle peine va-t-on infliger à l'agent?

L'article 2 répond, avec raison, qu'il sera puni comme si le crime avait été réalisé : il a fait tout ce qu'il pouvait pour atteindre son but, et les circonstances imprévues qui en ont empêché l'accomplissement ne diminuent ni la perversité de l'agent, ni le danger social causé par son infraction.

498. Signalons, dans l'article 2, une confusion regrettable entre le crime tenté et le crime *manqué :* « Toute tentative de crime qui aura été manifestée par un commencement d'exécution, si elle n'a été *suspendue* ou si elle n'a *manqué son effet* que, etc....[1]. » Ce texte désigne donc sous le nom de tentative le crime manqué, et cependant il y a là beaucoup plus qu'une tentative, il y a un crime *consommé* de la part de l'agent; et nous verrons que cette confusion dans les mots a conduit à une assimilation de peines très-regrettable entre le crime tenté et le crime manqué.

499. La tentative et le crime manqué ne sont punissables que si le moyen employé par l'agent pouvait atteindre le but qu'il se proposait; mais s'il s'est trompé, s'il a, au lieu de poison, versé à la victime une substance inoffensive, s'il a tiré sur elle avec un fusil qu'il croyait chargé à balle, et qui ne contenait que de la poudre, s'il a, dans l'obscurité, frappé d'un coup de poignard un homme mort, à l'insu

1. Cette confusion n'existait pas dans la définition donnée par la loi du 24 prairial de l'an IV : « Toute tentative de crime, disait cette loi, manifestée par des actes extérieurs, et suivie d'un commencement d'exécution, sera punie comme le crime même, si elle n'a été suspendue que par des circonstances indépendantes de la volonté du prévenu. » Cette définition, en évitant la confusion commise par le Code, offrait l'avantage de distinguer nettement les actes préparatoires de la tentative proprement dite.

de l'agent, d'apoplexie foudroyante, il n'y a ni crime tenté, ni crime manqué : il n'y a qu'une résolution mauvaise accompagnée d'un acte matériel absolument inoffensif. La loi pénale ne l'atteint pas, puisqu'elle ne punit pas la résolution coupable.

Sans doute, au point de vue moral, l'agent est aussi coupable que s'il avait employé pour commettre l'infraction des moyens en harmonie avec le but qu'il se proposait : son ignorance seule l'a empêché de faire le mal. Mais ce que la loi pénale punit, ce n'est pas la plus ou moins grande perversité de la volonté coupable : il faut que cette volonté se traduise par un acte matériel dangereux, il faut que l'intérêt social soit menacé, et il ne l'est pas par des actes inoffensifs en eux-mêmes, quelque coupable que soit la volonté qui les a inspirés[1].

La jurisprudence a plusieurs fois appliqué ces principes; ainsi, il a été jugé qu'il n'y avait pas tentative d'empoisonnement lorsque l'agent avait donné à la victime du verre pilé, en croyant que cette substance inoffensive au point de vue toxique pouvait donner la mort[2]; ni tentative d'assassinat lorsque la victime était absente de son appartement au moment où l'agent y a tiré des coups de feu en croyant l'atteindre[3].

500. VI. Enfin le crime a reçu son exécution complète du côté de l'agent et a produit son effet du côté de la victime.

Alors le plus haut degré de la culpabilité est atteint, et, quels que soient les événements postérieurs, lors même que l'agent coupable repentant serait parvenu à atténuer ou même à faire disparaître les conséquences préjudiciables de

1. Chauveau et F. Hélie, *Théorie du Code pénal*, t. I, n° 165. — Bertauld, leçon IX, p. 174.

2. Riom, 25 avril 1855. — Blanche, t. I, n° 8.

3. Montpellier, 26 février 1852 (Dev., 1852, 2, 464). — Cassation, 6 janvier 1859 (Dev., 1859, I, p. 362).

l'infraction, la peine n'en est pas moins encourue par lui : ainsi le voleur qui, avant toute poursuite, restitue l'objet qu'il a soustrait, devra néanmoins subir les peines du vol; l'empoisonneur qui administre un antidote assez à temps pour empêcher les effets du poison, n'en est pas moins coupable du crime d'empoisonnement; le faux témoin qui se rétracte devant les juges d'appel devra être condamné pour le faux témoignage qu'il a porté devant les juges de première instance[1].

En effet, l'infraction est complète : la résolution coupable de l'agent a persévéré jusqu'à la fin, l'exécution matérielle du crime a eu lieu, et le repentir de l'agent, qui pourra lui faire obtenir le bénéfice des circonstances atténuantes, ne peut ni effacer son crime, ni préserver la société des dangers que lui ferait courir le retour de telles infractions à sa loi.

II. DANS QUEL CAS LA TENTATIVE EST-ELLE PUNIE ?

501. Le code de 1791 ne punissait la tentative que dans deux cas : la tentative d'assassinat et celle d'empoisonnement; la loi du 22 prairial de l'an IV étendit ce principe à toute tentative de *crime*, et le code de 1810 ainsi que la loi de 1832 ont maintenu la même règle : « Toute tentative de crime, dit l'article 2, est considérée comme le crime même. »

Au contraire, pour les *délits*, l'article 3 s'exprime ainsi : « Les tentatives de délits ne sont considérées comme délits que dans les cas déterminés par une disposition spéciale de la loi. »

D'où vient cette différence entre le crime et le délit? Dans la discussion, on a donné comme premier motif la difficulté

1. Cassation, 3 juin 1846 (Dev., 1846, I, p. 652).

de la preuve, lorsqu'il s'agissait de la tentative d'un délit; mais ce motif est inexact : une nuance dans le même fait suffit pour le faire considérer comme un délit ou comme un crime, et la preuve n'est pas plus difficile dans un cas que dans l'autre. Le second motif donné est le motif vrai : la tentative d'un délit est beaucoup moins dangereuse pour la société, et c'est parce qu'elle n'est pas intéressée à la poursuite des tentatives de délit qu'aucune peine n'est prononcée contre eux. Aussi, dès que la tentative d'un délit paraît inquiétante, verrons-nous la loi la punir.

Quant à la tentative de *contravention*, le peu de gravité qu'elle présente devait empêcher de la poursuivre : aussi n'est-elle jamais punissable.

La règle, en matière de tentative, peut donc se formuler ainsi : la tentative d'un crime est punissable, sauf exception; la tentative d'un délit n'est point punissable, sauf exception; la tentative d'une contravention ne l'est jamais.

502. L'exception à la règle en matière de crime existe pour le crime d'avortement, mais la jurisprudence et la doctrine sont loin d'être d'accord sur son étendue. Il est certain, aux termes de l'article 317, que la femme qui a essayé de se procurer à elle-même l'avortement n'est point punissable, si sa tentative a échoué : elle est punie, dit le texte, *si l'avortement s'en est suivi*. — « Si le législateur doit désirer que les mœurs s'épurent, disait avec raison M. Berlier, il doit craindre aussi de donner ouverture à des procédures indiscrètes, et qui amèneraient souvent pour résultat beaucoup de scandale..... C'est bien assez qu'on poursuive les auteurs d'un avortement consommé, et la nature des choses prescrit de s'en tenir là[1]. »

503. Mais l'exception s'étend-elle à la tentative d'avortement dont un tiers s'est rendu coupable? La jurisprudence

1. Séance du conseil d'État du 26 août 1809 (Locré, t. XXX, p. 426).

de la cour de cassation, affirmée par de nombreux arrêts, décide que dans ce cas la tentative est punissable : elle se fonde sur deux motifs principaux. En premier lieu, pour qu'il y eût exception à la règle générale de l'article 2, il faudrait qu'elle fût nettement formulée par l'article 317 ; et loin de là, l'article 317 n'exige que l'avortement s'en soit suivi que dans le paragraphe 2, relatif à la femme elle-même ; lorsqu'il s'agira des tiers, le paragraphe 1 est complétement muet sur cette prétendue exception. La Cour suprême ajoute que les motifs d'indulgence qui peuvent militer en faveur de la femme, qui a essayé de se soustraire au déshonneur, n'existent point au profit des tiers, et cela suffit pour expliquer la portée restreinte de l'exception [1].

La plupart des criminalistes luttent contre cette jurisprudence, et avec raison selon nous : « Quiconque aura *procuré* l'avortement, dit l'article 317, paragraphe 1, sera puni, etc. » Il faut donc que l'avortement soit procuré, c'est-à-dire réalisé, et s'il existait un doute sur le sens de cette expression, il disparaîtrait à la lecture des paragraphes 2 et 3, qui expliquent que l'avortement doit s'en être suivi.

Les travaux préparatoires confirment cette interprétation : la question fut longuement discutée au conseil d'État, dans la séance du 26 août 1809, et c'est après cette discussion que Monseignat, dans son rapport au Corps législatif, s'exprimait ainsi : « Il est un attentat des plus graves et pour lequel les rédacteurs de la loi n'ont pas cru devoir punir la seule tentative de le commettre ; c'est l'avortement volontaire. Ce crime porte souvent sur des craintes, et quand il n'est pas consommé, outre que la société n'éprouve aucun

1. Cassation, 16 octobre 1817 (Sirey, C. N., t. V, p. 377) ; 17 mars 1827, *Bull. crim.*, n° 60 ; 15 avril 1830 (Sirey, C. N., t. XI, p. 493) ; 19 janvier 1852, n° 43 ; 20 janvier 1853 (Sirey, 53, I, p. 140) ; 24 juin 1858 (Sirey, 58, I, p. 626) ; 7 octobre 1858 (Sirey, 59, I, 364) ; 26 juillet 1860, n° 175 ; 1er décembre 1860, n° 269 ; 3 mars 1864 (Sirey, 64, I, 303).

tort, c'est qu'il est fort difficile de constater une intention presque toujours incertaine[1]. »

S'il est fort difficile de constater une tentative d'avortement, s'il est à craindre que la poursuite n'aboutisse qu'à un scandale inutile, ces motifs existeront toujours, quel que soit l'auteur de la tentative, et devaient faire généraliser l'exception à l'article 2[2].

504. En matière de délits, les exceptions sont nombreuses : on punit les tentatives d'abord pour les délits particulièrement dangereux, à cause de leur fréquence, comme le vol et l'escroquerie; ensuite pour ceux qui font naître des désordres, comme l'evasion des détenus et la coalition des ouvriers; enfin pour ceux qui s'attaquent à la base même de l'organisation sociale, comme le délit de corruption des fonctionnaires (art. 179, 241, 242, 388, 400, 401, 405, 414, 415).

III. DE QUELLES PEINES LA TENTATIVE EST-ELLE PUNIE ?

505. L'article 2 déclare que la tentative *est considérée comme le crime même*, c'est-à-dire punie des mêmes peines.

Tous les auteurs s'accordent à reconnaître que cette assimilation est trop rigoureuse, et qu'il est injuste de mettre sur la même ligne le crime accompli et la tentative restée infructueuse. Sans doute, lorsque le législateur assimile dans l'article 2 le crime *manqué* au crime accompli, il édicte une règle juste : l'agent coupable a fait tout ce qui dépendait de lui pour commettre le crime et il ne peut bénéficier des circonstances imprévues qui en ont empêché l'accomplissement : comme le disait avec raison Treilhard : « Il a commis le crime autant qu'il pouvait le commettre, et il a dès lors

1. Rapport au Corps législatif (Locré, t. XXX, p. 503).
2. Chauveau et F. Hélie, t. IV, n°s 1218 à 1222.

encouru la peine prononcée par la loi contre le crime[1]. »

506. Mais il importait de ne pas faire entre le crime *tenté* et le crime *manqué* la confusion que fait l'article 2 : dans la tentative, même interrompue par des circonstances indépendantes de la volonté de l'agent, il reste un doute qui doit profiter à celui-ci : si cette circonstance ne s'était pas produite, l'agent ne se serait-il pas arrêté de lui-même, spontanément? Il avait escaladé les murs de la maison de sa victime, et, l'arme chargée, il attendait son passage pour tirer sur elle, lorsqu'on l'a arrêté. Qui sait si, au dernier moment, la vue de sa victime ne lui eût pas inspiré des remords et ne l'eût pas fait renoncer à son projet?

Le fait est loin d'être sans exemple, et entre la tentative, si avancée qu'elle soit, et le crime réalisé, il y a au point de vue moral, comme au point de vue social, une grande distance : la possibilité du repentir, qui n'existe point au cas de crime manqué, forme un élément important de la criminalité et l'article 2 n'en tient pas compte.

Le droit romain, plus logique, assimilait le crime manqué au crime accompli : « *Qui hominem non occidit, sed vulneraverit ut occidet, pro homicidio damnandum*[2] », mais il punissait la tentative d'une peine moins sévère : « *Perfecto flagitio punitur capite : imperfecto, in insulam deportatur*[3]. » Et cette distinction avait été reproduite dans notre ancien droit par la jurisprudence des Parlements, sauf dans les crimes réputés atroces, pour lesquels la tentative était punie comme le crime lui-même[4].

507. Lors de la discussion de la loi du 28 avril 1832, un amendement avait été présenté à la Chambre des députés par MM. Persil et La Rochefoucauld, pour demander que la tenta-

1. Locré, t. XXIX, p. 202.
2. L. I, § 3, ff., *ad legem Corneliam de Sicariis* (48, 8).
3. L. I, § 2, ff., *de extraordinariis criminibus* (37, 11).
4. Jousse, t. III, p. 638.

tive fût punie de la peine immédiatement inférieure à celle fixée pour le crime. Cet amendement fut rejeté pour des motifs qu'il est facile de réfuter : on soutint d'abord que la criminalité était la même, et nous venons de voir quelle différence sépare le crime de la tentative. On ajouta que l'admission des circonstances atténuantes permettrait d'adoucir la peine et de la proportionner à la gravité de la tentative.

Mais si, comme nous croyons l'avoir démontré, la tentative est *toujours* moins coupable que le crime, ce n'est pas dans l'admission facultative des circonstances atténuantes que devrait se trouver la différence : elle devrait être écrite dans la loi. Ajoutons que ce remède est d'autant moins suffisant que les décisions du jury sont plus arbitraires, et nous conclurons en regrettant que l'amendement n'ait pas été adopté[1].

1. *Sic*, Chauveau et F. Hélie, t. I, n° 163.

TITRE VII

L'AGENT.

508. L'agent, qui a commis un fait matériel mauvais, ne peut être atteint par la loi pénale qu'à une double condition : qu'il ait compris ou pu comprendre la criminalité de l'acte, et qu'il ait été libre de le commettre. L'intelligence et la liberté, tels sont les deux éléments nécessaires pour qu'une infraction matérielle soit punie : nul ne peut être puni pour un acte qu'il n'a pas compris ou qu'il n'a pas voulu, car le châtiment suppose une faute, une désobéissance à la loi, la connaissance de ce qui est permis et de ce qui est défendu et un libre choix entre ces deux termes. L'homme qui ne jouit pas de la faculté de comprendre ou de l'exercice de son libre arbitre n'est pas plus coupable que l'animal qui, en se livrant à ses instincts mauvais, blesse ou tue quelqu'un : pour l'un comme pour l'autre il n'y a pas de loi, car la loi n'étend son domaine que sur les êtres qui peuvent la comprendre et l'accomplir librement.

Ce principe avait été proclamé par la loi romaine : « *Sane sunt quidam qui facere non possunt (injuriam), ut puta furiosus et impubes qui doli capax non est : nam hi pati injuriam solent, non facere : cum enim injuria ex affectu facientis consistat, consequens erit dicere hos, sive pulsent, sive convicium dicant, injuriam fecisse non videri*[1]. »

Et les art. 64 et 66 le consacrent dans les termes suivants :

Art. 64. « Il n'y a ni crime ni délit lorsque le prévenu était en état de démence au temps de l'action, ou lorsqu'il a été contraint par une force à laquelle il n'a pu résister. »

Art. 66. « Lorsque l'accusé aura moins de seize ans, s'il est décidé qu'il a agi sans discernement, il sera acquitté.... »

Contre ces agents inconscients du mal qu'ils font, la société n'a qu'un droit, le droit de défense : ainsi, pour le fou, la loi du 30 juin 1838 permet de le faire renfermer dans une maison d'aliénés; pour l'enfant qui a agi sans discernement, l'art. 66 autorise à le faire détenir dans une maison de correction. Ce ne sont pas là des peines, mais des moyens préventifs à l'aide desquels la société se défend contre les instincts mauvais de ces agents qu'elle ne peut punir.

509. L'intelligence est nécessaire dans toute infraction, non-seulement dans le crime et dans le délit, mais aussi dans la contravention : on en avait douté par ce motif que la contravention existe malgré la bonne foi de l'agent et malgré l'honnêteté de ses intentions; on en concluait que la contravention n'exige qu'une chose, le fait matériel de l'infraction, abstraction faite soit de l'intention, soit de l'intelligence de l'agent. C'était une confusion, écartée aujourd'hui par la jurisprudence : une contravention peut être imputable à l'agent, malgré sa bonne foi, car la loi punit alors la négligence qu'il a mise à s'enquérir de ses devoirs sociaux; mais elle ne peut être imputable à celui qui ne comprend pas la loi qu'il s'agit d'observer, au fou ou à l'enfant.

510. L'intelligence et la liberté sont nécessaires, disons-nous, chez l'agent coupable : mais elles peuvent exister à des

1. L. III, § 1, ff., *de injuriis et famosis libellis* (47, 10).

degrés différents ; en d'autres termes, entre l'intelligence et la liberté complètes, et la privation absolue de ces deux facultés, il y a des états psychologiques intermédiaires, dans lesquel l'agent encourt une responsabilité pénale, car il a compris et voulu ; mais sa responsabilité doit être diminuée, car son intelligence n'avait pas atteint la plénitude de son développement, ou sa liberté était amoindrie par des circonstances extérieures, qui diminuaient l'empire de la volonté au profit de l'empire des passions.

Enfin, l'infraction matérielle restant toujours la même, la volonté de l'agent est parfois plus coupable : c'est lorsque, après avoir commis une première infraction, il en commet une seconde presque immédiatement. La loi, qui doit tenir compte de la perversité de l'agent, doit le frapper plus sévèrement.

511. C'est sur cette analyse exacte des divers états de l'âme humaine qu'est fondée la théorie du Code pénal sur les conditions de l'imputabilité : nous examinerons donc

I. Quelles personnes sont punissables ;

II. Quelles sont, dans la personne de l'agent, les causes d'atténuation de la peine ;

III. Quelles sont les causes d'aggravation de la peine.

CHAPITRE I

DES PERSONNES PUNISSABLES.

512. En principe, la loi pénale atteint l'auteur de toute infraction, à moins qu'il n'établisse qu'il était au moment de l'acte dans un des cas exceptionels où la loi le déclare irresponsable : c'est à l'inculpé à faire la preuve de cette exception.

Il y a deux causes qui, comme nous venons de le voir, font disparaître absolument la culpabilité : ce sont

I. La privation de l'intelligence ;

II. La privation de la liberté.

I. PRIVATION D'INTELLIGENCE.

513. Les art. 64 et 66 prévoient deux causes qui peuvent priver d'intelligence, l'âge et la démence : nous examinerons ces deux causes, puis nous rechercherons s'il n'en existe pas d'autres, et, enfin, quel est l'effet de la démence *postérieure* à l'infraction.

514. — 1. Privation d'intelligence résultant de l'âge. — Les facultés que Dieu a données à l'homme n'acquièrent pas tout d'un coup leur entier développement : pendant les premiers temps de sa vie, l'enfant n'a guère que des instincts ; puis, à mesure que son corps grandit, ses facultés se développent, mais bien des années s'écoulent avant qu'il ait acquis la notion complète du bien et du mal moral, le *discernement*. Aussi la loi pénale, qui n'atteint que l'être intelligent, a-t-elle dû épargner l'enfant jusqu'à l'époque où il comprend la portée morale de ses actions.

Quelle sera cette époque? D'après la loi romaine, l'impubère était responsable de ses infractions dès qu'il était *proximus pubertati*, c'est-à-dire, suivant une opinion accréditée, dès qu'il avait atteint l'âge de neuf ans et demi pour la femme, de dix ans et demi pour l'homme ; seulement, jusqu'à ce qu'il eût atteint la puberté complète, la peine était mitigée en sa faveur[1]. Et notre ancienne jurisprudence, adoptant les mêmes principes, avait déclaré que l'homme à partir de

1. L. III, § 1, ff., *de injuriis et famosis libellis* (47, 10). — INSTIT. DE JUST., *de obligationibus quæ ex delicto nascuntur*, § XVIII (4, 1).

dix ans et demi, la femme à neuf ans et demi, étaient responsables, au moins pour les crimes atroces : mais jamais la peine de mort n'était appliquée aux impubères [1].

Le Code pénal a fixé à seize ans, sans distinction entre l'homme et la femme, l'époque où le discernement est légalement présumé (art. 66) : au-dessous de seize ans, le législateur présume que l'enfant a agi *sans discernement*, et qu'il n'est pas responsable. Mais ce n'est là qu'une présomption simple, et, dans chaque affaire, le juge doit répondre à cette question : L'inculpé a-t-il agi avec discernement? Si la réponse est négative, il sera acquitté ; si elle est affirmative, l'âge de l'inculpé lui donne encore un avantage; cet âge lui sert d'*excuse légale*, et, comme nous le verrons en traitant des causes qui diminuent la culpabilité, lui procure quelquefois un changement de compétence, et toujours une diminution de peine (art. 66 à 69 du Code pénal et 340 d'Inst. crim.).

515. La présomption de non-discernement pour l'enfant âgé de moins de seize ans est générale, et s'étend même aux délits prévus par des lois spéciales et aux contraventions : la Cour de cassation s'était d'abord prononcée pour la négative, par ce motif que l'art. 66 était relatif aux délits prévus par le Code pénal, et non aux délits dont s'occupent des lois spéciales, ni aux contraventions [2], mais elle est aujourd'hui revenue sur cette jurisprudence et étend la règle de l'art. 66 à toute infraction [3]. Il n'y a d'exception que pour les

1. Muyart de Vouglans, p. 27 ; Rousseau de la Combe, p. 59.

2. *Sic*, Cassation, 2 juillet 1813, *Bull. crim.*, n° 145 ; 15 avril 1819 (Sirey, C. N., t. VI, p. 60), 11 août 1836, *Bull. crim.*, n° 271 ; 5 juillet 1839, n° 216.

3. *Sic pour les délits spéciaux :* 20 mars 1841 (Sirey, 41, I, p. 463) ; 18 mars 1842 (Sirey, I, p. 465) ; 14 mai 1842, *Bull. crim.*, n° 121 ; 3 janvier 1845, n° 4 ; 26 décembre 1845, n° 371 ; 3 janvier 1846, n° 8 ; 21 mars 1846 (Sirey, 46, I, p. 655) ; 18 juin 1846, n° 151 ; 3 février 1849 (Sirey, 49, I, p. 665) ; 11 janvier 1856 (Sirey, 56, I. p. 633) ; — *Et pour les contraventions :* 10 juin 1842 (Sirey, 42, I, p. 609) ; 2 septembre 1842, n° 228 ; 8 décembre 1842, n° 319 ; 13 avril

amendes qui ont le caractère d'une réparation civile plutôt que d'une peine[1]. Cette dernière jurisprudence est beaucoup plus conforme aux règles du droit : toute infraction suppose l'intelligence de l'agent, c'est, comme nous l'avons dit, un principe essentiel de la loi pénale, applicable aux contraventions comme aux délits et aux crimes.

516. L'enfant âgé de seize ans, pour lequel il n'y a pas de déclaration de discernement, doit être, disons-nous, acquitté ; l'acquittement doit être complet, et aucune peine, pas même la surveillance de la haute police, ne peut l'atteindre[2].

517. Mais si le pouvoir social ne peut le punir, il n'en résulte pas qu'il ne doive prendre aucune précaution contre les instincts mauvais de l'enfant et essayer d'empêcher, dans l'intérêt de la société comme dans celui de l'enfant lui-même, le retour de nouveaux faits défendus par la loi. L'art. 66 y a pourvu en autorisant les juges qui prononcent l'acquittement à décider que l'enfant sera conduit dans une maison de correction pour y être élevé et détenu jusqu'à une époque qui ne pourra excéder sa vingtième année : « *Cette détention ne sera point une peine*, disait M. Faure dans l'Exposé des motifs, mais un moyen de suppléer à la correction domestique, lorsque les circonstances ne permettront pas de le confier à la famille[3]. »

Pour que cette détention de l'enfant ne devînt pas pour lui une cause de corruption, il était nécessaire qu'il fût isolé du contact des condamnés et en outre qu'on lui donnât, pendant qu'il serait détenu, une éducation qui lui permît à

1844, n° 139 ; 7 mars 1845 (Sirey, 45, I, p. 544) ; 24 mai 1855 (Sirey, 55, I, p. 619).

1. Cassation, 18 mars 1842 (Sirey, 42, I, p. 465) ; 14 mai 1842, *Bull. crim.*, n° 121 ; 13 mars 1844 (Sirey, 45, I, p. 366).

2. Cassation, 16 août 1822 (Sirey, C. N., t. VII, p. 125) ; Nancy, 28 juin 1848 (Sirey, 48, II, 607) ; 28 février 1852 (Sirey, 52, I, 590).

3. Locré, t. XXIX, p. 265.

sa sortie de gagner honorablement sa vie : la loi des 5-12 août 1850 y a pourvu, et des colonies pénitentiaires ont été fondées en exécution de cette loi. Les enfants y reçoivent, en même temps qu'une éducation professionnelle, des principes religieux et moraux qui leur permettront de devenir d'honnêtes citoyens, et les résultats obtenus ont été excellents, notamment dans les colonies de Mettray (Indre-et-Loire) et de la Grande-Trappe (Orne).

518. La présomption de non-discernement existe au profit de l'enfant âgé de moins de seize ans, c'est-à-dire dont la seizième année n'est pas accomplie au moment de l'infraction. Mais comment et devant quelle juridiction l'inculpé devra-t-il fournir la preuve de son âge?

La preuve de l'âge devra se faire régulièrement par la production de l'acte de naissance; à défaut d'acte de naissance, l'inculpé sera admis à fournir cette preuve par tous les moyens pouvant éclairer la religion du juge. Il importe en effet à la justice que la vérité soit connue sur cette question, dont la solution doit entraîner un changement important dans la pénalité[1].

519. Quelle est la juridiction compétente pour apprécier les preuves produites et juger quel est l'âge du prévenu? S'il s'agit d'un délit, il n'y a pas de difficulté : le juge du principal est juge de l'accessoire, et le tribunal correctionnel, qui doit prononcer la peine, statuera en même temps sur l'âge de l'inculpé. Mais s'il s'agit d'un crime, est-ce à la cour d'assises ou au jury qu'il appartient de prononcer? La Cour de cassation, qui s'était d'abord décidée pour la compétence de la cour d'assises[2], juge maintenant que c'est le jury qui doit statuer[3], et avec raison selon nous; l'âge du prévenu

1. Chauveau et Faustin Hélie, t. I, n° 237.
2. 16 septembre 1836 (Sirey, 1837, t. I, 175).
3. 4 mai 1839 (Sirey, 39, I. 947); 26 septembre 1846 (Sirey, 46, I, 756); 26 septembre 1850 (Sirey, 50, I, 691). — Chauveau et Faustin Hélie, t. I, n° 237.

forme un des principaux éléments de la criminalité, il efface le crime ou change la peine, et se lie dès lors au fait même de l'accusation qui est soumis au jury. Aussi, dès qu'il y a un doute sur l'âge, le président doit-il, à peine de nullité, poser d'office au jury la question de savoir si l'inculpé a moins de seize ans[1].

520. Si les débats n'ont révélé aucun motif de croire que le prévenu a moins de seize ans, et si, d'un autre côté, le prévenu n'a pas présenté ce moyen de défense avant le verdict du jury, pourra-t-il le présenter pour la première fois devant la Cour de cassation? Non, d'après la jurisprudence de cette cour : il résulte implicitement, dit-elle, du verdict du jury que l'accusé a plus de seize ans, et cette décision de fait est souveraine et ne peut être déférée à la Cour suprême[2].

521. Tous les criminalistes protestent contre cette jurisprudence, et nous croyons qu'ils ont raison; l'âge du prévenu, comme la Cour de cassation le déclare elle-même, est un des principaux éléments de la criminalité; comment admettre qu'une décision rendue dans l'ignorance de cet élément est souveraine? ne doit-on pas dire au contraire que la loi qui fixe l'âge du discernement est une loi d'ordre public, à laquelle le prévenu n'a pu renoncer, et dont la violation constitue un moyen de cassation? La Cour suprême le juge ainsi pour la prescription en matière criminelle, qu'on peut opposer devant elle pour la première fois[3], et le moyen tiré du défaut de discernement nous paraît aussi important au point de vue de la criminalité, et plus favorable en fait, car c'est précisément l'inexpérience du prévenu qui l'aura empêché de présenter ce moyen devant le jury. Ajoutons que l'instruction ne doit pas être faite seulement en vue de l'accusation : elle

1. Arrêt précité du 26 septembre 1850.
2. 19 avril 1821; 27 février 1845 (Sirey, 45, I, 544).
3. 29 mai 1847 (Sirey, 47, I, 878).

doit être faite *à décharge* comme *à charge*, et donner tous les renseignements nécessaires pour l'application de la peine, et il y en a un qu'elle a négligé.

522. — 2. Privation d'intelligence résultant de la démence. — Que faut-il entendre par cette expression « démence? » Le Code pénal ne la définit pas : le Code civil, qui l'emploie dans l'art. 489, l'y emploie dans un sens restreint, en l'opposant à l'imbécillité et à la fureur. Il est certain que le mot « démence » de l'art. 64 n'a pas ce sens restreint, et que l'imbécile ou le furieux échappent aussi bien à la peine que le dément proprement dit.

Selon nous, cette expression « démence » peut se définir *toute affection morale* qui a pour effet de priver l'homme d'intelligence, depuis l'idiotisme jusqu'à la fureur. En effet, l'art. 64, comme le prouvent les travaux préparatoires, n'est que l'application de cette idée élémentaire du droit pénal que celui-là seul peut être puni pour ses actes, qui en a compris la portée et mesuré la gravité ; qu'importe dès lors le caractère de la maladie mentale, du moment où elle enlève à l'homme l'intelligence? Qu'il en soit privé parce qu'il n'a pas d'idées, comme l'idiot, ou parce que ses idées sont incohérentes et déraisonnables, comme le dément, ou troublées par l'exaltation, comme le furieux, peu importe : l'unique question est celle-ci : Est-il atteint d'une affection mentale qui ait pour résultat de lui enlever l'intelligence[1] ?

523. Pas de difficulté, si l'altération des facultés mentales est complète et permanente : elle enlève à l'agent toute responsabilité de ses actes. Mais cette altération peut n'être qu'incomplète : le *monomane* est absolument fou sur un point, sur un ordre d'idées, mais sur tout le reste son intelligence

1. Chauveau et Faustin Hélie, t. I, n° 251.

paraît saine, et la plupart des aliénistes s'accordent à reconnaître qu'en effet, en dehors de l'objet particulier de sa monomanie, ses facultés ne sont point altérées. Sera-t-il responsable de ses actes au point de vue pénal?

La réponse nous paraît dictée par la nature même de sa folie : l'acte qu'il a commis se rattache-t-il à l'objet de sa monomanie, il n'en est pas responsable, car il est réellement en état de démence, privé de ses facultés par rapport à cet objet. S'agit-il au contraire d'un acte complètement étranger à sa monomanie, il en sera responsable, ses facultés n'étant pas altérées sur ce point. Ajoutons, toutefois, que les magistrats devront apporter un soin extrême dans l'examen de l'état mental du monomane, car il est souvent difficile d'affirmer à quel point précis s'arrête, dans cette intelligence malade, l'empire de la folie.

524. L'altération des facultés peut être incomplète à un autre point de vue, chez l'idiot : il existe dans l'idiotisme des degrés, toutes les idées ne sont pas toujours absentes, et il y a des idiots qui ont la notion du bien et du mal. Il faudra donc, pour l'idiot, que l'on examine à quelle hauteur sont arrivées ses facultés intellectuelles, et s'il est en état de démence au moment de l'action, c'est-à-dire s'il s'est rendu compte de l'infraction qu'il a commise.

525. Enfin la démence peut n'être pas permanente : l'existence d'intervalles lucides, complets, dans lesquels le fou retrouve la plénitude de ses facultés, n'est plus aujourd'hui méconnue, et les travaux préparatoires prouvent que c'est aux intervalles lucides que se refère l'article 64, en parlant de « la démence *au moment de l'action.* » Si l'agent se trouvait dans un intervalle lucide, il n'était pas fou au moment de l'acte, et il en est responsable. C'était déjà la disposition de la loi romaine : ... « *si vero, ut plerumque adsolet, in intervallis quibusdam sensu saniore, num forte eo momento scelus admiserit, nec morbo ejus danda est venia, diligenter explora-*

bis[1] : » et la jurisprudence des Parlements avait suivi cette théorie, conforme d'ailleurs aux conditions de l'imputabilité.

526. Peu importe, dès que la démence au moment de l'action est constatée, quelle en est la cause : fût-elle due aux excès de l'agent, à sa vie de débauches, il n'en sera pas moins à l'abri de toute peine. La loi ne peut le châtier pour un acte qu'il n'a pas compris.

527. Quel est l'effet de la démence constatée sur la criminalité de l'acte? Fait-elle disparaître le crime, ou sert-elle d'*excuse* à l'infraction? La question a non-seulement un intérêt théorique, mais un intérêt pratique : si la démence ne constitue qu'une excuse, le jury devra être interrogé sur ce fait par une question spéciale. Au contraire, si la démence est exclusive de toute culpabilité, la seule question à poser au jury est celle ci : « L'accusé est-il coupable? »

Nous croyons que la démence est beaucoup plus qu'une excuse, et qu'elle efface complétement la culpabilité : l'excuse suppose un coupable en faveur duquel la loi atténue la peine, mais le fou ne peut pas être coupable; il n'a pas l'intelligence sans laquelle un fait ne peut revêtir un caractère délictueux. Ajoutons que l'article 64 emploie des termes qui sont bien éloignés de l'idée d'excuse : « *Il n'y a ni crime ni délit* lorsque le prévenu était en état de démence.... » L'infraction n'est donc pas excusée, elle n'existe pas. Aussi croyons-nous qu'aucune question spéciale ne doit être posée au jury lorsque le moyen de défense invoqué est la démence[2].

1. L. XIV, ff., *de officio præsidis* (I, 18).

2. Cassation, 26 octobre 1815 (Sirey, C. N., t. V, p. 104); 16 février 1816 (Sirey, C. N., t. V, p. 155); 17 janvier 1817 (Sirey, C. N., t. V, p. 273); 10 octobre 1817 (Sirey, C. N., t. V, p. 376); 18 mai 1818, *Bulletin criminel*, n° 71; 11 octobre 1821, n° 173; 9 septembre 1825 (Sirey, C. N., t. VIII, p. 194); 12 novembre 1841, *Bulletin criminel*, n° 322; 23 septembre 1847, n° 230; 30 mars 1849, n° 71; 1er mars 1855, n° 71.

528. — 3. Existe-t-il d'autres causes qui, en privant l'agent de l'intelligence, le rendent irresponsable de ses actes ? — Il faut assimiler à la démence, qui est une maladie de l'âme, les maladies du corps qui amènent un trouble momentané des facultés mentales : ainsi l'homme qui, dans un accès de fièvre, tue son gardien, est véritablement en état de démence au moment de l'action[1].

Le *somnambulisme* doit aussi être assimilé à la démence : dans cet état l'homme, inaccessible aux sensations extérieures, dominé par sa seule imagination, ne jouit plus de son libre arbitre ; il y a en lui des facultés qui veillent, mais l'intelligence du bien et du mal, la volonté, sont endormies, et le somnambule n'est pas plus que le fou responsable de ses actes.

529. On a beaucoup discuté pour savoir si l'ivresse, à ses différents degrés, faisait disparaître la culpabilité : cette question nous paraît cependant assez facile à résoudre à l'aide des principes que nous venons de poser.

Sans doute l'ivresse est, au point de vue moral, une faute grave ; elle fait descendre l'homme au-dessous de l'animal privé de raison qui, lui, ne s'enivre pas ; elle est même aujourd'hui, suivant les cas, une contravention ou un délit[2].

Cependant, si elle est complète, si elle enlève à l'homme toute intelligence, nous ne croyons pas qu'il puisse être condamné pour les actes qu'il a commis dans cet état : il est réellement dans un état d'idiotisme momentané, de léthargie accidentelle des facultés mentales ; il n'est plus un homme, un être libre et intelligent, capable de concevoir et de vouloir.

On objecte qu'il est impossible d'amnistier un crime parce

1. Cassation, 8 frimaire an XIII (Sirey, C. N., t. II, p. 33).
2. Loi du 23 janvier 1873, art. 1, 2 et 3.

qu'il aura été précédé d'une première faute. Nous répondrons que l'on ne doit punir que la faute imputable; il y aurait une exagération évidente à punir un ivrogne de la peine d'un assassin, et c'est pourtant à ce résultat qu'on arriverait en châtiant l'agent ivre pour un crime dont il n'a pu avoir conscience.

530. Mais ce que nous disons ne s'applique qu'à l'ivresse qui est à la fois complète et accidentelle; si l'agent n'est pas complétement ivre, si l'excès de la boisson n'a fait, comme il arrive souvent, que surexciter ses mauvaises passions, il est coupable de tous les actes qu'il commet dans cet état; il n'a pu, en se rendant coupable d'une première contravention, s'affranchir de la responsabilité d'un délit ou d'un crime dont il a compris la portée.

D'un autre côté, nous croyons que l'ivresse *procurée*, dans laquelle l'agent a cherché le courage qui lui manquait pour commettre le crime dont il avait conçu le projet, ne fait *jamais* disparaître la culpabilité, à quelque degré que cette ivresse soit arrivée. En effet, pour que l'ivresse rende l'agent irresponsable, il faut qu'elle fasse disparaître l'intelligence, et il est très-difficile de savoir si cette disparition des facultés était complète, ou seulement apparente : on est forcé de juger par l'état extérieur de l'homme, son visage, sa démarche, de l'état d'abaissement et de dégradation de ses facultés, et on est exposé à plus d'une erreur. Mais lorsque l'agent, après avoir conçu le crime dans la plénitude de son intelligence, l'a exécuté étant ivre, on peut affirmer que son ivresse n'était pas complète, puisqu'il a conservé assez de mémoire pour se rappeler son projet et assez d'intelligence pour l'exécuter.

531. La *colère* ne fait jamais disparaître la culpabilité, car la volonté de l'homme est assez puissante pour la maîtriser : aussi la loi, dans certains cas exceptionnels où la colère a une cause trop légitime, comme dans le cas de l'article 324 du Code pénal, abaisse-t-elle la peine en déclarant le crime excusable, mais elle n'efface pas la culpabilité.

532. — **4. Quel est l'effet de la démence survenue depuis l'action?** — Si elle survient avant la poursuite, ou au cours de la poursuite, mais avant la condamnation, il est évident qu'elle arrêtera la poursuite : il est impossible de mettre en jugement un homme qui ne peut pas se défendre. Il en serait ainsi même si la démence ne survenait que pendant l'instance de pourvoi en cassation contre l'arrêt qui a condamné l'accusé[1].

Mais si elle survient après que la condamnation est devenue définitive, au cours de l'exécution de la peine, quel en sera l'effet? Nous croyons que l'exécution de la peine devra continuer, mais avec une modification rendue nécessaire par l'état du condamné. Au lieu de rester en prison ou au bagne, il sera transféré dans un *hospice*, comme l'autorisent les articles 15 et 16 de la loi du 4 vendémiaire de l'an VI pour toute maladie, et nous ne voyons pas de distinction à faire entre la maladie mentale et l'affection physique, d'autant plus que l'une est souvent la compagne de l'autre.

D'ailleurs, le système contraire, qui suspend l'exécution de la peine pendant la durée de la démence, se retourne en réalité contre le condamné qu'il veut protéger : il prolonge le châtiment au delà du terme fixé par la condamnation. On objecte que l'homme ne peut être châtié que s'il comprend le châtiment qu'on lui inflige, sans quoi la peine perd son caractère expiatoire : nous répondrons que l'exécution de la peine ne peut être entravée par la maladie du condamné; la peine a été exemplaire lorsqu'elle a été infligée, elle doit ensuite s'exécuter comme le commande l'humanité, c'est-à-

1. Chauveau et Faustin Hélie, t. I, n° 269. Cassation, 25 janvier 1839 (Sirey, 39, I, 806); 23 décembre 1859, *Bull. crim.*, n° 287.

dire de manière que l'état mental du condamné ne soit pas pour lui une cause d'aggravation de sa peine.

533. Ce que nous disons ne s'applique qu'aux peines qui entraînent privation de la liberté; s'il s'agit de la peine de mort, tout le monde reconnaît qu'on ne peut l'exécuter avant que le condamné ait recouvré la raison, et ait pu se préparer à son passage dans l'autre vie.

Enfin, si la peine est simplement pécuniaire, on s'accorde encore à reconnaître que l'état du condamné ne peut empêcher l'exécution sur ses biens de la peine qu'il a encourue[1].

II. PRIVATION DE LA LIBERTÉ.

534. L'article 64 du Code pénal porte : « il n'y a ni crime ni délit.... lorsque le prévenu a été contraint par *une force à laquelle il n'a pu résister.* »

Ces expressions générales comprennent la contrainte physique et la contrainte morale : dans les deux cas la volonté de l'agent n'a pas été libre, il a obéi à une impulsion étrangère, et il serait injuste de lui imputer un crime qu'il ne voulait pas accomplir. D'ailleurs les exemples de contrainte physique sont extrêmement rares, et si l'article 64 ne voulait parler que de cette espèce de contrainte, sa disposition serait à peu près inutile : mais la généralité des termes qu'il emploie, établit que toute force physique ou morale, à laquelle on n'a pu résister, fait disparaître la criminalité.

535. On a objecté que la contrainte morale supposait un certain choix chez celui qui la subissait : comme le disait le jurisconsulte Paul, à propos de la violence en matière civile, *coactus volui, sed volui*[2]; l'homme qui ne subit qu'une con-

1. Chauveau et Faustin Hélie, t. I, n° 270.
2. L. 21, § 5, ff., *quod metus causa* (4, 2).

trainte morale pouvait résister, et, s'il ne l'a pas fait, il a préféré commettre le crime et doit en supporter la peine.

Sans doute, au point de vue psychologique, la volonté de l'homme est assez puissante pour ne céder à aucune intimidation, et pour accomplir le devoir, malgré les dangers auxquels il pourra être exposé : mais la loi pénale ne peut exiger l'héroïsme, à peine d'un châtiment. Elle ne peut demander que la résistance que comporte la force commune de la volonté humaine. Elle doit tenir compte de la nature humaine, avec ses faiblesses et ses défaillances, et elle ne peut punir l'homme qui, sous une menace de mort, aura mis le feu à une maison.

536. Enfin, à côté de la contrainte morale qui détruit la liberté, se place la *légitime défense*, qui est aussi une contrainte morale d'un ordre plus élevé : non-seulement l'instinct naturel de la conservation oblige l'homme à se défendre, mais le sentiment du devoir lui impose l'obligation de se défendre et de protéger les autres contre une attaque criminelle ; aussi l'article 328 porte-t-il la disposition suivante : « Il n'y a ni crime ni délit, lorsque l'homicide, les blessures et les coups étaient commandés par la nécessité actuelle de la légitime défense de soi-même ou d'autrui. »

537. Nous étudierons donc, à propos de la privation de la liberté, trois points :

I. La contrainte physique.

II. La contrainte morale.

III. La légitime défense.

538. — I. De la contrainte physique. — Il est certain que la contrainte physique, dans laquelle le bras de l'agent est poussé d'une manière irrésistible par une main étrangère, détruit complétement la liberté : ce n'est pas la volonté de l'agent qui est coupable, c'est la volonté du tiers qui dirige son bras.

Mais il sera très-rare de voir des exemples de cette contrainte : Puffendorf en cite un : « *qui robustior aliquem in alterum violenter impulerit, aut arreptam ipsius manum eidem impegerit*[1]. »

539. — 2. De la contrainte morale. — La contrainte morale peut venir de plusieurs causes : 1° d'un ordre de la loi, 2° d'un commandement de l'autorité ; 3° de l'intimidation exercée par un tiers sur l'agent ; 4° enfin, de la présence d'un danger physique auquel l'agent a voulu se soustraire.

Mais, avant d'entrer dans l'examen de ces diverses causes de contrainte, il convient de préciser les caractères qu'elle doit toujours présenter : il faut, d'après l'art. 64, qu'elle constitue une force *irrésistible*, et l'influence qu'elle a dû avoir doit être mesurée, dans chaque affaire, par rapport à la personne de l'agent. C'est ce que décide l'art. 1112 à propos de la violence en matière civile, et ce principe doit être appliqué aussi en matière criminelle : il est certain, en effet, que la résistance à la contrainte sera plus grande de la part d'un soldat que d'une jeune fille, d'un homme robuste que d'un vieillard affaibli, et il serait injuste d'exiger de tous la même énergie morale. Il faudra donc qu'en fait, dans chaque affaire, les magistrats apprécient si la contrainte a été assez forte, pour que le prévenu n'ait pu y résister.

Il faut, en second lieu, que la contrainte vienne d'une cause extérieure à l'agent, et non de ses propres passions : c'est en vain qu'il soutiendrait qu'il n'a pu maîtriser sa colère, sa jalousie ou sa haine ; cette doctrine fataliste serait réprouvée avec raison par les tribunaux comme elle l'est par tous les criminalistes. Les passions, comme nous l'avons dit, n'ont rien d'irrésistible, et au-dessus d'elles Dieu a placé

1. Lib. V, cap. v, § 9.

dans l'âme la volonté qui permet à l'homme de choisir entre le bien et le mal, et lui laisse la responsabilité de ce choix.

Étudions maintenant chacune des quatre causes d'où peut naître la contrainte morale.

540. A. *Ordre de la loi.* — L'art. 327 du Code pénal fournit un exemple de cette sorte de contrainte : « Il n'y a ni crime ni délit lorsque l'homicide, les blessures et les coups étaient ordonnés par la loi et commandés par l'autorité légitime. » Il résulterait de la rédaction de ce texte et de l'emploi de la conjonctive *et* qu'il ne suffirait pas que l'ordre fût donné par la loi, il faudrait encore qu'il y eût un commandement émané de l'autorité légitime.

Mais cette interprétation serait inexacte, et, du moment où la loi commande, l'agent qui s'y soumet ne commet aucune faute, n'eût-il pas reçu d'ordre spécial pour exécuter la loi : ainsi aux termes de l'art. 231 de la loi du 28 germinal an VI et de l'art. 303 de l'ordonnance du 29 octobre 1820, les gendarmes peuvent employer la force si on exerce contre eux des violences ou voies de fait, et le gendarme isolé qui sans avoir reçu d'ordre de ses supérieurs se défendrait par la force contre une violence, ne commettrait ni crime ni délit[1].

Il importe peu que la loi, à l'ordre de laquelle on se soumet, prescrive une chose immorale : sans doute il serait bien de désobéir à cette loi, mais le pouvoir social ne peut prononcer de peine contre un homme qui a exécuté une loi régulièrement votée et dont l'inobservation aurait pu amener contre lui un châtiment[2].

541. B. *Commandement de l'autorité légitime.* — L'art. 327 déclare que dans ce cas il n'y a ni crime ni délit, mais il

1. Cassation, 20 janvier 1825 (Sirey, C. N., t. VIII, p. 31).
2. Rossi, t. II, p. 130. — Chauveau et Faustin Hélie, t. I, n° 282.

semble exiger que le commandement de l'autorité légitime ait été donné en exécution de la loi : faut-il aller jusque-là, ou doit-on dire que le subordonné n'a à se préoccuper que d'une chose, la légitimité de l'autorité et non la légitimité de l'ordre ?

La question est très-délicate et très-complexe. Nous croyons qu'il faut faire une première distinction entre l'ordre donné par l'autorité civile et l'ordre donné par l'autorité militaire. Le soldat est tenu à une obéissance complète et immédiate, il n'a pas à discuter l'ordre de ses chefs, il n'a qu'à l'exécuter, sinon il se rendrait coupable d'insubordination : nous croyons donc, avec saint Augustin, qu'en thèse générale tout ordre donné par l'autorité militaire suffit pour que le soldat qui l'exécute n'ait commis ni crime ni délit : « *Nam et miles, quum obediens potestati sub quâ legitime constitutus est, hominem occidit, nullâ civitatis suæ lege reus est homicidii; immo, nisi fecerit, reus est imperii deserti atque contempti*[1]. »

542. Si l'ordre émane de l'autorité civile, l'obéissance au fonctionnaire qui donne cet ordre est moins stricte, et l'agent qui obéit est tenu de peser avec plus de soin que le soldat la portée de l'acte qui lui est commandé : aussi croyons-nous qu'il ne pourra invoquer comme justification l'ordre qui lui est donné qu'à une quadruple condition :

1° que l'ordre rentre dans la limite des attributions du fonctionnaire duquel il émane ;

2° que pour l'accomplissement de cet ordre il lui soit dû par l'agent obéissance hiérarchique.

Les deux premières conditions sont exigées par les art. 114 et 190 en matière d'arrestations illégales et d'ordre donné contre l'exécution d'une loi ou d'un ordre émané de l'autorité légitime.

1. *De civitate Dei*, lib. L, cap. XXVI.

3° que cet ordre soit donné dans les formes prescrites par la loi.

Ainsi les art. 120 du Code pénal et 627 du Code d'instruction criminelle punissent de l'emprisonnement les gardiens des prisons qui auront gardé ou retenu une personne sans un ordre *régulier* de l'autorité légitime.

4° que l'ordre donné ne soit pas contraire à un texte précis de loi. C'est ainsi qu'en matière d'impôts, tout employé qui aurait reçu de son supérieur l'ordre d'établir des rôles d'impôts non autorisés par les lois de finances et qui les aurait établis serait poursuivi comme concussionnaire (loi du 5 août 1874 sur la fixation du Budget de l'année 1875, art. 28, et lois budgétaires antérieures). Nul n'est censé ignorer la loi, et la première chose dont le subordonné doive se préoccuper avant d'exécuter un ordre, c'est de ne pas désobéir à la loi.

543. Mais il ne faut pas exagérer la portée de cette dernière condition : on peut imputer au subordonné la désobéissance à un texte de loi très-clair, on ne peut pas lui reprocher une mauvaise interprétation de la loi faite par son supérieur et acceptée par lui. Le supérieur seul a qualité pour interpréter la loi, et s'il était obligé d'en discuter la portée avec ses inférieurs, à propos de chaque ordre qu'il donne, il n'y aurait plus ni hiérarchie ni administration possible : il est donc nécessaire que le texte de loi violé soit d'une clarté évidente pour que le subordonné soit coupable d'avoir agi.

544. Le commandement doit émaner, disons-nous, de l'*autorité légitime :* le père, le mari, le maître qui donnent un ordre peuvent-ils être considérés comme des représentants de l'autorité légitime? Non, car l'obéissance qui leur est due n'est pas l'obéissance passive de l'inférieur au supérieur : l'enfant, la femme, le domestique ou l'ouvrier ne doivent obéir qu'aux ordres légitimes, et ne peuvent invoquer l'autorité du chef de famille pour faire disparaître le crime ou le délit qu'ils ont commis d'après son ordre[1]. Toutefois nous verrons qu'en matière de complicité par recel la femme et l'enfant qui n'ont agi que malgré eux et sur l'ordre du père ou du mari sont punis moins sévèrement qu'un étranger.

545. **C.** *Intimidation exercée par un tiers sur l'agent.* — Les moyens d'intimidation employés doivent être, comme nous l'avons dit, de nature à faire impression sur l'agent, et leur gravité doit se mesurer sur l'énergie de la personne que l'on a voulu effrayer : c'est donc une question de fait que de savoir, dans chaque affaire, si la contrainte morale a été suffisante pour déterminer l'agent au crime.

L'intimidation peut être le produit des menaces ou de la violence, mais des menaces qui ne devraient se réaliser que dans un temps plus ou moins éloigné ne suffiraient pas pour faire disparaître la culpabilité : contre de telles menaces l'homme peut et doit invoquer le secours de l'autorité, qui a la mission de le protéger. Il faut, pour que la menace puisse raisonnablement l'intimider, qu'elle soit d'un péril imminent, et qu'elle puisse être exécutée avant que l'autorité sociale soit en mesure de protéger la victime.

546. De plus, les menaces ou les violences doivent faire craindre un mal considérable, la mort ou des blessures graves, et une menace pécuniaire ne suffirait pas pour effacer l'infraction : sans doute l'art. 64, à la différence de la plupart des législations étrangères[2], n'indique pas *in terminis* quelle doit être la gravité du mal que l'on redoute, mais les termes de l'art. 64, « une force à laquelle il n'a pu résister », montrent bien quelle a été la pensée du législateur : il faut ou une contrainte physique ou une contrainte morale d'une extrême gravité, inspirant la crainte d'un « mal considérable et pré-

1. Cassation, 6 août 1836 (Dalloz, 1837, I, 124); 5 mai 1837 (Sirey, 1838, I, 285); 10 décembre 1842, *Bull. crim.*, n° 324.

2. Chauveau et Faustin Hélie, t. I, n° 277.

sent», et un dommage pécuniaire si étendu qu'il soit n'a pas cette importance.

547. — D. *Imminence d'un danger physique auquel l'agent a voulu se soustraire.* — Cicéron, dans son traité *de la République*, en donne deux exemples : un navire fait naufrage, un des passagers réussit à s'emparer d'une planche qui le soutient, ou bien une armée est mise en déroute, et pendant que l'ennemi la poursuit, un des soldats s'enfuit à cheval : Cicéron se demande si un naufragé ou un soldat plus robustes peuvent enlever au naufragé son épave, au soldat son cheval pour sauver leur propre vie, et voici la réponse qu'il fait : « *Si sapiens est, faciet.... si autem mori maluerit, quam manus inferre alteri, jam vero justus ille, sed stultus est, qui vitæ suæ non parcat, dùm parcit alienæ*[1]. »

Sans doute cette réponse n'est pas celle de la morale chrétienne, mais au point de vue de la loi pénale, nous la croyons exacte : l'instinct de la conservation est une force à laquelle il est bien difficile de résister, et la loi pénale qui doit tenir compte des faiblesses humaines, ne peut pas déclarer criminel un acte dont l'auteur n'a eu qu'un but, conserver sa vie et non nuire à la vie d'un autre[2].

548. Cette théorie, admise par tous les criminalistes, nous paraît de nature à influer sur la solution d'une question très-controversée : l'extrême besoin, la faim avec ses tortures peuvent-ils justifier le vol d'aliments et en faire disparaître la criminalité ? Nous croyons, malgré l'opinion contraire de certains auteurs[3], que la faim peut exercer une contrainte morale suffisante pour exclure la criminalité : l'instinct de la conservation d'un côté, et, de l'autre, le mal présent occasionné par la faim enlèvent à l'homme sa liberté d'action et

1. Lib. III, cap. xv.
2. Bertauld, leçon XVe, p. 315.
3. Notamment Rossi, t. II, p. 221.

font dès lors disparaître le caractère coupable du fait incriminé.

Nous ne nous dissimulons ni combien une pareille théorie serait dangereuse au point de vue social, si elle était écrite dans la loi, ni avec quelle réserve les magistrats doivent l'appliquer : néanmoins, lorsqu'il sera établi que l'agent qui a commis le vol est sous l'empire d'une faim extrême, et qu'il a cherché et n'a pu trouver de moyen immédiat de se procurer des aliments, nous ne croyons pas que la loi pénale puisse l'atteindre.

549. Disons, en terminant, que la contrainte ne peut faire disparaître la criminalité lorsqu'elle constitue l'exercice d'un droit légitime : ainsi un débiteur ne pourrait se justifier de l'exécution d'un vol en alléguant qu'il a été menacé de poursuites par son créancier, s'il ne commettait pas un délit.

550. — **3. De la légitime défense.** — La légitime défense consiste dans le droit de repousser par la force une agression, et la légitimité de ce droit a été reconnue par toutes les législations : « *Vim vi defendere omnes leges, omniaque jura permittunt* », disait la loi romaine[1] ; et, dans notre ancienne jurisprudence, Jousse déclarait que c'était un droit auquel il n'était permis de déroger par aucune loi humaine[2]. Sans doute, dans l'état social, l'homme ne peut se faire justice à lui-même, mais c'est à une condition, qu'il soit protégé par la société contre une injuste agression, et si la protection que l'autorité sociale lui doit se trouve inutile, parce qu'elle serait tardive, il faut bien qu'il se défende lui-même ; à ce moment, bien loin

1. L. 45, § 4, ff., *ad legem aquiliam* (9, 2) ; l. 2, *cod. tit.* ; l. 3, ff., *de justitia et jure* (I, 1).
2. T. III, p. 503.

d'accomplir un fait coupable, il exerce un droit naturel. « La loi ne commande pas alors (aux hommes), disait M. Faure, d'attendre sa protection et son secours et de se reposer sur elle du soin de leur vengeance, parce que l'innocent souffrirait une mort injuste, avant qu'elle ait pu faire subir au coupable le juste châtiment qu'il aurait mérité [1]. »

Mais ce droit, juste dans son principe, peut être dangereux dans son exercice : il importe qu'il ne dégénère pas, sous prétexte de défense, en rixes et en vengeances individuelles ; aussi la loi en a-t-elle limité avec soin l'étendue dans l'art. 328, qui est ainsi conçu : « Il n'y a ni crime ni délit, lorsque l'homicide, les blessures et les coups étaient commandés par la nécessité actuelle de la légitime défense de soi-même ou d'autrui. »

551. Nous étudierons, sur cette théorie de la légitime défense, trois questions : 1° quel doit être l'objet de l'agression pour qu'il y ait légitime défense ; 2° quelle doit être la nature des actes agressifs ; 3° quelle est la limite du droit de défense.

552. — **I.** Quel doit être l'objet de l'agression pour qu'il y ait légitime défense. — La vie, la liberté, l'honneur, sont les biens essentiels de l'homme, et il lui est permis de les protéger par la force : ainsi l'homme à la liberté ou à la vie duquel on veut attenter, la femme menacée d'une tentative de viol, ou même d'un attentat à la pudeur peuvent employer la force pour se défendre ; ils ne commettront ni crime ni délit.

L'emploi de la force est permis aussi lorsqu'il s'agit de défendre la vie, la liberté ou l'honneur d'autrui : l'art. 328, inspiré par une morale plus élevée que la loi romaine, qui ne reconnaissait comme légitime que la défense de ses pro-

1. Locré, t. XXX, p. 478.

ches[1], autorise l'homme à défendre son semblable, n'y eût-il entre la victime et lui aucun lien de parenté.

553. Les attaques contre la propriété peuvent-elles être repoussées par la force? Cette question est vivement débattue; et, dans l'ancien droit comme dans le nouveau, des criminalistes ont soutenu qu'il n'était pas légitime de défendre ainsi sa propriété. Il n'y a pas de proportion, dit-on, entre l'objet de l'attaque et les moyens de défense : si précieuse que soit la propriété, la vie de l'homme l'est encore plus, et il n'est pas permis de tuer une personne qui n'attaque que vos biens. On ajoute, dans le droit nouveau, que l'art. 328 consacre cette théorie en exigeant qu'il s'agisse « de la défense *de soi-même ou d'autrui* », c'est-à-dire de sa personne ou de celle d'autrui : interprétation confirmée, dit-on, par les travaux préparatoires, car les orateurs n'ont jamais fait allusion qu'à la défense de la personne[2].

554. Nous croyons, au contraire, que la défense des biens *peut* être, suivant les cas, un acte légitime, sinon en vertu de l'article 328, au moins en vertu de l'article 64 : l'attaque contre la propriété peut être une cause aussi puissante de contrainte morale que l'instinct qui nous porte à défendre notre vie elle-même. Il s'agit, par exemple, d'un commerçant dont toute la fortune consiste en titres au porteur et en billets de banque : un voleur la soustrait et s'enfuit en les emportant; s'il ne peut pas arrêter cet homme qu'il n'a même pas reconnu, le lendemain, ce sera la faillite, le déshonneur pour lui, la ruine pour les siens; voyant qu'il ne peut l'atteindre, il fait feu et le tue. Qui osera le condamner? Comment pourra-t-on soutenir qu'il n'a pas cédé à une contrainte irrésistible?

1. L. 1, § 4, ff., *ad legem Corneliam de sicariis* (48, 8).
2. Muyart de Vouglans, *Lois criminelles*, p. 32. — Carnot, art 328, n° 4. — Chauveau et Faustin Hélie, IV, n° 1276.

On objecte que la vie de l'homme est plus précieuse que n'importe quel bien : cela est vrai, mais la question n'est pas là ; il ne s'agit pas de faire un parallèle abstrait entre la vie de l'homme et ses biens, il s'agit de savoir si l'agent était libre au moment de l'acte incriminé, ou s'il n'obéissait pas à une contrainte morale plus forte que sa volonté, et nous croyons avoir démontré qu'il en peut être ainsi. Quant à l'article 328, si dans ses termes et d'après les travaux préparatoires il ne prévoit que l'attaque dirigée contre la personne, il résulte aussi des travaux préparatoires que l'hypothèse d'une attaque contre les biens n'a été ni discutée, ni même prévue. La question doit donc se résoudre d'après les principes généraux, et, selon nous, les juges devront se demander dans chaque affaire, si l'attaque contre la propriété était suffisamment grave, pour légitimer l'emploi de la force[1].

555. — II. Quelle doit être la nature des actes agressifs. — La loi ne la détermine pas, sauf dans les deux hypothèses prévues par l'article 329 : l'emploi de la violence est légitime, d'après ce texte, pour repousser l'escalade ou l'effraction pendant la nuit d'une maison habitée, ou les vols et pillages exécutés avec violence : mais les termes même de ce texte prouvent qu'il n'est qu'énonciatif, et qu'il y a bien d'autres cas où la défense par la force est légitime : « *Sont compris*, dit-il, *dans les cas* de nécessité actuelle de défense *les deux cas suivants....* » Il y en a donc d'autres, parmi lesquels ceux-là sont compris, où il est légitime d'employer la force : quel doit être alors le caractère des actes agressifs ?

Il est impossible de prévoir toutes les formes que l'agression peut revêtir, et par suite la loi ne peut déterminer *à priori* tous les actes qui constituent la victime en état de légitime défense : dans le silence des textes, il appartient aux tribu-

1. Bertauld, leçon XVe, p. 320.

naux d'examiner si l'agression était assez menaçante pour autoriser la violence. Il y a cependant deux caractères que l'agression doit toujours présenter : 1° elle doit se traduire par des voies de fait; 2° elle doit être injuste.

556. 1° Elle doit se traduire par des voies de fait. Des menaces, si graves qu'elles fussent, même des menaces de mort, ne permettraient pas d'employer la force : en effet, l'article 328 exige une « nécessité *actuelle* », et la menace n'a pas ce caractère. On peut, pour se défendre contre elle, demander la protection de l'autorité.

Il ne faut pas cependant exagérer cette idée : si la menace doit immédiatement se réaliser, si, par exemple, un homme armé menace la victime de tirer sur elle, si elle ne lui souscrit pas une obligation, le péril est imminent et l'emploi de la force légitime; la victime n'est pas obligée d'attendre que les voies de fait aient commencé, car le premier coup pourrait la mettre dans l'impossibilité de se défendre : « *Melius est occurrere in tempore quam post exitum vindicare,* » disait avec raison la loi romaine[1]. Il y a alors légitime défense, ou dans tous les cas, comme nous l'avons vu plus haut, contrainte morale irrésistible.

557. 2° L'agression doit être injuste, pour que la défense soit légitime : si l'agresseur est un fonctionnaire ou un agent quelconque de l'autorité qui ne fait qu'obéir à la loi, la résistance, bien loin d'être légitime, constituerait elle-même une infraction.

Mais si l'acte de l'autorité est illégal, est-il permis d'y résister légitimement? La question est très-controversée, et elle a donné naissance à trois systèmes.

558. D'après le premier, il est toujours injuste de résister à un ordre émanant de l'autorité publique, si illégal qu'il soit et si irrégulière qu'en soit la forme. Il est nécessaire, dit-on,

1. L. I, C., *quando liceat unicuique sine judice se vindicare* (3, 27).

que les ordres de l'autorité soient d'abord respectés, sauf à la personne qui se prétend lésée par un ordre illégal, à le faire ensuite annuler : mais provision est due à cet ordre, et il faut l'exécuter. D'ailleurs, si cette exécution cause un préjudice à la victime, elle pourra obtenir contre le fonctionnaire dont l'ordre émane des dommages-intérêts, et la situation du fonctionnaire est une garantie qu'ils seront recouvrés.

Nous ne pouvons admettre cette théorie : quelque respect que nous ayons pour l'autorité publique, il y a des actes tellement arbitraires et tellement odieux qu'il est, selon nous, permis d'y résister : telle serait, par exemple, une arrestation illégale, comme on en voit trop d'exemples aux époques de troubles de notre histoire contemporaine. Des dommages-intérêts, si élevés qu'on les supposât, ne répareraient pas le préjudice qui peut résulter d'une pareille arrestation ; et d'ailleurs qui sait, dans ces temps troublés, ce que deviendra le prisonnier, et si sa vie sera à l'abri des fureurs populaires ou des caprices d'un pouvoir tyrannique ?

559. Le second système, aussi absolu que le premier, en sens contraire, permet de résister par la force à tout ordre irrégulier ou irrégulièrement exécuté : il invoque principalement l'article 11 de la Déclaration des droits de l'homme du 24 juin 1793, qui consacre effectivement cette théorie : « Tout acte exercé contre un homme, hors les cas et sans les formes que la loi détermine, est arbitraire et tyrannique. Celui contre lequel on voudrait l'exécuter a le droit de le repousser par la force. »

Nous admettons bien moins encore ce système que le premier : donner à chaque citoyen le droit de libre discussion des actes de l'autorité et le droit de se prévaloir de la moindre irrégularité pour résister par la force à leur accomplissement, c'est rendre impossible le gouvernement d'un pays et établir une lutte permanente entre les citoyens et les représentants de l'autorité.

560. Aussi croyons-nous que la vérité se trouve dans un système mixte proposé par Barbeyrac : « Il faut, dit-il, distinguer entre les injustices douteuses ou supportables, et les injustices manifestes ou insupportables : on doit souffrir les premières, on n'est pas obligé de souffrir les autres[1]. » L'article 209 du Code pénal, qui définit la rébellion, nous paraît consacrer cette théorie : « Toute attaque, toute résistance avec violences et voies de fait envers les officiers ministériels, etc..., *agissant pour l'exécution des lois, des ordres ou ordonnances de l'autorité publique, des mandats de justice ou jugements*, est qualifiée selon les circonstances, crime ou rébellion. » Toute résistance à un fonctionnaire n'est donc pas une rébellion, il faut pour cela que ce fonctionnaire agisse en exécution des lois ou des ordres de l'autorité.

Cette théorie éclectique concilie le respect dû à l'autorité avec les droits du citoyen, dont la liberté ou les biens ne peuvent être exposés à des actes d'une illégalité flagrante : dans le doute, chacun doit s'incliner devant un acte du pouvoir social ; mais s'il est certain, évident, que l'acte est injuste et illégal, la raison indique qu'on peut y résister.

561. Mais dans quels cas l'injustice sera-t-elle « manifeste et insupportable » ? Dans quels cas, au contraire, l'ordre devra-t-il être exécuté, malgré les doutes que sa légalité peut faire concevoir ? Quatre conditions nous paraissent essentielles pour qu'un ordre soit légitime, et qu'on soit obligé de le laisser exécuter : il faut 1° qu'il émane de l'autorité publique compétente ; 2° qu'il en soit justifié à la personne intéressée ; 3° qu'aucun texte précis n'interdise l'acte ordonné par l'autorité ; 4° que cet acte soit exécuté par un officier public agissant dans l'exercice de ses fonctions.

1. Notes sur Grotius, t. I, p. 171.

562. — **A.** *Il faut que l'acte émane de l'autorité publique compétente.* — La garantie des citoyens se trouve précisément dans l'organisation des pouvoirs publics : si un fonctionnaire, sortant des limites de ses attributions, donne un ordre que la loi ne l'a pas autorisé à donner, chacun y peut résister. Il est vrai de dire alors que l'ordre n'émane pas d'un dépositaire de l'autorité publique, puisque ce fonctionnaire n'a reçu aucune mission légale pour ordonner ce qu'il ordonne, et il n'a pas plus d'autorité pour le faire qu'un simple particulier.

563. — **B.** *Il faut qu'il soit justifié de cet ordre à la personne intéressée.* — Cette condition n'est pas moins nécessaire que la première : si l'allégation verbale d'un ordre suffisait pour que l'on dût obéir, les particuliers seraient à la merci du dernier des agents de l'autorité, qui prétendrait avoir reçu l'ordre d'agir, et de nombreuses vexations pourraient s'abriter sous ce procédé.

564. — **C.** *Il faut que l'acte ordonné par l'autorité ne soit pas défendu par un texte précis de la loi.* — L'autorité publique est chargée d'assurer l'exécution des lois : elle ne peut donc donner d'ordres contraires à un texte législatif précis, et se mettre ainsi au-dessus de la loi qu'elle a pour mission de faire respecter ; désobéir alors, c'est obéir à la loi, c'est donc faire un acte légitime, et la jurisprudence a plusieurs fois consacré ce principe.

Mais il faut, pour que la résistance soit légitime, que le texte violé soit clair, précis : s'il est au contraire équivoque et que l'autorité l'interprète dans un sens et la partie intéressée dans l'autre, celle-ci doit provisoirement obéir, sauf à faire plus tard valoir ses droits en justice. Sinon, qui ne voit quels conflits ferait naître à chaque instant cette liberté d'interprétation[1].

1. *Sic*, Paris, 5 juin 1838 (Sirey, 38, 2, 302).

365. — **D.** *Il faut que l'acte soit exécuté par un officier public agissant dans l'exercice de ses fonctions.* — L'obéissance n'est due qu'aux représentants de l'autorité et dans la limite où l'autorité leur a été confiée : s'il est nécessaire de faire respecter ce principe lorsqu'on recherche de qui l'ordre émane, cela n'est pas moins nécessaire lorsqu'il s'agit de l'exécution de l'ordre. L'exécution par un agent sans qualité peut donner lieu à autant d'abus que si l'ordre était donné par une autorité incompétente, et la résistence est aussi légitime dans un cas que dans l'autre.

Mais, si l'ordre est donné par une autorité compétente et exécuté par un officier public agissant dans l'exercice de ses fonctions, il importe peu qu'il soit irrégulièrement exécuté par l'agent qui en est chargé : une irrégularité, lorsque les conditions substantielles sont remplies, ne peut autoriser l'emploi de la force pour résister à un officier public dans l'exercice de ses fonctions[1].

Le système que nous venons de présenter, et d'après lequel il est permis de résister aux injustices manifestes que l'autorité aurait ordonnées, compte dans la doctrine ancienne et moderne de nombreux partisans[2] : pendant assez longtemps, la Cour de cassation avait adopté le premier système, et déclarait qu'on ne peut résister même à un acte complètement illégal de l'autorité[3]; mais elle paraît maintenant adopter le système intermédiaire et autoriser, dans certains cas, la résistance à l'autorité[4].

1. *Sic*, Cassation, 10 mars 1842; 8 novembre 1845 (Sirey, 1842, I, 831; 1846, I, 72).

2. Barbeyrac, *loc. cit.*; Farinacius, *Quæst.* 32, n° 88; Jousse, t. IV, p. 79; Chauveau et Hélie, t. III, n°s 867 et suiv.; Foucart, *Droit administratif*, t. I, n° 249.

3. Cassation, 14 avril 1820 (Sirey, C. N., t. VI, p. 218); 5 janvier 1821 (Sirey, C. N., t. IV, p. 358); 3 septembre 1824 (Sirey, C. N., t. VII, p. 530); 15 juillet 1826 (Sirey, C. N., t. VIII, p. 394); 26 février 1829 (Sirey, C. N., t. IX, p. 240). — — *Comp.*, 2 mars 1855, *Bull. crim.*, n° 111.

4. Cassation, 7 avril 1837 (Sirey, 1838, I, 641); 25 mars 1852, *Bull. crim.*, n° 108.

566. Du moment où l'agression est injuste, il est permis d'y résister violemment, lors même que l'agresseur n'aurait pas la conscience de ses actes, que ce serait un fou ou un enfant agissant sans discernement, ou bien encore que l'agresseur serait le père de la victime : la loi ne se préoccupe pas, lorsqu'il s'agit de la légitime défense, de la personne de l'agresseur, mais de la victime, et lui accorde le droit absolu de résister à une agression injuste : aussi l'article 328 ne reproduit-il pas, lorsqu'il s'agit de légitime défense, la disposition de l'article 323, qui déclare que le parricide n'est jamais excusable.

567. On s'est demandé si le bénéfice de la légitime défense peut être invoqué par celui qui, au moment où il est attaqué, commet une infraction au préjudice de l'agresseur : c'est par exemple un voleur dont la vie est menacée par le propriétaire qui le surprend *flagrante delicto*. La question ne peut pas se présenter si le voleur emploie la force pour s'enfuir : bien loin d'être en état de légitime défense, il commet alors un acte plus coupable qu'une violence ordinaire, et l'article 304 aggrave dans ce cas la pénalité, si la violence a abouti au meurtre. Mais nous supposons qu'il ne veut pas s'enfuir, et malgré cela le propriétaire irrité de sa tentative de vol veut se livrer sur lui à des violences : le voleur peut-il se défendre légitimement ? Nous n'hésitons pas à répondre par l'affirmative : s'il est bien constaté que le voleur n'a proféré aucune menace, et qu'il n'a pas cherché à s'enfuir, le propriétaire n'avait pas le droit de se faire justice à lui-même, et le voleur a pu se défendre légitimement contre ces violences. Mais il faudra que la conduite respective du voleur et du volé soit clairement établie, car cette attitude irréprochable de l'agent coupable paraît au premier abord assez difficile à admettre.

568. — III. Quelle est la limite du droit de légitime défense. — La défense n'est légitime que parce qu'elle est

nécessaire : en principe, la société doit défendre ses membres, et elle ne les autorise par exception à se défendre eux-mêmes que dans les cas où elle ne peut les protéger. La nécessité, qui est la base de la légitime défense, est donc aussi la mesure de son étendue, et on peut formuler ainsi la règle : la défense est légitime pendant le temps et dans la limite où elle est nécessaire.

1° *Pendant le temps*.... quand l'attaque a cessé, la nécessité de la défense n'existe plus, et tout acte ultérieur de violence serait un acte de vengeance interdit par la loi comme par la morale. C'est ce que disait la loi romaine : « *Illud enim solum qui vim infert ferire conceditur : et hoc, si tuendi duntaxat, non etiam ulciscendi causâ factum sit*[1] » : et le texte de l'article 328 se réfère à cette condition en exigeant que les blessures et les coups aient pour cause la nécessité *actuelle* de la défense.

2° *Dans la limite où la défense est nécessaire*.... Le principe est facile à justifier en théorie : du moment où l'agent coupable est réduit à l'impuissance, il n'est pas permis de le maltraiter, et la justice seule a le droit de lui infliger une peine ; mais, dans l'application, il est difficile de dire quels actes étaient nécessaires pour mettre l'agent dans l'impossibilité de nuire. Il nous suffit de dire que c'est là une question de fait à apprécier par les tribunaux d'après les nuances diverses que comporte chaque affaire.

369. Si la victime pouvait se soustraire à l'attaque par la fuite, la résistance par la violence sera-t-elle encore légitime? Le plus souvent la question ne naîtra pas, car il serait impossible de décider *à priori* que la victime pouvait trouver son salut dans la fuite, qui n'eût fait peut-être qu'aggraver pour elle le danger : cependant, il pourra se présenter des hypo-

1. L. XLV, § 4, ff., *ad legem Aquiliam* (9, 2) ; L. IV, ff., *de vi et vi armatâ* (43, 16).

thèses exceptionnelles où cette certitude sera acquise : l'emploi de la force sera-t-il encore légitime?

Oui, d'après nous, en thèse générale : la défense contre des violences est légitime, non-seulement parce que la morale l'autorise, mais aussi parce qu'il y a chez l'homme un instinct puissant qui le porte à répondre aux coups par des coups, une sorte de contrainte morale à laquelle il est difficile de résister, dans la soudaineté de l'attaque. Puis la fuite paraît dictée par la lâcheté : πόδες ὅπλα λαγώων, dit un poëte grec[1], et nul même parmi les moins braves n'aime à paraître lâche. Enfin la fuite pourra encourager l'agresseur à renouveler son attaque, tandis qu'une résistance énergique va l'effrayer et arrêter toute tentative nouvelle.

Toutefois, si l'agresseur est un être privé de raison, la fuite peut être un devoir : il n'y a point de lâcheté à fuir devant un fou, et, d'un autre côté, son attaque ne fait pas naître le sentiment de colère qu'inspire celle d'un être intelligent. Les juges pourront alors déclarer, en fait, qu'il n'y avait pas *nécessité actuelle* de se défendre par la violence.

Mais en dehors de ces hypothèses exceptionnelles, nous croyons que la défense est légitime lors même que la fuite eût pu procurer le salut.

CHAPITRE II

CAUSES D'ATTÉNUATION DE LA PEINE DANS LA PERSONNE DE L'AGENT.

570. La volonté de l'agent, c'est-à-dire son intelligence et sa liberté, sont, avons-nous dit, des conditions constitutives

1. Oppian. Cyneget., lib. IV, v. 35.

de l'infraction; et nous venons de voir que la privation, soit d'intelligence, soit de liberté chez l'agent font disparaître la criminalité de l'acte, et par suite rendent la pénalité inapplicable.

Si la volonté existe, la peine est encourue; mais le degré de perversité de cette volonté coupable n'est pas toujours le même; l'âge, la provocation de la victime, les circonstances particulières de la cause ont pu exercer de l'influence sur la volonté de l'agent; alors sa culpabilité sera moindre, et la peine, qui se mesure sur la culpabilité, sera diminuée. Ou bien, au contraire, l'infraction matérielle restant la même, la perversité de l'agent est plus grande, car il a successivement commis plusieurs infractions, et cette persistance dans la volonté de faire le mal attirera sur lui un châtiment plus lourd.

Enfin, si l'agent ne mérite par lui-même ni une diminution ni une augmentation dans la peine, son âge avancé peut le mettre dans l'impossibilité physique de supporter une peine trop rigoureuse; ou bien il a, depuis l'infraction, rendu à la société des services, par exemple en révélant le complot auquel il a pris part; alors, bien que sa culpabilité soit la même, la peine est adoucie par un sentiment d'humanité ou de reconnaissance.

571. On peut formuler ainsi l'ensemble de cette théorie très-rationnelle de notre loi, que nous allons examiner: la peine doit être proportionnée au degré de perversité de l'agent : néanmoins, elle est mitigée soit à raison de l'âge avancé du coupable, soit à raison de services qu'il a rendus à la société.

Nous examinerons, sur cette théorie, deux points :

I. Faits qui diminuent la culpabilité.

II. Faits qui adoucissent la peine.

I. FAITS QUI DIMINUENT LA CULPABILITÉ.

372. Ces faits sont au nombre de deux:

1° Les excuses légales.

2° Les circonstances atténuantes, ou excuses judiciaires.

Les excuses *légales*, comme leur nom l'indique, sont des faits prévus par la loi et qui, dès que leur existence est constatée, diminuent la culpabilité de l'agent; telles sont la provocation, l'excuse résultant de l'âge, etc.... Le pouvoir du juge se borne, pour eux, à une simple constatation : le fait invoqué comme excuse existe-t-il? S'il existe, la peine doit être diminuée, et les tribunaux ne peuvent, à raison des circonstances odieuses qui auraient accompagné l'infraction, dire qu'il n'y a lieu à excuses.

Au contraire, les circonstances atténuantes, ou excuses *judiciaires*, relèvent uniquement du pouvoir du juge : elles ont pour cause non pas des faits précis prévus à l'avance et énumérés par la loi, mais l'opinion que le juge se formera soit sur l'affaire elle-même, soit sur l'ensemble de la vie du coupable : sa conscience seule lui dira, dans chaque affaire, s'il y a lieu à admettre ou à rejeter les circonstances atténuantes.

373. Du reste, la même affaire peut donner passage aux excuses légales et aux excuses judiciaires: c'est ce qui arrivera, par exemple, si l'infraction commise par un enfant est accompagnée de circonstances particulières qui diminuent la culpabilité de son auteur[1].

374. — 1. Excuses légales. — A la différence des faits justificatifs de l'infraction, qui, comme la folie, ne doivent pas être l'objet d'une question spéciale posée au jury, les

1. Cassation, 28 janvier 1847 (Sirey, 1848, I, 720).

faits d'excuse légale doivent au contraire être précisés dans une question distincte de la question générale de culpabilité (art. 339 Cod. inst. crim.) : cela est nécessaire, puisque l'excuse légale suppose la culpabilité, tandis que la privation d'intelligence ou de liberté l'exclut. Mais, si l'accusé demande que la question d'excuse soit posée, elle doit l'être à peine de nullité (art. 339).

Nous avons dit que les faits d'excuse sont limitativement prévus par la loi : il en résulte qu'aucune question ne peut être posée au jury en dehors des termes précis de la loi, et, si elle était posée et résolue affirmativement par le jury, le ministère public qui aurait consenti à la position de la question pourrait néanmoins requérir que la cour ne tienne pas compte de la réponse du jury [1].

575. Les faits qualifiés par la loi excuses légales sont au nombre de trois :

1° L'âge;

2° La provocation;

3° Certains services rendus à l'État à propos d'une infraction.

Mais cette dernière cause d'excuse, à la différence des premières, ne diminue pas la culpabilité ; seulement elle donne au coupable des droits à l'indulgence et lui procure une diminution de peine. Nous nous en occuperons donc avec le § II, relatif aux « *faits qui adoucissent la peine.* »

576. — A. *Excuse légale résultant de l'âge.* — Nous avons vu qu'au-dessous de seize ans, la loi pénale présume que l'inculpé a agi *sans discernement* et doit être acquitté ; mais ce n'est là qu'une présomption simple, et les juges, auxquels la question est toujours soumise, peuvent décider que l'inculpé a agi *avec discernement.* Alors l'inculpé est coupable, mais

1. Cassation, 30 avril 1847 (Sirey, 47, I, 627); 2 septembre 1847 (Sirey, 48, I, 458).

son âge lui sert d'excuse légale, et lui procure à ce titre un double avantage : 1° une diminution dans la peine ; 2° un changement dans la juridiction qui doit l'appliquer.

577. 1° Diminution dans la peine. — Cette diminution est fondée sur ce que le coupable, tout en ayant agi avec dicernement, n'a pas pu se rendre compte de la gravité de sa faute comme l'aurait fait un homme plus âgé : il est coupable, mais à un moindre degré : « La loi, disait M. Faure, suppose que le coupable, quoique sachant bien qu'il faisait mal, n'était pas encore en état de sentir toute l'étendue de la faute qu'il commettait, ni de concevoir toute la rigueur de la peine qu'il allait encourir[1]. » De plus, son jeune âge permet d'espérer qu'il se repentira et que, suivant l'expression de M. Faure, il pourra devenir un citoyen utile : cette espérance doit encore être une cause d'indulgence.

578. Aussi la loi abaisse-t-elle pour lui le châtiment dans une notable proportion : s'agit-il de crimes, l'art. 67 commue toutes les peines afflictives ou infamantes que le majeur de seize ans aurait encourues, peine de mort, travaux forcés, déportation, etc.... en un *emprisonnement* dont la durée est fixée de la manière suivante : La peine encourue était-elle la peine de mort, des travaux forcés à perpétuité ou de la déportation, la durée de l'emprisonnement sera de dix à vingt ans ; si c'était la peine des travaux forcés à temps, de la détention ou de la reclusion, l'emprisonnement sera du tiers au moins et de la moitié au plus du temps auquel il aurait pu être condamné à l'une de ces peines. Il résulte des expressions employées dans l'art. 67 que la durée de l'emprisonnement ne se calculera alors ni sur le minimum, ni sur le maximum de la peine encourue, mais que les tribunaux devront d'abord fixer, dans les limites du minimum et du maximum, la peine qu'ils infligeraient à un majeur, puis

1. Locré, t. XXIX, p. 265.

réduire cette peine dans la limite du tiers à la moitié[1]. — Enfin, si la peine encourue était la dégradation civique ou le bannissement, la durée de l'emprisonnement sera de un à cinq ans.

S'agit-il de délits, la peine ne pourra s'élever d'après l'art. 69, au-dessus de la moitié de celle à laquelle il aurait pu être condamné s'il avait eu seize ans.

S'il s'agit de contraventions, la loi ne prononce aucun abaissement de peine, à cause du peu de gravité de la pénalité de droit commun dans ce cas.

579. Nous avons dit (n° 515) que cette excuse tirée de l'âge s'appliquait à toute espèce de délits, même à ceux prévus par des lois spéciales. Rappelons en outre l'observation que nous avons faite (n° 573) sur la possibilité du concours des circonstances atténuantes avec l'excuse tirée de l'âge : et, s'il s'agit d'un crime, le jury sera seul compétent pour admettre ou rejeter les circonstances atténuantes, bien que la peine qui sera prononcée ne soit qu'une peine correctionnelle, car l'art. 341 du Code d'inst. crim. réserve cette mission au jury en toute matière criminelle[2].

580. Pour l'exécution de la peine ainsi réduite, la loi des 5-12 août 1850 apporte des adoucissements : d'après cette loi la prison ne sera subie ni dans les maisons d'arrêt ni dans les maisons centrales, mais dans des colonies pénitentiaires ou correctionnelles, suivant la durée de la peine à laquelle ils ont été condamnés : dans ces colonies ils seront d'abord emprisonnés et employés à un travail sédentaire; mais, s'ils se conduisent bien, ils pourront être ensuite employés aux travaux agricoles de la colonie (art. 4, 10 et 11).

581. 2° Changement dans la juridiction. — Jusqu'en 1824, le seul privilége des mineurs de seize ans consistait dans

1. Cassation, 6 juin 1840 (Sirey, 1840, I, 646).
2. Cassation, 28 janvier 1847 (Sirey, 48, I, 720).

l'adoucissement de peine que nous venons d'indiquer ; à cette époque, la loi du 25 mai 1824 introduisit une nouvelle faveur : désormais, au lieu d'être jugés par le jury pour les crimes qu'ils auraient commis, ils seront jugés par les tribunaux correctionnels. Mais, à cette règle, le nouvel article 68 apporte deux exceptions qui en restreignent singulièrement la portée et à cause de cela permettent de douter de l'utilité d'une innovation qui, en pratique, se réduira à des applications peu fréquentes : le jury reste compétent si le mineur a des complices majeurs, ou si le crime commis par le mineur seul entraîne la peine de mort, des travaux forcés à perpétuité, de la déportation ou de la détention.

582. Lors de la discussion de la loi du 28 avril 1832, la commission de la Chambre des pairs avait demandé une autre innovation : elle voulait que les enfants âgés de moins de douze ans ne fussent pas soumis à un débat public, pour leur épargner la flétrissure qui pouvait en résulter pour leur avenir. Cet amendement fut rejeté comme inutile, car la disposition constitutionnelle qui autorise les magistrats à ordonner le huis clos dans tous les cas où la morale y est intéressée suffit pour leur permettre de prendre cette mesure toutes les fois que l'intérêt de l'enfant l'exigera[1].

583. Des publicistes demandent une autre réforme : ils voudraient qu'à l'exemple du droit romain et de certaines législations étrangères, le Code pénal fixât un âge, neuf ou dix ans, au-dessous duquel l'enfant serait déclaré irresponsable, non pas par une présomption simple, mais par une présomption *juris et de jure* qui le mettrait à l'abri de toutes poursuites[2]. Nous croyons cette réforme à peu près inutile, et dans tous les cas plus dangereuse qu'utile ; à peu près inutile, car il sera bien rare que le ministère public se laisse

1. *Moniteur* du 20 mars 1832 ; Duvergier, 1832, p. 134 et suiv.
2. Rossi, t. II, p. 156.

entraîner à poursuivre des enfants de moins de dix ans ; et nous la croyons dangereuse, car elle empêcherait de poursuivre l'enfant lorsqu'il a des complices majeurs et que sa présence au débat est nécessaire à la manifestation de la vérité, ou lorsqu'il est urgent de le soustraire, en l'envoyant dans une colonie pénitentiaire, aux déplorables exemples qu'il reçoit dans sa famille.

584. — **B.** *Excuse légale résultant de la provocation.* — Le législateur a pensé avec raison que la culpabilité de l'homme qui commet un crime sous l'empire de la colère ou de la crainte était moindre que celle de l'agent, qui, de sang-froid et sans motif, se rend coupable d'une infraction : sans doute cet homme est coupable et doit être puni, car il devait avoir assez d'empire sur lui-même pour résister à l'influence de ses passions, mais l'entraînement auquel il a cédé est plutôt la preuve de la faiblesse que de la perversité de la volonté, et la loi est juste lorsqu'elle se montre indulgente pour lui. Tels sont les motifs qui font admettre l'excuse de provocation.

La loi admet comme motifs d'excuse ou une agression contre la personne, ou une attaque contre la propriété, ou un outrage sanglant, et elle prévoit quatre hypothèses : 1° coups ou violences graves envers les personnes ; 2° outrage violent à la pudeur ; 3° flagrant délit d'adultère de l'épouse dans la maison conjugale ; 4° escalade ou effraction extérieure commise pendant le jour dans un lieu habité.

585. — **I.** Coups ou violences graves envers les personnes. — L'art. 321, qui crée cette excuse, ne précise pas et ne pouvait pas préciser la nature des violences qui peuvent servir d'excuse : il exige seulement 1° qu'il y ait des violences ; 2° qu'elles soient dirigées contre les personnes ; 3° qu'elles soient graves. Nous ajouterons une 4° condition, qui résulte des principes généraux sur l'imputabilité : il faut que les violences soient injustes.

Comme on le voit, les violences de l'agresseur peuvent ou effacer complétement la culpabilité, si elles ont été assez graves pour le mettre en état de légitime défense (art. 328), ou rendre seulement l'infraction excusable : les deux hypothèses diffèrent entre elles par la gravité de l'attaque, et les tribunaux devront rechercher avec soin dans chaque affaire si l'inculpé n'a fait que se défendre contre une attaque inquiétante, ou si, cédant à la crainte, ou à la colère, il a répondu par un meurtre ou des blessures à des violences qui, toutes graves qu'elles étaient, ne devaient point lui inspirer d'inquiétude.

386. Il y a entre la légitime défense et l'excuse résultant de violences graves une grande différence : la légitime défense doit, comme son nom l'indique, être la réponse à l'attaque, et ne peut plus se produire dès que l'attaque a cessé ; au contraire il peut s'écouler, entre la violence et la provocation, un certain intervalle. La provocation suppose en effet que l'inculpé a cédé à l'entraînement de la passion, qu'il a obéi à la colère ou à la crainte ; mais ces deux sentiments peuvent survivre à l'attaque, et, pourvu que l'intervalle n'ait pas été assez long pour que l'inculpé ait repris sa présence d'esprit, il pourra invoquer l'excuse de provocation malgré le temps écoulé [1].

Étudions maintenant les conditions requises pour que les violences constituent une provocation.

387. *a.* La provocation doit venir de « *coups ou violences* », c'est-à-dire de voies de fait ; les imputations les plus calomnieuses, les menaces ne peuvent être considérées comme une provocation [2].

388. *b.* Les violences doivent être dirigées « *contre les per-*

1. Cassation, 27 messidor an X (Sirey, C. N., t. I, p. 669) ; 10 mars 1826 (Sirey, C. N., t. VIII, p. 295).

2. Cassation, 27 février 1813 (Sirey, C. N., t. IV, p. 293).

sonnes. » Ainsi les violences dirigées contre les animaux qui nous appartiennent, quelque prix que nons y attachions, ne peuvent être considérées comme une provocation[1]; de même les violences, les voies de fait contre les choses ne peuvent excuser l'infraction[2].

Mais l'article 321 n'exige pas que les violences soient pratiquées contre la personne même qui se prétend provoquée: des violences exercées sur un tiers, fût-il complétement étranger à l'inculpé, out pu faire naître chez celui-ci une légitime colère et l'entraîner à des voies de fait contre l'agresseur. La loi n'aurait pu, sans inconséquence, rejeter dans ce cas l'excuse de provocation, car le sentiment auquel le coupable a obéi est moins égoïste, plus élevé que s'il s'était agi de lui-même.

389. *c.* L'article 321 exige des coups ou violences *graves :* la loi ne pouvait pas dire autre chose, mais M. Faure, dans l'Exposé des motifs, explique clairement la pensée du législateur : « Il faut, dit-il, que la violence soit telle, que le coupable n'ait pas eu, au moment même de l'action qui lui est reprochée, toute la liberté d'esprit nécessaire pour agir avec mûre réflexion[3]. » La gravité des violences devra donc s'apprécier ainsi : ont-elles entraîné le coupable à un acte irréfléchi, ou au contraire étaient-elles assez insignifiantes pour lui laisser son libre arbitre? Ajoutons avec M. Monseignat, que l'effet de ces violences doit s'estimer d'après les circonstances de lieu et de personne, l'isolement de l'endroit où la scène a eu lieu, et le caractère, la force physique, la condition sociale du coupable : telle violence, insignifiante dans certaines classes, un soufflet, par exemple,

1. Cassation, 7 février 1814, J. du P., X, p. 106. — Chauveau et F Hélie, t. IV, n° 1276.

2. Cassation, 22 janvier 1822, *Bull. crim.*, n° 29.

3. Locré, t. XXX. 476.

sera dans une autre condition la violence la plus grave et la plus capable d'exciter la colère.

590. *d.* Nous avons ajouté que les violences devaient être *injustes :* mais cette condition, à la différence des trois premières, est loin d'être admise par tout le monde avec la même portée.

Il est certain que toute violence, commise par un particulier, est une violence injuste, et qui peut constituer une provocation ; mais la question est celle-ci : les violences arbitraires qu'un fonctionnaire aurait pu commettre dans l'exercice de ses fonctions peuvent-elles être invoquées comme une provocation par le particulier qui en a été victime ?

La Cour de cassation a, dans de nombreux arrêts, décidé que les actes du fonctionnaire ne pouvaient jamais servir d'excuse à la rébellion : la Cour suprême invoque la place qu'occupe l'article 321, sous la rubrique *Des crimes et délits contre les particuliers*, tandis que la loi traite des crimes et délits contre les agents de l'autorité au titre I, section IV, § 2, sous la rubrique *Des outrages envers les dépositaires de l'autorité et de la force publique.* Elle ajoute que ce n'est pas aux individus à se faire juges de la manière dont un fonctionnaire exerce ses fonctions ; s'il commet un abus d'autorité, l'article 186 du Code pénal le punit sévèrement, mais c'est aux magistrats seuls qu'il appartient d'apprécier sa conduite, et jusqu'à ce qu'ils aient statué, le fonctionnaire est présumé avoir agi légitimement[1].

591. Sans méconnaître la gravité de ces arguments, nous croyons pourtant que la doctrine contraire est préférable. L'argument tiré de la place qu'occupe l'article 321 nous touche peu, car s'il était exact, comme l'article 328 est placé

1. 13 mars 1817 (Sirey, C. N., t. V, p. 296) ; 8 avril 1826, *Bull. crim.*, n° 65 ; 30 avril 1847 (Sirey, 47, I, 627) ; 29 novembre 1855 (Sirey, 55, I, 272) ; 25 avril 1857, *Bull. crim.*, n° 170.

dans le même chapitre, il en faudrait conclure qu'il n'y a jamais de légitime défense contre les actes des agents de l'autorité, et nous avons vu que la majorité des auteurs et les derniers arrêts de la Cour de cassation admettent qu'il est permis, à certaines conditions, de se défendre contre ces actes. On objecte encore qu'il n'appartient pas aux particuliers de se faire juge des abus d'autorité dont ils peuvent avoir à se plaindre : cela est vrai, il est certain que leur résistance est illégitime et qu'il y a rébellion : mais s'ensuit-il que la violence dont ils ont usé soit aussi coupable que s'ils n'y avaient pas été provoqués ? Voilà ce que nous ne pouvons admettre.

En effet, la culpabilité n'est complète que si elle est intentionnelle, voulue par l'agent, et la loi ne peut pas, sans commettre une injustice, traiter de la même manière, l'homme qui résiste, avec une volonté calme et froidement arrêtée, aux agents de l'autorité et celui qui, cédant à l'entraînement de la colère provoquée par un abus de pouvoir, se livre à une voie de fait : cette égalité de peine serait injuste, car la culpabilité n'est pas la même. Il importe peu, à ce point de vue, que le particulier soit provoqué par un autre particulier, ou par la violence arbitraire d'un agent du pouvoir : toute la question est, comme le disait M. Faure, dans le passage précité de son rapport, de savoir s'il a eu « la liberté d'esprit nécessaire pour agir avec mûre réflexion ».

Nous concluons donc que toute violence arbitraire, émanée d'un particulier ou d'un agent de l'autorité, est *injuste* et constitue la provocation : et cette conclusion bien loin d'être combattue nous paraît favorisée par la généralité des termes de l'article 321[1].

1. Comp. De Molènes, *De l'humanité dans les lois criminelles*, p. 525 et suiv. — Carnot, t. I, p. 564. — Rauter, t. II, p. 47, n° 463. — Coffinières, *Traité de la liberté individuelle*, t. II, p. 389 et 408.

592. Nous venons de voir sous quelles conditions, en règle générale, les violences contre les personnes peuvent être admises comme excuses : à cette règle, les articles 323 et 324 apportent deux exceptions qu'il suffit d'énoncer, car elles se justifient d'elles-mêmes. D'après le premier de ces textes, le parricide n'est jamais excusable; d'après le second, le meurtre commis par l'un des époux sur l'autre, ne peut être non plus excusé, sauf le cas d'adultère de la femme dont nous parlerons plus loin. Il importe, toutefois, de préciser la portée de ces deux textes : ils déclarent que le *meurtre* du père ou du conjoint n'est jamais excusable, mais ils ne parlent pas des coups et blessures, qui restent sous l'empire du droit commun et peuvent être excusés par des violences graves[1]; en second lieu, ces deux textes ne s'occupent que des excuses, point de la légitime défense, qui peut être invoquée aussi bien contre le père ou l'époux que contre un étranger.

593. — **II.** Outrage violent a la pudeur. — L'article 325 déclare excusable le crime de castration provoqué par un outrage violent à la pudeur : mais, comme le prouve la forme de rédaction de ce texte, ce crime n'est cité que comme exemple, et parce que, à raison de sa nature particulière, on aurait pu croire qu'il était plutôt le résultat d'une volonté calculée, que d'un mouvement subit d'indignation. A plus forte raison, toute autre infraction, qui aura pour cause un outrage violent à la pudeur, devra-t-elle être considérée comme excusable.

L'outrage violent à la pudeur est une excuse : le viol ou la tentative de viol mettraient la victime en état de légitime défense, car il n'y a rien de plus légitime que de défendre son honneur menacé.

594. — **III.** Flagrant délit d'adultère de l'épouse dans

1. Cassation, 10 juin 1812. — Chauveau et Faustin Hélie, t. IV, n° 1286.

LA MAISON CONJUGALE. — Aux termes de l'article 324 : « Le meurtre commis par l'époux sur son épouse ainsi que sur le complice, à l'instant où il les surprend en flagrant délit dans la maison conjugale, est excusable. » Il résulte de ce texte que l'excuse n'existe qu'au profit du mari, point au profit de la femme qui surprend son mari en flagrant délit d'adultère dans la maison conjugale. Des auteurs ont voulu justifier cette différence en disant que l'adultère de la femme avait des conséquences plus graves que celui de l'époux, mais ce motif nous paraît insuffisant : il ne s'agit pas de savoir lequel des deux délits est le plus funeste, mais de rechercher si l'époux qui se rend coupable de meurtre avait toute sa liberté d'esprit au moment où il l'a commis, et la femme outragée sentira aussi vivement que le mari l'offense qui lui est faite; aussi ne comprenons-nous pas qu'elle ne puisse invoquer la même excuse[1].

595. L'adultère doit avoir lieu « dans la maison conjugale », la maison du mari, et cette disposition empruntée au droit romain[2], se justifie par deux motifs : sous ce toit de la famille, il revêt un caractère plus odieux, puis on a craint qu'un meurtre commis dans une maison étrangère, ne vînt troubler la tranquillité des tiers et peut-être donner lieu à des scènes plus regrettables encore.

Les coupables doivent avoir été surpris par le mari « en flagrant délit d'adultère », c'est-à-dire dans une situation telle qu'elle prouve son déshonneur, comme si, par exemple, ils étaient couchés dans le même lit[3].

596. L'excuse n'existerait pas s'il y avait de la part du mari préméditation ; ce que la loi excuse, c'est l'emportement irréfléchi, le *meurtre* et non l'*assassinat* froidement combiné.

1. Chauveau et Faustin Hélie, t. IV, n° 1316.
2. L. XXII, § 2, ff., *ad legem Juliam de adulteriis* (48, 5).
3. Voir sur les caractères du flagrant délit d'adultère, Cassation, 22 septembre 1837 (Sirey, 38, I, 331); 6 mai 1853 (Sirey, 53, I, 305).

Mais il importe de bien entendre ce qu'est la préméditation : c'est l'idée, arrêtée à l'avance, de commettre le crime ; et si le mari s'était caché pour découvrir des relations coupables qu'il ne faisait que soupçonner, et n'avait pu maîtriser sa fureur en acquérant la certitude de leur existence, il n'y aurait pas de sa part préméditation[1].

597. Nous croyons, bien que la question soit discutée, qu le mari qui aurait entretenu une concubine dans la maison conjugale ne pourrait invoquer l'excuse de l'article 324 : ce article porte en effet que « *dans le cas d'adultère prévu pa l'article* 336 » le meurtre est excusable ; et l'article 336, en accordant au mari le droit de dénoncer l'adultère de la femme, décide que ce droit cesse s'il est dans le cas de l'article 339, c'est-à-dire, s'il a entretenu une concubine dans la maison conjugale. Ajoutons que cette solution est très-désirable et que le mari qui donne l'exemple d'un tel scandale a perdu le droit d'invoquer comme excuse son indignation[2].

598. — **IV**. Escalade ou effraction extérieure commis pendant le jour pour pénétrer dans un lieu habité. L'article 322 décide qu'il y a dans ce fait une cause d'*excuse*; si l'escalade ou l'effraction avaient été commises pendant l nuit, nous avons vu avec l'article 329 qu'elles seraient un cause de *légitime défense*, et c'est avec raison que le Cod pénal établit une telle différence entre ces deux situations Pendant la nuit, l'obscurité empêche de découvrir l'étendue d danger, et l'imagination, facile à troubler au milieu des té nèbres, s'exagère les causes d'inquiétude et fait perdre à l volonté tout son empire : aussi tous les législateurs ont-il tenu compte de la frayeur qu'inspire à la victime une att que nocturne[3].

1. Chauveau et Faustin Hélie, t. IV, n° 1312.
2. *Contrà*, Blanche, V, n° 52.
3. Exode, chap. xxii, n°s 2 et 3. — L. IV, § 1. ff., *ad legem Aquiliam* (9, 2) — *Capitul. de Charlemagne*, Baluze, liv. V, n° 343. — Jousse, t. III, p. 501.

Cependant, dans certains cas, l'escalade ou l'effraction pendant le jour pourraient donner lieu à la légitime défense, si l'isolement de la maison, le nombre des assaillants, leurs armes, révélaient des projets menaçants pour la vie des habitants ; mais, comme on le voit, la légitime défense ne résulterait pas alors du seul fait d'escalade ou d'effraction, comme au cas d'attaque nocturne ; il faudrait que la nécessité actuelle de la défense fût établie par d'autres circonstances.

599. — **2. Circonstances atténuantes ou excuses judiciaires.** — Nous avons vu, en étudiant l'historique de notre loi pénale, sous quelle inspiration les circonstances atténuantes avaient été admises dans la législation française.

Notre ancien droit n'en avait pas besoin, car si les peines étaient déterminées par la loi, le juge avait le pouvoir arbitraire de les augmenter ou de les diminuer à son gré dans chaque affaire : ce système présentait l'inconvénient grave de faire du juge un législateur, et de soumettre à ses caprices et à ses variations la loi pénale tout entière.

Le Code de 1791 tomba dans l'exagération opposée, et fixa les peines d'une manière *invariable*. Nous n'avons pas besoin de faire ressortir la dureté et l'injustice d'une telle loi ; elle ne permet au juge de tenir aucun compte ni de la criminalité *subjective* de l'agent, de ses antécédents, des circonstances qui l'ont poussé au crime, ni du peu de gravité du mal social causé par son infraction.

Le Code de 1810 fit une part à la criminalité subjective en introduisant un *minimum* et un *maximum* : à ce moyen le juge n'était pas forcé de traiter de la même manière l'agent qui avait cédé à un entraînement passager, et l'homme perverti qui avait non-seulement commis le mal, mais déterminé les autres à le commettre avec lui. Mais les circonstances atténuantes n'étaient admises que pour les matière correctionnelles, et à la condition que le préjudice causé par le délit n'excédât pas vingt-cinq francs : cédant à l'influence des idées autoritaires en vigueur, les rédacteurs d Code craignirent d'augmenter les attributions du pouvoi judiciaire, et considérèrent l'admission des circonstanc atténuantes comme un échec apporté aux droits du souverain « unique source de toutes les grâces[1] ». Le motif étai mauvais, car la loi permettant au juge de modifier l peine, le juge qui applique cette loi ne sort pas de son rôle et n'empiète nullement sur le droit de grâce réservé au prince et qui ne peut s'exercer que sur la peine prononcée.

La loi du 25 juin 1824 admit les circonstances atténuantes pour certains crimes ; mais au lieu de laisser au jury, juge du fait, le soin d'apprécier s'il y avait lieu ou non aux circonstances atténuantes, cette loi en chargeait la Cour d'assises : cette disposition s'explique par la crainte que l jury n'abusât du pouvoir qui lui serait donné pour modifie capricieusement des pénalités qui lui paraîtraient trop sévères, mais elle ne peut se justifier en droit, car c'est a juge du fait qu'il appartient d'apprécier et le fait luimême, et les circonstances qui peuvent en atténuer l gravité.

600. La loi du 28 avril 1832 créa, on peut le dire, le système des circonstances atténuantes : l'arrivée au pouvoir d chefs les plus illustres de l'école éclectique, MM. Guizot, d Broglie, leur permit de faire triompher leur doctrine où la criminalité subjective joue un grand rôle, et une des innovations les plus considérables fut la révision de l'article 463 désormais les circonstances atténuantes seront admises e toute matière, criminelle ou correctionnelle ; et, en matiè criminelle, c'est le jury qui devra les admettre ou les r

1. Locré, t. XXXI, p. 164-165.

jeter. Si elles sont admises, leur effet est très-considérable : en matière criminelle, elles substituent en général la peine *du degré inférieur* à la peine applicable, et permettent à la Cour, si elle le veut, d'abaisser la peine d'un second degré, En matière correctionnelle, la peine sera réduite, et les tribunaux ont le pouvoir de réduire l'emprisonnement et l'amende au niveau des peines de simple police, et même, si la loi prononce l'emprisonnement et l'amende, de n'appliquer que l'une de ces deux peines.

601. Le mérite de cette innovation a été très-diversement apprécié : ses inconvénients sont graves et l'expérience l'a démontré, surtout dans les matières criminelles. Le jury est substitué au législateur pour la réforme des lois criminelles et il devra en apprécier la valeur dans les circonstances les plus défavorables pour les bien juger, au milieu de débats où la passion se substitue trop souvent à la raison : si la loi est trop dure, que le législateur la modifie ; mais si elle est bonne, pourquoi permettre au jury de la modifier systématiquement ? Et nous pourrions citer des crimes pour lesquels la peine légale n'est jamais prononcée. Les circonstances atténuantes ne devraient être qu'un moyen exceptionnel d'adoucir la peine en faveur d'un agent dont les circonstances diminuent la culpabilité : mais en faire un mode de révision de la loi, et charger de cette révision le jury avec ses entraînements et ses passions, c'est à notre avis faire une chose mauvaise.

Cependant les législateurs de 1832 ont voulu aller jusque là : « Le système des circonstances atténuantes, disait M. Dumon, sert à éluder de très-graves difficultés qui se présentent dans la législation criminelle ; il résoudra dans la pratique les plus fortes objections contre la peine de mort, contre la théorie de la récidive, de la complicité, de la tentative.... » Et plus loin : « On a voulu pourvoir au plus pressé en adoucissant la pénalité et on a trouvé un moyen d'étendre à toutes les matières la possibilité d'adoucir les rigueurs de la loi autrement que par une minutieuse révision des détails[1]. » Comment concilier ce pouvoir donné au jury avec l'article 342, qui défend au jury de se préoccuper des conséquences que pourra avoir pour l'accusé la déclaration qu'il a faite ?

Cependant, si de graves critiques doivent être faites contre ce système, nous devons reconnaître qu'il présente des avantages : il permet de proportionner aussi exactement que possible le châtiment à la criminalité de l'acte, ce qui doit être le but de toute loi pénale. D'un autre côté, même auprès du jury, ce système offre l'avantage d'éviter des acquittements scandaleux qu'aurait provoqués une peine sévère et inflexible. Aussi croyons-nous que le remède aux inconvénients signalés est plutôt dans une meilleure organisation du jury que dans la modification de l'article 463, et à ce point de vue, nous devons signaler avec éloges la loi du 21 novembre 1872, qui donne de véritables garanties pour la composition du jury, et a déjà produit de très-bons résultats.

602. Dans les matières correctionnelles, la loi de 1832 donnait aux tribunaux un pouvoir qui, tout en étant moins dangereux dans la pratique, était plus exorbitant : les tribunaux pouvaient, comme nous venons de le dire, réduire l'emprisonnement à une peine de simple police, et même substituer à l'emprisonnement, l'amende, si les deux peines étaient prononcées par le texte. La loi du 13 mai 1863 a diminué ce pouvoir : d'après le projet du gouvernement, la modification portait sur deux points : pour les délits contre lesquels la loi prononce un emprisonnement dont le maximum est de deux ans, et une amende dont le maximum est de 500 francs, l'emprisonnement ne pouvait être réduit au-dessous de six mois, ni l'amende au-dessous de 100 francs. Pour les délits punis d'un emprisonnement d'un an ou d'une amende de

1. Duvergier, année 1832.

100 francs, la peine ne pouvait être abaissée au-dessous de trois mois d'emprisonnement et de 25 francs d'amende. De plus, ni dans l'un ni dans l'autre de ces deux cas, l'amende ne pouvait être substituée à l'emprisonnement.

Le Corps législatif, tout en acceptant l'idée du gouvernement de réduire le pouvoir des juges correctionnels, ne l'a pas modifié aussi complétement ; d'après le texte qui a été adopté, si le minimum de l'emprisonnement est inférieur à un an, et celui de l'amende à 500 francs, les tribunaux pourront réduire l'emprisonnement à six jours, et l'amende à 16 francs ; dans tous les autres cas, ils peuvent réduire l'emprisonnement au-dessous de six jours, et l'amende au-dessous de 16 francs, et même substituer l'amende à l'emprisonnement.

603. Un décret du gouvernement de la Défense nationale du 27 novembre 1870 a abrogé la loi du 13 mai 1863 et rétabli pour les tribunaux correctionnels, *dans tous les cas*, la faculté d'abaisser l'emprisonnement et l'amende au niveau des peines de simple police, et de substituer l'amende à l'emprisonnement.

Étudions maintenant l'influence des circonstances atténuantes.

I. En matière criminelle.

II. En matière correctionnelle.

III. En matière de simple police.

604. — **1. Des circonstances atténuantes en matière criminelle.** — La déclaration des circonstances atténuantes doit être faite par le jury, depuis la loi du 28 avril 1832 : aucune question spéciale ne lui est posée à ce sujet, mais il a le droit d'en déclarer spontanément l'existence, et, aux termes de l'article 341 du Code d'instruction criminelle, le président de la Cour d'assises doit avertir le jury de l'initiative que la loi lui donne.

Quant aux motifs qui doivent l'amener à accorder les circonstances atténuantes, le jury jouit d'une extrême latitude : il peut s'inspirer, soit des circonstances intrinsèques du fait, ou des circonstances qui l'ont précédé ou suivi, soit du caractère, de la position, des antécédents de l'accusé, soit de l'exagération de la peine prononcée par la loi.

605. Nous disons que c'est au jury qu'il appartient de statuer sur les circonstances atténuantes : mais que décider si l'accusé est jugé par contumace? Alors, aux termes de l'article 470 du Code d'instruction criminelle, la Cour statue « sans l'assistance et l'intervention de jurés » : pourra-t-elle accorder les circonstances atténuantes?

Non, d'après la Cour de cassation, et voici les motifs qu'elle en donne : l'article 463, combiné avec l'article 341 du Code d'instruction criminelle, accorde au jury seul le droit d'admettre des circonstances atténuantes, et rien n'autorise à étendre ce droit à la Cour d'assises. Bien plus, deux raisons s'y opposent : la première, que l'existence des circonstances atténuantes ne saurait être reconnue qu'à la suite d'un débat oral et contradictoire, impossible au cas de contumace ; la seconde, que la contumace constitue une sorte d'indignité qui prive de tout droit à l'abaissement de la peine[1].

L'opinion contraire nous semble préférable : la Cour d'assises est investie des pouvoirs les plus étendus pour juger l'accusé contumax, elle peut l'acquitter, dépouiller le fait de son caractère de crime et ne prononcer contre lui que des peines correctionnelles ou de simple police, enfin statuer sur la question d'excuse légale que fait naître l'instruction écrite : pourquoi serait-elle privée du droit d'admettre les circonstances atténuantes? On objecte l'article 463 ; mais ce

1. *Sic*, Cassation, 14 mars 1842 (Sirey, 42, I, 471) ; 14 septembre 1843 (Sirey, 43, I, 919).

texte prévoit ce qui arrive le plus souvent, l'hypothèse d'une poursuite contradictoire; et comme l'indignité qui frapperait le contumax n'est écrite nulle part, il faut conserver aux circonstances atténuantes le caractère de généralité que le législateur a voulu leur donner[1].

606. Lorsque les circonstances atténuantes sont admises par le jury, quel en est l'effet? Elles obligent la Cour à abaisser la peine d'un degré, et lui permettent de s'associer à l'indulgence du jury en l'abaissant de deux : l'abaissement est calculé d'après la nature et non d'après la durée de la peine.

L'article 463 démontre l'existence d'une double échelle de peines, les peines de droit commun et les peines politiques : ainsi, d'après le § 1, la peine de mort sera commuée, soit en travaux forcés à perpétuité ou à temps, soit en la peine de la déportation ou de la détention, s'il s'agit de crimes contre la sûreté de l'État. A ce point de vue, il y avait une difficulté pour les crimes prévus par les articles 86, 96 et 97 du Code pénal, attentats contre la personne du souverain et de sa famille et pillage à la tête de bandes armées : devait-on les considérer comme des crimes de droit commun ou comme des crimes politiques? Pour l'article 86, la question avait été tranchée par la loi du 10 juin 1853, qui, en modifiant la loi du 8 juin 1850, rétablissait la peine de mort pour les attentats contre le souverain et sa famille et en faisait dès lors un crime de droit commun : l'article 463 a donc été, en ce qui concerne l'article 86, mis en 1867 en harmonie avec la loi du 10 juin 1853. Pour les articles 96 et 97, l'article 467 modifié par la loi du 13 mai 1863 décide la question et range ces crimes parmi les crimes de droit politique.

607. Les circonstances atténuantes sont applicables, non-

1. Chauveau et F. Hélie, t. VI, n° 2436. — Berriat Saint-Prix, *Revue étrangère*, 1842, t. IX, p. 521; Le Sellyer, t. I, p. 294.

seulement aux crimes prévus par le Code pénal, mais à ceux que punissent des lois spéciales : la généralité des termes de l'article 463 et le but que les rédacteurs de ce texte se sont proposé d'atteindre ne peuvent laisser de doute sur la question[1]. Ajoutons qu'elles peuvent être accordées par toutes les juridictions : par les conseils de guerre et les tribunaux maritimes aussi bien que par le jury. La question, résolue en ce sens par la jurisprudence, est aujourd'hui tranchée par l'article 267 du Code de justice militaire pour l'armée de terre, et l'article 364 du Code de justice militaire pour l'armée de mer. Ces codes n'admettent pas les circonstances atténuantes pour les infractions militaires ou maritimes : mais si les conseils de guerre ou les tribunaux maritimes sont appelés à appliquer le Code pénal ordinaire, ils devront, d'après les deux textes précités, appliquer aussi l'article 463.

608. Les circonstances atténuantes peuvent-elles servir à abaisser les peines *accessoires* ? Non, l'article 463 n'en parle pas, et n'autorise le jury à abaisser que la peine principale : mais, indirectement, les circonstances atténuantes influeront sur les peines accessoires en faisant disparaître la peine principale à laquelle elles sont attachées.

609. Quant aux peines *complémentaires*, par exemple le renvoi sous la surveillance de la haute police, prononcé non à raison de la peine, mais de l'infraction, la jurisprudence autorise les juges à en décharger l'accusé, ou à diminuer la peine au-dessous du minimum fixé par la loi. Ce sont des peines principales, on peut donc les réduire : ajoutons qu'elles se prononcent souvent en matière correctionnelle, et qu'il serait impossible d'admettre que les tribunaux qui réduisent la peine à une amende inférieure à 16 francs, seront obligés

1. Cassation, 27 septembre 1832 (Sirey, I, 1832, 190); 6 novembre 1862 (Dev., 63, I, 219); 6 novembre 1863 (Dev., 63, I 569).

de prononcer le renvoi sous la surveillance de la haute police[1].

610. Cependant, en ce qui concerne la confiscation à titre spécial, nous serions portés à croire qu'elle doit toujours être prononcée : il ne peut y avoir de doute lorsqu'elle a un caractère *réel* et qu'elle a pour but de mettre hors du commerce le produit ou l'instrument de l'infraction. Mais, lors même qu'elle a un caractère *personnel*, nous croyons qu'il y a lieu de la prononcer, car cette peine, commune aux trois classes d'infractions, n'est incompatible avec aucune d'elles, et le motif principal qui permet dans le silence de l'article 463 de supprimer les peines complémentaires, manque lorsqu'il s'agit de la confiscation[2].

611. — 2. Des circonstances atténuantes en matière correctionnelle. — Le juge chargé de les déclarer est le tribunal, juge du fait et du droit ; et nous avons vu, en étudiant les diverses transformations de l'article 463, jusqu'où s'étend aujourd'hui le pouvoir des tribunaux correctionnels, s'ils admettent les circonstances atténuantes.

Ils peuvent, du reste, les déclarer aussi bien dans un jugement par défaut que dans un jugement contradictoire[3].

612. A la différence de ce que nous avons admis en matière criminelle, les circonstances atténuantes ne peuvent être accordées en matière correctionnelle que pour les délits prévus par le Code pénal, et par les lois spéciales qui autorisent expressément le juge à appliquer l'article 463 : mais si la loi spéciale est muette, les tribunaux ne pourront atténuer la peine. Le motif de cette distinction se trouve dans

1. Cassation, 13 septembre 1851 (Dev., 52, I, 480) ; 5 août 1853 (Dev., 54, I, 215). — Chauveau et F. Hélie, VI, n° 2446.

2. *Sic*, Cassation, 26 septembre 1833 (Sirey, 34, I, 107) ; 14 octobre 1839, *Bull. crim.*, n° 319 ; Blanche, t. I, n° 78 ; Bertauld, XVIIe leçon, p. 363.

3. Cassation, 1er décembre 1842 (Sirey, 43, I, 363).

la différence de rédaction des §§ 1 et 8 : « Les peines prononcées *par la loi* contre celui ou ceux des accusés reconnus coupables, etc..., » dit le § 1, tandis que le § 8 s'exprime ainsi : « Dans tous les cas où la peine de l'emprisonnement et celle de l'amende sont prononcées *par le Code pénal*,... les tribunaux correctionnels sont autorisés.... » Aussi la jurisprudence est-elle formée en ce sens[1].

613. Lorsque les circonstances atténuantes sont admises par le tribunal, leur effet n'est pas le même qu'en matière criminelle; tandis que la Cour d'assises est obligée d'abaisser la peine d'un degré, les tribunaux correctionnels peuvent, après avoir admis les circonstances atténuantes, ne pas abaisser la peine au-dessous du minimum légal : « Ils sont *autorisés*, » dit le texte : c'est donc une faculté dont ils peuvent user ou ne pas user[2].

614. Un crime peut être réduit au rang de délit par la déclaration du jury qui écarte les circonstances aggravantes qui faisaient de l'infraction un crime : le jury qui rend un tel verdict n'a plus qualité pour admettre ou pour rejeter les circonstances atténuantes, c'est à la Cour d'assises seule que ce droit appartient, car elle seule est compétente pour juger l'infraction. Aussi la décision du jury qui aurait en ce cas admis les circonstances atténuantes ne lierait pas la Cour[3].

615. Une question analogue, mais plus délicate, se présente au cas où par la décision du jury qui admet une *excuse*, l'infraction ne se trouve punie que de peines correctionnelles : le jury pourra-t-il alors statuer sur les circonstances atténuan-

1. Cassation, 6 septembre 1851 (Sirey, 51, I, 639); 15 septembre 1854 (Sirey, 54, I, 661) ; 21 août 1856 (Sirey, 56, I, 847) ; 28 mars 1857 (Sirey, 57, I, 558); 22 décembre 1859 (Sirey, 59, I, 81); 4 janvier 1861 (Sirey, 61, I, 391); 24 septembre 1868 (Sirey, 70, I, 142).

2. Cassation, 20 février 1846, *Bull. crim.*, n° 54; 15 mars 1850, n° 96; 15 janvier 1852 (Sirey, 52, I, 678); Blanche, t. VI, nos 698-699.

3. Cassation, 2 février 1837 (Sirey, 37, I, 169); 15 mars 1838 (Sirey, 39, I, 804); 20 juin 1867 (Sirey, 68, I, 140).

tes? Pour résoudre cette question, il faut d'abord en trancher une autre : comment doit-on combiner l'excuse avec les circonstances atténuantes? La juridiction saisie doit-elle statuer d'abord sur les circonstances atténuantes, ou sur l'excuse? On reconnaît aujourd'hui que la question d'excuse doit être jugée la première, dans tous les cas, même dans le cas d'excuse pour minorité de 16 ans : en effet, l'excuse détermine quelle est la peine légalement applicable au fait incriminé; puis, cette peine étant fixée, les circonstances atténuantes permettent de la proportionner à la criminalité particulière de l'acte. Avant d'atténuer la peine, il faut d'abord savoir quelle est la peine encourue[1].

616. Le jury doit donc répondre d'abord à la question d'excuse : mais, s'il l'admet, et que la peine à appliquer ne soit plus qu'une peine correctionnelle, peut-il accorder les circonstances atténuantes, ou la Cour d'assises en a-t-elle seule le droit? Il semble au premier abord que la solution doit être la même que dans l'hypothèse où le crime est devenu un délit par le rejet des circonstances aggravantes, et que dans les deux cas le jury est incompétent pour prononcer sur les circonstances atténuantes[2].

La solution contraire nous paraît cependant plus juridique : le crime excusé ne cesse pas d'être un crime, à la différence de l'infraction qui dépouillée des circonstances aggravantes qui l'accompagnaient, n'est plus qu'un délit. Or, l'article 341 du Code d'instruction criminelle permet au jury d'accorder les circonstances atténuantes « *en toute matière criminelle* », et nous ne voyons pas comment on restreindrait son pouvoir en présence d'une infraction qui reste un crime[3].

1. Cassation, 26 février 1841 (Sirey, 42, I, 260); 27 mai 1852, *Bull. crim.*, n° 169; 24 mars 1853, n° 111; 10 août 1866 (Dev., 67, I, 185).
2. *Sic*, Cassation, 22 juillet 1852 (Dev., 53, I, 48).
3. *Sic*, Cassation, 28 janvier 1847 (Dev., 48, I, 720).

La Cour de cassation a toujours reconnu ce droit au jury lorsqu'il s'agit de l'excuse fondée sur la minorité de 16 ans[1], et nous croyons qu'il n'y a pas à distinguer entre les divers cas d'excuse.

617. — 3. **Des circonstances atténuantes en matière de simple police.** — Comme en matière correctionnelle, le juge chargé de les appliquer statue en même temps sur le droit et le fait, c'est le juge de simple police.

Il peut en déclarer l'existence pour toutes les contraventions prévues par le Code pénal, mais pour celles-là seulement, le § 8, dont nous avons rappelé les termes, s'appliquant aux tribunaux de simple police comme aux tribunaux de police correctionnelle.

Les circonstances atténuantes peuvent être reconnues au profit de l'agent en état de récidive, aussi bien qu'au profit de celui qui n'est pas en cet état[2]; et, si elles sont admises, le juge a le pouvoir d'abaisser l'amende au minimum de l'amende de simple police, c'est-à-dire à un franc[3]. Mais son pouvoir ne peut aller jusqu'à exempter le contrevenant de toute peine, en le condamnant seulement aux dépens[4].

II. FAITS QUI ADOUCISSENT LA PEINE.

618. Ces faits, sans atténuer la criminalité de l'acte, donnent néanmoins au coupable des droits à l'indulgence : ils sont au nombre de deux, et reposent sur des motifs absolument différents.

1. V. les arrêts des 27 mai 1852, 24 mars 1853 et 10 août 1866 cités à la page précédente.
2. Cassation, 8 mai 1845, *Bull. crim.*, n° 163; 8 novembre 1849 (Sirey, 50, I, 366); 7 octobre 1852 (Sirey, 53, I, p. 303); 11 novembre 1852, *Bull. crim.*, n° 365; 31 mars 1855, n° 117. — Blanche, t. VII, n° 526.
3. V. les arrêts cités à la note précédente.
4. Cassation, 6 novembre 1840 (Sirey, 41, I, 32).

Le premier fait, ou plutôt le premier groupe de faits, est la révélation, par l'un des agents coupables, de l'attentat auquel il a coopéré, ou le moyen par lui fourni d'arrêter ses complices, lorsqu'il s'agit d'infraction touchant à l'organisation même de la société, comme les complots contre la sûreté intérieure ou extérieure de l'État (art. 108), la fabrication de la fausse monnaie (art. 138), les délits contre la paix publique, commis par la voie de l'écriture (art. 284-285). Dans ces différents cas, la société a un intérêt très-grand à connaître l'infraction et tous ses auteurs : aussi, quoique le dénonciateur soit aussi coupable que les autres, lui accorde-t-elle une remise à peu près complète de la peine qu'il a encourue, et ne le punit-elle que d'une peine de simple police ou de la surveillance de la haute police, suivant les cas. C'est un encouragement à la dénonciation de ces attentats, encouragement nécessaire au point de vue de l'intérêt général, bien qu'il soit permis de le regretter au point de vue de la morale.

619. A ce premier groupe de faits qui atténuent la peine, il faut rattacher ceux prévus par les articles 100 et 213, qui exemptent de toute peine, hormis la surveillance de la haute police, ceux qui se sont retirés d'une sédition ou d'une rébellion avec attroupement au premier avertissement de l'autorité, ou depuis, mais sans résistance et sans armes : « S'il importe de punir les séditieux, disait M. Berlier, il n'importe pas moins de dissoudre les séditions[1]. »

Ces différents faits sont qualifiés par la loi *excuses légales :* il en résulte que, pour ces excuses comme pour celles qui diminuent la criminalité de l'acte, elles ne peuvent être accordées que dans les cas prévus par la loi, et, si l'affaire est de la compétence du jury, la question spéciale d'excuse doit lui être posée.

1. Locré, t. XXIX, p. 430.

620. La seconde cause qui fait adoucir la peine est fondée uniquement sur l'humanité : aux termes des articles 70 et 71, modifiés par la loi du 30 mai 1854, les peines des travaux forcés à perpétuité, et des travaux forcés à temps ne seront pas prononcées contre les condamnés qui auraient accompli leur soixantième année, ni la peine de la déportation contre ceux qui auraient accompli leur soixante-dixième année. Ces peines seront remplacées : la déportation, par la détention ; les travaux forcés, par la reclusion.

Comme on le voit, l'adoucissement porte, non pas sur la durée de la peine, cette durée reste la même, mais sur son mode d'exécution : on a craint que l'exil, au cas de déportation, les fatigues excessives, au cas de travaux forcés, n'abrégeassent la vie du vieillard condamné, et on a substitué un mode d'exécution de la peine plus doux.

621. S'il y a incertitude sur l'âge de l'accusé, c'est à la Cour d'assises seule qu'il appartient de le déterminer : le jury n'a compétence que pour apprécier la culpabilité, et ici il ne s'agit que de savoir comment la peine s'appliquera ; la Cour d'assises seule est chargée de tout ce qui regarde l'application de la peine[1].

L'ancien texte de l'article 72 portait que tout condammé aux travaux forcés à perpétuité en serait relevé à soixante-dix ans accomplis, et achèverait sa peine dans une maison de reclusion : mais cet article a été abrogé par la loi du 31 mai 1854, et désormais l'exécution de la peine continuera pour lui après sa soixante-dixième année de la même manière qu'avant cet âge.

1. Cassation, 13 octobre 1854, *Bull. crim.*, n° 299 ; 30 novembre 1854, n° 324 ; 14 décembre 1854, n° 342. — BLANCHE, t. II, n° 371.

CHAPITRE III

DES CAUSES D'AGGRAVATION DE LA PEINE.

622. La peine normale de chaque infraction peut être atténuée ou augmentée. Il faut donc étudier les causes d'aggravation comme les causes d'atténuation. Et d'abord qu'entend-on par une cause véritable d'aggravation de la pénalité ? On entend une disposition législative en vertu de laquelle le châtiment infligé à un délit est rendu plus sévère, encore que ce délit ne change pas de nature. La criminalité du fait n'est point modifiée, la culpabilité seule de l'agent a varié.

Cette définition conduit à ne reconnaître dans notre droit qu'une seule cause d'aggravation : *la récidive*.

Pourtant il existe un grand nombre de circonstances connues sous le nom de *circonstances aggravantes*, et dont l'effet est d'augmenter la mesure du châtiment. Ne seront-elles pas des causes d'aggravation? Non. Elles n'affectent la pénalité que parce qu'elles modifient l'infraction. Ainsi le vol ordinaire est puni seulement de l'emprisonnement ; les circonstances aggravantes peuvent élever la peine jusqu'aux travaux forcés à perpétuité ; mais cela tient aux modifications du fait lui-même. L'infraction de délit devient crime, et ce crime ne reste pas toujours le même. Le motif de l'aggravation n'est pas personnel au coupable.

Tout autre est l'effet de la récidive. La même infraction commise par un autre agent ne sera point punie du même châtiment. La sévérité du législateur repose sur une considération purement personnelle au coupable. La récidive consiste dans l'accomplissement d'une seconde infraction commise après une première condamnation criminelle encourue par l'agent. Elle entraîne l'application d'une peine plus grave.

623. Le but de cette aggravation est facile à saisir et sa légitimité facile à démontrer. L'agent a prouvé que la pénalité ordinaire était à son égard insuffisante; il a convaincu la loi d'impuissance. Celle-ci redouble de rigueur pour obtenir une obéissance à laquelle elle a droit. Elle frappe jusqu'à ce qu'elle courbe cette volonté endurcie. Une objection pourtant a été faite. Comment punir pour une première faute celui qui l'a pleinement expiée par l'application du châtiment! On ne peut demander que la peine due pour la seconde infraction[1].

La faiblesse de ce motif est évidente. La détermination de la peine suppose l'appréciation de deux éléments : la gravité du fait en lui-même ; la perversité de l'agent. Si le premier reste le même, il est indéniable que le second est singulièrement aggravé.

624. La conséquence logique de ce principe devrait conduire à augmenter la peine pour chaque récidive nouvelle. L'auteur de trois infractions, déjà condamné deux fois, ne doit-il pas être puni plus sévèrement que celui qui n'a été repris qu'une seule fois?

Ce résultat cependant a été rejeté pour ainsi dire d'accord par presque toutes les législations. Elles ne punissent la récidive, quel que soit le nombre des infractions et des avertissements reçus par le coupable, que d'une seule augmentation. Cette solution est juste.

La peine est surtout calculée d'après la gravité intrin-

1. Carnot, *Commentaire du Code pénal*, t. I, p. 162. — Hercule Bourdon, *Revue de législation*, 1836, p. 449 et ss. — Chauveau et F. Hélie, t. I, n°s 130-131. Ces derniers auteurs prennent un système mixte, d'après lequel la récidive devrait exister par exemple entre tous les délits contre la propriété, ou entre tous les délits contre les personnes.

sèque du fait commis, d'après *la criminalité de l'infraction*. Quelle que soit la culpabilité de l'agent, le délit même du récidiviste ne change point de nature. Or la justice défend d'imposer au coupable, en haine de sa perversité, une peine hors de toute proportion avec la faute commise. Une simple contravention pourrait-elle finir par entraîner la peine des travaux forcés par exemple, ou même la peine de mort? Évidemment non[1].

625. L'essence de la récidive consiste dans le mépris fait par le coupable de l'avertissement solennel que la loi lui a donné; ce mépris se manifeste par l'accomplissement d'une infraction quelle qu'elle soit. Celui qui a été puni doit avoir porté son attention sur la loi pénale entière; aussi comprend-on que le législateur n'exige aucune similitude entre les délits successivement commis. La diversité même des fautes ne prouve-t-elle pas l'intensité et la multiplicité des instincts mauvais de l'agent? Certaines législations ont cependant voulu imposer cette condition; mais elles ont dû se maintenir alors dans un vague qui permettait de faire rentrer toutes les infractions principales sous leur définition[2].

626. Du principe de la récidive on déduit en théorie une conséquence importante. S'il existe entre les deux peines édictées contre la première et la seconde infraction une telle différence que le mépris de la première ne démontre pas l'insuffisance de la seconde, l'aggravation sera sans cause et deviendra dès lors illégitime.

627. Ces principes rationnels ont été peu à peu appliqués par les diverses législations qui se sont succédé. Le droit romain a connu la récidive, et s'il n'en a pas formulé une

1. Chauveau et F. Hélie, t. I, n° 134.
2. Voir le Code pénal d'Autriche, celui du Brésil, et celui de la Louisiane. — Chauveau et F. Hélie, t. I, n° 130. — Lacaze, *Moniteur universel*, 12 avril 1863, p. 540.

théorie complète, il avait du moins admis la règle de l'aggravation de peine au cas de perpétration de deux délits semblables. On y avait poussé la logique à l'extrême, et les commentateurs enseignaient que la deuxième récidive devait être punie plus sévèrement que la première[1].

Sous l'ancienne jurisprudence le magistrat avait toute latitude pour châtier la récidive, puisque les peines étaient arbitraires. En outre, certaines dispositions législatives venaient poser le principe. La coutume de Bourgogne punissait de mort le voleur pris en état de récidive. La déclaration du 4 mars 1724 avait établi un système complet de récidive en matière de vol. Ce crime était puni la première fois du fouet, la seconde fois des galères, la troisième fois il entraînait la mort[2].

628. Le droit nouveau ne déserta point cette tradition, mais la répression due à la récidive ne fut point organisée d'une manière uniforme. Deux systèmes fort différents furent adoptés. — La loi du 18 juillet 1791 qui réglait les matières de la police correctionnelle et de la simple police aggravait à un double point de vue la situation du récidiviste. La peine de la seconde infraction était portée au double. En outre le coupable était traduit le plus souvent devant une juridiction supérieure : les contraventions commises en récidive étaient jugées par le tribunal de police correctionnelle; les délits rentraient dans la juridiction du grand criminel[3].

Le Code du 25 septembre 1791 réglait différemment la condition des récidivistes en matière de crimes. Le coupable

1. L. 28, § 3, 13, 14, *De pœnis;* l. 1, *De jure patronatûs;* l. 3, § 9, *De re militari,* ff. — L. 3, *De episcopali audientiâ,* l. 8, § 1, *Ad leg. Jul. de vi,* Cod. — Farinacius, quæst. 18, n° 9.

2. Lois d'Isambert, t. II, p. 260.

3. Code de la police municipale et correctionnelle des 19-22 juillet 1791, t. II, art. 10, 19, 25, 27, 32, 34, et t. I, art. 27.

subissait d'abord sans aggravation le châtiment dû à la seconde infraction. Ensuite il était déporté; c'était la peine spéciale de la récidive. Comme la déportation ne put être organisée, la loi du 23 floréal an X la remplaça par la flétrissure.

629. Le Code de 1810 modifia le système de la loi du 25 septembre 1791. La récidive ne fut plus réprimée par une peine spéciale; elle produisit seulement ce résultat d'aggraver la mesure de la pénalité infligée à la seconde infraction. La juridiction ne fut changée que pour les récidivistes les plus obstinés. Ceux qui, déjà condamnés à une peine afflictive et infamante, venaient à commettre un nouveau crime étaient soumis à la juridiction des *cours spéciales*. Ces tribunaux, qui jugeaient sans l'assistance de jurés, étaient composés de juges civils et militaires; ils furent supprimés par la loi du 20 décembre 1815.

Le Code pénal de 1810 prévoyait quatre hypothèses de récidive, — d'abord la récidive de crime à crime. L'agent devait avoir été condamné une première fois pour un crime, quelle que fût d'ailleurs la peine prononcée, et il devait ensuite en avoir commis un second. La peine était alors élevée d'un degré.

La seconde hypothèse était la récidive de crime à délit. Une première fois condamné, n'importe à quel châtiment pour crime, l'agent venait à commettre un délit. Il devait être puni au moins par l'application du maximum de la peine normale et celle-ci pouvait être doublée.

La récidive de délit à délit formait la troisième hypothèse. Il fallait pour l'encourir que la première condamnation fût supérieure à un an de prison. Le châtiment ordinaire était alors élevé au maximum ou même doublé, et de plus le coupable pouvait être placé sous la surveillance de la haute police.

Enfin la récidive de contravention à contravention. Elle était soumise à des conditions particulières. Pour qu'elle existât il fallait que les deux condamnations successives fussent prononcées par le même tribunal de police, et qu'entre le premier jugement et la seconde infraction il ne se fût pas écoulé plus de douze mois. La conséquence était de rendre obligatoire la peine de l'emprisonnement, facultative en matière de contraventions. (Art. 474, 478, 482, 483, C. Pén.)

630. La théorie de la récidive réduite à ces règles était assez simple, et les hypothèses qui pouvaient se présenter n'étaient point fort nombreuses. Une seule avait été écartée par la loi : c'était la récidive de délit à crime. Le motif de cette exclusion et aussi de cette simplicité c'était que les crimes ne pouvaient jamais être punis que de peines afflictives et infamantes, les délits que de peines correctionnelles.

En 1832 l'introduction de la théorie des circonstances atténuantes bouleversa toute cette matière. Désormais des crimes pourraient être punis de peines correctionnelles : il fallait les distinguer de ceux qui entraînaient des peines afflictives et infamantes. Puis comment les considérer? Comme des crimes à raison de leur nature, ou comme des des délits à cause de la peine qu'ils méritaient? Ainsi les hypothèses se multipliaient et devenaient en même temps plus difficiles à résoudre.

Depuis lors cette matière a été réglée à nouveau par la loi du 13 mai 1863; celle-ci a eu pour but de corriger les imperfections que l'on avait signalées dans la législation antérieure; aussi, pour bien saisir la portée de la loi nouvelle, sera-t-il nécessaire d'exposer successivement les deux régimes. Il faudra en conséquence résoudre les trois questions suivantes :

I. Quelles sont les conditions générales de toute récidive? Comment peut-on les constater?

II. Quelles sont les règles spéciales à chaque espèce de récidive sous la loi de 1832?

III. Quelles modifications la loi de 1863 a-t-elle apportées au régime antérieur?

I. CONDITIONS GÉNÉRALES DE LA RÉCIDIVE. MANIÈRE DE LES CONSTATER.

651. Deux termes sont essentiels pour l'existence de la récidive : une première condamnation passée en force de chose jugée, une seconde infraction commise ultérieurement.

La nécessité de l'aggravation découle seulement de l'inutilité constatée du premier avertissement donné par la justice. Cet avertissement ne résulte que d'une sentence devenue irrévocable[1].

On voit quelle différence existe entre la *réitération* et la *récidive*. On dit qu'il y a réitération lorsque le même agent a commis plusieurs infractions avant d'avoir été atteint par une condamnation définitive. Certes ! sa volonté est évidemment mauvaise, et pourtant il jouira du bénéfice du non-cumul ; il ne subira que la peine la plus grave. Cette indulgence de la loi vient du défaut de répression première. Le législateur tient que l'impunité a pu enhardir le coupable et, qu'au point de vue social, elle constitue presque une excuse. Au contraire, le récidiviste est plus sévèrement frappé.

652. La nature de la condamnation subie n'est d'aucune importance; mais il faut que la sentence ne soit plus susceptible d'aucun recours lorsque la seconde infraction est commise[2].

Ceci répond à une question que l'on a posée : si une con-

1. Cass., 16 août 1811 (Sirey, 21, I, 214); — 27 février 1818 (Sirey, 18, I, 185); — 26 janvier; — 11 avril 1844, *Bull. crim.*, nos 23, 132. — Blanche, *Étude 1*, n° 443 ; — Chauveau et F. Hélie, t. I, n° 139.

2. Cass., 6 mai 1826; — 13 août 1836 (Dalloz, 36, I, 363); — 6 mai 1837 (Sirey, 38, I, 263); — 20 décembre 1833 (Sirey, 34, I, 379); — 13 juin 1857, *Bull. crim.*, n° 229; — 7 février 1862 (Sirey, 62, I, 846) ; — Blanche, *Étude 1*, n° 442.

damnation par contumace ou par défaut suffisait pour constituer l'état de récidive. Oui du moment où le condamné ne peut plus la faire tomber.

Ainsi l'arrêt rendu par contumace devient irrévocable par le laps de temps nécessaire pour la prescription de la peine. Du jour où elle sera acquise, le condamné qui se rendra coupable d'une nouvelle infraction sera récidiviste[1].

Il en sera de même pour une condamnation par défaut, du moment où l'opposition ne sera plus recevable[2].

La possibilité d'un pourvoi en cassation suffirait évidemment pour que la sentence ne fût pas encore irrévocable. Le coupable qui commettrait une seconde infraction avant l'expiration du délai accordé pour le pourvoi ne pourrait donc pas encourir la peine de la récidive[3].

635. La première sentence nécessaire pour engendrer la récidive doit émaner d'un tribunal français. On peut se demander pourquoi la condamnation prononcée par un juge étranger ne suffirait pas; ne prouve-t-elle pas la perversité de l'agent? Sans doute; mais l'aggravation que fait encourir la récidive ne vient que de l'impuissance constatée de la pénalité ordinaire. Or, ici l'agent a sans doute méprisé les peines prononcées par la législation étrangère; mais il n'a pas encore démontré que la loi française fût trop faible à son égard. Jusqu'à ce que cette preuve soit faite l'augmentation de peine serait illégitime. Cette solution serait vraie lors même que le fait à raison duquel la condamnation a été prononcée serait également incriminé par la loi française[4].

1. Cass., 22 vendémiaire an V (Sirey, 7, II, 1162); — 10 mai 1861 (Sirey, 62, I, 330).

2. Chauveau et F. Hélie, t. I, n° 140. — Blanche, *Étude I*, n°s 444, 446. — Bertauld, leçon XIX, p. 406.

3. Blanche, *Étude I*, n°s 445, 447. — Cass., 8 décembre 1865 (Dalloz, 66, V, 401).

4. Cass., 27 novembre 1828 (Sirey, 29, I, 16); — mais on ne devrait pas con-

Par contre, du moment où la sentence émane d'un tribunal français peu importe par quelle juridiction elle a été rendue. La condamnation prononcée même par un juge civil, comme en matière d'adultère[1], ou encore par un corps politique tel que la Chambre des députés pour insulte commise envers elle[2] servirait toujours de point de départ à la récidive.

634. Il en serait ainsi d'un jugement émané d'un tribunal militaire ou maritime. Toutefois, lorsqu'il s'agit de ces condamnations, le législateur exige une condition nouvelle qui tient à la nature des infractions que les conseils de guerre ont à réprimer. Il faut que la peine ait été infligée non pas à raison d'un délit purement militaire, mais à cause d'une infraction ordinaire. Ainsi certaines décisions des tribunaux militaires ne donneront point lieu à la récidive, tandis que d'autres produiront cet effet[3].

635. Cette condition d'une première condamnation une fois remplie est irrévocablement acquise, et les événements qui peuvent se produire ultérieurement ne sauraient avoir sur elle aucune influence, à moins qu'ils n'aient pour résultat de faire disparaître la sentence elle-même.

Ainsi le délit à raison duquel la première décision a été rendue vient à être effacé ; la législation s'adoucit et le fait jusqu'alors considéré comme un crime devient un simple délit ou même cesse d'être considéré comme une infraction. La première condamnation n'en subsiste pas moins ; elle

sidérer comme rendue par un tribunal étranger la condamnation émanée d'une cour criminelle alors française, et dont le territoire a depuis lors cessé de faire partie de la France. Cass., 6 août 1829, *Bull. crim.*, n° 31. — Blanche, *Étude I*, n° 450. — Chauveau et F. Hélie, t. I, n° 148. — Bertauld, leçon XIX, p. 404.

1. Caen, 13 janvier 1842 (Sirey, 42, II, 176).

2. Cass., 19 octobre 1833 (Sirey, 34, I, 46) ; — Blanche, *Étude I*, n° 448.

3. Cass., 9 novembre 1829 (Sirey, 29, I, 417) ; — 6 janvier 1837 (Sirey, 38, I, 255) ; — 23 janvier 1835, *Bull. crim.*, n° 29. — Le principe de l'aggravation pour cause de récidive ne s'applique point aux crimes et délits militaires, sauf le cas de désertion. — Cass., 30 mars 1861 (Sirey, 61, I, 659). — Chauveau et F. Hélie, t. I, n° 146. — Blanche, *Étude I*, n° 491.

constitue l'agent en état de récidive s'il commet une nouvelle infraction[1].

De même il importe fort peu que la peine soit ou non subie; ni la grâce[2], ni la réhabilitation[3], ni la prescription[4] ne peuvent ravir à la condamnation prononcée son efficacité au point de vue de la récidive. Aucune de ces institutions n'atteint le jugement ou l'arrêt dans son essence; elles n'ont d'autre résultat que de dispenser de l'exécution de la peine ou de relever des incapacités encourues par suite de la sentence.

Il en est différemment de l'amnistie; celle-ci efface jusqu'au fait accompli et jusqu'à la sentence. Celui qui en est l'objet est réputé n'avoir jamais commis de faute. Il ne peut être à son égard question de récidive[5].

636. Faut-il aller jusqu'à dire que la condamnation prononcée même par suite d'une erreur juridique certaine, servira de point de départ à la récidive? L'espèce s'est présentée. Des tribunaux s'étaient trompés; ils avaient condamné des individus pour crime alors que l'infraction ne constituait qu'un délit, et leur sentence était devenue irrévocable. Les coupables commettent une nouvelle faute qualifiée de crime par la loi; devait-on les regarder comme ayant commis un premier crime? Deux systèmes ont été soutenus.

La Cour de cassation n'a pas hésité à décider que l'on ne

1. Cass., 11 juin 1812 (Sirey, 17, I, 91); — 4 juillet 1828 (Sirey, Coll. nouv., 9, I, 124); — 19 août 1830 (Sirey, 31, I, 185). — Blanche, *Étude I*, n° 483.

2. Cass., 5 décembre 1811 (Sirey, Coll. nouv., 3, I, 433); — 5 juillet 1821 (Sirey, Coll. nouv., 6, I, 464); — 4 juillet 1828 (Sirey, Coll. nouv., 9, I, 124); — 1er juillet 1837 (Sirey, 38, I, 916). — Ordonnance royale du 14 octobre 1818. — Blanche, *Étude I*, n° 457.

3. Cass., 6 février 1823 (Sirey, 23, I, 176). — Blanche, *Étude I*, n° 456.

4. Cass., 10 février 1820 (Sirey, 20, I, 235). — Blanche, *Étude I*, n° 455. — Chauveau et F. Hélie, t. I, nos 141-142.

5. Cass., 13 messidor an IV (Sirey, 7, II, 780); — 11 juin 1825 (Sirey, 26, I, 164); — 7 mars 1844 (Sirey, 45, I, 427). — Blanche, *Étude I*, n° 458. — Cass., 25 novembre 1853. *Bull. crim.*, n° 556.

devait prendre en considération que la nature vraie de l'infraction et nullement la qualification donnée par le juge. Son motif est simple. — Dans l'espèce la récidive ne pouvait exister que si l'on rencontrait une condamnation pour crime. Or, la condamnation existe sans doute; elle prononce bien une peine afflictive et infamante; elle s'annonce comme réprimant un crime, mais cette apparence est erronée. En réalité il n'a point existé de crime; donc le condamné n'est point en état de récidive[1].

Pour humaine que soit cette opinion, elle n'en est pas moins manifestement erronée. — La condamnation existe; elle est prononcée pour crime; elle applique une peine afflictive et infamante. — On s'écrie que c'est une erreur et l'on ne réfléchit pas que la sentence est couverte par l'autorité de la chose jugée! Est-il possible de réformer une telle sentence après l'expiration du délai imparti pour le pourvoi? Non évidemment, nulle règle n'est plus certaine. Donc il faut prendre la première décision avec sa portée et son apparence, sans y toucher. Il ne reste au condamné d'autre refuge contre la récidive que le recours en grâce[2].

637. L'existence d'une première condamnation prononcée contre l'accusé est donc fort grave. Comment la constater? La preuve décisive serait la représentation d'un extrait de l'arrêt; mais sera-t-elle la seule admissible? Non. Il ne s'agit que d'établir un fait et tous les moyens de preuve usités en pareil cas seront recevables. Les juges ont un souverain pouvoir d'appréciation pour vérifier l'existence de la condamnation. Ainsi la loi prescrit aux greffiers de tenir note sur un registre de toutes les condamnations prononcées. Ce registre porte le nom de casier judiciaire. La production de ce casier, confirmée surtout par l'aveu du prétendu récidi-

1. Cass., 30 décembre 1825. *Bull. crim.*, n° 243. — 16 septembre 1830, *Bull. crim.*, n° 216.

2. Blanche, *Étude I*, n°s 480-481.

viste, suffirait évidemment pour constater l'état de récidive[1]. Mais l'aveu du prévenu dénué de toute autre preuve serai insuffisant[2]. La pénalité ne dépend point de la volonté d coupable, mais de la loi, et le devoir du juge est de procé der en cette matière, essentiellement d'ordre public, une vérification rigoureuse. — Toute autre preuve serait ad missible ; ainsi un certificat du directeur de la maison où été retenu le coupable, fortifié surtout par la reconnaissanc de celui-ci, serait évidemment suffisant[3]. Le juge pourrai même ordonner une enquête sur ce point[4].

La Cour suprême s'est pénétrée de cette idée, aussi reven dique-t-elle le droit d'examiner si le juge a procédé d'un manière régulière à la constatation de la récidive. Il ne suffi pas d'une affirmation vague de son existence; il faut l'in dication précise de l'arrêt qui la constitue[5].

638. Cette preuve doit être fournie avant la seconde con damnation; celle-ci intervient-elle auparavant, le condamn bénéficie de l'impossibilité où s'est trouvé le ministèr public de la fournir ou de l'ignorance du premier arrêt[6]. Si la seconde décision est sujette à l'appel, le ministère pu blic, en le portant, rentrera dans tous ses droits et pourr faire appliquer l'aggravation[7]; mais si l'arrêt ou le jug ment est irrévocable, le coupable profitera du défaut d

1. Cass., 1er avril 1853, *Bull. crim.*, n° 115. — 1er décembre 1859 (Dalloz, 59, V, 319) ; — 4 février 1860 (Sirey, 61, I, 395).

2. Cass., 28 février 1846, *Bull. crim.*, n° 261. — 18 août 1853, *Bull. crim.* n° 418.

3. Blanche, *Étude I*, n° 462. — *Contra*. Cass., 11 septembre 1828 (Sirey, 29 I, 352). — Dans ce dernier sens, Cass., 6 août 1829 (Sirey, Coll. nouv., 9, I, 346).

4. Cass., 10 juillet 1828 (Sirey, 28, I, 369).

5. Cass., 28 février 1846 (Dalloz, 46, IV, 438) ; — 25 août 1864 (Dalloz, 64, V, 311) ; — 9 août 1855, *Bull. crim.*, n° 281. — Blanche, *Étude I*, n° 462. — Chauveau et F. Hélie, t. I, n° 143.

6. Cass., 18 floréal an VII (Sirey, Coll. nouv., 1, I, 197). — 18 fructid an XIII (Sirey, 5, II, 366). — Blanche, *Étude I*, n° 463. — Chauveau et F. Hélie t. I, n° 143.

7. Cass., 8 février 1821 (Sirey, Coll. nouv., 6, I, 380).

preuve. Toutefois la preuve fournie ultérieurement pourrait donner matière à un pourvoi; encore que les juges aient ignoré la circonstance de la récidive, la loi n'a point été appliquée complétement[1].

639. Qui doit apprécier le mérite de la preuve offerte par le ministère public? Sera-ce le juge du fait ou le juge du droit? La question ne se pose qu'au grand criminel, puisque là seulement les deux fonctions sont séparées. Il est incontestable que cette recherche rentre dans les attributions du 'uge du droit. La récidive n'est point une circonstance aggravante du fait incriminé; elle constitue un motif légal d'aggravation de la peine, elle ne regarde que l'application de la loi, domaine exclusivement réservé au juge chargé de *dire le droit*[2].

640. Cette règle de l'aggravation pour récidive est généale. Elle s'applique non-seulement aux infractions prévues ar le Code pénal, mais encore à celles réprimées par des lois particulières; elle constitue l'une des grandes règles du droit français[3].

Pourtant elle n'est pas sans exception. Certains délits ne peuvent être commis qu'après une première condamnation: ils se rattachent à la non-exécution de la sentence. La loi ui les prévoit les réprime par l'application d'une peine dont elle détermine le minimum et le maximum. Or cette isposition serait dérisoire si ces infractions devaient être oumises à l'augmentation pour cause de récidive, puisque e maximum pourrait seul être prononcé. La loi les consière comme une suite et une conséquence de la première

1. Cass., 6 février 1823 (Sirey, 23, I, 176).

2. Blanche, *Étude I*, n° 460. — Cass., 11 juin 1812 (Sirey, 17, I, 326). — juin 1812 (Sirey, 13, I, 66); — 10 octobre 1812; — 3 janvier 1828 (Sirey, ll. nouv., 9, I, 6). — Chauveau et F. Hélie, t. I, n° 143.

3. Cass., 21 décembre 1827 (Sirey, 28, I, 169); — 14 mars 1828 (Sirey, 28, I, 30); — 29 novembre 1828 (Sirey, 29, I, 208); — 13 janvier 1830; — 24 sepmbre 1868 (Sirey, 70, I, 142).

infraction. Telles sont l'évasion par bris de prison et la rupture de ban en matière de surveillance de la haute police[1]. L'agent qui commet ces infractions pour la première fois n'est puni que de la peine prononcée par la loi; mais s'il venait à retomber une seconde fois il serait en état de récidive[2]. Il en serait de même si le condamné avait subi une autre condamnation que celle à l'exécution de laquelle il a voulu se soustraire[3].

II. DES RÈGLES SPÉCIALES A CHAQUE ESPÈCE DE RÉCIDIVE SOUS LA LOI DE 1832.

641. La théorie des circonstances atténuantes, introduite par la loi de 1832, avait eu pour effet de multiplier singulièrement les hypothèses qui pouvaient se présenter en matière de récidive. Il était facile d'en compter jusqu'à neuf, qui se ramenaient à quatre groupes, savoir : la récidive de crime à crime; — celle de crime à délit; — celle de délit à délit ; — celle de délit à crime.

La récidive de crime à crime pouvait se présenter de quatre manières différentes : elle s'établissait entre deux crimes punis tous deux de peines afflictives et infamantes, — ou bien entre un tel crime et un autre puni seulement de peines correctionnelles, — ou encore entre un crime passible d'une peine correctionnelle et un autre crime entraînant une peine afflictive et infamante; — ou enfin entre deux crimes n'emportant l'un et l'autre que des châtiments correctionnels.

La récidive de crime à délit ne présentait que deux hypothèses : — celle d'un crime non atténué suivi d'un délit; —

1. Cass., 22 février 1828 (Sirey, 28, I, 293); — 9 mars 1837 (Sirey, 37, I, 366); — 15 juin 1837 (Sirey, 37, I, 632); — 14 avril 1864 (Sirey, 64, I, 376).
2. Cass., 20 juillet 1854 (Sirey, 54, I, 670).
3. Cass., 14 novembre 1856 (Sirey, 57, I, 68).

celle d'un crime puni de peines correctionnelles et précédant un délit.

La récidive de délit à délit ne donnait qu'une seule espèce.

Enfin la récidive de délit à crime pouvait se présenter dans deux circonstances : — ou l'agent du délit venait à commettre un crime dont le châtiment n'était point réduit, — ou le coupable n'avait accompli en second lieu qu'une infraction qualifiée crime, mais passible seulement d'une peine correctionnelle.

Comment le législateur avait-il réglé ces hypothèses multiples ? Pour répondre, il faut distinguer celles qui avaient été textuellement prévues par la loi, et celles qui ne l'avaient point été.

642. — **I.** HYPOTHÈSES PRÉVUES PAR LA LOI DU 17 AVRIL 1832. — L'article 56 du Code pénal, modifié par la loi de 1832, ne réglait que la première des hypothèses que l'on vient de présenter. Il organisait la récidive de crime puni de peines afflictives et infamantes à un semblable crime. Il faut remarquer qu'il restreignait la portée du texte édicté en 1810. On ne demandait alors qu'une condition : une première sentence pour crime, quel que fût le châtiment. Le texte modifié exigeait que la peine fût une peine du grand criminel.

L'effet de la récidive était en général d'élever la peine normale d'un degré; ainsi, de la reclusion on montait aux travaux forcés à temps.

Deux exceptions notables étaient apportées à cette règle. La loi craignait d'en arriver aux peines perpétuelles. Au lieu de passer d'une peine temporaire à la peine supérieure lorsque celle-ci était illimitée, la loi prescrivait de prononcer le maximum et permettait de l'élever au double.

La réserve du législateur était plus grande encore, lorsque l'application rigoureuse du principe en arrivait à la peine capitale. Il ne la prononçait qu'au cas où, d'une part, l'agent avait été déjà condamné aux travaux forcés à perpétuité, ou, de l'autre, le second crime aurait dû entraîner un semblable châtiment. L'obstination du coupable était vraiment incorrigible.

L'article 57 prévoyait les deux hypothèses que présentait la récidive de crime à délit; à la différence du premier texte il n'exigeait pas qu'une certaine nature de peine eût été appliquée, la qualification seule de la première faute était prise en considération.

Dans ce cas le maximum ordinaire devenait le minimum du châtiment du récidiviste, et il pouvait être porté au double.

L'article 58 s'appliquait à la récidive de délit à délit. La conséquence était la même que dans l'hypothèse précédente. Toutefois la pénalité était encore aggravée; non-seulement le maximum devenait le minimum et pouvait être porté au double; mais encore le coupable pouvait être placé sous la surveillance de la haute police.

Quant à la récidive pour contraventions, elle restait soumise à la double condition que le Code de 1810 y avait apposée. Il fallait toujours que la seconde contravention eût été commise moins de douze mois après le premier jugement, et qu'elle se produisît dans le ressort de la même justice de paix.

643. Cette législation avait soulevé plusieurs difficultés; certaines ont été tranchées par la loi de 1863, d'autres subsistent encore.

On s'était demandé si l'aggravation était forcée au cas même où la peine était facultative. Une certaine infraction est réprimée par l'application de deux châtiments : l'un obligatoire, l'autre facultatif. Le juge sera-t-il obligé, s'il les prononce tous deux, de les porter au maximum? Un point était certain; la peine conservait son caractère, et le juge était toujours maître de la prononcer ou d'en dispenser.

Mais ce point décidé les opinions se divisaient. Un système prétendait que si le juge s'arrêtait au premier parti, il ne pouvait appliquer que le maximum. — Le magistrat, disait-il, ne peut prononcer qu'une peine légale. Or la peine légale pour cette hypothèse est celle du maximum[1].

Cette opinion semble erronée : — 1° d'abord au point de vue du texte, l'aggravation ne porte que sur *la peine portée par la loi*. Or la peine facultative, si elle est autorisée par le texte, est *portée* par le juge. — 2° Ensuite il n'est point facile d'admettre que le juge, qui peut dispenser de la peine, ne puisse, quand il l'applique, s'arrêter au minimum[2].

Si le Code donnait le choix entre deux peines prononcées d'une manière alternative, le tribunal pourrait choisir, mais il devrait élever au maximum le châtiment qu'il prononcerait. Il ne lui est pas loisible de dispenser de toute punition.

644. Une seconde difficulté avait attiré l'attention des jurisconsultes. Elle se rattache plutôt à la théorie du non-cumul des peines. Il se peut faire que par l'application de ce principe la peine à laquelle le récidiviste devrait être soumis ne puisse être subie; devra-t-elle néanmoins être prononcée? On verra bientôt que l'affirmative doit être adoptée. Plusieurs circonstances peuvent faire apparaître l'utilité de cette condamnation ; l'amnistie par exemple peut intervenir et ne s'appliquer qu'à l'une des deux sentences. L'autre alors devra être exécutée[3].

Ces difficultés ont survécu à la loi de 1863, elles doivent encore recevoir les solutions que l'on vient d'indiquer.

645. — **II.** HYPOTHÈSES NON PRÉVUES PAR LA LOI DE 1832.

1. Molinier, *Revue critique*, 1851, p. 438, n° 22.

2. Bertauld, leçon XIX, p. 401. — Blanche, *Étude I*, n°s 506 à 509. — Cass., 10 février 1827 (Sirey, Coll. nouv., 8, I, 524); — 5 février 1829. — Poitiers, 3 janvier 1846 (Sirey, 46, II, 85).

3. Cass., 17 mars 1848 (Sirey, 48, I, 528). — Bertauld, leçon XIX, p. 400.

— Ces questions n'étaient point les plus ardues; d'autres avaient été posées; elles avaient soulevé de plus vives controverses. Cinq hypothèses de récidive pouvaient encore se présenter, le texte ne paraissait fournir aucun renseignement; les controverses étaient nées de son silence.

Il en était deux pour lesquelles la solution n'était pas douteuse. Elles présentaient ce caractère commun, que la première condamnation était seulement correctionnelle, et que la seconde infraction comportait par sa nature et sans aucune aggravation une peine afflictive et infamante. La première était celle de la récidive de crime puni correctionnellement à crime puni de peines afflictives et infamantes; la seconde était la récidive de délit à crime puni sans atténuation. Aucune aggravation n'était alors encourue.

L'impuissance de la loi n'était point démontrée. La différence entre les châtiments était trop grande pour que, de l'inefficacité d'une peine correctionnelle, on pût conclure à l'inefficacité d'une peine afflictive et infamante. En outre, le texte de l'article 56 excluait la première, et cela volontairement; on a vu que la rédaction de la loi de 1810 qui l'englobait avait été changée à dessein (n° 642).

Quant aux articles 57 et 58, ils prévoyaient l'un et l'autre des cas où la seconde condamnation était toujours correctionnelle.

Il restait trois hypothèses, et celles-ci étaient la matière des controverses annoncées.

646. Avant de les examiner il importe de trancher une question qui naissait du concours de la récidive avec les circonstances atténuantes. Comment, en pareille occurrence, fallait-il procéder? Devait-on d'abord procéder à l'aggravation pour cause de récidive, puis ensuite abaisser la peine? Fallait-il procéder d'une autre manière? Le résultat pouvait être fort différent. Ainsi un crime est puni de la reclusion, l'agent est récidiviste, mais il obtient des circonstances atténuantes. Si l'on procède d'abord à l'atténuation, la peine descendra de la reclusion à l'emprisonnement correctionnel de l'article 401. On fera jouer alors la récidive qui forcera d'infliger le maximum et permettra de le porter au double. Si l'on commence par l'aggravation, on transformera la reclusion en travaux forcés à temps; puis les circonstances atténuantes feront redescendre la peine à la reclusion; elles permettront même d'aller par l'abaissement facultatif jusqu'à l'article 401, sans se tenir au maximum (art. 463, § 6).

D'autres hypothèses encore rendraient ce résultat sensible. Que le fait soit puni en règle ordinaire, soit de la détention, soit du bannissement, soit de la dégradation civique, le juge en arrive toujours, s'il aggrave d'abord la peine pour la réduire ensuite, à l'application pure et simple, sans restriction de l'article 401, puisque l'atténuation facultative peut aller jusqu'à deux degrés. Au contraire, si l'on atténue d'abord le châtiment pour le relever ensuite, on ne peut descendre au-dessous du maximum de l'article 401; ou bien il faut intercaler l'aggravation entre les deux effets produits par les circonstances atténuantes : l'adoucissement obligatoire d'un degré et l'adoucissement facultatif d'un second degré.

La doctrine et la jurisprudence s'accordèrent à reconnaître que l'aggravation de la récidive devait précéder l'atténuation. Le texte d'abord conduisait à ce résultat. Il ressort de l'article 463 que les circonstances atténuantes agissent sur *la peine prononcée par la loi*, c'est-à-dire lorsque cette peine est fixée. Or elle ne l'est qu'après le jeu de la récidive. — 2° Et un autre passage de l'article 463 confirme cette solution. Le § 7 décrit l'effet des circonstances atténuantes au cas où le juge doit prononcer le maximum d'une peine. Or la récidive est le seul cas où cet effet juridique doive nécessairement se produire. L'aggravation précède donc l'atténuation. — 3° Enfin le système contraire aboutirait à un résultat bizarre ou illogique. Il amènerait cette conséquence que l'effet des circonstances atténuantes serait pour ainsi dire coupé en deux par la récidive, ou que le juge serait privé du pouvoir qu'il a d'abaisser la peine de deux degrés.

Que l'on suppose un crime puni du bannissement. Si l'on applique d'abord les circonstances atténuantes, elles entraînent l'application de l'article 401, un simple emprisonnement correctionnel. La récidive le porte au maximum. Ou l'on s'arrête à ce résultat et le second degré d'atténuation n'est pas atteint; ou l'on permet au tribunal d'aller de nouveau au minimum de l'article 401; alors il est vrai de dire que cette intercalation de la récidive entre les circonstances atténuantes est des plus bizarres.

La cour suprême a sanctionné ce système par de nombreux arrêts. On n'en peut relever qu'un seul contraire, et il faut reconnaître qu'il est singulier et obscur à ce point que dans aucun système on ne peut l'expliquer[1]. Il en est au contraire beaucoup et des plus significatifs qui proclament ce résultat.

La cour en est venue à décider que l'aggravation ne peut avoir lieu au cas où la peine du crime est la mort, encore que des circonstances atténuantes aient été accordées, parce que dans cette espèce l'on ne peut commencer par faire jouer la récidive[2].

En outre elle a pris grand soin de rappeler aux juges que

1. Cass., 31 juillet 1834, *Bull. crim.*, n° 248; — 22 juillet 1836 (Sirey, 37, I, 239); — 1er mars 1838, *Bull. crim.*, n° 49; — 21 mars 1840, *Bull. crim.*, n° 87; — 9 septembre 1841 (*Journal du Palais*, 41, II, 572); — 9 juin 1842 (Sirey, 42, I, 865); — 10 octobre 1844, *Bull. crim.*, n° 340; — 31 janvier 1845 (Sirey, 45, I, 624); — 2 janvier 1846, *Bull. crim.*, n° 1; — 4 mars 1848 (Dalloz, 48, V, 314); — 8 juin 1848 (Sirey, 48, I, 520); — 9 août 1849 (Dalloz, 49, V, 336); — 7 février 1852, *Bull. crim.*, n° 53; — 24 mars 1854, *Bull. crim.*, n° 81; — 24 janvier 1867 (Sirey, 67, I, 305); — Blanche, *Étude I*, n° 489.

2 Cass., 15 janvier 1857 (Sirey, 57, I, 383).

jamais la récidive ne doit produire un double effet. Certaines cours avaient pensé que, l'aggravation une fois appliquée, si la peine en arrivait par l'effet de l'abaissement facultatif à l'emprisonnement de l'article 401 du Code pénal, il fallait le remonter au maximum. Ils s'appuyaient sur l'article 57. C'était une erreur; la récidive qui a fonctionné ne peut plus jouer de nouveau[1].

647. Cette difficulté résolue on peut arriver à l'examen des trois hypothèses qui donnaient prise aux controverses. Les deux premières rentraient dans la récidive de crime à crime.

Voici d'abord un agent condamné à une peine afflictive et infamante. Il commet un second crime qui n'est punissable que d'une peine correctionnelle. Il peut par exemple se couvrir d'une excuse. En pareil cas devait-on lui faire subir l'aggravation de la récidive? Non certainement. Nul texte ne lui était applicable. L'article 56 ne prévoyait que l'hypothèse de deux crimes passibles tous deux de peines afflictives et infamantes. L'article 57 supposait que la seconde infraction n'était qu'un délit.

Il existait d'ailleurs, au moins dans une certaine opinion, un autre motif pour ne point appliquer ce dernier texte à l'hypothèse que l'on examine maintenant. Ce motif sera bientôt indiqué[2].

648. La seconde hypothèse, qui dans l'ordre de l'énumération vient au quatrième rang, soulevait de plus graves discussions.

Un individu commet un crime, mais par suite de l'admission d'une excuse ou encore de la déclaration de circonstances atténuantes, il n'est condamné qu'à une peine correctionnelle. Plus tard il vient à commettre un nouveau crime dont le châtiment légal, par suite d'une excuse, ne

1. Cass., 8 janvier 1844, *Bull. crim.*, n° 4. — Blanche, *Étude I*, n° 490.
2. Voir au numéro suivant

peut être que correctionnel. Sera-t-il passible de l'aggravation pour récidive?

La lutte s'était établie entre trois systèmes; deux d'entre eux, partant d'un point de départ commun, se divisaient lorsqu'il s'agissait de préciser le texte applicable. Ils s'accordaient à reconnaître que la récidive devait produire son effet, puis ils cessaient de s'entendre.

L'un enseignait qu'on devait appliquer l'article 58. D'après lui, la loi de 1832 s'était attachée, pour déterminer le premier terme de la récidive, non pas à la qualification légale du fait réprimé, mais à la nature de la peine infligée. Les articles 56 et 57 ne prévoyaient pas la récidive de crime puni de n'importe quel châtiment, soit à un crime, soit à un délit; ils exigeaient, pour leur application, que le premier fait eût entraîné une peine afflictive et infamante. Par contre l'article 58 ne visait pas seulement la récidive de délit à délit; mais il s'étendait à tous les cas où une peine correctionnelle avait d'abord été prononcée. — 1° On invoquait d'abord à l'appui de ce système la rédaction du texte. L'article 58 ne parle pas de celui *qui a été condamné pour délit;* mais de celui qui a été *condamné correctionnellement à un emprisonnement de plus d'une année.* Or l'auteur d'un crime qui n'encourt que l'application de l'article 401 est condamné *correctionnellement.* Il rentre dans les termes de l'article dont la teneur démontre que la loi ne s'attache qu'à la nature du châtiment. Ceci encore serait confirmé par l'article 56. Ce texte parle-t-il de crime? Nullement, mais bien *de condamnation à une peine afflictive et infamante.* C'est la même considération. Le texte de 1810 était bien différent. Il portait : « quiconque ayant été condamné *pour crime.* » Le changement est notable. — 2° Objectera-t-on que l'article 57 parle, lui, de l'individu condamné pour crime? Mais les conséquences du système contraire démontreraient que ce texte ne peut s'appliquer lorsque la premier terme de la récidive est un crime puni seulement d'une peine correctionnelle. Les deux articles 57 et 58 portent la même aggravation de peine ; seulement ce dernier texte ajoute au châtiment principal la surveillance de la haute police. Il résulterait de là une anomalie choquante. Qu'un homme commette successivement un crime puni correctionnellement et un délit ; si on lui appliquait l'article 57, il ne serait point soumis à la surveillance ; qu'au contraire il ait commis deux délits, il en sera passible. Ainsi le châtiment serait d'autant plus atténué que le fait serait plus grave ! Au contraire le silence de l'article 57 s'explique facilement, si l'on suppose qu'il parle d'un crime réprimé par l'application d'une peine afflictive et infamante. Le coupable était déjà et pour toute sa vie sous la surveillance de la haute police (voir art. 47 C. pén.). — 3° On ajoutait enfin que la loi de 1832 avait eu pour but de rompre avec les traditions de la jurisprudence antérieure, ce qu'indiquait la modification de texte si importante de l'article 56. Or l'article 57 ne pouvait avoir une autre signification que celui qui le précédait. — Ce système comptait dans la doctrine de nombreux partisans, et la jurisprudence semblait y incliner[1].

649. Le second système toutefois ne se tenait pas pour battu. Il proposait d'appliquer dans ce cas l'article 57. — 1° Il s'appuyait d'abord sur la différence de rédaction signalée entre l'article 56 et l'article 57. Si le législateur s'attachait dans le premier à la nature de la peine, il ne considérait dans le second que la qualification du fait. — 2° On ajoutait que le système contraire forçait évidemment la portée de l'article 58. Ce dernier texte, lorsqu'il parle d'une condamnation correc-

1. Cass., 11 août 1860 (Sirey, 61, I, 107) ; — Blanche, *Étude I*, nos 495 à 503 ; — Chauveau et F. Hélie, t. I, n° 151 ; — Devilleneuve, Observations sur l'arrêt du 28 août 1845 (Sirey, 46, I, 63). — Voir l'affirmation de ce principe, mais en ce qui concerne l'article 56 dans les arrêts suivants : Cass., 8 mars 183[illegible] (Sirey, 38, I, 804) ; — 3 décembre 1840 (Sirey, 41, I, 669) ; — 22 janvier 1852 (Sirey, 52, I, 217).

tionnelle, n'entend point une condamnation pour crime, mais bien la peine d'un délit. — 3° Enfin on avouait l'inconséquence relevée par le précédent système; c'était, disait-on, un oubli que le législateur seul pouvait réparer[1].

650. La troisième opinion, la meilleure, décidait que la récidive n'existait pas, l'hypothèse ayant échappé aux prévisions du législateur. — 1° Elle faisait remarquer à juste titre que le crime même puni d'un simple emprisonnement correctionnel ne devient jamais un délit. Il reste un crime et sur ce point on peut se couvrir de l'autorité de la Cour de cassation elle-même[2]. Or l'article 57 exige que la première condamnation soit un crime et que la seconde soit un délit. Donc le deuxième terme de la récidive fait défaut. — 2°. L'article 58 n'est pas plus applicable. Il exige comme premier terme une condamnation correctionnelle. Or, si la première sentence ne porte *qu'une peine correctionnelle*, elle n'en est pas moins une décision criminelle, rendue à l'occasion d'un crime et par une cour d'assises. Donc l'article ne peut s'appliquer. 3° On objecte à la vérité que l'article 58 ne mentionne pas l'espèce d'infraction, mais seulement la nature de la peine. La réponse est faite par la suite du texte qui suppose que le condamné s'est rendu coupable d'un *nouveau délit*. La première infraction constituait donc un délit[3].

1. Cass., 28 août 1845 (Sirey, 46, I, 63); — Molinier, *Revue critique de jurisprudence*, t. I, p. 57 et 60, n°s 12 à 15.

2. Voir les arrêts du 8 mars 1838, du 3 décembre 1840 cités au n° 648, et celui du 28 août 1845 cité au n° précédent. — Voir encore à propos de cette distinction la loi du 7 août 1848 sur le jury (art. 3), et celle du 18 mars 1849 (art. 3).

3. Blanche, *Étude I*, n° 511. — Bertauld, leçon XIX, p. 397-398. — Devilleneuve avait entrevu la même solution, mais, en l'exposant, il n'osait l'adopter, peut-être à cause de sa nouveauté. — Voir sa note sur l'arrêt précité du 28 août 1845. — Voir n° 649 ci-dessus. — En ce sens : Cass., 27 juin 1833 (Sirey, 33, I, 771). L'arrêt prévoit une autre hypothèse, mais il pose le principe dans ses motifs. — Voir aussi pour les motifs : Cass., 11 avril 1839 (Sirey, 39, I, 776); — et les conclusions de M. Dupin lors de l'arrêt du 6 février 1858 (Sirey, 58, I, 699).

651. La troisième hypothèse présentait une espèce de la récidive de délit à crime. L'agent est d'abord condamné pour un délit; il commet ensuite un crime dont la peine se trouve réduite légalement à un emprisonnement correctionnel ou à une amende. Pouvait-il subir l'aggravation pour récidive? La jurisprudence répondait avec fermeté que cela était impossible. La récidive de délit à crime n'était pas prévue par la loi. Aucun texte ne réglait cette hypothèse; ni l'article 58 ni l'article 57. Ce dernier ne pouvait être appliqué, car il exigeait une première condamnation pour crime et la sentence rendue d'abord ne s'appliquait qu'à un délit. — L'article 58 ne pouvait non plus être invoqué. Il supposait un double délit; or la condamnation à une peine correctionnelle pour crime n'avait point pour résultat de transformer l'infraction en délit. Ce motif était justement contraire à celui qui, dans l'hypothèse précédente, avait déterminé la cour suprême. La jurisprudence manquait certainement de logique[1].

Aussi un auteur avait-il proposé d'étendre à ce cas les règles de l'aggravation pour récidive, mais ses protestations étaient restées sans écho. L'interprétation qu'il proposait était trop évidemment extensive[2].

652. Les difficultés résolues précédemment ne pouvaient naître que si la peine *légale* du crime était forcément devenue correctionnelle. Si au contraire elle ne le devenait que grâce à l'indulgence des magistrats, alors que ceux-ci pouvaient recourir à un châtiment plus grave, on rentrait sous l'application de l'article 56.

Jusqu'ici on n'a cité comme exemple d'atténuation, par

1. 27 juin 1833 (Sirey, 33, I, 771); — 6 avril 1838 (Sirey, 38, I, 931); — 11 avril 1839 (Sirey, 39, I, 776); — 2 juin 1842 (Sirey, 42, I, 653); — 7 juillet 1853 (Dalloz, 53, V, 393); — 16 avril 1852 (Dalloz, 52, V, 466); — 6 février 1858 (Sirey, 58, I, 699); — Bertauld, leçon XIX, p. 395.

2. Molinier, *Revue critique de jurisprudence*, t. I, p. 60 à 64.

rapport à la seconde infraction, que des excuses légales. Parfois cependant l'effet des circonstances atténuantes est, malgré l'état de récidive, de réduire forcément la répression à une peine correctionnelle. Ainsi un crime est puni de la dégradation civique; la récidive conduit au bannissement; mais les circonstances atténuantes rabaissent forcément la peine à l'emprisonnement correctionnel. Il semble dès lors qu'en cette matière il faudrait assimiler l'effet des circonstances atténuantes sur le second crime à celui de l'excuse et décider pour les unes comme pour l'autre. La jurisprudence avait admis ce système [1], et tous les arrêts sont rendus dans des espèces où l'abaissement de la peine provenait de circonstances atténuantes. Cette solution constituait un nouveau défaut de logique : lorsque le châtiment était réduit par l'application de circonstances atténuantes, il était impossible de songer à appliquer soit l'article 57, soit l'article 58, et les controverses ne pouvaient naître.

La jurisprudence, d'accord avec l'article 463, n'avait-elle pas décidé que l'augmentation de la récidive devait précéder l'application des circonstances atténuantes? Il en résultait que, en matière de crime non excusable, le juge n'en arrivait jamais à appliquer l'article 463, § 7 et l'article 401 qu'après avoir usé de la récidive. Ainsi, le fait emporte la peine de la dégradation civique ou du bannissement, il est commis en état de récidive et des circonstances atténuantes sont déclarées; la peine est élevée soit au bannissement, soit à la détention. N'importe quelle elle soit, les circonstances atténuantes la font redescendre à l'emprisonnement correctionnel.

Peut-on le porter au double? Non, l'aggravation a produit son effet. Lorsque la question se présentait dégagée de tous

1. Notamment dans l'arrêt du 11 août 1860; voir ci-dessus, n° 648.

accessoires, la Cour de cassation n'hésitait pas à appliquer ces principes[1].

A la vérité les décisions analysées au n° 651 pouvaient ne pas se préoccuper de cette considération ; elles arrivaient au même résultat par une autre voie et en déclarant que l'article 58 ne s'appliquait pas. C'était en quelque sorte une question préalable. Mais cette réflexion met dans tout son jour la bizarrerie des arrêts du 11 août 1860 et du 20 août 1845. On pouvait sans doute faire remarquer que, dans les cas où la récidive ne portait l'aggravation qu'à l'une des peines indiquées dans le § 7 de l'article 463, l'aggravation était annihilée par la déclaration des circonstances atténuantes; ce n'était après tout que la conséquence de l'économie de ce dernier texte. Cet inconvénient ne donnait pas à l'interprète le droit de refaire la loi, sous ombre de l'améliorer.

653. Telle était la législation de 1832. On lui adressait cinq reproches principaux. On prétendait rencontrer dans la loi des défauts d'harmonie choquants.

1° Tandis que la récidive existait de délit à délit, elle n'entraînait aucune aggravation si elle se produisait entre deux crimes punis seulement de peines correctionnelles. Cependant il est à peine besoin de faire remarquer que le crime même atténué demeure toujours un fait beaucoup plus grave que le délit.

2° De même l'agent condamné pour crime à une peine afflictive et infamante avait plus d'intérêt à commettre un crime, pourvu qu'il ne fût puni que de peine correctionnelle, qu'à commettre un délit. Dans ce dernier cas il tombait sous le coup de l'article 57, tandis qu'il y échappait dans la première hypothèse.

3° La récidive de délit à crime, quelle que soit la peine du

1. Voir notamment l'arrêt du 8 janvier 1848 (Sirey, 48, I, 520) ; et aussi Observations de M. Labbé (Sirey, 1864, II, 41).

dernier fait, n'était jamais réprimée. Or un tel système se comprenait bien sous le régime du Code de 1810, qui n'admettait pas les circonstances atténuantes, mais il présentait une grave lacune depuis la loi de 1832.

4° D'un autre côté, l'article 57 allait trop loin. Quelque minime que fût la première condamnation, si elle était prononcée pour crime, elle formait toujours le premier terme de la récidive. C'était une exagération.

5° Par contre, l'agent coupable d'un crime, puis d'un délit, était, à un certain point de vue, traité plus favorablement que l'auteur de deux délits. Ce dernier était soumis à la surveillance de la haute police, l'autre en était dispensé.

La jurisprudence de la Cour de cassation tendait, on l'a vu, à faire disparaître deux causes de reproche : la première et la quatrième. Elle faisait rentrer sous l'application de l'article 58 la récidive entre deux crimes punis correctionnellement, et restreignait l'article 57 aux hypothèses qui présentaient une première condamnation à des peines criminelles comme point de départ.

654. — III. Quelles modifications ont été introduites par la loi du 13 mai 1863? — Malgré les corrections faites à la loi par les arrêts, le gouvernement s'émut des reproches adressés aux dispositions sur la récidive, et, en 1863, il les soumit à une révision.

Le projet présenté au Corps législatif ne contenait que deux additions, modifiant toutes deux le texte de l'article 57.

1° Après ces mots de l'ancienne rédaction : « Quiconque « ayant été condamné pour un crime », on ajoutait ceux-ci : « *à une peine supérieure à une année d'emprisonnement.* » Le système de la jurisprudence était abandonné et, d'un autre côté, le quatrième motif de reproche formulé contre la loi disparaissait. Les deux textes, l'article 57 et l'article 58 étaient semblables.

2° La seconde addition avait pour but de rendre identiques les peines qu'ils édictaient et de supprimer le vice de la loi relevé avec justice dans le cinquième reproche. On ajoutait aux peines énumérées dans l'article 57 la surveillance de la haute police[1].

Le projet de loi se bornait à ces deux changements; il ne répondait donc pas aux quatre premiers chefs de critique formulés contre la législation en vigueur. Ce silence était intentionnel. D'une part le conseil d'État prenait pour base la jurisprudence établie; il s'en remettait à sa décision pour répondre au premier grief.

De l'autre il se taisait par un motif beaucoup plus général et mieux fondé. Il admettait le principe posé par la jurisprudence : que l'aggravation de la récidive précédait l'effet des circonstances atténuantes et celui de l'excuse. Lors donc que le juge en arrivait aux peines correctionnelles, le châtiment avait été augmenté; il ne pouvait plus l'être. Que l'on suppose un crime entraînant soit la reclusion, soit le bannissement; la récidive fait monter à la peine des travaux forcés ou à celle de la détention; mais des circonstances atténuantes sont accordées, on redescend : ou à la reclusion, puis en vertu de l'abaissement facultatif à l'article 401 : ou directement aux peines écrites dans ce texte. On le voit, la récidive a produit tout son effet, on ne peut plus l'invoquer. Le procédé est analogue pour les excuses légales.

A la vérité, le coupable d'un crime puni de peines correctionnelles pourra, de cette manière, obtenir un adoucissement plus grand qu'il ne serait même pour l'auteur d'un délit. Ce résultat, d'apparence extraordinaire, n'est point choquant. Il vient de l'atténuation dont l'agent a été jugé digne. Le même résultat pourrait être obtenu par le coupable d'un simple délit, si on lui avait attribué des circonstances atténuantes.

1. Exposé des motifs de la loi du 13 mai 1863, § II. — Duvergier, *Collection des lois*, 1863, p. 424 et 425.

Enfin, pour remédier à cette conséquence, ce n'était point l'article 57, ni l'article 58 qu'il fallait corriger, mais l'article 463.

655. La commission du Corps législatif n'admit point ce système pourtant simple et logique ; elle voulut toucher, sans peut-être se rendre un compte exact de la portée de son innovation, à la règle que la récidive n'agissait qu'après les circonstances atténuantes. Elle invoquait ce motif juridique : qu'il convenait de traiter comme des délits les faits punis seulement de peines correctionnelles. Nulle différence n'était à faire entre l'hypothèse, où le jury écartait les circonstances aggravantes constitutives du crime pour ne laisser subsister qu'un délit, et le cas où l'on arrivait à la même peine par l'effet des circonstances atténuantes. On voulait assimiler à un délit tout fait criminel puni d'une peine correctionnelle[1].

Le véritable motif, que l'on soupçonne, était que, pour le législateur, l'usage fait des circonstances atténuantes par les magistrats et les jurés énervait par trop la récidive. Il est certain qu'en fait et lorsqu'il s'agissait des excuses légales, cette institution, appliquée d'abord, ne présentait qu'une efficacité restreinte.

En conséquence, la commission de la Chambre des députés introduisit deux additions, l'une à l'article 57, l'autre à l'article 58. Après ces mots : « Quiconque ayant été condamné « pour crime à une peine supérieure à une année d'empri- « sonnement aura commis un délit, » on ajouta ceux-ci : « *ou* « *un crime qui devra n'être puni que de peines correction-* « *nelles.* »

On fit dans l'article 58 une semblable addition.

656. Le résultat de ce changement est fort notable. C'est

1. Le rapport de la Commission du Corps législatif est formel. — Duvergier, *Collection des lois*, 1863, p. 426, colonne 1.

une atteinte portée au principe de l'article 463, qui veut que la peine légale soit fixée avant l'abaissement des circonstances atténuantes. Désormais il y aura deux modes de computation : l'un, l'ancien, sera usité lorsqu'on appliquera l'article 56; l'autre, le nouveau, sera réservé pour les articles 57 et 58.

En outre, au point de vue doctrinal, l'erreur commise par la commission est considérable; même frappé de peines seulement correctionnelles, un crime reste toujours un crime et ne peut changer de nature.

Au point de vue des résultats, elle a suscité des difficultés certaines; trois surtout apparaissent à première vue.

Dans certaines occurrences, un crime reconnu, mais avec admission de circonstances atténuantes, pourra être frappé soit d'une peine criminelle si l'on ne descend que d'un degré, soit d'une peine correctionnelle si l'on arrive à l'abaissement facultatif. A quel moment faire fonctionner la récidive? Avant l'atténuation, comme le veut l'article 56? ou après, suivant la prescription de l'article 57?

Dans d'autres cas, le fait sera forcément puni d'un emprisonnement correctionnel. Les articles 57 ou 58 s'appliqueront. Mais quel sera leur effet? Si on les entend au pied de la lettre, ils ne permettront pas au juge d'appliquer au coupable le double abaissement de peine que les circonstances atténuantes rendaient facultatif. Faudra-t-il donner la préférence à l'article 463 ou l'accorder à nos deux textes?

Enfin on peut se demander si l'article 58 sera jamais applicable à un crime à l'encontre duquel des circonstances atténuantes auront été admises.

Ces questions sont délicates, d'autant plus que les discussions préparatoires ne brillent point par la clarté. Il ne sera possible de les résoudre qu'en examinant successivement plusieurs hypothèses, au nombre de sept, qui résument les principales difficultés découlant des nouveaux textes.

657. Au préalable, il importe de dégager trois principes qui donnent la clef des controverses auxquelles les auteurs se livrent; un seul, le premier, a été discuté, moins peut-être dans sa formule que dans ses applications.

Premier principe. L'interprétation restrictive que comportent les textes du droit pénal ne permet d'appliquer les articles 57 et 58 que dans l'hypothèse expressément prévue par les textes, c'est-à-dire lorsque la peine de la seconde infraction sera *nécessairement* correctionnelle. Il ne suffit pas qu'en fait le châtiment infligé prenne ce caractère, il faut qu'il ne puisse dans aucune hypothèse être plus élevé. — En outre, au cas de concours possible entre l'article 56 d'une part et les deux textes suivants de l'autre, la préférence doit être donnée au premier.

Il existe plusieurs raisons de cette solution. D'abord la règle posée par les deux textes précités apporte une dérogation certaine aux principes du droit pénal ordinaire. On sait que l'aggravation de la récidive précède l'abaissement de la peine résultant des circonstances atténuantes. Il en doit être ainsi au double point de vue du texte et des principes. Quant au texte : l'article 463 applique l'atténuation même au cas où la récidive a fait monter la peine au maximum; ceci a été déjà démontré.

Les principes conduisent au même résultat. Les circonstances atténuantes constituent la part faite à l'imprévu et aux variétés du fait, et qui vient tempérer la rigueur du droit. Il faut donc que d'abord la peine applicable en droit rigoureux, celle *prononcée par la loi*, suivant l'expression du texte, soit déterminée (Art. 463, §§ 2, 9, 10)[1].

Cette règle survit à la loi du 13 mai 1863. La jurisprudence l'a reconnu; elle s'applique toujours sous l'empire de l'article 56[2].

1. M. Labbé, Notes sur l'arrêt du 7 décembre 1863 (Sirey, 64, II, 41).
2. Voir l'arrêt du 24 janvier 1867 (Sirey, 67, I, 305).

Les principes sont ici confirmés par la teneur des deux textes. Que supposent et l'article 57 et l'article 58? Que s'il s'agit d'un crime, *il* DEVRA N'ÊTRE PUNI *que d'une peine correctionnelle.* Dès lors si la peine peut être ou correctionnelle ou criminelle, on ne se trouve plus dans l'hypothèse prévue par ces textes.

Un nouveau motif spécial à l'article 58 vient corroborer cette solution. En principe, la récidive de délit à crime n'engendre aucune aggravation. La peine pouvant être afflictive et infamante, tandis que le condamné n'a encore bravé qu'une peine correctionnelle, il n'est pas besoin de cet accroissement de pénalité[1]. Le texte précité est une exception à ce principe; elle doit dès lors être restreinte dans les bornes les plus étroites. En outre, si le juge, pouvant recourir à une peine afflictive et infamante, ne prononce qu'un emprisonnement, c'est qu'il jugera que dans l'espèce un tel adoucissement est sans danger[2].

658. Ce principe a été contesté dans une partie au moins de sa formule. On a soutenu que du moment où le châtiment se réduisait à l'emprisonnement correctionnel, quand le juge aurait pu se tenir aux peines afflictives et infamantes, les articles 57 et 58 devenaient applicables. — 1° On affirme d'abord qu'ils ont eu pour but d'assimiler à des délits tous les crimes punis correctionnellement. Peu importe la voie suivie pour arriver au résultat : que le jury écarte les circonstances aggravantes, qu'il admette une excuse ou qu'il accorde les circonstances atténuantes, les trois hypothèses ont été prévues dans le rapport fait à la Chambre des députés et mises sur la même ligne[3]. — 2° On ajoute que le législa-

1. Cass., 21 décembre 1871 (Sirey, 72, I, 447).

2. M. Labbé, Notes sur l'arrêt du 7 décembre 1863 (Sirey, 64, II, 41) ; — Bertauld, leçon XX, p. 416-417. — Conclusions de M. Savary, lors de l'arrêt du 26 mars 1864 (Sirey, 64, I, 146). — Cour d'assises de Saône-et-Loire, 7 décembre 1863 (Sirey, 64, II, 41).

3. Duvergier, *Collection des lois,* 1863, p. 425, 426, 427.

teur a voulu diminuer la latitude d'appréciation laissée aux magistrats. On a regardé la quotité de peine attribuée comme insuffisante et on l'a rehaussée. — 3° Enfin l'on insiste sur une prétendue inconséquence : que le coupable déjà condamné commette un délit puni d'un emprisonnement d'un an à cinq ans, un vol par exemple (art. 401, C. pén.), on ne pourra jamais réduire la peine au-dessous de cinq années. Serait-ce parce que le fait aurait été accompli avec des circonstances aggravantes et élevé au rang de crime que le châtiment serait amoindri? La contradiction serait trop forte. Ce système enseigne donc que les articles 57 et 58 s'appliquent, encore qu'une peine afflictive eût été laissée à la disposition du juge, du moment où, en fait, on n'a prononcé qu'un emprisonnement[1].

659. Cette opinion admise par la jurisprudence est erronée, et l'argumentation qui précède repose sur une confusion. On croit à tort que l'auteur de deux délits serait traité plus favorablement que l'auteur d'un délit suivi d'un crime atténué. Pour comparer les deux situations, il faut supposer que chacun des coupables obtient des circonstances atténuantes. On voit alors la différence. Celui qui n'a commis que deux délits pourra voir sa peine réduite *même au-dessous de six jours d'emprisonnement* (art. 463, § dernier); l'auteur d'un crime ne pourra être condamné *à moins d'un an* de cette peine. — C'est le système contraire qui aboutit à une inconséquence certaine. Voici un agent qui, déjà condamné à une peine afflictive et infamante, commet un second crime passible de la reclusion; il obtient des circonstances atténuantes. La Cour peut ne le condamner qu'à un an d'emprisonnement. C'est l'article 56 qui est applicable. Or un

1. Cass., 26 mars 1864 (Sirey, 64, I, 146); — Cour d'assises d'Ille-et-Vilaine. 11 mai 1864; et Cass., 15 septembre 1864 (Sirey, 65, I, 101); — F. Hélie, Commentaire de la loi du 13 mai 1863, *Théorie du Code pénal*, t. VI, n° 2603, p. 26 et 28.

individu qui n'aurait commis d'abord qu'un crime atténué, par conséquent moindre, serait condamné au moins à dix ans de prison! On voit de quel côté se trouve le défaut de logique.

660. Deuxième principe. Nonobstant la rédaction des articles 57 et 58 le juge a toujours le droit, au grand criminel, si des circonstances atténuantes sont accordées, d'abaisser la peine de deux degrés.

Les textes remaniés en 1863 n'ont point modifié la règle de la double atténuation. Ceci d'ailleurs fut reconnu dans la discussion. La question ayant été posée, le commissaire du gouvernement répondit que les pouvoirs des magistrats en fait d'atténuation étaient maintenus. A la vérité la réponse s'appliquait à la surveillance: mais on devait l'entendre et on l'a toujours entendue dans un sens général.

Les résultats en sont parfois bizarres. Ainsi le condamné qui doit encourir l'application de l'article 57 a commis un crime passible du bannissement; on abaisse d'abord la peine à l'emprisonnement correctionnel; ensuite on la remonte au maximum par application de la récidive; enfin on peut la redescendre au minimum de l'article 401[1]. Mais cette singularité, signalée du reste par un auteur[2], n'a pu ébranler le principe qui a été reconnu par la doctrine et par la jurisprudence[3].

661. Troisième principe. Quand même on adopterait le système de la jurisprudence qui assimile le crime atténué au délit, il faudrait remarquer qu'au point de vue des circonstances atténuantes il existe entre les deux hypothèses une

1. F. Hélie, Commentaire de la loi du 13 mai 1863. *Théorie du Code pénal*, t. VI, n° 2603, p. 27. M. F. Hélie applique cette solution même au crime puni de la reclusion et de la détention. Ces deux applications de sa doctrine ne peuvent être admises par application du premier principe.

2. Bertauld, leçon XX, p. 416-417.

3. Cass., 26 mai 1864 (Sirey, 64, I, 241); — 15 septembre 1864 (Sirey, 65, I, 101).

différence considérable. Le crime est-il simplement atténué tout en restant un crime? Les circonstances atténuantes sont déclarées par le jury. — Au contraire, le crime devient-il un vrai délit parce que l'on aurait écarté les circonstances aggravantes? La déclaration du jury sur les circonstances atténuantes ne peut lier la Cour, elle seule a le droit de les reconnaître.

662. Ces principes posés, il convient, pour en préciser la portée, d'examiner quelle solution ils doivent recevoir dans les sept hypothèses annoncées.

Dans la première espèce on assiste au conflit qui peut s'élever entre l'article 56 et l'article 57. Un coupable a été déjà condamné à une peine afflictive et infamante; il commet un second crime passible ordinairement de la peine de la détention, mais il obtient des circonstances atténuantes. Si l'on suivait le procédé de l'article 57 on réduirait la peine à l'emprisonnement de l'article 401, pour la porter ensuite au maximum et la faire redescendre au minimum par l'effet de l'abaissement facultatif. — Avec le procédé de l'article 56 on élève d'abord la détention au maximum, on la réduit ensuite par un premier adoucissement au minimum pour aller avec la seconde atténuation jusqu'au minimum de l'article 401.

Le résultat n'est pas le même; avec le dernier calcul le juge pourra prononcer une peine afflictive et infamante; ce qu'il n'a pas le droit de faire avec le premier mode de computation.

On appliquera le premier principe; la peine ne devant pas être nécessairement correctionnelle, il faut s'en tenir à l'article 56[1].

663. *Deuxième hypothèse.* Après une première condamna-

1. M. F. Hélie, dans son commentaire de la loi de 1863, paraît admettre qu'ici c'est l'article 57 qui doit s'appliquer. Il faut signaler cette différence déjà indiquée des deux systèmes. — *Théorie du Code pénal*, Commentaire de la loi du 13 mai 1863, n° 2603, p. 27.

tion soit criminelle, soit supérieure à une année d'emprisonnement, le coupable commet un crime passible de la dégradation civique ou du bannissement; il obtient des circonstances atténuantes. La peine est forcément correctionnelle. Lors même qu'on l'élèverait d'abord à la détention, elle retomberait à l'emprisonnement (art. 463, § 7).

Il faut donc appliquer l'article 57 : La peine est réduite dans les termes de l'article 401, on la relève au maximum, puis le juge reste encore libre de la réduire au minimum.

On a pourtant enseigné que, même dans ce cas, l'article 56 devait s'appliquer parce que l'article 56 prévoit seul la récidive de crime à crime, et encore parce que procéder d'une autre manière ce serait violer l'article 463. Dans cette opinion on soutient que les articles 57 et 58 ne s'appliquent jamais au cas où des circonstances atténuantes sont accordées; ils ne règlent que l'hypothèse d'un crime commis par un mineur ou d'un crime excusable[1].

Les motifs de cette opinion sont les mêmes que ceux par lesquels on défend le premier principe. On peut y en ajouter un nouveau ; c'est qu'elle fait disparaître tout antagonisme entre les textes de la récidive et l'article qui traite des circonstances atténuantes.

La jurisprudence l'a écartée par un motif tiré des discussions préparatoires, et encore par une raison de texte; il est certain que parfois le crime atténué ne pourra être puni que de peines correctionnelles. On semble bien se trouver alors dans l'hypothèse prévue par le texte[2].

664. *Troisième hypothèse*. La première condamnation a été prononcée pour crime, elle appliquait une peine afflictive et infamante; l'agent commet un crime excusable. Tous s'accordent à reconnaître que l'article 57 doit s'appliquer; un

1. Bertauld, leçon XX, p. 413-414. — M. Labbé, Note précitée (Sirey, 1864, II, 41).

2 Voir *supra*, n° 658.

seul auteur fait exception[1]. S'il fallait suivre son opinion, on ne saurait vraiment plus dans quelles hypothèses il convient de recourir à ce texte.

La peine sera donc d'abord abaissée dans les termes de l'article 326 du Code pénal; ensuite on la relèvera au maximum. Si des circonstances atténuantes étaient déclarées, la Cour pourrait réduire la peine dans les termes de l'article 463.

Qu'on remarque bien le caractère du *crime excusable.* Il reste *un crime* et la déclaration du jury oblige la cour d'assises à abaisser la peine.

665. *Quatrième hypothèse.* La solution sera identique si le jury écarte les circonstances aggravantes et réduit la seconde infraction commise après un premier crime à n'être plus qu'un délit. Entre ces deux espèces il n'existe qu'une différence ; la matière étant correctionnelle, la déclaration du jury sur les circonstances atténuantes ne liera pas la magistrature.

666. *Cinquième et sixième hypothèses.* Une première condamnation a été prononcée pour crime à une peine correctionnelle, ou encore elle a été encourue pour délit (c'est la nuance qui sépare les deux cas); l'agent commet ensuite un crime puni soit des travaux forcés à temps soit de la reclusion; mais on lui donne des circonstances atténuantes. Comment procéder?

La jurisprudence applique soit l'article 57, soit l'article 58. Ce n'est point, dit-elle, l'hypothèse prévue par l'article 56; d'autre part il ne se peut pas qu'aucune aggravation n'intervienne. En conséquence la peine est-elle des travaux forcés, on la descend à la reclusion d'abord, ensuite à l'article 401, mais on se heurte alors à l'article 57 qui oblige de prononcer le maximum. La Cour a épuisé toute l'atténuation qui lui était permise. — Au cas de reclusion on procède de

1. Bertauld, leçon XX, p. 418.

la même manière; mais le tribunal étant arrivé à l'article 401, par l'effet de l'abaissement obligatoire, peut encore descendre par une seconde faveur jusqu'au minimum d'une année[1].

Le système adopté lors de la discussion du premier principe ne permet pas d'adopter entièrement ces conséquences. Lorsque la peine principale est celle des travaux forcés, aucune aggravation n'est possible parce que le juge avait à sa disposition la reclusion et que le châtiment n'était pas forcément correctionnel. Si au contraire la peine normale était la reclusion, le résultat auquel arrive la jurisprudence est admissible. Il ne le serait pas dans l'opinion d'après laquelle les deux derniers textes ne doivent jamais s'appliquer au cas de déclaration de circonstances atténuantes[2].

667. *Septième hypothèse.* Une espèce peut encore se présenter. Un mineur est récidiviste; il a commis en second lieu un véritable crime. La disposition de l'article 67 est connue. On calcule d'abord la peine qu'aurait encourue le majeur, puis on applique la diminution prescrite par la loi. A quel moment faire jouer la récidive? est-ce avant ou après l'application de l'article 67? Le résultat peut être fort différent.

Que l'on applique la récidive d'abord, voici ce qui peut se produire : le crime entraîne les travaux forcés à temps; le coupable, s'il était majeur, n'encourrait aucune récidive, puisque la première condamnation était à une peine correctionnelle. Le mineur subira donc un emprisonnement qui peut varier de dix ans à seize mois.

Si la récidive n'est appliquée qu'en dernier lieu, la peine

1. Cass., 26 mars et 26 mai 1864 (Sirey, 64, I, 146, 242); — 15 septembre 1864 (Sirey, 65, I, 101). — F. Hélie, Commentaire de la loi de 1863, *Théorie du Code pénal*, t. VI, n° 2603, p. 27.

2. Voir MM. Labbé et Savary, *loc. cit.*

ne descendra jamais au-dessous de dix ans; elle pourra s'élever à vingt ans.

Il convient d'adopter le second mode de calcul. On détermine la peine qu'entraîne le crime en lui-même; on se reporte à l'article 67; puis on fait jouer la récidive. Celle-ci, comme les circonstances atténuantes, a quelque chose de spécial au prévenu. On ne pourrait supposer celui-ci majeur pour lui appliquer hypothétiquement une peine que l'on réduirait ensuite[1].

1. Bertauld, leçon XX, p. 420.

TITRE VIII

DU CONCOURS DE PLUSIEURS INFRACTIONS. DU CUMUL ET DU NON-CUMUL DES PEINES.

668. Le concours des infractions augmente la culpabilité, lorsque l'agent coupable, déjà puni pour une première infraction, en commet une seconde; tout se réunit alors pour aggraver la situation de l'agent : réitération de la faute, insuffisance démontrée du premier châtiment, endurcissement dans le crime; notre loi pénale, d'accord avec la raison, élève alors la peine. C'est la théorie de la récidive, examinée au titre précédent.

Mais que devra-t-on décider, lorsque l'agent, après avoir commis une première infraction restée impunie pendant un certain temps, en commet une seconde et est poursuivi à raison de ces deux faits? Quelle peine lui infliger?

Dans un premier système, qui est le système du *non-cumul*, l'agent ne mérite qu'une peine, la peine la plus élevée qu'il ait encourue pour ces diverses infractions : la peine doit en effet, par l'intimidation qu'elle cause, empêcher l'agent de recommencer à violer la loi, et le pouvoir social est en faute de n'avoir pas puni la première infraction. C'est à cause de cette négligence coupable que ses fautes se sont multipliées, et l'agent ne peut être puni pour des infractions qu'il n'aurait pas commises, s'il eût été immédiatement poursuivi.

Cette argumentation nous paraît mauvaise : toute infraction mérite une peine, et le retard dans la poursuite de la première infraction ne peut amener qu'un résultat, écarter la peine de la récidive qui suppose un premier avertissement reçu et méprisé ; mais ce retard ne peut effacer les autres infractions et leur assurer l'impunité.

669. Un second système voudrait qu'on appliquât une peine moins forte que la somme des peines encourues, mais plus forte que la plus élevée d'entre elles. Ce système éclectique repose sur cette idée que, si l'agent a commis plusieurs fautes successives, sa culpabilité est atténuée par le retard apporté dans le châtiment : il est plus coupable que s'il n'en avait commis qu'une seule, mais la négligence du pouvoir social a contribué à l'encourager dans le crime, et il serait injuste de cumuler les peines. On prendra un moyen terme entre la somme des peines et la peine la plus forte qu'il ait encourue.

Nous ferons à ce système le même reproche qu'au premier ; il déplace la question, et, selon nous, en voici la vraie formule : chaque infraction constitue une faute et nécessite une peine, et si cela est vrai de chacune d'elles isolément, leur réunion ne peut pas diminuer la culpabilité de l'agent : elle l'augmenterait plutôt, car ce cumul des fautes prouve une volonté plus arrêtée, partant plus coupable.

670. Aussi admettons-nous, avec le troisième système, que le cumul des fautes appelle le cumul des peines, et nous ne voyons pas en quoi le retard dans la poursuite peut, au point de vue *intrinsèque*, diminuer la culpabilité de l'agent : la société lui donnait le temps de se repentir, il en a profité pour se rendre de nouveau coupable ; ce n'est pas, à notre avis, un titre à l'indulgence.

Seulement, à côté de la logique rigoureuse, il y a l'humanité qui défend de cumuler certaines peines à cause de leur gravité : l'agent qui encourt une seule d'entre elles est assez puni pour qu'on lui épargne les autres ; ainsi il est impossible de condamner aux travaux forcés à temps l'homme qui est condamné à mort, car l'exécution différée pendant dix ou vingt ans serait un supplice trop cruel. La législation positive doit s'inspirer de ce sentiment d'humanité. A côté de cela, il y a des peines matériellement incompatibles, comme les travaux forcés à perpétuité et la reclusion.

Mais, en dehors de ces deux exceptions, nous croyons que le système *du cumul* est le plus conforme aux principes du Droit pénal.

671. C'était la théorie de la loi Romaine, et Ulpien, qui la formule avec une grande netteté, en donne le vrai motif : le fait d'avoir commis un second délit ne peut pas, dit-il, assurer l'impunité pour le premier : « *Nunquam plura delicta concurrentia faciunt ut ullius impunitas detur : nunquam enim delictum ob aliud delictum minuit pœnam* [1]. » Et dans notre ancien Droit, Jousse et Muyart de Vouglans nous disent qu'on avait suivi la règle romaine, hormis pour certaines peines dont l'exécution ne pouvait se cumuler, comme la mort et les galères[2].

672. Le Code pénal des 16-29 septembre 1791 porte à ce principe du non-cumul des peines une première atteinte, en décidant dans l'article 40 du titre VII que l'accusé, condamné pour une première infraction, peut être poursuivi pour les nouveaux faits résultant des débats, mais, s'il est condamné, il ne subira la peine « *qu'autant qu'elle serait plus forte que celle du premier délit* ». Le Code du 3 brumaire de l'an IV, art. 466, prévoyant la même hypothèse, porte que non-seulement le coupable ne subira pas la peine de la seconde

1. L. II, ff., *de privatis delictis* (47, 1).

2. Muyart de Vouglans, liv. II, tit. II, ch. II, règl. 15e. — Jousse, t. II, nos 280 et suiv., p. 642.

infraction, si elle n'est pas plus forte, mais qu'il ne pourra pas être *poursuivi* pour la seconde infraction, à moins qu'elle ne doive entraîner une peine plus forte que la première.

Observons que cette exception était assez restreinte : elle ne s'appliquait qu'à l'hypothèse où la seconde infraction était révélée au cours de l'accusation et des débats d'une infraction antérieure; en second lieu, elle n'était relative qu'aux matières *criminelles*, et le Code des 19-24 juillet 1791, qui s'occupait des matières correctionnelles ou de simple police, ne contenait aucune disposition prohibant le cumul des peines.

673. Dans notre législation actuelle, aucun texte du Code pénal ne défend le cumul des peines; mais dans le Code d'instruction criminelle trois articles, les articles 361, 365 et 379, placés au titre II du livre II, sous la rubrique « *des affaires qui doivent être soumises au jury* », s'occupent du concours de plusieurs infractions. Les articles 371 et 379 prévoient le cas où la seconde infraction est révélée au cours des débats, et indiquent que la seconde poursuite devra être ordonnée dans tous les cas, s'il y a acquittement sur la première, et, s'il y a condamnation, seulement dans le cas ou le nouveau *crime* mériterait une peine plus grave que le premier, ou bien encore si l'accusé a des complices en état d'arrestation. L'article 365 suppose que l'accusé est convaincu simultanément, *dans la même poursuite*, de plusieurs crimes ou délits, et porte « que la peine la plus forte sera seule appliquée ».

En dehors de ces articles, aucun texte n'a trait au concours de plusieurs infractions : d'ailleurs, ces articles eux-mêmes ont été votés sans discussion, et le seul passage des travaux préparatoires qui puisse en déterminer la portée est le passage suivant du rapport de M. Faure : « Jusqu'ici *les cours de justice criminelle* se sont interdit cette cumulation, plutôt d'après une jurisprudence que d'après un texte formel. Mais en telle matière tout doit être réglé par la loi[1]. »

674. Ces précédents historiques rappelés, et les textes actuels connus, nous avons à en rechercher le sens : deux points doivent être étudiés.

I. A quelles matières s'applique la règle du non-cumul des peines.

II. Quel est l'effet de cette règle.

I. A QUELLES MATIÈRES S'APPLIQUE LA RÈGLE DU NON-CUMUL DES PEINES.

675. La jurisprudence et d'éminents auteurs soutiennent que la règle du non-cumul est une règle générale qu'il faut appliquer dans tous les cas, aux délits comme aux crimes.

La règle du non-cumul est, disent-ils, une règle essentielle de raison, de morale et d'humanité : le but de la peine est de châtier l'agent coupable et de l'empêcher de recommencer à enfreindre la loi, mais s'il faut atteindre ce but, il faut bien se garder de le dépasser; or il est probable qu'une seule peine, la peine la plus sévère de celles que l'agent ait encourues et qui peut être appliquée au *maximum*, suffira pour l'arrêter dans de nouvelles entreprises coupables. On ajoute que la cumulation des peines les dénaturerait et en augmenterait la gravité au delà des prévisions du législateur, de telle manière que la peine serait hors de proportion avec la faute.

Abordant ensuite les textes, cette opinion reconnaît que les articles 361, 365 et 379 ne donnent pas au principe du non-cumul la portée qu'ils lui assignent : mais cela tient, dit-on, à ce que ces articles supposent la règle établie plutôt qu'ils ne la formulent, ils en donnent une application. Mais ce qui prouve bien que la règle est générale, c'est l'inconsé-

1. Locré, t. XXV, p. 577.

quence à laquelle on arriverait dans le système contraire : s'agit-il de plusieurs délits jugés par la cour d'assises, la cour ne pourra appliquer qu'une seule peine, d'après l'article 365; si au contraire ils sont jugés par le tribunal correctionnel, le tribunal devrait cumuler les peines, de telle sorte que pour les mêmes faits la pénalité dépendrait de la juridiction qui serait appelée à statuer[1].

676. Nous croyons au contraire que la règle générale c'est la règle du cumul, et qu'il n'y a de dérogation à cette règle que pour les *crimes*, et, par exception, pour les délits sur lesquels la cour d'assises aurait à statuer. Au point de vue rationnel, chaque infraction mérite une peine, et l'agent ne peut pas effacer les premières en en commettant de nouvelles : le châtiment n'est pas nécessaire pour lui faire comprendre qu'il a commis une faute, sa conscience suffit, et la société a le droit de le punir pour chacun de ses actes coupables. Il y a, il est vrai, comme nous l'avons dit, des peines qui sont matériellement incompatibles, il y en a d'autres, qu'à raison de leur gravité l'humanité défend de cumuler : ce sont les peines en matière criminelle. Mais en matière correctionnelle, il n'y a pas de motif pour traiter de même l'agent qui a commis plusieurs infractions et celui qui n'en a commis qu'une.

Si on examine les textes en les rapprochant des précédents historiques que nous avons rappelés, il est difficile de n'y pas voir la confirmation de ces principes : le Droit Romain et notre ancien Droit admettaient le cumul, la législation intermédiaire n'y a apporté d'exception qu'en matière criminelle; les articles 361, 365 et 379 sont sous la rubrique « des affaires soumises au jury »; et M. Faure, en les présentant, ne

1. Cass., 3 octobre 1835 (Sirey, 36, I, 123); 8 mai 1852 (Sirey, 52, I, 220); 26 juin 1855 (Dev., 55, I, 849); 28 février 1857 (Dev., 57, I, 389); 20 mars 1862 (Dev., 62, I, 909); Chauveau et Hélie, I, 121; Bertauld, XIVe leçon, p. 282 et suiv.

fait allusion qu'à la jurisprudence des « cours criminelles », qui n'était fondée sur aucun texte, tandis qu'aujourd'hui, tout doit être réglé par la loi. Comment donc voir dans ces textes la preuve d'une innovation qui ne serait écrite nulle part?

On objecte, il est vrai, que d'après l'article 365 l'agent qui a commis plusieurs délits ne subira qu'une seule peine, s'il est jugé par la cour d'assises, et on y trouve la preuve ou d'une inconséquence inexplicable, ou de l'existence en matière de délits de la règle du non-cumul. Nous répondrons que, d'après le texte, cette exception est limitée à la cour d'assises ; elle sera très-rare, puisqu'elle suppose une erreur dans la poursuite, une confusion entre des crimes et des délits, et en outre une série de délits jugés en même temps par la cour d'assises ; dans ce cas, l'exception à la règle du cumul peut s'expliquer précisément parce qu'une erreur a été commise au préjudice de l'agent, qu'elle a entraîné une détention préventive plus longue et qu'elle l'a conduit sous le coup d'une accusation grave devant une juridiction dont les débats ont une grande notoriété. La loi a pu, pour réparer le préjudice qui lui a été causé, dire qu'il n'encourra qu'une peine.

Nous ferons un dernier argument : si l'article 365 suppose la règle générale du non-cumul, il faut l'appliquer aux contraventions comme aux autres infractions, et cependant la cour de cassation reconnaît aujourd'hui qu'il est inapplicable aux contraventions. Que devient dans ce système le caractère général et absolu de la règle que l'on invoque?

677. Dans le système que nous adoptons, la règle au cas de concours de plusieurs infractions est facile à formuler : les peines se cumuleront en toute matière, si ce n'est en matière criminelle, et dans le cas de plusieurs délits jugés par la cour d'assises. Mais, dans le système contraire, on va voir l'incertitude et les hésitations qui règnent sur l'application du principe que les peines « ne peuvent se cumuler ».

Ainsi, pour les contraventions, la cour de cassation, suivant en cela un système logique, avait d'abord décidé que le principe du non-cumul était applicable[1] ; mais en 1842, sur les remarquables conclusions de M. le procureur général Dupin, elle abandonna sa jurisprudence en se fondant sur un double motif : le premier, que l'article 365 ne parle que de crimes et de délits, et le second, que les contraventions ne sont le plus souvent que de simples infractions ou omission, des négligences ou désobéissances commises sans intentions et punies de peines très-légères. Il n'y a donc aucun motif ni pour donner à l'agent un premier avertissement avant de le punir, ni pour adoucir par humanité les peines qu'il a encourues. Depuis 1842, la cour de cassation a persisté dans cette nouvelle jurisprudence[2].

678. Pour les peines *accessoires à certaines infractions*, comme la confiscation, la surveillance de la haute police, etc., nous remarquons la même variation dans la jurisprudence de la cour suprême ; appliquant avec rigueur le principe du non-cumul qu'elle avait posé, elle l'étendit d'abord aux peines accessoires à l'infraction[3] ; mais elle est revenue sur cette jurisprudence, et avec raison selon nous[4]. En effet, ces peines accessoires sont édictées en vue du caractère spécial

1. Cass., 23 mars 1837 (Sirey, 37, I, 365) ; 22 février 1840 (Sirey, 41, I, 146) ; 15 janvier 1841 (Sirey, 41, I, 146) ; 19 mars 1841 (Sirey, 42, I, 241-242) ; 13 mai 1841 (Sirey, 41, I, 519).

2. Cass., *Ch. réun.*, 7 juin 1842 (Sirey, 42, I, 496) ; 25 janvier 1845 (Sirey, 45, I, 349) ; 19 janvier 1849 (Sirey, 50, I, 65) ; 22 juillet 1852 (Sirey, 52, I, 682) ; 9 mars 1855 (Sirey, 55, I, 576) ; 18 août 1860 (Sirey, 61, I, 661) ; 5 août 1869 (Sirey, 70, I, 230) ; 2 mai 1873 (Sirey, 73, I, 342).

3. Cass., 29 septembre 1815 ; 27 février 1824 ; 6 avril 1827 ; 19 septembre 1828 (Sirey, C. N., t. V, p. 101 ; t. VII, p. 404 ; t. VIII, p. 564 ; t. IX, p. 172.)

4. Cass., 12 septembre 1844 (Sirey, 44, I, 239) ; 24 avril 1847 (Sirey, 47, I, 688) ; 13 mai 1853 (Sirey, 53, I, 461) ; 6 et 13 mars 1856 (Sirey, 56, I, 625). *Contra*, Paris, 7 juin 1851 (Sirey, 51, II, 351).

de certaines infractions, et comme étant le moyen le plus efficace de les punir et d'en empêcher le renouvellement : l'agent ne peut donc s'y soustraire parce qu'il aurait encouru une peine plus grande peut-être, mais qui ne serait pas de nature à atteindre le même résultat. — D'un autre côté, pour appliquer le principe du non-cumul des peines, il faut pouvoir les mesurer entre elles et déterminer laquelle est la plus grave; et, si cet examen est facile pour les peines principales, classées dans leur ordre de gravité par les art. 7, 8 et 9 du Code pénal, il est impossible pour les peines accessoires, dont la loi n'indique ni la gravité respective, ni la gravité par rapport aux peines principales. Comment dès lors classer entre elles la confiscation, la surveillance de la haute police, l'affiche, la destitution, etc...?

679. Ce que nous disons des peines *accessoires à l'infraction* ne peut être appliqué aux peines *accessoires à certaines peines* principales; dans le système du non-cumul, il est évident que ces peines ne peuvent se cumuler, puisqu'elles sont attachées comme conséquences à des peines principales qui ne sont pas prononcées, et que l'effet ne peut exister où la cause n'existe pas[1].

680. Enfin, pour les peines *pécuniaires*, la jurisprudence a encore subi des variations qui montrent combien le principe qu'elle veut appliquer est peu sûr : elle s'est d'abord prononcée pour le *cumul*, par le motif que l'art. 365 ne s'applique pas aux peines pécuniaires[2] ; aujourd'hui, elle paraît fixée dans le sens du non-cumul[3], mais avec une restriction admise par certains arrêts et rejetée par d'autres dans le

1. Paris, 7 juin 1851 (Sirey, 51, II, 351).

2. Cass., 15 juin 1821 (Sirey, C. N., t. VI, p. 454); 14 novembre 1832 (Dalloz, 33, I, 48).

3. 17 mai 1838, *Bull. crim.*, n° 129; 6 mars 1856 (Sirey, 56, I, 625); 28 février 1857 (Sirey, 57, I, 389); 12 juin 1857, *Bull. crim.*, n° 226; 13 juin 1857, n° 229; 4 mars 1859, n° 72; 12 janvier 1860, n° 9; 13 juillet 1860, n° 58.

cas où la peine pécuniaire n'aurait le caractère que d'une réparation civile[1].

Toutes ces incertitudes, toutes ces variations dans la doctrine que nous combattons seraient, il semble, de nature à faire préférer la règle du cumul, dont l'application est plus simple et plus logique, et qui n'admet d'autre exception que celle écrite dans l'art. 365 pour les cours d'assises.

681. Quant aux infractions réprimées par *des lois spéciales*, il n'y aura pas de difficulté, si l'hypothèse du concours des infractions est prévue par les textes; on les appliquera, soit qu'ils admettent, soit qu'ils rejettent le cumul[2]. Si les lois spéciales ne prévoient pas ce concours, il faudra distinguer suivant que ces lois sont antérieures ou postérieures au Code d'Instruction criminelle : sont-elles postérieures, on appliquera les mêmes règles que pour le Code d'Instruction criminelle lui-même, c'est-à-dire que dans notre système les peines devront être cumulées, à moins qu'il ne s'agisse de crimes ou de délits jugés par les cours d'assises. Sont-elles antérieures, il nous semble que, même dans le système qui interprète l'art. 365 dans le sens du non-cumul, les peines des infractions prévues par ces lois devraient être cumulées. En effet, à l'époque où ces lois ont été rédigées, la législation ancienne ou intermédiaire, comme nous l'avons vu, se prononçait pour le cumul, et il faut interpréter ces lois spéciales suivant la législation générale en vigueur à l'époque où elles ont été promulguées[3].

1. V. Cass., 11 octobre 1827 (Sirey, C. N., t. VIII, p. 688); 3 janvier 1856 (Sirey, 56, I, 380); *Et en sens contraire*, 28 décembre 1838 (Sirey, 38, I, 544); 29 janvier 1851, n° 34.

2. V. loi du 3 mai 1844, art. 17, sur *la chasse;* loi des 19 et 27 décembre 1850, art. 4, sur *l'usure;* loi du 11 mai 1868 sur *la presse; Code de justice militaire pour l'armée de terre* des 9 juin-4 août 1857, art. 60; *Code de justice militaire pour l'armée de mer* des 4-15 juin 1858, art. 109-165.

3. V. en ce sens Cass., 16 février 1844 (Sirey, 44, I, 625).

II. QUEL EST L'EFFET DE LA RÈGLE DU NON-CUMUL DES PEINES.

682. Pour bien comprendre cet effet, il faut distinguer deux hypothèses : ou les diverses infractions ont été comprises dans la même poursuite, ou elles ont été l'objet de poursuites différentes.

I. Si elles ont été comprises dans la même poursuite, cette hypothèse, expressément prévue par l'art. 365, offre peu de difficulté. Si les faits entraînent des peines de nature différente, la peine la plus forte, c'est-à-dire la plus élevée dans l'échelle de la pénalité, suivant la gradation que nous avons indiquée au titre V, sera seule appliquée ; si les peines encourues sont de même nature, on appliquera la peine une seule fois.

Du reste, les juges conservent, dans les deux cas, la faculté d'augmenter ou de diminuer la peine dans les limites du maximum et du minimum ; ils peuvent, si bon leur semble et sans que leur décision puisse être attaquée pour violation de la loi, n'infliger que le minimum pour toutes les infractions.

683. II. Si les poursuites sont divisées et successives, la raison indique que cette division ne peut ni profiter ni nuire à l'action publique. L'agent, poursuivi une seconde fois, pourra donc être condamné à la peine la plus forte qu'il a encourue pour ses deux infractions. Il arrivera souvent, en effet, que la culpabilité de l'agent sera plus grande à raison du renouvellement de ses infractions, et il ne peut pas se faire que l'ignorance où étaient les premiers juges de ses divers actes lui profite, il sera traité comme s'il eût été jugé en même temps pour toutes les infractions[1]. Le devoir des magistrats,

1. Cass., 4 juin 1836 (Sirey, 37, I, 39).

chargés de statuer sur la seconde poursuite, est d'examiner si la peine prononcée à raison de la première poursuite a été suffisante, ou si, à cause de la réitération des infractions, il n'y a pas lieu de l'augmenter; mais, s'ils l'augmentent, ils devront se maintenir dans les limites fixées par l'art. 365.

684. Il peut se présenter trois hypothèses pour l'application de ces principes :

1re *hyp.* — La première condamnation prononce une peine d'un degré inférieur par sa nature à la peine encourue pour le second fait, la réclusion, par exemple, tandis que le nouveau fait entraîne les travaux forcés. Les juges devront *nécessairement* prononcer la seconde peine; celle-ci absorbera la première, et le temps déjà accompli pour l'exécution de celle-là s'imputera sur la seconde[1].

Pour apprécier la nature de la première condamnation, il faudra examiner la peine qui a été réellement prononcée, et non la nature de l'infraction qui a été poursuivie[2].

685. 2e *hyp.* — La peine encourue par le nouveau fait est d'un *degré égal* à la peine prononcée par la première condamnation; les juges devront alors examiner quelle a été la quotité de la peine prononcée. Si elle atteint le maximum de la peine la plus forte, la situation du condamné ne peut pas être modifiée; si elle est inférieure au maximum, les juges apprécieront la culpabilité de l'agent et pourront, s'ils le trouvent juste, lui infliger une augmentation de peine, même le maximum[3]. Nous disons à dessein une « augmentation de peine. » Ce n'est pas en effet une peine nouvelle, distincte de la première, que la cour d'assises prononce, c'est une augmentation qui peut être inférieure au minimum légal de

1. Cass., 8 mars 1833 (Sirey, 33, I, 365).
2. Arrêt précité du 4 juin 1836.
3. Cass., 27 avril 1832 (Sirey, 32, I, 861); 2 août 1833 (Sirey, 34, I, 529); juin 1836 (Sirey, 37, I, 39).

cette peine. Ainsi, la cour peut ajouter un an de travaux forcés à une condamnation de cinq ans[1]. Enfin, si les juges trouvent que le fait nouvellement révélé n'est pas suffisant pour déterminer une augmentation de peine, ils peuvent n'en prononcer aucune[2].

686. 3e *hyp.* — La peine encourue par le nouveau fait est d'un *degré inférieur* à celle prononcée par la première condamnation : alors il est certain que cette condamnation ne peut subir aucun changement, puisque la peine la plus forte a été appliquée. Seulement, comme nous le verrons dans le cours d'Instruction criminelle, c'est une question grave et discutée que de savoir si une nouvelle poursuite est possible à l'occasion de ce second fait, ou si la première condamnation a éteint l'action publique ; mais, si une poursuite est possible, il est certain qu'elle ne peut amener aucune application de peine nouvelle[3].

1. V. arrêt précité du 27 avril 1832.
2. Même arrêt.
3. Cass., 17 juillet 1831 (Sirey, 31, I, 239).

TITRE IX

DU CONCOURS DE PLUSIEURS AGENTS, DES COAUTEURS ET DES COMPLICES.

687. Une infraction peut être commise par plusieurs agents, et le législateur doit déterminer alors quelle est la responsabilité de chacun, suivant sa participation plus ou moins grande à l'acte incriminé. Comme nous l'avons vu, l'infraction comprend diverses phases pour lesquelles la loi n'a pas la même sévérité : la conception du crime, la résolution de le commettre, les actes qui le préparent, le commencement d'exécution ou la tentative, l'exécution, les faits postérieurs à l'exécution. Un agent peut avoir coopéré à une partie de ces faits sans avoir pris part aux autres : comment et de quelles peines la loi devra-t-elle le punir, suivant les cas?

La loi divise en deux classes les agents qui ont participé à l'infraction, les *coauteurs* et les *complices :* le coauteur est celui qui a participé directement et matériellement à l'*exécution* même de l'infraction, c'est l'agent qui tenait les bras de la victime pendant que l'autre l'égorgeait ; au contraire le complice n'a pas directement pris part au fait coupable, mais il a coopéré sciemment aux préparatifs de ce fait, il a fourni l'échelle, le poignard ou le poison, il a fait le guet pendant que l'agent principal commettait le crime.

688. Les coauteurs sont punis de la même peine, et cette règle est à l'abri de toute critique : ils ont tous commis le crime, matériellement, l'un faisant ce que l'autre ne pouvait pas faire, et leurs efforts simultanés tendaient vers un but commun, l'accomplissement de l'infraction : ils ont donc mérité la même peine. Sans doute il peut y avoir entre eux quelque différence : la jeunesse de l'un, son inexpérience, la faiblesse de son caractère, le peu d'intelligence de l'autre, peuvent atténuer leur faute ; mais le juge trouvera dans la différence entre le maximum et le minimum, et dans l'admission des circonstances atténuantes, un moyen de proportionner la peine à la criminalité de chacun des coauteurs : la loi ne devait pas établir entre eux de différence.

689. S'il est facile d'édicter une peine juste contre les coauteurs en les châtiant également, la question est beaucoup plus difficile pour les complices ; les coauteurs sont punis pour leur fait, pour leur participation à une des circonstances constitutives de l'infraction, il est donc logique de leur infliger la peine de l'infraction. Les complices, au contraire, ne sont pas punis pour leur propre fait ; le plus souvent ce fait, en lui-même, est à l'abri de toute pénalité, car il n'est qu'un acte préparatoire à l'infraction, comme le serait le fait de fournir des instruments pour commettre le crime. Le complice n'est donc pas puni pour son fait, mais *pour le fait d'autrui*, pour le crime commis par autrui, et auquel il a donné aide et assistance : de quelle peine le frapper?

Et d'abord pourquoi le punir, puisque le seul acte qu'il ait commis personnellement est un acte que la loi pénale n'atteint pas? Pourquoi punir chez le complice des actes qu'on ne punirait pas chez l'auteur principal, des actes préparatoires? La réponse est facile : la criminalité d'un acte se mesure aux conséquences qui en découlent, et cet acte inoffensif en lui-même, comme de fournir une échelle, a permis de commettre un crime ; d'un autre côté, il a été fait sciemment, et la réunion de ces deux éléments, intention mauvaise du complice, acte matériel nuisible préparé par lui, ne permet pas de le laisser impuni. Mais de quelle peine doit-il être puni?

De la même peine que l'auteur principal, dit-on : les faits de complicité ne sont pas punissables par eux-mêmes, mais par leur relation avec le fait coupable auquel ils se rattachent ; leur criminalité doit donc se mesurer sur celle du fait principal, car il y a entre ces deux faits le lien de cause à effet. On ajoute que la perversité du complice n'est pas moindre que celle de l'auteur principal, puisqu'il fournit sciemment les moyens de commettre le crime : il est seulement plus habile, car il réussit à laisser à un autre le rôle le plus dangereux, mais il est aussi coupable. C'est le système du Code pénal français.

Nous croyons au contraire que le complice doit être moins sévèrement puni que l'auteur principal. En général, il est moins coupable : il a consenti à coopérer à l'infraction, il l'a inspirée ; mais peut-être qu'il ne l'aurait pas commise luimême, et que la vue de la victime aurait arrêté son bras. De plus, il est impolitique de mettre sur la même ligne l'auteur principal et les complices : « Si les lois punissent plus sévèrement les exécuteurs du crime que les simples complices, dit Beccaria, il sera plus difficile à ceux qui méditent un attentat de trouver parmi eux un homme qui veuille l'exécuter, parce que le risque sera plus grand à raison de la différence des peines »[1]. Si tous sont également punis, nul n'aura de motif pour reculer devant le rôle d'agent principal, et le crime sera certainement accompli par l'un ou par l'autre. On dirait, fait remarquer avec raison Rossi, d'une disposition suggérée par les malfaiteurs eux-mêmes[2].

1. *Traité des délits et des peines*, n° 95.

2. Rossi, t. III, p. 19 et suiv. — A. Morin, V° *Complicité*, n° 6. — Bertauld, XXI° leçon, p. 428. — Chauveau et Faustin Hélie, I, n° 82.

Historiquement, la disposition de notre Code pénal n'est que la reproduction du système des lois romaines et de notre ancien Droit. La loi romaine punit en effet de la même peine le complice et l'auteur principal[1], et Jousse nous apprend que cette règle avait été adoptée dans l'ancien Droit[2].

690. Nous étudierons sur la complicité trois questions :

I. Dans quels cas y a-t-il complicité ;

II. A quelles conditions la complicité est-elle punissable ;

III. De quelles peines est-elle punie.

I. DANS QUELS CAS Y A-T-IL COMPLICITÉ?

691. Où commence la complicité? Où finit-elle pour ne laisser en présence que des coauteurs? Tels sont les deux aspects de notre question.

Où commence-t-elle? Le principe posé dans l'article 60, c'est que le simple conseil de commettre une infraction ne suffit pas pour constituer la complicité : de même que la loi ne punit pas la résolution arrêtée chez l'agent de commettre un crime, de même elle n'atteint pas le conseil donné, si mauvais qu'il soit : l'agent est libre de ne pas le suivre, comme il est libre de revenir sur sa résolution arrêtée. C'était déjà la solution de la loi romaine : « *Certe qui nullam operam ad furtum faciendum adhibuit, sed tantum consilium dedit atque hortatus est ad furtum faciendum, non tenetur furti* »[3]. Mais notre ancien Droit, plus rigoureux, punissait le conseil donné comme étant un fait de complicité[4].

692. Mais le conseil constitue la complicité, sous le nom

1. L. I, Cod., *de his qui latrones* (9, 39) ; l. I et II, ff., *de receptatoribus* (47, 16) ; l. IX, Cod., *ad legem Juliam de vi* (48, 7) ; l. VI, ff., *ad legem Pompeiam de parricidiis* (48, 9).

2. T. I, 1re partie, tit. II, p. 20-35.

3. Institutes, *de obligation. quæ ex delicto nascuntur*, § XI (IV, I).

4. Jousse, *loc. supra citato*, p. 30. — Muyart de Vouglans, p. 16 et 17.

de *provocation*, d'après l'article 60, si le complice a, pour exciter au crime, usé de dons, promesses, menaces, abus d'autorité ou de pouvoir, machinations ou artifices coupables : il n'y a plus alors un simple conseil qui laisse à l'agent son libre arbitre et par suite la responsabilité de l'acte qu'il va commettre, il y a l'emploi de moyens violents ou dolosifs qui influent sur la volonté de l'agent, et font du provocateur le complice du crime.

693. M. Rossi voudrait que la loi allât plus loin et fît de l'instigateur de l'infraction non pas un simple complice, mais un *coauteur :* la résolution coupable et l'acte matériel sont, dit-il, les deux éléments du crime, et l'auteur de la résolution est toujours aussi coupable, et souvent plus coupable que l'auteur de l'acte matériel. Ils ont donc coopéré également au crime, l'un en donnant la pensée, l'autre en l'exécutant, et la raison exige qu'on voie en eux des coauteurs [1].

Nous croyons que la solution de notre loi pénale est meilleure : ce qui caractérise la complicité, c'est que l'acte commis par le complice est en lui-même à l'abri de toute pénalité, et ne peut être puni que pour le fait d'autrui, à cause de sa relation directe avec un fait qui est, lui, punissable. Tel est bien le caractère de la coopération dans l'hypothèse où l'un donne le conseil et où l'autre l'exécute : celui qui a donné le conseil n'a commis aucun fait matériel répréhensible, et il n'est puni qu'à raison de l'acte d'autrui. On objecte qu'il est au moins aussi coupable que l'agent qui a prêté son bras : au point de vue moral, cela est possible, mais au point de vue social, l'homme, si pervers qu'il soit, qui inspire un crime, est moins coupable que celui qui l'exécute ; car il y a chez ce dernier d'abord une volonté coupable

1. Rossi, t. III, p. 13 à 49 ; Chauveau et Faustin Hélie, t. I, n° 183 ; Code pénal de Bavière, art. 45-46.

qui s'est approprié le dessein d'autrui, puis un acte externe dangereux ; en réalité, il est l'auteur du crime[1].

694. A côté de la provocation, l'article 60 déclare punissables, comme étant un fait de complicité, les *instructions données* pour commettre une infraction; mais il y a, entre ces deux modes de complicité, une très-grande différence : tandis que la provocation n'est punie que si l'agent provocateur a usé de moyens dolosifs, le fait seul de donner des instructions est puni, lors même qu'on n'établirait pas chez l'agent l'emploi de moyens frauduleux, dons, promesses, menaces, etc.

Mais l'agent peut être puni pour avoir donné des instructions sans savoir au juste à quel crime déterminé elles allaient servir : il faut seulement que l'intention arrêtée chez l'auteur de commettre un crime lui ait été connue[2].

695. La loi considère ensuite comme fait de complicité l'assistance donnée par l'agent dans les actes qui ont *préparé* l'infraction; en premier lieu, le fait d'avoir fourni des armes, instruments, ou autres moyens qui auront servi à commettre l'infraction ; puis l'aide ou l'assistance donnée dans les faits qui l'ont *préparée, facilitée* ou *consommée.* Mais, pour ces deux cas, l'article 60 s'exprime plus nettement et exige, pour qu'il y ait complicité, que l'assistance ait été donnée par l'agent en connaissance de cause, sachant qu'il coopérait à un fait mauvais, et, s'il s'agit d'un crime, le verdict du jury doit à peine de nullité constater cette complicité intentionnelle de l'agent[3]

696. Il est facile de déterminer dans quel cas il y a com-

1. Bertauld, XXIe leçon, p. 429.

2. Cass., 27 octobre 1815 (Sirey, C. N., t. V, p. 105); 23 mai 1844, *Bull. crim.*, n° 179; 31 août 1845, n° 264; Blanche, t. II, n° 94. — *Contrà,* Le Sellyer, t. II, n° 628.

3. Cass., 24 juillet 1847, *Bull. crim.*, n° 160; 14 octobre 1847 (Sirey, 48, I, 96).

plicité, lorsqu'elle repose sur le fait d'avoir fourni sciemment les instruments du crime, ou d'avoir assisté l'auteur principal dans les actes qui ont préparé ou facilité l'infraction. Ainsi l'homme qui apporte l'échelle pour servir à l'escalade, celui qui accompagne l'agent principal pour reconnaître les abords de la maison où il veut pénétrer, sont des complices. Mais la loi va plus loin, et déclare qu'il peut y avoir complicité dans l'assistance donnée aux faits qui ont *consommé* l'infraction : il est alors très-difficile de distinguer le complice du coauteur, car tous les deux coopèrent aux actes qui consomment l'infraction ; où sera la limite ?

Voici, selon nous, ce qui sépare dans ce cas le complice du coauteur : y a-t-il coopération à l'exécution directe de l'acte criminel, l'agent est un coauteur ; y a-t-il seulement un acte concomitant, qui est un des éléments du crime, mais qui n'en est pas l'exécution directe, l'agent sera un complice. Ainsi l'agent qui brise la serrure d'un meuble pour que son compagnon s'empare du contenu est un coauteur ; au contraire, celui qui pendant la durée de l'effraction fait le guet n'est qu'un complice ; l'agent qui tient la victime pendant que l'autre la tue est un coauteur ; celui qui pendant ce temps tient la porte barricadée et empêche les autres habitants d'arriver au secours de la victime est un complice. Les uns coopèrent directement à l'infraction, les autres ne donnent qu'une assistance indirecte.

697. En dehors de ces trois faits, provocation, instructions données pour commettre l'infraction, coopération soit en fournissant les moyens d'accomplir le crime, soit en prêtant assistance à son exécution, il n'y a pas de complicité, si immoral que puisse être l'acte incriminé : ainsi, comme nous l'avons dit, le conseil ne constitue pas un fait de complicité, sauf dans certains cas où la loi en fait un délit spécial ; l'abstention, le fait de n'avoir pas empêché l'exécution d'un crime, sachant qu'il va se commettre ou même en étant témoin de son exécution, est un acte très-blâmable, mais ce n'est point un acte de complicité, fût-il établi que celui qui s'est abstenu avait consenti au crime [1] ; il n'en serait différemment que si l'abstention de l'agent avait été soldée, car alors il serait véritablement un complice [2]. De même, le fait d'avoir aidé à la fuite de l'agent n'est point un fait de complicité ; ce fait postérieur à l'infraction lui est étranger, et n'a point favorisé son accomplissement [3].

698. Tels sont les cas dans lesquels il y a complicité *vraie, réelle ;* mais à côté de cette complicité le Code pénal en reconnaît deux autres : le fait de fournir un logement habituel à des malfaiteurs, et le recel des produits du crime. La première espèce de complicité s'appelle dans la doctrine complicité *présumée*, et la seconde complicité *spéciale*.

Aux termes de l'article 61, « ceux qui connaissant la conduite criminelle des malfaiteurs exerçant des brigandages ou des violences contre la sûreté de l'État, la paix publique, les personnes ou les propriétés, leur fournissent habituellement un logement, lieu de retraite ou de réunion, seront punis comme leurs complices ». Cette espèce de complicité était déjà admise en droit romain [4]. Elle n'est pas une complicité véritable, car ces personnes n'ont coopéré en rien à une infraction déterminée, ou du moins cette coopération n'est pas établie : mais la loi suppose que, fournissant habituellement un logement à des malfaiteurs, elles doivent leur être associées : « On ne peut, disait M. Riboud au corps législatif, les recevoir sans connaître leurs projets et leur conduite et *sans y participer* [5]. »

1. Cass., 28 thermidor an II ; 27 mars 1846, *Bull. crim.*, n° 82 ; 15 novembre 1847, n° 102 ; 3 août 1852, n° 403. — Blanche, t. II, n°s 80-83.
2. Cass., 8 janvier 1863 (Dev., 63, I, 277).
3. Cass., 29 prairial an V (Sirey, C. N., t. I, p. 71) ; Blanche, t. II, n° 83.
4. L. I, Cod., *de his qui latrones vel aliis criminibus reos occultaverint* (9, 39).
5. Locré, t. XXIX, p. 275.

699. Trois conditions sont exigées par l'article 61 pour qu'il y ait complicité présumée :

1° Il faut que celui qui reçoit les malfaiteurs « connaisse leur conduite criminelle » : sans doute, il n'est pas nécessaire qu'il connaisse d'une manière précise tous leurs actes coupables, mais il doit savoir qu'ils ont l'habitude d'en commettre. Ce n'est d'ailleurs que l'application de la règle que nous avons posée, qu'il n'y a pas de délit sans intention coupable.

2° Il doit leur avoir « fourni un logement, lieu de retraite ou de réunion : » ces expressions impliquent deux idées : la première, qu'il n'est pas nécessaire de fournir aux malfaiteurs un abri pour le jour ou la nuit, il suffit de leur donner un lieu où ils se réunissent pour concerter leurs actes, lors même qu'ils iraient ensuite trouver ailleurs un logement. La seconde règle qui ressort du texte, c'est qu'il ne suffirait pas pour être réputé complice de procurer de la nourriture aux malfaiteurs : il faut quelque chose de plus, leur donner un logement ou lieu de réunion [1].

3° Enfin il faut, pour être complice, avoir « l'habitude » de fournir ce logement ou lieu de réunion : un fait accidentel ne suffirait pas pour constituer la complicité de l'article 61. Il ne s'ensuit pas toutefois que le fait accidentel reste toujours impuni : les articles 99, 248 et 268 du Code pénal punissent le fait d'avoir recélé des bandes organisées pour le pillage, des personnes ayant commis un crime emportant peine afflictive, ou des associations de malfaiteurs. Mais, dans ces différents cas, ce fait est puni comme délit spécial, et frappé d'une peine toute différente de celle qui atteint le malfaiteur lui-même; ce n'est plus la complicité présumée, c'est un délit à part.

Il résulte des explications que nous venons de présenter

1. Le Sellyer, t. II, n° 647; Chauveau et F. Hélie, I, n° 211.

sur la complicité présumée qu'elle existera par cela seul qu'un logement a été fourni à un seul malfaiteur: les articles 99 et 268 exigent qu'il ait été procuré à une bande entière, ou tout au moins, dans le cas de l'article 268, à une division de bande, mais l'article 61 ne renferme rien de pareil.

700. La complicité *spéciale* consiste dans le *recel* d'objets obtenus à l'aide d'un crime ou d'un délit: aux termes de l'article 62, celui qui se rend sciemment coupable de ce recel est puni comme complice. Ce n'est pas là une complicité véritable, car la complicité suppose la coopération à un acte mauvais, et on ne peut pas y coopérer lorsqu'il est déjà accompli; mais l'assimilation du recéleur à l'auteur de l'infraction se justifie par des considérations d'utilité publique. « Point de recéleurs, point de voleurs, » disaient nos vieux jurisconsultes, et ils avaient raison : si le voleur n'avait pas la certitude de pouvoir se débarrasser des objets qu'il a soustraits, il ne commettrait pas une infraction inutile. Le recel produit un double mal; il encourage l'agent à accomplir le vol, et il lui assure l'impunité une fois accompli. Aussi la loi romaine punissait-elle comme le fait notre Code pénal le recéleur de la peine du voleur[1].

Le recel existe dès qu'il y a acceptation en dépôt de l'objet détourné, lors même que le recéleur ne l'emploierait pas à son profit : l'article 61 n'exige qu'une chose, le recel[2]. Mais il importe que le recéleur ait connu la provenance de l'objet, au moment où il le recevait en dépôt: cette connaissance simultanée est un des éléments de la complicité, et, s'il ne l'acquérait qu'après avoir reçu l'objet, il ne serait pas réputé complice[3].

701. Signalons deux exceptions aux règles que nous ve-

1. L. I et II, ff., *de receptatoribus* (47, 16); l. IX, Cod., *ad legem Juliam de vi* (9, 12).

2. Cass., 16 juillet 1877; Chauveau et F. Hélie, I, n° 213.

3. Chauveau et F. Hélie, I, n° 213; Rauter, t. I, n° 125.

nons de poser, l'une en matière forestière, où le détenteur des objets provenus des délits forestiers est réputé complice jusqu'à preuve contraire [1], l'autre en matière de complicité de banqueroute frauduleuse, où le recel n'est punissable qu'autant qu'il a lieu dans l'intérêt du failli [2].

Ajoutons, en terminant, que la complicité n'existe qu'en matière de crimes ou de délits : la contravention est un fait trop peu grave par lui-même, et qui cause trop peu de préjudice à la société pour qu'on punisse au delà de l'auteur principal.

La parenté avec l'auteur principal n'est point une excuse en matière de recel : cela résulte de la comparaison des articles 61 et 248 du Code pénal.

II. A QUELLES CONDITIONS LA COMPLICITÉ EST-ELLE PUNISSABLE.

702. Le complice n'a, comme nous l'avons dit, qu'une culpabilité d'emprunt, il est puni à raison du fait de l'auteur principal; mais son sort n'est pas lié au sort de l'auteur principal, et du moment où le fait incriminé est un crime ou un délit, le complice sera puni, lors même que l'auteur principal serait acquitté par une considération personnelle; il est puni à raison du fait coupable, et non de la culpabilité de l'auteur de ce fait. Ces deux idées forment les deux règles fondamentales de la complicité.

703. *Première règle.* — Nul ne peut être condamné comme coupable, s'il n'existe un crime ou délit principal. Ainsi, si l'auteur principal, après avoir arrêté avec son complice tous les détails du crime et en avoir terminé les préparatifs matériels, cède à un mouvement de crainte ou de repentir et

1. Art. 161 et 164 du Code forestier.
2. Cass., 18 mars 1852 (Sirey, 53, I, 446).

s'arrête, ce désistement, auquel le complice n'a pas pris part et qu'il regrette peut-être, lui profitera : il n'y a pas d'infraction, il n'y a donc pas de complice.

704. On s'est demandé s'il n'y avait pas d'exception à cette règle dans le cas où il y a assistance donnée à un suicide. Le suicide n'est pas puni par la loi pénale : si l'homme qui voulait se suicider a réussi dans sa criminelle entreprise, sa mort l'a soustrait à l'empire de la justice humaine; s'il a échoué, s'il survit, la loi suppose qu'il a cédé à un accès de folie, et ne le punit pas : d'ailleurs il y aurait une étrange inconséquence à punir de la peine de mort l'homme qui cherchait précisément à s'enlever la vie.

Mais, si cet homme, craignant de faiblir dans l'exécution, charge un autre de lui donner la mort, celui-ci pourra-t-il être condamné? Non, dit-on : l'intention coupable, la volonté de faire le mal, n'existent pas chez celui qui a donné la mort; il a cru rendre un service, et s'il a commis une faute, il l'a fait par un dévouement mal entendu, sans intention de nuire; il ne peut donc être puni pour son fait personnel. Il ne peut l'être non plus pour le fait d'autrui, comme complice de celui qui a voulu se suicider, puisque ce dernier n'a commis ni crime ni délit[1].

Nous estimons au contraire que celui qui a aidé une personne à se donner la mort devra être puni, mais nous croyons qu'il y a lieu de faire une distinction suivant la nature des actes d'assistance donnés par le tiers. Il faut en effet reconnaître avec le système que nous combattons que ce tiers ne peut être puni comme complice, puisque le fait de l'agent principal n'est point une infraction; il ne peut être atteint que comme auteur principal et pour son fait personnel, et il est nécessaire de rechercher si ce fait en lui-même constitue une infraction. L'assistance s'est-elle bornée seulement à

1. Chauveau et F. Hélie, t. I, n° 205.

des actes simplement préparatoires, l'achat du poison ou de l'arme dont s'est emparé l'homme qui s'est suicidé, cette assistance n'est pas punissable; mais si le tiers est allé plus loin, s'il a blessé ou tué l'homme qui voulait se suicider, il sera coupable d'avoir fait des blessures ou commis un assassinat.

En vain objecterait-on qu'il n'avait pas l'intention de nuire à autrui, la bonne foi, l'ignorance de la loi ne suffit pas pour effacer la criminalité d'un acte. En vain on objecterait aussi le consentement donné par la partie lésée; nul n'a le droit de disposer de sa vie et de donner à un tiers l'autorisation de commettre un homicide. Le fait incriminé constitue, en lui-même, une infraction, et aucun texte ne déclare que cette infraction n'est pas punissable[1].

705. Lorsque l'auteur principal et le complice appartiennent à deux nationalités différentes, pourra-t-on atteindre le complice? Ainsi le crime est commis à l'étranger, il a pour complice un Français : la loi française peut-elle atteindre le complice français? Non, car le fait principal, l'infraction n'est pas punissable par la loi française. Si au contraire l'infraction a été commise en France, et qu'elle ait pour provocateur un étranger, la question est beaucoup plus délicate : nous croyons cependant que le complice tombe sous l'empire de la loi française, car le complice est puni à raison du fait d'autrui, du fait principal, et ce fait est justiciable des tribunaux français[2].

706. Nous disons que le complice n'est puni que si le fait principal constitue un crime ou un délit : le délit d'usure en fournit un exemple remarquable. Un notaire a l'habitude de recevoir des prêts usuraires pour ses clients, mais aucun

1. Cass., 16 novembre 1827 (Sirey, C. N., t. VIII, p. 702); 23 juin 1838, (Sirey, 1838, I, 625); 21 août 1851 (Dev., 52, I, 286); Rauter, I, n° 53; Achille Morin, Rép., V° *Suicide;* Bertauld, XXIIe leçon, p. 446.

2. *Contrà,* Bertauld, XXIIe leçon, p. 451.

de ceux-ci n'a l'habitude de prêter à un taux usuraire : et comme cette « habitude » est exigée par l'article 2 de la loi du 19 décembre 1850 pour qu'il y ait délit, le notaire ne peut être poursuivi comme complice, car les agents principaux, les prêteurs, n'ont pas commis d'infraction[1].

707. *Deuxième règle.* — Du moment où il existe un crime ou un délit, le complice peut être puni, quel que soit le sort de l'agent principal.

L'auteur principal reste inconnu, le complice sera condamné dès que l'infraction est établie[2]. L'auteur principal est acquitté : le complice pourra être condamné, car l'acquittement peut avoir pour cause l'absence de volonté chez l'agent, et non l'absence de criminalité dans l'acte[3]. Ou bien l'auteur principal est décédé avant les poursuites : l'action publique pourra être intentée et elle pourra amener une condamnation contre le complice, car si, d'après l'article 2 du Code d'instruction criminelle, le décès du prévenu empêche l'application de la peine, il ne s'oppose ni à la constatation de l'infraction, ni par suite au châtiment du complice[4].

De même encore, si l'agent principal a agi sans discernement, ou étant en état de démence au moment de l'acte, le complice sera condamné, s'il a de son côté agi avec intelligence et liberté : il y a un fait punissable, et celui qui a provoqué ou aidé au crime un enfant ou un fou est plus coupable que si l'agent jouissait de la plénitude de sa volonté.

708. L'application de cette règle, très-simple dans les hypothèses qui précèdent, est plus délicate lorsque la loi déclare que certaines infractions ne peuvent être poursuivies : y a-

1. *Sic*, Bertauld, XXIIe leçon, p. 453.
2. Cass., 25 février 1843, *Bull. crim.*, n° 46 ; 24 septembre 1852, n° 330.
3. Cass., 27 juin 1846 (Dev., 46, I, 799-800).
4. Cass., 5 mars 1841 (Dev., 41, I, 198) ; 27 juin 1846 (46, I, 799).

t-il dans cette déclaration une amnistie complète de l'infraction, ou une faveur personnelle à l'agent?

La question naît d'abord à propos des soustractions commises par un conjoint, un descendant ou un ascendant : l'article 380 déclare que ces soustractions « ne pourront donner lieu qu'à des réparations civiles », et il ajoute : « A l'égard de tous autres individus qui auraient recélé ou appliqué à leur profit tout ou partie des objets volés, ils seront punis comme coupables de vol ». Le complice profitera-t-il de l'immunité attachée au fait de l'auteur principal? Oui, d'après la jurisprudence de la Cour de cassation : l'article 380 déclare que ces soustractions ne peuvent donner lieu qu'à des réparations civiles, et la Cour suprême en conclut que par dérogation aux principes généraux ces faits ne constituent pas un vol; il n'y a lieu de prononcer une peine que dans l'hypothèse prévue par le paragraphe final de l'article, si quelqu'un avait recélé ou appliqué à son profit les objets volés. Mais, en dehors de ce cas, il n'y a pas vol à l'égard de l'auteur principal, il ne peut y avoir vol à l'égard de son complice[1]. Il en serait différemment, si la soustraction avait eu pour coauteur un étranger : alors il y a un *vol* commis par celui-ci, et ce vol pourra donner lieu à une peine qui sera prononcée soit contre le coauteur, soit contre le complice[2].

709. Le système contraire, d'après lequel le complice doit toujours être condamné, le vol n'eût-il d'autre auteur que le parent, nous semble plus exact. D'abord, si on examine le texte de l'article 380, il n'en résulte pas que le fait perd son caractère de délit à l'égard de tous : loin de là, si le paragraphe 1, prévoyant le cas où le vol n'a pas d'autre auteur que le parent, déclare qu'il ne donnera lieu qu'à une répa-

1. Cass., 15 avril 1825 (Sirey, C. N., t. VIII, p. 104); 1er octobre 1840, *Bull. crim.*, n° 292; 25 mars 1845 (Sirey, 45, I, 290).

2. Arrêt précité du 25 mars 1845.

ration civile, le paragraphe 2, prévoyant l'hypothèse la plus fréquente de complicité, la complicité par recel ou par application au profit du complice des objets détournés, déclare que le complice sera puni des peines du vol. N'est-on pas autorisé à en conclure que le fait ne perd son caractère délictueux qu'à l'égard du parent et que, du moment où il s'agit d'un tiers complice ou coauteur, on rentre dans la règle générale? — D'ailleurs les motifs du texte conduisent à cette solution : le législateur n'a pas reculé devant le scandale de la poursuite d'un vol commis entre parents, puisqu'il autorise ces poursuites au cas de recel; mais il n'a pas voulu que le parent auteur du vol fût condamné, et cela pour un double motif. Il est de l'intérêt même du volé qu'une condamnation peut-être afflictive et infamante n'atteigne pas son parent, condamnation qui le déshonorerait lui-même et qui pourrait faire naître dans la famille une source de divisions et de haines; de plus, dans ces rapports si intimes entre parents à ce degré, il est parfois difficile de tracer la limite qui sépare le manque de délicatesse du véritable délit : mais aucun de ces motifs ne protége le complice[1].

710. Les articles 336 et 357 font naître la même question : d'après le premier de ces textes, l'adultère de la femme ne peut être dénoncé que par le mari; d'après le second, l'auteur d'un rapt qui a épousé la fille qu'il avait enlevée ne peut être poursuivi que par les personnes qui ont le droit de demander la nullité du mariage, ni condamné avant que la nullité du mariage soit prononcée. Les complices du coupable d'adultère ou du ravisseur pourront-ils être poursuivis d'office par le ministère public et condamnés? Non évidemment : si la loi n'a pas voulu qu'on poursuivît l'adultère de la femme, si le mari ne le dénonçait pas, c'est qu'elle a voulu

1. *Sic*, Bertauld, XXIIe leçon, p. 448.

protéger l'honneur du mari et permettre une réconciliation entre les époux : et la poursuite du complice produirait les mêmes inconvénients que celui de l'auteur principal[1]. De même pour le rapt il ne faut pas, lorsqu'il y a un mariage valable, que la poursuite du complice vienne déshonorer une famille dont cette réparation est venue sauvegarder l'honneur[2].

III. DE QUELLES PEINES LA COMPLICITÉ EST PUNIE.

711. L'article 59 dispose que les complices sont punis de la même peine que l'auteur principal, et nous avons dit à quelles critiques, méritées selon nous, cette assimilation a donné prise. Étudions maintenant quelle en est la portée au point de vue pratique.

Voici comment on peut formuler les trois conséquences qui en découlent : 1° les circonstances qui aggravent la criminalité de l'infraction aggravent la culpabilité du complice; 2° les circonstances qui atténuent la gravité de l'infraction lui profitent; 3° les circonstances aggravantes qui n'existeraient que chez le complice n'ont aucune influence sur la détermination de la peine.

712. — 1. Circonstances aggravant la criminalité du fait. — Le vol a été commis avec escalade et effraction : le complice subira l'aggravation de peine qui résulte de ces circonstances, lors même qu'il ne les aurait pas connues : complice d'un vol, il s'est associé par avance aux moyens que l'auteur principal pouvait employer, et qui devaient varier suivant les circonstances. Il n'y aurait d'exception

1. Grenoble, 17 janvier 1850 (Dev., 50, II, 225); Paris, 11 avril 1850 (Dev., 50, II, 226); Bordeaux, 2 août 1850 (Dev., 50, II, 501).
2. Cass., 2 octobre 1852 (Dev., 52, I, 688).

que s'il était établi que le complice a formellement repoussé l'idée d'employer l'escalade ou l'effraction, et que c'est malgré sa volonté que l'auteur principal a agi.

Si la peine est aggravée non à cause de la gravité du fait, mais à cause de la perversité de l'agent principal, l'aggravation rejaillira-t-elle sur le complice? Il faut résoudre la question par une distinction : l'aggravation de la peine a-t-elle pour effet unique d'augmenter la pénalité, sans *changer la qualification* de l'infraction, elle n'aura pas d'effet sur le complice. Ainsi l'agent principal est en état de récidive, la peine sera aggravée pour lui, mais pour le complice elle restera la même : le fait délictueux ne change pas de caractère, la culpabilité personnelle de l'agent est seule augmentée.

713. Mais si l'aggravation de la peine a pour résultat de changer la qualification du fait, l'infraction elle-même est modifiée, et le complice en supportera les conséquences : ainsi l'assassinat devient un parricide, parce que l'auteur est le fils de la victime ; le faux est commis par un officier public ou un fonctionnaire, le complice subira l'aggravation de peine qui résulte de la qualité de fils ou de fonctionnaire public. En effet, l'infraction elle-même devient plus grave, et le complice est plus coupable que s'il était associé au crime d'un étranger ou d'un simple citoyen[1].

Oui, si le complice a connu les circonstances personnelles à l'auteur principal qui modifiaient l'incrimination : mais s'il les a ignorées, encourra-t-il encore la même peine? Nous le croyons : on objecte que le complice ne peut être condamné pour une circonstance étrangère à l'infraction elle-même et qu'il a ignorée ; nous répondrons qu'il est en faute de ne

1. Cass., 3 décembre 1812 (Sirey, C. N., t. IV, p. 238); Cass., 20 septembre 1827 (Sirey, C. N., t. VIII, p. 684); Cass., 23 mars 1843 (Sirey, 43, I, 544); Rauter, I, n° 119; Bertauld, XXII° leçon, p. 456. — *Contrà,* Chauveau et Faustin Hélie, t. I, n° 209.

pas s'être mieux renseigné sur la qualité de l'auteur auquel il s'associait, et qu'ayant participé à un fait plus grave, sciemment ou non, il a encouru une peine plus sévère. Son ignorance ne peut modifier la nature du fait incriminé[1].

714. Le recel offre une exception à cette règle : le recéleur n'est passible de l'aggravation qui porte la peine des travaux forcés à temps aux travaux forcés à perpétuité que s'il a connu les circonstances aggravantes ; il y a plus, les faits qui amènent le législateur à frapper le crime de la peine de mort ne peuvent, alors même qu'il les aurait connues, la faire infliger au complice : preuve certaine que le recel n'est pas une complicité ordinaire (art. 63).

715. — 2. Circonstances atténuant la gravité de l'infraction. — Elles profitent, disons-nous, au complice, de même que les circonstances aggravantes lui nuisent : ainsi, aux termes des articles 321 et 322, le meurtre et les blessures sont excusables s'ils ont été provoqués par des violences, ou en repoussant pendant le jour l'escalade ou l'effraction d'un lieu habité. Cette excuse profitera au complice, car l'infraction à laquelle il a coopéré est beaucoup moins grave qu'un crime ou un délit ordinaires ; les circonstances dans lesquelles elle a été commise en changent le caractère [2]. Il en serait différemment si l'excuse reposait sur un fait personnel à l'agent, sur son âge, par exemple ; ou bien encore c'est un mari qui surprend sa femme en flagrant délit d'adultère : dans ces deux cas le fait est, pour l'étranger qui s'y associe, une infraction ordinaire, et l'âge de l'agent ou sa qualité de mari de la victime ne peuvent atténuer la faute du complice [3].

1. *Sic*, Rauter, t. I, n° 119. — *Contrà*, Bertauld, XXII° leçon, p. 458.
2. Bertauld, XXII° leçon, p. 460.
3. Cass., 21 novembre 1839, *Bull. crim.*, n° 354 ; 27 novembre 1845, n° 348 ; Blanche, t. II, n° 51 ; Bertauld, XXII° leçon, p. 460.

716. L'excuse qui a pour cause les circonstances mêmes qui constituent l'infraction profite, disons-nous, au complice : mais si l'auteur principal perd le droit d'invoquer l'excuse parce qu'il est le fils ou le conjoint de la victime (art. 323-324), le complice pourra-t-il encore l'invoquer? La question est très-discutée et nous paraît très-délicate : cependant nous croyons que le complice perd comme l'auteur principal tout droit à l'excuse. La qualité de l'auteur principal, de parent de la victime, change le caractère de l'infraction : nous l'avons reconnu pour l'aggravation résultant du parricide, et nous ne voyons pas pourquoi il en serait différemment lorsqu'il s'agit de rechercher s'il existe ou non une excuse. Dans les deux cas, la question est la même : la qualité de l'agent influe-t-elle sur la criminalité de l'acte, et nous croyons que dans les deux cas la réponse doit être affirmative.

717. — 3. Circonstances aggravantes existant seulement chez le complice. — Elles n'ont aucune influence sur la peine qu'il encourt, et cette conséquence découle logiquement des règles essentielles de la complicité : le complice n'est pas puni pour son fait personnel, mais pour le fait de l'auteur principal; c'est donc aux actes de celui-ci qu'il faut s'attacher pour apprécier la gravité de l'infraction. Ainsi le complice est le fils de la victime, mais l'assassin lui est étranger : la peine sera celle de l'assassinat et non du parricide [1]. Ou bien encore il s'agit d'un faux : l'auteur est un simple particulier, le complice est un fonctionnaire public : ce dernier n'encourra pas l'aggravation de peine résultant de sa qualité de fonctionnaire [2].

718. Nous venons d'étudier la règle posée dans l'article 59,

1. Cass., 27 avril 1815, rapporté dans Blanche, t. II, n° 37.

2. Cass., 23 mars 1827 (Sirey, C. N., t. VIII, p. 555). — V. dans le même sens Cass., 2 octobre 1856 (Sirey, 57, I, 79) : 5 octobre 1871 (Sirey, 72, I, 255).

et d'après laquelle « le complice est puni de la même peine que l'auteur du crime ou du délit » : cette règle est vraie en tout, s'il s'agit de rechercher quelle est la peine à appliquer. Elle est la même pour le complice et l'auteur principal. Mais lorsqu'il s'agit d'appliquer cette peine, d'en mesurer la gravité, les juges peuvent la fixer d'une manière différente pour l'auteur principal et le complice, soit au moyen de la latitude que leur laisse le minimum et le maximum de chaque peine, soit au moyen des circonstances atténuantes, qu'ils peuvent accorder à l'un et refuser à l'autre. La peine encourue, la peine *légale* est donc la même ; mais la peine fixée, la peine *judiciaire* peut être différente.

TITRE X

MOYENS DE PRÉVENIR OU DE FAIRE CESSER L'EFFET DES PEINES.

719. La pénalité n'a qu'un but : assurer par le respect du commandement le maintien de l'ordre social et conserver la paix publique. Or il peut arriver, ou que l'application d'un châtiment devienne inutile, ou même, à raison de certaines circonstances spéciales, qu'elle doive être, soit l'occasion d'un trouble plus grand que celui qu'il s'agit d'apaiser, soit un motif d'inquiétude générale en réveillant le souvenir d'un fait oublié et que la justice est demeurée longtemps impuissante à punir. La nécessité sociale qui constitue la raison d'être du châtiment s'oppose alors à son application : le pouvoir doit y renoncer.

Ce relâchement de la loi, en tant qu'il ne sacrifie aucun droit privé, est légitime. L'intérêt général peut faire supprimer ce que lui-même a fait édicter. Ni la société ni l'agent du fait ne peuvent se plaindre ; la mesure n'est que favorable, surtout pour ce dernier.

Quant à l'utilité de ce pouvoir d'adoucissement, elle est incontestable. Lorsque l'usage en est confié à une autorité assez élevée pour voir de haut et de loin et pour ne l'employer qu'avec prudence, il ramène le calme dans les esprits, il est même le corollaire obligé de certaines peines. Sans l'espérance d'un pardon que le repentir peut gagner, les peines perpétuelles seraient intolérables; elles engendreraient à courte échéance le désespoir et la révolte.

Cette nécessité a donné naissance à divers moyens de prévenir ou de faire cesser l'effet des peines : l'amnistie, la grâce, la réhabilitation, la prescription de la peine, en découlent à des titres divers et en sont autant d'applications différentes.

L'exercice des trois premières facultés et surtout de l'amnistie et de la grâce a toujours été considéré comme l'un des attributs du pouvoir souverain, soit législatif, soit exécutif.

720. On retrouve l'origine de ces institutions jusqu'en droit romain. Les Romains connaissaient une institution qu'ils nommaient *abolitio* et qu'ils définissaient ainsi : « *abolitio est deletio, oblivio vel exstinctio accusationis*[1]. » On en usait ordinairement à l'occasion d'un événement important[2].

Les Grecs avaient devancé les Romains dans cette voie. Après la défaite des trente tyrans, Thrasybule fit décréter par les Athéniens l'oubli des fautes passées, et l'on donna à cette institution le nom qu'elle porte encore d'*amnistie* (αμνηστια). Un tel usage était trop nécessaire à la vie sociale pour disparaître. L'ancien droit français le recueillit.

A la vérité on en trouve peu d'applications pendant la période barbare. Presque tous les crimes étaient privés, et l'amnistie ou la grâce eussent supprimé des droits regardés comme acquis aux victimes de l'infraction.

Il en fut presque de même au cours de la période féodale. La punition revêtait encore le caractère d'une vengeance sinon particulière, au moins seigneuriale, et même le seigneur n'y pouvait guère renoncer sans le consentement de la personne lésée.

1. Paul, *Sentences*, lib. V, tit. 17, pr.
2. L. 19, Ad S. C. Turpillianum, ff.

C'est seulement à l'époque où la puissance royale s'étend et s'affermit que l'on voit fonctionner cette institution d'une manière régulière. L'ancien droit connaissait des *Lettres d'abolition générale*, des *Lettres particulières*, et des *Lettres de réhabilitation*.

Les premières s'adressaient à tout un pays; elles étaient rendues non en forme de lettres de chancellerie, mais par un édit du prince, et les parlements ne les enregistraient pas. On leur donnait le nom d'*Amnistie;* elles en avaient le caractère.

Les secondes s'accordaient à des particuliers; elles constituaient de véritables lettres de grâce et portaient une remise soit totale, soit partielle de la peine. On distinguait les *Lettres d'abolition* pour les cas les plus graves; les *Lettres de pardon* pour les crimes qui n'entraînaient pas la peine capitale; les *Lettres de rémission* pour les homicides involontaires ou excusables; les *Lettres de rappel de ban* ou *des galères* dont la dénomination indique le caractère. Les lettres de cette espèce devaient être enregistrées dans les parlements.

Enfin les lettres de réhabilitation s'accordaient à ceux qui ayant exécuté leurs peines voulaient se faire réhabiliter dans leur réputation. Les juges les devaient entériner sans aucun examen, tandis que pour les lettres de la seconde espèce ils vérifiaient si elles étaient conformes aux charges[1].

721. Le droit nouveau voulut rompre avec ces traditions. L'Assemblée constituante enleva au Roi le droit de grâce; c'était la suite du système politique qui tendait à annihiler autant que possible le pouvoir exécutif. Il est probable que les membres de cette Assemblée, presque tous légistes, avaient conservé contre cette institution, dont la portée leur échappait, l'antipathie qui en 1670 avait poussé M. de Lamoignon,

1. Voir pour tous ces détails Muyart de Vouglans. *Lois criminelles*, partie II, livre I, titre IV, § 4.

premier président du parlement de Paris, à en demander la suppression. La première conséquence de ce changement devait être la suppression des peines perpétuelles, et la législation alla jusque-là. Mais une loi ne peut changer ainsi les conditions de la vie sociale. La Convention dut promptement recourir à l'amnistie; elle en usa plusieurs fois.

On sait que le droit de grâce fut rendu au Souverain par le Sénatus-Consulte du 16 thermidor an X. Les constitutions qui se sont succédé depuis lors le lui ont maintenu. Quant au droit de proclamer des amnisties, il avait été conféré à l'Empereur par le Sénatus-Consulte des 25-30 décembre 1852 contenant l'acte complémentaire à la Constitution. La Loi du 25 février 1875 l'a attribué au Corps législatif.

722. Il convient, cet aperçu général étant donné, d'entrer dans le détail des institutions différentes à examiner.

On verra successivement en quoi consiste :

I° l'Amnistie;

II° la Grâce;

III° la Réhabilitation;

IV° la Prescription.

CHAPITRE I.

DE L'AMNISTIE.

723. A propos de l'amnistie on étudiera les trois questions suivantes :

I° Quel est le caractère de l'amnistie?

II° Quels sont ses effets?

III° Quelle autorité l'octroie et quelle autorité l'interprète?

§ 1.

Quel est le caractère de l'amnistie?

724. L'amnistie est un acte politique qui, dans un but d'intérêt général, interdit toute recherche ou tout souvenir d'un fait susceptible d'être incriminé.

Son essence est de s'attaquer au fait en lui-même, d'en détruire le caractère délictueux ou de l'atténuer. Elle offre un caractère plus réel que personnel. La considération des personnes n'est point le mobile qui la fasse édicter, et leur avantage privé n'est pas son but immédiat.

Elle intervient soit avant, soit après la condamnation; dans tous les cas elle emporte tout ce qui s'est passé avant elle.

Son utilité se manifeste surtout lorsqu'elle se produit avant la sentence; aucun débat public n'a encore eu lieu et le calme renaît plus rapidement. Toutefois, même après une sentence rendue, elle offre encore de l'efficacité.

725. Peut-elle être conditionnelle, ou encore partielle? Pourrait-on exiger de ceux sur qui elle s'étendrait qu'ils fissent une démarche, comme de se rendre en un certain lieu, ou de la demander? Pourrait-on d'autre part la soumettre à une restriction et réserver par exemple contre les personnes amnistiées la surveillance de la haute police?

Ces deux questions doivent être résolues séparément.

Tout d'abord l'amnistie peut n'être octroyée que sous condition. C'est la renonciation à une poursuite ou au droit qui résulte d'une sentence; le Souverain y peut apposer telle condition qu'il voudra; d'ailleurs l'utilité politique, cause de l'amnistie, peut exiger que l'on prenne certaines précautions pour sauvegarder l'ordre public[1]. On objecte à la vérité que

1. Cass., 1er mai 1837 (Sirey, 37, I, 937). — Le Graverend, T. II, p. 762. — Bertauld. Leçon XXIV, p. 490 à 492.

la condition reflète quelque chose du caractère délictueux du fait, tandis que l'essence de l'amnistie est de le faire absolument disparaître. — Il faut répondre que le délit n'a disparu que par une fiction légale et dans la mesure où elle s'applique. Celui qui l'accorde est maître de la présomption qu'il établit ; il lui peut donner plus ou moins d'étendue.

Si l'amnistie peut toujours être soumise à une condition, elle ne peut pas toujours n'être que partielle. Il faut distinguer à quel moment elle intervient. Est-ce avant la condamnation? Elle ne peut jamais imposer une peine quelconque à qui n'a pas été condamné. Le but de l'institution est de trouver des innocents partout et non pas de faire des coupables. Une solution contraire en arriverait à ce résultat.

Mais la condamnation a-t-elle précédé l'amnistie, la situation est alors complétement changée. La culpabilité est constatée, le pouvoir qui concède l'amnistie a le droit ou de faire disparaître toute criminalité, ou d'en laisser subsister quelques traces. Sans doute alors l'effet est moins puissant; mais évidemment celui qui remet la faute est libre de mesurer la rémission qu'il octroie[1].

726. L'amnistie peut-elle être refusée? Un homme aura-t-il la faculté de soutenir, ou qu'il n'est pas compris dans l'amnistie, ou qu'il n'y avait pas lieu de l'accorder, parce que le fait auquel on l'applique est innocent?

Deux systèmes se sont produits et la meilleure preuve de la difficulté de cette question, c'est que chacun peut se couvrir de l'autorité de la Cour suprême.

La première opinion soutient que l'amnistié a le droit de repousser le moyen qu'on veut lui imposer. — 1° L'amnistie, dit-elle, suppose la possibilité d'une faute. Or, si l'agent prétend n'en avoir commis aucune, comment pourra-t-on lui

1. Voir les autorités citées plus haut. En sens contraire, M. de Peyronnet. *Pensées d'un prisonnier*. — Conclusions de M. Hello lors de l'arrêt du 1er février 1837.

imposer une présomption qu'il repousse? — 2° Ce résultat à la vérité ne peut se présenter dans tous les cas. Il n'est possible ni pour les agents non poursuivis, ni pour ceux qui déjà ont été condamnés; mais les inculpés objet d'une poursuite lors de la promulgation de l'amnistie peuvent le repousser[1].

Le second système, le meilleur, enseigne que l'amnistie ne peut jamais être refusée. — 1° Elle est édictée dans un but d'intérêt public. Or aucune considération ne peut l'emporter sur celle-là. — 2° Le coupable n'a aucun droit acquis soit à la poursuite, soit à la peine; c'est la société qui a un droit acquis à la répression. Dès lors l'agent d'un fait de nature à rentrer sous l'empire de l'amnistie n'a point de moyen légal de se faire juger. On le reconnaît pour ceux qui ne sont pas poursuivis ou qui sont condamnés; comment excepter ceux qui sont poursuivis? L'amnistie doit avoir pour tous le même effet. — 3° Quel intérêt légal aurait la constatation du fait? Que l'agent l'ait accompli ou non, il sera également innocent. Elle engendrerait au contraire un grave inconvénient: celui de troubler la paix publique et d'entretenir des dissensions qu'il importe d'apaiser[2]. Il est inutile d'ajouter que cette discussion ne saurait se présenter au cas où l'amnistie serait conditionnelle. Elle n'est alors qu'une simple offre et comporte une acceptation régulière.

§ 2.

Des effets de l'amnistie.

727. Le caractère de l'amnistie en indique la puissance. Par elle il ne reste plus rien du fait incriminé. Est-elle accor-

1. Cass., 25 novembre 1826 (Sirey, 28, I, 69).
2. Cass., 10 juin 1831 (Sirey, 31, I, 412); — 22 janvier; 12 mai 1870 (Sirey, 70 I, 324). — Bertauld. Leçon XXIV, p. 488-489.

dée avant la condamnation, l'action publique est entièrement éteinte. Intervient-elle après, la sentence n'est pas seulement annulée, elle est réputée n'avoir jamais existé. L'autorité de la chose jugée elle-même le cède à son action[1].

Elle opère rétroactivement, *ut ex tunc*, en sorte qu'après elle on ne peut dire, au point de vue légal, même qu'il y a eu faute ou condamnation.

Aussi l'amnistié n'encourt-il aucune conséquence fâcheuse de la condamnation prononcée. S'il vient à commettre une nouvelle infraction, il n'est point en état de récidive[2], et à moins d'une réserve expresse dans le décret d'amnistie, aucune incapacité ne peut l'atteindre[3].

728. Cet effet si puissant donne naissance à une question délicate lorsque l'on rapproche l'amnistie du principe du non-cumul des peines. L'effet de cette dernière institution est de n'imposer qu'une seule peine à l'agent qui, avant toute condamnation définitive, a commis plusieurs crimes. Un coupable se trouve dans l'hypothèse prévue par la loi, et une amnistie survient qui ne remet qu'une des infractions commises. Que décider?

Tout d'abord on peut supposer que le seul fait amnistié a été poursuivi et frappé d'une condamnation; l'autre n'a été découvert que depuis l'amnistie. Évidemment on pourra le poursuivre. La première condamnation a été emportée, il ne reste ni faute ni poursuite. Il se peut encore que les deux infractions aient été comprises dans la même poursuite; une sous-distinction devient alors nécessaire. — Le fait amnistié emportait-il la peine la plus forte? L'article 365 du Code d'instruction criminelle ne permettait pas de faire subir une autre peine au coupable. Mais pour que cette restriction existe, il faut que le châtiment soit réellement appliqué. Ici

1. Cass., 11 juin 1825 (Sirey, 26, I, 164); — 18 février 1864 (Sirey, 64, 1, 152).
2. Cass., 4 janvier 1851 (Sirey, 51, I, 550); — 6 mars 1874 (Sirey, 74, I, 449).
3. Paris, 7 juin 1851 (Sirey, 51, II, 351).

la première condamnation est effacée; il n'en reste aucun souvenir; une seconde poursuite pourra être intentée et une nouvelle peine subie.

Suppose-t-on que le fait non amnistié entraînait le châtiment le plus fort ou du moins un châtiment égal à celui que méritait l'autre infraction? Au point de vue du droit rigoureux rien n'est à changer et la peine encourue doit suivre son cours. Cependant une solution plus bienveillante et toute de faveur a été enseignée. On a représenté que dans la fixation du châtiment le juge avait pu, que même il avait dû avoir égard au crime depuis amnistié. Il était donc juste de soumettre à une révision la sentence rendue[1].

729. L'amnistie qui a cet effet sur l'action publique a-t-elle quelque puissance au respect des tiers? En principe, elle ne peut leur enlever aucun droit acquis. Ce serait contraire à toute justice. Si le Souverain peut, en vue du bien général, désarmer la société à l'encontre de certains coupables, il ne pourrait faire que la clémence dont il use envers eux fût pour des innocents une cause de perte ou même de ruine. Si le décret d'amnistie reste muet, cette conséquence est unanimement admise. La jurisprudence en fournit un exemple notable. Une action en dommages-intérêts a été intentée par une partie civile devant les tribunaux criminels; elle ne peut réussir que si le fait incriminé conserve son caractère délictueux. Une amnistie intervient, les juges saisis devront-ils se déclarer incompétents? Non. L'action du plaignant n'a point été atteinte par cet acte du pouvoir souverain[2].

730. Mais ne pourrait-elle point l'être si le décret d'amnistie le disait expressément? Le texte porte que l'on ne pourra in-

1. Bertauld. Leçon XXIV, p. 494.

2. Cass., 19 mai 1848 (Sirey, 48, I, 513); — 9 février 1849 (Sirey, 49, I, 340); — Bertauld. Leçon XXIV, p. 480.

troduire en justice aucune action même civile, à raison des faits amnistiés. Une telle prescription est-elle légale?

Une opinion très-forte en défend la validité : — 1° L'amnistie a pour but de rétablir la paix sociale; elle doit avoir toute l'efficacité voulue pour atteindre ce but. Or on conçoit que dans certains cas une action même civile suffise pour entretenir les haines et raviver les passions politiques. Il faut pouvoir la proscrire. — 2° L'amnistie a d'ailleurs la force d'une loi, puisqu'elle paralyse le cours des lois ordinaires. Or une loi peut produire un tel effet[1].

Une distinction n'est-elle point nécessaire? Que l'amnistie puisse dépouiller le fait de son caractère délictueux et par cela même enlever au plaignant l'accès des tribunaux criminels, on le comprend; mais qu'elle puisse aller jusqu'à dépouiller l'infraction pardonnée du caractère dommageable et la faire considérer comme l'exercice d'un droit! C'est impossible. — 1° Le dommage causé confère à la victime un droit acquis à l'action civile; on ne pourrait le lui ravir qu'en attribuant à la loi l'effet rétroactif le plus puissant et le plus extrême. Or, le principe posé par l'article 2 qui interdit à la loi toute rétroactivité est un principe général et supérieur. On ne peut y renoncer. — 2° D'ailleurs l'amnistie n'a point pour but principal de changer les rapports de droit privé des particuliers entre eux; il suffit d'enlever au fait son caractère délictueux. Elle serait par un tel procédé vraiment détournée de sa destination. — 3° Sans doute la maxime souvent citée : « *Salus populi suprema lex* », n'est pas dépourvue de toute vérité; mais il ne faut pas lui donner ce pouvoir de justifier les injustices les plus évidentes. Elle ne peut rien contre les règles de la morale. On ne pourrait donc décréter la suppression de l'action privée, à moins d'indemniser les victimes des dommages qu'elles auraient soufferts[2].

1. Bertauld. Leçon XXIV, p. 480. — Trébutien, 1re édition, t. I, p. 335.
2. Demolombe. T. I, n° 236.

731. L'étendue de l'amnistie et son action sur les intérêts civils avaient donné naissance, alors que la mort civile existait encore, à une question fort délicate. Un homme a été reconnu coupable d'un crime entraînant la mort civile; une amnistie est proclamée. Quelle sera la nouvelle situation faite à l'agent?

Nul doute que pour le passé la mort civile ne conserve tous ses effets. La succession de l'amnistié a été duement ouverte, son mariage dissous; ses héritiers et son conjoint ont pu en profiter. Tous les actes par eux passés seront maintenus : ainsi les ventes qu'ils auront faites des biens à eux advenus, le mariage que le conjoint du mort civilement aurait contracté, seront maintenus.

Mais que décider pour l'avenir? Les héritiers devaient-ils rendre les biens qui leur étaient advenus par suite de la mort civile? Le conjoint qui ne s'était pas remarié se trouvait-il de nouveau placé dans les liens de son ancienne union? Deux opinions s'étaient formées.

La première enseignait que l'effet produit était irrévocable. — 1° Elle s'appuyait d'abord sur le texte des articles 25 et 227 du Code civil. La mort civile avait brisé les liens du mariage et ouvert la succession : donc elle avait donné au conjoint droit acquis à sa liberté, aux héritiers droit acquis à la succession. Or, venir leur reprendre ce qu'ils tenaient de la loi, c'était leur enlever le droit conféré et ne donner à la peine accessoire qu'un effet provisoire. Un tel résultat était impossible. — 2° On ajoutait que du moment où l'on respectait les droits des sous-acquéreurs et du conjoint remarié, la question était tranchée. Les droits des héritiers et du conjoint non remarié n'étaient ni moins sacrés ni d'une autre nature. — 3° Enfin on faisait remarquer que dans le système contraire, si une succession s'ouvrait pendant la durée de la mort civile, et qu'à défaut du premier héritier réputé décédé elle fût dévolue aux successeurs du degré subséquent, il faudrait après l'amnistie la restituer au coupable redevenu innocent et civilement vivant. Or ce résultat était impossible. La première condition pour être héritier a toujours été de fournir les conditions d'aptitude voulue au moment de l'ouverture de la succession[1].

732. La seconde opinion répondait que l'amnistié pouvait réclamer ce qui restait de sa fortune et reprendre la vie conjugale. — 1° Elle faisait une distinction entre le conjoint non remarié et les héritiers d'une part, et de l'autre, soit le conjoint remarié, soit les tiers. Les uns ne seraient pour elle que des ayants cause : les héritiers représentent la personne du mort civilement, le conjoint n'a aucun droit acquis à sa liberté, puisqu'il n'en a pas usé. Donc l'amnistie peut leur ravir ces biens. — 2° On assimilait l'amnistie à la *restitutio in integrum* du droit Romain et, sauf les droits des tiers proprement dits, on prétendait qu'elle devait produire les mêmes effets. Lorsque les droits de l'amnistié n'avaient point été transférés à d'autres, la paralysie qu'ils avaient éprouvée cessait immédiatement. La Cour de cassation avait plusieurs fois jugé que l'amnistie revalidait de plein droit le mariage de l'individu à qui la vie civile était rendue[2].

Est-il besoin de faire remarquer que la jurisprudence de la Cour suprême ne favorisait les solutions de la seconde opinion qu'en ce qui regarde le mariage? Elle lui était contraire en ce qui concerne la rentrée du mort civilement en possession de ses biens. En outre, la distinction qu'elle faisait entre les tiers proprement dits et les héritiers était, à ce point de vue, absolument inexacte. Les uns comme les autres étaient armés de droits irrévocablement acquis. Cette seconde opinion ne devait donc pas être suivie.

1. Demolombe. T. I, n° 236. Cass., 1er février 1842 (Sirey, 42, I, 97); — Rennes, 11 mai 1847 (Sirey, 47, II, 314).

2. Cass., 31 juillet 1850 (Sirey, 50, I, 672); — 8 décembre 1851 (Sirey, 52, I, 215). — Trébutien, première édition, t. I, p. 336-337.

§ 3.

Quelle autorité prononce l'amnistie et quelle autorité l'apprécie.

733. L'amnistie a évidemment le caractère et la force d'une loi; il le faut, puisqu'elle suspend le cours de la justice et fait échec aux autres lois.

De ce principe on déduisait logiquement cette conséquence qu'elle ne pouvait être conférée que par l'autorité législative, et cette solution donnée par la Convention fut adoptée par la Constitution du 4 novembre 1848. (Art. 55.)

Toute rationnelle qu'elle est, cette solution présente de nombreux inconvénients. Pour être efficace, il faut surtout que l'amnistie soit spontanée et opportune. C'est seulement lorsqu'un Pouvoir fort et libre remet de son plein gré un châtiment qu'il peut infliger que la reconnaissance peut lui ramener ses adversaires. Discutée, arrachée par des obsessions continuelles, ou encore accordée à contre-temps, l'amnistie paraît une marque de faiblesse, elle encourage de nouvelles révoltes. Si l'amnistie est accordée par le corps législatif, tous ces inconvénients apparaissent au grand jour. Les propositions et les demandes d'amnistie enlèvent au Souverain le mérite de l'initiative. En outre les lenteurs inhérentes aux délibérations d'une assemblée empêchent de saisir le moment favorable.

Ces considérations et la nécessité même avaient porté l'ancienne législation à remettre aux mains des rois de France le pouvoir d'amnistier. Cette solution était d'autant plus naturelle que le roi sous l'ancienne monarchie avait un certain pouvoir législatif.

Le sénatus-consulte du 25 décembre 1852 reprit cette tradition et rendit au Souverain l'exercice de cette haute prérogative. Mais en l'exerçant, le chef du Pouvoir faisait-il acte de législateur, et lui avait-on remis une véritable délégation législative? On l'a soutenu. Cette opinion peut être fondée et il est rationnel de croire que la remise au chef de l'État d'un pouvoir dont lui seul peut faire un usage avantageux n'en change pas la nature[1].

Depuis lors une loi nouvelle est intervenue. Elle rend au Pouvoir législatif le droit de proclamer les amnisties. (Loi du 25 février 1875, sur l'organisation des Pouvoirs publics, art. 3.) Cette innovation, si elle donne satisfaction au principe théorique, donnerait naissance, s'il fallait en user, à de nombreuses difficultés pratiques.

754. Le caractère d'acte législatif que conserve en tous cas l'amnistie indique l'autorité chargée d'en donner l'interprétation et de régler les difficultés que son application peut soulever.

S'agit-il d'une véritable interprétation, de la recherche du sens et de l'étendue à donner au décret, cette fonction est réservée à l'interprète de la loi, c'est aux tribunaux ordinaires.

A fortiori en est-il de même lorsqu'il ne s'agit que de décider une question litigieuse. Les contestations où l'on revendique un droit violé ne peuvent être tranchées par d'autres que par les magistrats.

1. Bertauld. Leçon XXIV, p. 481 — F. Hélie. *Traité de l'Instruction criminelle*. T. II, n°s 1087-1088.

CHAPITRE II

DE LA GRACE.

735. Il peut se faire qu'après une condamnation, et encore que la raison d'État ne demande point une amnistie, l'exécution de la peine devienne intolérable. Les raisons de cette situation souvent sont fort diverses : ou l'on soupçonne une erreur juridique; ou la loi dans l'espèce paraît trop sévère; ou l'infraction a été en partie rachetée. Il est bon alors que le pouvoir social intervienne par son représentant le plus élevé et tempère par la faveur le caractère trop rigoureux d'une solution pourtant légale. Ce résultat s'obtient par l'institution appelée *la Grâce*.

On examinera sur ce sujet :

I. Quel est le but et quel est le caractère de la grâce?

II. Quels sont ses effets?

III. Quelle autorité la prononce et quelle autorité l'interprète ?

§ 1.

But et caractère de la grâce.

736. La grâce ne découle point d'une nécessité politique et ne tend pas au rétablissement de la paix sociale. Son but, non moins utile, est plus modeste. Elle va à rétablir un accord parfait entre la loi positive et le sentiment intime de la justice que perçoit la conscience. Les motifs qui la font édicter sont très-différents.

Il se peut que la loi, qui dispose d'une manière générale, soit dans une espèce donnée d'une trop grande sévérité; que par exemple elle ne permette pas au juge de prendre en considération des circonstances de nature, au point de vue de l'équité, à exonérer l'agent, du moins à atténuer sa culpabilité. — Tel événement, sur lequel on ne comptait pas, peut aussi jeter du doute sur le mérite d'une sentence de condamnation qui semblait d'abord parfaitement justifiée. La grâce donne le moyen de remédier à ces situations, sans recourir légèrement au remède si grave de la révision.

A la vérité on a fait remarquer que cette utilité de l'institution n'était qu'accessoire et en quelque sorte extraordinaire[1]; mais il est d'autres cas où l'application de cette mesure devient un véritable bienfait. Ainsi le juge se trouve en présence d'un agent dont le repentir est manifeste et qui a donné déjà des preuves d'un sincère retour au bien. Au point de vue purement social, le repentir ne peut équivaloir à une expiation légale. La condamnation est fatale; mais qui ne voit que sans la grâce elle deviendrait inhumaine? Ou encore le condamné a rendu depuis la sentence quelque service signalé; ou enfin sa conduite atteste une conversion réelle et mérite une récompense; autant d'occasions pour la grâce.

757. Ces exemples permettent d'en dégager le caractère véritable. Elle est une mesure de clémence individuelle, s'adressant à des personnes connues d'avance, et provoquée par des considérations particulières à ceux qui en sont l'objet. Aussi n'a-t-elle aucune influence sur la condamnation en elle-même; elle se réduit à dispenser de l'exécution de la peine.

La différence entre l'amnistie et la grâce est fort grande. Encore que la grâce soit collective, ce qui peut se présenter, et qu'elle s'étende à toute une classe d'individus, elle reste personnelle et n'atteint point l'infraction. L'amnistie au contraire ne s'adresse pas directement aux agents qu'elle couvre,

1. Ortolan. *Éléments de droit pénal.* T. II, n° 1917, p. 352. — Bertauld. Leçon XXIII, p. 464-465.

elle s'attaque au fait lui-même pour en changer le caractère. Elle est de sa nature collective.

738. Cette différence de nature en entraîne une seconde par rapport au moment où chacune de ces deux institutions peut intervenir. L'amnistie se place soit avant la poursuite, soit après la condamnation.

La grâce ne peut intervenir qu'après la sentence. Elle suppose nécessairement la culpabilité dont elle atténue les effets. Tant que l'agent n'est pas passible d'un châtiment, elle ne peut le lui remettre.

Autrefois le pouvoir royal accordait, même avant la poursuite, des lettres d'abolition qui équivalaient à des grâces. L'abus, en tant qu'il ne s'agissait pas d'une amnistie, était certain; on l'avait justement signalé. Un tel procédé amène dans l'administration de la justice un véritable trouble que rien ne compense. Il suffit qu'on ait le droit de recourir à cette faveur, après la décision rendue.

739. On a vivement discuté la question de savoir si la grâce pouvait ou non être refusée. Deux opinions se sont produites.

La première reconnaît au condamné le droit de ne pas l'accepter; d'après elle, l'agent peut se dire innocent tant qu'il subit sa peine; il ne le peut plus s'il accepte la grâce : « Elle « fait tout perdre à l'homme innocent, jusqu'au droit de se « dire tel..... On consent à la sentence en même temps qu'à « la grâce; on se reconnaît bien accusé et à bon droit con- « damné[1]. »

La seconde opinion, la plus générale et de beaucoup la meilleure, refuse au condamné un pouvoir aussi exorbitant. —1° Elle fait remarquer d'abord que l'argumentation contraire tourne dans un cercle vicieux. Elle suppose que le condamné peut refuser la grâce pour en tirer la conséquence que, s'il

1. M. de Peyronnet. *Pensées d'un prisonnier.*

l'accepte, il consent à la condamnation. Or la possibilité d'une acceptation est précisément le point à démontrer. Jusque-là on ne peut rien conclure de ce fait que l'agent subit la grâce, puisqu'il est incertain s'il pouvait la refuser. — 2° Ensuite cette opinion répond qu'au point de vue social il est impossible d'admettre qu'un condamné puisse se dire innocent. La chose jugée est couverte par une présomption irréfragable de vérité qui ne peut être détruite que par certains moyens indiqués par la loi. En dehors de ces cas, rien ne peut ébranler son autorité, elle constitue l'infaillibilité civile. — 3° Comment d'ailleurs l'agent pourrait-il refuser la grâce ou la commutation de peine? Est-ce qu'il a droit acquis au châtiment? Non. C'est la société qui seule a droit de le lui infliger. Y renonce-t-elle ou consent-elle à le diminuer, en droit comme en fait il ne peut que subir cette décision. Ce serait un spectacle anormal autant que ridicule que celui d'un homme venant par huissier sommer le ministère public de le faire enfermer ou, qui sait! de lui faire trancher la tête[1].

§ 2.

Des effets de la grâce.

740. La grâce ne détruit pas la culpabilité; au contraire elle la suppose nécessairement. La peine seule disparaît ou s'atténue, tandis que la marque de la condamnation subsiste avec toutes ses autres conséquences. Aussi ne faut-il pas hésiter à dire que le coupable gracié qui commet une seconde infraction est en état de récidive[2].

Les incapacités qui en découlent ne sont point effacées.

1. Bertauld. Leçons XXIV, p. 487.

2. Cass., 5 juillet 1821 (Sirey, coll. nouv., 6, I, 464). — Circulaires ministérielles des 20 vendémiaire an XI et 13 messidor an XIII.

Elles constituent des mesures de précaution prises dans l'intérêt, soit des tiers, soit de la société; le pouvoir exécutif ne saurait les faire disparaître. Une autre institution a été créée pour les enlever, c'est la réhabilitation. Ce principe a été proclamé dans un avis du Conseil d'État rendu les 8-17 janvier 1823, et inséré au Bulletin des lois[1]. La jurisprudence l'a maintes fois appliqué, soit aux incapacités électorales, découlant de la condamnation[2], soit à la mort civile[3]. Il s'étend également à toutes les peines accessoires, dégradation civique, surveillance de la haute police, dégradation militaire[4]. La grâce se restreint donc à la peine principale.

741. Personne ne discute ce résultat lorsque les lettres de grâce sont muettes; mais que décider si elles contiennent une disposition expresse ? Le Souverain pourrait-il remettre et la peine principale et les peines accessoires?

On l'a soutenu sous l'empire de la Constitution de 1852. L'Empereur, disait-on, a le droit d'accorder une amnistie; il a donc le pouvoir de remettre, même à un seul condamné, les incapacités accessoires qu'il a encourues; autrement on lui refuserait le droit d'accorder à un seul ce qu'il peut concéder à plusieurs. Le Conseil d'État, sans énoncer nettement ce système, paraît cependant s'y être rallié. Le Souverain avait gracié un officier qui avait perdu son grade par suite d'une condamnation capitale; de plus il l'avait traité comme si ce grade lui eût été conservé. Le Conseil d'État a jugé que la position était acquise au militaire, objet de la grâce[5].

1. Duvergier. *Collection des lois*. T. XXIV, p. 159.

2. Cass., 21 août 1850 (Sirey, 50, I, 842); — 30 janvier 1862 (Sirey, 62, I, 222); — 30 mars 1863 (Sirey, 63, I, 558); — 6 mars 1865 (Sirey, 65, I, 384); — 12, 13 avril 1870 (Sirey, 70, I, 311); — 6 novembre 1872 (Sirey, 73, I, 84).

3. Voir l'énoncé du principe à propos de la mort civile. Cass., 10 avril 1849 (Sirey, 49, I, 311); — Consultation de Devilleneuve. — Première question (Sirey, 46, II, 423).

4. Voir sur ce dernier point les conclusions de M. Braun, lors de l'arrêté du Conseil d'État dans l'affaire Doineau (Sirey, 1875, II, 89).

5. C. d'État, 5 mars 1875 (Sirey, 75, II, 89). — Blanche. *Étude I*, n° 164.

Ce système est difficile à soutenir depuis la loi du 17 juin 1871 et depuis celle du 25 février 1875. Le chef de l'État n'a plus le droit d'amnistie et l'argument a fortiori tiré par l'autre opinion s'évanouit. Il ne faut pas croire qu'auparavant la solution qui précède dût être préférée. Un argument décisif lui a toujours été opposé. — 1° Si la grâce avait cette efficacité, elle équivaudrait à la réhabilitation. Dès lors les articles 619 et suivants du Code d'Instruction criminelle deviendraient absolument inutiles. Ces textes exposent les formalités nombreuses et les conditions multiples auxquelles il faut satisfaire pour obtenir la réhabilitation. A quoi bon les énumérer avec grand soin, si le prince a cette faculté d'en dispenser absolument? — 2° Ces peines accessoires d'ailleurs sont beaucoup moins des châtiments que des précautions acquises aux tiers comme à la société. Le prince n'y peut toucher sans injustice[1].

742. Il faut aller plus loin. Si la dégradation civique, si la surveillance, sont prononcées à titre de peines principales, elles n'en conservent pas moins leur caractère spécial. La réhabilitation seule peut les faire disparaître. Cette règle particulière ressort de l'article 620 du Code d'Instruction criminelle. Le texte détermine à quel moment on pourra demander la réhabilitation pour faire cesser ces peines quand elles sont prononcées d'une manière principale. La grâce ne peut donc les effacer[2].

743. La grâce peut être complète ou partielle, pure et simple ou conditionnelle, ou grevée de charges. Le coupable ne peut la discuter; n'est-elle pas toujours pour lui un bienfait? Il ne peut que soutenir qu'il y a en réalité aggravation de peine et non diminution. Les tribunaux sont alors saisis de cette question qui devient litigieuse.

1. Demolombe. *Cours de droit civil.* T. I, n° 235. — Bertauld. Leçon XXIX, p. 483.

2. Bertauld. Leçon XXIV, p. 484.

744. La différence profonde qui sépare la grâce de l'amnistie apparaît si on rapproche cette institution et le principe du non-cumul des peines. Pour l'amnistie ce rapprochement a été fait et l'on a pu en apprécier les résultats.

En ce qui concerne la grâce il faut distinguer deux hypothèses.

On supposera d'abord que l'agent a commis deux infractions comprises dans la même poursuite. On constate à sa charge la perpétration des deux crimes ; mais une seule condamnation est prononcée. La grâce enlève la peine ; que faire ? Une seconde poursuite est impossible ; l'exercice de l'action publique l'a épuisée. De même que la peine aurait expié les deux fautes, de même la grâce, qui équivaut à l'exécution du châtiment, ne laisse place à aucune expiation nouvelle.

Mais il se peut que la poursuite n'ait été relative qu'à l'une des infractions; après la grâce l'autre pourra-t-elle être poursuivie? Non évidemment, si la peine la plus grave a été prononcée; aucune condamnation nouvelle ne peut intervenir. — Si le délit récemment découvert entraîne un châtiment plus grave ou encore un châtiment égal, mais qui n'ait point été épuisé, la poursuite nouvelle sera possible. On supposera seulement que la première peine a été accomplie. Si les deux infractions ont mérité le même châtiment, on ne pourra le prononcer que jusqu'à concurrence de la différence qui existe entre la peine prononcée d'abord et le maximum édicté par la loi.

745. Si l'amnistie ne produit aucun effet à l'encontre des tiers, à fortiori doit-il en être ainsi de la grâce. C'est par ce motif qu'elle ne peut faire disparaître les peines accessoires. On sait qu'il n'existe qu'une exception à ce principe ; elle a été introduite pour la surveillance de la haute police. Lorsque la grâce transforme une peine perpétuelle en peine temporaire la surveillance est encourue par le fait de la commutation ; mais la loi du 23 janvier 1874 permet à l'autorité qui gracie d'en décharger le coupable.

Avant la loi du 31 mai 1854 elle pouvait exercer sur ces incapacités un effet indirect et de résultance. Il en était ainsi à cause du point de départ de certaines de ces peines. Ainsi la mort civile n'était encourue que du jour de l'exécution de la sentence; si donc la grâce intervenait avant que le châtiment ne fût appliqué, elle supprimait le point de départ de la peine accessoire et en empêchait ainsi l'application.

Ne survenait-elle qu'au cours de la peine, il en était tout différemment. Le condamné n'était pas relevé de son incapacité.

Maintenant il n'en saurait être ainsi, le point de départ de toutes les peines accessoires étant fixé au jour où la condamnation est devenue irrévocable.

§ 3.

Autorité compétente pour accorder la grâce;
Autorité qui l'interprète.

746. Le droit de grâce est un privilége réservé au Souverain. Cette prérogative lui a été reconnue de tous temps; il l'exerce en vertu de son initiative propre et personne ne doit pouvoir, officiellement du moins, la provoquer.

Parfois certains tribunaux s'étaient crus en droit de signaler, par un considérant inséré dans leur décision, des coupables à la clémence du Souverain. Ce procédé était irrégulier à un double point de vue; il semblait forcer la main du chef de l'État, et il était de nature à jeter une singulière incertitude sur les décisions de la justice. Elle-même paraissait douter de son œuvre. La Cour suprême a toujours cassé les jugements ainsi rendus. Les juges peuvent seulement en leur particulier, d'une manière occulte et officieuse, recommander certains coupables à la clémence du Souverain[1].

Cette règle que le droit de grâce appartient au chef du Pouvoir exécutif a-t-elle été méconnue par la loi du 17 juin 1871 ? Cette loi ne remet le pouvoir de faire grâce aux mains du chef de l'État que diminué et restreint notamment à l'égard de certains crimes[2]. Mais cette anomalie fut la conséquence de l'état politique spécial de la France. Le pays était alors placé dans une situation particulière, provisoire, où tous les pouvoirs se concentraient dans la main de l'Assemblée. Le chef de l'État n'était qu'un simple président du conseil des ministres. Cette disposition n'a pas survécu à la loi du 20 novembre 1873, qui a créé le duc de Magenta chef du pouvoir exécutif et lui a confié dans sa plénitude l'exercice de ce pouvoir.

747. Les lettres de grâce obtenues sont, en matière criminelle, soumises à la formalité de l'entérinement. (Décret du 6 juillet 1810, article 20.) Elle consiste à les lire et à les enregistrer devant la Cour réunie en assemblée solennelle. Du reste aucun droit de remontrances n'est accordé aux magistrats. La cour compétente pour procéder à l'entérinement est celle dans le ressort de laquelle la condamnation a été prononcée. Cette formalité n'est point exigée en matière correctionnelle.

748. Si quelque difficulté se soulève à l'occasion des lettres de grâce, à quelle autorité appartiendra-t-il de la résoudre ? S'agit-il de les interpréter ? Ce pouvoir n'appartient qu'à celui-là qui a pu accorder la grâce.

Au contraire s'agit-il d'une question contentieuse ? Prétend-on qu'un droit acquis a été lésé ? Le débat rentre dans la compétence des tribunaux ordinaires.

1. Cass., 16 pluviôse an XIII (Sirey, coll. nouv., 5, I, 187); — 7 octobre 1826 (Sirey, 27, I, 219).
2. Duvergier, *Collection des lois*, 1871, p. 119.

CHAPITRE III.

DE LA RÉHABILITATION.

749. Ces deux premières institutions ne suffisent point pour répondre aux exigences d'une législation qui atteint son complet développement. La grâce, œuvre de clémence, efface seulement la peine principale ; elle ne peut rien sur les incapacités accessoires qui découlent de la condamnation. L'amnistie, effet le plus souvent de la prudence politique, anéantit jusqu'au souvenir même du crime. Il reste une hypothèse sans solution : qu'un criminel ait payé sa dette à la société et qu'il ait mérité, par sa conduite depuis sa faute, un pardon complet, comment s'y prendre pour rendre à une expiation plus entière ce qui lui est dû légitimement? Faudra-t-il avoir recours au moyen anormal de l'amnistie? Non; le remède sera donné par une institution particulière : *la Réhabilitation.* Elle est une œuvre de justice par laquelle on attribue au repentir démontré par l'amendement la récompense qu'il mérite. Sans toucher à l'infraction, sans en effacer le souvenir, elle fait disparaître les incapacités accessoires et anéantit dans la vie pratique, comme les derniers vestiges de cette infraction.

750. La réhabilitation constitue pour le condamné un droit réel et rigoureux; lorsque la société n'a plus besoin des précautions qui devaient la protéger, elle est tenue de les abandonner. Toutefois, les moyens rigoureux d'instruction propres à la poursuite et à la constatation du droit acquis ne peuvent être employés en cette occurrence. Le repentir par lequel s'acquiert la réhabilitation est autrement difficile à constater que le crime. Il constitue un état de l'âme qui ne se manifeste que par des révélations auxquelles peuvent manquer soit la sincérité, soit la persévérance. Pour l'apprécier, il faut recourir à des épreuves d'une durée particulière et d'une forme spéciale dans laquelle une part extraordinaire sera faite à l'arbitraire du juge. Pour saisir le cri sincère du repentir il sera nécessaire de prêter l'oreille à tous les échos, d'interroger des témoins nombreux et de situations bien différentes. Mais de là que les procédés rigoureux de l'instruction judiciaire ne seront pas suivis, il ne faut pas conclure que la réhabilitation, une fois les conditions remplies et le repentir démontré, ne constitue pas un droit acquis au condamné.

Ceci pourtant a été contesté. C'est une grâce particulière, mais véritable, a-t-on dit; et l'on a donné comme preuve ce fait que, dans notre droit, la réhabilitation n'émane point exclusivement du pouvoir judiciaire, le seul compétent pour proclamer le droit[1].

Cette opinion est inexacte. La juridiction n'appartient pas ici à la seule autorité judiciaire, parce que la constatation est plus difficile, que l'enquête doit être plus étendue et qu'un nombre plus grand d'autorités doivent être consultées. En outre ce système est condamné dans la législation française par les documents les plus certains. Un avis du Conseil d'État émis le 21 décembre 1822, approuvé le 8 janvier 1823, porte expressément : « que la grâce dérive de la clémence du Roi, « *la réhabilitation de sa justice*[2] ». Cette idée se trouve reproduite implicitement dans l'exposé des motifs de la loi des 3 et 6 juillet 1852[3].

751. Cette institution n'est point spéciale à la législation française moderne; le droit romain l'avait connue, du moins

1. Bertauld, *Cours de Code pénal*, leçon XXV, p. 497-498.
2. Duvergier, *Collection des lois*, t. XXIV, p. 159 (8-17 janvier 1823).
3. Duvergier, *Collection des lois*, 1852, p. 447-448. — F. Hélie, *Traité de l'instruction criminelle*, t. VIII, n° 4097.

en principe. Il appliquait en matière criminelle la *restitutio in integrum*. Ainsi un condamné se trouvait replacé dans son ancien état; et toutes les conséquences directes ou indirectes de la condamnation étaient anéanties. La restitution offrait toutefois cette différence avec la réhabilitation maintenant en vigueur, que la première pouvait, ce semble, enlever ce qui restait à courir de la peine principale[1], tandis qu'actuellement un tel résultat est impossible.

L'ancienne législation française n'avait pas négligé la tradition romaine. Elle connaissait les *lettres de réhabilitation*; toutefois elle n'en faisait qu'une classe particulière des *lettres de grâce*. Leur but était comme maintenant d'ôter au condamné, lorsqu'il avait exécuté sa peine « la note d'in- « famie et l'incapacité d'agir civilement qui lui restait »[2]. Toutefois le caractère différent des deux institutions ne paraît point s'être nettement dégagé pendant cette période.

La législation nouvelle modifia notablement l'essence de la réhabilitation; elle en fit une œuvre de justice et reconnut que le condamné pouvait la réclamer comme un droit. Mais l'autorité appelée à en décider fut malheureusement choisie; en outre la forme adoptée fut mauvaise et théâtrale. Le condamné qui en demandait le bénéfice présentait sa requête à la municipalité de la commune où il avait fixé sa résidence. C'était le conseil municipal qui, après l'enquête, accordait ou refusait la réhabilitation. Si l'avis était favorable, deux officiers municipaux présentaient le condamné au tribunal criminel; lecture de l'arrêt de condamnation était donnée, puis les officiers municipaux faisaient devant le tribunal la déclaration suivante : « Un tel a expié son crime en faisant « sa peine; maintenant sa conduite est irréprochable; nous

1. Voy. au Digeste et au Code le titre *De sententiam passis et restitutis*.

2. Jousse, t. II, p. 414 et ss. — Rousseau de la Combe, p. 479. — Muyart de Vouglans, liv. I, tit. IV, ch. I, § 4, n° 9. — Ordonnance de 1670, tit. XVI, art. 7. — Pothier. *De la procédure criminelle*, section VII, art. 2, § 8.

« demandons, au nom de son pays, que la tache de son « crime soit effacée. » Le président du tribunal, sans délibération, prononçait alors ces paroles : « Sur l'attestation et la « demande de votre pays la loi et le tribunal effacent la ta- « che de votre crime[1]. »

Les législateurs de 1791 avaient regardé comme une merveille la découverte de cette institution qu'ils appelaient pompeusement : « *un baptême civique.* » Les inconvénients, que leur amour-propre d'auteurs leur avait cachés, étaient tels que fort peu de catéchumènes se présentèrent pour recevoir le nouveau sacrement civil. De fait, l'autorité chargée de décider n'était ni assez éclairée pour se renseigner fructueusement, ni assez forte non plus qu'assez impartiale pour rendre une décision de nature à inspirer confiance. Quant à la forme, sans parler de sa ridicule solennité, elle offrait le double inconvénient de rappeler trop vivement le souvenir de l'infraction commise, et d'imposer au condamné repentant la plus cruelle humiliation.

Cette institution fut organisée à nouveau par le Code d'instruction criminelle ; depuis elle a été modifiée à deux reprises, d'abord par le décret du 18 avril 1848 et ensuite par la loi du 3 juillet 1852. Il convient d'étudier le régime inauguré par ce dernier monument législatif.

En cette matière on verra successivement :

I. A qui et sous quelles conditions la réhabilitation est accordée ;

II. Quels sont ses effets ;

III. Quelle est la procédure à suivre pour la demander ;

IV. De la réhabilitation administrative.

1. Loi 25 septembre-6 octobre 1791, 1re partie, tit. VII.

§ 1.

A qui et sous quelles conditions la réhabilitation est-elle accordée ?

752. A qui d'abord s'accorde la réhabilitation? Sur ce point la loi française a varié et l'on peut distinguer trois époques successives.

Le Code d'instruction criminelle forme la première. La réhabilitation n'était alors accordée qu'aux condamnés pour crimes à une peine afflictive ou infamante; on ne l'appliquait point en matière correctionnelle. De prime abord il paraît singulier que le législateur en eût réservé le bénéfice pour les plus grands criminels. Ce résultat s'expliquait par trois motifs. — En fait, la loi pénale ne prononçait en matière de délit presque que des incapacités temporaires; deux articles seulement dérogeaient à ce principe. — En théorie le législateur attachait à ces pénalités accessoires, édictées au correctionnel, l'idée d'un complément de réparation morale; il les regardait comme nécessaires à la correction complète de l'agent. — En outre, il estimait que la réhabilitation était inutile à des coupables qu'il tenait pour corrigibles, et même pour corrigés après l'exécution du châtiment.

Le résultat n'en était pas moins choquant. On voyait les condamnés placés et maintenus pour un temps plus ou moins long sous le coup d'incapacités irréductibles, tandis que d'autres plus sévèrement punis trouvaient dans la gravité même de leur faute le moyen d'abréger la durée de cette même incapacité. Surtout l'inconséquence était choquante dans l'hypothèse des art. 170 et 171 du Code pénal ancien. Le fait, qualifié crime ou délit, était le même; ces articles répriment les détournements commis par les dépositaires publics. L'infraction est qualifiée différemment suivant que la somme détournée est plus ou moins forte. S'agissait-il d'un fait regardé comme des plus graves, les incapacités, conséquences de la peine principale, pouvaient disparaître par l'effet de la réhabilitation. Le fait au contraire était-il réduit à n'être qu'un délit, tandis que le châtiment s'abaissait, la pénalité accessoire, demeurée perpétuelle, ne pouvait plus être enlevée.

La réhabilitation, aux termes de l'article 619, ne devait être demandée qu'après l'expiration de la peine principale. Il résultait de là que les condamnés à une peine perpétuelle n'en bénéficiaient jamais. Que décider cependant si la grâce intervenant avait mis un terme au châtiment? Le texte était muet; l'interprétation n'avait pas hésité à étendre la réhabilitation à cette hypothèse. La peine était réputée subie.

Cet effet de la grâce restait impuissant dans un cas particulier. Lorsque l'unique peine principale encourue était le renvoi sous la surveillance de la haute police, le condamné était à jamais privé du bénéfice de la réhabilitation. D'une part le châtiment était perpétuel; et de l'autre la grâce ne pouvait le faire disparaître; elle n'a point d'efficacité, on l'a vu, sur les incapacités proprement dites.

753. Une première modification fut opérée par la loi du 28 avril 1832. L'assimilation que les interprètes avaient établie entre l'exécution de la peine principale et la remise de ce châtiment par la grâce fut admise législativement. L'ancien texte de l'article 619 du Code d'instruction criminelle portait : « Tout condamné à une peine afflictive ou in« famante qui aura subi sa peine, etc. » — On y ajoute ces mots « *ou qui aura obtenu soit des lettres de commutation,* « *soit des lettres de grâce*, etc. » C'était une amélioration; mais l'importance n'en était pas fort grande.

Une autre plus réelle était introduite par rapport à la dégradation civique. Sous le Code de 1810 ce n'était jamais qu'une pénalité accessoire rattachée à une autre principale.

La réforme de 1832, en supprimant le châtiment du carcan, éleva parfois la dégradation au rang de peine principale. Elle était alors perpétuelle; en outre ce n'était qu'une incapacité sur laquelle la grâce n'avait point d'effet. Faudrait-il donc la traiter comme le renvoi sous la surveillance de la haute police? Le législateur ne le voulut pas. Il permit au coupable de solliciter la réhabilitation pendant même la durée de sa peine et 5 ans après le jour de sa condamnation devenue définitive[1].

Ce nouveau régime présentait deux inconvénients notables : d'abord la solution différente appliquée à la surveillance de la haute police et à la dégradation civique était choquante. La première peine restait sous l'empire de la législation antérieure; ni la grâce ni la réhabilitation ne pouvaient y dérober le condamné. Pourquoi cette rigueur, quand on l'adoucissait pour une peine d'un genre semblable?

Ensuite la loi nouvelle avait multiplié l'application des pénalités accessoires en matière correctionnelle; cependant elle maintenait le principe du Code de 1808, qui refusait la réhabilitation aux agents coupables de simples délits. Bien plus! Par l'effet des circonstances atténuantes dont la réforme de 1832 avait généralisé l'application, un grand nombre de crimes pouvaient n'être punis que d'une peine correctionnelle à laquelle venaient s'ajouter des pénalités accessoires (art. 401, C. pén.). Dans ces deux cas les incapacités encourues étaient irréductibles. Ainsi le vice de la législation précédente devenait plus apparent et dès lors plus choquant.

1. Depuis la réforme de 1832, l'art. 619 était rédigé sur ce point de la manière suivante : « La demande en réhabilitation ne pourra être formée par les « condamnés aux travaux forcés à temps, à la détention ou à la reclusion, que « cinq ans après l'expiration de leur peine; et par les condamnés à la dégradation civique qu'après cinq ans, à compter du jour où la condamnation sera « devenue irrévocable, ou cinq ans après qu'ils auront subi la peine de l'em- « prisonnement, s'ils y ont été condamnés. »

Les plus grands efforts furent tentés pour faire disparaître cette anomalie justement critiquée. A deux reprises des projets de loi furent présentés, notamment en 1843 et en 1845. Ils échouèrent et leur insuccès fut causé par une préoccupation singulière. Appliquer la réhabilitation aux peines correctionnelles, disait-on, ce serait établir une confusion entre elles et les peines infamantes. Cette institution est le remède apporté à l'infamie légale; elle disparaît lorsque celle-ci n'existe pas[1].

Cette crainte était puérile; en outre elle reposait sur une idée inexacte de la réhabilitation. Elle n'est point faite pour effacer l'infamie légale; mais pour enlever les incapacités qui découlent de la condamnation. Toutefois la force du préjugé était si grande que pour en triompher il ne fallut rien moins qu'une révolution politique.

754. Le décret rendu par le gouvernement provisoire le 18 avril 1848 ouvrit la troisième période. Les réformes qu'il introduisait n'étaient que provisoires; elles furent adoptées à titre définitif par la loi des 3-6 juillet 1852. Les textes du Code d'instruction criminelle furent retouchés et depuis ils ont gardé la rédaction qui leur fut alors donnée. La législation de 1852 a corrigé les deux imperfections reprochées aux lois antérieures. — D'abord la réhabilitation put s'appliquer aux condamnés correctionnels frappés d'incapacités accessoires aussi bien qu'aux auteurs d'infractions qualifiées crimes. — En outre la différence qui existait entre le renvoi sous la surveillance de la haute police comme peine principale et la dégradation civique fut supprimée. Dorénavant l'institution profitait à l'un des condamnés comme à l'autre. Dans ces deux cas on n'attendait pas pour y recourir l'expiration de la peine principale, puisqu'elle était perpétuelle; le

1. Les discussions qui eurent lieu, en 1843 et en 1845, se trouvent résumées dans le livre que voici : Bertauld, *Cours de Code pénal*, leçon XXV, p. 504 à 508.

délai qui devait précéder la demande en réhabilitation partait du jour où la condamnation était devenue définitive.

La dernière partie de l'ancien article 619, qui était relative à la dégradation civique, était détachée du texte corrigé; réunie à la règle applicable au renvoi sous la surveillance de la haute police, elle formait le nouvel article 620. Les paragraphes 2 et 3 de ce texte sont ainsi conçus :

« Ce délai (préalable à la demande en réhabilitation) court « au profit des condamnés à la dégradation civique du jour « où la condamnation est devenue irrévocable, ou de celui « de l'expiration de la peine de l'emprisonnement, si elle a « été prononcée.

« Il court au profit du condamné à la surveillance de la « haute police prononcée comme peine principale, du jour « où la condamnation est devenue irrévocable. »

Le progrès réalisé était considérable. On peut se demander comment des esprits distingués sont restés si longtemps sourds à cet argument de bon sens que l'on ne peut refuser à des agents moins coupables, tels que les condamnés pour délits, la faveur qu'on accorde aux auteurs d'infractions beaucoup plus graves.

755. La règle est donc maintenant que tout coupable, correctionnel ou criminel, s'il est frappé d'une incapacité pénale, peut, sa peine terminée par l'exécution ou par la grâce, et même dans certains cas exceptionnels, sa peine durant encore, demander la réhabilitation. Il n'importe que l'incapacité soit encourue de plein droit ou qu'elle doive être prononcée par le juge; qu'elle soit temporaire ou perpétuelle[1].

Mais tout principe comporte des exceptions; celui-ci en impliquait une seule avant la loi de 1852. Maintenant il en subit deux distinctes.

1. F. Hélie, *Traité de l'instruction criminelle*, t. VIII, n° 4100.

Jadis le seul condamné récidiviste était privé du droit à la réhabilitation (ancien article 633, C. I. C.). Cette exception avait eu plus ou moins d'étendue suivant que la législation avait multiplié ou restreint les applications de la récidive.

La loi de 1852 a modifié cette exception ; elle l'a dédoublée, lui donnant d'un côté de l'extension et la resserrant de l'autre. La réhabilitation est maintenant refusée à deux classes de personnes : 1° aux récidivistes ; 2° aux condamnés qui, réhabilités une première fois, ont commis une seconde infraction (art. 634, C. I. C.).

756. En ce qui concerne la récidive, la loi actuelle est plus douce que l'ancienne.

Sous l'empire des codes de 1808 et de 1810, l'exclusion du droit à la réhabilitation frappait tous les récidivistes en matière criminelle. Pour constituer l'état de récidive il suffisait alors d'une première condamnation pour crime à une peine n'importe de quel ordre, pourvu qu'elle fût suivie d'une seconde entraînant une peine afflictive ou infamante. Il ne pouvait être question de l'effet de la récidive en matière correctionnelle, puisque la réhabilitation qu'il s'agissait d'appliquer n'était point faite pour les auteurs de simples délits. L'article 56 du Code pénal et l'article 634 du Code d'instruction criminelle étaient en parfaite corrélation.

Cette corrélation ne fut point détruite par la révision du Code pénal de 1832 ; seulement l'exception fut restreinte, parce que l'étendue de la récidive en matière criminelle était diminuée. D'après la loi édictée à cette époque il fallait, pour constituer l'état de récidive, deux condamnations entraînant l'une et l'autre des peines afflictives ou infamantes. Du reste on ne pouvait alors se préoccuper de la récidive organisée par les articles 57 et 58 du Code pénal, puisque c'est une récidive correctionnelle.

Mais la loi des 3-6 juillet 1852 a étendu le bénéfice de la réhabilitation aux agents condamnés pour délits ; en faudra-t-il conclure que le nouvel article 634, § 3, privera du droit de la demander même les récidivistes atteints par les articles 57 et 58, c'est-à-dire ceux condamnés pour délits? Non, l'exception ne s'étend pas en même temps que la règle. La seule récidive prévue par l'article 56 du Code pénal entraînera la privation du bénéfice de la réhabilitation ; le texte exige pour prononcer cette déchéance une double condamnation à une peine afflictive ou infamante. « Aucun individu, condamné pour crime, qui aura commis un second « crime et subi une *nouvelle* condamnation à une peine af- « flictive ou infamante, ne sera admis à la réhabilitation. » — Les discussions qui ont précédé le vote de la loi sont d'ailleurs claires ; un amendement proposé dans le sens que l'on vient d'indiquer fut définitivement adopté[1].

Il faut noter enfin que la loi nouvelle du 13 mai 1866 sur la récidive n'a pas modifié cet état de la législation[2].

757. Si la loi actuelle est plus indulgente qu'autrefois lorsqu'il s'agit d'appliquer la réhabilitation aux récidivistes, elle devient plus sévère quand on passe à la seconde exception. Tout condamné qui, ayant d'abord obtenu la réhabilitation, vient à commettre une nouvelle faute et encourt en résultance une incapacité quelconque, ne peut plus en bénéficier une seconde fois. Il ne s'agit plus de la récidive atteinte par le § 3 de l'article 634, mais des hypothèses qui restent en dehors de ce texte.

Depuis la loi de 1863 sur la récidive, cette seconde exception peut s'appliquer à des récidivistes véritables. Ainsi, que l'auteur de deux infractions se trouve dans un des cas d'application des articles 57 et 58 du Code pénal, il rentrera parfois dans cette seconde exception. Si le coupable a demandé la réhabilitation avant d'être frappé par la seconde

1. F. Hélie, *Pratique criminelle des cours et tribunaux,* t. I, n° 1062.
2. Bertauld, *Cours de Code pénal,* leçon XXV, p. 511.

condamnation, il ne peut plus une seconde fois en obtenir le bénéfice. Si au contraire il ne l'a demandée qu'après les deux décisions judiciaires, on pourra la lui accorder. Le motif du législateur a été clairement indiqué : « Cette fa-« veur, a-t-il dit, ne doit pas être prodiguée; elle repousse « l'hypocrisie qui la convoite et ne doit plus être accordée « à ceux-là qui s'en sont couverts pour tromper la foi pu-« blique[1]. ».

La loi suppose évidemment que la seconde faute n'est commise qu'après la réhabilitation. Si elle la précédait et qu'elle fût découverte, ou elle ferait rejeter la demande formée par le condamné ou bien on ne l'accorderait qu'à bon escient.

Qu'adviendrait-il si, par impossible, la seconde faute ayant été commise avant la réhabilitation, n'était découverte et punie qu'ultérieurement? Il faut supposer que la seconde décision entraîne quelque incapacité. Le coupable pourrait-il demander une seconde fois la réhabilitation? Non. Le texte le lui défend, il ne considère que la date du jugement; non pas celle de la faute. A la vérité on oppose au texte le but cherché par le législateur. L'objection n'est pas dépourvue de valeur; évidemment on a supposé que, le plus ordinairement, la faute suivait la réhabilitation. Néanmoins cet argument ne doit pas triompher. Si le coupable a été assez habile pour dissimuler son infraction, il doit être puni de cette trop grande dextérité. Il perdra donc justement un bénéfice dont il n'a profité que par surprise; et la peine de sa dissimulation consistera dans l'impossibilité où il va se trouver d'obtenir à nouveau l'avantage qu'il avait usurpé.

758. Voilà les condamnés qui peuvent demander la réhabilitation; il faut voir à quelles conditions ils doivent satisfaire pour en recueillir le bénéfice.

1. Exposé des motifs. Duvergier, *Recueil des lois*, 1852, p. 458.

Ces conditions sont au nombre de quatre.

1° La première consiste à donner pleine satisfaction à la loi par l'exécution intégrale de la peine principale. Il faut que le coupable subisse son châtiment en entier ou qu'il en obtienne remise par la grâce (art. 619, C. I. C). Pour mériter l'indulgence du législateur, il faut que le coupable donne une preuve éclatante de sa soumission.

La prescription de la peine par le condamné constituerait donc un obstacle absolu à l'obtention de cette mesure de faveur; et il suffirait qu'elle s'appliquât à une partie du châtiment, fût-ce la plus minime.

Ainsi un condamné a encouru une peine d'emprisonnement et une amende; il exécute la première, il prescrit la seconde; la réhabilitation deviendra impossible[1].

Sans doute l'indigence du coupable ne le privera pas de la bienveillance de la loi; mais il faudra qu'il remplace alors le payement de l'amende en subissant la contrainte par corps. L'exécution aura lieu par équipollent.

759. 2° Il faut ensuite qu'un certain délai s'écoule entre l'accomplissement de la peine et l'introduction de la demande en réhabilitation. Le législateur veut savoir quel usage le condamné livré à lui-même fera de sa liberté. — Le laps de temps exigé est de cinq ans en matière criminelle; il est réduit à trois ans en matière correctionnelle.

Le point de départ est différent suivant que la réhabilitation s'applique à une peine accessoire ou à une peine principale. Se trouve-t-on en présence d'une peine accessoire rattachée à une pénalité principale? Le délai commence à courir de l'expiration du châtiment principal. Au contraire le coupable a-t-il encouru uniquement la peine de la surveillance ou celle de la dégradation civique, le temps se

1. Paris, 5 avril 1853 (Sirey, 53, II, 293).

compte du jour où la condamnation est devenue irrévocable (art. 620, C. I. C.).

760. 3° Cette première garantie relative à la conduite du condamné est accompagnée d'une seconde. Celle-ci consiste dans une condition de stabilité dans la résidence. Le candidat à la réhabilitation doit prouver qu'il a résidé pendant les cinq dernières années dans le même arrondissement; et pendant les deux dernières années dans la même commune (art. 621, C. I. C.).

Le législateur a trouvé dans cette fixité de la résidence un gage de retour aux idées d'ordre, de travail et de persévérance. Il s'est défié à juste titre des esprits légers et vagabonds qui ne peuvent tenir en place.

761. 4° La dernière condition imposée à qui demande la réhabilitation, consiste à exiger du condamné qu'il désintéresse tous ceux qui ont souffert de l'infraction. C'est une marque de respect et de repentir que le législateur devait réclamer. Il faudra donc justifier du payement des frais et des dommages-intérêts, de l'exécution des restitutions ordonnées.

Mais le condamné est insolvable! Son indigence ne deviendra point une cause d'indignité; il faudra seulement avoir recours à un équipollent. On le trouvera dans la contrainte par corps. Le condamné la subira nécessairement; il ne pourrait s'en dispenser sous le prétexte qu'il démontre son insolvabilité par la production d'un certificat d'indigence délivré conformément à l'article 420 du Code d'instruction criminelle. Le texte est précis; il n'admet comme équivalent du payement que la remise volontaire faite par le créancier, ou la contrainte par corps[1] (art. 623, C. I. C.).

Cette condition est exigée avec une rigueur particulière en matière de banqueroute frauduleuse. Il en devait être

1. Cass., 17 novembre 1871 (Sirey, 72, I, 149).

ainsi; l'infraction consiste alors dans la soustraction par le débiteur de tout ou partie du gage de ses créanciers. La réparation naturelle est de les indemniser complétement; aussi le texte impose-t-il dans ce cas au condamné l'obligation de solder en capital, intérêts et frais tout le passif de sa faillite ou d'en obtenir la remise (art. 623, § 3, C. I. C.).

§ 2.

Quels sont les effets de la réhabilitation?

762. Pour apprécier l'effet de la réhabilitation, il faut se rappeler à quel moment elle intervient. Lorsqu'on la demande, la peine principale est subie, à moins qu'elle ne consiste dans une incapacité légale comme la surveillance ou la dégradation; la réhabilitation n'a donc pas pour but de diminuer cette peine. Mais la sentence a entraîné après elle des pénalités accessoires qui survivent; l'institution que l'on examine aura pour but de les anéantir.

Il importe de remarquer qu'elle respecte le souvenir de l'infraction et qu'elle n'atteint point la sentence rendue. Celle-ci conserve encore un certain effet. Si le coupable réhabilité vient à commettre une nouvelle infraction et qu'il se trouve placé sous le coup de l'un des articles 56, 57 ou 58 du Code pénal, la faveur qu'il a obtenue ne l'empêchera pas de subir l'aggravation de la récidive. On voit la différence entre l'amnistie et la réhabilitation.

Ce résultat est juste; la société n'a relevé le coupable des déchéances encourues que parce qu'elle a eu foi dans son repentir. Or la faute commise de nouveau démontre que ce n'était qu'une apparence, ou que ce sentiment manquait de durée; pourquoi accorder une prime d'encouragement à la dissimulation en faisant remise au coupable de l'aggravation pour récidive?

En outre, au point de vue rationnel, le repentir n'efface pas la faute; il peut la racheter en partie, il ne peut l'anéantir. C'est la réponse qu'il convient de faire à un savant auteur qui s'est prononcé en sens contraire. D'après lui « la « réhabilitation scinde la vie du condamné en deux parties « qui ne doivent pas refluer l'une sur l'autre[1]. »

Cette opinion, inexacte au point de vue des principes, est contraire à la lettre de l'article 634 du Code d'instruction criminelle. Ce texte n'attribue qu'un effet à la réhabilitation, celui de faire cesser *toutes les incapacités qui résultaient de la condamnation* (art. 634, C. I. C.). Or l'état de récidive ne peut être rangé au nombre des incapacités. Sans doute il ne se présentera pas sans une première condamnation, mais il n'en constitue qu'une conséquence médiate et éloignée. Il faut qu'une seconde infraction suive la première sentence. Il est donc vrai de dire qu'il n'a point pour cause unique la première infraction[2].

763. Impuissante à effacer le souvenir de la faute, la réhabilitation enlève toutes les incapacités qui sont nées de la première sentence. On comprend sous cette dénomination toutes les déchéances énumérées en matière criminelle par les articles 34 et 44 du Code pénal, et par l'article 3 de la loi du 31 mai 1854 : ce sont surtout la dégradation civique et la surveillance de la haute police. En matière correctionnelle, les déchéances sont celles édictées par les articles 42, 171 et 175 du Code pénal et certaines autres portées par des lois spéciales. Telles sont les exclusions prononcées par la loi du 28 avril 1816 (art. 57) contre les complices de contrebande à qui le législateur enlève le droit de se présenter à

1. F. Hélie, *Revue de législation*, t. VIII, p. 45.

2. Bertauld, *Cours de Code pénal*, leçon XXV, p. 517. — Cass., 6 février 1823 (Sirey, 23, I, 176). — M. F. Hélie reconnaît lui-même qu'au point de vue des textes sa solution ne doit pas être admise. Il la discute surtout au point de vu législatif. *Traité de l'instruction criminelle*, t, VIII, n° 4099.

la Bourse, d'exercer la profession d'agent de change ou de courtier, enfin le droit de voter dans les assemblées de commerçants; la défense de servir dans l'armée, défense contenue dans la loi du 27 juillet 1872 (art. 7); celle de tenir école et d'enseigner (Loi du 15 mai 1850, art. 26).

764. Des déchéances énumérées par les textes qui viennent d'être cités, les unes entament la capacité civile, les autres la capacité politique. Convient-il d'établir une différence entre les unes et les autres? On l'a soutenu, en théorie du moins.

On a fait remarquer que l'exercice des droits politiques supposait une plus grande pureté de vie et qu'elle exigeait du citoyen un désintéressement de pensée, une rectitude de conduite et une fermeté de principes et de mœurs qui n'étaient pas compatibles avec la réhabilitation.

Celle-ci ne profite jamais qu'à un coupable. — On a essayé d'accommoder un texte du droit positif à cette opinion. On a fait remarquer que l'article 634 du Code d'instruction criminelle ne parlait que d'*incapacités*. Or, si on le rapproche de l'article 34 du Code pénal, il en ressort une comparaison instructive. Ce dernier texte n'emploie la même expression d'*incapacités* que dans les §§ où il s'occupe des déchéances civiles. Parle-t-il de celles encourues dans l'ordre politique? il se sert d'autres expressions : *exclusion*, *privation*. On conclut que l'article du Code d'instruction criminelle ne vise qu'une partie des déchéances de l'article 34[1].

765. S'il s'agissait de discuter en législation le mérite de cette théorie, il faudrait s'y rallier. La capacité politique suppose chez le citoyen des aptitudes particulières et une dignité de vie plus grande que la simple capacité civile. Quiconque peut vendre, acheter, même tester n'est pas pour

1. Cette opinion fut développée, en 1843, à la Chambre des Pairs, par le rapporteur de la commission nommée pour examiner le projet de loi proposé sur la réhabilitation.

cela digne ou capable de voter. Si la loi était à faire, elle devrait établir deux sortes de réhabilitation : l'une qui restituerait les droits civils et l'autre plus difficile qui resterait spéciale aux droits politiques.

Mais autant cette distinction serait sage au point de vue théorique, autant elle est impossible à défendre en droit positif. La législation actuelle ne reconnaît qu'une seule réhabilitation; il faudrait donc aller jusqu'à soutenir qu'elle ne peut jamais effacer les incapacités politiques. Cette opinion s'est produite dans la discussion de la loi des 3-6 juillet 1852, mais elle a été condamnée. On peut le pressentir du reste en remarquant le caractère subtil et bizarre de la distinction proposée par l'opinion qui précède[1].

766. Il est toutefois une série d'incapacités que la réhabilitation ordinaire ne peut faire disparaître : ce sont les incapacités commerciales édictées contre les banqueroutiers (art. 612, C. Com.). La loi pénale en a une disposition expresse (art. 634, § 2, C. I. C).

En matière commerciale il existe une autre réhabilitation propre aux faillis et dont les effets sont spéciaux. Il ne fallait pas que le négociant non-seulement failli, mais encore coupable d'un délit, pût se prévaloir de sa faute pour améliorer sa position et se soustraire, en invoquant la réhabilitation du droit criminel, aux conditions plus rigoureuses de la réhabilitation commerciale.

767. La réhabilitation est encore restreinte par l'application d'une autre règle. Elle ne fait disparaître les incapacités que lorsqu'elles sont la conséquence de la condamnation prononcée. Ainsi un officier ministériel a été frappé d'une double sentence; l'une est prononcée par un tribunal criminel, l'autre est une mesure disciplinaire émanée d'un conseil de discipline ; toutes deux entraînent des incapacités.

1. Bertauld, *Cours de Code pénal*, leçon XXV, p. 518.

La réhabilitation remettra seulement celles qui découlent de la première décision ; les autres persévèrent. C'est l'application littérale de l'article 634 du Code d'instruction criminelle [1].

768. Mais pourrait-on réhabiliter un condamné qui ne serait frappé d'aucune déchéance? L'institution peut-elle avoir pour but d'effacer une espèce de note d'infamie qui résulterait de la condamnation?

La question est controversée, et sur ce point la jurisprudence s'est divisée.

Une opinion enseigne que la réhabilitation est possible parce que son but est surtout de rétablir le condamné « *dans sa bonne fame et renommée* », pour employer les expressions des anciens auteurs. — 1° On invoque d'abord en ce sens les origines de l'institution. En droit romain elle formait un des cas d'application de la *restitutio in integrum*. L'ancien droit lui reconnaissait aussi le pouvoir de rendre au condamné l'intégrité de son état et de sa réputation. — 2° On ajoute que certains passages des discussions préparatoires des codes criminels impliquent le maintien de ces traditions. On invoque surtout un fragment du discours de M. Treilhard.

« Est-il absolument impossible d'effacer du front du con-
« damné la tache d'infamie dont il fut couvert?... Sans doute
« on ne vous propose pas d'effacer la tache sans qu'il ait
« subi les épreuves qui donneront une pleine garantie de
« son changement. Mais lorsque cette garantie sera entière,
« vous ne refuserez pas de le rendre à sa famille, à ses con-
« citoyens, tel qu'il était avant sa chute. » — 3° On fait remarquer que la procédure suivie, les nombreuses informations qu'elle suppose et qui portent sur la conduite générale du condamné tendent à lui donner ce caractère. — 4° On l'appuie sur le caractère d'une institution voisine : la réhabi-

1. Cass., 31 mars 1851 (Dalloz, 51, I, 110).

litation des faillis pour faire voir qu'elle tend surtout à rendre l'honneur.

La réhabilitation des faillis peut être accordée après leur mort, elle n'a certes pas pour but de faire disparaître les incapacités dont ils pouvaient être grevés[1].

769. Cette opinion condamnée par toute la doctrine est défectueuse. — 1° Elle se heurte d'abord au texte précis de l'article 634 du Code d'instruction criminelle. Il n'attribue à la réhabilitation qu'un seul effet : celui d'anéantir les incapacités encourues. La doctrine contraire est impuissante à expliquer ce texte. Elle répond à la vérité que c'est l'effet le plus ordinaire, le plus saillant, que ce n'est pas le seul. S'il en était ainsi le texte serait incomplet et mal rédigé. La conséquence est forcée. Elle démontre la contradiction qui existe entre l'interprétation et la lettre de la loi. — 2° Sans doute à une époque antérieure la réhabilitation eut la portée que l'opinion contraire lui attribue; mais le régime légal a changé et la loi nouvelle a adopté une organisation contraire à celle des législations antérieures. — 3° Les travaux préparatoires contiennent des indications en ce sens et absolument contraires aux déclarations de M. Treilhard. Quand le Conseil d'État étudie cette institution, on y déclare par exemple : « qu'il ne s'agit que de relever le condamné « des incapacités où il est tombé. » Entre ces passages d'esprit opposé il faut se rattacher seulement au texte de la loi. — 4° Quant à l'argument tiré de la réhabilitation commerciale il ne peut avoir de valeur puisque les deux institutions diffèrent absolument soit dans leurs conditions d'application, soit dans leurs effets. — 5° Celui tiré des formalités de la procédure à suivre n'est pas plus fort. Les formes employées sont nombreuses et compliquées parce que la décou-

1. Cass., 27 avril 1865 (Sirey, 65, I, 289). Voy. surtout les conclusions de M. Dupin.

verte de la vérité est difficile ; mais elles n'indiquent rien quant aux effets de l'institution[1].

§ 3.

Procédure de la demande en réhabilitation.

770. Si la procédure de la réhabilitation cadrait parfaitement avec son caractère, on ne verrait à l'œuvre que le seul pouvoir judiciaire. Il n'en est pas ainsi ; l'étude des moyens à prendre pour l'obtenir révèle que l'instruction est partagée entre deux autorités : l'administration et le pouvoir judiciaire. De même la décision appartient aussi à deux autorités : la justice et le pouvoir exécutif. Il faudra distinguer l'instruction administrative et l'instruction judiciaire.

771. La demande du condamné est adressée au procureur de la République de l'arrondissement où il réside. Ce fonctionnaire était naturellement désigné pour la recevoir. Il est chargé tout à la fois de l'exercice de l'action publique et de l'administration de la justice.

La requête contient trois sortes de renseignements. Le coupable indique, d'abord la date de l'arrêt de condamnation — ensuite les lieux où il a séjourné depuis l'expiration de sa peine — enfin il fournit la preuve de ce fait que toutes les personnes lésées par l'infraction ont été désintéressées (art. 622, C. I. C.).

772. Alors s'ouvre l'instruction administrative. — Elle est dirigée par le procureur de la République assisté du sous-préfet.

1. Colmar, 12 avril et 26 juillet 1861 (Sirey, 62, II, 31). — F. Hélie, *Traité de l'instruction criminelle*, t. VIII, n° 4103. — Blanche, *Études sur le Code pénal*, t. I, n° 456. — Dutruc, Note sur l'arrêt précité de 1865 (Sirey, 65, I, 289). — Conclusions de M. Mourre lors de l'arrêt du 6 février 1823 (Sirey, 23, I, 176).

Elle porte sur les diverses résidences du condamné, sur la conduite qu'il a tenue, enfin sur ses moyens d'existence. Cette dernière investigation ne doit point sembler étrange. Le travail est la meilleure garantie d'une conduite régulière.

On consulte sur ces différents points des autorités diverses ; les conseils municipaux des communes habitées par le condamné, les maires, le juge de paix du canton. L'enquête présente d'autant plus de chances d'impartialité qu'elle n'est point dirigée par le candidat, mais par un magistrat qui ne cherche que la vérité.

En même temps on vérifie la nature de la condamnation prononcée et la manière dont le postulant a subi sa peine (art. 624-625, C. I. C.).

773. Tous ces documents recueillis et l'avis de l'autorité administrative émis, les pièces sont remises au pouvoir judiciaire.

La cour dans le ressort de laquelle habite le condamné, est saisie par l'intermédiaire du procureur général. Le dossier est remis au greffe. Il est dans les deux mois l'objet d'un rapport fait par un conseiller à la chambre d'instruction ; ensuite le procureur général donne ses conclusions (art. 626-627, C I C.).

La chambre des mises en accusation peut opter entre trois partis : le rejet de la demande, une sentence de plus ample informé ou un avis favorable. Sa décision n'a point dans les trois cas la même autorité. — Se prononce-t-elle pour le rejet? C'est un avis qu'elle a rendu, mais il est définitif. La procédure est arrêtée et le condamné doit attendre deux ans avant de former une nouvelle demande qui devra suivre les mêmes errements que la première (art. 629, C. I. C.).

La Cour peut n'ordonner qu'un plus ample informé. L'effet de cette décision est semblable à celui des décisions préparatoires. La procédure doit être suspendue pendant six mois (art. 627, § 2, C. I. C.).

Enfin la Cour se prononce-t-elle en faveur de la réhabilitation? Les pièces sont transmises au chef du pouvoir exécutif, qui statue seul et en dernier ressort. Il décide sur le rapport du Ministre de la justice et ce fonctionnaire peut consulter le corps judiciaire qui a condamné le candidat (art. 630-631, C. I. C.).

Si le souverain rend une décision favorable, il fait écrire des lettres de réhabilitation. Elles sont adressées à la cour qui a été consultée et aussi à la cour de qui émane la sentence de condamnation. Mention en est faite en marge de l'arrêt ou du jugement qui frappait le réhabilité (art. 632-633, C. I. C.).

774. Comment expliquer cette procédure? Comment justifier cette bizarrerie par laquelle une décision de rejet est décisive, tandis que, rendue en sens opposé, elle ne devient qu'un simple avis?

L'explication est d'abord historique. En droit romain la *restitutio in integrum* émanait du pouvoir du préteur et ne pouvait être accordée que par lui. Dans notre ancien droit, le Roi seul pouvait octroyer des lettres de réhabilitation. Cette tradition a probablement influé sur la procédure entière. On était habitué à voir le Souverain prononcer en cette matière, on lui a laissé un pouvoir analogue, ce semble, au droit de grâce.

En outre la double instruction est utile. Il est difficile de constater l'existence du repentir et nul moyen d'y arriver ne doit être négligé.

Toutefois il ne faut pas conclure de toute cette procédure que la réhabilitation n'est pas un acte de justice. La preuve qu'elle ne saurait être le prix de la faveur c'est le droit attribué aux tribunaux d'en refuser le bénéfice à qui n'en est pas digne. Le pouvoir judiciaire examine au point de vue de la stricte justice la conduite des postulants, et s'ils sont en règle avec lui, il dit au Souverain : « Ceux qui se présentent

« méritent à mes yeux la récompense qu'ils sollicitent, voyez « pour vous ce qu'il convient de leur accorder. » Il suit de là qu'en principe le Souverain ne peut jamais invoquer la raison d'État pour rejeter la demande ; il ne le peut faire que s'il estime que le repentir n'est pas suffisamment établi. Du reste cette règle n'a pas de sanction, puisque le chef de l'État ne doit compte à personne des motifs de sa conduite.

775. Quel est le caractère précis qu'il convient d'attribuer aux décisions rendues en matière de réhabilitation? Faut-il y voir des arrêts ou de simples actes judiciaires?

La Cour de cassation s'est prononcée plusieurs fois en ce sens que de telles décisions ne constituent que de simples avis et non des arrêts. Elle en a conclu qu'aucun pourvoi ne pouvait être formé contre eux par les parties; ces actes n'étaient susceptibles de lui être déférés que par son procureur général et dans l'intérêt de la loi. — 1° En ce sens elle argumente d'abord du texte des articles 628, 629 et 630 du Code d'instruction criminelle La loi ne désigne jamais la consultation donnée par la Cour que sur la dénomination d'*avis*. — 2° Elle ajoute que l'opinion contraire ne serait discutable que dans l'hypothèse où l'avis serait défavorable ou porterait un plus ample informé. Or, dans ces deux cas l'autorité n'est pas absolue, elle n'est que temporaire; un arrêt ne peut jamais se réduire à une efficacité si restreinte [1].

776. Cette opinion est-elle irréfutable, au cas du moins où il s'agit de décisions prononçant, soit un rejet, soit un plus ample informé? Il est permis d'en douter. — 1° Tout d'abord il faut remarquer que le principe invoqué n'était point nécessaire pour justifier la solution admise par la Cour suprême. Aucun pourvoi n'est possible au fond contre

1. Cass., 1er septembre 1853 (Sirey, 54, I, 69); — 21 avril 1855 (Sirey, 55, I, 475); — 18 janvier 1867 (Sirey, 67, I, 266); — 17 novembre 1871 (Sirey, 72, I, 149).

des décisions qui reposent sur une appréciation de fait. Il faudrait pour qu'il en fût autrement que la Cour motivât le rejet ou l'ajournement en se fondant sur un motif de droit inexact. Or, dans ce cas, n'y aurait-il pas un inconvénient à ne laisser d'accès à la Cour suprême que pour le procureur général ? Ne serait-il pas inique de voir un condamné, peut-être fort intéressant, souffrir pendant deux ans d'un arrêt illégal, et ce, en face d'une cassation inutile, qui ne profiterait qu'à la loi ? Ainsi le résultat auquel on arrive est défectueux. — 2° Puis le caractère de ces avis a-t-il été parfaitement saisi par la Cour suprême? Sans doute leur efficacité n'est que temporaire ; mais en peut-il être autrement? Non. Ils ne peuvent que constater, qu'au moment actuel le repentir n'a pas encore mérité sa récompense. Ils ne disent point que dans l'avenir il ne la méritera pas. — Quant au passé, leur effet est absolu et reste perpétuel. La procédure demeure anéantie à toujours. — 3° Sans doute les textes emploient la dénomination d'avis. Mais il faut reconnaître le caractère de cet acte ainsi qualifié. Or, que peut être un avis irrévocable, irréformable pendant une certaine période, motivé et donné sur pièces après délibéré, à propos d'une mesure réclamée comme un droit ? Il est permis de penser qu'entre un tel avis et un arrêt, la différence est petite.

§ 4.

De la réhabilitation administrative.

777. L'institution que l'on vient d'étudier est ancienne; une sorte d'imitation en a été créée par des lois récentes. Le législateur a voulu exciter chez les condamnés le désir d'un retour sincère à une conduite régulière; il leur a proposé de notables adoucissements de leur peine pour le cas où ils feraient preuve d'une volonté sérieuse de s'amender. Cette nouvelle institution a été réglée par trois lois : la loi du 8 juin 1850, sur la déportation (art. 3); celle du 30 mai 1854, sur la transportation (art. 12) ; celle du 31 mai 1854, portant abolition de la mort civile.

Elles tendent à reconstituer au profit du condamné, dans la colonie où il est envoyé, une nouvelle capacité civile ; ainsi elles servent et les intérêts privés de ceux à qui l'on accorde ces faveurs et les intérêts généraux de la colonisation.

Le caractère de la véritable réhabilitation et de celle-ci est fort différent. La première est le prix du repentir démontré; elle ne s'accorde qu'après une constatation officielle faite avec le concours de la justice ; elle constitue au profit de celui qui l'obtient un droit acquis, quelle que soit d'ailleurs la difficulté de la preuve à fournir; enfin ceux-là seulement peuvent la demander qui ont exécuté intégralement la condamnation prononcée.

Au contraire la réhabilitation administrative peut s'accorder aux condamnés dès qu'ils manifestent des dispositions à s'amender, et avant même que la persévérance de leur bonne volonté soit officiellement constatée. Elle est un encouragement, et la concession en est remise, sans aucune formalité, à l'arbitraire de l'administration chargée de la garde des coupables. Elle s'accorde surtout à des condamnés qui n'ont pas fini leur peine ; enfin elle n'est jamais méritée et n'est point ordinairement définitive.

Le but de cette institution est de donner à la peine un caractère d'amélioration plus complet; elle excite le condamné à un changement de vie par l'amélioration de sa situation matérielle et morale, sans aller cependant jusqu'à lui remettre sa peine, ce qui pourrait constituer un danger pour la société. Enfin tout en le plaçant dans une situation meilleure, elle le garde loin de sa patrie.

Le principe en avait été posé dans le Code pénal de 1810.

« Le gouvernement, portait l'article 18, pourra accorder au « condamné à la déportation, l'exercice des droits civils ou « de quelques-uns de ces droits. »

778. Cette faveur est réservée pour les condamnés à certaines peines afflictives et infamantes : la déportation, les travaux forcés à perpétuité, les travaux forcés à temps.

Pour en mesurer la portée il faut se rappeler quelles incapacités accessoires ces peines entraînent.

D'abord le condamné est pendant toute la durée de sa peine en état d'interdiction légale. — En outre il est frappé de la dégradation civique. De plus, si la peine est perpétuelle, le coupable encourt deux autres déchéances. — La capacité de donner ou de recevoir à titre gratuit lui est enlevée. — Enfin son testament est frappé de nullité. Ainsi les peines accessoires peuvent être encourues.

La loi pour exciter la bonne volonté des condamnés a mis à la disposition du gouvernement quatre remèdes propres à effacer les conséquences de trois d'entre ces quatre pénalités.

Avant de les examiner en détail, il importe de remarquer que les faveurs accordées par le gouvernement n'ont d'effet que pour l'avenir. Elles ne peuvent jamais rétroagir, non plus qu'elles ne peuvent modifier les droits acquis aux tiers par suite des déchéances encourues. Le condamné a-t-il été dépouillé au profit de quelqu'un d'un droit qui lui appartenait ? la bienveillance du gouvernement ne saurait aller jusqu'à priver un tiers du droit qui lui a été transmis pour le rendre au condamné.

I. MOYENS DE RESTREINDRE L'INTERDICTION LÉGALE.

779. L'interdiction légale est trop nécessaire à l'efficacité de la peine principale pour que le gouvernement puisse en relever d'une manière absolue; mais il peut en atténuer singulièrement la rigueur. Deux voies lui sont ouvertes. Il peut: 1° rendre au condamné la capacité de contracter; 2° lui accorder même la remise d'un capital.

780. I. L'administration peut d'abord rendre au condamné la capacité de contracter. Il n'a point perdu le droit en lui-même, l'exercice seul lui en est ravi; il le recouvre au moyen de cette institution.

Cet adoucissement peut être accordé aux coupables punis des travaux forcés, soit à temps, soit à perpétuité et plus généralement à tous ceux que frappe une peine afflictive perpétuelle (Loi du 31 mai 1854, art. 4. — Loi du 30 mai 1854, art. 12).

Toutefois ce pouvoir reconnu au gouvernement de relever l'agent de son état d'interdiction est limité par une double restriction relative aux biens sur lesquels la faculté rendue peut s'exercer, et au lieu où l'on doit en profiter.

Tout d'abord le condamné redevenu capable, ne pourra jamais engager par ses actes, ni les biens qui lui appartenaient au jour de sa condamnation, ni ceux qui lui seront advenus depuis à titre gratuit; ceux que les auteurs appelaient *les biens d'échute*. Sur ce point les trois lois de 1850 et de 1854 sont unanimes (Loi du 8 juin 1850, art. 3. — Loi du 30 mai 1854, art. 12. — Loi du 30 mai 1854, art. 4).

Cette réserve précise l'intention du législateur. Sa faveur a pour unique but de réveiller chez le condamné l'ardeur au travail et d'encourager son industrie. L'homme gracié et la colonie qui le reçoit en profiteront également; on arrivera à la prospérité de l'une par l'amélioration de l'autre.

Ainsi la mission du tuteur nommé à l'interdit légalement ne sera ni changée ni restreinte. Il continuera d'administrer le patrimoine ancien du condamné ou celui qui pourrait lui arriver à titre gratuit.

Le coupable ne pourra disposer que de biens qu'il n'aurait jamais acquis, cessant la faveur dont on l'a couvert.

781. La seconde restriction se rapporte au lieu où l'on peut se servir de la faculté rendue. L'exercice des droits civils n'est accordé que *dans le lieu d'exécution de la peine*. Cette condition est mentionnée dans les deux lois de 1854, et aussi dans le Code pénal de 1810 (art. 18).

« Le gouvernement peut lui accorder (au condamné) « l'exercice *dans le lieu d'exécution de la peine*, des droits « civils ou de quelques-uns de ces droits dont il a été privé « par son état d'interdiction légale. » (Loi du 31 mai 1854, art. 4, § 2. — Loi du 30 mai 1854, art. 12, § 1.)

Quelle est la portée exacte de cette expression ? Elle ne se dégage pas à première vue et trois explications peuvent être proposées.

Une opinion a dit que les actes faits par le condamné n'auraient d'efficacité et de valeur que dans l'enceinte de la colonie. L'achat, la vente, l'emprunt peuvent être mis à exécution sur le territoire colonial ; au delà ils n'ont plus aucune force[1].

Cette doctrine est inadmissible. — 1° Elle pourrait avoir pour résultat de rendre illusoire la faveur accordée au condamné. Qu'arriverait-il en effet si le contrat qu'il veut passer devait se former ou s'exécuter en dehors de la colonie ? Et cette hypothèse se présentera fréquemment si le condamné veut s'adonner au commerce ou à une industrie quelque peu étendue. Le voilà réduit à ne rien acheter et à ne rien vendre en dehors de la colonie. Comme cette défense est intelligente et rationnelle ! — 2° Pourquoi d'ailleurs le condamné ne pourrait-il acquérir dans d'autres pays des biens meubles ou immeubles? La colonie profitera de l'extension de ses affaires, et lui-même craindra d'autant plus de com-

1. Rapport fait à l'Assemblée législative le 9 février 1849.

promettre sa situation qu'il l'aura faite plus importante. — 3° Cette distinction du caractère de l'acte est d'ailleurs contraire aux principes juridiques. Un acte n'est pas valable ou nul suivant le lieu où s'exerce l'action qui s'y rattache. Il conserve toujours la même vertu dans quelque contrée qu'il soit invoqué. — 4° Enfin le texte ne dit pas cela ; il parle seulement *d'actes passés dans la colonie.*

782. Une autre opinion s'est demandé si la phrase citée ne voulait pas dire seulement que les actes faits en vertu de la concession n'engageraient pas les biens acquis antérieurement par le condamné ou qui lui écherraient à titre gratuit depuis sa condamnation.

Le résultat auquel arrive ce système est certainement exact ; mais il ne peut être rattaché à la phrase qu'il s'agit d'expliquer. L'impossibilité où se trouve le condamné d'atteindre de tels biens est indiquée dans une autre partie du texte toute voisine de celle contenant la règle à interpréter. Le législateur n'a pu employer de suite deux phrases fort différentes pour exprimer une seule et même idée. (Voir L. du 31 mai 1854, art. 4, § 3. — L. du 30 mai 1854, art. 12, § 3.)

783. Voici la véritable portée de cette restriction. L'acte ne sera valable que si la part qu'y a prise le condamné a été accomplie dans le lieu d'exécution de la peine. Le contrat peut bien s'exécuter en dehors de la colonie, il peut même y être formé ; mais il faut qu'il intervienne par correspondance ou par mandataire. Si le coupable quitte sans permission le territoire qui lui est assigné pour résidence, y rentrât-il immédiatement, le contrat par lui formé pendant cette absence est complètement nul. Cette disposition répond bien à l'idée de la loi qui est d'attacher le condamné au sol.

Celui-ci pourra contracter dans tous les pays, mais par intermédiaires. Il aura des représentants, et la condition à laquelle le pouvoir de ceux-ci se trouvera soumis sera la résidence du représenté au lieu d'exécution de la peine. Vient-il à s'évader? ses mandataires comme lui-même perdent instantanément le pouvoir qu'ils avaient de contracter.

784. Quel est le caractère de cette concession? Elle est par essence provisoire et révocable à la volonté du gouvernement. Nulle intervention du droit de grâce proprement dit ne s'est produite. Accordée par l'administration sur la simple espérance du repentir et de la conversion de l'agent, elle doit être reprise si le résultat que l'on poursuivait n'est point atteint. Le condamné n'a droit à rien, et l'on ne commet aucune injustice en le soumettant de nouveau à toute la rigueur de la peine encourue.

Ce retrait de la capacité rendue n'aura d'effet rétroactif qu'au respect du condamné. Les biens qu'il avait pu acquérir resteront sa propriété, mais l'administration en sera remise soit au tuteur qui lui avait été nommé, soit à un protuteur (art. 417, C. civ.). Quant aux tiers, ils ne sauraient être atteints par cette mesure, et les contrats librement consentis avec eux conserveront toute leur efficacité. Ils devront tout d'abord être exécutés sur les biens acquis par le condamné et dont on lui retire l'administration.

785. Le gouvernement, lorsqu'il rend à l'interdit légalement la jouissance de sa capacité, peut-il aller jusqu'à lui permettre de disposer à titre gratuit? Pour répondre à cette question il suffit de se demander si l'interdiction légale comprend la privation de ce droit. L'affirmative est certaine. Sans doute les lois de 1850 et de 1854 comprennent une autre disposition qui frappera les condamnés à des peines perpétuelles d'une incapacité absolue de disposer et de recevoir à titre gratuit. Ce n'est point à dire que l'interdiction légale n'ait pas d'effet sur cette faculté. Elle ravit au condamné seulement l'exercice du droit, tandis que l'autre disposition lui enlève la jouissance même de ce droit. Si donc l'interdiction légale restreint la capacité en ce qui concerne les dispositions à titre gratuit, le gouvernement peut sur ce point aussi en faire disparaître l'effet.

786. Cette situation adoucie que le gouvernement peut faire aux condamnés est la situation normale des déportés ordinaires. La peine de la déportation simple ne les frappe pas d'une interdiction légale complète. Ils jouissent de plein droit des avantages qui ne sont attribués aux agents frappés d'autres peines qu'à titre de faveur exceptionnelle. Toutefois les deux restrictions dont on vient de parler sont apposées à leur capacité. (L. 8 juin 1850, art. 3.)

787. II. La capacité rendue au coupable par la première faveur dont on vient de s'occuper lui donne la faculté d'acquérir par le travail; mais le capital est très-utile et permet de doubler le résultat du travail. Le gouvernement pourra-t-il remettre au condamné un capital qui puisse rendre son travail plus fructueux? Oui. L'administration a le droit d'autoriser la remise au condamné de tout ou de partie des biens qu'il possédait avant sa condamnation. (L. 30 mai 1854, art. 12, § 2. L. 8 juin 1850, art. 3, § 4.)

Cette remise a un caractère provisoire et révocable, comme la première concession dont elle semble n'être qu'un accessoire. Celle-ci est-elle retirée? il est impossible que la seconde soit maintenue. Il faut seulement observer que le retrait de cette faveur ne pourra nuire aux tiers ayant traité avec le condamné. Les biens dont l'administration lui avait été rendue demeureront toujours affectés à l'accomplissement des obligations par lui contractées valablement.

II. REMISE DE L'INCAPACITÉ DE DISPOSER ET DE RECEVOIR A TITRE GRATUIT.

788. La privation du droit de recevoir ou de disposer à titre gratuit est spéciale aux peines perpétuelles. Elle atteint non-seulement l'exercice, mais la jouissance elle-même, et l'on vient de signaler la différence profonde qui existe entre son effet et celui produit en cette matière par l'interdiction légale.

Le coupable interdit ne peut se servir du droit, mais le principe réside en sa personne. Au contraire la capacité de celui qui est frappé d'une peine afflictive perpétuelle est atteinte dans son essence.

Le pouvoir conféré au gouvernement de relever le criminel de la peine encourue est donc plus étendu et plus complet que ceux jusqu'alors étudiés. La remise accordée par l'administration a cet effet de reconstituer chez l'individu gracié une véritable aptitude juridique.

Cet adoucissement, en ce qui concerne surtout la faculté de disposer, est accordée autant dans l'intérêt des tiers que dans celui du coupable. Il s'agit par exemple d'un parent à gratifier, d'un dévouement ancien à récompenser, d'une famille à laquelle il est convenable de rendre des biens qui lui doivent équitablement revenir. On comprend que l'administration relève le condamné de son incapacité; et sa décision est dictée par un sentiment plutôt d'intérêt général que de faveur personnelle.

789. De quels biens le condamné redevenu capable pourra-t-il disposer? Il faut, pour répondre, consulter le texte du décret rendu. Le gouvernement peut rendre la faculté de recevoir ou de donner d'une manière plus ou moins complète. En principe, si le décret se borne à relever de l'incapacité, il doit s'entendre d'une manière absolue. Il s'applique même aux biens que le condamné possédait au jour de sa condamnation et à ceux qu'il aura acquis depuis lors à titre onéreux ou gratuit.

790. A quels actes s'étend la permission octroyée par le gouvernement? Le condamné autorisé à disposer de tous ses biens ou de certains à titre gratuit les peut-il aliéner à titre onéreux?

On est d'abord tenté de répondre affirmativement. Qui peut le plus peut le moins, et vendre est moins que donner.

Cette considération vraie en elle-même conduirait à un résultat inacceptable. — 1° Le gouvernement n'a entendu rendre au criminel que le droit de disposition à titre gratuit. Or il se pourrait que les dispositions à titre onéreux présentassent des dangers que n'offriraient point les autres. En outre le texte du décret rendu ne doit pas être mis à l'écart. Sans doute l'administration peut rendre l'un et l'autre droit; mais l'un n'implique pas forcément l'autre. — 2° Ensuite la liberté de la disposition à titre gratuit peut être rendue dans l'intérêt du tiers autant que dans celui du disposant. Il en est différemment de la faculté d'aliéner à titre onéreux.

791. La puissance même du résultat auquel on arrive a fait naître une question. Le caractère de cette concession est-il provisoire et révocable ou définitif et absolu? Un auteur a enseigné que, au contraire des autres atténuations que le gouvernement pouvait procurer, celle-ci était irrévocablement acquise au condamné. On invoque en ce sens un double argument. — 1° D'abord, dit-on, la capacité juridique des citoyens ne peut dépendre de l'administration. Le pouvoir qui lui serait conféré sur ce point est exceptionnel et doit s'entendre restrictivement. Or que lui a-t-on permis? De rendre le droit perdu, mais non de le retirer. Elle n'a donc que le pouvoir de remettre la peine, non celui de lui restituer sa première rigueur. — 2° On ajoute que le texte emploie une expression qui paraît avoir un sens définitif. Il porte que l'administration peut *relever* le condamné (loi du 31 mai 1854, art. 4, § 1). Et l'on va jusqu'à soutenir que le gouvernement ne peut plus retirer ni le droit, ni même l'exercice du droit [1].

1. Bertauld, *Cours de Code pénal*, leçon XXIV, p. 485-486.

792. Un tel résultat paraît inadmissible. — 1° En principe le gouvernement a reçu les pouvoirs exorbitants qui lui sont conférés pour encourager les premières marques de bonne volonté du coupable, sans même attendre que la preuve de la solidité du repentir soit fournie. Pour qu'il puisse sans danger se servir de la faculté qu'on lui attribue, il faut qu'il soit toujours maître de sa concession. — 2° Si l'on réfléchit que la restitution est accordée à un condamné qui subit sa peine principale, et l'article est fait pour cette hypothèse, la solution première ne sera plus raisonnable. Le beau spectacle, et raisonnable, que celui d'un homme condamné aux travaux forcés ou à la déportation aggravée qui ne peut même louer et qui, *malgré le gouvernement*, pourra toujours faire une donation ou un testament ! — 3° Sans doute l'argument de principe fourni par l'autre opinion est vrai en lui-même, mais elle l'applique mal. Le droit commun est renversé en cette matière, et l'administration a reçu, dans un intérêt supérieur, ces pouvoirs exorbitants dont on ne veut pas tenir compte. — 4° Quant à l'argument de texte, il paraît trop peu sérieux pour que l'on puisse le faire valoir avec quelque force [1].

793. En rendant au condamné son droit de disposer et de recevoir à titre gratuit, le gouvernement peut-il aussi rendre sa vigueur au testament que le coupable aurait fait avant sa condamnation ? Non ; et le motif se comprend facilement. Il est possible de rendre à un citoyen la faculté de transmettre sa fortune suivant ses désirs ; il serait déraisonnable et monstrueux de vouloir tester pour lui. Cependant on pourrait de cette manière en arriver à un tel résultat.

Il faut remarquer, à cette occasion, que la nullité du testament fait par un condamné avant la sentence qui l'a frappé, est irrémédiable et perpétuelle. Il ne peut revivre encore

1. Blanche, *Études sur le Code pénal*, t. I, n° 166.

que son auteur obtienne la remise des peines principales et accessoires qui l'ont atteint.

Tout autre est le caractère du vice qui affecte le testament fait *au profit d'un condamné.* S'il recouvre sa capacité et que le disposant ne décède qu'ensuite, la nullité de la disposition aura disparu. Elle ne tenait qu'à l'incapacité du légataire.

794. Ce pouvoir de restituer au coupable son droit de recevoir et de disposer à titre gratuit n'appartient-il au gouvernement qu'à l'égard des condamnés qui subissent leur peine? Si la grâce leur en fait remise, le pouvoir de l'administration s'évanouira-t-il? Non, pourvu que le condamné n'obtienne pas la permission de rentrer en France. Le texte n'accorde le droit de faire disparaître les incapacités accessoires sans le secours de la réhabilitation que si le condamné demeure *dans le lieu d'exécution de la peine.* Tous ces pouvoirs si étendus ne sont remis à l'administration que dans l'intérêt des colonies, afin d'y rattacher ceux qui en ont été les hôtes forcés. Le législateur n'a point voulu supprimer d'une manière indirecte l'utilité de la réhabilitation.

III. MOYEN DE FAIRE DISPARAITRE LA DÉGRADATION CIVIQUE.

795. La loi sur l'exécution de la peine des travaux forcés accorde au gouvernement un autre pouvoir qui revêt un caractère particulier. Il ne s'exerce, à la différence de ceux que l'on vient d'examiner, qu'à l'égard des condamnés libérés de leur peine principale.

L'administration peut rendre à ceux qui doivent rester dans la colonie l'exercice d'une partie des droits que la dégradation civique leur a enlevés.

N'est-ce point un empiétement sur le domaine de la réhabilitation ? Non, parce que ce droit pour le gouvernement est soumis à une double condition qui laisse toujours au condamné un intérêt sérieux à se faire réhabiliter.

1° L'administration ne peut restituer aux libérés tous les droits qu'ils ont perdus, mais ceux-là seulement qui sont utiles à la vie civile et à la constitution de la famille.

Le texte ne parle que des droits énumérés dans les § 3 et 4 de l'article 34 du Code pénal. Les capacités remises sont celles consistant à être juré expert, témoin dans les actes ou en justice, à faire partie d'un conseil de famille, à être tuteur, curateur ou conseil judiciaire (loi du 30 mai 1854, art. 12, § 4).

2° La restitution n'est efficace que si le condamné reste dans la colonie. Est-il déchargé de l'obligation de la résidence, la dégradation civique le ressaisit sans adoucissements.

796. Ces droits sont les seuls attribués au gouvernement. Il ne pourra donc jamais remettre, par exemple, la peine de la surveillance de la haute police. L'article 47 du Code pénal n'a reçu aucun adoucissement; il faut maintenir rigoureusement les prescriptions qu'il contient.

CHAPITRE IV.

DE LA PRESCRIPTION.

797. La prescription, en matière criminelle, produit un double effet : tantôt elle éteint l'action, et ne permet plus de prononcer contre l'agent coupable la peine que son infraction a méritée : c'est la *prescription de la poursuite*, que nous étudierons dans le Cours d'instruction criminelle; tantôt elle efface la peine prononcée : c'est la *prescription* *de la peine*, et c'est ce dernier moyen d'éteindre la peine dont nous devons nous occuper ici.

798. Il y a entre la prescription de la poursuite et la prescription de la peine des caractères communs qu'il convient de signaler, avant d'entrer dans l'étude spéciale de la prescription de la peine. Nous diviserons donc ce chapitre en trois sections :

I. Légitimité de la prescription en matière criminelle, et son origine historique;

II. Règles communes à la prescription de la poursuite et à la prescription de la peine;

III. Règles spéciales à la prescription de la peine.

I. LÉGITIMITÉ DE LA PRESCRIPTION EN MATIÈRE CRIMINELLE, ET SON ORIGINE HISTORIQUE.

799. Le droit de punir a pour base la violation de la loi morale et pour limite l'utilité sociale : et ni la loi morale ni l'utilité sociale n'exigent que la poursuite d'un crime puisse être exercée n'importe à quelle époque, ni l'exécution d'une peine poursuivie à quelque moment que la justice puisse saisir le coupable. Il ne suffit pas, en effet, qu'une peine soit juste par rapport à l'agent qui la subit, il faut encore que son application soit de nature à fortifier le pouvoir social qui la requiert; et à ce premier point de vue il n'est pas bon de poursuivre un crime ou d'appliquer un châtiment longtemps après l'époque où l'infraction a été commise. Ce jugement tardif, cette exécution différée ne prouveront qu'une chose, l'impuissance du pouvoir social à défendre la loi, et bien loin de le fortifier, tendront plutôt à ébranler son autorité.

800. Ajoutons que le temps, qui efface tout, efface jusqu'au souvenir des crimes, et que ce châtiment tardif n'excitera que de la compassion pour ce condamné dont le crime est oublié ; et il est inutile, peut-être même dangereux, de prononcer une peine que la conscience publique trouve excessive. C'est l'idée qu'exprimait Puffendorf : « *Nempe supervacuum videatur ex alio fere seculo ad tribunal revocare facinora,* « *quorum effectum ipse diuturni temporis tractus obliteravit,* « *sicut fines pœnarum locum non amplius inveniant* [1]. »

801. D'un autre côté, n'y a-t-il pas eu une expiation véritable dans la vie à laquelle l'agent a dû se soumettre pour échapper à l'action de la justice ? Contraint de s'exiler, ou de se cacher s'il a continué à vivre dans sa patrie, en proie aux remords et à la perpétuelle inquiétude de se voir découvert et appréhendé, il a, pendant ces longues années, subi un châtiment réel, et la peine qui viendrait ensuite l'atteindre serait excessive.

C'est ce que dit très-bien Dunod : « ... (Il a) déjà expié son « crime par un long temps de craintes et de remords [2]. »

802. Il y a, en outre, un motif spécial pour la prescription de la poursuite : le dépérissement des preuves, la mort des témoins ou l'oblitération de leurs souvenirs rendraient la preuve de l'infraction difficile et parfois suspecte aux magistrats, qui pourraient douter de l'exactitude et de la précision de souvenirs aussi éloignés.

Mais, et ceci est plus grave, en supposant que le pouvoir social pût faire sa preuve, l'inculpé serait entravé dans sa défense ; ses témoins pourraient n'être plus là, ou avoir oublié des circonstances décisives pour sa défense, par exemple pour la preuve d'un alibi. La certitude que l'infraction a été commise ne serait pas complète, et cela suffit pour qu'aucune poursuite ne puisse être exercée.

803. Le droit romain avait reconnu la vérité de ces principes : la prescription de l'action s'accomplissait par

1. Puffendorf, *De jure naturæ et gentium*, lib. IV, chap. XII, § 2.
2. Dunod, *Traité des prescriptions*, partie 2, chap. IX.

vingt ans [1], sauf pour quelques crimes particulièrement graves dont la poursuite était déclarée imprescriptible, comme le parricide [2].

Quant à la peine, elle n'était soumise à aucune prescription particulière; mais la sentence donnait naissance à l'action *ex judicato*, qui, comme les autres actions, se prescrivait par trente ans.

Notre ancien droit, après quelques hésitations, finit par admettre la tradition romaine : la prescription de l'action s'accomplit par un délai qui était fixé à vingt ans en principe, mais qui était plus court pour certaines infractions. Ainsi la prescription de l'action pour injures était fixée à un an, pour adultère à cinq ans, pour crime de simonie à dix ans.

D'un autre côté, l'action pour les crimes de lèse-majesté et de duel était imprescriptible [3].

La prescription de la peine s'accomplissait par trente ans [4].

Dans le droit intermédiaire, le Code pénal du 25 septembre 1791 réduisit de trente ans à vingt ans la prescription de la peine en matière de crimes, et à trois ans ou six ans, suivant les cas, la prescription de la poursuite : cette disposition fut reproduite par le Code du 3 brumaire an IV et étendue aux délits.

II. RÈGLES COMMUNES A LA PRESCRIPTION DE L'ACTION ET A LA PRESCRIPTION DE LA PEINE.

804. Ces règles communes reposent sur une idée générale, qui sépare profondément la prescription en matière criminelle de la prescription en matière civile.

1. L. 12, Cod., *Ad leg. Cornel. de falsis* (9, 22).
2. L. 10, ff. *De lege Pompeia de parricid.* (48, 9).
3. Muyart de Vouglans, *Institutes du droit criminel*, partie 3, chap. IV, § 4. Jousse, t. III, p. 638. Rousseau de la Combe, *Traité des lois criminelles*, partie 3, chap. I, n° 4.
4. Muyart de Vouglans, *loc. cit.*

La prescription civile a surtout pour but de protéger le possesseur ou l'ancien débiteur : la prescription criminelle, prescription de la poursuite ou prescription de la peine, a pour objet principal de protéger la société en évitant une poursuite périlleuse, ou l'application d'une peine que le temps écoulé ferait paraître excessive.

De là trois règles, communes aux deux prescriptions criminelles et qui n'existent pas en matière civile [1].

805. Ire règle. — L'inculpé ou le condamné ne peut renoncer à la prescription ni expressément, ni tacitement, et demander soit à être jugé, soit à subir sa peine.

L'article 641 du Code d'instruction criminelle le décide formellement au cas de condamnation par défaut ou par contumace. « A plus forte raison, dit très-exactement M. Brun « de Villeret, celui qui ayant été condamné contradictoire- « ment a prescrit sa peine, soit par suite d'une évasion, soit « par l'effet de la négligence de l'autorité chargée de l'exé- « cution du jugement, ne pourrait demander à la subir, et « renoncer ainsi au bénéfice de la prescription acquise [2]. »

Cette impossibilité de renoncer s'étend même à la prescription de l'action civile [3].

806. IIe règle. — La prescription doit être suppléée d'office par le juge [4].

Cette règle n'est que la conséquence de la première ; si le juge ne pouvait suppléer la prescription d'office, il suffirait à l'inculpé de ne pas l'opposer pour contraindre les tribunaux à statuer sur une action prescrite.

Bien plus, le ministère public doit aussi la suppléer, et dès

1. Comp. art. 2220, 2223 et 2224 du Code civil.
2. *Traité de la prescription en matière criminelle*, n° 77.
3. Paris, 24 février 1855 (Sirey, 55, II, 40) ; Cassation, 4 février 1876 (Dalloz, 1876, I, 45).
4. Cass., 1er juillet 1837 (Sirey, 38, I, 918) ; Colmar, 29 avril 1830 (Sirey, 41, II, 174) ; Lyon, 10 août 1848 (Sirey, 49, II, 163) ; Cass., 1er décembre 1848 (Sirey, 49, I, 544). — Brun de Villeret, n° 74 ; Morin, *Rép.*, v° *Prescription*, n° 4.

qu'il a pu constater que la prescription est acquise, s'abstenir de provoquer une condamnation ; il doit même, si les poursuites sont commencées, requérir une ordonnance de non-lieu[1].

807. IIIe règle. — La prescription doit être admise ou suppléée d'office *en tout état de cause.*

A la différence de la prescription en matière civile, qui fournit seulement une exception sans éteindre l'action, la prescription criminelle éteint l'action ; aussi, alors que par interprétation de l'article 2224 la jurisprudence décide qu'en matière civile la prescription ne peut être opposée pour la première fois devant la Cour de cassation, en matière criminelle elle peut y être opposée pour la première fois[2]. A plus forte raison peut-elle l'être en appel[3], en Cour d'assises, après la déclaration du jury[4], devant les juridictions d'instruction[5], enfin devant une juridiction incompétente[6].

III. RÈGLES SPÉCIALES A LA PRESCRIPTION DE LA PEINE.

808. Ces règles sont relatives :

1° A la durée de la prescription ;

2° A son point de départ ;

3° A ses effets.

809. — **1.** *Durée de la prescription de la peine.* — La durée du temps requis pour prescrire la peine doit être plus longue que le temps requis pour prescrire l'action ; en

1. Brun de Villeret, n° 76.

2. Cassation, 26 février 1807 (Sirey, C. N., II, 349) ; 12 août 1808 (Sirey, C. N., II, 569) ; 29 mai 1847 (Sirey, 47, I, 878). — Brun de Villeret, n° 78.

3. Cassation, 28 janvier 1843 (Sirey, 43, I, 157) ; Orléans, 25 avril 1853 (Sirey, 54, II, 97).

4. Cassation, 20 mai 1824 (Dalloz, *Rép. alph.*, v° *Prescript. crim.*, n° 176).

5. Cassation, 8 novembre 1811 (Sirey, C. N., III, 420) ; 18 juin 1812 (Sirey, C. N., IV, 127).

6. Cassation, 28 janvier 1843 (Sirey, 43, I, 157).

effet, lorsqu'il y a eu une condamnation prononcée, le souvenir du fait est plus durable, et l'exécution de la peine paraîtra mieux proportionnée à l'infraction. Aussi, la durée de la prescription de l'action est-elle limitée à dix ans pour les crimes, à trois ans pour les délits, à un an pour les contraventions, tandis que la prescription de la peine est de vingt ans pour les « peines portées par les arrêts ou juge- « ments rendus en matière criminelle » (art. 635 du Code d'inst.crim.), de cinq ans en matière correctionnelle (art. 636), de deux ans en matière de contraventions (art. 639).

810. Que faut-il entendre par ces expressions « peines « portées par les arrêts ou jugements rendus en matière « criminelle, correctionnelle, ou pour contraventions? » Dans quels cas y aura-t-il peine en matière criminelle, correctionnelle, ou pour contraventions?

On pourrait croire d'abord qu'il faut s'attacher à la *nature de la juridiction saisie*, et que la peine en matière criminelle, par exemple, sera la peine prononcée par la Cour d'assises, lors même que l'infraction serait dépouillée par la déclaration du jury des circonstances qui l'ont fait qualifier crime. Cette idée serait inexacte, car le même délit ne peut donner lieu à deux prescriptions différentes, suivant qu'il aura été jugé par telle ou telle juridiction.

Cette circonstance ne change pas la nature de l'infraction, et ne peut dès lors faire varier la durée de la prescription[1].

Faudra-t-il examiner quelle est la *nature de la peine prononcée ?* C'est le caractère auquel on s'attache pour savoir s'il y a ou non récidive, d'après les termes formels de l'article 56 du Code pénal : mais les articles 635, 636 et 639 du Code d'instruction criminelle sont conçus dans des termes tout différents, et recherchent si la peine a été prononcée « en

1. Cass., 2 septembre 1831 (Sirey, 32, I, 61); 21 août 1845 (Sirey, 45, I, 864).

« matière criminelle, correctionnelle ou pour contraventions » ; c'est donc *le caractère de l'infraction*, telle qu'elle est qualifiée par l'arrêt ou le jugement, qui assigne à la prescription sa durée. Par exemple la peine est-elle prononcée « en matière criminelle, » c'est-à-dire pour un fait reconnu crime par la juridiction de jugement, la prescription sera de vingt ans, quelle que soit la nature de la peine encourue.

Cette solution conduit aux conséquences suivantes : l'admission d'une excuse ou l'état de minorité de l'agent n'ont permis de lui appliquer qu'une peine correctionnelle ; la prescription sera néanmoins de vingt ans, car la peine est prononcée « en matière criminelle[1]. »

811.—**2.** *Point de départ de la prescription.*—Il faut, pour que la prescription commence à courir, qu'il y ait une condamnation prononcée et que cette condamnation puisse être exécutée : ce principe est vrai en toute matière pénale ; mais son application doit être examinée en matière criminelle, correctionnelle et en matière de contravention.

812. **A.** En matière *criminelle*, l'art. 635 porte que les vingt ans commenceront à courir « à compter de la date des arrêts ou jugements. »

Ce texte ne distingue pas, et il n'y a pas lieu de distinguer entre les condamnations contradictoires et les condamnations par contumace. Il est vrai qu'aux termes de l'art. 476 du Code d'instruction criminelle, si le contumax se représente ou est arrêté avant que la peine soit éteinte par prescription, la condamnation est annulée, et l'on en pourrait

1. *En ce sens*, Angers, 3 décembre 1849 (Sirey, 50, II, 289) ; Tribunal de Chaumont, 8 mars 1856 (Sirey, 56, II, 417) ; Cass., 1er mars 1855 (Sirey, 55, I, 319). — Brun de Villeret, nos 195 et suivants ; Bertauld, XXVIIIe leçon, p. 578 ; Mangin, II, no 296.

En sens contraire, Cass., 25 août 1864 (Sirey, 65, I, 101) ; Bourges, 11 juin et 12 décembre 1868 (Sirey, 69, II, 100) ; Cass., 10 décembre 1869 (Sirey, 70, I, 231). — Faustin Hélie, *Instruct. crim.*, III, 51, 189 ; Morin, vis *Accusé*, no 4, et *Mineur*, no 9.

conclure que la peine ne peut se prescrire à dater d'une décision qui n'est pas définitive.

La réponse est facile : la peine prononcée par contumace est définitive si le condamné ne se représente pas dans le délai de la prescription ; elle peut seulement être rescindée s'il se représente. D'un autre côté, l'art. 476 prouve que la prescription court à partir de la condamnation par contumace, et cette prescription ne peut être que la prescription de la peine : la prescription de l'action ne peut avoir lieu, puisque la poursuite est terminée [1].

813. Le pourvoi en cassation formé soit par le condamné, soit par le ministère public, aura pour effet de modifier le point de départ de la prescription, qui ne commencera à courir que du jour de l'arrêt de cassation. En effet, le pourvoi étant suspensif, il n'y a plus de peine pouvant être exécutée pendant la durée du pourvoi, et par suite la prescription ne peut avoir lieu, car aucun acte interruptif ne pourrait être fait [2].

L'art. 635 porte : « des arrêts et *jugements.* » Cette dernière expression prouve que le texte s'applique aux décisions des conseils de guerre et des tribunaux maritimes, lorsque ces juridictions sont appelées à statuer sur des infractions de droit commun.

814. B. En matière *correctionnelle,* il faut distinguer suivant que les décisions sont en premier ou en dernier ressort. Aux termes de l'art. 636, si les arrêts ou jugements sont en dernier ressort, la prescription court de la date de l'arrêt ou du jugement; si l'arrêt ou le jugement est en premier ressort, la prescription ne court que du jour où l'appel n'est plus recevable.

1. Cass., 5 août 1825 (Sirey, C. N., VIII, 169); 17 janvier 1829 (Sirey, C. N., IX, 217); 1er février 1839 (Sirey, 39, I, 717); 23 janvier 1840 (Sirey, 40, I, 704).

2. Cass., 16 juin 1836 (Sirey, 36, I, 862). — Brun de Villeret, n° 312

Le motif de cette distinction se trouve dans le caractère suspensif de l'appel : aux termes de l'art. 23 du Code pénal, la peine ne peut être exécutée pendant le délai de l'appel : la prescription ne peut donc courir pendant ce délai.

Un délai d'appel exceptionnel de deux mois est accordé au procureur général près la Cour qui doit connaître de l'appel, aux termes de l'art. 205 du Code d'instruction criminelle : est-ce à partir de l'expiration de ce délai, ou bien du délai ordinaire de 10 jours que doit courir le temps de la prescription? Nous croyons que c'est à partir de l'expiration du délai le plus long, car le délai d'appel est suspensif pendant toute sa durée, sans distinguer à qui le droit d'appel est accordé[1].

815. *Quid* si l'appel est porté, mais que la poursuite ait été abandonnée pendant 3 ans? Il y aura alors, non pas prescription de la peine, mais prescription de l'*action*, puisque le jugement choqué d'appel n'a plus que le caractère d'un acte interruptif de prescription. Les trois ans commenceront à courir à partir du dernier acte de poursuite fait sur l'appel[2].

Quant au pourvoi, les règles sont les mêmes qu'en matière criminelle, et le pourvoi suspendra le cours de la prescription de la peine.

816. Enfin, si le jugement ou l'arrêt sont rendus *par défaut*, quel sera le point de départ de la prescription? Il n'y a point de difficulté si le jugement par défaut est en premier ressort : le délai d'opposition et le délai d'appel ayant le même point de départ, et le délai d'appel étant le plus long, la prescription courra à l'expiration du délai d'appel, comme si le jugement était contradictoire[3].

1. Nîmes, 15 juin 1843 (Sirey, 44, II, 33); Montpellier, 6 novembre 1854 (Dalloz, 55, II, 219). — Brun de Villeret, n°s 401, 402. — *Contra*, Legraverend, II, 774. Morin, v° *Prescription*, n° 543.

2. Cass., 28 novembre 1857 (Sirey, 58, I, 171).

3. Voy. art. 187, 203 et 208 du Code d'instruction criminelle.

La question ne naît donc que si le jugement ou l'arrêt par défaut sont en dernier ressort, et alors nous croyons que le point de départ sera l'expiration du délai de l'opposition. En effet, tant que ce délai n'est pas accompli, la peine ne peut être exécutée, et dès lors la prescription ne peut courir contre elle.

817. Si la signification du jugement ou de l'arrêt par défaut n'avait pas été connue du condamné qui n'était pas à son domicile, la règle reste la même ; mais par une disposition nouvelle et toute spéciale, le législateur admet que le condamné pourra former opposition pendant toute la durée du temps requis pour prescrire. L'art. 187, paragraphe final, modifié par la loi du 27 juin 1866, porte en effet que si le condamné justifie n'avoir pas été touché par la signification du jugement par défaut, l'opposition est recevable « jusqu'à l'expiration des délais de la prescription de la « peine. »

Cette solution est juste, car il est impossible, comme le dit avec raison la Cour suprême, de considérer un jugement par défaut régulièrement signifié comme un simple acte d'instruction n'ayant d'autre effet que de faire courir la prescription de l'action [1].

818. C. En matière de *contravention*, les règles sont les mêmes qu'en matière correctionnelle ; d'après l'art. 639, le point de départ de la prescription sera donc le jour du jugement, s'il est en dernier ressort, l'expiration du délai d'appel, s'il est susceptible d'appel.

Mais lorsque la condamnation est prononcée par un jugement susceptible d'appel, l'art. 640 porte que l'action publique et l'action civile se prescriront après une année révolue, à compter de la notification de l'appel. D'un autre côté,

1. Cassation, 5 mars 1869 (Sirey, 70, I, 46) ; Paris, 25 février 1870 (Sirey, 70, II, 288).

d'après l'art. 174 du Code d'instruction criminelle, le délai pour interjeter appel court seulement à dater *de la signification* de la décision attaquée. Faut-il en conclure que si le jugement n'est pas signifié la prescription ne courra pas au profit du condamné?

Cette conséquence est inadmissible : l'inaction du ministère public ne peut préjudicier au contrevenant et lui enlever le bénéfice de la prescription. Elle courra donc à son profit à dater de la décision rendue.

Mais quelle sera cette prescription, celle de la peine ou celle de l'action? Pour soutenir que c'est la prescription de la peine, on se fonde sur ce qu'il y a un jugement rendu, une peine prononcée, et qu'elle ne peut s'éteindre que par la prescription de la peine[1].

819. Nous croyons que c'est la prescription de l'action qui courra. Il est de principe, en effet, que la prescription de la peine ne court pas contre les décisions susceptibles d'appel, car elles ne peuvent être exécutées pendant le délai d'appel, et le jugement de simple police non signifié est toujours susceptible d'appel.

Quant à l'art. 640, il ne modifie le droit commun qu'en un point, en ce qu'il limite à l'appel seul, en matière de simple police, l'effet interruptif de prescription qui s'attache d'ordinaire aux actes d'instruction et de poursuite. Mais ce texte ne déroge pas aux principes généraux sur l'effet du délai d'appel[2].

820. Si l'exécution de la peine a commencé, la prescription commencera à courir du jour où l'exécution aura cessé ainsi, en cas d'évasion, du jour de l'évasion[3].

Une fois la prescription commencée, les seuls actes qui

1. Trébutien, 1re édition, p. 356. Morin, *Répert.*, v° *Prescription*, n° 34. Le Sellyer, II, n° 2211.

2. Bertauld, XXVIIe leçon, p. 551, 552. Brun de Villeret, n° 239.

3. Cass., 30 juillet 1827 (Sirey, 27, I, 552).

peuvent en interrompre le cours sont les actes d'*exécution* : pour les peines corporelles, l'arrestation ; pour les peines pécuniaires, la saisie ou le procès-verbal de carence[1] ; ni un commandement[2], ni une contrainte décernée par la régie[3], ne produiraient d'effet interruptif.

821. Si deux peines sont prononcées et que, par exception, elles se cumulent, par exemple deux peines d'emprisonnement, la prescription de la seconde pourra-t-elle courir pendant l'exécution de la première ? La négative résulte du principe que nous venons de poser : puisque des actes d'*exécution* seuls peuvent interrompre la prescription, le ministère public n'en peut faire aucun, et la règle *contra non valentem agere non currit præscriptio* s'oppose à une déchéance contre laquelle il n'y aurait aucun remède[4].

822. — 3. *Effets de la prescription de la peine.* — La prescription de la peine a pour effet d'enlever la peine *principale*, et cela quel que soit son caractère, peine corporelle ou peine pécuniaire. La peine pécuniaire, l'amende, par exemple, est en effet une peine soumise à ce titre à la prescription ordinaire des peines : l'art. 642 en fournit d'ailleurs la preuve, puisqu'il ne soumet à la prescription de trente ans que les « condamnations civiles ». L'amende est donc prescrite par cinq ans en matière correctionnelle, comme le serait toute autre peine.

Du reste, si une condamnation corporelle et une condamnation pécuniaire avaient été prononcées par la même décision, l'exécution de l'une d'elles n'empêcherait pas la prescription de l'autre.

823. La prescription fera-t-elle disparaître aussi les peines *accessoires* ? Nous croyons qu'il faut distinguer entre les

1. Montpellier, 23 août 1855 (Sirey, 57, II, 743).
2. Cass., 17 juin 1835 (Sirey, 35, I, 875).
3. Rennes, 16 décembre 1819 (Sirey, C. N., VI, 167).
4. Ch. crim., 26 août 1859 (Sirey, 60, I, 492).

peines accessoires qui servent à assurer l'efficacité de la peine principale, comme l'interdiction légale, et les peines qui produisent leur effet même après l'exécution de la peine, comme la dégradation civique, le renvoi sous la surveillance de la haute police; les premières seront prescrites, les dernières ne pourront être enlevées par la prescription[1].

La prescription de la peine, en effet, n'efface point l'infraction et ne fait pas disparaître la condamnation. Seulement, elle dispense le condamné d'exécuter la peine prononcée. L'art. 635 du Code d'instruction criminelle en fournit la preuve : il interdit au condamné de demeurer dans le département où demeurait la victime ou ses héritiers directs, et permet au gouvernement de lui assigner le lieu de sa résidence : cet agent est donc toujours un condamné, et les précautions prises contre le condamné qui a exécuté sa peine doivent être prises contre lui[2].

824. Malgré la prescription, comme nous venons de le dire, le condamné ne peut résider dans le département où demeure sa victime ou les héritiers directs de celle-ci : le gouvernement peut même lui assigner une résidence. Cette mesure a un double but: éviter à la victime ou à ses héritiers un voisinage odieux, et surtout éviter des représailles que ne manquerait pas de provoquer la vue de cet agent demeuré impuni.

Il y a entre cette situation que l'art. 635 fait au condamné et la surveillance de la haute police une différence importante: le condamné qui abandonne la résidence que le gouvernement lui avait assignée conformément à l'art. 635 ne commet pas d'infraction et n'encourt aucune pénalité. Le gouvernement n'a qu'un droit, le contraindre à réintégrer le domicile indiqué.

1. Rouen, 8 septembre 1843 (Sirey, 44, II, 181).
2. *Sic* Bertauld, XXVIIIe leçon, p. 577 et suivantes; Brun de Villeret, n° 412. — *Contra*, Blanche, 1re étude, n° 208.

825. La prescription de la peine n'a aucune influence sur les *condamnations civiles* prononcées en matière criminelle, correctionnelle ou de police : ces condamnations, d'après l'art. 642 du Code d'instruction criminelle, se prescriront d'après les règles établies par le Code civil, c'est-à-dire par trente ans.

En effet, une fois ces condamnations prononcées, il n'y a plus ni preuves à produire ni débats à redouter, et l'exécution que l'on poursuit a un caractère purement civil, comme la condamnation elle-même ; il n'y a donc aucun motif pour la soustraire aux règles ordinaires en matière d'exécution de jugements. Telle serait la condamnation à des dommages-intérêts, à des restitutions, parfois même à des amendes, lorsque, par exception, les amendes ont le caractère d'une réparation civile, comme en matière d'enregistrement.

FIN DU TOME PREMIER ET DU COURS DU DROIT PÉNAL.

TABLE DES MATIÈRES

PAR ORDRE ALPHABÉTIQUE.

(Les chiffres renvoient aux numéros de l'ouvrage).

B

C

V

W

FIN DE LA TABLE DES MATIÈRES PAR ORDRE ALPHABÉTIQUE.

TABLE

PAR ORDRE DE MATIÈRES

PROLÉGOMÈNES.

INTRODUCTION HISTORIQUE.

CHAPITRE I.

ANCIENNE LÉGISLATION CRIMINELLE FRANÇAISE.

PREMIÈRE PÉRIODE.

DU CINQUIÈME A LA FIN DU NEUVIÈME SIÈCLE.

I. Droit barbare.

II. Droit romain.

III. Droit canon.

DEUXIÈME PÉRIODE.

DU DIXIÈME A LA FIN DU TREIZIÈME SIÈCLE.

I. Droit féodal et coutumier.

II. Droit canon.

III. Droit romain.

TROISIÈME PÉRIODE.

DU QUATORZIÈME A LA FIN DU QUINZIÈME SIÈCLE.

I. Droit féodal et coutumier.

II. Droit canon.

III. Droit royal ou des Ordonnances.

IV. Droit romain.

QUATRIÈME PÉRIODE.

DU SEIZIÈME AU DIX-HUITIÈME SIÈCLE INCLUSIVEMENT.

CHAPITRE II.

LÉGISLATION CRIMINELLE MODERNE.

PREMIÈRE PÉRIODE.

ÉPOQUE RÉVOLUTIONNAIRE.

DEUXIÈME PÉRIODE.

EMPIRE.

TROISIÈME PÉRIODE.

RÉVISION DE 1832.

QUATRIÈME PÉRIODE.

RÉVISION DE 1863.

INTRODUCTION PHILOSOPHIQUE.

Nature et base du droit de punir.

TITRE I.

Détermination et classification des infractions.

TITRE II.

Empire de la loi pénale sous le rapport des lieux et des personnes.

I. Quel territoire la loi française régit-elle?

II. Quelles personnes sur le territoire français doivent obéissance à la loi pénale?

III. Quelles infractions commises en dehors du territoire français la loi peut-elle atteindre?

TITRE III.

Empire de la loi pénale sous le rapport du temps. De la non-rétroactivité de la loi.

II. De la rétroactivité quant aux lois de forme.

III. De la rétroactivité quant aux lois de prescription.

TITRE IV.

Étendue du Code pénal quant aux personnes et quant aux infractions.

TITRE V.

Des peines et de leurs effets.

CHAPITRE I.

NOTIONS ET BUT DE LA PÉNALITÉ.

CHAPITRE II.

DES PEINES EN MATIÈRE CRIMINELLE.

§ 1. Peines principales.

I. Peines afflictives et infamantes.

CHAPITRE III.

DES PEINES EN MATIÈRE CORRECTIONNELLE.

CHAPITRE IV.

DES PEINES DE SIMPLE POLICE.

CHAPITRE V.

PEINES PÉCUNIAIRES COMMUNES A TOUTES LES INFRACTIONS.

§ 2. De la confiscation spéciale.

§ 3. Des restitutions civiles et des dommages-intérêts.

I. De la restitution.

II. Des dommages-intérêts.

§ 4. Des frais et dépens.

I. Quels frais sont recouvrables.

II. Contre quelles personnes les frais peuvent-ils se recouvrer?

CHAPITRE VI.

DE L'EXÉCUTION DES PEINES.

§ 1. Exécution des peines corporelles.

§ 2. Exécution des peines pécuniaires.

I. De la solidarité.

II. De la contrainte par corps.

TITRE VI.

Le fait de l'infraction. — Théorie de la tentative.

TITRE VII.

L'agent.

CHAPITRE I.

DES PERSONNES PUNISSABLES

I. Privation d'intelligence.

II. Privation de la liberté.

CHAPITRE II.

CAUSES D'ATTÉNUATION DE LA PEINE DANS LA PERSONNE DE L'AGENT.

I. Faits qui diminuent la culpabilité.

CHAPITRE III.

DES CAUSES D'AGGRAVATION DE LA PEINE.

TITRE VIII.

Du concours de plusieurs infractions. Du cumul et du non-cumul des peines ?

I. A quelles matières s'applique la régle du non-cumul des peines.

TITRE IX.

Du concours de plusieurs agents. Des coauteurs et des complices.

II. A quelles conditions la complicité est-elle punissable ?

III. De quelles peines la complicité est punie ?

TITRE X.

Moyens de prévenir ou de faire cesser l'effet des peines.

CHAPITRE I.

DE L'AMNISTIE.

CHAPITRE II.

DE LA GRACE.

§ 3. Autorité compétente pour accorder la grâce; autorité qui l'interprète.

CHAPITRE III.

DE LA RÉHABILITATION.

§ Ier. — A qui et sous quelles conditions la réhabilitation st-elle accordée ?

§ II. — Quels sont les effets de la réhabilitation.

§ III. — Procédure de la réhabilitation.

§ IV. — De la réhabilitation administrative.

I. Moyen de restreindre l'interdiction légale.

II. Remise de l'incapacité de disposer et recevoir à titre gratuit.

III. Moyen de faire disparaître la dégradation civique.

DE LA PRESCRIPTION.

I. Légitimité de la prescription en matière criminelle, et son origine historique.

II. Règles communes à la prescription de l'action et à la prescription de la peine.

FIN DE LA TABLE PAR ORDRE DES MATIÈRES.

PARIS. — TYPOGRAPHIE LAHURE
Rue de Fleurus, 9.

www.ingramcontent.com/pod-product-compliance
Lightning Source LLC
Chambersburg PA
CBHW060822220326
41599CB00017B/2257